KB217326

周易參同契

저자와의 협의에 따라 인지는 생략합니다.

주역참동계

저 자 : 임명진

발행일 : 2013년 1월 25일 초판발행
2016년 3월 3일 2쇄 인쇄

발행인 : 안중건

발행처 : 상생출판

전화 : 070-8644-3156

팩스 : 0505-116-9308

E-mail : sangsaengbooks@sangsaengbooks.co.kr

출판등록 : 2005년 3월 11일(제175호)

가격은 뒤표지에 있습니다.
파본은 교환해 드립니다.

ISBN 978-89-94295-44-2

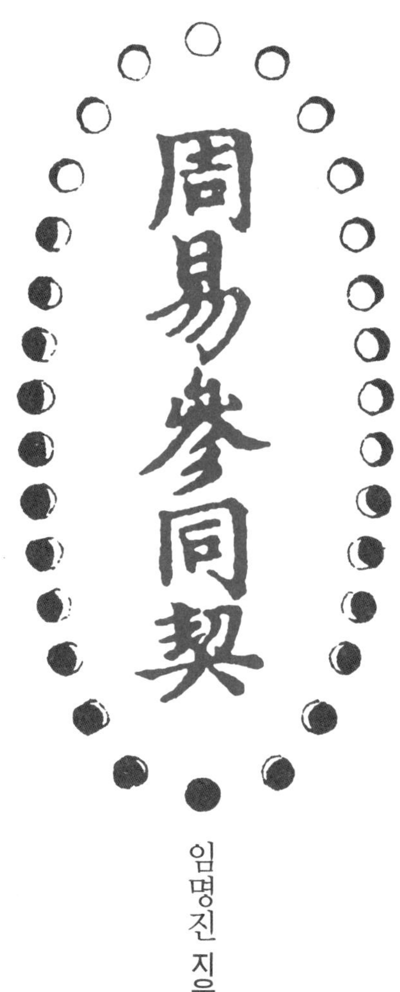

임명진 지음

상생출판

○● 책을 발간하며

한의학에 뜻을 두고 공부하여 의술을 행한 지도 올해가 20년째입니다. 21세기에 동양학문을 하면서 갖게 되는 큰 화두는 한의학과 서양의학의 조화로움에 있습니다. 더 나아가면 동양문화와 서양문화의 통합이구요. 철학적 바탕에 대한 고민뿐만 아니라 실천적인 노력의 일환으로 생각이 열려있는 양방의사선생님들과 양한방 협력진료를 해온 지도 수년째가 되어갑니다. 최근 많이 회자되는 통섭consilience과 그 궤를 같이 하는 것이지요.

의학과 한의학은 똑 같은 '몸'을 대상으로 하는 학문이기에 통합에 대한 시도는 관념의 세계를 넘어서 현실적으로 부딪치는 과제입니다. 하지만 임상적인 실천이 반복되고, 협진 프로토콜이 하나 둘씩 만들어져도 학문적 이질감으로 인해 생기는 장벽에서 벗어나기는 쉽지 않았습니다. 과연 어떻게 해야 동서문화의 접점을 찾아 통섭시켜 나갈 수 있을까. 이러한 고민에 대한 작은 시도가 주역참동계에 담겨있습니다. 어떻게 보면 의외의 시도입니다. 하지만 극과 극이 통한다는 말이 있듯이 앞으로의 연구가 이를 보여줄 것으로 기대합니다.

우선 한의학의 뿌리, 동양사상의 뿌리는 어디에서 출발하는 걸까를 고민해봅니다. 동양철학은 춘추전국시대에 제가백가가 나타날 정도로 다양한 사상들이 있었지만 그 중에서 유불선의 3교가 그 뿌리를 이룬다고 생각합니다. 이중에서 한의학의 철학적 근간을 이루는 것은 주역으로 대표되는 유가경전과 황제내경과 신농본초경으로 대표되는 도가적 배경의 경전에서 출발합니다. 음양오행은 물론 장부, 경락, 본초, 양생의 모든 생리관이 이들을 바탕으로 하고 있기 때문입니다. 역易에 대한 관심은 이렇게 시작하게 되었습니다.

한의학에서는 질병을 고쳐서 평인을 만드는 것으로 의학의 목표를 삼지 않았습니다. 평인을 넘어서 현인으로, 현인을 넘어서 성인으로, 성인을 넘어서 진인으로 가는 것을 뚜렷하게 제시하고 그에 대한 방법으로 다양한 양생과 자기개발법을 소개하였던 것입니다. 진인眞人은 자연과 하나되어, 억지로 생각과 행동을 짓는 것이 없는 상태로, 진정한 깨달음의 존재, 지극히 건강한 존재로 봅니다. 현대에 유행하는 몸짱의 욕망에 비교하면 너무나 차원높은 경지가 아닐까 합니다. 이러한 이유로 수련과 명상에 대한 관심도 일어나게 됩니다. 목표는 물론 건강과 깨달음이죠.

반면 서양의학은 물질과 마음을 분리시키는 오랜 전통이 있었습니다. 그래서 명상과 깨달음에 대한 연구도 뇌과학과 심리학이 나눠져 연구를 합니다. 물질단위에서의 연구는 뇌와 유전자, 줄기세포등으로 그 관심을 넓히고 있고, 심리학도 불교와 연금술등을 흡수하며 인간의 심층심리를 파고들고 있습니다.

주역으로 상징되는 유가적 전통과 한의학의 한 축을 이루기도 하는 노장사상이 어우러지면서 인간계발의 심층을 다루는 서적이 바로 주역참동계입니다. 참동이라는 말 자체가 현대의 통섭적 경향을 반영한다는 것은 누구나 직관적으로 느낄 수 있습니다. 필자는 이러한 참동의 정신을 서양문화와의 조화에까지 진행시켜보려 지금 여러분이 보고 계신 이 책을 짓기 시작하였습니다. 주역참동계의 중요한 부분을 차지하는 연금, 연단술의 전통은 놀랍게도 서양에서의 그것과 그 흐름이 일치합니다. 근본 정신 또한 같아서 마치 동서양의 공통분모가 연금술에 저장되어 있다는 느낌을 갖기에 충분합니다.

연금술의 근본적인 화두는 음양의 합일입니다. 물질의 합일을 통해 정신의 합일을 추구한다는 서양연금술의 근본 이념이 외단과 내단의 완성으로 진인이 되어가는 과정과 상통합니다. 외단의 용어를 내단수련에도 그대로 사용하는 것은 개념의 혼란으로 본질을 쉽게 알지 못하게 하려는 심술에서 나온 것이 아니라 물질과 정신이 사실상 하나의 원리로 구성되고 움직인다는 진리를 표현하기 위해서라고 필자는 생각합니다. 심리학적으로는 의식과 무의식의 통합을 이뤄 융이 말하는 자기Selbst를 실현하는 것은 내단수련에 있어서 음맥과 양맥이 하나되어 정기신을 단련하고 진인이 되어가는 것과 서로 상통합니다.

깨달음의 생리학!

주역참동계를 연구하면서 관심을 갖게 된 주제입니다. 심리학과도 연결되는 내단수련의 이론체계는 경락론을 기반으로 하여 건강과 깨달음이라는 인간고유의 목표를 생리학적으로 풀어놓았다는 점에서 독특한 학문체계입니다. 하지만 동서양 학문이 결합되어야 진짜 해답을 찾을 수 있을 거라 생각합니다. 부족한 글이지만 관심있는 분들에게 작으나마 도움이 되셨으면 하는 바램입니다.

마지막으로 동양학의 참 모습을 보여주신 벽암 김광호선생님과 연금술 및 내단수련의 숨은 뜻을 알려주신 박한진선생님께 감사드리고, 교정과 도해를 맡아주신 상생출판사 임직원분들에게도 감사드립니다.

내용

第二部『周易參同契』 ……………………… 157

○● 들어가는 말

한의학의 정체성을 형성하는 여러 학설중에 중요한 요소가 바로 도가사상이다. 이는 《황제내경》의 양생론과 황노사상, 《신농본초경》의 연년익수, 불노장생설등에서 대표적으로 드러난다. 이러한 도가적 경향은 《동의보감》을 통해 보다 노골적으로 표현됨으로써 한국 한의학의 정체성으로까지 자리매김하고 있다. 실제 단전호흡은 현대인의 운동법 또는 명상법으로 유행하고 있는 실정이고, 단전호흡의 역사적, 이론적 배경 또한 고대 조선의 단군사상과 중국의 도가사상에 연원을 두고 있다. 한의학이 현대인들의 건강관리와 질병치유에 일익을 담당하고 있듯이 도가사상의 이론적 가치와 실질적 행법들도 일정한 역할을 하고 있다는 면에서 도교와 도가사상, 선도수행에 대한 연구는 의미있는 작업이라고 본다.

선진시기 이전의 도가사상을 대표하는 서적으로 《노자 도덕경》, 《황정경》, 《주역참동계》등을 들 수 있는데 이 책에서는 《주역참동계이하 참동계》를 연구하였다. 《참동계》는 동한 환제(146~167)때의 인물인 위백양魏伯陽의 저술로 알려져 있으며, 역학, 황노사상, 연금술, 내단수련, 의학, 천문학적인 주제가 종합된 책이다. 《참동계》의 내용이 다양한 만큼 이를 연구한 주석서도 다양하고, 여타 도가서적에 미친 영향도 컸다. 심지어는 유가의 역학이론에도 영향을 미쳐 유불선儒佛仙을 함께 닦는 삼도회통三道回通의 연구사조 또한 유행하게 되었다.[1] 이러한 《참동계》의 내

1 유불선의 삼도를 회통하는 사조는 송대 이후의 내단학파인 장백단의 남종, 왕중양의 북종, 이도순의 중파가 대표적이며, 조선후기의 권극중 또한 유불선을 회통하는 관점으로《참

용을 분석해 보았을 때 황노사상은 전반적인 주제에 해당하는 정신적 배경이라 할 수 있고, 역학은 서술의 도구로 사용된 철학개념이라 볼 수 있다. 결국 《참동계》라는 책이 드러내고자 하는 실질적 주제는 연금술로도 알려진 외단外丹과 내면의 에너지를 수련하는 내단內丹양생인 것이다. 인체 외부의 물질에서 단을 얻는 것이 외단이라면 인체 내부의 정기신을 재료로 수련하는 것이 내단이다. 이를 모두 포괄하여 노화爐火사상이라 하는데 그 이유는 화로와 불이라는 것이 외단술에서도 사용되고, 내단양생을 설명할 때에도 비유로써 사용되기 때문이다.

현대 화학적 관점에서 연금술은 일종의 사이비 과학으로 치부되고 있는 실정이다. 하지만 《참동계》의 주제가 되기도 하는 연금술의 생명력은 실로 놀랍다. 서양에서는 금이나 장생불사약을 만들려는 물질적 접근을 넘어 종교사적, 심리학적 접근이 이뤄지고 있는데, 이러한 연구자들은 물질의 변용과 함께 정신의 변용을 이뤄내려는 것이 연금술의 본래 취지라고 주장한다. 반면 동양에서는 외단의약학이 한의학의 틀 속에서 발전해 왔고, 내단수련을 통한 양생이론과 깨달음의 생리학이 연구되어지고 있다. 갈홍의 《포박자》로 대표되는 외단파와 장백단의 《오진편》으로 대표되는 내단파 모두 《참동계》를 연구한 것은 《참동계》가 내외단의 이론적 틀을 제공하기 때문이다. 특히 장백단을 위시한 내단파에서 《참동

동계》를 해석하였다.

계》를 "만고단경왕萬古丹經王"이라고 추앙한 후로 《참동계》는 단경의 최고 경전이 되었으며 이러한 모든 연구의 중심에 《참동계》가 자리잡고 있는 것이다.

이 책에서는 《참동계》의 내용분석을 통해 3가지 핵심키워드인 대역大易사상, 황노黃老사상, 노화爐火사상을 분석하고, 더 나아가 의학적인 측면과 《동의보감》과의 관계, 여기에 관계된 오행사상과 천문학적 내용들을 연구하였다. 또한, 조선시대를 걸쳐 《참동계》를 중심으로 한 도가사상의 연구를 한국의 참동계학이라는 소제목으로 분류하였으며, 여기에는 본격적인 《참동계》주석서인 권극중의 《참동계주해》와 서명응의 《참동고》를 소개하였다. 이들의 내용은 제2부 〈참동계주해〉부분에서 보다 구체적으로 다뤄진다. 이 책에서 보다 강조하는 영역은 앞서 언급한 노화爐火사상 부분이다. 이를 크게 외단학설과 내단학설로 나누었는데, 외단으로서의 연금술은 동서양의 연단술 체계로 분류하여 서술하였고, 내단학설은 역사적 관점과 단전시스템, 기맥이론, 구체적인 선도수련단계등을 개괄하여 설명하였다. 더 나아가 서양연금술의 분석심리학적 이해를 소개하면서 동양의 내외단 이론과의 비교를 통해 동서양문화의 유사성을 탐색하려 하였다.

○ 범 례 ●

이 책에서는 《주역참동계》의 내용을 다각적으로 이해하기 위하여 전반적인 내용의 분석을 먼저 시도하였는데 서지학적 분석을 통해 저자와 저작연대, 다양한 주석서의 분석과 견본목록을 제시하였다. 또한 《주역참동계》의 내용을 대역大易사상, 황노黃老사상, 노화爐火사상으로 분류하고, 여기에 의학, 천문학적 요소를 추가로 정리하고, 한국의 참동계학이라는 이름으로 조선시대에 유명했던 대가들을 소개하였다.

《주역참동계》를 특징짓는 가장 중요한 요소인 연단술에 관한 노화학설은 별도의 장을 두어 동양과 서양의 연금술을 비교해보았다. 동서양 연금술의 이론체계와 역사, 화학적 분석을 시도하였고, 서양의 연금술이 종교학적, 분석심리학적으로 발전해나가는 측면과 동양의 연단술이 내단학설로 발전해 나아가는 모습의 유사성을 부각시켰다. 이에 노화학설을 중심으로 동서양의 연금술을 수행체계의 하나로써 비교해보았다.

마지막으로 제2부는 《주역참동계》의 원문에 대한 분석을 시도하였는데 원문, 국역, 교감, 구문해설, 각가주, 고찰의 순서로 연구하였다.

가. 원문과 분장구조는 후촉 팽효의 《주역참동계분장통진의周易參同契分章通眞義》를 따르는데 《중화도장中華道藏》본을 저본으로 하였다. 본래 〈주역참동계정기가명경도周易參同契鼎器歌明鏡圖 정기가鼎器歌〉가 마지막 부분이지만 《주역참동계발휘》와 《주역참동계고이》등에 실려있는 〈찬서讚序〉를 뒤에 붙여놓았다.

나. 국역은 최대한 직역을 원칙으로 하였으며, 기타 주석서와 여러 국역본을 참고하였다.

다. 교감은 인용한 5가지 주석서를 기반으로 하였으며, 서로 원문이 다를 경우 내용과의 타당성을 따져서 별도의 의견을 적기도 하였다.

라. **구문해설**은 단어별, 문장별로 다르게 해설하여 의미전달이 충분히 이뤄지도록 하였고, 자전, 사전, 주석서들을 참고하여 보충하였다.

마. **각가주**는 아래에 인용된 문헌을 주석의 시대순으로 국역하였으며, 주석의 원문은 각주로 처리하였다. 주석문중에 전반적인 의미전달에 있어서 빼도 무방한 구절을 제외시켰고, 다른 주석서와 내용이 겹치거나 구문해설에서 충분히 전달된 내용은 삭제하였다.

바. **고찰**은 서명응의《참동고》에서 나눈 분절구조와 각 장절에 대한 요약문을 적었고, 기타 주요사항을 정리하였다.

사. 이 책에서 사용한 부호를 보면 인용문헌은《》, 장절章節을 표시할 경우는〈〉, 주석서를 표시할 때는 [ ]를 사용하였다. 또한 되도록 한글로 표시하고, 국역된 문장에 별도의 한자원문을 표시하고 싶을 경우는 [ ]속에 적었다.

이 책에서 참고한《주역참동계》의 주석서는 다음과 같다.

시대	저자	서적	비고
후촉後蜀	팽효彭曉	《주역참동계통진의》	이하 [통진의]본이라고 하였다
원元	유염兪琰	《주역참동계발휘》	이하 [발휘]본이라고 하였다
청淸	주원육朱元育	《참동계천유》	이하 [천유]본이라고 하였다
조선朝鮮	권극중權克中	《참동계주해》	이하 [주해]본이라고 하였다
	서명응徐命膺	《참동고》	이하 [참동고]본이라고 하였다

〈참고 주석서〉

第一部

주역참동계와 내단·외단사상

제1장 《주역참동계》의 내용 분석

《주역참동계》라는 책의 이름은 여러 가지 의미를 내포한다. 우선 《주역》을 기반으로 했다는 점이 제목에도 나타날 뿐 만 아니라 실제 내용에 있어서도 한나라시기의 상수역학이 다수 이용된다. 《참동계》에서 '參'은 '3'이라는 의미와 서로 참여하고, 간여한다는 의미가 내포되어 있다. '同'은 함께 한다는 것으로 주역을 비롯한 여타학문이 통합됨을 뜻한다. '契'는 맺다, 합치한다는 뜻으로 '同'과 함께 통합적 학문관을 드러내는 의미를 가진다. 원대 유염의 《주역참동계발휘》서문에 보면 "'參'은 이 ○에 참여하는 것이요, '同'은 이 ○과 함께하는 것이고, '契'는 이 ○에 합치된다는 것이다. … 아것이 바른 도가 된다."[2]고 하였다. 이는 《참동계》에서 드러내고자 하는 진리를 先天元氣와 상통하는 무극도無極圖에 비유한 것으로 통합적 학문관의 연장선에 있다고 하겠다.

물론 조선조 《참동고》를 저술한 서명응은 주역이란 주나라의 역이므로 복희의 선천역을 설한 《참동계》와는 맞지 않다 하여, 그저 《역참동계》라 부르자고 주장했지만 대체적으로는 대역사상大易思想과 황노사상黃老思想, 노화사상爐火思想으로 나누어 보았는데, 이러한 사상적 계통은 《참동계》 85장 "대역의 정과 성은 각각 그 절도에 맞으니, 황노의 학을 연구하면 비교하여 거느릴 수 있게 된다. 노화의 일은 진실로 근거할 바가 있는 것이므로 세 가지 도가 하나에서 유래하여 모두 같은 경로를 따라 나왔다.[大易性情, 各如其度。黃老用究, 較而可御。爐火之事, 眞有所據。三道由一, 俱出徑路。]"에서 구체적으로 정리되어 표현되어 있다.

이러한 다양한 관점 속에서 수많은 주석서들이 탄생하였고, 각자의 수행과정과 학파, 전승연원에 따라 다양한 해석이 이루어졌다. 다양한 해

2 "參也者, 參乎此○也. 同也者, 同乎此○也. 契也者, 契乎此○也. … 是爲正道"/《中華道藏》에 수록되어 있는 〈周易參同契發揮〉 서문. 《中華道藏》은 2004년도에 장계우張繼禹편저로 화하華夏출판사에서 발간된 것을 저본으로 하였다.

석은 원본에 대한 오류를 주장하거나 새로운 판본을 제시하는 형태로도 나타나고, 원 저작자에 대한 이의 또한 끊임없이 제기되었다. 이에 먼저 《참동계》의 서지학적 분석을 고찰하고, 구체적인 내용분석을 이어가도록 하겠다.

제1절 《주역참동계》의 서지학적 분석

1. 《주역참동계》의 저자와 저작연대

《주역참동계(이하 참동계)》는 동한 환제(146~167)때의 인물인 위백양魏伯陽의 저서로 보는 게 정설이지만, 정사正史에 언급되어 있지 않아 논란의 여지가 있다. 《참동계》에 대한 기록을 찾아보면 《수서경적지隋書經籍志》에는 없고, 《구당서舊唐書》(945년경)에 '《주역참동계》 2권, 《주역오상류周易五相類》1권이 위백양의 찬撰'이라는 저술목록이 처음 나타난다. 실제 원본 자체는 전해지지 않아서, 주석서들에 의하여 간접적으로 확인할 수 있는데 진대晉代 갈홍葛洪(283~343)의 《신선전神仙傳》과 후촉後蜀 팽효彭曉의 《주역참동계분장통진의周易參同契分章通眞義》서문(947년)에 의거해서 대략적인 것을 살필 수 있다. 《신선전》에는 위백양이 《참동계》와 《오상류》를 지었다는 기록이 있고, 갈홍의 《포박자抱朴子》 내편 제19「하람편遐覽篇」에도 '《위백양내경魏伯陽內經》'이라는 기록이 있는 것을 보면 위진魏晉이전에 지어졌다는 설이 설득력이 있다. 하지만, 《신선전》의 내용과 《포박자》의 《위백양내경魏伯陽內經》만 가지고 확신하기에는 명확하지 않은 점이 있는 것이 사실이다.

내용면에서 보면, 《참동계》속에 나타나는 역학사상을 통해서 시기를 유추할 수도 있다. 우선 위나라 때의 왕필역王弼易[3]의 영향을 받았을만한

3 왕필王弼은 위문제 황초黃初 7년(226)에 태어나서 제왕齊王 가평嘉平 원년(249)에 죽었다. 자는 보사輔嗣이고, 《노자》, 《장자》, 《주역》을 아울러 연구하여 그 셋을 3현三玄이라 합칭하고, 이들을 근거로 《논어》를 해석하였다. 그는 상수역학을 배척하고, 의리를 탐구하는

내용이 보이지 않는다는 점인데 이러한 것은 왕필이전, 즉 위진 이전에 지어졌을 가능성을 의미한다. 또한 전한前漢시기에 성립된 경방역京房易, 그중에서도 납갑설納甲說을 채용하고, 여기에 달의 변화를 더하여 월체납갑을 주장하였는데, 이러한 경방의 납갑설은《참동계》뿐만 아니라 우번虞翻(164~233)이 지은《주역》주석서에 나온다. 우연히도 우번과 위백양은 같은 고향사람으로 서로 영향을 주고받았을 가능성이 충분한데, 최형주[4]는 우번이《참동계》의 영향을 받아 이를 참고하여 주역을 주석하였다고 보았다. 우번과 위백양이 같은 시기의 인물이라면 동한 때의 실제인물일 가능성이 높아지는 것이다.

《주역참동계분장통진의》서문을 보면《신선전》을 인용하여 "眞人인 위백양은 회계會稽 상우上虞[5] 사람이다. … 알 수 없는 누군가에게서《고문용호경古文龍虎經》을 얻어 신묘한 뜻을 터득하였다. 이내《주역》을 요약하여,《참동계》3편을 지었다. 또 이르기를 미진한 것이 있어 다시《보색유탈補塞遺脫》1편을 지었으니 단경丹經의 깊은 뜻을 이어 펼쳤다. … 이를 은밀히 청주青州 서종사徐從事[6]에게 보이니 서종사가 이름을 숨기고 주해하였고, 후한後漢 효제孝帝, 환제桓帝때 그가 다시 고향사람인 순우숙통淳于叔通에게 전수하여 마침내 세상에 유행하게 되었다."[7]고 하였다. 여기서 순우숙통은 후한 환제 때 사람으로 수신기搜神記, 후한서後漢書, 회계선현전會稽先賢傳 등의 기록을 종합해 볼 때, 이름은 익翼이고 숙통은 자이며 위백양과 같은 상우上虞 사람이다. 서주현령西周縣令, 낙양시령洛陽市令 등에 임용되었으나 후에 관직을 버리고 은둔하였으며, 어려서부터 역학

의리학파를 열었으며, 이러한 역 해석에 노장사상을 도입하는 위진시대의 대표적인 역학자이다. 그의 도가철학을 기반으로 하는 의리학적 주역해설을 위진魏晉 현학玄學이라 하는데《참동계》에는 그의 이러한 역 해석경향이 보이지 않는다.

4 최형주해역,《주역참동계》, 자유문고, 2001.

5 중국의 고지명으로 지금의 중국 저장성浙江省이나 강소성江蘇省으로 보인다.

6 이름은 서경휴徐景休이다.

7 "眞人魏伯陽者, 會稽上虞人也. … 不知師授誰氏, 得《古文龍虎經》, 盡獲妙旨. 乃約《周易》, 撰《參同契》三篇. 又云未盡纖微, 復作《補塞遺脫》一篇, 繼演丹經之玄奧. …密示青州徐從事, 徐乃隱名而註之. 至後漢孝, 桓帝時, 公復傳授與同郡淳于叔通, 遂行于世"

에 조예가 깊었다고 한다. 이러한 전수관계는 첫째, 《참동계》의 저자가 일인이 아닐 수 있다는 점과 둘째, 순우숙통의 실존이 확실한 만큼 《참동계》가 실제 후한시대에 실존했던 위백양에 의하여 지어졌을 개연성을 높여준다.

위백양만의 저술이 아니라고 보는 이유는 우선 상중하 삼 편의 내용과 편제가 겹치거나 문장의 의미가 다른 부분이 많다는 것이고, 문체에 있어서도 四言, 五言, 산문散文 등으로 나누어져 있다는 점이 또한 그러하다. 마치 《상한론》의 강평본康平本[8]에 15자, 14자의 구분이 있는 것과 유사한 느낌을 주는데 이러한 문제는 후대에 《고문참동계》라는 일종의 편집본이 나타나는 이유가 되기도 하였다. 특히, 남송시기에 태어나 원나라 초기까지 살았던 유염俞琰(1258~1314)이 1284년에 지은 《주역참동계발휘周易參同契發揮》에서는 4글자로 된 사언구절은 위백양의 경經이고, 5글자로 된 오언구절은 서종사의 주注이며, 부賦나 산문으로 된 것이 순우숙통의 보유補遺인 삼상류三相類인데 각각 그 글 뒤에 각자의 서문이 있다고 보았다. 즉, 공저설共著說을 명확히 한 것이다.

당나라 때 저작된 것으로 되어 있는 음장생陰長生의 《주역참동계》3권과 《주역참동계상편주周易參同契上篇註》용자호容字號는 후대의 위작으로 평가받지만 서종사를 직접적인 저자로 삼고, 위백양은 서종사의 제자로서 《오상류五相類》를 지었다고 본 것이 특징이다. 이러한 주장을 제외한다면 다수 학자들은 위백양의 저술임을 의심하지 않는데, 그러한 근거 중 하나가 바로 《참동계》의 마지막 16구절이다.[9] "때를 따라 해로움을 없애고[委時去害], 산과 언덕에 의지하며[依托丘山] 텅 빈 곳을 돌아다니고[循遊寥廓], 귀신과 이웃하다[與鬼為鄰] 형체가 변하여 신선이 되었다[化形而仙]. 적막함에 젖어 소리를 들을 수 없고[淪寂無聲], 백세

8 오오츠카 케이세츠(大塚敬節)에 의해 1935년 발견된 판본으로 옛고서의 양식으로 쓰여졌다. 세로 한줄에 들어가는 글자수가 15자인데 한칸 내려쓰면 14자, 또 한칸 내려쓰면 13자 되는 방식이다.

9 이 책에서는 90장에 있는 내용이며, 원문과 해설은 제2부를 참고하기로 한다.

대를 걸쳐[百世一下] 인간 세상에 내려와 놀고[遨遊人間] 날개와 깃을 펴서[敷陳羽翮] 동으로 서로 남으로 기운다[東西南傾]. 재액을 갑작스레 만나고[湯遭阨際] 홍수와 가뭄이 번갈아 일어나니[水旱隔並] 나뭇잎이 누렇게 말라[柯葉萎黃] 그 영화를 잃었지만[失其華榮] 착한 사람은 그 책임을 이어[吉人乘負], 편하고, 온전하게 오래 산다[安穩長生]." 고 한 구절이다. 마치 신선의 경지를 노래한 시로 보이지만 유염은 이를 '魏伯陽'이라는 글자를 감춘 은어라고 보았다. 우선 '委'와 '鬼'가 결합하면 '魏'가 되고, '百'에서 '一'의 아래에 있는 것이 '白'이 되며 여기에 '人'이 결합되니 伯이다. '湯'에서 가뭄을 만나면 '昜'이며 여기에 '阨'의 사이에 있는 것이 '阝'이므로 합하면 '陽'이 된다는 것이다.

《신선전》의 내용을 통해서 보면 위백양은 귀한 집안 출신으로 도술과 양생을 좋아하였다고 하였다. '伯陽'이 노자의 호임을 본다면 황노사상에 심취한 연단수행가였다는 것이 쉽게 유추가 가능하다. 위백양의 이러한 이미지는 《주역참동계》가 주역周易, 황노黃老, 노화爐火의 세 분야를 종합한 내용이라는 점에서 일치한다.

2. 《주역참동계》 주석서 분석

《참동계》는 세계적으로 현존하는 가장 오래된 연단서적이다. 장백단張伯端은 《오진편悟眞篇》에서 "萬古丹經王"이라고 높였고, 이래로 주석서가 20여 종이 넘는데 《사고전서四庫全書》에 6종, 《도장道藏》에 11종이 수록되어 있다. 가장 유행한 주석서는 《주역참동계통진의》이고, 가장 상세한 것은 송말원초에 유염이 지은 《주역참동계발휘》와 청대 주원육周元育이 지은 《참동계천유參同契闡幽》이다. 가장 유명한 것은 주희朱熹의 《주역참동계고이周易參同契考異》인데, 주희 이래로 주석가가 더욱 더 늘어나 진치허陳致虛, 진현미陳顯微 등은 《참동계》를 "聖經"으로까지 추앙하게 되었다.

《참동계》는 상중하 삼편이 기본이고, 다시 상편, 중편, 하편, 난사亂辭, 정기가鼎器歌, 보유補遺, 찬서讚序의 7부로 구성되어 있는 것이 원본이다. 한편 정기가가 보유 뒤에 놓인 것이 유행하기도 하였는데, 이것 또한 《참동계》의 근본적인 원형을 간직한 것으로 본다. 주석가들은 이러한 편제를 지키기도 하고, 각자의 주석의도에 맞게 章(장)의 수와 배치를 임의대로 교정하기도 하였다.

명나라 때에 이르러 《고문참동계古文參同契》라는 별도의 판본이 나타나면서 많은 변화가 일어났지만 현대에까지 《주역참동계》와 《고문참동계》가 공존해왔다. 주석서를 정리함에 있어서는 따로 분류하여 표로 만들었는데 김윤수의 논문, 〈한국 참동계학의 연원과 계보〉를 주로 인용하였다.

① 《주역참동계》견본 목록

<table>
<tr><th>제목</th><th>저자/시기</th><th colspan="2">내용</th><th>출전</th></tr>
<tr><td>1. 《周易參同契註》 3권</td><td>後漢
陰長生
112년</td><td>당대唐代의 가탁假託으로 본다</td><td rowspan="2">《음장생주》와 《용자호》는 저자를 서종사로 보았고, 그의 제자인 위백양이 《五相類》를 지었다고 주장하였다. 둘 다 外丹의 입장에서 주석하였다.</td><td rowspan="5">正統道藏</td></tr>
<tr><td>2. 《周易參同契註》 2권
《正統道藏》 容字號</td><td>唐 無名氏</td><td>상편만을 상하권으로 나누어 주석하였고, 중하편은 빠졌다. 상편만 경전으로 본 듯 하다.</td></tr>
<tr><td>3. 《周易參同契分章通眞義》 3권</td><td>後蜀
眞一子
彭曉撰,
947년</td><td colspan="2">갈홍이 《참동계》와 《오상류》의 위백양저자설을 확정한 뒤로 명대이전까지는 공식 인정되었다. 《四庫全書》에도 수록되어 있는데 〈讚序〉와 팽효의 〈後序〉등이 빠졌고, 《五相類》를 《三相類》로 기재하였다.</td></tr>
<tr><td>4. 《周易參同契考異》 2권</td><td>南宋
朱熹撰,
1199년</td><td colspan="2">《고이》는 단독으로 유통되지 않고 《부록》에 섞이어 통용된다. 원대의 학자 황서절黃瑞節이 편찬하여 1341년에 간행한 《朱子成書》에 수록되어 널리 퍼졌다. 《正統道藏》에서는 부록만을 취했다.</td></tr>
<tr><td>5. 《周易參同契考異》 3권</td><td>南宋
儲華谷撰</td><td colspan="2"></td></tr>
</table>

제목	저자/시기	내용	출전
6.《周易參同契註》《正統道藏》映字號	南宋 無名氏撰	《통진의》와 같이 90장으로 분장하고, 《鼎器歌》가 권말에 있다. 《통진의》가 內外丹의 모호한 주석태도를 보인 반면, 내단적 입장을 확실히 하였다./容字號, 映字號의 구별은 정통도장에서 나누는 편명에서 유래한다.	正統道藏
7.《周易參同契解》3권	唐 無名氏		
8.《周易參同契發揮》9권, 《周易參同契釋義》1권	元 全陽子 兪琰撰, 1284년	《발휘》뒤에는 《석의》가 있는데 교감기校勘記와 같다. 《발휘》에서는 명대 《고문참동계》의 연원이 되는 위백양, 서종사, 순우숙통의 《참동계》 공저설, 四言, 五言, 散文이 다르게 지어졌음을 주장하였다. 정기가鼎器歌를 보색유탈補塞遺脫의 실체로 보고, 정기가 뒤의 보유補遺를 序라 하였다. 《참동계》한 권의 책에 大道 전반을 진술했으나 미비하여 뒤에 정기가를 서술하여 보충하고, 그 뜻을 더욱 밝혔다고 하였다.	
9.《周易參同契分章註》3권	元 上陽子 陳致虛撰, 1331년	상양자가 1331년에 《도덕경》의 서문을 썼으므로《금단대요》권2 그 시대 전후에 편찬된 것으로 짐작한다. 유염과 마찬가지로 정기가를 중시하여 정기묘용장鼎器妙用章으로 만들었다.	
10.《周易參同契集解》	1407년 明, 成祖의 命으로 편찬	《永樂大典》이라는 유서類書가 편찬되면서 《통진의》를 저본으로 진일자, 포일자, 전양자, 상양자의 4가지 주를 편입하였다. 장일표蔣一彪의 《고문참동계집해》에도 도입되었다.	道藏正華
11.《參同契正文疏略》1권	明 王文錄撰, 1564년	1564년에 《참동계정문》을, 1582년에 《참동계소략》을 편찬하였다. 상편은 기존 체제와 같으나 중하편을 통합하여 하편으로 삼고, 난사와 정기가로 하편의 끝을 장식하였다. 보유를 자서편이라 명명하여 삼편체제는 유지하였다.	

제목	저자/시기	내용	출전
12.《周易參同契測疏口義》	明 潛虛 陸西星, 1569년	1569년에 《측소》를 편찬하고, 1573년에 《구의》를 지어 보충하였다. 체재는 대략 《분장주》와 같으면서 보유는 《발휘》를 따라 序라 하였는데, 그 序는 정기가의 序라 하였다.	道藏正華
13.《參同契註解》	조선 靑霞子 權克中撰, 1639년	상편 32장, 중편 25장, 하편 7장으로 도합 64장으로 나누었다. 《참동계》가 본래 연역演易의 책이니 분장分章도 64괘의 수에 응한 것이라 하였다.	
14.《周易參同契脈望》	淸 存存子 陶素耜撰, 1700년	삼편의 머리글과 정기가의 위치를 원형과 다르게 바꾸었다. 상편과 중편은 상중하로 나누고, 하편을 일명 삼상류三相類, 일명 보색유탈補塞遺脫이라 하면서 정기가, 난사, 보유로 구성한 것이 남다르다.	한국도교사상연구총서
15.《參同契闡幽》2권	淸 雲陽道人 朱元育撰, 1669년	장章대신 단段으로 나누어 상편 20段, 중편 16段, 하편 4段으로 총 40段이다. 단 아래에 주를 달아 단마다의 뜻을 개괄하였다.	道藏正華
16.《參同契吐註》	조선 南九萬撰, 1711년	남구만의 제자 최석정이 1712년에 재간한 《주자해주역참동계朱子解周易參同契》의 끝에 〈참동계토주〉로 실려있다. 朱子의 주석이 소략하다 하여 원문에 현토하고, 독자적으로 주석하다가 두 단락을 벗어나지 못하고 타계하였다. 미완의 책이다.	
17.《參同契註》1권	淸 李光地撰	위백양이 《참동계》와 《삼상류》를 지었다는 설을 따라 《참동계》의 상편을 《참동계》로, 중, 하편을 《삼상류》로 나누었다.	용촌전집
18.《參同攷》	조선 徐命膺撰, 1786년	상편은 3장 9절로 나누어 괘의 三才와 九數를 상징하였고, 중편은 8장 24절로 나누어 8괘와 24절기를, 하편은 6장으로 나누어 乾의 육획을 상징하였다. 상편, 중편, 하편, 난사, 정기가, 五相類(복희, 문왕, 공자의 三聖易, 黃老, 爐火)등 6편 체재로 구성하였는데, 이는 역괘의 六爻에 비긴 것이다.	한국도교사상연구총서

제목	저자/시기	내용	출전
18.《周易参同契正義》 3권 36장	淸 元眞子 董德寧撰, 1788년	상편을 16장으로 나누어 2.8의 권을 상징하였고, 중편을 12장으로 나누어 세월의 도를, 하편을 8장으로 나누어 팔괘의 용을 상징하였다. 모두 36장으로 하여 老陽의 수를 상징하였다.	道藏正華

② 《고문참동계》견본 목록

제목	저자/시기	내용
《古文參同契》杜題	明 杜一誠, 1517년	《참동계》의 四言을 經으로, 五言을 서종사의 註로, 賦, 亂辭및 鼎器歌를 순우숙통이 보유한 三相類라 하였는데 명상을 통해 얻었다하여 정사소득(精思所得)이라 하였다.
《古文參同契》楊題	明 楊愼, 1546년경	석함石函에서 발견되었다는 전설이 만들어지면서 명대의 대학자 양신(1488~1559)이 이를 입수하고는 석함설石函說을 기정사실화 했다.
1.《古文參同契》沈題	明 沈津題, 1567년	조선의 석함소득파인 이제頤齋 황윤석黃胤錫(1729~1791)의 수초手抄 자료집인《자지록資知錄》에도 사입寫入되어 있다.
2.《古文參同契集解》3권	明 蔣一彪撰, 1614년	《고문참동계》에 眞一子, 抱一子, 全陽子, 上陽子의 주를 개편하여 산입한 것이며 독자적인 주석을 달지 않았다. 이전의 古註를《고문참동계》체제로 개편한 선구자이다.
3.《古文周易參同契集註》	淸 仇兆鰲撰, 1704년	사언경문四言經文에 장수를 매기지 않은 채 18장으로 나누고, 오언전문五言傳文을 18장으로 나누어 총수 36장으로 역괘 36궁의 수에 합치시켰다. 보유는 대단부大丹賦(곧 亂辭임)와 鼎器歌두 장으로 구성하여《주역》상하 2편의 뜻에 응하였다.
4.《古文周易參同契註》8권	淸 袁仁林撰, 1732년	본문 뒤에 註를, 註뒤에 소소小疏를 달아 주소註疏형식을 취하고 있다.

제목	저자/시기	내용
5.《古文參同契》徐題	조선 徐命膺撰, 1786년	1786년에 엮은 참동계학총서인 《參同攷》에 《상석詳釋》과 《석함참동石函參同》, 《고정참동考亭參同》을 수록하였다. 전주箋註가 분립되어 있지 않고, 經文에 산입되어 있다.
6.《參同直指》	淸 劉一明撰, 1799년	청대 북종 용문파의 11대 眞人인 오원자悟元子 유일명劉一明이 무명자無名子 옹보광翁葆光註와 上陽子註를 참고하여 지었다.
7.《古文參同契朱子解》	姜必孝 1764~1848	
8.《古文參同契兩朱解》	조선 復陽子 姜獻奎 1797~1860	朱子의 《考異》와 朱元育의 《闡幽》를 편입하여 《고문참동계》체제로 개편하였다.
9.《參同契章句》	조선, 張之琬 1806~1858	
10.《古文參同契分節》	조선 松宅居士필사, 1906년	계명대 도서관에 소장되어 있는 필사본이다. 첫머리에 양신楊愼의 古文參同契序가 있고, 三相類의 後序 뒤에 송택거사가 병오년에 쓴 跋과 續跋이 있다. 상양자의 주가 졸렬하여 하나도 볼만한 것이 없다고 혹평하였다.
11.《古文參同契伍子解》	조선 無名氏撰, 미상	동국대 도서관에 소장되어 있는 필사본이다. 經文과 箋註에는 眞一子, 抱一子, 朱子, 上陽子, 楊愼의 주가 있고, 삼상류에는 靑霞子의 《註解》가 산입되어 있다.
12.《古本周易參同契集註補》	조선 金宗陽撰, 미상	조선말기, 일제시대의 인물로 추정되는 종남거사鐘南居士 김종양이 엮은 것으로 생각된다. 해당 조에 권극중의 《참동계주해》의 해당 글을 머릿 주로 편입하였다. 인산가에 소장되어 있다.

3. 주요 주석서

①《주역참동계통진의》 - 오대五代 후촉後蜀 팽효彭曉[10]의 것으로 《보색유탈補塞遺脫》 1권이 부가되어 있고, 이후의 주해서는 대부분 팽효본을 따르고 있다. 팽효본을 따르는 주요 주해서로는 유염의 《주역참동계발휘》, 진치허의 《주역참동계분장주》1권 등이 있는데 이 책의 주해도 팽효본을 저본으로 하였다. 팽효본은 장을 나누어 주해하였기 때문에 《분장주分章註》라고도 하는데 전체를 3권으로 나누고, 상권 40장, 중권 38장, 하권 12장으로 총 90장이다. 글의 첫머리에 네 글자를 가지고 각장의 이름을 대신하였는데 이는 《노자하상공주老子河上公註》의 분장형식을 본뜬 것이다.

②《주역참동계고이》 - '考異'라고 하여 틀린 부분을 바로잡는다는 뜻의 제목을 달고 있지만 그러한 부분은 몇 군데 되지 않고 사실은 주석서에 가깝다. 팽효본이 비교적 도교의 내단수련쪽에 치중해서 설명하는 경향이 짙다면 주희는 시종일관 《주역》과의 연관성에만 관심을 두어 해설하였다. 《참동계》가 송대 상수학의 형성에 적지 않은 영향을 끼쳐, 진단陳摶의 〈무극도無極圖〉, 〈선천도先天圖〉, 〈태극도太極圖〉등을 낳았고, 주돈이周敦頤의 〈태극도설太極圖說〉과 소옹邵雍의 〈선천도先天圖〉로 이어졌다는 점에서 주희가 뒤늦게 《주역참동계》에 몰두한 이유를 찾을 수 있을 것이다.[11]

주희는 책의 저자부분에 '空同道士 鄒訢'이라고 하여 자신의 성명을 감추고 도가적인 성격을 진하게 드러내는데, 이는 근대과학의 아버지로 불리우는 뉴우튼이 실제 연금술을 누구보다 열심히 연구했던 행적을 떠올리게 한다. '추흔鄒訢'을 파자破字해 보거나 같은 음의 다른 글자를 찾아보면 주희朱熹와 일치하게 된다. 또한, '空同道士'라는 말은 《장자》〈재

10 眞一子, 자는 秀川이며, 五代 後蜀 永康人.

11 박지현, 〈《주역참동계고이》 소고〉, 《장서각》 제6집, p. 129.

유在宥〉편에 등장하는 광성자가 살았다고 하는 곳으로 내단수련의 궁극의 경지를 이른 말이다. 성리학의 시조로 일컬어지는 그가 단순히 주역 연구만을 위해 이러한 은어를 사용했는지는 논란의 여지가 있다.

③《주역참동계발휘》 - 유염兪琰(1258~1314)은 남송시기에 태어나 원나라 초기까지 살았으며 1284년에 《발휘》를 찬했는데, 팽효본의 원문을 과감하게 뜯어 고치고 주희의 해설조차 삭제해버렸다. 또한 팽효의 서문을 싣지 않았으며 스스로 여러 판본을 비교하고 교정하여 마침내 확정본을 만들었다고 주장했다. 세부적으로 의미를 해석하여 글자와 문구를 따라 일일이 밝혀 놓았으며 일반적인 대의도 함께 논술하였다. 동시에 광범위한 자료를 인용하여 《참동계》와 서로 비교하여 밝히고 증거로 삼았다. 주희 이전에 대부분 주해서들이 도교 연단술에 치중한 것이었고, 주희가 《주역》과 관련된 부분을 끌어들여 자신의 학설의 기반으로 재개편하고 있다면, 유염은 완전히 유가의 입장에서 주석을 달았다.

④《주역참동계분장주》 - 1331년경에 진치허陳致虛가 찬했는데 스스로 '上陽子(상양자)'라는 호를 쓰며 나이 40에 도를 배우고 신선연단술을 강론했다고 한다. 팽효본이 90장으로 나뉘고 앞 구절을 제목으로 한데 반해, 그는 전체를 35장으로 다시 나누어 각각 그 장의 내용을 요약하여 각장의 제목을 붙였다.

⑤《참동계주해》 - 권극중의 《참동계주해》는 유도회통에서 한발 더 나아가 유, 불, 도 삼교의 회통을 도모한 것이 특징이고, 이러한 회통을 토대로 내단사상을 보완하려 하였다. 외단이 아닌 내단이 선인에 이르는 바른 방법이라는 '內丹主體論(내단주체론)', 내단수련의 원리와 《역》의 사상을 일치시킨다는 '丹易參同論(단역참동론)', 내단에서 추구하는 선인의 경지나 불교의 부처의 경지가 서로 상통된다고 보는 '仙佛同原論(선불동원론)', 선정의 수련과 내단 수련이 함께 병행되어야 한다는 '禪丹互修論(선단호수론)'등이 권극중의 《참동계주해》에서 서술된 주요 내용이다. 조선조에 편찬된 참동계 연구서적중에서 완

성도 높은 최초의 저작물이라 할 수 있다. 주해한 부분에 따라 내단화후를 세밀하게 설명한 부분이 눈에 띄고, 단어나 구절에 대한 세세한 분석보다는 전반적인 내단수련의 요지를 설명하려 하였다.

⑥《참동계천유》- 청나라 주원육은 전진교 용문파의 도인이었으며 호를 운양진인雲陽眞人이라 하였다. 이윤희의 《역해참동계천유》가 출판되면서 많이 읽히고 있으며, 삼편의 머리글과 정기가의 위치를 바꾼 것이 특징이다.

⑦《고문주역참동계집주》- 청나라 구조오仇兆鰲가 지었으며 자는 창주滄柱, 호는 지기자知幾子이다. 《주역참동계맥망周易參同契脈望》의 도소사陶素耜와 친하여 《맥망脈望》의 서문을 써주며 칭찬하기도 하였으나 《집주》에서는 고문에 대한 불신으로 비판을 적기도 하였다. 《집주》의 대상은 모두 17가이다. 彭曉(팽효), 朱子(주자), 陳顯微(진현미), 兪琰(유염), 陳致虛(진치허), 杜一誠(두일성), 徐渭(서위), 王九靈(왕구령), 藏一彪(장일표), 彭好吉(팽호길), 陸西星(육서성), 李文燭(이문촉), 甄淑(견숙), 陶素耜(도소사), 姜中眞(강중진), 尹太鉉(윤태현), 仇兆鰲(구조오) 이렇게 17명이다.

⑧《참동고》- 서명응은 좋은 집안에서 태어나 화려한 경력을 누렸으나 정치적 역경 또한 많이 겪었다. 이러한 그의 상황들이 그를 내면세계에 침잠하게 하고, 이단도 포용하는 폭넓은 학문의 세계로 인도한 것으로 추측되며, 그의 말년의 문집을 보면 내단수련에 집중했던 기록들이 나타난다. 그는 철저한 상수학파로서 소옹의 학문에 매료되어 선천학을 평생 연구하였는데, 《참동고》의 구성도 六攷(육고) 六卷(육권)으로 편성하고, 《역참동계상석易參同契詳釋》을 六篇(육편)으로 구성하여 《역》의 육효를 상징하려는 의도가 짙었다.

서명응은 《참동계》가 외단의 용어를 빌려 내단을 밝힌 것임을 철저히 하였으며, 외단의 무용함을 강조하였다. 《참동고》는 권극중의 《참동계주해》와 함께 한국 참동계학을 대표하는 문헌이다.

제2절 대역사상大易思想

《주역참동계》는 초기도교의 모습이 기복적이면서 실천적인 측면이 강한 모습과 달리 훨씬 이론적이고, 그 시대의 과학적 관점을 엿볼 수 있는 저작이다. 이를 뒷받침하는 중심논리가 바로 역학易學이며, 동한시기에 특히 유행했던 상수역학이 주류를 이루고 있어 대역사상이라고 한다.

1. 양한시기의 상수역학

양한兩漢시기의 상수역학은 크게 3단계로 나눠 볼 수 있다.

우선 맹희孟喜의 괘기설卦氣說이 먼저 나오는데 괘기설이란 64괘, 384효를 1년의 4時·12月·24氣·72候·365日에 배합한 학설이다. 맹희의 괘기설에는 첫째, 4정괘正卦설이 있다. 사정괘설은 후천팔괘에서 乾·坤·艮·巽의 네 모퉁이를 버리고 坎·離·震·兌 4정괘만을 이용하여 사정괘의 24효를 1년 24氣와 배합시킨 것이다. 두 번째로는 12괘 소식설消息說이 있는데 12벽괘辟卦설이 그것이다. 이른바 12월괘는 64괘 가운데 12괘를 선택하여 12월에 배치한 것으로 음양의 진퇴와 소장消長, 자연의 순환원리를 표현한 것이다. 세 번째로 6일 7분법이 있는데 사정괘가 괘상을 4時, 24氣에 배당하고, 12월괘가 괘상을 12月, 72候에 배당한 것인데 반해, 6일 7분법은 괘상을 1년 365일 1/4의 날수에 배당한 것이다.[12]

맹희의 괘기설에 이어 경방京房의 납갑설納甲說이 등장한다. 납갑설은 8괘에 각각 천간天干을 붙인 것으로 효에까지 지지地支를 붙인 것은 납지納支라고 하며, 납갑으로 총칭한다. 자세한 것은 아래 표에 있다. 《참동계》에서는 이 납갑설을 달의 모양변화와 연결시켜 월체납갑月體納甲으로 승화시켰으며 이를 단법화후丹法火候를 설명하는 주요 논리로 이용한다. 경방은 맹희의 괘기설을 좀 더 발전시켜 당시의 음양오행설과 결합, 발전시켰

12 요명춘廖名春, 강학위康學偉, 양위현梁韋弦지음, 심경호 옮김, 《주역철학사》, 도서출판 예문서원, 1998, p.177-180.

는데, 주요한 특색은 《주역》을 점서占書로 보고 점치기 위하여 필요한 셈법과 체계를 만들었다는 점이다. 실제 현재에 까지 육효점六爻占에서 그대로 활용되는 점을 보면 후대에 끼친 영향력이 크다 할 수 있다. 경방의 학설은 크게 괘기설, 팔궁괘설, 오행설, 납갑설, 음양이기설로 나눌 수 있다.[13]

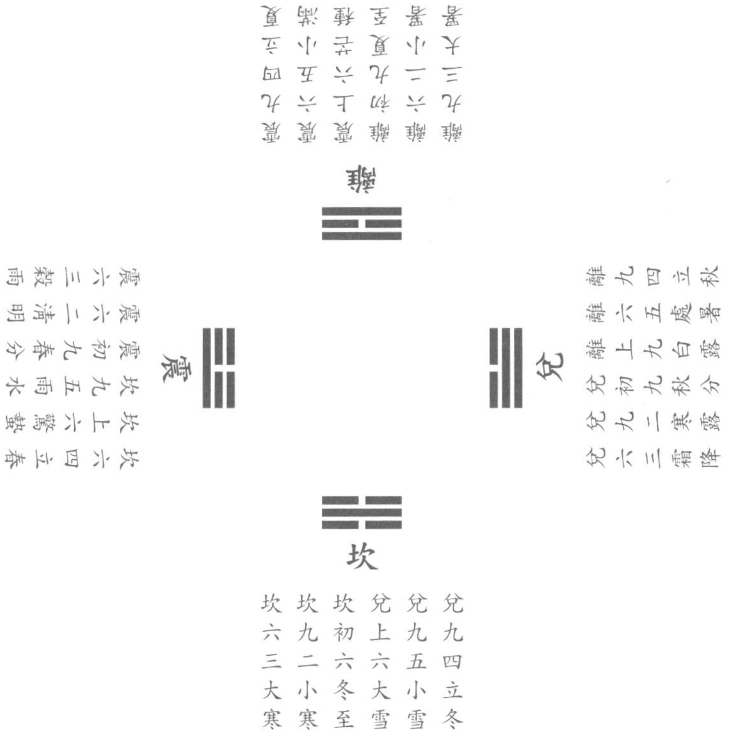

震九四立夏
震六五小滿
震上六芒種
離初九夏至
離六二小暑
離九三大暑

離

坎六四立春
坎上六驚蟄
坎九五雨水
震初九春分
震六二清明
震六三穀雨

震

兌

離九四立秋
離六五處暑
離上九白露
兌初九秋分
兌九二寒露
兌六三霜降

坎

兌九四立冬
兌九五小雪
兌上六大雪
坎初六冬至
坎九二小寒
坎六三大寒

【그림 1】 4정괘도

13 위와 같은 책, p.181.

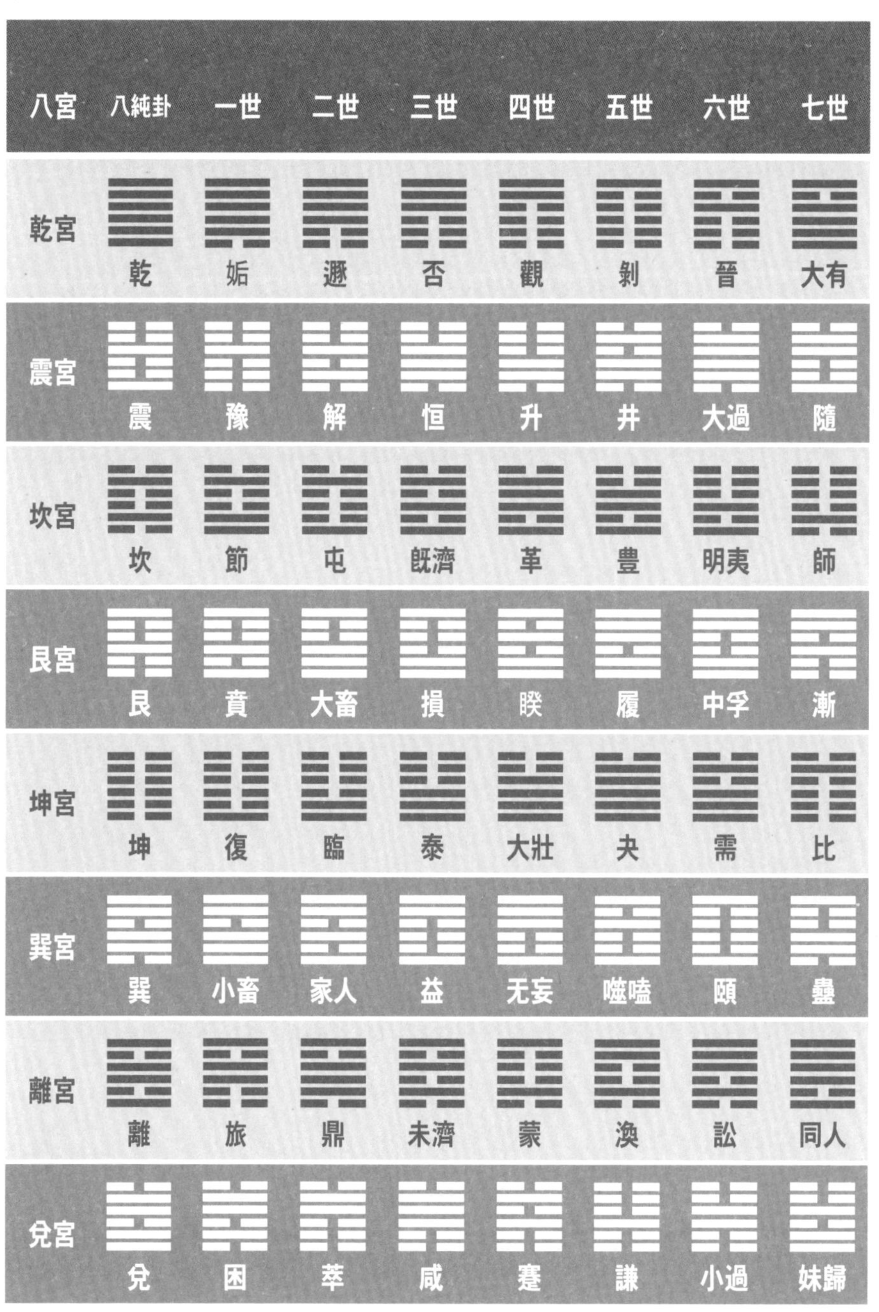

八宮	八純卦	一世	二世	三世	四世	五世	六世	七世
乾宮	乾	姤	遯	否	觀	剝	晉	大有
震宮	震	豫	解	恒	升	井	大過	隨
坎宮	坎	節	屯	旣濟	革	豊	明夷	師
艮宮	艮	賁	大畜	損	睽	履	中孚	漸
坤宮	坤	復	臨	泰	大壯	夬	需	比
巽宮	巽	小畜	家人	益	无妄	噬嗑	頤	蠱
離宮	離	旅	鼎	未濟	蒙	渙	訟	同人
兌宮	兌	困	萃	咸	蹇	謙	小過	妹歸

【그림 2】 팔궁괘도

이어「건착도乾鑿度」,「건곤착도乾坤鑿度」,「통괘험通卦驗」,「계람도稽覽圖」등으로 구성된《역위易緯》가 나오는데 동한시대의 정현鄭玄, 순상荀爽, 우번虞翻등이 종전의 괘기설을 발전시키고,《역위》를 인용하여《주역》을 해설하는 여러 학설을 내었다. 특히, 육덕명陸德明의《경전석문經傳釋文》에 따르면 우번虞翻이《주역참동계》를 주하였다는 설이 있다.[14]

2.《주역참동계》의 상수역학

《참동계》에는《주역》의 내용이 직접 인용되거나 변형시킨 부분이 다수 있다. 예를 들어 21장의 "黃中漸通理(황중점통리)"가《주역·곤괘坤卦·문언文言》에서 인용된 것이고, 41장의 "乾剛坤柔(건강곤유)"는《잡괘전》에서, 61장의 "無平不陂(무평불피)"는《주역·태괘泰卦》에서, 63장의 "乾動而直(건동이직) … 坤靜而翕(곤정이흡)", 45장의 "動靜有常(동정유상)", 80장의 "法象莫大乎天地兮(법상막대호천지혜)", 42장의 "君子居其室(군자거기실), 出其言善(출기언선), 則千里之外應之(즉천리지외응지)", 45장의 "… 剛柔斷矣(강유단의)"등은 모두《계사전》에서 인용된 문구들이다.

이러한 의리학義理學적 관점 외에 상수역학적 관점이 내외단의 측면에서 핵심적으로 사용되었는데 아래와 같이 정리할 수 있다.

① 건곤감리乾坤坎離 – 정로약물鼎爐藥物설

《주역·계사》에 이르기를 "건곤이 이뤄지고, 역이 그 가운데 행해졌다."[15] 하였다. 이는 세상만물이 태극에서 음양으로 나아감에 있어 천지天地라는 장場이 먼저 존재해야함을 말한 것이다. 단법에 있어서도 건곤에 비유되는 솥과 화로가 필수요건으로 설명된다. 외단으로는 정로鼎爐가 되지만 내단입장으로는 머리의 니환궁泥丸宮이 솥[鼎(정)]이고, 복부 하단전은 화로[爐(로)]가 된다. 이는《설괘전》의 설명과도 일치하는 부분이다.[16] 니환궁은 흔히 상단전과 같은 것으로 다뤄지는데 하단전이 화로가 되어 불기운

14 최형주해역,《주역참동계》, 자유문고, 2001, p.7.

15 "乾坤成列, 而易立乎其中矣"

16 "乾爲首, 坤爲腹"

을 나타내는 부분은 명문화命門火와 유관한 것으로 자세한 내용은 후술하겠다.

건곤이 솥과 화로인데 반하여 감리는 약물로 설명된다. 외단에서 약물이란 수은과 납, 단사丹砂와 황금 등이 그것이다. 이러한 것들이 내단과 외단 양쪽을 설명할 수 있도록 연홍鉛汞, 용호龍虎로 비유되었다. 연단술에 있어서 약물을 이용함은 마치 밥을 짓는데 있어서 물과 쌀을 넣고 불을 조절하는 것과 유사하다. 그런 의미에서 좋은 물과 쌀을 재료로 사용해야 하는 것처럼 약물은 그 중요성이 적지 않다. 내단적 입장에서 보자면 감리는 인체의 원신元神과 원정元精, 혼魂과 백魄, 화기火氣와 수기水氣를 뜻한다.

《주역참동계》에서는 "감괘와 리괘가 휑하니 드넓은 틀을 이루어 구르는 바퀴통과 바른 축이 된다[坎離匡廓, 運轂正軸].", "역이란 감과 리를 말하는데, 이것들은 건과 곤의 두 작용이다. 두 작용은 정해진 효의 위치가 없이 육허를 두루 유행한다[易謂坎離, 坎離者, 乾坤二用。二用無爻位, 周流行六虛].", "감괘에 들어있는 戊는 달의 정기이고, 리괘에 들어있는 己는 해의 빛인데, 해와 달은 곧 역이 된다[坎戊月精, 離己日光, 日月爲易]."라고 하고 있다. 건곤이 체라면, 감리는 용이 되는 것이다.

이러한 감리는 해와 달을 상징하는데 해와 달은 건곤이 지상에 드러내는 음양의 가장 대표적인 현상이다. 이러한 해와 달의○ 비유는 서양 연금술 전통에서도 '해를 삼키는 사자'와 같은 비유로 빈번하게 사용된다. 건곤의 교감을 통해 감리가 생기는 것[17]은 자연에서 인간으로, 선천에서 후천으로 변화함을 상징한다. 도가의 단법이 추구하는 궁극적 목적이 장생불사長生不死, 반노환동反老還童이라고 보았을 때 이를 완성하기 위해서 선천의 순수한 건체乾體로 회복하려고 하는 것이다. 결국 인체의 정과

17 건곤교구乾坤交媾를 통해 건의 양효가 곤으로 들어가 감괘를, 곤의 음효가 건으로 들어가 리괘를 만든다.

신, 혼과 백을 결합시켜 허공에 합하는 것이 수련의 요체이며, 단법을 역행의 도라고 부른 이유이기도 하다.

② 월체납갑설月體納甲說

경방에 의해 창안되었고, 동한에 와서는 《주역참동계》를 지나 우번에 의하여 발전하여 8괘의 각 효마다 60갑자 모든 간지가 배당된다. 《주역참동계》는 이 이론을 응용하여 13장의 "三日出爲爽(삼일출위상), 震庚受西方(진경수서방)。八日兌受丁(팔일태수정), 上弦平如繩(상현평여승)。十五乾體就(십오건체취), 盛滿甲東方(성만갑동방)", 14장의 "十六轉受統(십륙전수통), 巽辛見平明(손신견평명), 艮直于丙南(간직우병남), 下弦二十三(하현이십삼), 坤乙三十日(곤을삼십일)", 15장의 "壬癸配甲乙(임계배갑을), 乾坤括始終(건곤괄시종)"처럼 달이 뜨거나 지는 방위와 달의 모양을 8괘와 10천간이 배합되는 모습에 맞추어 놓았다. 이것을 특히 '월체납갑설'이라고 하는데, 역시 연단 과정에서 겪게 되는 화후를 상징적으로 설명하기 위한 것이다.

경방의 납갑설을 채용한 것을 넘어서 달의 모양에 맞춘 것이 《참동계》의 특징인데 유독 달의 변화를 위주로 한 것은 태양에 비해 눈에도 잘 보이고, 모양변화도 쉽게 관찰되기 때문이었을 것이다. 달을 이용해서 만든 달력인 태음력이 먼저 생긴 것도 그런 이유였다. 또한 달이 점점 자라 보름달이 되고, 그믐을 지나 합삭이 되어 사라지는 모습은 음양소장의 변화를 잘 나타낸다는 점에서 더욱 매혹적이다.

태음력을 기반으로 태양력을 가미한 태음태양력을 통해서 보면 달의 변화에 고대 동양인들이 얼마나 민감했다는 것을 알 수 있다. 양생에 있어서도 달의 변화주기에 맞춰 시행했었는데 호남성 장사 지방의 분묘에서 출토된 마왕퇴 의서 〈벽곡식기편辟穀食氣篇〉에 보면 음식을 먹지 않는 대신 석위石韋와 질質[18]을 먹어야 한다고 하였다. 또한 "초하루에는 질을 먹

---

18 석위는 《신농본초경》에 "소모성 발열, 사기를 치료한다"고 하면서 중품에 배속하였고, 《명의별록》에서는 "소모성질환에 보익하고, 오장을 편안히 하며, 악풍을 제거하고, 정기를 북돋는다"고 하였다. 《포박자. 선약》에서는 "곡식을 끊을 수 있다"고 하여 벽곡을 행할 때 석위의 보익작용을 활용한 것으로 보인다.

고, 하루가 더해질 때마다 분량을 늘려가고, 보름이 되면 늘리기를 멈춘다. 보름이 지나면 양을 줄여 그믐이 되면 다시 처음으로 돌아간다. 달과 더불어 진퇴를 함께 한다."[19]고 하여 달의 변화에 맞춰 양을 조절하였다. 그만큼 달의 변화가 당시의 사람들의 양생과 섭식에 있어 중요한 기준이 된 것만은 틀림없다.

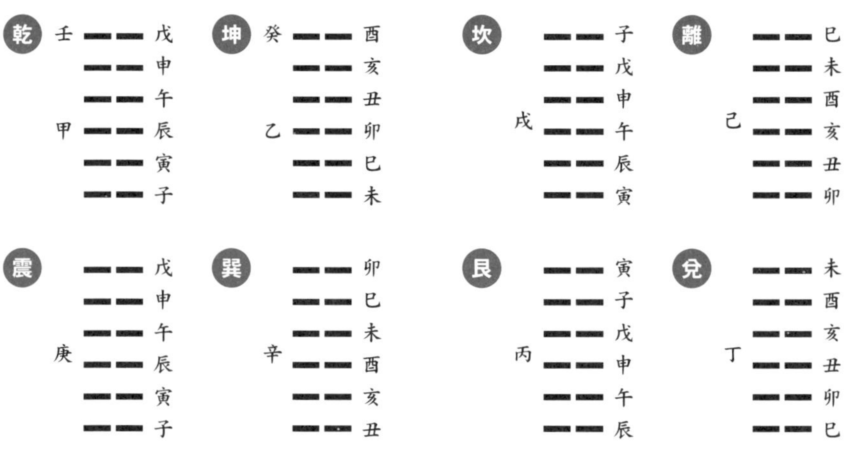

【표 1】 팔괘납갑도

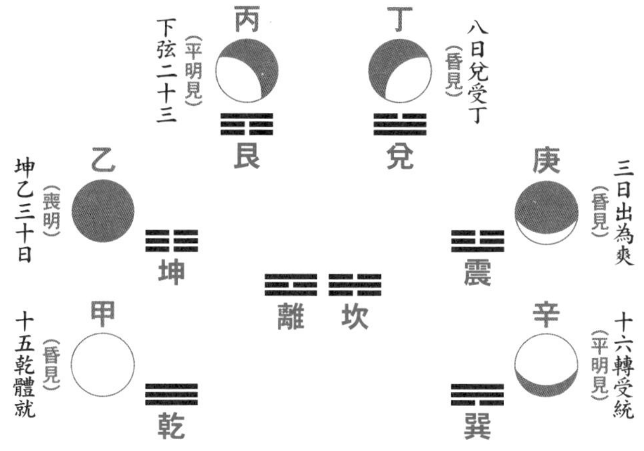

【그림 3】 월체납갑도

질은 석위의 즙, 석위의 특정부위라는 학설도 있지만 매달 그에 해당하는 음식을 말한다. 12달로 배속하면 12가지 음식이 되어 12식이라고 하는데, 《주례》와 《월령》에서는 3개월 단위로 분류하여 질을 정하였다.

19 주일모저, 김남일, 인창식 공역, 《고대중국의학의 재발견》, 법인문화사, 2000, p. 264./"朔日食質. 一駕一節. 旬五而止. 旬六始銚. 日□一節. 至晦而復質. 與月進退."

위의 월체납갑도를 날짜와 달의 모양을 중심으로 다시 정리하면 다음과 같다.

	초승달	상현달	보름달 望月 Full moon	월식		하현달	합삭 合朔 New moon	일식
날짜(음력)	2~4일	7~8일	15일	보름달에서 일어난다	16~20일	22~23일	30~1일	합삭에서 일어난다
달의 위치	서쪽하늘	남쪽하늘	동쪽하늘		서쪽하늘	남쪽하늘		보이지 않는다
방위	庚方	丁方	甲方, 壬方	戊方	辛方	丙方	乙方, 癸方	己方
팔괘	☳ 震卦	☱ 兌卦	☰ 乾卦	☵ 坎卦	☴ 巽卦	☶ 艮卦	☷ 坤卦	☲ 離卦
효상	初九潛龍 陽氣造端	九二見龍 和平有明	九三夕惕 虧折神符		九四或躍 進退道危	九五飛龍 天位加喜	上九亢龍 戰德于野	
내단화후	陽火가 일어나는 시작	陽火가 절반 이루어짐	陽火가 원만해짐		陰符가 이어지기 시작	陰符가 절반 이루어짐	陰符가 결실을 맺음	
뜨는 시각	06시	11시	18시		17시	23시	05시	

【표 2】 달의 모양과 납갑 종합[20]

③ 납지설納支說

납갑설과 함께 경방이 창시한 것으로 괘의 6효에 오행의 지지를 붙인 것이다. 《참동계》 42장에 "屯以子申(둔이자신), 蒙用寅戌(몽용인수)。 餘六十卦(여륙십괘), 各自有日(각자유일)"이라 하여 60괘 화후를 납지로 설명하였다. 경방의 이러한 납지설은 소강절의 《철판신수鐵板神數》나 청대의 《복서정종卜筮正宗》에도 영향을 미쳐 육효점의 가장 중요한 기본이론이 되었다. 자세한 지지배속은 위의 【표 1】 팔괘납갑도를 참고한다.

④ 12 소식괘消息卦 화후설

서한 맹희가 제창한 괘기설의 대표적인 것이 12 소식괘설인데, 후한의 순상, 우번에 의해 계속 사용되었다. 괘의 효에서 양이 자라면서 음이 녹여

20 본래 《참동계》에서는 일식과 월식에 관한 설은 없지만 팔괘와 방위를 배속함에 있어서 확장시켜 적용해보았다. 월식은 어둠속에 보름달이 숨어 있어 감괘에, 일식은 개기일식의 경우 태양의 테두리가 보이면서 안이 어두우므로 리괘에 배속한 것이다. 내단화후는 《주역참동계발휘》의 유염의 설을 채용하였다.

나가는 모습과 음이 성해지면서 양을 밀어내는 모습에 의거하여 64괘 가운데에서 12괘만을 뽑아내어 1년 12달에 배합시켜 놓은 것이다. 음양 소장변화가 정연하여 12벽괘辟卦라고 하며, 다산 정약용의 《주역사전周易四箋》에 의하면 풍택중부風澤中孚괘와 뇌산소과雷山小過괘와 더불어 괘변의 중심이 되는 모괘母卦라 보았다.[21]

卦	復	臨	泰	大壯	快	乾	姤	遯	否	觀	剝	坤
六爻	䷗	䷒	䷊	䷡	䷪	䷀	䷫	䷠	䷋	䷓	䷖	䷁
月	11	12	정	2	3	4	5	6	7	8	9	10
季節	겨울		봄			여름			가을			겨울
陰陽	1陽生	2陽生	3陽生	4陽生	5陽生	皆陽	1陰生	2陰生	3陰生	4陰生	5陰生	皆陰
地支	子	丑	寅	卯	辰	巳	午	未	辛	酉	戌	亥
律呂	黃鐘	大呂	太簇	夾鐘	姑洗	仲呂	蕤賓	林鐘	夷則	南呂	無射	應鐘

【표 3】 12소식괘消息卦

실제 《참동계》에서 표현된 내용을 살펴 보면 다음과 같다.

49장의 "朔旦為復, 陽氣始通。出入無疾, 立表微剛。黃鍾建子, 兆乃滋彰。播施柔暖, 黎蒸得常。"은 지뢰복地雷復괘를 표현한 것이고, 50장의 "臨爐施條, 開路生光。光耀漸進, 日以益長。丑之大呂, 結正低昂。"는 지택림地澤臨괘를 표현한 것이다. 51장의 "仰以成泰, 剛柔並隆。陰陽交接, 小往大來。輻輳于寅, 進而趨時。"는 지천태地天泰괘를, 52장의 "漸歷大壯, 俠列卯門。榆莢墮落, 還歸本根。刑德相負, 晝夜始分。"는 뇌천대장雷天大壯괘를, 53장의 "夬陰以退, 陽升而前。洗濯羽翮, 振索宿塵。"은 택천쾌澤天夬괘를, 54장의 "乾健盛明, 廣被四鄰。陽終于巳, 中而相干。"은 중천건重天乾괘를, 55장의 "姤始紀序, 履霜最先。井底寒泉, 午為蕤賓。賓伏于陰, 陰為主人。"은 천풍구天風姤괘를, 56장의 "遯世去位, 收斂其精。懷德俟時, 棲遲昧冥。"은 천산

21 다산은 이러한 이유로 14벽괘라 하였다.

周易參同契

돈天山遯괘를, 57장의 "否塞不通(부색불통), 萌者不生(맹자불생)。陰伸陽屈(음신양굴), 毁傷姓名(훼상성명)。"은 천지비天地否괘를, 58장의 "觀其權量(관기권량), 察仲秋情(찰중추정)。任畜微稚(임축미치), 老枯複榮(노고복영)。薺麥萌蘖(제맥맹벽), 因冒以生(인모이생)。"은 풍지관風地觀괘를, 59장의 "剝爛肢體(박란지체), 消滅其形(소감기형)。化氣既竭(화기기갈), 亡失至神(망실지신)。"은 산지박山地剝괘를, 60장의 "道窮則返(도궁즉반), 歸乎坤元(귀호곤원)。恒順地理(항순지리), 承天布宣(승천포선)。"은 중지곤重地坤를 의미한다.

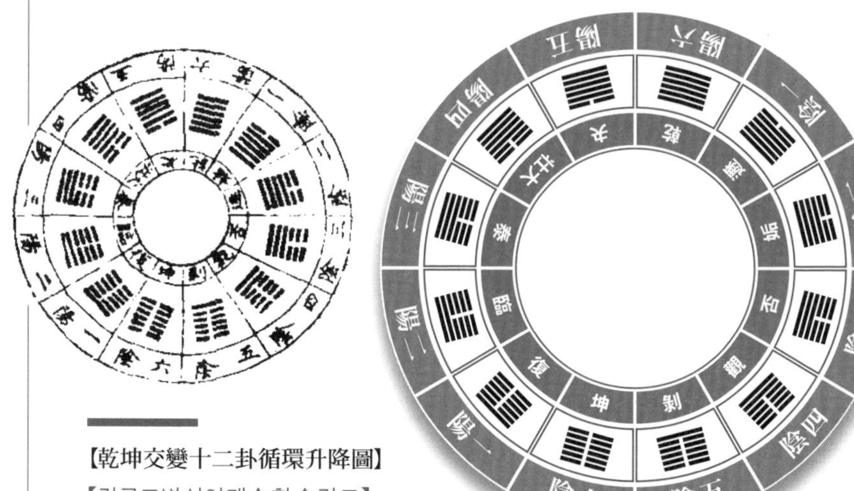

【乾坤交變十二卦循環升降圖】

【건곤교변십이괘순환승강도】

『道藏』「易外別一中」(文物出版社)20冊 316쪽

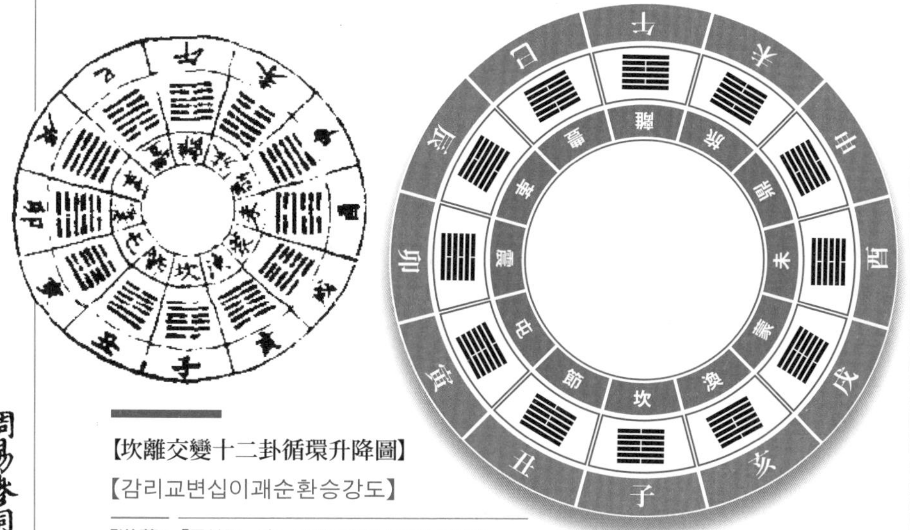

【坎離交變十二卦循環升降圖】

【감리교변십이괘순환승강도】

『道藏』「易外別一中」(文物出版社)20冊 316쪽

12 소식괘는 《참동계》의 단법화후에 있어서 핵심적인 이론이라 할 수 있는 진양화進陽火, 퇴음부退陰符의 모델로 사용되었다. 《주역참동계분장통진의》의 주에서 보면 "1년을 12월로, 1일을 12진으로 비유하는 것은 음양진퇴의 화부火符를 돌리고, 건곤, 감리의 精氣와 합해서 돌고 돌아 다시 반복하여 묘한 쓰임이 끝이 없는 것을 뜻한다. 이로 인하여 聖女와 靈男이 神室에서 음양을 교류하고, 용을 드날리고, 호랑이를 굴복시켜, 어미의 자궁에서 혼백이 교류하니 이는 신령스러운 변화로 모난 것이 없으며, 순수한 것을 화생하는 것이다."[22]라고 하여, 교류와 순환의 의미가 중요함을 강조하였다.

⑤ 주야 60괘 화후설

《참동계》에서는 대성괘 건곤감리괘를 제외하고, 나머지 60괘를 서괘전의 순서에 따라 하루에 2괘씩 낮과 밤에 배속하였다. 3장의 "朔旦屯直事, 至暮蒙當受, 晝夜各一卦, 用之依次序。"와 4장의 "既未至晦爽, 終則復更始, 日辰為期度, 動靜有早晚。"이 그것이다.

유일명의 《주역천진周易闡眞》 〈정로약물화후전도鼎爐藥物火侯全圖〉를 보면 "건은 위에서 솥이 되고, 곤은 아래에서 화로가 되며, 감리는 약물이 되어 네 괘가 밖에 펼쳐져 음양의 풀무를 상징한다. 나머지 60괘는 둔, 몽을 처음에 두고 기제, 미제로 끝마쳐 안쪽에 늘어놓았으니 아침저녁의 화후를 상징한다. 둔이란 양기가 음속에서 움직이는 것이요, 몽이란 양기가 음속에 빠지는 것이다. 기제는 음양이 이미 합한 것이요, 미제는 음양이 사귀지 못하는 것이다. 양기가 처음 동함에 양을 돕는 것은 양화를 나아가게 하려는 것으로 아침의 공이요, 양기가 빠짐에 양을 기르는 것은 음부를 운행함이니 저녁의 공이다."[23]라고 하였다.

22 "比喻一年十二月, 一日十二辰, 運陰陽進退之火符, 合乾坤坎離之精氣, 周而復始, 妙用無窮, 因使聖女靈男, 交陰陽於神室, 飛龍伏虎, 媾魂魄於母胞, 是以神變無方, 化生純粹者也."

23 "以乾在上爲鼎, 坤在下爲爐, 坎離居中爲藥物, 四卦列之於外, 以象陰陽之橐籥. 其餘六十卦, 屯蒙爲始, 既未爲終, 列之於內, 以象朝暮之火候. 屯者, 陽氣動於陰中也; 夢者, 陽氣陷於陰中也. 既濟者, 陰陽已合也; 未濟者, 陰陽不交也. 陽氣初動卽扶陽, 所以進陽火, 朝之功也;

日	1	2	3	4	5	6	7	8	9	10	11	12	13	14	15
아침	屯	需	師	小畜	泰	同人	謙	隨	臨	噬嗑	剝	无妄	頤	咸	遯
저녁	蒙	訟	比	履	否	大有	豫	蠱	觀	賁	復	大畜	大過	恒	大壯
日	16	17	18	19	20	21	22	23	24	25	26	27	28	29	30
아침	晉	家人	蹇	損	夬	萃	困	革	震	漸	豊	巽	渙	中孚	既濟
저녁	明夷	睽	解	益	姤	升	井	鼎	艮	歸妹	旅	兌	節	小過	未濟

【표 4】 주야晝夜 60괘

즉, 건곤감리가 정로약물로 작용한다면 나머지 60괘가 아침저녁으로, 시시각각으로 화후를 지킨다는 것이다. 주야 60괘 표에서 아침 괘에 해당하는 屯, 需, 師 … 渙, 中孚, 旣濟까지의 30괘는 진양화進陽火를 의미하고, 저녁 괘에 해당하는 蒙, 訟, 比 … 節, 小過, 未濟까지의 30괘는 퇴음부退陰符를 의미한다. 내단용어로서 진양화는 단전의 양기가 독맥을 타고 니환궁까지 올라가는 것을 말하고, 퇴음부는 니환궁에 발생한 음기가 임맥을 타고 하단전까지 내려오는 것을 말한다. 양이 나아가고, 음이 물러나는 이러한 순환은 12소식괘의 변화와 같다고 볼 수 있다.

《참동계》 5장의 "春夏據內體, 從子到辰巳, 秋冬當外用, 自午訖戌亥"를 보면 초하루의 아침과 저녁괘인 둔屯, 몽蒙괘에 지지地支를 붙여 하루의 시간변화를 넘어서 계절에 대한 설명으로 이어진다.

⑥ 주역과 유가회통儒家會通

《참동계》 35장에서는 "若夫至聖, 不過伏羲, 始畫八卦, 效法天地。文王帝之宗, 結體演爻辭。夫子庶聖雄, 十翼以輔之"라 하여 복희씨, 문

陽氣有陷卽養陽, 所以運陰符, 暮之功也."

왕, 공자 이렇게 3명의 성인을 들면서 주역의 연원인 유가儒家를 존숭하였다. 실제 11장의 "仲尼讚鴻濛, 乾坤德洞虛"은 태초의 원기가 얼마나 중요한지, 건곤의 덕이 그와 같이 커서 텅빈 듯 하다는 의미로 공자의 견해를 인용하였다. 이처럼 유가의 성인들을 흠모한데에서 더 나아가 44장의 "孝子用心, 感動皇極"과 같이 효제충신孝悌忠信사상도 반영하였다.

제3절 황노사상黃老思想

《참동계》가 지어졌던 후한 시기는 황노도黃老道가 유행하기 시작한 무렵으로 황노도의 여러 가지 사상이 《참동계》에 영향을 끼쳤다. '黃老'는 黃帝와 老子의 합성어인데 당시에는 도가道家와 같은 의미로 쓰였다. 초기에는 정치사상의 성격을 주로 띠다가, 나중에는 치신양성治身養性에 역점을 두고 老子사상과 각종 方術 그리고 음양오행 이론 등을 결합하는 경향을 보인다.[24] 엄밀히 도교와 도가는 종교와 사상이라는 측면으로 구분된다. 하지만 역사적 변천과정을 살펴보면 도교와 도가는 융합되는데 전국시대의 방선도方僊道와 양한시기의 황노도가 장각의 황건태평도黃巾太平道, 장릉의 오두미도五斗米道를 통해 점차 교단을 가진 종교집단으로 발전하는 것이 그것이다.[25] 즉 도가의 정치사상은 양생설과 더해지고, 종교 신앙과 점차 결합해나가고, 이러한 과정을 통해 장생長生사상과 불사不死사상이 도가의 중요한 목표로 자리 잡게 되는 것이다.

《참동계》에서 황노사상의 영향을 받은 부분을 찾아보면 우선, 2장의 "牝牡四卦, 以為橐籥"이 《도덕경》 5장의 "天地之間 其猶橐籥乎"에서 유래된 것으로 천지의 쓰임이 텅 빈 속에서 소리가 나는 피리와 같다는 의미로 건곤감리괘에 적용시켰다. 8장의 "以無制有, 器用者空"구절을

24 김성환, 〈黃老道 연구: 사상의 기원과 사조의 계보〉, 《도교문화연구》 27집, 2007, p. 36-37.

25 이원국 지음, 김낙필, 이석명, 김용수, 나우권 옮김, 《내단 심신수련의 역사 1》, 성균관대학교 출판부, 2006, p. 27-38.

보면 《도덕경》 11장의 "埏埴以爲器 當其無 有器之用, 鑿戶牖以爲室 當其無 有室之用, 故有之以爲利 無之以爲用"과 상통하고, 무위無爲와 허심虛心을 강조한 구절이다. 20장의 "視之不見, 近而易求"가 있는데 이 구절은 《도덕경》 14장의 "視之不見 名曰夷"라는 구절과 상통하며, 내면에서 진리를 찾아야 함을 설했다. 22장의 "上德無為, 不以察求, 下德為之, 其用不休"는 《도덕경》 38장의 "上德無爲而無以爲, 下德爲之而有以爲"구절과 상통하는데 무위자연無爲自然사상을 의미한다. 23장의 "知白守黑, 神明自來"는 《도덕경》 28장의 "知其白, 守其黑, 爲天下式, 爲天下式, 常德不忒, 復歸於無極."이라는 구절과 상통하는데 대립되는 두 측면을 모두 이해해야 함을 주장한 구절이다. 25장의 "先天地生, 巍巍尊高"는 《도덕경》 25장의 "有物混成 先天地生 寂兮寥兮, 獨立不改 周行而不殆 可以爲天下母, 吾不知其名 字之曰道"라는 구절과 상통하는데 천지가 생기기 전의 원기元氣를 말한다. 66장의 "反者道之驗, 弱者德之柄"은 《도덕경》40장의 "反者 道之動, 弱者 道之用, 天下萬物生於有 有生於無."와 상통하여 진리가 역설적인 데에 있음을 표현하였다. 89장의 "近在我心, 不離己身, 抱一毋舍, 可以長存"은 《도덕경》 10장의 "載營魄抱一 能無離乎"와 상통하여 자신의 마음을 떠나지 않고 하나로 모으는 것을 설명하였다.

이렇게 《도덕경》의 구절을 직간접적으로 인용하는 것을 넘어서 직접적으로 황노사상의 연원을 드러낸 곳도 있다. 《참동계》 85장의 "黃老用究, 較而可御"와 89장의 "引內養性, 黃老自然, 含德之厚, 歸根返元", 40장의 "古記顯龍虎, 黃帝美金華"가 그것으로 대역大易, 노화爐火와 함께 《참동계》의 사상적 연원으로서의 황노사상을 설명하는 장들이다. 또한, 27장의 "前却違黃老, 曲折戾九都"에서도 삿된 방향으로 잘못된 수련을 했을 경우에 황노사상의 본뜻에 위배된다고 경고하고 있다. 20장의 "內以養己, 安靜虛無"는 황노사상과 함께 내단 수련의 기본자세를 잘 설명한 구절이며, 41장의 "四者混沌, 徑入虛無"또한, 건곤감리의 4가지 기운이 서로 혼합되어 허무의 경지로 들어간다고 하여 황노사상이 잘 드러난다.

《참동계》를 기반으로 하여 후대에 발달된 연단술의 전개과정을 보면 외단술보다는 내단양생술이 더욱 번성하게 되는데 이는 노화爐火사상에서 유래되었다기 보다는 황노사상에서 유래된 것이 맞다. 황노사상을 단순히 철학적 체계로만 이해했을 때에는 이러한 사상적 연원이 적절하지 않을 수 있지만 내단의 성명쌍수적 수련과정은 실제 황노사상에서 유래된 것이 많기 때문이다. 특히 《도덕경》을 치국의 문제보다 치신양생治身養生의 문제임을 강조한 〈하상공장구河上公章句〉가 그러한 관점을 잘 내포하고 있다. 《도덕경》 3장의 "마음을 비우고, 배를 채운다[虛其心, 實其腹]."는 구절을 예로 보아도 잡념을 다스리면서 아랫배의 단전에 기를 모은다는 내단술의 구체적인 기법과 유사하다. 성명쌍수의 연원으로써의 가치가 명확한 것이다.

대역, 황노, 노화사상을 회통하는게 《참동계》의 본뜻이라고 했을 때 감리의 약물을 이용하여 선천의 건곤으로 돌아가는 것이나, 무위無爲와 허심虛心으로 허무한 태초의 자연으로 돌아가는 것이나, 외단적으로 단사를 가열하여 영원불멸의 황금을 만드는 것이나, 내단적으로 원정元精과 원신元神을 결합시켜 허공에 합하는 것이나 모두 동일한 하나의 경지를 목표로 한다고 하겠다. 이러한 목표는 황노사상에서 추구하는 '虛無'로 귀결될 수 있다고 필자는 생각한다.

제4절 의학사상

《주역참동계》를 구성하는 대역사상과 황노사상, 노화爐火사상들은 모두 한의학의 이론과 실천에 많은 영향을 미친 영역이다. 《동의보감》처럼 《참동계》의 이론을 직접적으로 인용한 부분도 있지만 역학부분에서는 장경악張景岳, 이천李梴, 당종해唐宗海 등으로 대표되는 의역학醫易學이론이 대표적이다. 의역학은 주역의 음양, 오행, 팔괘, 간지이론 등을 이용하여 의학의 생리와 병리를 해석하는 학문으로서, 난해하다고 여기지는 운기학도 유래가 같은 분야이다. 황노사상은 《황제내경》의 주된 사상으로 한의학의 양생법이 무위자연無爲自然과 천인상응天人相應으로 대표되도록 하였다.[26] 노화爐火사상은 외단적으로는 《신농본초경》, 《본초강목》과 같은 본초분야에 많은 영향을 주었다. 이러한 본초학적인 지식을 바탕으로 단사丹砂와 운모雲母, 석유황石硫黃 등을 이용한 단약들이 방제에 이용되면서 한의약의 범위를 넓히는데 크게 기여하였다. 내단적으로는 단전이론, 인체발생론, 노화老化이론, 양생이론 등에 영향을 주었고, 새로운 분야를 개척하였다. 특히 단전이론은 한의학의 삼초三焦, 기가氣街이론과 유사하여 연구해볼 가치가 풍부하다. 이외에도 천인상응의 원칙에 입각하여 천문天文과 결합된 양생사상, 윤리도덕적인 가치에 대해서도 드러낸 바가 크다.

1. 한의학과 도가사상

한의학의 뿌리를 설명하는 기록 중에 가장 많이 인용되는 것은 《황제내경 소문》의 〈이법방의론異法方宜論〉이다. 여기서는 지역에 따라 다른 치료법이 있다는 관점에서 서술되었는데 동쪽에서는 폄석이 발달하여 옹양癰瘍을 사혈법으로 치료하고, 서쪽에서는 독약으로 속병을 치료하며, 북쪽은 뜸[灸焫]으로 냉병을 치료하고, 남쪽은 아홉 가지 침으로 치료하

26 이러한 양생법은 《황제내경》 〈상고천진론上古天眞論〉, 〈사기조신대론四氣調神大論〉등에 드러난다.

며, 마지막으로 중앙은 도인안교導引按蹻로 치료한다고 하였다. 이렇게 치료법을 중심으로 하는 분류와는 달리 내용이 각각 다른 저작물들을 통해 한의학의 역사와 분파를 설명할 수도 있다. 한의학을 대표하는 서적으로는 우선 《황제내경》, 《신농본초경》, 《난경》, 《상한론》을 꼽을 수 있다. 이중에서 한의학의 바이블이라고 할 수 있는 《황제내경》은 의약의 원리와 침구의 구체적인 내용이 황노학과 도가적 관점에서 서술되었다. 반면에 《신농본초경》은 전형적인 도가적 관점의 본초서적으로 외단술의 대표적인 약물인 단사丹砂가 첫머리에 등장하고, 많은 약물의 성질이 불로장수와 연년익수에 초점을 맞춰 분석되었다. 고대 한의학을 대표하고, 수많은 의가들이 의경醫經으로 받들었던 두 서적이 전형적인 도가사상을 내포하고 있다는 점은 한의학의 뿌리가 선도仙道에서 유래되었다는 《의학집요醫學輯要》의 주장[27]에 타당성을 부여한다.

물론 이러한 관점이 항상 환영받아온 것은 아니다. 조선후기 동무 이제마東武 李濟馬에 의해 저술된 《동의수세보원》이나 18세기 일본의 대표적인 고방파인 요시마스 토도吉益東洞가 저술한 《의사혹문醫事或問》등을 보면 《상한론》의 처방과 원리는 믿고 따를 수 있지만, 《황제내경》을 위시로 한 도가성향의 의서는 참고만 할 뿐 의학의 본질이 아님을 명확히 하였다.[28]

하지만 황노사상과 도가학설은 한의학의 중요한 생리학설인 장부학설, 경락학설이 처음 비롯된 근원이고, 손사막孫思邈, 도홍경陶弘景과 같이 의학과 내단수련을 함께 했던 이들이 실제 많았다는 점에서 무시할 수 없는 가치가 있다. 더욱 중요한 사실은 한국을 대표하는 의학서적인 《동의

27 송점식찬, 《의학집요》, 대경출판사, 1992, p.31.

28 《동의수세보원》 〈의원론〉에 의하면 "영추와 소문이 황제를 가탁한 것을 보면 가히 괴상하고, 황당하지만 오장육부, 경락, 침법, 수양론등을 드러낸 공이 있으니 다 믿지는 말되 참고는 하자"고 하였다. 《의사혹문》에 의하면 "고금의 의사에는 질의, 음양의, 선가의라는 세 부류가 있는데 편작, 중경과 같이 병독을 찾아 적절한 처방으로 병을 없애는 이가 질의, 병을 보지 않고, 음양오행과 상생상극으로 억측하는 이가 음양의, 기와 연단을 복용하는 이는 선가의라 하였다. 이중에서 질의만이 진정한 의사"라고 하였다.

보감》이 '身形, 精, 氣, 神'이라는 기본 구조에서부터 도가적인 관점에서 저술되었고, 선불일체仙佛一體를 표방한 南宗 내단파의 개념들이 《금단정리대전金丹正理大全》의 인용을 통해 전해졌다는 점이다.[29] 이는 성리학을 정통으로 보고 여타 학문을 이단으로 취급했던 조선조의 시대적 상황과 대조해 보았을 때 매우 이례적인 일이다. 이러한 사실은 한의학이 갖는 도가적 근원과 도가의학의 예방의학적 가치가 만들어낸 결과로 추측할 수 있다.

2. 《동의보감》과 《주역참동계》

《동의보감》에 도가의학의 내용이 주된 위치를 차지하게 된 데에는 《동의보감》편찬에 참여했던 정작鄭碏의 역할이 컸음은 널리 알려진 사실이다. 정작은 《용호결龍虎訣》로 유명한 정북창鄭北窓의 동생으로 조선 단학파의 중요한 구성원인 온양溫陽 정씨鄭氏집안 출신이다.[30] 실제 《동의보감》에 인용된 도가서적을 살펴보면 《주역참동계》를 비롯해서 《금단문답金丹問答》, 《금단정리대전金丹正理大全》, 《서산기西山記》, 《선경仙經》, 《오진편悟眞篇》, 《운급칠첨雲笈七籤》, 《주후방肘後方》, 《진고眞誥》, 《청정경淸靜經》, 《취허편翠虛篇》, 《동신진경洞神眞經》, 《포박자抱朴子》, 《황정경黃庭經》(이상 가나다순)등이 있다. 중국과 달리 한국에서는 외단을 추종했던 학자가 거의 없었는데, 《동의보감》 또한 송대 이후의 내단사상이 주로 표현되었다. 특히 〈내경편內景篇〉의 '內景'은 《황정내경경黃庭內景經》에서 차용된 것으로 보이는데 《황정경》은 위진년간에 성립된 것으로 인체는 하나의 완전한 신들의 세계이며, 인체의 각 기관은 이 신들이 머무르는 집으로 인식했던 수련서이다.[31]

《동의보감》에 인용된 《참동계》내용을 보면 우선 〈내경內景 · 권일

29 허준지음, 동의문헌연구실 옮김, 진주표주석, 《신대역동의보감》, 법인문화사, 2007, p. 5.

30 정재서, 《한국 도교의 기원과 역사》, 이화여자대학교 출판부, 2006, p. 194.

31 성호준, 〈《동의보감·내경편》의 도교사상 고찰〉, 《대한한의학원전학회지》 13권 1호, 2000, p. 255-256.

卷一 신형身形〉의 '形氣之始' 조문에 "參同契註曰 形氣未具曰鴻濛 具而未離曰混淪 易曰 易有太極 是生兩儀 易猶鴻濛也 太極猶混淪也 乾坤者太極之變也 合之爲太極 分之爲乾坤 故合乾坤而言之謂之混淪 分乾坤而言之謂之天地 列子曰 太初氣之始也 太始形之始也 亦類此"라 인용된다. 여기서는 포일자抱一子 진현미陳顯微가 주해한 《주역참동계해周易參同契解 · 권상卷上》와 《열자列子》 〈천서편天瑞篇〉의 내용이 인용된 것으로, 조문상으로는 11장의 '于是, 仲尼讚鴻濛, 乾坤德洞虛, 稽古當元皇'을 주해한 부분이다. 2번째 인용문은 〈身形〉의 '背有三關' 조문에 "參同契註曰 人身氣血往來循環于上下 晝夜不停 猶江河之水東流至于海而不竭 殊不知 名山大川孔穴皆相通也 水由地中行 蓋循環相往來也 日月之行亦然"으로 등에 있는 미려관尾閭關, 녹로관轆轤關, 옥침관玉枕關을 통과하는 기운의 흐름이 마치 자연에서 볼 수 있는 강의 흐름과 같다 하였다. 〈내경內景 · 권일卷一 기氣〉'氣爲呼吸之根' 조문에서는 《참동계》 7장의 원문을 직접적으로 인용하여 "參同契曰二用無爻位周流行六虛"라 하였다. 여기서는 음양의 작용이 들숨과 날숨으로 표현되어 태식법과 같은 호흡법으로 연결된다.

3. 《주역참동계》의 본초학적 가치

《참동계》의 외단이론을 바탕으로 다양한 광석지제를 이용한 약제화가 시도되었다. 이 가운데에는 금이나 은을 만들려는 시도와 같이 귀금속으로의 변환을 꿈꾼 것도 있지만 단약을 통해 진인을 이루려는 시도가 주된 것처럼 대부분 의약학적 관점이 포함되었던 것이다. 이러한 약물학적 연구는 불노장생과 같은 예방의학적 관점과 살균, 살충, 소종지통消腫止痛, 수렴지혈收斂止血 등의 내복, 외용적 효능을 이용한 질병치유의 관점으로 나뉘어졌다.

① 예방의학적 약물연구

도가적인 성격을 가장 뚜렷하게 드러낸 본초서적은 《신농본초경》이다. 약물을 나열한 순서나 약물의 개개 효능을 적은 부분에 있어서도 불노장생不老長生과 연년익수延年益壽에 치중한 흔적이 보인다. '不老'라는 효능을 기재한 본초로는 玉泉, 丹沙, 空青, 曾青, 白青, 扁青, 石膽, 礬石, 青芝, 赤芝, 黃芝, 白芝, 黑芝, 紫芝, 松脂, 柏實, 箘桂, 牡桂, 麥門冬, 女萎, 乾地黃, 遠志, 落石, 蓍實, 奄閭子, 漏蘆, 白蒿, 析蓂子, 蘭草, 青蘘, 女貞實, 石蜜, 蜂子, 蒲陶, 蓬蘽, 胡麻, 麻蕡, 雌黃, 龍眼, 鹿茸 등 40개의 약물이다. 특히 몸을 가볍게 하고, 늙지 않도록 한다[輕身不老]는 표현을 쓰는 경우가 많다. 《신농본초경》에 자주 등장하는 예방의학적 효능은 '不老'이외에도 '益氣', '神仙不死', '耐老', '輕身延年', '不飢不老', '和顏色', '堅筋骨', '不忘', '明耳目', '利關節'등으로 표현되었다.

후대의 모든 본초학자들이 이러한 《신농본초경》의 도가적인 내용을 그대로 받아들이지는 않았다. 《상한론》적인 관점에서 《신농본초경》을 해석한 청대의 의가, 추주鄒澍는 《본경소증本經疏證》에서 단사丹砂에 언급된 '輕身, 益壽, 不老, 神僊'에 대해 언급하기 어렵다고 하면서 중경仲景과 같이 精神과 魂魄에 관한 문제는 氣血에 귀납시켜 치료하면 저절로 해결된다고 하였다.[32] 중금속이 함유된 광석지제를 오래 복용하여 신선이 될 수 있다고 서술한 《신농본초경》의 비현실적인 내용에 대하여 보다 객관적인 시각을 유지하고 있다고 보여진다.

하지만 면역력을 기르고, 노화를 막아 질병없이 건강하게 장수하는 것이 의학의 주요과제가 되고 있는 지금, 이러한 천연물은 중요한 소재가 된다. 게다가 단사와 같은 중금속을 있는 그대로 쓰는 것이 아니라 인체에 적합하게 법제하는 것에 보다 중요한 포인트가 있는 점을 감안하면 외단에 쓰인 광석지제에 대한 보다 구체적인 연구가 필요하다 할 수 있다.

32 추주지음, 임진석 옮김, 《본경소증》, 대성의학사, 2001, p. 7.

② 질병치유적 약물연구

광석지제의 본초학적 이용에 대해서는 외단학설의 분석에서 실례를 들었는데 실제 다양한 처방에 응용되었다. 각각의 약물에는 인체에 유독한 독성을 완화시키고, 효과를 극대화시키기 위해 정교한 법제과정이 뒤따르는 것 또한 사실이다. 유황硫黃을 이용한 금액단金液丹이 대표적인 처방인데 대부분의 광석지제들이 독성이 강해 내복용도보다는 외용으로 흔하게 처방되었다. 외용으로 사용된 약물들의 주요 효능은 살충해독殺蟲解毒, 소종정통消腫定痛, 화부생기化腐生肌, 수렴지혈收斂止血, 배농排膿이었고, 각종 창양瘡瘍, 종독腫毒, 개선疥癬 및 눈, 귀, 코, 인후의 병증에 이용되었다. 응용방법 또한 고첩膏貼, 도말塗抹, 훈증熏蒸, 세洗등의 방법이 각각의 부위와 형식에 맞게 처방되었다.[33]

이러한 광석지제에 대한 현대의학적 연구가 암치료에 있어서 접목된 것으로는 비소화합물이 대표적이다. 비소화합물은 한의학에서 비황砒黃, 비석砒石, 신비信砒, 신석信石, 비상砒霜이라 불리우며, 화학식은 As_2O_3이다. 오래전부터 비소화합물에 대한 연구가 있어왔지만, 삼산화비소As_2O_3를 법제한 육산화비소As_4O_6가 항암효과에 있어서 보다 효과적이라는 2004년 연구가 있다.[34] 작용기전으로는 세포주기억제, 혈관생성억제, 활성산소증가 등을 통해 세포사멸효과를 가져와 항암효과에 이르는 것으로 보고되고 있다.[35] 실질적인 상용화부분은 임상실험의 결과에 따르겠지만 예부터 사용되어온 처방을 신약화하는 것에 가능성이 있음을 보여주는 사례라 할 수 있다.

---

33 신민교, 《원색임상본초학》, 영지사, 1992, p. 704.

34 Yong Wook Kim 외, 〈Comparison of As_2O_3 and As_4O_6 in the Detection of SiHa Cervical Cancer Cell Growth Inhibition Pathway〉, 《Cancer Research and Treatment》 2004 Aug; 036 (04): p. 255-262.

35 Myung Jin Park 외, 〈Tetraarsenic oxide, a novel orally administrable angiogenesis inhibitor〉, 《한국원자력연구소 연구논문집》, 2003 (2004. 8), p. 610-615./In-chul Park 외, 〈Tetraarsenic oxide induces apoptosis in U937 leukemic cells through a reactive oxygen species-dependent pathway〉, 《한국원자력연구소 연구논문집》, 2003 (2004. 8), p. 604-609.

광석지제를 이용한 처방에 대한 분석을 해보면 다음과 같다. 처방내용과 효능은 《동의보감》을 근거로 하였다.

처방	약물/성분	처방약물	처방효능
1.옥호환玉壺丸	웅황雄黃 As_2S_3	밀가루 120g, 반하(생것), 천남성(생것) 각각 40g, 천마, 백출 각각 20g, 석웅황(수비한 것) 14g. 白愘三兩, 半夏生, 南星生各一兩, 天麻, 白朮各五錢, 雄黃水飛三錢半	治痰厥頭痛, 眩暈
2.촌금정자寸金錠子	자황雌黃 As_2S_2 비황砒黃 As_2O_3	모려분, 홍등근, 건칠 각각 20g, 등황, 석웅황(웅황), 자황, 유황, 경분, 분상, 사향, 비상(구운 것), 황단 각각 4g. 牡蠣粉, 紅藤根, 乾漆各五錢, 藤黃, 雄黃, 雌黃, 硫黃, 輕粉, 粉霜, 麝香, 砒霜枯, 黃丹各一錢	治痔疾痔漏
3.금액단金液丹	유황硫黃 S	유황 400g 硫黃十兩	治久寒痼冷及吐利日久身冷脈微
4.오복화독환 五福化毒丸	자황雌黃 As_2S_2 비황砒黃 As_2O_3	현삼 40g, 길경 32g, 인삼, 적복령, 마아초 각각 20g, 청대 10g, 감초 4g, 사향 2g, 금박, 은박 각각 8장. 玄參一兩, 桔梗八錢, 人參, 赤茯苓, 馬牙硝各五錢, 青黛二錢半, 甘草一錢, 麝香五分, 金箔, 銀箔各八片	治熱疳多生瘡癤及痘瘡餘毒口齒出涎血, 臭氣, 或雀目夜不見物
5. 백배환百倍丸	동銅 Cu	파고지, 우슬, 구판 각각 40g, 육종용, 호골 각각 20g, 목별자, 유향, 몰약, 자연동 각각 8g. 破故紙炒, 牛膝酒洗, 龜板酥炙各一兩, 肉蓯蓉, 虎骨各五錢, 木鱉子, 乳香, 沒藥, 自然銅火煅醋淬九次各二錢	治腎虛腰腿痛及折傷挫閃有百倍之功
6. 포담환抱膽丸	납鉛 Pb	흑연 100g. 黑鉛二兩半	治一切癲癎風狂或因驚怖所致
7. 훈비방熏鼻方	주석錫 Sn	흑연, 수은 각각 4g, 주사, 유향, 몰약 각각 2g, 혈갈, 석웅황웅황, 침향 각각 1.2g. 黑鉛, 水銀各一錢, 朱砂, 乳香, 沒藥各五分, 血竭, 雄黃, 沈香各三分	治楊梅天疱瘡熏鼻甚奇

처방	약물/성분	처방약물	처방효능
8. 연연진인탈명단 淵然眞人奪命丹	석담石膽 $CuSO_4$	석웅황(웅황) 12g, 섬소, 유향, 몰약, 동록 각각 8g, 혈갈, 담반, 한수석 각각 4g, 경분, 사향, 용뇌 각각 2g, 달팽이 21개, 오공 1개 雄黃三錢, 蟾蝨乾則酒化, 乳香, 沒藥, 銅綠各二錢, 血竭, 膽礬, 寒水石各一錢, 輕粉, 麝香, 龍腦各半錢, 蝸牛二十一箇連穀用, 蜈蚣一條酒灸	專治一切發背陰疽丁瘡惡瘡無名腫毒服之便起發有頭不痛者服之便痛已成者服之立愈此乃惡證藥中至寶也
9. 환정자금단 還睛紫金丹	강사硇砂 NH_4Cl	봉밀 80g, 노감석 40g, 황단 24g, 오적골 4g, 강사, 사향 각각 2g, 백정향 1g, 경분 0.4g. 白蜜二兩, 爐甘石一兩火襚十次淬水中浸半日, 黃丹水飛六錢, 烏賊魚骨一錢, 硇砂細研水飛入磁器中重湯煮令自乾, 麝香各五分, 白丁香二分半, 輕粉一分	治痔疾痔漏
10. 소단환燒丹丸	붕사硼砂 $2B_4O_7 \cdot H_2O$	태음현정석 ,경분 각각 4g, 분상, 붕사 각각 2g. 太陰玄精石, 輕粉各一錢, 粉霜, 鵬砂各五分	治一切癲癎風狂或因驚怖所致
11. 서죽당화담환 瑞竹堂化痰丸	반석礬石 $I(SO_4)_2 \cdot H_2O$	반하, 천남성, 생강, 백반, 조협 각각 160g을 함께 사기그릇에 담고 물을 부은 다음 천남성에 있는 흰점이 없어질 때까지 달여서 주염열매조협는 버린다. 여기에 청피, 진피, 갈근, 소자 , 신국, 맥아, 산사, 나복자, 향부자, 행인 각각 40g 半夏, 南星, 生薑, 白礬皁角各四兩同入砂鍋內水煮以南星無白點爲度去皁角不用入青皮陳皮乾葛蘇子神麴麥芽山査肉蘿挙子香附子杏仁各一兩	治酒痰消食快脾順氣
12. 목유산木萸散	융염戎鹽 NaCl	모과, 오수유, 소금 각각 20g. 木瓜, 吳茱萸, 食鹽各五錢	治藿亂吐瀉肢體轉筋逆冷
13. 삼화탕三和湯	초석硝石 KNO_3, $NaNO_3$, $Ca(NO_3)_2$	생건지황, 백작약, 천궁, 당귀, 연교, 대황, 박초, 박하, 황금, 산치자, 감초 각각 2.8g. 生乾地黃, 白芍藥, 川芎, 當歸, 連翹, 大黃, 朴硝, 薄荷, 黃芩, 梔子, 甘草各七分	治熱結血閉

처방	약물/성분	처방약물	처방효능
14. 운모고雲母膏	운모雲母 $X_2Y_4\sim 6Z_8O_2(OH,F)_4$	운모, 염초, 감초 각각 160g, 홰나무가지, 버드나무가지, 진피, 상백피, 측백잎, 수은 각각 80g, 천초, 백지, 몰약, 적작약, 육계, 당귀, 염화, 황기, 혈갈, 석창포, 백급, 천궁, 목향, 백렴, 방풍, 후박, 사향, 길경, 시호, 송진, 인삼, 황금, 백출, 용담초, 합환, 유향, 부자, 복령, 양강 각각 20g, 황단 540g, 참기름 1,500g. 雲母, 宵硝, 甘草各四兩, 槐枝, 柳枝, 陳皮, 桑白皮, 側栢葉, 水銀各二兩, 川椒, 白芷, 沒藥, 赤芍藥, 肉桂, 當歸, 鹽花, 黃芪, 血竭, 菖蒲, 白芨, 川芎, 木香, 白歛, 防風, 厚朴, 麝香, 桔梗, 柴胡, 松脂, 人參, 黃芩, 蒼朮, 草龍膽, 合歡, 乳香, 附子, 茯苓, 高良薑各五錢, 黃丹十四兩, 淸油二斤半	凡癰疽瘡腫外貼內服神效
15. 자석양신환 磁石養腎丸	자磁 Fe_3O4	자석 120g, 천궁, 백출, 천초, 조육, 방풍, 백복령, 세신, 산약, 원지, 오두, 목향, 당귀, 녹용, 토사자, 황기 각각 40g, 육계 26g, 숙지황 80g, 석창포 60g. 磁石三兩䃜再用瘳白木通各三兩轡同水煮一伏時取石硏水飛二兩, 川芎, 白朮, 川椒, 棗肉, 防風, 白茯苓, 細辛, 山藥, 遠志, 川烏, 木香, 當歸, 鹿茸, 兎絲子, 黃芪各一兩, 肉桂六錢半, 熟地黃二兩, 石菖蒲一兩半	治諸般耳聾補虛開竅行鬱散風去濕
16.적석지우여량탕 赤石脂禹餘糧湯	태을우여량 太乙禹餘糧 $Fe_2O_3\cdot 2H_2O$	적석지, 우여량 각각 10g. 赤石脂禹餘粮各二錢半	治少陰證下利不止當治下焦宜用
17. 석영산石英散	자석영 紫石英 CaF_2	자석영 40g, 당귀, 마편초, 잇꽃, 오매육 각각 20g, 봉출, 삼릉, 소목절 각각 12g, 몰약, 호박, 감초 각각 4g. 紫石英醋焠一兩, 當歸尾, 馬鞭草, 紅花炒, 烏梅肉各五錢, 蓬朮, 三稜 㧓醋炒, 蘇木節各三錢, 沒藥, 琥珀, 甘草各一錢	治石瘕
18. 태을신정단 太乙神精丹	증청曾青	주사, 증청, 자황, 석웅황(웅황), 자석 각각 160g, 금아석 100g. 丹砂, 曾靑, 雌黃, 雄黃, 磁石各四兩, 金牙二兩半	治客忤, 癨亂, 尸疰, 惡氣, 顚狂, 鬼語, 蠱毒, 妖魅, 溫瘧, 一切惡毒, 無所不治

【표 5】 외단처방 분석

4. 내단이론의 장부론적 해석

① 《참동고》의 장부론

《주역참동계》를 주석한 서적 중에 특히 눈에 띄는 것이 있다면 바로 서명응의 《참동고》이다. 《참동고》를 이루는 여러 가지 특징 중에 하나가 바로 의학적인 관점이고, 마치 《동의수세보원》에서 주장하는 사장四臟 이론과 유사한 논리전개가 주목을 끈다. 《동의수세보원》에서는 중앙의 태극으로서 心이라는 마음을 두고, 사방에 폐, 비, 간, 신의 4장기가 배열되는 것으로 해석한 반면 《참동고》에서는 건, 곤, 감, 리의 4정괘가 각각 금, 토, 수, 화의 오행속성을 가지는 것에 맞춰 폐, 비, 신, 심의 4장기를 배속하였다.[36] 여기서 중요한 것은 건곤에 짝 지워진 폐장과 비장이 정기精氣를 운행시키고, 감리에 짝지워진 심장과 신장이 혼백魂魄을 운행시킨다는 점이다. 그것이 이후에 분류되는 정로, 약물과 수련의 대상이 되는 精, 氣, 神, 丹 등과 밀접하게 연관되어 변화되는 것으로 보인다.

사정괘	오행	장기	정로와 약물	수련의 대상
건괘	金	폐장	솥뚜껑[鼎蓋]	氣
감괘	水	신장	솥과 화로[鼎爐]	精 · 氣 · 神
리괘	火	심장	약물[藥物]	精 · 氣 · 神
곤괘	土	비장	솥[鼎器], 뜻[意]	精 · 神 · 丹

【표 6】 괘상과 수련이론

《참동계》 16장의 "乾坤用施行, 天地然後治。可得不愼乎"에 대한 [참동고]의 주석을 보면 "건곤의 쓰임이란 용구, 용육이다. 위 문장에서 이미 추측할 수 있는 법을 밝혀놓았다. '乾元用九, 天下治'라는 문장은 폐는

36 "人以體質言之則肺脾二臟爲乾坤之經, 心腎二臟爲坎離之緯, 以運行言之則氣精二物爲乾坤之經, 魂魄二物爲坎離之緯" - 해석은 "사람의 체질로 말하자면 폐장, 비장은 건곤의 經이 되고, 심장, 신장은 감리의 緯가 된다. 운행하는 것으로 말하자면 氣와 精은 건곤의 經이 되고, 혼백은 감리의 緯가 된다."로 《참동고》1장 1절의 내용이다.

오장에서 하나의 작용도 없지만 단지 離火와 坎水에 의해서 작용한다는 것이다. 하늘높이 자리 잡고 위로 스스로 움직여 조화를 부리지 않으면서, 리괘의 해나 감괘의 달이 승강왕래하여야 九六의 건곤이 그 변화를 이루게 된다. 그러므로 건곤은 용구와 용육 없이는 변화할 수 없는 것이 바로 건곤의 일이다. 肺脾는 離火와 坎水가 없이는 운행할 수 없으니 그것이 폐비의 기운이다."[37]라고 하였다. 폐와 비장이 건곤의 역할로 솥뚜껑과 솥의 역할을 하며 그 안에서 감리의 수화가 작용한다는 것을 실제 폐의 생리기능 또한 심신의 승강작용에 의해 추동됨을 예를 들어 설명하였다. 더욱 눈에 띄는 것은 이러한 건곤의 쓰임인 用九, 用六이 감리의 작용이라고 말한 부분이다.

또한, 《참동계》 17장의 "御政之首, 管括微密, 開舒布寶"구절에 대한 주석으로 "사람의 몸에서 폐장은 영위를 소도消導시켜 아래로 내려가게 하고, 腎精으로 갈무리하여 위로 상승시키니, 이것이 그 상이다."[38]라고 한 부분을 보면 역시 폐장이 영위의 기를 운행시킴으로써 신정의 순환 상승에 중요한 역할을 함을 설명하였다. 여기에 대해서는 18장에서도 "文昌統錄, 詰責台輔, 百官有司, 各典所部"구절을 주석하면서 문창성이 肺金에 비유되고, 心腎이라는 약물을 운행하는 요체가 됨을 설명하였다. 19장에서는 "執法刺譏, 詰過貽主"에 대한 주석으로 법을 집행하는 것이 간이며 화를 급격히 내서 역상하면 폐를 범하기 때문에 양생에 있어 마음을 고요히 하고, 성내지 않는 것이 중요함을 설명하였다. 이러한 것들이 모두 양생과 수련에 있어서 폐의 중요성을 강조한 구절이라 할 수 있다. 24장의 "髣髴大淵, 乍沈乍浮"에 대한 주석에서는 대연大淵을 소호금천씨小昊金天氏의 음악이라 해석하면서 마찬가지로 영위를 운영하는

37 "乾坤之用卽用九用六是也. 上文旣備言推度之法矣. 此又引乾元用九天下治之文以喩肺於五臟一無作用而但以離火坎水爲其作用者正如天高拱于上不自行造化之事而離日坎月升降往來爲九六於乾坤以成其變化故乾坤無用九用六卽不能變化其乾坤之事. 肺脾無離火坎水則不能運行其肺脾之氣也."

38 "御政之首君也. 微密人心也. … 在人身則肺臟消導榮衛而降之于下管攝腎精而升之于上者, 此之象也."

폐의 금기에 연결시켰다. 이어서 금원사대가중 한 사람인 이동원李東垣의 《동원십서東垣十書》가운데 있는 "元氣之来也，徐而和，细细如绵。邪气之来也，紧而强，如巨川之水不可遏也。"라는 구절을 인용하면서 사기가 긴장되고 강하게 오는데 반해 원기는 천천히 조화롭게 온다는 말과 연결시켰다. 폐금의 원기가 수련중 나타날 때 그러한 형상으로 나타난다는 뜻이다. 37장의 "以金爲隄防，水入乃優遊"구절에서도 인체의 화개華蓋인 폐가 내단에 있어서도 솥뚜껑의 역할을 하여 물이 넘치지 않도록 하는 제방역할을 한다고 보았다.

《참동계》 20장의 "閉塞其兑，築固靈株。三光陸沈，溫養子珠。"를 주석한 부분에서는 '靈株'가 腎精이 순환하여 脾土의 자리인 황정黃庭에 자리잡은 大丹이라 보았다. 신정이라는 약물을 폐기가 이끌어 비토의 자리인 황정에 안착시켜 단을 키우는 것으로 해석한 것이다. 장부론적 관점으로 내단수련의 기전을 설명하는 부분이 매우 인상적이다. 또한 31장의 "黃土金之父，流珠水之母. 水以土爲鬼，土鎮水不起。… 水盛火消滅，俱死歸厚土。三性既合會，本性共宗祖。"구절에 대해서는 중앙의 토가 황정黃庭, 황여黃轝이며, 장부로서는 비장이라 하였다. 모든 것이 비장으로 돌아간다고 했을 때 앞서 말한 '靈株', '子珠'등이 만들어지는 것이라 할 수 있다. 또한, 세 가지 본성을 금, 화, 수로 설정하여 장부로는 폐, 심, 신으로 보았다. 이는 다른 주석서들에서 수, 화, 토로 설정한 것과 차이가 있다. 하지만 내용적 측면에서 봤을 때 세 가지 본성이 어떠한 근원으로 회귀한다는 측면에서 그 근원은 토가 되는 것이 맞다. 대단이 황정에서 맺어지는 것과 같은 이치이다.

《참동계》 24장의 "金爲水母，母隱子胎，水爲金子，子藏母胞"를 주석하면서 오행상생의 원칙상 肺金이 腎水를 생하기 때문에 금이 수의 부모라 하였고, 腎水가 위로 肺金을 자양하므로 어미가 자식의 태를 숨긴다고 하였다. 진액생리에 있어서 金水의 기전과 내단의 기전을 연결시킨 대목이라 할 수 있다.

또한, 같은 24장의 "眞人至妙, 若有若無"를 주석하면서 眞人이 곧 심장임을 말하였다. 인체의 세 가지 보물인 정기신을 단련하는데 있어서 비장의 토기인 精과 폐장의 금기인 氣가 하늘과 땅을 이루고, 그 안에 삼재로서의 사람이 심장의 화기로 神이 되니 진인이라 칭한 것이다. 결론적으로는 폐장과 비장의 운행을 심장이 조절한다는 생리이론을 주장한 것이다. 같은 장 "退而分布, 各守境隅"에 대한 주석에서는 심장이 세세한 기운인 원기를 폐를 통해 간, 비, 신장으로 내려 보내면 해당하는 장기의 기능을 이룬다는 것이다. 즉, 심장이 이러한 통섭작용이 마치 하늘의 해와 같아 매우 중요함을 말하였다.

26장에서는 "旁有垣闕, 狀似蓬壺。環匝關閉, 四通踟躕。守禦密固, 閼絕姦邪。曲閣相通, 以戒不虞"의 구절을 주석하면서 간의 생리를 논하였다. 심장과 간, 신과 혼이 상호작용하여 분노로 인해 간과 신이 함께 손상받을 수 있다고 하였다. 빙 둘러 있는 것이 간의 형상을 본뜬 것이고, 사방으로 통하는 것이 간이 눈을 주관하는 것과 관련있다고 하였다. 간은 또한 모려와 결단을 주관하므로 간사함을 막고, 심장의 신실과 연결되어 능히 굳게 지킨다고 하였다. 또한 37장의 "其三遂不入, 火二與之俱"를 통해서 간이 자주 언급되지 않는 이유에 대해 '三'은 간의 숫자이고, '二'는 화의 숫자인데 肝木은 心火와 함께 다녀 따로 언급하지 않는다고 해석하였다.

26장의 "舉東以合西, 魂魄自相拘"구절에 대해서는 폐와 신, 간과 심장이 서로 연결되어 서로의 생리기능을 유지한다고 해석하였다. 중간에 비장의 뜻[意]이 木火기전과 金水기전을 조절한다고 하여 비장의 역할을 설명하였다.

64장의 "縱廣一寸, 以爲始初"를 해석하는데 있어서는 발생론적 장부론을 제시하였는데 오장이 처음 생하는 초기에 흰 것은 상승하여 폐가 되고, 검은 것은 하강하여 신장이 되며, 그 사이에 가로세로 1촌이 먼저 열리고 닫혀 심장이 된다는 것이다. 여기서도 마찬가지로 금, 화, 수의 작용이 우선이고, 이어서 비장의 등장을 설명하게 된다.

81장에서는 "升熬於甑山兮, 炎火張設下。白虎唱導前兮, 蒼液和於後。朱雀翱翔戲兮, 飛揚色五彩"라는 구절을 해석하면서 시루모양의 산인 '甑山'은 비장에, 밑에서 타오르는 불인 '炎火'는 신장에, '白虎'와 '蒼液'은 각각 폐와 간에 배속하여 폐가 먼저 작용하고, 간이 나중에 작용한다고 해석하였으며, '朱雀'은 심장에 배속하였다. 이후의 문장들로 이들 장기의 상호작용과 문무화후文武火候의 작용을 통한 대단의 형성을 논하였다.

② 종려내단술의 장부론

내단수련의 과정을 장부론적으로 설명한 대표적인 것으로는 종리권, 여동빈의 《영보필법靈寶畢法》, 《종려전도집鍾呂傳道集》이 있다. 《종려전도집鍾呂傳道集》에서는 환단還丹을 논하면서 "금액은 곧 폐액이다. 폐액은 자궁의 태아가 되듯이 용호를 머금어 보살피고, 황정의 속으로 보낸다. 대약이 장차 이루어져 뽑아지면 주후肘後를 날아오르고, 폐액이 상궁으로 들어간다. 이내 아래로 돌아 중단전과 하단전으로 돌아오는데 이를 일러 금액환단이라고 한다."[39]고 하였다. 여기서 주후肘後는 팔꿈치가 아니라 사람의 몸에서 척추의 삼관三關을 하나로 꿰고 있는 독맥을 가리킨다.[40] 즉, 독맥으로 운기되는 폐액이 하단전으로 돌아와 금액환단을 이룬다는 내용이며, 이렇게 하단전에 모인 금액을 금정金晶이라고도 하여 주후비금정肘後飛金晶이라 합칭한다. 또한, "옥액은 신액腎液이다. 신액은 원기를 따라 올라가 심장을 조회하고, 쌓여 금수가 되는데 이것을 들어 올리면 옥

39 "金液乃肺液也, 肺液爲胎胞, 含龍虎保送在黃庭之中, 大藥將成抽之, 肘後飛起, 其肺液以入上宮, 而下還中丹, 自中丹而還下田, 故曰金液還丹也." - 이원국지음, 김낙필외 3명 옮김, 《내단 심신수련의 역사 1》, 성균관대학교 출판부, 2006, p. 593.

40 위와 같은 책, p. 606.

지에 가득 찬다. … 오르지도 내리지도 않고 두루 돌아 다시 순환하면 옥액환단이라고 한다."[41]라고 하였다. 이처럼 폐와 신장의 생리를 통하여 단의 형성을 논하였는데 주후비금정을 통해 하단전으로 돌아온 것이 금액이고, 심장에 이른 신액腎液이 하단전으로 내려온 것이 옥액이라는 것이다. 폐장의 기능을 강조한 부분이라 할 수 있다.

③《황정경黃庭經》의 장부론

《황정경黃庭經》의 장부론적 관점은 책의 제목에 들어있는 '황정黃庭'에서 드러난다. 주미성周楣聲의 《황정경의소黃庭經醫疏》에서는 이러한 내용의 의학적 견해를 제시했는데 황정은 비장 또는 중앙의 자리로 해석 된다.[42] 황정에 대해서는 중맥에 대한 이해에 있어서도 다양하게 나타나는데 중맥이란 인체의 중심을 관통하는 기맥으로 중맥 또한 삼단전과 같이 상황정, 중황정, 하황정으로 나뉜다는 것이다. 자세한 내용은 주석 140에서 설명하였다. 《황정경》에서는 중맥이라는 관점을 차치하고라도 43장 〈폐지장肺之章〉의 "肺之爲氣 三焦起"라는 구절을 비롯해서 삼초와 삼단전의 기능상 유사성을 드러내었고, 여타 주석서에서는 삼단전과 폐, 비, 신의 장부론과의 연관성을 주장하였다.[43]

〈황정장黃庭章〉, 〈심신장心神章〉, 〈폐부장肺部章〉, 〈심부장心部章〉, 〈간부장肝部章〉, 〈신부장腎部章〉, 〈비부장脾部章〉, 〈담부장膽部章〉, 〈간기장肝氣章〉, 〈폐지장肺之章〉등에서 각 장기에 살고 있는 신령의 옷과 색깔, 이름등을 열거하여 다소 무의巫醫적 요소를 띤 내용이 있다. 각각의 장부를 존사存思 또는 존상存想하여 神을 편안케 하는 것이 목표인데 이러한 과정을 통해 보았을 때 《황정경》의 장부론적 내용은 한의학과 매우 밀접하다고 볼 수 있다.

41 "玉液乃腎液也, 腎液隨元氣以上升, 而朝于心, 積之而爲金水, 擧之而滿玉池. … 不升不納, 周而復還, 故曰玉液還丹者也." 위와 같은 책, p. 593

42 최창록,《황정경연구》, 태학사, 2002, p. 102

43 이병서, 〈황정내경경에 관한 연구〉, 대전대학교대학원 박사학위논문, 1998, p. 39, 282

제5절 오행五行 사상

《참동계》에서는 다양한 목적으로 오행개념이 사용되었다. 우선 상수역학으로 화후의 과정을 설명하면서 기본적인 음양, 팔괘, 오행의 관점이 차용되었고, 내단수련의 과정에서 선천의 건체乾體인 금金을 회복하는 과정에서도 오행의 관점이 이용되었다. 오행은 막연히 고대 동양의 사유체계이기도 하지만 내단수련과 같은 다소 신비주의적인 체험을 묘사하기에는 오행의 상징체계가 더욱 효과적이었다. 이러한 부분에 대해서 미르치아 엘리아데는 "상징은 인간의 직접적 체험으로는 밝혀지지 않는 실재의 양태나 세계의 구조를 드러낸다. 예를 들어 물은 형태가 없는 것, 잠재적인 것의 원리로서 모든 우주적 표명의 토대이자 모든 씨앗의 용기로서 모든 형태가 발생하는 원초의 물질을 상징하고 있다"고 하였다.[44] 이 밖에도 태양, 달, 돌, 대지, 나무 등도 각각의 상징적 의미가 있다고 하였는데, 그의 이러한 주장은 왜 《참동계》가 일월, 오행, 팔괘, 28수 등의 상징으로 지어졌는지를 잘 말해준다.

1. 법칙으로서의 오행

먼저 오행학설이 채용된 부분을 보면 6장의 "如是應四時(여시응사시), 五行得其理(오행득기리)", 9장의 "坎戊月精(감무월정), 離己日光(리기일광), 日月爲易(일월위역), 剛柔相當(강유상당), 土王四季(토왕사계), 羅絡始終(라락시종), 青赤白黑(청적백흑), 各居一方(각거일방), 皆稟中宮(개품중궁), 戊己之功(무기지공)", 19장의 "日含五行精(일함오행정), 月受六律紀(월수육률기)", 39장 "推演五行數(추연오행수), 較約而不繁(교약이불번)", 45장 "五行守界(오행수계), 不妄盈縮(불망영축)"등이다. 이 구절들을 보면 사시오행을 통해 자연의 이치를 얻을 수 있다는 점과 일월, 감리의 역학체계에 있어서 토의 중요성을 강조하기도 했고, 오행의 정기가 갖춰진 일월의 이치에 대해서도 설명하였다.

84장에서 "命五相類(명오상류)"라고 한 부분은 오행의 의미가 다분하지만 삼상류三相類라 주장하는 주석서나 판본이 많은 관계로 해설의 여지가 남아있

44 미르치아 엘리아데, 이은봉 옮김, 《종교형태론》, 한길사, 2007, p. 29

다. 삼상류가 대역, 노화, 황노의 3가지 내용을 의미한다면, 오상류는 오행이 만물을 포괄하는 분류체계임을 뜻한다. 《정기가》에서 "審五行, 定銖分"이라고 한 것도 오행이 만물을 관찰하는 주요 도구임을 의미한다.

2. 오행의 분류

23장의 "知白守黑, 神明自來, 白者金精, 黑者水基", "水者道樞, 其數名一", 76장의 "肝靑爲父, 肺白爲母, 腎黑爲子, 心赤爲女, 脾黃爲祖, 子五行始"구절이 있다. 여기서는 오행의 방위에 따른 장부와 색깔배속을 하였다. 토가 만물을 기르고, 子水에서 만물이 시작됨을 말하였고, 金木이 부모에, 水火가 자녀에 배속되었다. 오행의 水 기원설을 엿볼 수 있고, 직접적으로 오행을 언급한 구절이다. 23장의 "五金之主, 北方河車" 또한 외단에 쓰이는 다섯 가지 금속이 오행의 배속을 가지는 것을 뜻하기도 한다. 五色金으로 해석하게 되면 황금(금), 백금(은), 흑금(철), 적금(구리), 청금(납)으로 나눌 수 있고, 내단적으로는 精, 神, 魂, 魄, 意에 비유된다. 본문상의 내용으로 보면 다섯 금속의 으뜸은 금이라는 것으로 이러한 금의 기운이 북방의 수기인 '北方河車'에서 나온다 하였다. 31장 "子午數合三, 戊己號稱五"구절도 오행의 생수生數와 간지를 연결하여 설명한 구절이고, 63장의 "九還七返, 八歸六居"은 오행의 성수成數를 이용한 구절이다.

오행배속은 장부와 색깔에만 국한되는 것이 아니라 용호龍虎라는 상징에서 나타나듯이 사신四神에도 연결된다. 78장의 "玄武龜蛇, 蟠糾相扶"나, 81장의 "白虎唱導前兮, 蒼液和於後。朱雀翱翔戲兮", 82장의 "靑龍處房六兮, 春華震東卯。白虎在昴七兮, 秋芒兌西酉。朱雀在張二兮, 正陽離南午"같은 구절에서 동쪽의 청룡靑龍, 서쪽의 백호白虎, 남쪽의 주작朱雀, 북쪽의 현무玄武, 중앙의 구진句陳 등의 오행원리가 녹아있다.

3. 오행의 상생상극

30장의 "金返歸其母, 月晦日相包"과 39장의 "擧水以激火, 奄然滅光明", 63장 "男白女赤, 金火相拘。則水定火, 五行之初", 71장의 "五行相剋, 更爲父母, 母含滋液, 父主稟與"구절을 보면 오행의 생극이론을 사용했음을 알 수 있다. 여기서 어미라는 것은 토의 坤宮을 말하는 것으로 토생금하였다는 뜻이고, 수로 화를 친다거나 수가 화를 안정시키는 것은 수극화한다는 뜻이다. 68장의 "五行錯王, 相據以生, 火性銷金, 金伐木榮"구절도 화극금, 금극목을 이용한 구절이다. 68장의 "三五與一, 天地至精"과 82장에는 "本之但二物兮, 末而爲三五, 三五並與一兮"라고 하는 구절이 있는데 해석하자면 본래는 두 개의 물건이었다가 마지막에 세 개의 '五土'로 나뉘었고, 이들이 다시 하나로 합쳐진다는 뜻이다. 세 개의 '五土'는 화, 금, 목 또는 금, 수, 토로도 해석되고, 금, 화, 수로도 해석된다. 최초의 두 개의 물건은 음양, 수화를 말하고, 이들이 분화되어 목화, 금수, 토로 나뉘는데 이들의 숫자가 합해져 각각 '5'가 되는 것이다. 다시 화후의 과정을 거쳐 선천의 일기로 되는 과정을 묘사한 것으로 화후를 오행의 관점에서 해석한 것이라 할 수 있다.

제6절 천문天文 사상

'易은 曆이다'라는 말이 있다. 이는 역학이 시간적인 요소를 중요한 매개로 삼고 있다는 뜻인데, 이는 달력를 이루는 원리인 해와 달, 별들의 운동, 즉 천문학이 易과 밀접한 관계라는 것을 의미한다.[45] 또한, '易은 日月이다.'라는 말이 있다. 역이 글자의 형성뿐만 아니라 그 의미에 있어서도 해와 달로 상징되는 음양의 관계라는 의미이다. 이로써 천지일월을 건곤감리로 괘상으로 표현하게 되었다.

역易과 황노사상과 노화爐火사상을 근간으로 하는 《참동계》의 구성상 천문학적 관점은 필수적인 요소라 할 수 있다. 《참동계》에서는 해와 달, 북두칠성, 북극성, 문창성, 삼태성, 사보성과 청룡, 백호, 주작, 현무로 표현되는 28수 등이 언급되어 있는데, 마치 건곤괘와 감리괘를 중심으로 60괘가 주변에서 화후를 상징하듯이, 북극성을 중심으로 한 뭇별들이 화후에 비유된다. 이를 《참동계》에서는 어정御政이라고 하였으며, 마치 임금님이 정사를 하듯 하늘, 인간세상, 몸의 질서가 정연하게 일치한다는 논리를 편다.

1. 해와 달[日月]

고대인들은 태양을 신으로 섬기는 종교적인 의식이 많았는데 이러한 태양숭배는 어느 한 문명의 특징이 아니라 다양한 민족과 문명에서 행해졌

---

45 曆法을 이루는 중요요소 3가지로서 ① 하루를 결정해주는 지구의 자전, ② 한 달을 가르쳐주는 달의 공전, ③ 한 해를 알려주는 지구의 공전 이 있다. 여기에 북두칠성의 방향, 28수, 12궁등이 더해진다.

기준	시간의 단위	달수	날수	시간	분	초
지구 자전	하루	-	1	=24	=1,440	=86,400
달 공전	한달	1	29	+12	+44	+2.9
			한달 = 29.530589 일			
해 공전	한해	12	365	+5	+48	+45.97546
			한해 = 365.24219879 일			

다. 태양은 따뜻함과 밝음을 주기 때문에 생명과 직결되는 의미를 가지게 되고, 태양의 변화에 의한 낮과 밤, 여름과 겨울은 인류의 의식과 문화 형성에 커다란 영향을 주게 되었다. 이러한 태양은 하루하루를 파악하는 데는 좋았지만 한 달의 주기를 얻기는 힘들었다. 그래서 달이 1달 간격으로 모양이 변화한다는데 착안하여 태음력이 만들어지게 되었고, 해와 달은 음과 양을 대표하는 첫 번째 상징물이 되게 된다.

단을 수련함에 있어서 우선 해와 달의 비유를 든다. 《소문 육절장상론素問 六節臟象論》에 보면 "天度者, 所以制日月之行也, 氣數者, 所以紀化生之用也。"라 하였다. '天度'는 일종의 천문학을 뜻하는데 일월을 비롯한 우주의 별을 연구하는 것으로, 십진법을 이용한다. '氣數'는 상수역학의 하나로 일월의 운행을 위주로 연구하지만 2진법을 위주로 사용한다고 본다.[46] 두 가지는 비록 다른 방법과 관점에서 출발한 것이지만 해와 달의 운동을 연구하는데 있어서는 같다.

《참동계》 9장의 "日月爲易, 剛柔相當"이라는 구절은 《주역》에서와 같이 역은 해와 달 그 자체라는 의미가 있고, 10장의 "懸象著明, 莫大乎日月"과 "天地媾其精, 日月相撢持"는 《계사전》을 인용한 것인데, 만물을 대표하는 상징으로서 해와 달만한 것이 없다고 하였다. 30장의 "自開闢以來, 日月不虧明。金不失其重, 日月形如常"라는 구절은 해와 달의 모양과 운행과정이 영원히 계속되듯이 금단 또한 영원하다는 의미이다. 39장의 "日月相激薄, 常在晦朔間"은 해와 달의 교류로 일식과 월식이 일어나듯이 인체의 음양변화 또한 수화의 기운이 교감하여 나타난다는 의미를 가진다. 65장의 "陰陽配日月, 水火爲效徵"은 해와 달이 음양의 대표적인 현상이고, 이는 수화라는 상징으로 연결된다는 의미이다.

80장에 보면 "天地之雌雄兮, 徘徊子與午"라 하였는데 여기서 자와 오를 배회한다는 것은 해의 노선인 황도黃道, 달의 노선인 백도白道를 가리

46 반계명, 《주역참동계해독》, 광명일보출판사, 2004, p. 285.

킨다고 볼 수 있다. 내단적으로는 주천화후과정에서 임독맥을 순환하는 것으로 해석할 수 있다.

2. 북극성과 북두칠성

12장의 "故易統天心"이라는 구절을 보면 하늘의 마음이 곧 북극성이자 나 자신의 마음자리를 뜻한다는 것을 알 수 있다. 옛 천문도에서는 자미원紫微垣이라고도 하여 임금이 사는 곳이라는 뜻의 별자리로 명명하였다. 20장의 "辰極受正, 優遊任下"에서 '신극辰極'은 북극성을 말한다. 28장의 "太一乃召, 移居中洲"에서 '太一'은 太乙이라고도 하는데 별자리에서 나온 이름으로 자미궁紫微宮안에 있는 북극오성의 두 번째 별을 의미한다.

13장의 "消息應鍾律, 升降據斗樞"는 음양의 소식은 종률 피리에 응하고, 승강운동은 북두의 방향에 의거한다고 하였는데 대체로 북두의 자루가 가리키는 방향이 그 달의 월건임을 말하는 것이다. 17장의 "要道魁柄, 統化綱紐"에서 '魁柄'은 북두칠성을 말한다. 27장의 "履行步斗宿"라는 구절을 보면 예부터 바닥에 북두칠성이나 28수의 별자리를 그려놓고 밟으면서 수도를 하는 방법이 있었지만 사도邪道라고 언급하였다. 80장 "循斗而招搖兮, 執衡定元紀"라는 구절 또한 북두의 자루가 가리키는 방향을 강조한 것이다.

3. 28수宿

17장의 "四七乖戾, 誃離俯仰"에서 '四七'은 28수를 말한다. 28수의 어그러짐은 자연 질서가 문란해진 것을 뜻한다. 27장의 "履行步斗宿"에서도 별자리 수宿가 나왔다. 46장의 "始于東北, 箕斗之鄉"에서 '箕斗'는 28수에서 동방의 각항저방심미기角亢氐房心尾箕, 북방의 두우여허위실벽斗牛女虛危室壁의 연결점인 기수箕宿와 두수斗宿를 말한다. 47장의 "昴畢之上, 震出爲徵"에서 '昴畢'은 서방 7수인 규루위묘필자삼奎婁胃昴畢觜參에서 묘수昴宿와 필수畢宿부분을 말한다. 80장의 "河鼓臨星紀兮, 人民皆驚駭"에서 '河鼓'는 두수斗宿와 우수牛宿 사이에 있는 견우성을 가리키고, 같은 장의 "關楗有低昂兮, 害氣遂奔走"에서 '低昂'는 '昂'이 28수중 하나인 '昴'와 유사하여, 동방청룡의 저수氐宿와 서방백호의 묘수昴宿로 보기도 한다. 82장의 "青龍處房六兮, 春華震東卯。白虎在昂七兮, 秋芒兌西酉。朱雀在張二兮, 正陽離南午"구절은 28수를 각 방위별로 설명하는 내용이다.

4. 문창성文昌星, 삼태성三台星, 사보성四輔星

18장의 "文昌統錄, 詰責台輔, 百官有司, 各典所部"구절을 보면 하늘의 임금인 북극성과 북두칠성을 옹위하는 주변 별들을 소개하고 있다.

제7절 한국의 참동계학

한국의 도교적 내단수련 전통은 중국에서 전래되었다는 설과 한국에서 자생하였다는 설이 있다. 한국에서 자생하였다는 설은 그 기원을 단군의 건국과 관련된 신관神觀에 두는데, 한국 고유의 신선사상이라는데 그 의미가 있다. 일찍이 최치원의 「난랑비서문鸞郎碑序文」에서 우리에게 본래 자생했던 신묘한 도가 있었다는 이야기에 근거해서도 자생설은 끊임없이 계속되어 왔다. 자생설이든 전래설이든 《참동계》는 내단수련의 연구에 있어서 중요한 서적이었는데, 본격적인 연구저작물은 조선조 김시습金時習에 의해 시작되었고, 정렴鄭磏, 권극중權克中, 서명응徐命膺등에 의해 다양한 관점에서 연구되었다.

이들의 단학에 대한 연구의 특징은 우선 중국도교의 일반현상과는 달리 외단에 대해서 전혀 인정하지 않고, 오로지 내단수련에 대해서만 연구했다는 사실이다. 또 하나는 삼교합일적 관점이다. 이는 특별히 도교우위적 관점에서 이루어진 것이라기보다는 유, 불, 선의 어느 한쪽에 치우치지 않으려는 시각이 더욱 많았다. 게다가 한국 고유의 신선사상에 대해 추모하고 존숭하는 태도가 그들의 문집 곳곳에서 나타나는 것으로 보아, 삼교를 두루 포괄하고, 내단수련의 관점이 강조된 한민족 고유의 신선사상과 밀접한 관련이 있음을 유추할 수 있다.

1. 김시습金時習(1435~1493)

김시습은 한국의 고소설《금오신화金鰲新話》의 작자로 많이 알려져 있으며 세종 17년(1435)에 태어났다. 자는 열경悅卿, 별호는 매월당 외에도 청한자淸寒子가 있고, 법명으로는 설잠雪岑이 있다. 그는 유불도 삼교의 사상을 비교적 자유롭게 섭렵한 학자로 표면적으로는 성리학자의 면모를 보인 것이 사실이지만 그의 문집인《매월당문집梅月堂文集》을 살펴보면 그의 내단수련에 관한 체험의 깊이가 상당하다는 것이 드러난다. 실제 한무외韓無畏(1517~1610)의《해동전도록海東傳道錄》에서는 최치원이 중국의 내단사상을 전수받은 이후 그 흐름이 고려를 지나 조선의 김시습에게 전해졌다고 적었으며, 홍만종洪萬宗(1643~1725)의《해동이적海東異蹟》에서도 김시습을 조선 내단사상의 선구자로 보고 있다.[47]

1) 김시습의 내단사상

《매월당문집》권 17, 「雜著」에 보면 수련의 3대강령으로 '修眞(수진)', '服氣(복기)', '鍊龍虎(련용호)'를 제시하였다.[48] 그는 갈홍의《포박자》에서 주장한 외단법이 아니라 위백양의《참동계》에서 밝힌 내단법을 받아들인 것으로 보이며, 성명쌍수의 정신이 들어있다고 볼 수 있다.

① 양성養性

김시습은 정신적으로나 육체적으로 무리하는 것을 삼가는 것이 양성의 기본이라고 하였는데, 구체적으로 존삼포일存三抱一의 수련법과 귀심적

---

47 김낙필, 〈권극중의 내단사상〉, 서울대학교 박사학위 논문, 1990, p. 38.

48 김시습,《매월당문집》권 17, "夫神仙者, 養性服氣鍊龍虎, 以却老者也."

묵歸心寂黙의 방법을 제시하고 있다. 존삼포일은 '精氣神'의 셋을 간직하면서, '道'하나를 지키는 것이고, 귀심적묵은 성냄과 원망함을 피하면서 마음을 적연하게 하는 것으로 이를 통해서 장생에 이를 수 있다고 하였다.[49] 존삼포일은 노자의 《도덕경》[50]에서 나오는 개념이고, 귀심적연은 《장자》「재유편在宥篇」에서 황제가 광성자에게 도를 물었을 때 나온 대답을 바탕으로 한다.[51]

② 복기服氣

복기는 다음과 같은 세 가지 방법을 지킨다. 첫째, 번잡한 인연을 끊고 오장의 신을 안정시키며, '言, 行, 坐, 立'을 바르게 함을 지키는 것이다. 둘째, 내관을 통해 기의 흐름을 본다. 셋째, 들이쉬는 숨을 길게 하고, 내쉬는 숨을 짧게 하여 기를 머물게 한다.

③ 련용호鍊龍虎

"용호란 납과 수은이요, 정기란 건곤이요, 문무란 화후이다. 용호를 단련하여 아홉 번 변화해야 단을 이루는 것이다. … 화후라는 것은 정기와 약물을 제하고 나머지 60괘, 즉, 둔괘와 몽괘로부터 기제, 미제에 이르기까지 두루 벌려있어 주천의 화후가 되는 것이다."[52]

이상에서와 같이 용호는 납과 수은이 비유되는 인체내의 수화를 상징한다. 정기는 인체의 머리와 배를, 문무화는 수화의 조절방법으로써 의념이나 호흡을 말한다 할 수 있다. 이러한 내단수련의 원리를 외단적 용어와 주역의 괘상으로 해석하는 것은 《참동계》의 영향이라고 볼 수 있는

---

49 김시습, 《매월당문집》권 17, "夫養性者 莫久立, 莫久行, 莫久坐, 莫久臥, 莫久視, 莫久聽, 其要在存三包一 三者 精氣神也, 一者道也… 중략… 無勞而形, 無搖而精, 歸心寂黙, 可以長生."

50 노자, 《도덕경》10장, "載營魄抱一, 能無離乎." 抱一의 '一'은 순수한 정신을 해석하거나, 우주를 생성하는 근원적 원기로 풀이한다.

51 《장자》〈在宥篇〉, "無勞汝形, 無搖汝精, 乃可以長生."

52 김시습, 《매월당문집》권 17, "夫龍虎者, 鉛汞也, 鼎器者, 乾坤也, 文武者, 火候也. 鉛之凡九轉而成丹 … 火候者, 除鼎器藥物, 其餘六十卦, 自屯蒙以下以至旣濟未濟, 周列鼎於外以爲周天火候."

데 이는 내단사상이 우리나라로 수용되는데 있어서 김시습을 통해 일대 전환을 맞이했음을 의미한다.[53]

2) 김시습의 《참동계》연구

김시습은 《참동계》에서 주로 사용되는 용어인 약물, 정기, 용호, 연홍, 문무화후등을 사용하였는데 《해동전도록》의 기록에도 김시습이 제자 3인에게 전수한 것도 내단법에 관한 것이며, 가장 핵심적인 것은 《참동계》임이 확인된다. 《해동전도록》에 의하면 김시습이 1년 만에 단에 성공하고, "금강산에서 9년간 도를 수련하고 속인이 되어 《천둔검법天遁劍法》과 《연마진결鍊魔眞訣》을 홍유손에게 전하고, 《옥함기玉函記》로써 내단의 요법을 정희량에게 전했으며, 《참동계》와 《용호비지龍虎秘旨》를 윤군평에게 가르쳐주고 속리산에서 입적하였다."고 하였다.[54]

3) 김시습의 성리학적 비판의식과 삼교합일 사상

김시습은 《도덕경》, 《음부경》뿐만 아니라 실천적인 방편을 밝힌 《황정경》, 《참동계》등을 두루 탐구했다고 보여 진다. 나름대로 송대의 체계화된 내단사상을 접했을 뿐만 아니라 그에 대한 연구도 깊은 것으로 추측된다. 하지만 그는 무위자연이나 은둔적 수행법에 대해 비판적이었고, 인의예지仁義禮智를 통한 유가적 실천이야 말로 진정한 정법으로 여겼다. 그래서 복기법, 연용호법 등을 통하여 수명을 어느 정도 늘리는 것은 가능하나, 장생은 불가능하다고 보았다. 차라리 장생을 바라는 구차한 마음보다는 의리실천을 통해 天命(천명)을 즐겁게 받아들이는 것이 바른 도라고 생각한 것이다.[55] 이것이 성리학을 존숭하고, 도교를 이단시한 시대적 제약에서 비롯된 것인지, 실제 유가적인 것을 종지로 삼으려 했는지는 확실하

53 김낙필, 〈권극중의 내단사상〉, 서울대학교 박사학위 논문, 1990, p. 45.

54 《해동전도록》, "金公復入金剛山, 抱一九載乃下人間, 復還俗以天遁劍法, 鍊魔眞訣, 付洪裕孫叉, 以玉函記, 內丹之要, 授鄭希良, 參同契龍虎秘旨, 悉教尹君平."

55 김낙필, 〈권극중의 내단사상〉, 서울대학교 박사학위 논문, 1990, p. 48-49.

지 않다. 하지만 김시습은 궁극적으로 유, 불, 선의 회통을 추구한 사람으로 보는 견해가 많다. 뿐만 아니라 한민족의 고유한 신선사상과 국조단군에 대한 존경, 우리 역사에 대한 자긍심들을 표현한 글들이 많이 있는 것으로 보아 사상적 연원을 최치원이 「난랑비서鸞郎碑序」에서 말한 풍류도에 둔지도 모르겠다.[56]

2. 정렴鄭磏(1506～1549)

정렴은 조선조 중기때 포천현감을 지낸 사람으로 자는 사결士潔, 호는 북창北窓. 내의원제조內醫院提調였던 정순붕鄭順鵬의 아들이다. 유, 불, 선 3교에 폭넓은 식견을 지녔으며, 천문, 의약, 복서, 율려 등에도 두루 해박하였다고 전해진다.[57] 그의 가계도에 의하면 북창 가문에는 대대로 내단수련가들이 배출되었는데, 온양정씨 지평공파의 《파보波譜》에 의하면 북창 정렴의 종형뻘인 계향당 정초桂香堂 鄭礎(1495～1539)와 북창의 동생이면서 《동의보감》의 찬술에도 참여하여 정기신 삼보의 수양을 근본으로 하는 내단적 양생관을 제공한 고옥 정작古玉 鄭碏(1533～1603)을 북창과 더불어 '一家三仙'으로 불렀다고 한다.[58] 정렴은 조선시대의 내단사상사에 있어서 매우 중요한 가치가 있는데, 이유는 그가 실천적 체험을 기반으로 하여 연구 성과를 남겼다는데 있다.

1) 정렴의 도맥

《해동전도록》에 의하면 청한자 김시습이 《옥함기》를 통해 내단의 요법을 정희량鄭希良에게 전하였고, 정희량은 승려인 대주大珠에게 전하였으며, 대주에서 정렴으로 이어진다고 하였다. 북창은 유불선의 합일을 추

56 '《매월당문집》 9권에서 14권까지는 모두 우리 국토를 여행하며 국토의 구석구석에 대한 애정과 단군으로 비롯되는 우리 역사의 심원함을 노래하는 시들이라고 해도 지나치지 않다.' -김남국, 〈조선조 내단수련사상의 전개양상에 대한 연구〉, 서울대학교 석사논문, 1995, p. 55. 또한 김시습은 고대한국사를 다룬 《부도지符都誌》의 서문을 썼다고도 한다.

57 許穆撰, 〈北窓先生行蹟〉, 鄭樂勛 編, 《溫城世稿》, 우문당, 1962.

58 《온양정씨지평공파보》, 〈鄭礎傳〉, "礎與從弟北窓古玉二公, 世稱一家三仙."

구한 내단수련가로 그의 시문 가운데는 산승들과 관련된 것이 많고, 그 자신 만년에 속가에서 벗어나 운둔했던 점등을 보면 대주 화상에게 연단술을 전수 받았다는 것은 나름 신빙성이 있다.[59]

2) 정렴과 《용호결龍虎訣》

북창의 《용호결》은 한무외의 《해동전도록》에 실려있는데, 1980년대에 《해동전도록》의 규장각본이 발견되었다. 1994년에는 《용호결》의 이본異本으로 보이는 《단학지남丹學指南》이 발견되었는데 양은용이 전라남도에서 수련하는 익명의 山人(산인)에게서 복사본을 구하여 학계에 보고하였다.[60] 내용은 같지만 주석의 내용과 편집상에 차이가 있고, 학산 신돈복鶴山 辛敦復(1692~1779)이 1779년(己亥)에 쓴 발문이 더해져 있다.

북창은 《용호결》에서 외단을 배격하고, 내단을 주체로 삼는 입장을 분명히 하였다. 한편 성리학의 비판에 대한 응답으로 역추逆推의 개념을 제시하였다. 내단수련의 본질은 태극에 돌아가는 반본환원反本還原에 있다는 것이다. 북창은 태극을 무로 해석함으로써 성리학과 다른 도교적 시각을 반영하였다.[61]

또한, 북창은 의약에 식견이 많아 관상감, 혜민서 교수를 역임하였다고 하며, 실제 환자치료에 관한 구체적 사례도 전해지고 있다.[62] 이러한 그의 식견과 경험은 《용호결》의 내부에도 적지 않게 영향을 미친 것으로 전해진다. 이진수는 "김시습의 현학적이고, 철학적인 수련법이 북창의 대에 와서 건강을 위한 예방의학적인 면으로 변화되어 가는 과정을 보이고

---

59 양은용, 〈신출《단학지남》과 북창정렴의 양생사상〉, 《도교의 한국적 수용과 전이》, 아세아문화사, 1994 p. 382.

60 같은 책 p. 376.

61 김낙필, 〈북창 정렴의 내단사상〉, 《도교문화연구》 제19집, 2003, p. 74.

62 성수익成壽益의 〈정렴행실〉에서는 임상사례와 더불어 그의 의학적 업적에 대해서도 '수에서는 소강절과 같고, 의에서는 편작과 같다'고 적고 있다. "論其至則於數如康節, 於醫如扁鵲" - 양은용, 〈신출《단학지남》과 북창정렴의 양생사상〉, 《도교의 한국적 수용과 전이》, 아세아문화사, 1994 p. 383.

있다"고 하였는데 이는 그의 풍부한 한의학적 지식이 반영된 것으로 보았다.[63]

3)《용호결》의 내용

정렴의《용호결》은 이론적으로는 유불선의 삼교합일적 시각을 기반으로 내단수행이 기본이 된다는 '내단주체론', 태극으로 돌아가 반본환원한다는 '역추론'을 들고 있다. 한편 내단수련의 구체적이 방법으로는 '폐기', '태식', '주천화후'를 제시하였다.

① 삼교합일적 선불동원론仙佛同原論

정렴은 도교적 수련과 불교적 깨달음, 유교적 인륜의 실천의 세 가지를 조화시키려 하였다. 송기수宋麒壽는 "선가의 방술과 불경에 이르기까지 모두 통찰하여 깨달았으며, 선불교의 돈오와 방외의 화후공부에도 체험하지 않음이 없었다. 더욱 귀중한 것은 아는 바를 폭넓게 하면서도 오로지 성학으로써 마음의 근본으로 세웠다는 것이다."[64]

선가와 불가를 아울러 닦지만 인륜을 중시하는 유학을 바탕으로 하였다는 것이다. 또한 송대 이후의 내단사상에서 엿볼 수 있는 선불동원론을 주장한다. 유교의 성학은 인륜을 중시하나, 선불은 명심견성을 하는데 있어서 유사하다는 것이다.[65]

② 내단주체론과《참동계》

《용호결》에서는《참동계》를 단학의 비조로 받아들이면서 외단을 거부하고, 내단적 입장에서 이해한다. "《참동계》 일편은 실로 단학의 비조로서 돌아보면 역시 천지에 합참하면서 괘와 효에 비유하였으니, 초학자들

63 이진수,《한국양생사상연구》, 한양대학교 출판부, 1999, p. 46-48.

64 吏曹判書宋麒壽撰,〈北窓先生行蹟〉,《溫城世稿》. "至於仙方佛經, 亦皆洞曉, 禪學頓悟方外火候工夫, 無不歷驗, 尤可貴者, 所知旣博, 專以聖學爲立心之本."

65〈北窓先生行蹟〉,《溫城世稿》. "聖學主人倫, 仙佛主明心見性, 此三教所以異, 仙佛大同小異."

이 쉽게 헤아릴 바가 아니다."[66]라고 하여 《참동계》를 높이 평가하였다. 정렴이 김시습의 용호론을 바탕으로 하여 이론을 전개했다고 가정했을 때 김시습의 용호론은 원대 유염(1258~1314)이 지은 《참동계발휘》를 연찬하여 지었으므로, 정렴의 입장에서도 김시습의 용호론뿐만 아니라 중국의 참동계학도 섭렵했을 가능성이 다분하다.[67] 또한, "단을 닦음이 내 호흡 중에 있음을 알지 못하고, 밖으로 금석에서 구하며, 장생을 바라니 도리어 요절하는 이가 많다."[68]라고 하여 내단이 수련의 바른 길임을 나타내었다.

③ 반본환원적 역추론

조선초 정도전은 내단수련이 하늘의 이치에 거역하는 것이고, 인륜을 소홀히 한다고 비판하였는데 정렴의 역추론은 이에 대한 대응으로 주장된 선도수련의 주요논리이다.

"고인이 말하기를 순하면 사람이 되고, 역하면 선인이 된다고 하였다. 무릇 하나가 둘을 낳고, 둘이 넷을 낳으며, 넷은 여덟로 분화되어 64에 이른다. 이렇게 만사로 분화되는 것이 사람의 도이다. 가부좌를 틀고 발을 드리운 듯 입을 다물면서 만사의 어지러운 잡념을 모아서 하나의 없음인 태극으로 돌아가는 것이 선도이다."[69]라고 하여 선도란 선천원기인 태극으로 돌아가는 것일 뿐 하늘의 이치를 거스르는 것이 아님을 주장하였다. 정렴은 하나의 없음인 태극으로 돌아가는 것[歸於一無之太極者]을 《참동계》의 "뜻을 놓아두고 허무로 돌아가게 하며, 무념으로 항상된 마음을 삼는다.[委志歸虛無, 無念以爲常]"라는 내용으로 해석하여, 無를

---

66 "參同契一篇, 實丹學之鼻祖, 顧亦參天地比卦爻, 有非初學者之所能蠡測."

67 김윤수, 〈청한자 김시습의 龍虎或問의 分章校勘〉, 이종은선생고희기념, 《한국도교문화연구론총》, 아세아문화사, 2000, p. 4.

68 《龍虎訣》, 序文, "不知修丹於吾氣息之中, 以外求於金石, 欲得長生, 反致夭折者, 多矣."

69 《龍虎訣》序文. "案古人云, 順則爲人, 逆則爲仙, 盖一生二, 兩生四, 四生八以至於六十四, 分以爲萬事, 此人道也.順推工夫 疊足端坐, 垂簾塞兌, 收拾萬事之紛繞, 歸於一無之太極者, 仙道也.(逆推工夫)"

태극의 본체로 보았다.[70]

④ 폐기閉氣와 태식胎息

폐기는 호흡을 멈추고 기운을 축적하는 것이고, 태식은 외부의 호흡에 의존하지 않고 태아와 같이 내기內氣를 호흡하는 것으로 갈홍의 《포박자抱朴子》에서도 폐기는 태식과 함께 중요한 내련법으로 소개되어 있다. 외부의 기를 중시하는 복기服氣와 달리 내부의 원기元氣를 중시하는 것이다. 《용호결》에는 현빈일규玄牝一竅라는 개념이 나오는데 전통적으로 내단수련의 중요한 관문으로 인식되는 개념이다. 현빈일규는 神(신)과 氣(기)를 단전에 머물게 하여 오래 지나면 저절로 열리는 것으로 설명하고 있으며, 현빈일규가 체득되어야 태식이 가능하다고 하였다. 모든 호흡이 이를 통해 이루어질 때가 되어야 비로소 태식이며, 이것이 《도덕경》에서 말하는 귀근복명歸根復命이라는 것이다.[71] 이처럼 폐기와 태식은 태극으로 돌아가는 역추론적인 수련법으로 제시되고 있다.

⑤ 주천화후周天火候

주천화후는 뜨거운 열기가 몸 전체를 두루 유통하여 몸의 음기를 태우고 몸을 양기로 가득 차게 변화시키는 것을 말한다. "주천화후란 뜨거운 기가 온 몸에 퍼지는데 불과하다. 신기神氣가 서로 배꼽과 배 사이에 모이니 … 잠깐 있으면 온몸에 퍼지니 이것이 이른바 주천화후이다. … 진실로 능히 화후를 뜨겁게 길러 잃지 않으면, 청명한 기가 위로 니환궁에 맺어지니 선가의 현주이고, 불가의 이른바 사리이다."[72]라고 하였다.

---

70 《龍虎訣》, 序文. "無者, 太極之本體也."

71 김낙필, 〈북창 정렴의 내단사상〉, 《도교문화연구》 제19집, 2003, p. 89

72 《丹學指南》, "周天火候云者, 不過曰. 熱遍身也, 神氣常在於臍腹之間 … 須臾熱氣, 卽遍身, 此所謂周天火候也. … 苟能使此火溫養不失, 淸明之氣, 上結於泥丸宮, 仙家所謂玄珠, 佛家所謂舍利."

3. 권극중權克中(1585~1659)

권극중은 사계 김장생沙溪 金長生(1548~1631)의 예학禮學과 석계 최명룡石溪 催命龍(1567~1621)의 영향을 받아 유불선의 회통을 추구한 학자로 자가 정지正之, 별호는 청하靑霞[73]이다. 그는 1639년 55세때 《참동계주해》를 지었는데, 이는 순양자 황윤석純陽子 黃胤錫(1729~1791)이 지은 《해동이적보海東異蹟補》[74]에 '권극중은 東方丹家文字의 開山祖'라고 평가하였듯이 한국 도교사상 본격적으로 《참동계》를 연구한 최초의 인물로 그 의미가 매우 크다.

1) 권극중의 학문세계

권극중은 김시습에서 정렴에 이어져오는 전통과 같이 유학을 본지로 내세우면서 유불선의 합일을 추구한 학자이다. 조문명趙文命의 《청하자권공묘갈명靑霞子權公墓碣銘》에 보면 "청하자는 大儒였다. 혹 그를 단학가로 의심하는 사람이 있으나 그것은 공을 얕게만 아는 것이다."[75] 또한 동명 정두경東溟 鄭斗卿은 그를 두고 "삼교를 꿰뚫고 있으며, 수련가로서는 더욱 깊이가 있다."[76]고 하였다.

권극중은 율곡계 성리학의 영향아래서 수학하였으며, 이러한 견해는 이기일원론에 입각한 관점으로 나타난다.[77] 전통 주자학에서는 태극은 곧 理이고, 음양은 곧 氣라고 해서 理는 형이상의 도가 되고, 氣는 형이하의 器로써 만물을 생성한다고 하였다. 반면에 권극중은 理와 氣가 하나이면서 둘이고, 有와 無가 다른 것이면서도 같다는 논리를 들며 理氣合一

---

73 김낙필, 〈권극중의 내단사상〉, 서울대학교 박사학위 논문, 1990, p. 11-12

74 김윤수, 〈서명응의 《參同攷》와 《易參同契詳釋》〉, 《한국도교와 도교사상》, p. 428./김윤수는 이 논문에서 《海東異蹟補》가 황윤석이 찬한 것이라 확정하자고 주장했다.

75 "靑霞子大儒也而人或有疑之以丹學, 淺之知公也."

76 鄭斗卿, 〈靑霞子詩集序〉, 《靑霞集》, "其學貫三敎, 尤邃於修煉家."

77 김낙필, 〈권극중의 내단사상〉, 서울대학교 박사학위 논문, 1990, p. 13.

論(론)적인 태극설을 주장하였다.[78]

권극중의 사승관계를 떠나 그와 관련된 저서에 거론된 내단사상의 연원을 살펴보면 종리권, 여동빈뿐만 아니라 남파의 여러 인물이 열거된다. 비교적 중시되는 것은 장백단의 《오진편悟眞篇》, 진치허의 《금단대요金丹大要》를 들 수 있다. 이는 권극중 이전의 정렴과 한무외가 전진교 북파의 영향을 많이 받은 것과 다르게 금단도라 불리우는 남파의 영향이 권극중대에 이르러 비로소 강해졌다는 것을 의미하기도 한다.[79]

2) 《참동계주해參同契註解》

《참동계주해》는 전5권으로 구성되어 있는데 1, 2, 3권은 참동계 본문의 주석이고, 4권은 「참동소론參同疏論」, 5권은 「참동도설參同圖說」이라는 이름으로 내단사상에 관한 여러 문제를 검토하였다. 가장 오랜 판본으로 알려진 팽효의 《참동계분장통진의》를 저본으로 한 것으로 보이나 분장을 팽효본의 90장이 아닌 64장으로 하여 《역》의 사상을 반영하려는 의지를 보였다.[80] 김낙필은 《참동계주해》의 기본방향이 내단을 주체로 다른 사상을 회통하는 '내단주체론', 《참동계》의 본뜻과 같이 내단수련의 원리와 《역》의 사상을 일치시키는 '단역참동론丹易參同論', 내단에서 추구하는 선인의 경지와 불교에서 말하는 부처의 경지가 서로 같다고 보는 '선불동원론仙佛同原論', 선정수련과 내단수련을 병행해야 한다는 '선단호수론禪丹互修論'의 4가지로 정리하였다.[81]

① 내단주체론內丹主體論

한국의 선도의 특징은 외단을 중시하지 않았다는 점인데 이는 권극중도

---

78 권극중, 〈讀書錄〉, 《靑霞集》권8, "太極配合先天一氣… 未發前理氣性情混融無間不可析二…", "有無異而同, 理氣一而二."

79 김낙필, 〈권극중의 내단사상〉, 서울대학교 박사학위 논문, 1990, p. 18.

80 권극중, 《참동계주해》서문, "此書凡上中下三篇 而今分爲六十四章者 元是演易之書 故分章亦應六十四卦之數也."

81 김낙필, 〈권극중의 내단사상〉, 서울대학교 박사학위 논문, 1990, p. 70.

마찬가지이다. 다만 극단적으로 내단만을 강조하는 것이 아니라 외단의 복용이 질병의 치료와 수명의 연장에는 기여할 수 있다고 하였다. 하지만 외단의 복용으로 중독되어 죽음에 이르게 되는 경우에 대해 외단의 용어가 내단의 비유적 표현임을 몰라서 연유한 결과라고 지적하였다.[82]

② 단역참동론丹易參同論

권극중은 내단사상의 근거를 《역》에서 찾았는데 《참동계》의 '參同'이 주역과 황노와 내단사상을 회통시킨다는 의미이기 때문이다. 더 나아가 획전역劃前易[83]의 세계가 金丹과 일치한다고 하여 '金丹'을 《태극도설》에서의 '太極'과 동의어로 사용하였다. 《참동계주해》서문에서 태극에서 만물이 나오는 과정을 강본류말降本流末, 그 생성과정을 소급해서 태극에 복귀하는 과정을 반본환원反本還源이라 하여 후자를 내단사상의 지향점이라고 하였다. 이는 정렴의 '逆推論'과 유사하나 강본류말을 人道로, 반본환원을 仙道를 표현한 것이 다른 점이다. 권극중은 월체납갑법, 12소식괘설, 60괘 화후설과 같은 중국 한대漢代의 상수역학을 이의 없이 받아들였는데 다만 60괘 화후설의 순서에 너무 집착하지 말라는 충고를 덧붙이는 정도로 언급하였다.[84]

③ 선불동원론仙佛同原論

권극중은 내단사상과 불교의 지향하는 바가 다 같이 태극으로 반본환원하므로써 不生不死에 이르는데 있다고 보았다. 실제 그의 내단사상에 영향을 준 장백단의 《오진편》과 진치허의 《금단대요》의 사상에도 선불교의 영향은 현저하게 나타난다. 그는 《참동계》의 내용 중 "삼도가 하나에서 유래하고 있지만 그 길은 다르다.[三道由一, 俱出經路]"라고 한 구

---

82 같은책, p. 71-76.

83 획전역은 복희씨의 괘와 효, 하도, 낙서의 그림등이 있기전의 역이란 의미로 이러한 부호가 없이 형상이전의 역이란 뜻인데, 이미 자연현상자체가 역의 원리를 드러내고 있다는 것으로 해석할 수 있다.

84 같은책, p. 77-83.

절을 풀이하면서, 삼도를 유, 불, 도의 삼교로 해석하였다. 이러한 세 가지 도가 모두 《역》에서 나왔고, 그 중에서 연단의 수련은 더욱더 《역》에 근거한다고 하였다. 이는 다소 무리한 해석으로 파악되는데 왜냐하면 《참동계》가 지어진 시기에는 불교의 도입이 널리 이뤄지지 않았기 때문이다.[85]

④ **선단호수론**禪丹互修論

선단호수론은 성명쌍수와 같은 의미로 내단수련이 有에 구애되고, 선정수행이 공에 집착하는 폐단을 벗어나기 위해서는 유위의 방법인 내단수련과 무위의 방법인 선정을 겸해야 한다고 하였다. 그는 이러한 내용은 역을 인용하여 풀이하였는데 "離中虛는 理로서 無가 주가 되며, 坎中實은 氣로서 有가 주가 되니, 理氣는 서로 떠날 수 없는 것이다. 만일 허가 주가 되면서 실을 이에 합하면 무 가운데 妙有가 나오며, 실을 주로하면서 허로 귀착시키면 유 가운데 眞空이 바탕 한다. 도, 불의 종지는 이러한 감, 리의 뜻을 벗어나지 않는다. 그러므로 離宮에서 무를 구하는 것이 선불교라면 坎府에서 유를 찾는 것이 내단사상이다."[86]라고 하였다.[87]

4. 서명응徐命膺(1716~1787)

그동안 학계에서는 권극중(1585~1659)이 인조 17년1639에 지은 《참동계주해》가 최초의 주석서이자 유일본으로 추정하였지만 정조 10년(1786), 서명응(1716~1787)이 71세의 나이에 《참동고參同攷》를 저술한 것이 발견되면서 두 번째 주석서로 등장하였다.

서명응은 그동안 역사학자들에 의해 그다지 주목받지 않았지만, 18세기

85 김낙필, 〈권극중의 내단사상〉, 서울대학교 박사학위 논문, 1990, p. 85-88.

86 권극중, 《참동계주해》 〈참동소론〉, 2장의 주 "離中虛理也, 理主無也, 坎中實氣也, 氣主有也, 理氣不離之物也, 若主於虛而合之實, 則無中妙有也, 主於實歸於虛, 則有裏眞空也, 老釋宗要, 不過坎離之旨耳, 故曰離宮求無者禪也, 坎府索有者丹也."

87 김낙필, 〈권극중의 내단사상〉, 서울대학교 박사학위 논문, 1990, p. 90-93.

영정조 시대의 사상과 문화를 선도한 학자로 상수학적 전통으로 서양의 천문학과 역법을 이해하고 대응하였던 유학자로 최근의 연구들을 통해 새롭게 주목받고 있다. 그가 남겼거나, 간행을 주도한 방대한 양의 문헌들은 역학사易學史, 천문학사天文學史, 지리학사地理學史, 농학사農學史, 음악사音樂史, 도교학사道敎學史 등의 분야들을 포함한 자연과학과 관련된 여러 주제들을 포괄하고 있다. 특히 그가 생전에 기획하여 편찬한 《보만재총서保晩齋叢書》(1783년)는 당시 조선에서는 일개 유학자로서 '총서叢書'라고 칭할 만한 저서를 편찬한 한 최초의 경우로 주목을 받았으며, 이후 유학자들 사이에 총서류 문집편찬시 하나의 전범으로 인식되고 있다.

1) 《참동고參同攷》

《참동고》는 서명응이 편저한 한국 유일의 참동계학 총서로서 6卷(권) 6攷(고)의 형태를 띠고 있다. 앞의 3고攷는 참동계의 본문을 주석한 것으로서, 김윤수는 이를 《역참동계상석易參同契詳釋》이라 별칭하였다.[88] 뒤의 3고攷는 참동계의 이치에 속하는 것을 널리 모으고 분류한 것으로, 〈고문참동계古文參同契〉, 〈주역참동계고이부록周易參同契考異附錄〉, 〈역서장정易序章程〉의 3부로 구성되어 있다. 이 《참동고》는 6권 3책이 완질인데 유일완본이 간송미술관에 비장되어 있다고 한다.

2) 《參同攷》의 편제[89]

참 동 고 서
○ 參同攷 序

참 동 고 총 론
○ 參同攷 總論

참 동 고 목 록
○ 參同攷 目錄

참 동 고 권 지 일 초 의 고 제 일 역 참 동 계 상 편
○ 參同攷 劵之一 初擬攷 第一/易參同契 上篇

88 김윤수, 〈서명응의 《參同攷》와 《易參同契詳釋》〉, 《한국도교와 도교사상》, p. 433.
89 같은 책, p. 432-436.

○ 參同攷 券之二 互體攷 第二/易參同契 中篇

○ 參同攷 券之三 因重攷 第三/易參同契 下篇 ○ 亂辭 ○ 鼎器歌 ○ 五相類

○ 參同攷 券之四 辨是攷 第四/石函參同

○ 參同攷 券之五 多識攷 第五/考亨參同 註解 ○ 講說

○ 參同攷 券之六 居安攷 第六/易序章程 掛圖 ○ 臟腑 ○ 運氣 ○ 名例

「參同攷序」에는 연단煉丹의 도와 선천학의 연구를 위해 《參同攷》를 편찬했다는 동기가 서술되어 있다. '攷'는 상고한다는 뜻으로 여섯 개의 '攷'가 있는 것은 역괘의 육효를 본뜬 것이다.

① **제1권 초의고**初擬攷 – 《역 계사전》 제9장의 글인 '初辭擬之'의 뜻을 취하였으며, 《역참동계》상편으로 상편은 선천역과 후천역을 밝혔는데 3장으로 구성되어 삼재를 의미한다. 3장은 각각 3절로 이루어져 총 9절로 구성되며, 이는 괘의 9수를 의미한다. 서명응은 《주역참동계》라고 하지 않고, 《역참동계》라고 고집하였는데 이는 주대의 역은 후천의 역이라 취하지 않고, 선천, 후천의 역을 함께 일러 '易'이라고 한 것이다. '參'은 천지지도에 참여하는 것을 의미하고, '同'은 몸과 나라의 이치가 같다는 것을 뜻이며, '契'는 합이라는 뜻으로 金丹之訣을 합한다는 의미이다.

② **제2권 호체고**互體攷 – 《역》의 호괘의 의의를 취한 것으로, 호괘란 중괘 6효중에서 초효와 상효를 뺀 2, 3, 4효를 한 개의 괘, 3, 4, 5효를 한 개의 괘로 만드는 것이다. 이 괘상으로 《역》의 판단을 보충한다. 초효와 상효는 형체의 외곽이 되고, 중간의 네 효는 心과 意가 되니, 호괘로써 신명과 천하의 뜻을 파악한다고 하였다. 《참동》의 중편은 심의心意로써 정기精氣를 폐비심신에 묘하게 운행하니 이 또한 호괘가 천하의 뜻을 신령스레 밝히는 것이다.[90] 《역참동계》의 중편은 오로지 폐금이 솥의 덮개가

90 《參同攷》, 〈互體攷 第二〉 "參同中篇專以心意, 妙運精氣於肺脾肝腎, 是亦互卦, 神明天下之志."

되고, 비토가 솥단지가 되며, 심화신수心火腎水가 약로藥爐가 됨을 말하였다. 폐비심신은 사람 몸의 사정四正으로 이것이 밝혀지면 선후천의 사정도 밝혀진다고 보았다. 모두 8장이니 팔괘를 상징하고, 각각 3절로 나눠어 24절이니 24절기를 상징한다. 마치 이제마의 《동의수세보원》에서 폐비간신의 사장으로 장부생리를 논하는 것과 유사하다.

乾卦=肺臟=鼎蓋	坎卦=腎臟=鼎爐	離卦=心臟=藥物	坤卦=脾臟=鼎器	
乾之初爻-氣之兆始	坎之初爻-精之修煉	離之初爻-氣之修煉	坤之初爻 -意之幾	坤之初爻 -意之非
乾之中爻-氣之本原	坎之中爻-神之修煉	離之中爻-精之修煉	坤之中爻 -意之是	坤之中爻 -精之凝
乾之上爻-氣之上升	坎之上爻-氣之修煉	離之上爻-神之修煉	坤之上爻 -神之生	坤之上爻 -丹之就

【표 10】 괘효와 수련이론[91]

③ **제3권 인중고**因重攷 – 《역 계사전》 제1장의 "八卦成列, 象在其中矣, 因而重六, 爻在其中矣"에서 취한 것으로, 인중因重이란 8괘의 순괘를 서로 포개어 64개의 중괘로 만드는 것이다. 《역참동계》의 하편 및 난사, 정기가, 오상류를 수록하였다. 하편은 모두 6장으로 건의 육획을 의미한다. 수련의 마무리가 건체로 환원된다는 의미를 가진다. 난사, 정기가, 오상류에서 난사는 사辭이고, 정기가는 난亂이다. 이는 《초사楚辭》에서 먼저 사를 읊은 다음 '亂曰'이라고 하는 것과 같다. 오상류는 복희, 문왕, 공자 삼성의 역과 황노의 학, 노화의 일이 각각 더해져 오상류라고 하였다. 기존의 학설인 대역, 황노, 노화의 삼상류와 유사하지만 주자의 명칭을 그대로 따른 것이다.

④ **제4권 변시고**辨是攷 – 《역 계사전》 제9장의 "若夫雜物撰德, 辨是與非, 則非其中爻, 不備"에서 취한 것으로, 호괘의 心意로써 옳고 그름을 잡물가운데서 분별한다는 뜻이다. 서명응은 《고문참동계》를 그른 것으

---

91 서명응 지음, 이봉호 역주, 《참동고》, 예문서원, 2009, p. 27.

로 보았는데 4권에 이를 수록하여 보고 판단할 수 있도록 하였으니, 이로 인해 《참동고》의 총서적 성격이 더욱 강해졌다.

⑤ **제5권 다식고**多識攷 – 《역 대축大畜·대상大象》에서 "天在山中, 大畜, 君子, 以多識前言往行, 以畜其德"에서 취한 것으로, 참동계를 다루는 사람들이 일가의 편견에 구애되지 말고, 두루 다식의 공을 얻으라는 뜻이다. 서명응은 팽효, 진현미, 진치허의 주해본을 엉터리라고 비난하는 반면에, 주희의 《주역참동계고이》와 황서절의 《부록》을 실었다.

⑥ **제6권 거안고**居安攷 – 《역 계사전》 제2장의 "君子, 所居而安者, 易之序也, 所樂而玩者, 爻之辭"에서 취한 것으로 전자는 정靜으로써 체를 말한 것이고, 후자는 동動으로써 용을 말한 것이다. 易圖로써 時日의 운행에 맞추면 精氣의 운행과 조화되어 居安의 공과 업을 이룰 수 있다는 의미이다. 《역서장정》 1편을 전도傳圖, 역장歷藏, 운화運火, 입상立象의 4목으로 나누어 실었다. 전도는 유학의 정전을 밝힌 것이고, 입상은 수련의 공정을 밝힌 것으로, 유학이건 도교수련이건 역도에 있어서는 똑같이 거안의 효과를 얻을 수 있다고 하였다.

3) 《역참동계》의 내용

① 삼학의 총체

서명응은 《참동계》를 삼학의 총체로서 중시하였는데 삼학이란 역학, 선천학, 내단학이다. 또한, 유가, 선가, 의가의 원류가 있다고 보아 四書와 같은 위상을 가진 경전으로 인식하였다. 위백양을 魏子, 眞人으로 존숭하고, 복희, 문왕, 공자에서 1500년간 끊어진 역학의 계승자로 보았으며, 진단, 소강절, 주자로 이어지는 선천학의 전수자로 인식하여 선천역학적 도통의식을 전개하였다.

또한, 서명응은 철저히 《참동계》에 사용된 외단적 술어가 내단의 내용을 은유적으로 표현한 것으로 보았다. 예를 들어 팔석八石은 실제 외단에서 사용되는 광석이 아니라 인체의 팔보八寶를 팔괘에 비유한 것이라고 하였고, 구정九鼎이라는 것도 구전九轉의 뜻을 비유했다는 것이다. 백일승천白日昇天 또한 비유로 보았는데 백색은 폐금肺金으로, 태양은 심화心火의 상으로 해석하였다. 곧 공이 가득 찬 후에 일신백해一身百骸의 神이 혼합하여 단전에서 하나가 되어 폐금에 상승하는 것으로 보았다. 금단金丹 또한 내단에서 성취되는 것으로 보면서 황제의 단은 금화金華, 회남의 단은 추석秋石, 왕양의 단은 황아黃芽라고 불리워, 사실은 《참동계》에서 말한 금단과 같은 것이라 하였다.[92]

대단의 생성에 대해서는 장부학적인 해설을 하였는데 천지자연과 사람의 이치가 내단에 있어서도 같다고 보아 일월, 음양이 고루 순환하여 크게 화평하면 영지, 기린, 봉황, 거북, 용같은 자연의 대단을 대지에 산생하듯이 '離火와 坎水가 脾土에 승강하면서 성숙되면 대단이 생산된다'는 것이다.

대단의 생성과정은 두 가지로 나누어 설명한다.

첫째는 태일을 강조하는데, 태일은 폐신肺神의 다른 표현이다. 혈기와 혼백이 고루 합체하여 폐금 태일의 신에게 일체 귀의하면 태일의 신이 이에 정실精室(腎精)의 신을 위로 불러 단전의 신과 사귀게 하는데 황정黃庭(脾臟)을 비추고, 윤택케 하여 대단을 형성한다는 것이다. 이는 《참동계》에서 말하는 '중주中州에 이거移居한다는 것[移居中州]'에 해당한다.

둘째는 금, 수, 화의 삼성이 회합하고, 회합의 극치에 달하면 금, 수, 화의 신혼神魂이 단전에 올라가고, 금, 수, 화의 정백精魄이 비토에 돌아가서 대단을 응결한다는 것이다. 이는 《참동계》에서 말하는 '각각 종조에 돌아간다는 것[各歸宗祖]'에 해당한다.[93]

92 김윤수, 〈서명응의《參同攷》와《易參同契詳釋》〉, 《한국도교와 도교사상》, p. 443-444.
93 김윤수, 〈서명응의《參同攷》와《易參同契詳釋》〉, 《한국도교와 도교사상》, p. 447.

② 삼가원류

여기서 말하는 삼가는 유가儒家, 선가仙家, 의가醫家이다. 권극중은《참동계》의 "三道由一"의 삼도를 유석선儒釋仙으로 본데 반해, 서명응은 대역, 황노, 노화로 보아 불가를 인정하지 않았다. 반면에 유가와 선가에서 말하는 성명의 이치는 그다지 다르지 않다고 본 것이다.

서명응은《참동계》가 공자의《계사繫辭》의 문법을 본받고, 주렴계의《역통易通》의 문법에 이어졌으니 유가의 원류가 된다고 하였다. 주렴계의 태극도설은 진희이에게서 얻었다고 하니 유가와 선가의 원류가 같다고 한 셈이다. 또한 선천학을 주창하여 서명응의 존숭을 받는 소강절의《황극경세서》의 학설이《참동계》상편 제1장의 1, 2, 3절에 근본한 것이라고 예시하기도 하였다.

서명응은《참동계》하편 뒤 난사 가운데 '漏刻未過半兮, 龍鱗狎鬣起'를 해석하면서 "'漏刻未過半'을 해자시의 사이로 보았는데, 의가에서는 야반자시에 탁기가 동함으로써 온양의 후로 삼는다고 하는 것에 근거한 것이다."라고 하였다. 서명응은 내의원 제조提調로서 임금의 병에 대해 당대 명의들과 토론하던 의학적 식견이 있었던 터라,《참동계》의 해석에도 인용을 했던 것이다. 내단수련 자체가 오장을 비롯한 신체 각 부위를 개발하는 것이라는 측면에서《참동고》는 이 책에서의 주제와 같이 의학적인 해석의 여지가 풍부한 자료라 할 수 있다.

제2장 노화爐火사상의 동서양적 고찰

노화爐火라 함은 청동기와 철기시대에서부터 발전되기 시작한 금속 야금술에서 유래된 용어이다. 화로에 불을 담고, 금속을 만들면서 얻은 물질과 불에 대한 지식이 후대에 까지 이어졌는데 수당隋唐 이후 내단적인 의미로 전용되면서 더욱 복잡한 개념으로 자리하게 되었다. 뿐만 아니라 서양의 연금술은 기독교의 그노시스학파와 연결되어 구원의 개념을 띠게 되었고, 19세기에 와서는 분석심리학적, 종교학적 관점으로도 연구되기 시작하였다. 본 장에서는 크게 외단복식外丹服食의 관점과 내단수신內丹修身의 관점으로 나누어서 서술하려고 한다. 여기에 동서양의 연금술을 심리학적으로 어떻게 해석할 것인가 하는 문제와 이들 수행체계들을 상호비교해보는 연구를 진행하도록 하겠다.

제1절 외단학설

《참동계》가 외단서이냐, 내단서이냐하는 논쟁은 예로부터 있어왔는데, 두 가지를 다 포함하면서 내단을 중심에 둔 책이라는 것이 보편적인 견해이다. 내단이 인체 내의 정, 기, 신을 이용하여 몸속에 단약丹藥을 만드는 과정임에 반하여, 외단은 광물질을 원료로 단약이나 귀금속을 만드는 것이다. 외단이라는 말은 내단과는 상대적인 용어로 흔히는 연금술, 연단술이라 불리운다. 연금鍊金은 납이나 수은 등으로 금을 만들려는데에서 도출된 개념이고, 연단煉丹은 단사丹砂, 즉 수은의 붉은 빛에서 유래된 단약을 만들려는 데에서 유래된 개념이다. 외단황백술外丹黃白術이라는 용어로 통용되기도 하는데 여기서 '황백'은 금과 은을 의미하므로 연단술과 연금술을 모두 포함한 용어인 것이다. 연금술이 동서양 모두에서 공통적으로 발달하였던 고대과학이었던데 반하여 연단술은 동양에서 발생한 고유한 학문이라 할 수 있다. 여기서 금과 수은이 주목되는 이유는 후술하겠지만 우선 금의 영원성과 희소성에 있다고 할 수 있다. 예로부터 영원불멸의 금속으로 추앙받아 지금까지 최고의 귀금속으로 취급되고 있다. 수은은 황화수은HgS이 산화수은HgO으로 변화하면서 색깔이 붉어지는 과정이 반복되는데 이러한 과정을 인체에 적용시켜 젊음을 되찾고, 새로운 생명력을 얻을 수 있다는 생각이 연단술의 동기가 되었다. 비록 현대 화학적 관점으로 보면 이와 같은 개념들이 부정되지만 이들 연금술과 연단술의 연구결과들은 근대 화학과 본초학에 많은 영향을 준 것이 사실이다. 또한, 내단과의 연계를 통해 인체생리의 비밀을 탐구하는 중요한 열쇠이기도 하며, 광물질을 이용한 신약개발에 있어서도 무시할 수 없는 귀한 자료들이라 할 수 있다.

1. 연금술의 역사

연금술은 중국의 오행설, 인도의 地(지), 水(수), 火(화), 風(풍) 사대四大설, 그리스의 4원소설과 원자설이 바탕이 되어 생겼다고 볼 수 있다. 원소는 변환될 수 있다는 생각이 그 출발이었으며, 이러한 생각은 오행의 상생상극설이나 아리스토텔레스의 원소전환설과 함께 더욱 발전하였다. 물질에 대한 당대의 가장 발달된 이론이었던 것이다.

1) 동양의 연금술

동양의 연금술은 청동기문명에 기원을 두고 있다. 은대殷代의 유적에서 주형鑄型이 발견되었고, 기원전 5~6세기의 지식을 기록한 것으로 알려진 《주례周禮》 〈고공기考工記〉에는 동銅과 주석의 합금비율에 따라 여섯 가지 청동기를 분류한 내용이 있다. 금속의 성형에는 두드려서 만드는 단조법鍛造法과 녹여 부어서 만드는 주조법鑄造法이 있는데 주조법을 사용하기 위해서는 고온의 불을 필요로 하기 때문에 주형 유적이 있다는 것은 금속을 다루는 야금술冶金術이 크게 발달했다는 것을 의미한다. 동양에서는 기원전 4세기 유적에서 주형이 발견된 것과 달리 유럽에서는 서기 12~13세기가 되어서야 겨우 개발되었으니 연금술의 시작도 동양이 앞설 수밖에 없었던 것이다.[94]

비록 야금술에서 시작하였지만 양생을 위한 술법으로 전환되면서 연단술이라 불리워졌는데 의서醫書로서는 마왕퇴 제3호 한묘에서 출토된 《오십이병방五十二病方》에 상처[瘢(반)]의 치료처방으로 수은과 단사丹砂를 사용한 기록이 최초이다.[95] 《신농본초경神農本草經》에서는 상중하약으로 나누어 각각 120종의 약물을 분류하였는데 단사를 상약上藥에, 수은을 중약中藥에 배열하였다. 분류가 잘 되어 있는 듯 하지만 단사와 같은 약물을 오래 복용해도 괜찮다고 한 것으로 보아 중금속에 대한 뚜렷한 이해가 확립된 것으로 보이지는 않는다.

실제 가장 첫머리에 나와 있는 단사의 구절을 보면 "맛이 달고, 기는 약간 차다. 산골짜기에서 나며, 신체와 오장에 백가지 질환이 있을 때 정신을 기르고 혼백을 안정시키며 기를 북돋고 눈을 밝힌다. 귀매와 사악한 귀신을 죽인다. 오래 복용하면 신명이 통하고, 노화를 막는다. 수은으로 변한다."[96]라고 하였다. 또한, 수은의 구절을 보면 "맛이 매우면서 차다. 흙에서 나오며, 옴과 부스럼, 상처, 대머리를 치료하고, 피부의 이를 죽이고, 태를 떨어지게 하며, 열을 없애고, 금은동, 주석의 독을 없앤다. 녹이면 다시 단사로 돌아온다. 오래먹으면 신선이 되어 죽지 않는다."[97]라고 하였다. 즉 단사와 수은이 서로 전환되는 것을 기술한 것이다.

이러한 약물기록은 대략 전국시대 묵가墨家학파의 방사方士들에 의해 실

94 村上嘉實, 《도교와 과학》, 〈제2부 도교와 의학〉, 비봉출판사, 1990, p. 96.

95 주일모저, 김남일, 인창식 공역, 《고대 중국의학의 재발견》, 법인문화사, 2000, p.226/"以水銀二, 男子惡四, 丹一, 幷和."

96 "丹沙. 味甘微寒. 生山谷. 治身體五藏百病. 養精神. 安魂魄. 益氣明目. 殺精魅邪惡鬼. 久服通神明不老. 能化爲汞."

97 "水銀. 味辛寒. 生平土. 治疥瘙痂瘍白禿. 殺皮膚中蟲蝨. 墮胎. 除熱. 殺金銀銅錫毒. 鎔化還復爲丹. 久服神仙不死."

험이 시작되었다고 볼 수 있는데, 이것이 방선도方仙道와 황노도黃老道에 결합하면서 방사들이 신단神丹을 복용하는 것이 신선이 되는 요체라고 인식하게 되었다.[98] 《사기·봉선서史記·封禪書》〈효무본기孝武本紀〉에서도 단사를 황금으로 변화시킬 수 있고, 이를 이용해야 장수하게 된다는 구절이 나온다.[99] 이처럼 초기 도교가 성립할 시기에 장릉張陵, 음장생陰長生, 봉군달封君達, 좌자左慈 등에 의해 외단황백술이 연구되었고, 후한에 이르면서 위백양의 《주역참동계》가 나오게 되어 금단파金丹派 도사들에게 큰 영향을 주게 된다.

진나라 갈홍의 《포박자》는 연금술의 체계를 세운 것으로 유명한데 갈홍은 신선되는 약의 원료 중에 최고의 것이 단사丹砂라고 하면서, 황금, 백은白銀등 25개 종류를 열거하였다. 그는 연단술 이외에도 행기호흡법, 방중술, 의약에 관한 내용을 많이 서술하였고, 더 나아가 철학, 종교적 측면도 강조하였다. 《참동계》가 나온 이후 가장 잘 정리된 연단서라고 할 수 있다. 위진남북조 시기에는 갈홍 이외에도 《양성연명록養性延命錄》과 《명의별록名醫別錄》의 저자인 도홍경陶弘景이 유명하다.

당대에 와서는 《참동계》가 각광받으면서 단순히 금속을 이용하여 실험한 내용만 열거하던 것에서 벗어나 음양오행陰陽五行, 사상팔괘四象八卦, 용호연홍龍虎鉛汞의 학설을 기본사상으로 삼게 되었다. 하지만 《참동계》의 내용이 난해한 까닭으로 해석방향이 나눠지게 되었다. 하나는 연홍파鉛汞派이고, 다른 하나는 유홍파硫汞派이다. 유홍파는 단사가 황화수은HgS이므로 유황을 '太陽(태양)의 정수'로, 수은을 '太陰(태음)의 정수'로 보고, 이 두 가지가 합하여 단사가 되니 단사야말로 '대약의 아버지'요, '금단의 으뜸'이라고 생각한 것이다. 반면에 연홍파는 《참동계》의 용호연홍이론을 그

---

98 胡孚琛, 呂錫琛,《道學通論》, 북경, 사회과학문헌출판사, 2004, p. 442.

99 "祠竈則致物, 致物而丹沙可化爲黃金, 黃金成以爲飮食器則益壽, 益壽而海中蓬萊仙者可見, 見之以封禪則不死, 黃帝是也. 臣嘗游海上, 見安期生, 食臣棗, 大如瓜. 安期生仙者, 通蓬萊中, 合則見人, 不合則隱." 於是天子始親祠竈, 而遣方士入海求蓬萊安期生之屬, 而事化丹沙諸藥齊爲黃金矣."

대로 받아들여, 선단仙丹이란 산화수은HgO과 산화납PbO의 혼합물이라고 생각하였다.[100] 사실상 이런 물질들은 독성이 너무 강한 물질들이기 때문에 당나라 시기에 비록 《황제구정신단경결黃帝九鼎神丹經訣》과 같은 외단서적들이 많이 나오면서 그 어느 때보다 번성하였으나, 중금속 중독인 단독丹毒의 폐해가 많아지면서 점점 쇠퇴하였다.

2) 서양의 연금술

서양 연금술의 기원은 이집트로 보는데 그 이유는 영어 alchemy의 'al'이 아라비아어의 정관사이고, 'chemia'의 유래를 보면 고대 이집트인이 자기 나라를 chem(검은 흙, 비옥하다는 뜻)이라 부르면서 풍요를 과시했다는 사실 때문이다. 이 말이 이슬람을 통해 유럽에 전해져 alchemy가 '이집트학'으로 통용되었다고 한다.[101] 이집트학이 그리스인들에게는 '철학'으로, 유대인들에게는 '카바라Kabbalah'라는 이름으로 전승된다. 특히 아리스토텔레스의 사원소설에 스토아 학파의 영靈, pneuma개념이 더해져 모든 물질에는 자신의 영이 있고, 모든 광물은 살아있다는 관점이 생기게 된다. 기원전 1세기에서 서기 1세기 사이에 알렉산드리아를 중심으로 이집트학, 그리스 철학, 유대의 카바라가 합쳐져 헤르메스학Hermetics으로 되었다고 한다. 르네상스에도 영향을 주었던 헤르메스학은 이후 기독교와의 대립과 탄압으로 비밀결사조직이 되고, 이후 계몽주의로 이어지게 된다. 헤르메스학의 근원이 되는 이집트학의 원리는 노자의 《도덕경》이나 《주역》의 태극음양론처럼 수를 이용한 상징으로 설명되어진다.

1은 생성, 오리시스orisis신, 남신을 의미하고, 2는 소멸, 오리시스신을 찢는 세트Seth신, 악신, 남신을 의미한다. 3은 1과 2가 해체되어 재결합하는 이시스Isis, 여신으로 발전을 의미한다. 4는 새로운 1로 되는 호루스Horus라 한다. 이 1, 2, 3을 모두 포함한 새로운 1이 '현자의 돌'philosopher'stone,

---

100 胡孚琛, 呂錫琛, 《道學通論》, 북경, 사회과학문헌출판사, 2004, p. 445.
101 村上嘉實, 《도교와 과학》, 〈제2부 도교와 의학〉, 비봉출판사, 1990, p. 85.

elixir인 것이다.

서양 연금술에 대한 기원을 찾다보면 '헤르메스 트리메지스트Herme Trimegit'라는 인물이 나타나는데 '헤르메스'는 예술과 지혜의 신이고, '트리메지스트'는 세 제곱이나 위대하다는 뜻으로 '트리스메기스투스 Trismegistus'라고도 한다. 그는 서양 연금술 문학의 백미라 일컬어지는 《헤르메스 문집》, 《에메랄드 평판》등의 저자로 알려져 있는데 이는 《황제내경》이 황제의 권위를 가탁한 것처럼 전설적인 명성을 이용한 가탁으로 보여진다.[102]

로마제국은 연금술이 보급되는 것을 저지했지만 서로마제국이 붕괴되고, 아랍민족이 통일되면서 연금술은 다시 부흥하게 된다. 이슬람문화권에서 연금술의 대명사라 한다면 '자비르Jābir'(815년 사망)가 있는데 연금술에 관한 그의 많은 저작 가운데 직접 쓴 저작의 범위는 분명하지 않다. 수은·황 성분설에 의한 금속 전환의 가능성을 제창한 것이 유명하다.[103]

12세기 들어 유럽의 그리스트교 학자가 아랍의 연금술서적을 번역, 소개하게 되는데, 프란체스코 수도회나 도미니크 수도회등을 통해 유럽에서의 본격적인 연금술 연구가 이어지게 된다. 연금술에 대한 기독교의 영향은 그노시즘에 유래한다. 그노시즘에서는 인간이 신성한 존재지만 일시적으로 추방된 신과 같다고 보는 반면, 정통 기독교사상에서는 인간이 원죄로 인하여 원래 타락한 존재라는 관점을 가져 서로 다르다. 하지만 둘 다 구원, 죽음과 재생이라는 측면에서 근원적으로는 같다고 볼 수 있다. 14~15세기에는 연금술이 굉장히 번성하여, 17세기에 이르기까지 많은 연금술 서적이 출판되었다. 하지만 18세기에 들어 데카르트와 계몽주의자들의 근대물리학적 혁명에 의해 연금술은 비로소 쇠퇴하기 시작한다.[104] 근대물리학의 대명사인 아이작 뉴튼(1642~1727)이 그 어떠한 학문

102 안드레아 아로마티코, 《연금술 현자의 돌》, 시공사, 2004, p. 99.
103 네이버 백과사전, 〈게베르편〉, http://100.naver.com/100.nhn?docid=8820.
104 안드레아 아로마티코, 《연금술 현자의 돌》, 시공사, 2004, p. 101-109.

영역보다 연금술 연구에 더 많은 노력을 투자했다는 사실을 보면 연금술의 끊임없는 생명력을 이해할 수 있다. "그는 이성의 시대의 선두주자가 아니라 고대과학의 마지막 제자이다"라고 한 것이 케인즈의 말이 더욱 타당할 정도이다.[105]

근세의 일반적인 인식처럼 서양의 연금술이 단순히 물질적인 변용을 일으켜 금만을 얻으려는 세속적인 목적만 있었던 것이 아니다. 물질과 정신을 통합하여 이원성을 극복하려는 것이 기본 테마라는 것을 서양의 연금술을 연구하다보면 알게 되는데 이러한 측면은 중국, 인도, 그리스, 아랍의 모든 연금술의 공통적인 사항이다.

2. 연금, 연단술의 사상과 이론체계

1) 동양 연단술

동양의 연단술은 불로장수가 가장 근본적인 목표였다. 고대 자연과학에 입각한 화학실험과 초자연적인 도교방술이 기묘하게 결합되어 연구된 것으로 인간의 수명이 하늘이 달린 것이 아니라 자신에게 달려 있다고 믿었다. 실제 갈홍의 《포박자·내편抱朴子·內篇》〈황백黃白〉을 보면 《귀갑문龜甲文》을 인용하면서 이르기를 '我命在我不在天, 還丹成金億萬年.'이라 하였다. 수명이 비단 하늘에만 달린 것이 아니라 금단을 제조함으로써 얼마든지 극복할 수 있다고 한 것이다. 신비주의적인 관념과 합리적인 사고가 묘하게 결합된 사상이라는 것을 알 수 있다.

2) 동양연단술의 재료

① 단사丹砂와 황금黃金

---

105 이러한 뉴튼의 행적은 송나라때 성리학을 열었던 주자朱子의 그것과 유사하다. 주희 또한 합리적인 세계관을 가진 인물로 외단과 내단수련을 비판하여 모든 것이 정기의 운용일 뿐이라는 단순한 해석과 주역을 이해하는 방편으로써만 《참동계》가 가치있다는 견해를 가졌다. 하지만, 그의 《주역참동계고이》를 보면 마치 자신이 도가계열의 운둔자인 양 가명을 쓰고, 자신을 감추려했던 모습에서 뉴튼의 이중적인 행적과 유사함을 느끼게 해준다.

동양연단술에는 단사와 황금이 유독 자주 등장한다. 전술하였듯이 단사를 선택한 이유는 연소과정에서 나타나는 자기회복능력 때문이다. 이렇게 회복되는 현상을 보고, 환단還丹이라는 용어가 탄생하였고, 9번의 연소과정을 통해 만들어지면 구전환단九轉還丹이라 한 것이다. 여기서 핵심적인 성분은 수은水銀 mercury인데 기호는 Hg, 원자번호는 80, 원자량은 200.59이다. 단사는 중국 호남성의 진주辰州산이 유명하여 진사辰砂라고도 한다. 주된 광석으네로는 황화수은HgS의 형태인데 붉은 색 6각형의 결정체의 집합이다. 이를 가열하면 수은과 황이 분리되는데 이때는 색깔이 어두운 회색이고, 여기에 산소가 붙어 산화수은HgO이 되면 다시 붉은 색으로 되어 외견상 황화수은과 아주 비슷해 보이게 된다. 이러한 과정은 회춘과 재탄생으로 상징되는데 우선 화학식을 한번 보기로 하자.

HgS단사 + O2 → Hg(수은) + SO_2 : 이때는 어두운 회색이다.

2Hg + O2 → 2HgO(산화 제2수은) : 수은을 비등점까지 가열한다.

2HgO ⇄ 2Hg + O_2 : 높은 열을 가하면 또 분해된다.

【도식 1】 황화수은과 산화수은의 변화

이처럼 환단還丹이란 실제 '산화 제2수은'을 의미한다. 현대 화학의 개념으로는 실제 다른 물질이 된 것이지만 당시에는 가열할수록 다시 원래의 모습으로 돌아오는 것을 보고 불멸성을 느꼈다고 볼 수 있다. 환단還丹에서 '還(환)'은 반환의 의미가 있고, '丹(단)'은 붉다는 의미를 가지게 된 것도 이러한 실험과정에서 생긴 용어들이다.

황금의 의미는 오래토록 변하지 않는다는 점에 있다. 황금은 고대로부터 최고의 귀금속으로 취급되어졌는데 갈홍의 《포박자·내편》 〈금단金丹〉에는 이렇게 언급되어져 있다. "황금을 불에 넣으면 백번을 달궈도 없어지지 않으며, 땅에 묻어도 몇 해가 지나도록 썩지 않는다."[106] 이러한

106 왕명 찬, 《포박자내편교석》, 중화서국, 2002, p. 71. "黃金入火, 百煉不消;埋之, 畢天不朽."

생각으로 수은과 납, 단사 등을 금으로 만들려는 시도가 끊임없이 이어졌던 것이다. 하지만 실제 연단술에서 목표로 했던 황금이 진짜 금만은 아니었다. 단丹이 붉은 색을 띠는 물질을 의미하듯이 '약금藥金'이라는 것은 황색의 금속이 광택을 가지는 것을 통칭하는 것이고, 당시에는 붉은 색 물질이 누런색으로 바뀌면 단丹이 금으로 변화된 것으로 보았다. 갈홍은 《포박자·내편》 〈황백黃白〉에서 "《선경仙經》에 이르기를 丹의 정미로운 부분에서 金이 생한다고 하였다. 이는 단이 금을 짓는 설을 가리킨다. 그러므로 산중에 단사가 있으면, 그 아래에는 대부분 황금이 있다."[107]고 하였다. 한나라 때 나온 《태청금액신단경太淸金液神丹經》에 보면 **"以一鐵神丹投水銀一斤, 合火則成黃金"**이라 해서 황금을 만드는 방법을 소개하고 있다. '금액金液'이라는 것은 황금의 영원불멸성을 먹을 수 있게 만든 액체를 의미한다. 연단술에 의해 만들어진 약금을 식초에 녹이거나, 동물성 지방에 넣고 달여서 액화시키는 방법을 이용하는데 갈홍의 《포박자·내편》 〈선약仙藥〉에 다음과 같이 소개되어 있다. "《양의자이황금법兩儀子餌黃金法》에 보면 돼지뒷목의 껍질지방 3근과 식초 1승에 황금 5냥을 취해 그릇 속에 넣고 달인다. 화로에서 꺼내 금을 기름 속에 넣되, 백 개를 넣고 백 개를 꺼내며, 식초 역시 이와 같다. 이렇게 만들어진 금 1근을 먹으면 수명이 천지를 덮을 정도로 길어진다."[108] 이처럼 금액이란 액체상태의 금이라기보다는 금의 성질을 흡수한 상징적인 물질이라고 보는 것이 더 정확하다. 금의 녹는점이 비교적 높고, 화학적 안정성이 매우 높아 영원불멸을 상징하지만 사실 왕수王水 HNO_3+4HCl에 녹고, 수은과도 합금을 이룬다.

환단還丹과 황금黃金을 합하여 금단金丹이라는 용어가 생기고, 단사를 복용하면 늙은이가 다시 어려진다는 반노환동反老還童의 개념과 황금을 복

---

107 위와 같은 책 p. 286. "《仙經》云:'丹精生金.'此是以丹作金之說也. 故山中有丹砂, 其下多有金."

108 위와 같은 책 p. 210. "《兩儀子餌黃金法》, 豬負革肪三斤, 淳苦酒一升, 取黃金五兩, 置器中煎之, 出爐, 以金置肪中, 百入百出, 苦酒亦爾. 飡一斤金, 壽蔽天地."

용하면 장수하여 죽지 않는다는 장생불사長生不死의 개념이 이로 인해 생기게 되었다. 이러한 생각은 진한시기 전후의 무덤을 보면 시신의 주변에 단사와 금, 옥등을 함께 묻는 것을 통해 확인할 수 있다.

② 수은과 납

수은은 액체 상태로 존재하는 유일한 금속으로 은백색을 띠면서 비중이 크다. 단사광물에서 기화되어 나오는데 수은을 연소시키면 붉은 색 산화수은이 되고, 유황과 합하여도 붉은 색 단사가 된다.

납은 검은 색이면서 성질이 연하고, 전성展性과 연성延性이 뛰어나다. 녹는점 또한 327℃로 낮아 화학적 반응이 비교적 활발하다. 나무장작으로도 녹일 수 있었기 때문에 인류가 가장 먼저 인식한 금속 중 하나이다. 납을 가열하면 우선 황색의 밀타승密陀僧 PbO(황단黃丹으로도 불리운다.)과 붉은 색의 연단鉛丹 Pb_3O_4이거나 호분胡粉 $PbCO_3$, $Pb(OH)_2$(연백鉛白으로도 불리운다.) 등의 납화합물이 된다. 이처럼 수은과 납은 모두 가열하여 붉은 색 물질을 의미하는 단丹을 만들 수 있었는데 붉은 색은 혈액과 유사하여 생명의 상징으로 이해되었다. 이러한 사실을 보면 수은과 납만이 붉은 색의 환단還丹을 제조할 수 있었으니 연단가들의 주목을 받는 것은 당연하였다. 수은은 은백색에서 붉은 색으로, 납은 검은색에서 붉은 색으로의 변화가 일어났기 때문에 水火(수화), 龍虎(용호), 鉛汞(연홍)의 조화로 상징되었다. 수은은 72가지 광석가운데 으뜸이고, 납은 다섯 가지 금속들의 주인으로 여겨질 만큼 두 금속은 매우 중요하게 취급되었는데 이러한 내용이 《참동계》 23장에 "五金之主(오금지주), 北方河車(북방하거)"라는 구절에서도 드러난다.

③ 연금술의 여러 재료들

연단가들이 가장 중요시하는 광물질은 단사, 납, 수은, 유황 등으로 환단의 제조에 필수적으로 사용되는 것들이었는데 전체적으로 보면 사황四黃, 오금五金, 팔석八石 등으로 나눌 수 있다. 분류는 서적마다 다소 차이가

있다.[109]

四黃	웅황雄黃, 자황雌黃, 비황砒黃, 유황硫黃	웅황雄黃, 자황雌黃, 비황砒黃, 유황硫黃
五金	금, 은, 동, 납, 철	금, 은, 동, 철, 주석
八石	단사丹砂, 여석礜石, 석담石膽, 강사硇砂, 붕사硼砂, 반석礬石, 융염戎鹽, 초석硝石	주사朱砂, 홍汞, 담명膽命, 강사硇砂, 붕사硼砂, 반석礬石, 융염戎鹽, 초석硝石
	단사丹砂, 자황雌黃, 웅황雄黃, 공청空青, 유황硫黃, 운모雲母, 융염戎鹽, 초석硝石[110]	

【표 8】 사황四黃, 오금五金, 팔석八石

《참동계》 34장에서는 "擣治羌石膽, 雲母及礬磁。硫磺燒豫章, 泥汞相鍊飛。鼓鑄五石銅, 以之為輔樞"라 하여 강羌, 석담石膽, 운모雲母, 반礬, 자磁, 유황硫磺, 니홍泥汞, 오석五石, 동銅 등을 열거 하였다. 또한, 《포박자》〈선약편〉에서는 "仙藥之上者丹砂, 次則黃金, 次則白銀, 次則諸芝, 次則五玉, 次則雲母, 次則明珠, 次則雄黃, 次則太乙禹余糧, 次則石中黃子, 次則石桂, 次則石英, 次則石腦, 次則石硫黃, 次則石粭, 次則曾青, 次則松柏脂·茯苓·地黃·麥門冬·木巨勝·重樓·黃連·石韋·楮實·象柴"라고 하여 단사丹砂, 황금黃金, 백은白銀, 지芝, 오옥五玉, 운모雲母, 명주明珠, 웅황雄黃, 태을우여량太乙禹余糧, 석중황자石中黃子, 석계石桂, 석영石英, 석뇌石腦, 석유황石硫黃, 석이石粭, 증청曾青, 송백지松柏脂, 복령茯苓, 지황地黃, 맥문동麥門冬, 목거승木巨勝, 중루重樓, 황련黃連, 석위石韋, 저실楮實, 상시象柴 등을 열거하였다. 《포박자》에서는 《신농본초경》의 상중하약을 인용하면서 단순히 광석물질 이외에도 각종 식물성 본초들도 함께 나열한 것이 특징이다.

109 胡孚琛, 呂錫琛, 《道學通論》, 북경, 사회과학문헌출판사, 2004, p. 451.

110 이 분류는 유국량주석, 《신역주역참동계》, 삼민서국, 2001, p. 173에 소개되어 있다.

111 응용처방은 《동의보감》과 《방약합편》에 수록된 것들이다.

이름	화학기호/성분	약성주치(신농본초경/동의보감)	물질특성/응용처방[111]
1. 웅황雄黃	As_2S_3	**一名黃食石. 味苦平. 生山谷. 治寒熱鼠瘻. 惡瘡疽痔. 死肌. 殺精物惡鬼邪氣. 百蟲毒腫. 勝五兵. 鍊食之輕身神仙.** 性平寒, 味甘苦, 有毒, 主中惡腹痛鬼疰, 殺精物惡邪氣, 療鼠瘻惡瘡, 疽痔邪氣, 疥癬䘌瘡	비소(As)를 함유한 황화광물로 독성과 중독성이 강하다. **옥호환**玉壺丸
2. 자황雌黃	As_2S_2	**味辛平. 生山谷. 治惡瘡頭禿痂疥. 殺毒蟲蝨. 身痒. 邪氣. 諸毒. 鍊之久服輕身增年不老.** 主惡瘡疥癩, 火煆候冷, 細研用	웅황처럼 안티몬(Sb), 철(Fe), 규소(Si), 비상砒霜(As_2O_3) 등의 미량성분도 함유되었다. 산의 양지에서 캔 것을 웅황雄黃, 음지에서 캔 것을 자황雌黃이라 한다. **촌금정자**寸金錠子
3. 비황砒黃	As_2O_3	性煖, 味苦酸, 有毒, 主諸瘧風痰在胸膈, 可作吐藥, 又療齁骱, 裁痰瘧	자연산 비석砒石은 육방정계이며, 정제된 것을 비상砒霜이라고 부른다. 비석砒石, 신비信砒, 신석信石, 비상砒霜등의 이명이 있다. **촌금정자**寸金錠子
4. 유황硫黃	S	(石硫黃) **味酸溫. 生谷中. 治婦人陰蝕. 疽痔惡血. 堅筋. 頭禿. 能化金銀銅鐵奇物.** 性大熱, 味酸, 有毒, 主心腹積聚, 邪氣冷癖, 腰腎久冷, 冷風頑痺, 脚冷疼弱無力, 堅筋骨, 壯陽道, 除頭禿惡瘡, 下部䘌瘡, 殺疥癬盤	유황함유 광물을 가열융해한 다음 상층의 액상유황을 취하여 냉각한 것이다. sulfur의 어원은 '불의 근원'을 뜻하는 산스크리트어 Sulvere에서 유래되었다. **금액단**金液丹
5. 은銀	Ag	**性平, 味辛, 有毒, 主安五藏, 定心神, 止驚悸, 除邪氣, 治小兒驚癎, 癲疾狂走之病** 은설銀屑로 만들어야 약용으로 쓸 수 있다. 금도 마찬가지다.	금 다음으로 전성展性과 연성延性이 커서 매우 얇은 은박으로 만들 수 있다. **오복화독환**五福化毒丸
6. 동銅	Gu	味辛, 無毒, 安心止驚悸, 療折傷, 散血, 止痛, 排膿, 消瘀血, 續筋骨	적색 광택을 가진 금속으로, 열 및 전기전도율이 은 다음으로 커서 전선이나 열선의 주재료로 쓰인다. **백배환**百倍丸

이름	화학기호/성분	약성주치(신농본초경/동의보감)	물질특성/응용처방[111]
7. 납鉛	Pb	(鉛丹) 味辛微寒. 生平澤. 治欬逆胃反. 驚癎癲疾. 除熱下氣. 錬化還成九光. 久服通神明. 性凉, 味甘, 無毒, 鎭心安神, 主反胃嘔噦及蛇蝎咬毒	밀타승密陀僧은 PbO, 연단鉛丹은 황단黃丹과 같은 것으로 Pb_3O_4, 연백鉛白은 $PbCO_3$, $Pb(OH)_2$ 이다. **포담환**抱膽丸
8. 주석錫	Sn	性寒, 有小毒, 主瘰癧, 鬼氣, 疰忤	구리와 주석의 합금이 청동이며, 인체에 무해해서 용도가 다양하다. **훈비방**熏鼻方
9. 철鐵	Fe	(鐵落) 味辛平. 生平澤. 治風熱惡瘡. 瘍疽瘡痂. 疥氣在皮膚中. 鐵. 堅肌耐痛. 鐵精. 明目化銅 性微寒, 治癎疾鎭心, 瘰癧及惡瘡疥, 蜘蛛咬及脫肛, 能黑鬚髮	유철柔鐵은 두세번 녹인 것이고, 강철鋼鐵은 생철과 유철을 합한 것이며, 철설鐵屑은 쇠똥으로 불리는데 쇠를 담금질할 때 떨어지는 부스러기이다. 철액鐵液, 철락鐵落은 철설을 오래 담가놨던 물을 가리킨다.[112]
10. 여석礜石	FeAsS	一名青分石. 一名立制石. 一名固羊石. 味辛大熱. 生山谷. 治寒熱鼠瘻蝕瘡. 死肌風痺. 腹中堅邪氣. 除熱	망치로 때리면 불꽃을 내고 부추냄새와 비슷한 비소냄새를 내며, 불 속에 넣어도 비소냄새를 낸다.
11. 석담石膽	$CuSO_4$	一名畢石. 味酸寒. 生山谷. 明目. 目痛. 金創諸癎痙. 女子陰蝕痛. 石淋寒熱. 崩中下血. 諸邪毒氣. 令人有子. 錬餌服之不老. 久服增壽神仙. 能化鐵爲銅. 成金銀 性寒, 味酸辛, 有毒, 主金瘡陰蝕瘡, 下石淋, 散瘀積, 療瘑牙息肉鼠瘻惡瘡, 破熱毒	원석은 $CuSO_4-5H_2O$의 형태로 물을 함유하고 있으며, 담즙을 분비하고, 催吐시키는 약리작용을 가진다. **연연진인탈명단** 淵然眞人奪命丹
12. 강사硇砂	NH_4Cl	性熱, 味辛酸, 有毒, 破瘀禮積聚瘀血, 爛胎, 除宿冷, 去惡肉, 生好肌, 柔金銀可爲秬藥	독을 없앨 때에는 가루내어 수비水飛하고, 중탕으로 졸인 다음 저절로 마르게 하면 된다. **환정자금단**還睛紫金丹
13. 붕사硼砂	$Na_2B_4O_7 \cdot 10H_2O$	性煖(一云溫平)味苦辛, 無毒, 消痰止嗽, 破瘀結, 治喉痺	온천이나 호수의 침전물에서 산출되며, 도자기 유약이나 유리의 성분으로 쓰인다. 야금술에서는 금속산화물의 슬래그[113]를 제거하는 용매로 사용되었다. **소단환**燒丹丸

이름	화학기호/성분	약성주치(신농본초경/동의보감)	물질특성/응용처방[111]
14. 웅황雄黃	$MIAl(SO_4)_2 \cdot 12H_2O$[114]	性寒(一云冷)味酸澁, 無毒, 消痰, 止痢, 療陰蝕惡瘡, 去鼻中息肉, 治急喉閉, 堅骨齒, 主崊嵤鼠瘻疥癬	=백반白礬, 명반明礬. 곱게 갈아서 질그릇에 넣고 한나절 동안 불에 달궈 분같이 희게 된 것을 고백반[枯礬]이라고 한다. **서죽당화담환** 瑞竹堂化痰丸
15. 융염戎鹽	$NaCl$	**鹵鹹.味苦寒. 生池澤. 治大熱消渴狂煩. 除邪. 及吐下蠱毒. 柔肌膚. (戒鹽). 明目. 目痛. 益氣. 堅肌骨. 去毒蠱. (大鹽). 令人吐.** 性溫, 味鹹, 無毒, 殺鬼蠱邪疰毒氣, 主中惡心痛, 止霍亂 心腹卒痛, 療下部䘌瘡, 吐胸中痰癖宿食, 滋五味, 多食則傷肺喜咳, 煎湯淋洗諸瘡, 消腫毒	강羌, 강염羌鹽이라고도 한다. 흙에서 나온 것을 토염土鹽, 돌에서 생한 것을 융염戎鹽, 나무에서 생한 것을 목염木鹽, 인공적으로 염전에서 만든 것을 과염顆鹽이라 한다. **목유산**木萸散
16. 초석硝石	KNO_3, $NaNO_3$, $Ca(NO_3)_2$	**(朴消). 味苦寒. 生山谷. 治百病. 除寒熱邪氣. 逐六府積聚. 結固留癖. 能化七十二種石. 鍊餌服之. 輕身神仙.** 性大寒, 味苦鹹, 有小毒, 治腹脹, 大小便不通, 女子月候不通, 通泄五藏百病六府積聚	초석硝石은 초硝의 총칭이며, 불에 법제 하지 않은 것을 생초生硝, 박초朴硝라고 한다. 불에 법제한 것을 분초盆硝, 망초芒硝라 한다. **삼화탕**三和湯
17. 운모雲母	X_2Y_{4}~$6Z_8O_2(OH,F)_4$[115]	**一名雲珠. 一名雲華. 一名雲英. 一名雲液. 一名雲沙. 一名磷石. 味甘平. 生山谷. 治身皮死肌. 中風寒熱如在車船上. 除邪氣. 安五藏. 益子精. 明目. 久服輕身延年.** 돌비늘, 性平, 味甘, 無毒, 主五勞七傷, 虛損少氣, 安五藏, 益子精, 明目, 補中止痢	불에 빨갛게 달구어 식초에 담그기를 일곱 번 반복하여 수비해서 햇볕에 말린 다음 분같이 갈아 약에 쓴다. **운모고**雲母膏
18. 자磁	Fe_3O_4	**一名玄石. 味辛寒. 生川谷. 治周痺風濕. 肢節中痛不可持物. 洗洗酸痟. 除大熱. 煩滿及耳聾.** 지남석, 性寒, 味辛鹹, 無毒, 養腎藏, 强骨氣, 益精, 除煩, 療耳聾, 通關節, 消癰腫鼠瘻頸核喉痛, 鍊水飮之, 令人有子	불에 빨갛게 달궈 식초에 담그기를 아홉 번 반복하여 가루내서 수비하여 쓴다. 혹은 불에 달궈 담근 물을 마신다. **자석양신환**磁石養腎丸
19. 태을우여량 太乙禹餘糧	$Fe_2O_3 \cdot 2H_2O$	**味甘寒. 生池澤. 治欬逆寒熱煩滿. 下利赤白. 血閉癥瘕大熱. 鍊餌服之. 不飢輕身延年.** 性寒平, 味甘, 無毒, 主赤白痢, 血閉癥瘕, 小腹痛, 治崩中及痔瘻等疾	갈철광이다. 불에 달구었다가 식초에 담그기를 7번 반복하여 곱게 가루내서 물에 풀고 잡물을 제거하여 쓴다. **적석지우여량탕** 赤石脂禹餘糧湯

이름	화학기호/성분	약성주치(신농본초경/동의보감)	물질특성/응용처방[111]
20. 석중황자 石中黃子		《本經》과 《寶鑑》에 보이지 않고, 《本草綱目》에 나온다. 石中黃子所在有之, 沁水山尤多, 在大石中。其石常濶溼不燥, 打其石有數十重, 見之, 赤黃溶溶, 如雞子之在殼中也, 即當未堅時飲之, 不爾, 便漸堅凝如石, 不中服也。破一石中, 可頓服之。	돌가운데 누런 액체가 들어있다는 것으로 석중황石中黃이라고도 한다. 정확한 분석이 어렵다.
21. 자석영 紫石英	CaF_2	**味甘溫. 生山谷. 治心腹欬逆邪氣. 補不足. 女子風寒在子宮. 絕孕十年無子. 久服溫中輕身延年.** 性溫, 味甘辛, 無毒, 補心氣不足, 定驚悸, 安魂魄, 養肺氣, 鎭下焦, 止消渴, 女子絕孕無子, 散癰腫, 令人悅澤	이산화철에 의해 자주색을 띠며, 산화철의 함량이 많을수록 색이 진해진다. 석영에는 5가지가 있으나 오직 자석영과 백석영만 쓰는데 자석영이 백석영에 비해 약력이 2배라 한다. **석영산**石英散
22. 증청曾青		**味酸小寒. 生山谷. 治目痛止淚出. 風痺. 利關節. 通九竅. 破癥堅積聚. 久服輕身不老. 能化金銅.** 性小寒, 味酸, 無毒, 養肝膽, 治寒熱, 治目痛, 止淚出, 與空青同山, 療體相似, 其形小, 連珠相綴, 腹不空爲曾青	속이 비어있지 않은 것이 증청이며, 속이 빈 것은 공청空青으로 예장瞖障과 내장內障을 치료한다. 속에 물이 들어있으면 점안약으로 더 좋다. **태을신정단**太乙神精丹
23. 송지松脂	resin: 70~75%, 테레빈유: 18~22%, 물 기타 불순물: 5~7%	**名松膏. 一名松肪. 味苦溫. 生山谷. 治癰疽惡瘡. 頭瘍白禿. 疥瘙風氣. 安五藏. 除熱. 久服輕身不老延年.** 性溫, 味苦甘(一云平)無毒, 安五藏, 除熱, 治風痺死肌, 主諸惡瘡頭瘍, 白禿, 疥瘙, 去死肌, 療耳聾, 牙有猙孔, 貼諸瘡生肌, 止痛殺盤	소나무과의 나무가 손상을 입었을 때 분비되는데 깨끗한 것은 무색 투명한 액체이나 시간이 지나면 희뿌옇고 끈질긴 성질이 생긴다. **투이통**透耳筒
24. 거승巨勝 = 호마胡麻	기름: 45~55%, 단백질: 36%	**一名巨勝. 味甘平. 生川澤. 治傷中虛羸. 補五內. 益氣力. 長肌肉. 塡髓腦. 久服輕身不老. 葉名青蘘.** 性平味甘無毒益氣力長肌肉塡髓腦堅筋骨潤五藏/補髓塡精延年駐色/患人虛而吸吸加胡麻用之	검은 깨이다. 피부 점막의 회복을 촉진하고, 혈액의 콜레스테롤 수치를 줄이며, 장 운동을 활발하게 한다. 《참동계》에도 언급된 대표적인 항노화식품이다. **호마산**胡麻散

【표 12】 외단 약물

3. 동양연단술의 이론체계

연단술에 관한 서적들을 보면 대부분 일종의 실험기록이다. 한나라때의 《황제구정신단경결黃帝九鼎神丹經訣》, 《태청금액신단경太淸金液神丹經》들이 그러한데, 위진 이후부터는 이론체계 또한 서서히 정립되기 시작하였다. 음양오행과 천인상응설을 기본으로 하여 삼재, 사상, 팔괘, 천문율력 등이 이용되었다. 당나라 때 초택선생楚澤先生이 편찬한 것으로 알려진 《태청석벽기太淸石壁記》에 보면 오석五石을 하늘의 별과 대응시킨 구절이 있다. "오석五石은 오성五星의 정기이다. 단사는 태양 형혹熒惑의 정기이고, 자석은 태음 진성辰星의 정기이며, 증청은 소양 세성歲星의 정기이고, 웅황은 후토后土 진성鎭星의 정기이다. 여석은 소음 태백太白의 정기이다. 이러한 오성의 정기는 사람을 죽지 않고 장수하게 한다."[116] 사람을 소우주라 하듯이 자연계가 대우주라면 단노丹爐를 소우주에, 일월성신日月星辰을 대우주라 한다면 약물을 소우주로 보는 관점인 것이다. 이러한 관점들이 최초로 집대성된 것이 바로 《주역참동계》라 할 수 있다.

① 《주역참동계》의 외단이론

《주역참동계》의 업적은 외단과 내단에 두루 적용될 수 있는 이론체계를 정리한 것에 있는데 우선 음양론에 입각한 음양배합이 그 예이다. '天地(천지)', '乾坤(건곤)'을 정기鼎器로 배속하고, 역을 '日月(일월)'이자, '坎離(감리)'라 하여 약

112 모든 철은 약을 쓸 때 담가놓았던 물을 쓰지 직접 철을 쓰지 않는다. 다만 철화분鐵華粉만 약으로 쓰는데 제법은 이렇다. 쇠를 두드려 조각을 만들어 소금물을 뿌린 다음 식초 넣은 항아리 속에 백일 동안 담가두면 쇠 위에 녹이 스는데 이것을 곱게 가루내어 다른 약과 합하여 환, 산제를 만든다. -《동의보감》

113 슬래그는 철강 제조공정에서 철의 원료인 철광석 등으로부터 철을 분리하고 남은 암석 성분이다.

114 MI은 1가의 금속을 말한다. 함유되어 있는 1가의 금속이온이 무엇인지에 따라 칼륨백반($KAl(SO_4)_2 \cdot 12H_2O$), 암모늄백반($(NH_4)Al(SO_4)_2 \cdot 12H_2O$) 등으로 부른다.

115 X=K, Na, Ca, 12배위配位, Y=Fe, Mg, Al, Ti, Li, 6배위, Z=Si, Al, 4배위이다.

116 "五石者是五星之精. 丹砂, 太陽熒惑之精; 磁石, 太陰辰星之精; 曾青, 少陽歲星之精; 雄黃, 后土鎭星之精; 礜石, 少陰太白之精. 右以此五星之精, 其藥能令人長生不死."

물에 배속하였다. 이러한 약물은 삼재와 사상, 오행론에 의해 서로 분류가 가능한데 '水', '火', '藥'은 三才에, 白金, 朱砂, 黑鉛, 水銀은 四象에 배속하는 것이 그것이다.[117]

	黑鉛	白金(銀)	雄黃, 硫黃	朱砂	水銀
괘상	坎卦	兌卦		震卦	離卦
오행방위	北方 壬癸水	西方 庚辛金	戊己 中央土	東方 甲乙木	南方 丙丁火
사신	玄武	白虎		青龍	朱雀

【표 10】 외단 약물의 4상 분류

② 연단술과 의학이론

한의학의 방제들에는 연단술에서 유래된 광석지제鑛石之劑들이 다수 있다. 《방약합편方藥合編》에도 실려있는 주사안신환朱砂安神丸, 금액단金液丹 등이 그 예인데 송대 이후에 이러한 풍조가 특히 유행하였다. 《태평혜민화제국방太平惠民和劑局方》에 보면 남악위부인南嶽魏夫人의 진령단震靈丹, 경진지선단經進地仙丹, 옥화백단玉華白丹 등의 처방이 수록되어 있다. 또한 방제학의 군신좌사론으로 연단재료를 해석하기도 하였다. 《참동계오상류비요參同契五相類秘要》에 보면 "대개 환단에는 납이 主가 되고, 수은은 君, 유황은 臣, 웅황은 장수, 자황은 佐, 증청은 使가 된다. 군신이 배합되고, 主將이 서로 억제하며, 使佐가 널리 통한다."[118]고 하였다.

---

117 胡孚琛, 呂錫琛, 道學通論, 북경, 사회과학문헌출판사, 2004, p. 455./당시의 연단가들은 주사에서 수은이 나오고, 흑연에서 은이 나오는 것으로 착각하였다. 주사와 수은의 관계는 맞지만 흑연이 은을 포함한 광석은 아니다.

118 "大還丹用鉛爲主, 用水銀爲君, 硫黃爲臣, 雄黃爲將, 雌黃爲佐, 曾青爲使, 君臣配合, 主將拘伏, 使佐宣通."

4. 동양연단술의 화학적 이해[119]

연단술의 과정을 보면 매우 복잡하고, 이해하기 어려운 언어로 설명되어 있는 것이 사실이다. 이러한 과정을 화학적으로 분석해보면 크게 다섯 가지로 나눌 수 있는데 그것은 바로 '還丹, 黃白, 金液, 秋石, 丹藥'이다.

① 환단還丹의 화학반응

천연 단사를 밀봉한 가마솥에 넣고 달이는데 250℃가 되면 단사가 녹아 끓기 시작한다. 583.5℃가 되면 단사가 승화하기 시작하여 솥의 천장에 자홍색의 결정체인 황화수은HgS이 맺히게 된다. 《황제구정신단경결》에서 말하는 '단화丹華'반응인 것이다. 만약 화로의 온도가 비교적 높고, 화후가 적절하다면 황화수은이 분해, 합성하는 과정이 반복된다.

$$HgS \xrightarrow{(\triangle)} Hg\uparrow + S\uparrow \xrightarrow{(\text{냉각})} HgS$$

【도식 2】 황화수은의 분해, 합성

단사를 가열하면 수은이 되고, 수은은 다시 단으로 변하여 환단이라 하는데, 앞서 언급하였듯이 이는 황화수은HgS과 산화수은HgO를 구분하지 못한 결과이다.

$$HgS + O_2 \rightarrow Hg + SO_2 \text{ (抽汞法)}$$

$$2Hg + O_2 \rightarrow 2HgO$$

【도식 3】 황화수은과 산화수은

당나라시기에는 직접 유황과 수은을 반응시켜 단사를 제조하였는데 손사막의 "소환단방小還丹方"이 그것으로 모두 "水銀 1斤, 石硫黃 4兩"을 사용하였다. 유황을 충분히 사용하여 수은이 완전히 반응하도록 하였다.

$$Hg + S \xrightarrow{(\text{연마})} HgS \text{ (青砂頭) } \xrightarrow{(\triangle)} HgS \text{ (붉은 색 결정)}$$

【도식 4】 수은과 유황의 반응

119 胡孚琛, 呂錫琛,《道學通論》, 북경, 사회과학문헌출판사, 2004, p. 465-471./전반적인 내용은 번역하여 요약하였으며, 필요한 부분은 추가하였다.

납과 수은은 가열할 때 합금이 되기 전에 각각 산화가 먼저 일어난다. 수은이 산화되면 산화수은HgO이 되고, 납이 산화되면 연단Pb_3O_4이 된다. 이 두 가지가 환단還丹으로 인식되었던 것이다.

② 황백黃白의 화학반응

황백은 곧 금과 은을 가리키는데 수나라때 소원랑蘇元朗의 《보장론寶藏論》에 보면 여러 종류의 약금藥金과 약은藥銀이 기재되어 있다. 그중 대부분은 구리와 비소의 합금이다. 이 합금들은 비소함량이 중요한데 10% 이하는 황금색의 약금이 되고, 10% 이상일 경우는 백색의 약은이 되는 것이다. 웅황As_2S_3, 자황As_2S_2, 비석$As2O_3$, 여석FeAsS을 구리와 반응시켜 약금, 약은을 만드는 것을 "단양법丹陽法"이라 하였다.

$$As_2S_2 \quad + 2Sn \xrightarrow{\triangle} 2SnS \ + 2As$$

【도식 5】 주석과 비소의 반응

《포박자·내편》〈황백〉에서 "금루선생소종청림자수작황금법金樓先生所從青林子受作黃金法"에 보면 주석Sn과 적염赤鹽(알루미늄, 칼륨, 철의 유산염이나 염화암모늄에 해당한다.), $KAl(SO_4)_2$, NH_4Cl, 회즙灰汁(석회수)$Ca(OH)_2$를 말똥불로 30일간 가열하면 주석가운데에 마치 재와 같은 상태로 겹겹이 쌓여있는 것을 보게 되는데 이것이 황금이라고 하였다.[120] 하지만 이는 현대에 금색 페인트로 쓰일 정도로 황금과 비슷해 보이는 황화주석SnS_2이다.

"각리선생종직구자소수화황금법角里先生從稷丘子所授化黃金法"에서는 반석수礬石水, 단사수丹砂水, 증청수曾青水, 웅황수雄黃水를 철기 중에서 가열하면 상품으로 취급되는 자마금紫磨金이 된다고 하였다.[121] 구리와 안티몬Sb

---

120 "先鍛錫方廣六寸, 厚一寸二分, 以赤鹽和灰汁, 令如泥, 以塗錫上, 令通厚一分, 累置於赤土釜中, 率錫十斤, 用赤鹽四斤, 合封固其際, 以馬糞火熅之. 三十日, 發火視之, 錫中悉如灰狀, 中有累累如豆者, 卽黃金也."

121 "先以礬水石二分, 內鐵器中, 加炭火令沸, 乃內汞多少自在, 攪令相得, 六七沸, 注地上, 成白銀. 乃取丹砂水·曾青水各一分, 雄黃水二分, 於金曆中加微火上令沸, 數攪之令相得. 復加炭火上令沸, 以此白銀內其中, 多少自在, 可六七沸, 注地上, 則成上色紫磨金也."

의 합금도 자색을 띤 자마금紫磨金이 된다는 기록도 있다.

③ 금액金液과 수법水法의 화학반응

수법의 일종인 금액金液은 보통 화지華池라고 불리우는 질산용액에 금속과 유황함유물질을 용해시켜 만든다. 초산에 첨가하는 대표적인 약물은 바로 초석KNO_3이다. 질산과 초석을 녹이려는 금속과 함께 3개월 이상 대나무통에 넣어 밀봉해두면 금속이 녹게 되는데 이에는 비단 납과 주석만 그런 것이 아니라 금과 은도 가능하다.

은Ag은 일반적으로 질산에 녹지 않으나 질산염이 포함된 상태에서 질산이온이 금속은을 산화시켜 은이온으로 만들고, 아울러 은의 용해를 촉진한다. 납은 비록 묽은 질산에는 녹지 않지만 질산염이 있는 상태에서는 역시 초산액에 녹는다.

$$Ag + NO_2^- \longrightarrow Ag^+ + NO_2$$

【도식 6】 은과 질산염의 반응

금Au 용해물과 수은Hg을 합쳐 금-수은합금을 만들 수 있다. 그런 연후에 웅황, 한수석寒水石, 철광수鐵鑛水, 자석수磁石水, 초석硝石, 단사丹砂를 식초용액에 넣어 흔들어 녹인다. 이어 금분자가 콜로이드 용액으로 추출되게 한다. 광물약중에 요오드화물이 섞여 있으면 용액 중에서 요오드산염IO_3^-이 형성된다. 대개 용액중에 황화철이 들어가서 오요드를 환원시킨 결과이다. 요오드산염이 초석과 초산용액 중에 존재하면 금원소가 심지어 공기 중에서도 산소에 의해 산화되어 금을 용해시킨다.

④ 추석秋石등 성관련 약물의 제조

《주역참동계》 40장에 "淮南鍊秋石(회남련추석)"이라는 구절이 있다. 하지만, 추석이 무슨 물질인지는 물론 정론이 없었다. 송대 이래로는 동남童男의 소변과 소녀少女의 월경혈액으로 추석秋石, 홍연紅鉛을 제조하였는데 이는 일종의 성호르몬관련 단약으로 추정되며, 이후로 점점 유행하기 시작하였다.

추석의 제법은 《본초강목本草綱目》등의 서적에 기록되어 있는데 그 법은 '일단 소변을 통에 넣고 조각즙을 넣어 휘저어 섞는다. 후에 소변 속의 수분을 거르고 진한 즙을 깨끗한 통에 넣어 끓여 건조시킨다. 건조한 분말을 부셔서 맑은 물에 넣고 달인다. 거품과 찌꺼기를 걷어내고 다시 통에 넣고 가열하여 말린다. 이러한 과정을 수차례하면 약물의 색깔이 서리와 눈같이 될 때 그친다. 이것을 취해서 사합砂盒 내부를 굳게 막고, 화하火煆하여 즙을 만든 다음 기울여 배출시킨다.'

⑤ 의료용 단약丹藥의 제조

연단가들은 장생불사長生不死와 반노환동反老還童을 위해 만든 선약仙藥을 종교적인 목적으로 사용한 것 외에도 질병의 치료와 예방측면에도 사용하였다. 唐代의 심지언沈知言은 《통현비술通玄秘術》을 편찬하고, 여기에 27개의 의약단방醫藥丹方을 수록하였고, 송대 이후에 들어 이러한 류의 단방丹方이 매우 많아졌다. 장각인張覺人의 《중국연단술과 단약》[122]이라는 책을 보면 의약용 단약을 5가지로 분류하였는데 아래 표와 같다.

분류	단약 처방
염화수은류 mercury chloride	경분輕粉, 백영사白靈砂, 중구환中九丸등
황화수은류 sulfide of mercury	다양한 제법의 HgS
산화수은류 mercury oxide	순도가 다른 HgO, 대홍승단大紅升丹, 소홍승단小紅升丹
승단升丹류	홍승단紅升丹을 제외한 기타 승단약
강단降丹류	백강단白降丹 $HgCl_2$ 위주의 단약들
소단燒丹류	유황을 가열하여 완성한 금액단金液丹

【표 11】 의약용 단약 분류

122 장각인張覺人(장쥐에런)(1890～1981年)의 자字는 몽선夢禪이고, 자호自號는 각인노인覺因老人이다. 사천성 광안현 동악향 사람이며, 중국에서는 단도의가丹道醫家로 유명하다. 1981년에 《중국연단술과 단약》을 저술하였다./http://topic.xywy.com/wenzhang/20040904/443449.html 참고.

○ 경분輕粉은 염화 제1수은Hg_2Cl_2을 말하며, 매독, 매독성 피부병, 변비 치료제 및 외과 살충제, 안정제로 쓴다. 수은분水銀粉, 이분膩粉, 홍분汞粉이라고도 한다.

○ 백영사白靈砂는 염화 제2수은$HgCl_2$으로 수렴收斂의 효과가 있어 외과약으로 쓴다. 분상粉霜, 수은상水銀霜, 은상銀霜, 백강단白降丹, 승홍昇汞, 상설霜雪, 백설白雪, 간설艮雪등으로 불리운다.

○ 중구환中九丸은 제법이 다소 복잡한데 이름에서처럼 9개의 단약과 약물을 이용하여 만든 복합처방이다. 대량의 수은과 비소, 납이 들어가며 과열鍋熱, 금단金丹, 석청石靑, 영약靈藥, 섬수蟾酥, 웅담熊膽, 진주珍珠, 사향麝香으로 환을 빚고 주사朱砂로 옷을 입혀 만든다. 탈골저脫骨疽와 매독에 효과적이라고 한다.[123]

○ 홍승단(HgO 위주)과 백강단($HgCl_2$ 위주)는 외과의 주요단약으로 독을 빼내고, 썩은 살을 제거하며, 새살을 돋게 하며, 창구瘡口를 수렴하고, 살균하는 효능이 있다.

이상에서 보는 것과 같이 외단술은 화학역사상 많은 발명을 가져왔다. 과학기술의 영역에 있어서 화약, 염료, 의약, 농약, 유리, 유칠, 야금, 채광 등에 두루 영향을 미치기도 하였다. 암을 비롯한 수많은 난치병을 효과적으로 치료하기 위해서는 단약에 대한 의약적 접근이 필요하며, 더욱 많은 연구가 요구된다 하겠다.

123 http://baike.baidu.com/view/1097579.html/과열鍋熱, 금단金丹, 석청石靑, 영약靈藥은 여러 가지 약재를 섞어 만든 2차 단약들이다.

제2절 내단학설

내단이라는 성명쌍수性命雙修의 수련방법은 한나라, 위진시대에 이미 나타나고 있지만, 내단이라는 용어가 문헌상으로 처음 언급된 것은 불교 천태종의 제3조로 받드는 혜사慧思(515~577)의 문헌에 있다. "외단의 힘을 빌려 내단을 닦고, 중생을 편안히 하고자 먼저 나 자신을 편안하게 한다."[124]라는 구절이 그것으로, 불교와 도교가 이미 오래전부터 가까웠다는 것을 의미하기도 한다. 앞서 서술된 외단, 연금술이 외부 물질에 대한 탐구였다면 내단은 몸속의 정, 기, 신에 대한 탐구이고, 성명을 함께 닦는 방법으로 현대에는 기공, 단학으로 불리운다. 내단에 관한 탐구는 크게 내단학설의 역사적 관점과 내단이론의 구체적인 내용으로 나눠 볼 수 있다.

1. 내단학설의 역사

내단학에 있어서 중요한 요건은 후천의 호흡지기呼吸之氣를 선천의 원기元炁로 바꾸어 생명현상의 비밀을 밝히려 한 것이다. 이러한 선천의 원기를 밝히는 것이 고대사회에서부터 이론적인 체계가 잡혀있지는 않았을 것이다. 현재의 관점에서 보면 고대인들이 비록 미개했다고 볼 수 있지만 반면에 성질이 순박하고, 전일하여 더욱 쉽게 선천지기를 찾아, 쉽게 내단의 수련현상을 체험했을 것으로 추측된다. 《황제내경소문·상고천진론》에서 "上古之人, 其知道者, 法於陰陽, 和於術數, 食飮有節, 起居有常, 不妄作勞, 故能形與神俱, 而盡終其天年, 度百歲乃去"라 하여 고대인들이 실제 몸과 정신의 일치를 이룬 진인들이라 한 것이 그것이다.

① 선진시기

초기 내단술은 초楚나라의 왕교王喬, 적송赤松에 의한 행기법, 진秦나라의

124 "借外丹力修內丹, 欲安衆生先自安"/이원국 지음, 김낙필, 이석명, 김용수, 나우권 옮김, 《내단 심신수련의 역사 1》, 성균관대학교 출판부, 2006, p. 446.

용성容成, 팽조彭祖에 의한 방중, 연제燕齊국의 안기安期에 의한 복식등이 유행하였는데 이중에서 행기법이 가장 유행하였다.

선진시기에는 《노자》와 《장자》가 내단학의 이론과 공법의 기본이 기록된 저작이다. 노장학파의 사상체계는 '道', '虛', '靜', '無'의 범주에 해당하는데 '致虛極, 守靜篤', '凝神', '守一', '坐忘', '心齊'등의 방법은 내단법결에 파급되었다. 또한 노장에서는 성인, 진인, 선인이 나오는데 이는 내단가에서도 이상적인 목표로 간주되었다.

《노자》가운데에 '專氣致柔', '抱一', '嗇精', '玄牝之門', '谷神不死', '長生久視'와 같은 내용은 노자가 정기를 기르기를 좋아하고, 접하기를 귀하게 여기고, 뿌리지 않는다는 《열선전》의 말과 일치한다. 또한 행기와 방중을 종합하는 내련공부를 겸한다고 볼 수 있다. 또한 "마음을 비우고, 배를 채운다"[125]는 구절은 후대의 내련가들에게 성명쌍수의 법결로 취급되었다.

《장자》는 청수파의 공부와 유사하다. 〈재유在宥〉편에는 '守一'의 방법이 언급되어 있는데 "보지 말고, 듣지 말 것이며, 신을 고요하게 잡으면 형체가 장차 스스로 바르게 된다. 반드시 고요하고 맑게 해야 하니, 너의 몸을 수고롭게 하지 말며, 너의 정을 요란하게 하지 말 것이니, 그러하면 가히 장수할 수 있다."[126]고 하였다. 〈인간세人間世〉편에서는 '心齊'의 방법을 언급하였다. "만약 하나의 뜻을 세우고자 한다면, 귀로 듣지 말고 마음으로 들으며, 마음으로 듣지 말고 기로 듣는다. 귀는 듣는데 멈추고, 마음은 그 신호에 부응하니, 기라는 것은 텅 비어 사물을 대하는 것이다. 오직 도를 모아 텅 비게 한다. 텅 빈다는 것은 심제이다."[127]라고 하였으니 내단 청수파의 관점이 드러난다. 〈대종사大宗師〉편에서는 "지체를 버

125 "虛其心, 實其腹."

126 "无視无聽, 抱神以靜, 形將自正. 必靜必淸, 无勞汝形, 无搖汝精, 乃可以長生."

127 "若一志, 无聽之以耳而聽之以心, 无聽之以心而聽之以氣! 耳止於聽, 心止於符. 氣也者, 虛而待物者也. 唯道集虛. 虛者, 心齋也."

리고 총명을 쫓아내 형체를 떼어내고 지혜를 버려 대도에 동화되는 것을 앉아서 좌망이라고 한다."[128]고 하여 '坐忘'을 언급하였다.

현존하는 출토 문물 중에 내단수련을 묘사하고 있는 가장 오래되고 완전한 것은 전국초기의 것으로 추정되는 《행기옥패명行氣玉佩銘》이다. 여기에서는 "행기 - 삼켜서 쌓고, 쌓아서 펴고, 펴서 내리고, 내려서 안정시키고, 안정시켜서 굳게 하고, 굳게 해서 싹이 트게 하고, 싹이 트게 해서 기르고, 길러서 물러나게 하고, 물러나면 하늘이 된다. 하늘은 거의 위에서 찧고, 땅은 거의 아래에서 찧게 된다. 순하면 살고, 역하면 죽는다."[129] 라고 하였는데 이를 청수단법清修丹法[130]의 행기법으로 해석하면 "응신하여 기를 모으고, 단전으로 돌려 내리며, 입정에 들어 응결시키면 진기가 싹터 나온다. 독맥으로 되돌려 니환으로 상승시킨다. 하늘머리로써 솥을 삼고, 땅배으로써 화로를 삼는다."가 된다.[131]

진한시기의 방선도에도 내단수련의 비술이 전해졌는데 《태평경太平經》, 《노자상이주老子想爾注》등의 책에서도 그 흔적을 찾을 수 있다. 엄군평의 《도덕진경지귀道德眞經指歸》에서는 수련 중에 영혼을 정화하거나, 심리적인 수련을 제시하였고, 《노자하상공장구老子河上公章句》에서는 정기신 수련의 내용을 드러냈다.

② 동한, 위진남북조 시기

동한시기에서부터 수당에 이르기까지는 내단학의 이론체계가 형성된 시기이다. 동한 초기의 《태평경》에서는 인체의 정, 기, 신이 수련대상임을

128 "墮肢體, 黜聰明, 離形去知, 同於大通, 此謂坐忘."

129 "行氣-呑則畜, 畜則伸, 伸則下, 下則定, 定則固, 固則萌, 萌則長, 長則退, 退則天. 天幾春在上, 地幾春在下. 順則生, 逆則死."

130 청수단법이란 음양쌍수단법에 대비되는 개념이다. 방중술등을 이용하는 음양쌍수단법과 달리 스스로 욕망을 절제하고, 수련하는 방법이기 때문에 맑게 수련한다는 이름이 지어진 것이다.

131 胡孚琛, 呂錫琛, 《道學通論》, 북경, 사회과학문헌출판사, 2004, p. 532./《내단 심신수련의 역사 1》에서는 '行氣-呑則畜'을 '行氣-深則畜'이라 소개하였다.

명확히 하였으며, 愛氣, 尊神, 重精의 원칙을 세웠다. 아울러 入靜, 守一, 存神, 胎息, 內視 등의 고전적인 공법도 소개하였다.

초기도교의 교과서라 할 수 있는 《노자상이주》에서는 "谷神不死"구절에 대한 주석에서 結精, 煉氣, 守神의 요법을 설하였다.

동한의 위백양이 저술한 《주역참동계》에 와서는 주역의 상수학과 일월운행의 음양변화와 외단노화의 모형을 결합시켜 음양교합의 지식을 서술하였다. 《주역참동계》에는 방중술로 보이는 음양단법에 대한 비결과 용어가 기재되어 있고, 청수파의 단법과 외단 노화의 지식등 각종 유파의 단결이 들어있다고 볼 수 있다. 그래서 '萬古丹經王'이라 불리웠던 것이다.

위진시기의 갈홍은 《포박자》를 지어 외단학의 금액환단법을 적극 주장하였을 뿐만 아니라 존사일월存思日月, 빛과 몸을 합하는 법, 단전을 내시하는 법, 진액을 머금어 심실로 보내는 것 등 내단적인 요소도 함께 전하였다. 특히 《포박자·내편》에서는 진한 이래의 양생수련술을 융합하여 체계적인 양생법으로 정리하였다.

위진시기에 전해진 《황정경黃庭經》에는 내단의 법결이 숨겨져 있는데 존신存神, 의수단전意守丹田, 내시內視, 조식調息 등의 청수단법을 주장하였다. 또한, 머리의 니환궁에서 연신煉神하는 공부를 강조한 것이 특징이다.

③ 수당시기

《주역참동계》에는 내단과 외단이 혼재된 느낌이 있지만 당대의 도서道書인 《통유결通幽訣》에 의하면 "기는 능히 생명을 존속시키니, 내단이다. 약은 능히 형체를 굳게 하니 외단이다."[132]라고 하여 내외단의 개념을 명확히 정리하기 시작한다. 당나라 말기 외단의 폐해가 극에 달하면서 비록 외단의 용어를 빌렸지만 사실상 내단을 주장한 서적들이 나오기 시

132 "氣能存生, 內丹也. 藥能固形, 外丹也."

작하였다. 초기의 내단서적들은 엄밀히 내단 위주로만 저술된 것이 아니라 행기, 도인등이 혼재되어 있었는데 守一, 吐納, 辟穀, 胎息, 房中, 存思의 방법들 또한 인체의 진기를 자극하여 내단의 경지로 들어가려는 점에 있어서 동일하다.

손사막은 도교의 내단이론과 의학을 결합시켜 양생학을 정리한 공로가 큰데 실제 100세 이상 장수하였다는 기록이 그의 양생론의 가치를 드러내기도 한다. 《천금방千金方》, 《태청단경요결太淸丹經要訣》등의 저술이 있다.

사마승정의 《복기정의론服氣精義論》, 《천은자天隱子》, 《좌망론坐忘論》에는 불교 선종의 지관법, 선정법등이 내단학과 함께 혼입되어 큰 발전을 이루게 된다. 이외에도 유지고劉知古의 《일월현추편日月玄樞篇》, 오균吳筠의 《현망론玄網論》, 나공원羅公遠, 섭법선葉法善의 《진용호구선경眞龍虎九仙經》, 장과張果의 《태상구요심인묘경太上九要心印妙經》, 도식陶植의 《환금술還金術》, 양삼미羊參微의 《원양자금액집元陽子金液集》등이 유명하다.

④ 당말오대 시기

당말오대의 시기는 내단학이 성숙되고 완비된 시기이다. 이때 외단학설은 퇴조하고, 내단 위주의 연구가 정통으로 자리 잡게 되었다. 대표적인 내단가로는 최희범崔希範, 종리권鍾離權, 여동빈呂洞賓, 진박陳朴, 유조劉操, 시견오施肩吾, 진단陳摶, 담초譚峭 등이 유명하다.

최희범의 《입약경入藥鏡》은 일종의 가결형태로 역대 내단서중에서 비중이 높은 저작이다. 주로 음양쌍수의 비결이 적혀있다.

종리권, 여동빈은 후세 도사들에게 신화적인 인물로 많은 분파들이 이들을 개산조사로 여기고 있다. 시견오는 여동빈의 제자로 《종려전도집鍾呂傳道集》, 《서산중선회진기西山衆仙會眞記》등을 편찬하였고, 이외에도 《영보필법靈寶畢法》, 《파미정도가破迷正道歌》등이 있다. 종려단법은 성명쌍수로서 정, 기, 신을 응결시키는 것을 기본으로 하고, 선천의 일기를 섭취하되 차례가 분명하고, 증험이 있는 내용들이다.

진박陳朴의 《진선생내단결陳先生內丹訣》이 《도장道藏》에 실려 있으며, 희이선생希夷先生이라고도 불리우는 진단陳摶의 《지현론指玄論》, 《무극도無極圖》등에는 "순하면 사람을 생하고, 거스르면 단을 이룬다", "연정화기, 연기화신, 연신환허"등의 환단원리가 정리되어 있다.

⑤ 송원, 명청 시기

송대 이후에는 내단학파가 많이 나눠지게 되는데 이러한 분파는 남파, 북파, 중파, 동파, 서파 등으로 나뉜다. 이외에는 문시파文始派, 소양파少陽派, 오류파伍柳派, 삼봉파三丰派 등이 있다.

	개산조	유파 와 특징	내용
남종	장백단 張伯端	석태石泰, 설도광薛道光, 백옥섬白玉蟾, 진남陳楠, 유영년劉永年, 옹보광翁葆光	선명후성, 청수단법, 음양쌍수단법《참동계》와《오진편》을 경전으로 삼는다.
북종	왕중양 王重陽	담처단譚處端, 유처현劉處玄 구처기邱處機, 왕처일王處一 학대통郝大通, 손불이孫不二	선성후명, 청수단법, 선종, 밀종, 유가공부를 흡수하였다. 구처기의 용문파가 대표적이다.
중파	이도순 李道純		《중용》, 《심경》등 유교, 불교의 서적으로 내단을 해석하였다. 이도순의《중화집》, 명대의《성명규지》, 청말 황원길이 유명하다.
동파	육서성 陸西星	강소江蘇, 절강浙江일대에 유행	음양쌍수단법으로 이미 파체破體가 된 중년과 노인을 위한 수련법이다.
서파	이함허 李涵虛	사천四川지방에서 활동	음양쌍수단법이나 동파에 비해 청정자연을 강조하고, 삼봉채전三峰採戰과 같은 사술을 강력히 배척하였다.

【표 12】송대 이후 내단학파

이외에 전진교 용문파의 8대제자인 오수양伍守陽이 지은 《천선정리직론天仙正理直論》, 《선불합종仙佛合宗》과 청대 유화양柳華陽이 지은 《금선증론金仙證論》, 《혜명경慧命經》이 널리 읽혀져 이 둘을 합쳐 오류파伍柳派라 부른다. 유불도의 삼교를 회통하는 음양청수단법이라 할 수 있다.

원나라, 명나라간에 장삼봉張三丰이라는 저명한 도사가 있었다. 그는 스스로 화룡진인이라 하였으며 《무근수사無根樹詞》, 《대도론大道論》등을 저술하였다. 음교혈조식법, 동류음양공부, 청수, 용호단공, 내가권법 등이 그의 특징이다. 이외에 청대에는 《도서십이종圖書十二種》을 지은 유일명劉一明이 있는데 유가의 리학으로 내단학을 해석하였다.

2. 내단학설의 내용

내단학설의 내용을 파악하기 위해서는 여러 내단서적에서 서술된 수련의 대상과 과정을 파악하는 것이 중요하다. 수련의 대상이라 함은 곧 인체인데 동양의학적인 관점으로 인체는 정精-기氣-신神의 세 가지 요소로 파악된다. 이들은 독립된 요소라기보다는 인체의 기능상의 작용에 대한 이름으로 보는 것이 타당하다. 이러한 정기신은 다시 선천의 정기신과 후천의 정기신으로 나뉘어진다. 선천의 정기신이란 태어나기 이전부터 갖추어진 것으로 이는 인식이 되지 않는 반면, 후천의 정기신은 탄생이후에 운용되는 것으로 이는 인식이 가능한 차이가 있다. 《주역참동계천유》를 위시로 한 여러 내단 서적에서는 선천의 기를 '炁'로 표기하고, 후천의 기를 '氣'로 표시하여 구분하려 한 것도 같은 맥락이다.[133] 내단 수련의 핵심은 이러한 선후천의 관계를 명확히 인식하는 데 있다고 보아도 과언이 아니다.

133 '炁'에서 '无'는 없다는 뜻으로 '無'의 옛글자이고, '灬'는 불이니 뜨거움이 없다는 뜻이기도 하다. 상화가 뜨거운 열대사로 나타나는 화이고, 군화는 신神으로써 정신작용이나 신명으로 해석되는 것처럼 후천의 '氣'가 감각적이라면 선천의 '炁'는 감각이전의 개념이다.

	선천先天	후천後天	내용	
신	원신元神	식신識神	현재의식	인식되지 않는 선천의 원신이 작용하여 후천의 식신으로 표현된다.
기	원기元氣	양기陽氣	신진대사	인식되지 않는 선천의 원기가 작용하여 후천의 양기로 표현된다.
정	원정元精	음액陰液	물질대사	인식되지 않는 선천의 원정이 작용하여 후천의 음액으로 표현된다.

【표 13】 정기신의 선후천 작용

내단수련의 과정은 후천의 정기신을 선천의 정기신으로 되돌리는 것으로 반본환원反本還原, 환단還丹이라는 용어에서 알 수 있다. 후천의 정기신은 각각 음액에 의한 물질대사와 양기의 신진대사, 식신의 의식작용으로 표현된다. 따라서, 이러한 인식가능한 후천의 정기신을 어떻게 단련하여 선천의 원정, 원기, 원신으로 되돌릴 것인가 하는 것이 중요하다.

정기신의 변화과정에서 우리의 몸은 솥과 화로에도 비유가 되지만 구체적으로는 상중하 단전 시스템과 12경맥, 기경팔맥등의 기맥氣脈의 흐름으로 파악되며, 이들의 성질과 위치에 대한 이해 또한 수련과정에서 매우 중요하다. 실제 한의학의 경락이론과 침구이론, 《동의보감》의 도가적 의학이론과의 연관성 면에서도 중요한 의미가 있어 연구할 가치가 무궁무진하다.

내단 수련을 정기신의 변화과정이라는 관점에서 보았을 때 《동의보감》에서도 인용되었듯이 4단계로 분류하는 것이 보편적이다. 연정화기, 연기화신, 연신환허, 허공합도가 그것으로 여기에는 정기신의 변화, 상중하단전과 기경팔맥의 개발이 포함된다.

1) 단전시스템과 기맥氣脈

먼저 인체의 기맥시스템에 있어서는 단전이 가장 중요하다. '丹田'에서 사용된 '丹'이 붉다는 뜻이고, 외단에서 사용되는 단사丹砂에서 유래되었음을 알 수 있는데 양적인 에너지임을 상징하기도 한다. 단전시스템은 요가의 차크라 시스템과도 비교가 많이 되지만 실제로는 유사한 측면도 있는 반면 전혀 다른 체계이기도 하여 비교가 쉽지 않다. 중요한 것은 선도의 내단수련 과정에서 대상으로 삼는 정기신이 각각 작용하는 하복부와 가슴, 머리의 부위에 위치하는 여러 에너지 중심처라는 것이고, 여기에 대해서는 예부터 각가지 의견과 논의가 있어왔다.

① 삼단전

《동의보감》〈신형편〉에서는 3개의 단전에 대해서 다음과 같이 기술하고 있다. "仙經曰, 腦爲髓海, 上丹田. 心爲絳宮, 中丹田. 臍下三寸, 爲下丹田. 下丹田, 藏精之府也. 中丹田, 藏神之府也. 上丹田, 藏氣之府也."여기서는 일반적으로 상단전에 신이 작용하고, 중단전에 기가 자리하는 것과는 달리 상단전에 기가 저장되고, 중단전에 신이 저장된다고 한 것이 특징이다.

단전의 부위는 앞서 언급된 《동의보감》의 내용처럼 상단전은 뇌 속에 있고, 중단전은 심장, 하단전은 아랫배에 있다고 보는 것이 일반적인 견해이다.[134] 최근에 현대의학의 해부학, 내분비학적 관점에서 이러한 단전의 부위를 생각하는 조류가 있는데 남회근은 양 눈썹사이에서 시작하여 안쪽으로 간뇌에 이르는 부위를 상단전으로, 양 젖꼭지 사이에서 시작해 안쪽으로 허파와 심장에 이르는 부위를 중단전으로, 배꼽아래에서 안쪽으로 양 신장사이와 소장, 대장에 이르는 부위를 하단전으로 보았다. 하단전은 앞부분에는 기해혈, 뒷부분에는 명문혈이 있는 자리로 현대의학의 관점에서 보면 부신副腎 adrenal gland이 위치하고 있는 곳이라 하였다. 또한, 중궁中宮에 대해서도 위장과 횡경막 사이를 지칭하였다.[135] 자허慈虛

134 하단전의 위치에 대해서는 전칠후삼前七後三이라 하여 관원혈로부터 7푼 뒤, 등에서 3푼 앞부위에 단전기혈이 자리 잡고 있다는 설이 있다./허천우, 《금단의길》, 여강출판사, 2004, p.80.

135 남회근 선생지음, 신원봉 번역, 《정좌수도강의》, 씨앗을 뿌리는 사람, 2003, p. 27, 51/남회근은 또한 정좌수행을 오래 하다보면 마음이 안정되고 체력소모가 적어지면서 느끼는 충만감이 뇌하수체의 내분비가 신체 각 부위에 골고루 분비되면서 생긴다고 하였다. 수련중

는 정기신을 생명력, 성품, 정신으로 이름지으면서 생명력은 신장腎臟에 의지해 있고, 성품은 가슴의 흉선胸線 thymus에 의지해 있으며, 정신은 머리속의 송과체松果體 pineal gland에 의지해 있다고 하였다.[136]

상중하 삼단전이 정기신으로 설명되는 것과 함께 내용적인 면에서 뿌리와 줄기, 꽃으로도 비유되는데 표로 정리하면 다음과 같다.

단전		삼재	철학적
상단전	神	천원天元	무색계
중단전	氣	인원人元	색계
하단전	精	지원地元	욕계

【표 14】 상중하단전[137]

② 기맥氣脈

내단수련에 있어서 중요한 기맥은 12정경이 아니라 기경팔맥奇經八脈이다. 12경락이 후천의 기운이라면 기경은 선천의 기운에 해당하므로 선천의 기경을 다시 열어 채우는 것이 중요하기 때문이다. 기경팔맥에 대해서는 《난경難經》 27難(난), 28難(난), 29難(난)에 자세한데 27난에서는 홍수에 대비해 예비도랑을 만들듯이 락맥과 경맥이 넘치면 넘치는 기운을 받기 위해 기경이 있음을 설명하였다.[138] 28난에서는 기경팔맥의 순행을 설명하였는데 12경맥도 단일한 유주만 있지 않듯이 기경 또한 여러 방향의 유주를 가진다. 독맥은 회음에서 시작해서 척추 속을 따라 풍부까지 올라가 뇌로 들어간다고 하였고, 임맥은 중극中極의 아래에서 시작해서 음모

느껴지는 신장부위의 팽창감 또한 같은 것으로 보았는데 내분비기능을 수련의 효과와 연결시키는 부분이 인상적이다.

136 자허, 《숨 명상 깨달음》, 하늘못, 2005, p. 18-23.

137 허천우, 《금단의길》, 여강출판사, 2004, p. 78.

138 "聖人圖設溝渠, 通利水道, 以備不然, 天雨降下, 溝渠溢滿, 當此之時, 滂霈妄作, 聖人不能復圖也. 此絡脈滿溢, 諸經不能復拘也."

를 통과한 후 뱃속을 따라 관원혈로 올라가 인후에 까지 이른다[139]고 하였는데 실제 수련의 체험담을 보면 경맥의 표면을 흐르는 주천과정이 있는 반면 척추의 내측을 흐르거나, 척수노선을 따라 주천을 체험하는 등 다양한 유주가 있는 것으로 보인다. 충맥은 매우 다양한 논의를 불러일으키는 경맥으로 요가나 원극공元極功등에서 주장하는 중맥中脈과 같은 것으로 해석하는 경우가 많다.[140] 자허는 백회와 회음을 잇는 일직선의 통로를 중맥이라고 하면서 음양의 기운이 합쳐진 중심의 에너지를 중기中氣라 하였다.[141] "충맥은 기충혈에서 시작해서 족양명위경과 함께 배꼽을 끼고 올라가 가슴에서 퍼지며, 대맥은 옆구리에서 시작해서 몸을 한 바퀴 돌고, 양교맥은 발 뒤꿈치에서 시작해서 바깥쪽 복숭아뼈를 따라 위로 올라가 풍지로 들어간다. 음교맥 역시 발뒤꿈치에서 시작해서 안쪽 복숭아뼈를 따라 위로 올라가 인후에 이르러 충맥과 만난다. 양유맥과 음유맥은 전신을 얽고 있다. 그러므로 양유맥은 각 양경이 만나는 곳에서 시작하고, 음유맥은 각 음경이 만나는 곳에서 시작한다"[142]고 하였다. 29난에서는 기경팔맥이 주관하는 병증에 대해서 설명하였다.

남회근은 이러한 기경팔맥 역시 현대의학의 해부학과 내분비학적 관점으로 해석하였는데 먼저 독맥은 중추신경계통인 척수신경을 말하고, 임맥은 자율신경과 관련되어 있는 내장기관을, 대맥은 신장신경계통과 유

---

139 "督脈者, 起於下極之兪, 并於脊裏, 上至風府, 入屬於腦. 任脈者, 起於中極之下, 以上毛際, 循腹裏, 上關元, 至咽喉."

140 남회근은《황제내경》의 충맥衝脈과《황정내경경》의 중황中黃이 다름 아닌 중궁에 대한 다른 해석이라고 보고, 이들이 사실상 중맥과 유사하나 특별히 기맥으로 강조하지 않은 것이라 하였다./남회근 선생지음, 신원봉 번역,《정좌수도강의》, 씨앗을 뿌리는 사람, 2003, p. 124.
원극공은 파룬궁, 중화양생익지공과 더불어 대표적인 중국의 기공문파로 알려져 있다. 원극공에서는 중맥을 상황정上黃庭, 중황정中黃庭, 하황정下黃庭으로 나누어 전면의 상중하단전, 후면의 미려관, 협척관, 옥침관과 상대를 이루도록 하였다. 三田, 三庭, 三關인 셈이다./장지상편저, 박태충, 채주일 번역,《중국원극공법》, 과학출판사, 1994, p. 31-32.

141 자허, 숨 명상 깨달음, 하늘못, 2005, p. 79.

142 "衝脈者, 起於氣衝, 并足陽明之經, 夾臍上行, 至胸中而散也. 帶脈者, 起於季脇, 迴身一周. 陽蹻脈者, 起於跟中, 循外踝上行, 入風池. 陰蹻脈者, 亦起於跟中, 循內踝上行, 至咽喉, 交貫衝脈. 陽維陰維者, 維絡於身, 溢畜不能環流灌漑諸經者也. 故陽維起於諸陽會也, 陰維起於諸陰交也."

사하다고 보았으며, 양유 및 음유는 대뇌, 소뇌, 간뇌의 신경계통과 밀접하다고 하였다. 양교, 음교는 생식신경과 수족 등의 신경작용과 대략 일치하며, 충맥은 중추신경과 자율신경 사이에 존재하는 것으로 일정한 부위와 계통이 있는 것은 아니라고 하면서 생식기와 고환사이에 있는 소신경총으로부터 시작하여 일직선으로 위장과 심장부분을 지나 간뇌에 이르는 부위라 하였다.[143]

③ 내공선內功線[144]

도가道家에서는 12경맥과 기경팔맥 이외에 6개의 중요한 내공선內功線을 밝혀냈는데, 인체人體와 천체天體가 합일되는 통로라고 볼 수 있다. 지구

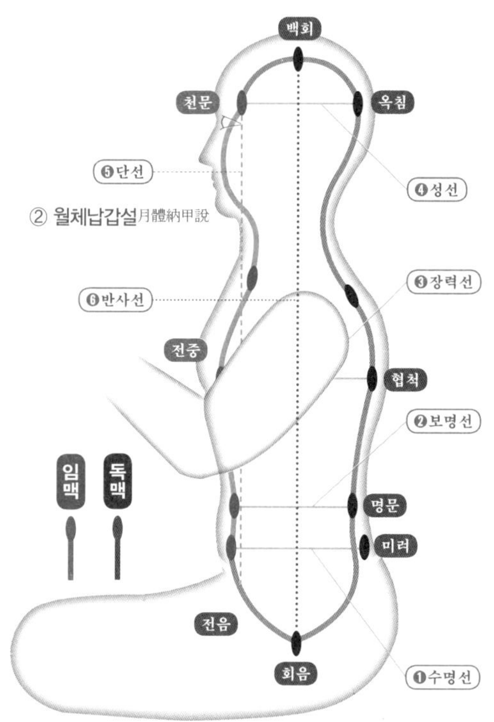

【그림 4】 인체 내공선

143 남회근 선생지음, 신원봉 번역,《정좌수도강의》, 씨앗을 뿌리는 사람, 2003, p. 24.
144 왕리핑지음,《영보필법》, 금선학회편역, 여강, 2005, p. 189.

에 경선經線, 위선緯線이 있듯이 인체에도 경맥經脈과 위맥緯脈이 있다고 본다면 경맥은 12경맥과 기경8맥(대맥은 제외)이 있는 것이고, 위맥으로는 수명선, 보명선, 장력선 그리고 성선이 있게 된다.

먼저, 수명선修命線은 제일 먼저 열어야 하는 내공선으로, 하단전과 미려관을 연결한 선으로 신비선神秘線이라고도 한다. 두 번째, 보명선保命線은 신궐혈에서 명문혈에 이르는 선으로, 신궐은 부정父精과 모혈母血이 남긴 혈穴로써 후천의 자아가 출생하는 지점이라 할 수 있다. 태식胎息이 가능해졌을 때 비로소 필요한 내공선이다. 셋째, 장력선壯力線은 전중혈에서 가슴을 관통해 협척관夾脊關에 이르는 선으로, 이 선은 특히 여성에게 중요하다. 넷째, 성선性線은 상단전에서 옥침관玉枕關을 가로지르는 선으로, 이 선상에 각각 천天, 목目, 혈穴의 세 혈이 위치한다. 혈穴은 '현관玄關'이라 하며, 맨 앞에 위치한 인당印堂혈을 말하고, 가운데의 목目은 이환궁泥丸宮이라는 곳이며, 맨 뒤의 천天은 반사를 하는 곳으로 '후천경後天鏡'이라 한다. 다섯째, 단선斷線은 백회 앞 3촌 신회顖會혈에서 전음前陰(생식기)에 이르는 수직선을 말한다. 단선은 턱 아래 부분에서 끊겼다가 윗 가슴에서 다시 나타나기에 단선斷線이라 명명된 것인데 끊어지는 이 부위는 기관지 부위로써 12개의 마디로 이루어졌다고 하여 12중루重樓라고 한다. 여섯째, 반사선反射線은 백회百會에서 회음會陰에 이르는 인체 내부의 수직선을 말하며 혹은 중맥中脈이라 한다.

2) 내단수련의 4단계

이 4단계를 개략적으로 설명하자면 다음과 같다.

음액陰液으로 화하여 소모되는 원정元精을 보충하여 양기陽氣로 바꾸고 충만해진 양기를 원기元氣로 바꾸는 것이 연정화기煉精化氣라 한다. 여기에서 음액이란 생식기의 정액과 골수등을 포함한 인체의 진액을 의미하며, 음식물의 지기地氣와 호흡을 통한 천기天氣가 어루러져 형성된다. 양기는 열성을 띤 기운으로 수련과정중에 인식되는 현상을 반영한 것이며, 원기는 양화陽火가 정제되어 내부의 음기陰氣가 모두 소멸된 상태로서, 일명 소약小藥이라 불리운다. 이렇게 충만해진 원기를 식신識神으로 바꾸고 강화된 식신을 원신元神으로 돌리는 것이 연기화신煉氣化神인데, 원기를 식신으로 바꾼다는 것은 의념을 이용하는 유위법有爲法을 말하고, 식신을 원신으로 돌린다는 것은 무념상태의 무위법無爲法을 뜻한다. 이렇게 강화된 원신으로 비어있는 우주의 본체에 다가가는 것이 연신환허煉神還虛이고, 마지막으로 비어있음마저도 버리는 것이 허공합도虛空合道 라고 한다.

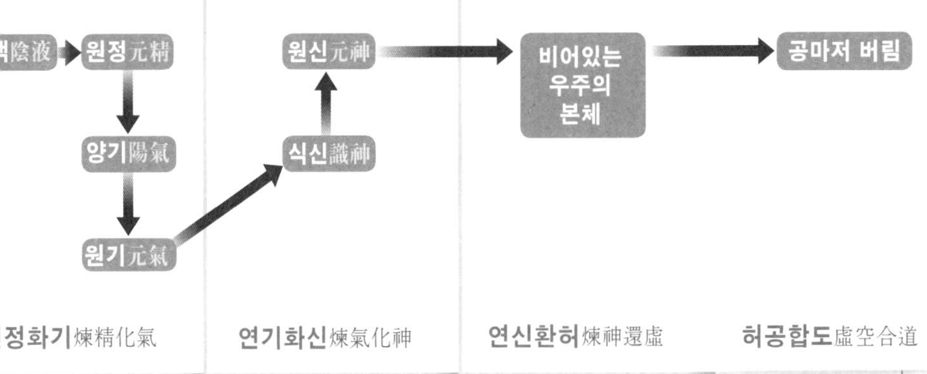

【표 15】 내단수련의 단계[145]

내단수련의 4단계를 과정별로 살펴보기로 한다.

---

145 《금단의 길》에서는 음식의 영양소와 천기가 어우러져 음정陰精을 형성하고, 이것이 정련되어 음기陰氣를, 여기에 신神이 비추고 집중하여 따뜻한 양기가 피어난다고 한다. 이 양기는 열기로 되었다가 양화로 발전하는데 기운이 순수해질수록 순양, 순음의 진기眞氣를 형성한다고 보았다. 주목할 부분은 따뜻한 성질을 가진 양화가 많이 모이다 보면 양정을 이루고, 여기에서 기가 피어나면 뜨겁다가도 극에 이르면 시원한 순음의 진기가 된다는 것이다. 즉, 순양과 순음이 상호 전환되는 같은 것이라는 뜻이다. 이들이 후천의 진일지기眞一之氣가 되었다가 다시 선천의 순양, 순음진기가 되어 이내 선천의 진일지기眞一之氣를 회복하는 것이다. 선천의 진일지기는 태극으로 나아갔다가 무극으로 돌아가 수련을 마치게 된다. 용어는 다르지만 내단수련의 4단계와 일치되는 과정이다. – 허천우, 《금단의길》, 여강출판사, 2004, p. 121-122.

① 연정화기煉精化氣

음액을 원정으로 바꾸고, 여기에 신을 모아 양기를 일으키는 과정을 거치게 되면 소약小藥을 산생하게 되는데 이러한 과정을 1단계 연정화기라고 할 수 있다. 이 부분은 다시 3가지 과정으로 나눌 수 있으며, 응신적조凝神寂照, 전규개관展竅開關, 채약귀로採藥歸爐라 부른다. 소약은 후천장부의 기능이 원활해지면서 생긴 잉여분의 기운을 기경을 통해서, 특히 임독맥을 통해서 선천으로 되돌리는 것으로, 이를 통해 충만해진 선천의 기운이 최초에 부정모혈이 만났을 때의 순양지기純陽之氣를 다시 생산하게 된다. 이는 하단전에 하나의 불씨로 느껴지게 되는데 이를 바로 소약이라 하기도 하고, 전반적인 시스템의 활성화 자체를 소약이라 부르기도 한다.[146] 이러한 일체 과정에는 호흡과 의식을 이용한 화후법과 몸속의 양화陽火, 소약을 회전시키는 주천법이 쓰이며 이를 합쳐 주천화후라고 한다. 이와 같은 연정화기의 과정이 성공적으로 이뤄지면 삼화취정三花聚頂과 오기조원五氣朝元이라는 현상을 체험하게 된다.

ⓐ 응신적조凝神寂照

- 응신적조란 의식을 사용해서 비추어본다는 것이다. 이때 대상이 되는 곳을 규竅[147]라고 부르는데 《혜명경慧命經》에서는 "규라는 것은 텅 빈 굴 같은 것이고, 형태도, 자취도 없으며, 선천의 기운이 발생하면 규가 이뤄지고, 기틀이 쉬면 끝없이 아득해진다. 진리를 간직한 곳이고, 혜명을 수련하는 제단인 것이다."[148]라고 정의하고 있다. 위치상으로는 아랫배의

---

146 소약이라는 시스템이 활성화되면 하복부에서 기감이 느껴진다고 하는데 정확히 말하면 골반안쪽에서 골반을 잡아 올리는 어떠한 힘이 발생하는 것으로 해석된다. 소약이 형성되면 하단전에 생기는 힘의 초점때문에 발걸음이 가벼워진다고 한다.

147 남회근 선생은《정좌수도강의》에서 인체의 단전을 규라 규정하고, 신체내부에서 이러한 집중처를 삼은 이유로 2가지를 들었다. 첫째는 사람들이 자신의 신체에 대해 깊은 애착을 가지고 있음이어서 쉽게 배우려고 하기 때문이라는 것이고, 둘째는 심리와 생리가 서로 밀접하게 연관되어야 수련의 깊은 이치에 도달할 수 있다고 한 것이다. - 남회근 선생지음, 신원봉 번역,《정좌수도강의》, 씨앗을 뿌리는 사람, 2003, p. 51-55.

148 "且此竅也, 乃是虛無之窟, 無形無影, 炁發則成竅, 機息則渺茫, 乃藏眞之所, 修慧命之壇"

하단전 부위를 응시하는 것이지만 실제로는 수련 중에 체감하는 공간적 현상으로 봐야할 것 같다. 《혜명경慧命經》에서는 이어서 규의 발생과정을 이렇게 설명한다. "부모로부터 이 몸이 나오기 전, 잉태되는 순간 이 규가 먼저 생기고, 그 다음에 성과 명이 그 가운데 채워지게 된다."[149] 인간이 태어나면 이러한 성명性命이 분리되어 나이를 먹으며 결국 죽게 된다는 것인데 성명이 하나로 합쳐지면 영원한 생명을 얻을 수 있다는 것이 선도의 핵심이론이다. 현빈일규玄牝一竅라고도 불리우는 이 지점은 한의학적으로는 신장사이의 약동하는 기운[腎間動氣]로 볼 수 있다. 일종의 선천적 생명 에너지인 것이다. 이는 《난경》 제8난에서 "모든 12경맥이 생기의 근원에 관계되어 있고, 생기의 근원이라는 것은 12경맥의 근원이고, 신장사이의 약동하는 기운이다. …"[150]라고 한 것과 같다.

그렇다면 성性으로 대표되는 신기神氣와 명命으로 대표되는 정기精氣가 어떻게 합일한다는 것일까? 이에 대한 방법론이 바로 응신적조인데 보다 구체적으로 말하자면 양적이고, 움직이기 좋아하는 양신陽神을 하단전의 음정陰精속에 가두어 모으는 것이다. 양신이 집중되면 마치 불기운으로 인식되는 양기가 발생하는 것을 느끼게 되는데 이를 소약이라 한다. 인간의 발생학적 상황에 비유하자면 1차 수정란과 같은 것으로 배꼽주변의 중궁中宮에 자리 잡게 되고, 이는 자궁에 착상되는 것과 유사하다. 여기서 양신이라는 에너지의 집중은 선천원기가 감각화한 후천양기의 집중을 말한다.[151] 이러한 과정을 상단전과 하단전의 교류, 용호교구龍虎交媾, 감리교구坎離交媾로 표현한다.

단전에 의식을 오래 두어도 양기를 잘 느끼지 못하는 경우가 있는데 이

---

149 "父母未生此身, 受孕之時, 先生此竅, 而性命實寓於其中."

150 "諸十二經脈者, 皆係於生氣之原. 所謂生氣之原者, 謂十二經之根本也, 謂腎間動氣也. 此五臟六腑之本, 十二經脈之根, 呼吸之門, 三焦之原, 一名守邪之神."

151 보통 운동을 했을 때 일시적으로 체온이 오르고 신진대사율이 높아지는데 이러한 상태 또한 약기가 발생한다고 볼 수 있다. 다만 이러한 상태는 계속 유지가 되지 않기에 선도에서의 약기라 부르지는 않는다. 해부학적으로 생각해보자면 아랫배나 회음부위로 의식과 함께 신경, 혈관이 활성화되면서 혈류가 증가되어 온도가 높아지는 것이 아닌가 생각된다.

러한 경우는 응신凝神은 시켰으나 적조寂照하지 못한 경우라 볼 수 있다. 적조한다는 것은 지긋이 바라보는 것인데 오히려 강한 의념을 사용하여 부자연스럽게 된 것이다. 응신적조가 꾸준히 행해지면 장부의 후천지기가 원활해지고, 수승화강水升火降, 승청강탁升淸降濁이 잘되어 머리는 맑고, 아랫배는 늘 따뜻해져 건강하게 된다.

이렇게 응신적조를 해서 양기를 키워나가면 하복부 일대에 더운 느낌이나 압력감 또는 팽창감, 진동과 같은 감각이 강화되는데 이때에는 전규개관으로 간다.[152] 즉, 후천지기를 기경奇經으로 돌려보내는 것인데 대표적으로 임독맥을 여는 것이 핵심이다.

ⓑ **전규개관**展竅開關

- 전규개관이란 임독맥을 가로막고 있는 일종의 에너지장애를 제거하는 작업으로 요가에서 그란티Granthi(결절)[153]를 제거하는 것과 유사하다. 전규개관을 위해서는 주천周天이라는 에너지 회전법을 이용하는데 주천의 종류는 ⓓ번항에서 소개하기로 한다.

하복부의 양기가 척추를 따라 올라가면서 미려관尾閭關, 협척관夾脊關, 옥침관玉枕關을 차례로 통과하여 임독맥을 주천하는 것이 중요하며, 이때 이러한 흐름을 이끄는 것이 호흡과 의식이다. 여기에는 위에서 언급한 것처럼 무화武火, 무식武息이 쓰이기도 하고, 문화文火, 문식文息이 쓰이기도 한다. 하지만 전규개관을 행하는 과정에서 성적인 흥분에 의해 몽정, 사정, 초경등을 하게 되면 양관陽關(생식기)이 열려서 잉여분의 기운이 기경으로 다 돌아가지 않고, 생식선을 따라 체외로 배출되려 한다. 이러한 누

152 응신적조과정을 하다보면 몸에 여러 가지 생리적인 현상이 나타난다고 한다. 남회근은 이에 대해 다리의 마비감, 생식기의 팽창감, 신장부위의 통증이나 마비감등이 있을 수 있다고 하였다. - 남회근 선생지음, 신원봉 번역, 《정좌수도강의》, 씨앗을 뿌리는 사람, 2003, p. 70-75.

153 요가에서는 쿤달리니가 위로 상승하면서 만나는 불순물을 태워 버린다고 하는데 인도 문헌에는 이런 구조적 장애물이 셋 있다고 한다. 그것이 그란티이고, 이 세개의 결절은 척추 아래, 목, 머리부위로 미려尾閭, 협척夾脊, 옥침玉枕의 삼관三關과 유사하다.

출을 양관파체陽關破體라 한다. 만약 음경이 성적인 흥분없이도 발기가 되는 외약활자시의 현상이 생기면 이 기운을 이용하여 적도주천을 할 수 있다.[154]

소약이 정제되어 형성된 진종자眞種子가 순환하는 황도주천이 진정한 주천으로 역시 임독맥을 순환한다. 임독맥을 순환하면서 기맥이 뚫리는 경험을 하게 되는데 각각의 독특한 현상이 나타난다. 여기서 나타나는 생리적 현상에 대해 남회근은 생식선, 갑상선, 뇌하수체의 내분비계를 통하여 설명하고 있는데 먼저 생식선은 정精의 활력을 나타낸다. 충만한 정이 오랫동안 누적되면 한 줄기의 힘이 생겨나는데 척수신경의 꼬리로부터 한 단계 한 단계 위로 상승하다 다시 점차 아래로 하강하면서 뇌하수체를 자극하여 새로운 기능을 촉진시키게 된다고 하였다. 이 과정에서 타액선이 자극되고, 연쇄적으로 갑상선의 활동 또한 촉진시켜 가슴이 탁 트이는 감각을 얻게 된다고 한다. 여기까지가 독맥에 나타나는 반응이다. 임맥은 자율신경계통을 포괄하는 것으로 보았는데 중궁의 위기胃氣가 충만해지면서 점차 아래로 가라앉다가 마음을 비운 상태로 고환과 회음이 저절로 수축될 때까지 기다리면 한줄기의 힘이 앞쪽 치골 속을 따라 위로 치올라 하단전 부위에 이르게 된다. 여기서 중궁으로부터 하강한 기운과 만나면 두 기운이 순식간에 청춘선靑春腺(복부)의 활력을 회복하여 쾌감을 느끼게 하고, 이 쾌감은 허벅지 안쪽으로 따라 두 발꿈치와 발바닥에 이르게 된다. 남자의 고환과 회음이 수축할 때 여자는 자궁이 수축하고, 유방에 반응이 느껴지는 것이 차이이다.[155]

154 남회근선생은 인체의 정을 설명하면서 단순히 남녀의 정자와 난자로 보기에는 충분하지 않다고 하면서 어린남자아이가 음욕이 일어나지 않은 상태에서 발기가 되는 현상을 정이 충만한 상태를 설명하기에 적합하다고 보았다. 환정보뇌還精補腦, 연정화기煉精化氣라는 것 또한 심리적인 성욕이 전혀 없는 상태에서 생식기가 본능적으로 발기하는 것이라 하였다. - 남회근 선생지음, 신원봉 번역, 《정좌수도강의》, 씨앗을 뿌리는 사람, 2003, p. 143.

155 남회근 선생지음, 신원봉 번역, 《정좌수도강의》, 씨앗을 뿌리는 사람, 2003, p. 148-149./ 남회근은 위와같은 연정화기의 과정이 청춘선의 응결을 타개하기 위한 공부에 불과하다고 보았다. 청춘선은 생식기와 생식기의 기능을 의미한다.

이렇게 삼관을 뚫는 과정과 함께 중요한 것은 상작교, 하작교를 건너는 것인데 하작교는 회음과 미려의 중간지점인 항문을 말하고, 상작교는 인당 밑의 양미간을 지나 콧구멍으로 빠져나가는 위험한 통로를 가리킨다. 위치를 자세히 보면 임독맥을 연결짓는 부위이기 때문에 주천을 행하는 과정에서 이들 통로로 기운이 빠져나갈 위험을 막기 위해 항문을 조이거나, 혀끝을 말아 입천장에 대는 등의 방법이 언급된다. 고서에서는 오룡봉성五龍捧聖이라는 방법을 소개하였는데 《금단의 길》에서는 '五'를 토의 숫자로 보아 진의眞意로, '龍'을 순양한 하늘의 동물로 보아 대약大藥으로 보았으며, 이를 정성스레 받든다는 의미에서 '聖'이라 한다고 하였다. 일념一念의 심법이 오룡봉성이라는 것이다.[156]

이렇게 해서 머리까지 양기가 오르면 머리꼭대기 백회에서 잠시 머무르며 양기가 식어서 청량해지기를 기다리는데 이를 목욕沐浴 또는 온양溫養이라 한다. 양기가 청량해지면 이를 천천히 신체 전면을 따라 내려와서 하단전에 이르게 한다. 이처럼 주천과 온양을 반복하게 되면 수련중에 발생한 양기를 더욱 단단해져 소약이 형성되는 것이다.

ⓒ **채약귀로**採藥歸爐

앞에서의 전규개관의 온양과 주천을 계속해 나가다보면 어느 순간 호흡이 외호흡에서 내호흡으로 바뀌어 지는데 외호흡이 호흡에 의식을 두는 것이라면, 내호흡은 호흡에 의식을 두지 않는 것이다. 즉, 폐와 횡격막 등의 호흡과 관련된 기관이 아닌 아랫배 부위에서 단전부위가 열리고 닫히는 작용이 발생하는 것으로 숨을 참아 멈추는 지식止息과는 다르며, 예부터 태식胎息이라고 불리웠다. 내호흡이 시작되면서 호흡이 지극히 고요해지는데 의식 또한 고요해져서 범의凡意가 사리지고 진의眞意만이 나타나게 된다. 이럴 때 어떠한 음란한 생각도 없는 상태에서 발기가 되는데 이를 외약활자시라고도 하며 일양래복一陽來復이라고도 한다. 발기와 함께

156 허천우, 《금단의길》, 여강출판사, 2004, p. 232-233.

나타나는 느낌이 성기의 끝 쪽으로 나아갈 때 이를 의식의 힘으로 되돌려 단전으로 돌아오게 하고, 항문과 고환과 회음부를 당기면서 의식을 강하게 집중하면 성기 끝 쪽으로 나아가던 쾌감과 같은 기의 에너지가 단전으로 돌아오게 된다. 이를 잘 이끌어서 미려안쪽으로 놓으면 지금처럼 등쪽이 아닌 척추 내측을 타고 오르게 된다.[157]

니환에 이르면 다시 온양을 하고 단전으로 내린다. 척추 내측을 통과한 기운은 신체 전면으로 내릴 때도 신체 표면이 아니라 머리뼈의 안쪽으로 해서 가슴뼈의 안쪽으로 내려가며 명치보다 조금 아래의 내부에 황정이라 불리우는 곳까지 내리게 되고, 이어 하단전으로 이어진다.

외약이 발동할 때 이를 거두어 들여서 나타난 에너지를 진종이라 하며 이 진종을 주천시켜서 하단전에 고정시키는 것을 채약봉고採藥封固 또는 채약귀로採藥歸爐라고 한다. 진종은 대약이 단전에 처음 발생한 것이라고도 볼 수 있는데 소약이 정제되어 이루어진 것이다.[158] 이렇게 하고 계속 주천과 온양을 하다보면 다시 활자시가 오며 그러면 다시 진종을 채취하고 채약귀로를 행한다.

ⓓ 주천화후周天火候

화후는 호흡과 의식을 이용하여 주천이라는 에너지회전법에 의해 이루어지는데 주천의 종류를 보면 다음과 같다. 이러한 주천분류는 구전으로 전해진 내용이라 정확한 출전은 없으나 내단 수련과정에서 나타나는 여러 형태의 주천을 다음과 같이 분류하는 것은 일리가 있다. 자허는 독

157 이 부분이 진정한 소주천의 길이 체표가 아닌 척추속에 있다고 하는 것을 의미한다. 수련자들의 체험과 관계된 부분이라 객관적인 답이 있다기 보다는 체험속에서 확인해야 할 영역으로 보인다.

158 허천우, 《금단의길》, 여강출판사, 2004, p. 283-285./“소약이 무정란이라면 진종자는 유정란이고, 소약이 생명이 없는 것이라면 진종은 그 자체에 잉태의 생명력을 갖춘 것으로 비교할 수 있다. 소약의 화가 진양화로서 뜨거운 불에 해당한다면, 진종자의 불은 곧 신화神火로써 뜨겁지 않은 불이다. 고서에서는 이 진종자를 얻어야만 장생불사가 가능하다고 기술하고 있다.”

맥에 존재하는 3개의 통로중에 척추의 앞뒤로 흐르는 통로는 성인이 되면서도 완전히 막히지 않지만 척추 속으로 흐르는 통로인 황도黃道는 성인이 되면서 막힌다고 하였다.[159] 실제 주천이라는 말은 천문학적 용어로서 적도는 지구의 자전축에 대하여 직각으로 지구의 중심을 지나도록 자른 평면과 지표와의 교선이고, 황도는 천구상에서의 태양의 궤도이다. 지구의 자전을 중심으로는 적도선을, 공전을 중심으로는 황도선을 따르게 되는 것으로 태양을 중심에 놓고 보았을 때 황도주천을 척추내부를 흐르는 진정한 주천으로 보는 것에 타당성이 있다.

주천	내용
1. 신의주천 神意周天	일종의 의념을 통한 주천이다.
2. 경맥주천 經脈周天	일반적으로 소주천을 말할 때 이것을 가리킨다. 아랫배에서 따뜻한 온기를 느낀 후에 이를 충분히 발생시키고 나서 주천을 행하는 것이다.
3. 적도주천 赤道周天	음경이 자연 발기되는 것을 외약활자시라 하는데 이때 생리적 충만으로 발생한 일양으로 주천을 행하는 것이다.
4. 황도주천 黃道周天	호흡이 끊어지고 나서 산출되는 진종眞種, 선천순양을 채취하여 행하는데 척추의 내측이나 몸의 중심에서 발생할 경우 대주천이라 한다. 엄밀한 의미에서 순양을 운행하는 황도주천만이 진정한 주천이다. 황도주천의 시작이 소주천, 완성이 대주천인 것이다.

【표 16】 주천의 종류 1

주천의 분류에는 다른 방법도 있다. 가장 일반적으로 알려진 것이 소주천과 대주천인데 왕리핑王力平선생의 강의록에 보면 임독맥을 통하는 것을 소주천이라고 하여 마치 달이 지구를 따라 한 바퀴 돌때 30일이 걸리는 것과 상통한다고 보았다. 대주천은 지구가 태양을 한 바퀴 돌때 365일이 걸리는 것과 상통하여 전신의 경락을 순환하는 것을 의미한다고 하였다.[160]

159 자허,《숨 명상 깨달음》, 하늘못, 2005, p. 127.

160 왕력평王力平, 왕리핑선생은 도가 용문파의 18대전인으로 알려져 있는데 그의 강의를

《금단의 길》에서는 총 3차의 주천을 분류하여 소개하고 있다.

1차 주천	유위법 주천	양화陽火 주천, 불씨주천	후천기 주천
2차 주천	반무위법 주천	진양화眞陽火 주천	소약주천
3차 주천	무위법 주천	옥액玉液주천	대약주천

【표 17】 주천의 종류 2[161]

【표 17】를 보게 되면 화후를 돌리는 의념이 유위인지 무위인지, 주천시키는 약물이 양화인지, 진양화인지, 옥액인지등에 따라 주천의 질과 내용이 달라짐을 알 수 있다. 수련의 과정에 따라 약물이 점차 변화해나가는 것 또한 주천화후에 있어서 중요한 부분이다. 내단수련에 있어서의 약물의 변화는 총 10단계로 나눌 수 있다.

약물	내용
1. 후천일기 後天一氣	우리 몸에 잉태될 때부터 깃드는 기운으로 선천조기先天祖炁라고도 한다.
2. 외약外藥	하단전에서 발생한 기가 외물에 반응하여 나타난 현상을 인식하게 되는데 이처럼 밖으로 동하여 나타난 것을 외약이라 한다.
3. 연성환단 煉成還丹	바깥으로 나가던 마음과 기를 근본처인 단전으로 되돌린다고 하여 지어진 이름이다.
4. 외양화 外陽火	외약을 모아 불씨를 만들어 바깥불씨라고도 한다.
5. 내양화 內陽火	외양화가 차츰 강렬해져서 주위를 정화시키며 단전을 향하여 몸속 깊숙이 자리잡는 것으로 내약內藥이라고도 한다.
6. 외단약 外丹藥	속의 불씨가 단전에 확고하게 자리잡은 것을 말한다.
7. 소약小藥	외단약을 소주천의 화로써 삶고 찌고 연단하여 이루어지는 것으로 소약에 이르러서야 비로소 순양의 진기眞氣라 말할 수 있다.

정리한 책인 《양생의 길 의생의 꿈》에서는 묘유주천卯酉周天을 소개하고 있다. 이는 달과 지구의 공전이 소주천과 대주천인것과 달리 지구의 자전을 말한다고 하였다. 묘는 태양이 솟는 곳이고, 유는 태양이 지는 곳이기 때문이다. 오행의 상생노선을 따라 인체오장을 순환하는 것이 묘유주천이라 하였다./김형철, 《양생의 길 의생의 꿈》, 하남출판사, 2008, p. 40.

161 허천우, 《금단의길》, 여강출판사, 2004, p. 236.

8. 진기주천 眞氣周天	소약으로 소주천의 통로를 따라 일주천하는 것이다. 무위법으로 진식眞息호흡이 이루어진다.
9. 대약大藥	진식을 통해 몸과 마음이 고요해지면 진종자를 캘 수 있게 되는데 이것이 바로 대약이다. 이때부터 소주천이 대주천으로 변하게 된다.
10. 내단內丹 단주丹珠	끊어짐도 멈춤도 없는 주천이 되면서 대약은 완성되는데 이것은 금기金氣의 과정이라 한다.

【표 18】 내단수련시 약물의 변화[162]

양기를 만들어내는 과정에는 의식과 호흡이 사용되는데 의식은 화火에, 호흡은 풍風이라 불리운다. 이 두 가지가 약을 만들어내는 도구인 것이다. 마치 《참동계》에서 화로속의 불과 풀무에 비유한 것과 같다. 불은 두 가지로 표현되는데 첫째가 무화武火와 문화文火이다. 화후火候의 방편이 되면서 의식의 두 가지 차원을 나타낸다. 먼저 무화는 현재의 의식인 식신識神을 사용하여 원신元神에 작용시키는 일종의 유위법이고, 문화는 원신 자체가 스스로 작용하는 일종의 무위법이다. 둘째는 인체 내에서 운행되는 에너지적 관점에서 군화君火, 상화相火, 민화民火로 나눌 수 있다. 《혜명경》에서는 "규竅 내부에는 군화가 있고, 문앞에는 상화가 있으며, 몸에는 두루 민화가 퍼져있다. 군화가 펴지면 상화가 이를 잇고, 상화가 움직이면 민화가 이를 좇으니 세가지의 불이 순조롭게 가면 사람이 되고, 세 가지의 불이 거꾸로 거스르면 도를 이룬다."[163]고 하였다. 군화는 일종의 성화性火로서 신神에 배속되고, 신화臣火는 기氣에, 민화民火는 정精에 배속된다.[164]

많은 단가의 고서들에서 화후가 중요함을 강조하였지만 구체적으로 밝힌 것은 매우 적다. 이유는 각각의 수련과정과 수준에 따라 그에 맞는 화

---

162 허천우, 《금단의길》, 여강출판사, 2004, p. 261-262.

163 夫竅內有君火, 門首有相火, 週身爲民火, 君火發而相火承之, 相火動而民火從之, 相火順去, 則成人, 三火逆來, 則成道.

164 이원국지음, 김낙필외 3명 옮김, 《내단 심신수련의 역사 1》, 성균관대학교 출판부, 2006, p. 478.

후가 필요하기 때문에 스승이 제자에게 직접 전해지는 방법을 쓸 수 밖에 없다는 것인데《금단의 길》에서 소개된 화후의 6가지 종류를 소개하면 다음과 같다.

화후의 종류	내용
1. **정생조약지후** 精生調藥之候	음식물과 천기에 의해 형성된 정기는 몸속 깊이 들어가지 못하고, 화력또한 약해 단전을 싸고 있는 음기층을 녹일 수 없다. 주로 표면에 가까운 쪽에서 운기되므로 외단약이라 하고, 소약채취 이전까지를 말한다.
2. **약생채취지후** 藥生採取之候	정을 기화시키고, 그 기를 진양화眞陽火로 만들어 소약이나 대약을 채취하는 후이다. 물을 끓여 수증기를 피워올리는 것과 유사하며, 뜨거운 화력으로 소주천을 돌려 순양한 기를 아랫배에 쌓는 과정이다.
3. **귀로봉고지후** 歸爐封固之候	소약이나 대약을 단전에 넣고 봉하는 후이다. 아랫배에 순양한 기가 쌓임에 따라 강력한 뜨거움이 나타나 단전 주변의 두터운 음기층을 녹이면서 하단전으로 들어가게 된다.
4. **기화운행지후** 起火運行之候	소주천이나 대주천을 돌려서 약을 연단하는 후이다. 몸속에 생성된 기에 신을 집중하면 강력한 뜨거움이 발생하고, 곧 팽창하면 운행되는데 이러한 화력을 이용하여 전신의 경락을 유통시키는 후이다.
5. **화족지화지후** 火足止火之候	화와 약이 충분하여 그치는 후이다. 연정화기 과정에서 홀연 인당부위에 둥근 백열등 같은 빛이 나타나게 되는데 이는 대약을 채취할 시기임을 알려주는 양광삼현陽光三現 현상이다. 무화武火를 버리고, 문화文火로 온양溫養해야 한다.
6. **목욕정식지후** 沐浴停息之候	도태道胎를 기르는 후이다. 연정화기를 마치고, 연기화신의 과정에서 성태聖胎를 형성한 이후에 해당한다. 코와 입을 통한 호흡을 버리고 전신의 기혈을 통하여 천기를 흡입하는 진식眞息, 태식胎息의 호흡을 한다.

【표 19】 화후의 종류[165]

이상에서 보여지는 약물의 변화와 화후의 변화는 서로 밀접하게 연계되어 변해나가는 것이다.

165 허천우, 금단의길, 여강출판사, 2004, p. 151-154.

ⓔ 삼화취정三花聚頂

세 개의 꽃은 정기신을 가리키는데 정수리에 모인다는 것은 경혈로써는 백회혈, 도교의 니환궁, 밀교의 정륜, 범혈륜과 관련된다. 연정화기의 과정에서 기경팔맥이 두루 통하다보면 점차 신체적 감각이 없어지고 전신이 어린애처럼 부드럽고, 경쾌하며, 말할 수 없이 편안해져 자기가 있는 것 같기도 하고, 없는 것 같기도 한 상태가 된다. 이 때 유일하게 감각이 느껴지는 곳이 두뇌부위인데 고요한 정의 상태가 계속되면 눈빛이 안으로 되돌이켜지는 현상이 나타나고, 정수리의 백회혈 부위에서 마치 하늘로 향한 창문이 열려 밝은 빛이 쏟아져 들어오는 듯한 감각을 느끼게 되는데 이것이 바로 삼화취정의 현상이다. 막힌 곳이 툭 뚫리고, 맑은 기운이 전신을 적시는 느낌이 들어 제호관정醍醐灌頂이라 표현한다.[166]

ⓕ 오기조원五氣朝元

다섯 개의 기운은 오행, 오장을 나타내며, 요가적 표현으로는 상행기, 하행기, 중행기, 좌행기, 우행기라 할 수 있다. 으뜸되는 것을 조회한다는 것은 하단전인 관원혈이나 회음혈이라는 설이 있으나 인체내부 장기들의 기운이 본래의 위치로 되돌아가 충만하고 조화되며, 균형을 이루어 막힌 데가 없는 상태를 말한다. 심신心身, 내외, 천지, 인물人物이 모두 중화의 본래자리로 되돌아가 평온을 회복하게 되며, 자신의 존재가 있는지 없는지도 모르는 상태가 된다.[167]

② 연기화신

원기를 원신으로 돌리는 과정에서 빛을 경험하게 되는데 총 3단계를 거치게 된다. 연기화신단계가 대약-대주천이자 연단과정인 이유는 ‘小藥(소약)’

---

166 남회근은 제호관정을 감로쇄수미甘露洒須彌, 옥액경장玉液瓊漿이라고도 한다고 하면서 이때 내려오는 달콤하고 청량한 진액이 뇌하수체에서 나온 내분비액이라는 것을 명확히 하였다. 이는 회춘과 노화방지를 위한 약주와 같다는 것이다./남회근 선생지음, 신원봉 번역,《정좌수도강의》, 씨앗을 뿌리는 사람, 2003, p. 92.

167 남회근 선생지음, 신원봉 번역,《정좌수도강의》, 씨앗을 뿌리는 사람, 2003, p. 161-163.

은 '藥'이라 불러 '採藥'이라 하지만 '大藥'은 '丹'이라 하여 '煉丹'이라 하기 때문이다. 소약이 후천에서 발생하는 순양진기純陽眞氣라면 대약은 선천에서 생사를 넘어 생기는 순양진기純陽眞氣라 할 수 있다. 이것을 일 주천하여 인후부위인 12중루重樓를 통과하여 단전기혈에 입실시키는 것을 복식服食이라 한다. 대약을 캐는 시기가 되면 양광삼현이라는 현상이 나타나는데 총 3번의 단계로 나타난다고 한다. 양광이란 빛으로 이러한 현상이 나타난다는 것은 몸의 음기가 소멸되어 양화되는 현상을 의미한다. 따라서 대약을 캐기 전에는 일체의 유위적인 화후를 쓰지 않고, 무위법으로 행해야하는데 이를 지화止火, 지후止候라고 한다.

ⓐ 양광일현陽光一現

소약을 단련하다 보면 어느 순간 소약이 스스로 움직이며 중맥을 뚫고 지나가며 두정을 열게 된다. 그리고, 내려오면서 마치 이슬과도 같은 흰 빛무리를 일으키고는 하강하면서 눈앞에 빛이 발생한다. 이를 양광陽光이라 하는데 이러한 빛이 순간적으로 나타났다 사라지는 것을 양광일현이라 한다.

ⓑ 양광이현陽光二現

소약으로 주천을 하다보면 자신의 주위가 새하얀 빛으로 가득하게 되는 것이 느껴져 마치 자욱한 안개 속에 있는 것 같아 지는데 이를 허공생백虛空生白, 허실생백虛實生白 현상이라 한다. 이는 외부에서 발생한 것이 아니라 선천의 원양元陽이 충분히 강화되어서 개체의 한계를 넘어 공간으로 방사되는 것으로 해석한다. 양광이현의 경우 빛의 근원을 볼 수 있는데 대개 황정에서 빛의 근원이 보여진다고 하며, 양광일현과 달리 어느 정도 시간동안 머문다고 한다.

이현이 나타나면 보통 지화止火라 해서 의식의 사용을 중지하고, 양광삼현이 되기 전에 무념무상으로 들어서야 한다. 또한 허공생백으로 드러난 선천원양元陽이 선천원신元神으로 정신작용을 하게 되면 생각과 사고작용의 주체였던 후천식신識神이 선천원신元神으로 서서히 녹아들게 되는데 이를 대약이라 한다. 의식의 개화인 것이다.

ⓒ 양광삼현陽光三現

양광삼현은 이 빛이 계속 나타나는 것으로 단광丹光이라 불리운다. 황정부위에 빛으로 이루어진 에너지체가 자리하고 여기서부터 단광이 퍼져나간다고 한다. 양광삼현이 된다는 것은 선천원신이 사고작용의 주체가 되면서 나 자신의 중심에 섰다는 의미이다. 이후의 과정은 이미 후천식신이 말라버려 선천원신에 의한 스스로의 길이 되므로 무위에 의한다고 할 수 있다. 이러한 과정자체가 연단煉丹이라 불리는 대약이고, 이는 빛[丹光]으로 인식되는 것이다.

ⓓ 대약육경大藥六景

대약육경이란 진종자가 형성되고 난 뒤에 육근六根(眼, 耳, 鼻, 舌, 身, 意)이 정화되는 과정에서 나타난다. 첫째는 신화神火가 하단전의 기운과 합하여 선천 진양화의 불길이 하단전에서 타오르게 되는 단전화치丹田火熾이다. 둘째는 하단전의 선천 진양화가 온몸의 후천기를 선천기로 변화시키면서 양쪽 콩팥의 원정을 기화시키는 현상으로 양쪽 신장이 시원하게 끓어오르는 느낌을 주는 양신탕전兩腎湯煎이다. 셋째는 정기신이 충만해져 눈에서 금빛을 토하는 것으로 눈이 정화되면서 나타나는 현상이다. 안토금광眼吐金光이라 한다. 넷째는 귀가 정화되어 귀 뒤에 바람소리가 난다는 이후풍생耳後風生이다. 다섯째는 의근意根이 정화되어 머리 뒤에 독수리 울음소리가 난다는 뇌후취명腦後鷲鳴이다. 여섯째는 신근身根과 비근鼻根을 동시에 정화시키는 형상으로 진양화의 뜨겁게 끓는 현상이 모두 사라지고, 물처럼 온몸속이 줄줄 녹아내리며 코가 시원하게 풀리는 느낌의 신용비축지류身湧鼻縮之類이다.

ⓔ 마음장상馬陰藏相

위의 대약육경 이외에도 대약의 성취로 성기가 완전히 위축되고, 고환이 줄어들어서 어린아이의 그것과 같아지며 더 이상 정액을 생산하지 않게 되는 것을 음근구축陰根龜縮, 마음장상馬陰藏相이라 한다. 실제 신장과 명문화의 교감으로 발생하는 음정陰精이 모두 기화되어 정액이 되지 않는 것이다. 여자의 경우는 적룡赤龍을 자른다는 상태가 출현하는데 가슴이 납작해지고 생리가 완전히 멈추어 버리는 상태라고 한다.

③ 연신환허

ⓐ 도태道胎

대주천의 최후의 단계에서 대약이 이루어지면 드디어 양신陽神을 만들게 되는데 양신은 신체가 완전히 양체를 이루었다는 증거이기도 하며 원신元神 그 자체이기도 하다. 양체를 이룬다함은 자신의 모든 음신을 삼매진화三昧眞火로 태워서 스스로 드러내는 것으로 철저한 자기부정의 과정이라 할 수 있다. 하지만 이러한 자기부정이 의식으로 하는 것이 아니라 무위로 한다는 점이 중요하다. 여기에 자신의 잠재의식에 아로새겨져 있는 모습대로 기가 합일하여 사람모양의 형체를 이루게 되는데 이를 도태道胎, 선태仙胎, 법신法身이라고도 한다.

이때의 호흡은 내호흡으로써의 태식胎息을 하게 되며, 후천의 욕망이 없이 고요한 삼매속에서 태를 기르는 것을 양신養神이라고 한다. 양신과정은 태아가 모태에서 10개월간 자라는 것에 비유해 시월양태十月養胎라고도 하며, 일년목욕一年沐浴이라고도 한다.

시월양태후에 인간의 형상이 뚜렷해지면 삼년유포三年乳哺과정을 통해 성숙시키고, 구년면벽九年面壁을 통해 멸진정滅盡定의 열반에 든다고 한다. 3년이라고 시간을 지정하고 있는 것은 사람의 아이의 경우가 태어나서 3년이나 지나면, 혼자서 식사를 하게 되는 것에서 본뜬 것이기 때문이다.

결국 3년간의 젖먹이 기간이란 뜻이다.

이때 산뜻한 빛이 몸의 밑에서 터져 나와 두정으로 나타나고 이 빛이 흰 꽃잎 같은 것을 퍼붓는 것 같은 현상이 나타나게 되면 성숙한 양신을 출신해야할 시기임을 알게 된다. 선도서에서는 이러한 현상을 '천화란추天花亂墜'라고 하였다.

ⓑ **출신**出神

양신이 하단전에서 상단전으로 올라와 머물다보면 천문을 열고 허공으로 나가는 시기가 있는데 이것을 출신出神이라고 한다. 이환까지 올린 곳에서 만일 두정이 막혀 있으면 양신이 못 나오므로 여기에 강한 의식을 걸게 되는데 빛이 번쩍 나면서, 꽝 하는 느낌으로 두정이 열린다. 두정개頭頂開의 진통眞通이다.

출신에 있어서 주의해야 할 것이 음신이 나오는 것인데 양신과 음신의 차이에 대해서 조피진趙避塵이라는 선인은 다음과 같이 말하고 있다.

"이 신은 물질의 모습을 지닌 자기다. 흩어지면 기氣가 되고, 모이면 형태를 이룬다. 이것은 선천중先天中의 선천의 기다. 참으로 이것이야말로 순양純陽의 정기正氣다. 이것을 양신陽神이라 한다. 누구라도 볼 수 있고, 누구하고도 담화가 가능하다. 식사를 하는 일도 육체의 자신과 똑같이 할 수 있다. 음신은 다만 정좌靜座만 행하고 된 것이다. 일종의 영기靈氣다. 타인을 볼 수 있으나 사람들에게는 안 보인다. 물론 사람과 담화도 안 되며 음식을 먹는 일도 불가능하다."[168]

출신과정에서 또한 여러 가지 위험이 있다고 하는데 우선 멀리 나가지 말고, 하루, 이틀 시간을 두고 점차 거리를 넓혀 나가야 한다는 것이나 신기한 것을 보아도 마음을 뺏기지 말라는 것 등이다. 비오는 날이나 밤에는 출신을 가급적 삼가는 것 등도 경고하고 있다.

168 조피진趙避塵, 《성명법결명지性命法訣明指》, 瑞成書局, 2006.

④ 허공합도

- 선도의 깊숙한 행을 더욱 계속하고 있으면, 최후에는 자기라는 일체의 흔적까지도 사라져 가고, 도라는 본질과 하나가 되는 것이다. 이것을 '환허합도還虛合道'라 한다. 진공묘유眞空妙有를 체득하는 정법공부의 종착역이라 할 수 있다.

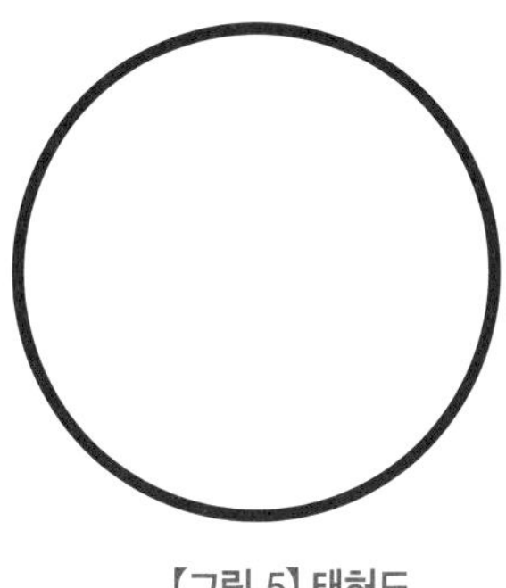

【그림 5】 태허도

3. 연금술의 분석심리학적 이해

서양연금술에 대한 심리학적인 분석은 스위스의 분석심리학가인 C.G. Jung(1875~1961)에 의해 이뤄진 것이 대표적이고, 종교학적으로는 Mircea Eliade(1907~1986)[169]가 유명하다. 융은 프로이드와 다른 길을 걷게 되면서 고유의 '집단무의식'개념을 만들었는데 그는 1928년 R. Wilhelm이 해석하기도 한 태을금화종지太乙金華宗旨(Das Geheimnis der Goldenen Blute, The secret of golden flower)를 접하고는 서양연금술의 필요성을 느끼게 되었다. 그는 무의식을 이해하는 과정에 그노시스파Gnosis[170]의 서적과 중세초기의 신비주의였던 신플라톤주의[171]를 연구하였는데 이러한 여정이 중세의 연금

169 루마니아 출신의 미국 종교학자이자 문학가로 인도철학자 다스굽타 문하에서 인도철학을 연구하여《요가 : 불멸성과 자유》을 썼다. 이후, 파리 소르본대학의 객원교수와 시카고대학 교수로 있으며《우주와 역사》 등의 저술을 통해 구미 종교학계에 큰 영향을 끼쳤다. - 네이버백과사전.

170 그노시스라는 말의 어원은 그리스어인데 '신의인식'이라는 뜻이다. 비밀의식과 직관에 의해 신의 세계에 이를 수 있다고 믿었던 기독교 신비주의사상이다.

171 고대 플라톤의 철학을 계승했다고 보는 중세 초기의 플로틴(Plotinus)의 사상이다. 정신

술에 대한 연구로 이어졌다. 지속적인 연구를 통해 '집단무의식'과 연금술이 깊은 연관성이 있음을 확신하고는 심지어 자신의 심리학이 연금술을 통해 역사적 근원을 갖게 되었다고까지 보았다. 더 나아가 기독교의 신비를 연금술과 연결시켰는데 1951년 《Anion》에서 기독교의 그리스도를 두 측면에서 다루어 하나는 역사적인 실재인물인 '나사렛 예수'로, 다른 하나는 2,000년의 기독교전통속에서 다루어온 '그리스도'라는 상징적 인물로 구분한 것이다. 연금술에서 전 세계를 가득 채우고 있다고 믿어지는 보편자로서의 인간인 안트로포스Anthropos는 그리스도라는 상징적 존재와 동일하며, 자신이 만든 심리학개념인 완전한 인격체[172], 즉, 자기自己 Selbst라는 개념과도 같다고 본 것이다.[173] 이러한 안트로포스, 자기, 그리스도라는 개념은 동양 연단술의 진인眞人과 유사하며, 영원한 생명을 얻은 불사의 존재라는 점에서 같다. 즉, 기독교의 구원과 선도에서 금단을 얻는 것이 비교 가능한 유사개념일 수 있다는 것이다. 후대의 발전과정을 봐도 동양의 연금술이 외단 의약학과 내단 양생술로 나눠진 것처럼 서양의 연금술 또한 근대화학과 심리학적인 방향으로 이분화된다는 공통점이 있다. 물론 차이점이라면 서양의 기독교와 연금술이 정신적 변용과 영적인 구원에 초점이 맞춰져 있다면 동양의 연단술은 생명의 신비를 탐구하고, 성명性命을 고루 닦으려 했다는 점이다.

연금술이 근대에 이어 현대에까지 계승되지 못한 것은 물질과 정신을 하나로 다루고 있는 모호함과 난해함 때문으로 보기도 하는데 서양의 과

의 단계를 유일-신적지성, 예지계-영혼-자연, 감각계 - 물질계로 나누어 물질을 제외한 모든 것은 유일의 단계로 합일되어 돌아갈 수 있으며 이를 위해서는 예지적 직관이 필요하고 합일이 곧 탈아, 엑스터시의 상태라고 주장하였다.

172 전소인격화 과정(individuationsprocess)으로 표현되는 합일의 과정은 단순히 인간의 인격적 성숙이나, 약간의 의식의 확장만을 이야기하는 것이 아니라 집단무의식에 담겨잇는 인간과 자연 혹은 우주와 근원적으로 하나였던 세계를 의식으로 끌어올리는 작업이다. 이러한 과정은 체험되지 않는 한에서는 하나의 가능성일 뿐이지만 죽은 이후에 체험되는 것이 아니라는 측면에서 도가의 관점과 유사하다. 내세를 기약하는 것이 아니라 현세에서 성과 명을 닦아 진인으로 영원한 생명을 얻으려한 것이기 때문이다.

173 이유경, 《서양 연금술의 심리학적 이해》, 한국분석심리학회, 1966, p. 21-24.

학은 데카르트의 물심이원론을 토대로 발전해왔기 때문에 모호함이란 이도저도 될 수 없는 문제를 낳았다. 이는 한의학이 정기신을 고루 다루고, 기 일원론적인 관점에서 서술되어 현대인들에게 난해하게 느껴지는 것과 유사한 현상이다. 하지만 이렇게 정신과 물질을 하나로 보는 관점은 연금술을 통한 정신의 변용이라는 측면에서 매우 긴요한 것이었다. 실제로 연금술사들은 수은, 납, 황과 같은 화학재료가 일단 미지의 물질들이었고, 이렇게 파악되지 않은 대상이 보여주는 변화상에 연금술사들의 무의식을 투사[174]시켜 물리적인 측면에서의 자연과 인간의 통일을 시도한 것이다. 연금술 서적들에서 보여주는 구체적인 실험과정과는 상반되게 명상과 기도, 정결하고 하나된 마음자세가 강조되었으며 어떤 때는 물질의 변화에는 큰 관심을 보이지 않는 식으로 서술되었다. 화학변화를 다루는 물리적인 접근과 철학적 사유라는 두 개의 영역이 분리되지 않은 채 수행된 것이다.[175]

1) 서양연금술의 기본개념들

① **원질료**prima materia : 연금술에 사용된 실험재료는 수은, 납, 황, 물, 돌 등 50여 가지가 넘는다. 원질료는 이처럼 형상화되기 이전의 순수질료의 상태로 보아 그 형상을 표현할 수는 없다고 보았다. 다만 모든 피조물의 어머니로써 두루 존재하는 편재성을 가지는 것으로 해석하는데 이는 마치 만물이 氣로 이루어졌다는 氣 일원론의 주장과 유사하다.

② **메르쿠리우스**Mercurius : 수은은 상온에서 액체인 금속으로 고체적 성격과 액체적 성격을 모두 가진다. 이를 라틴어로는 메르쿠리우스라고 부르며, 영어로는 머큐리, 그리스명으로는 헤르메스이다. 고체와 액체 사이

174 투사(投射, projection)는 다른 사람들도 나의 태도나 감정 등과 똑같은 것을 가졌다고 단정하려 드는 경향이다. 연금술에서의 투사는 의식적인 의도에서 생기는 것이 아니라 주체의 내용이 객체로 넘어가는 무의식적 과정으로 집단무의식이 물질세계와 상응한다는 관점에서 일어난다. 이러한 동종성은《참동계》에서도 여러차례 강조되는 부분이다. 74장의 '以類相求'부분이 그 예이다.

175 이유경,《서양 연금술의 심리학적 이해》, 한국분석심리학회, 1966, p. 26.

에 존재하는 물질, 즉 헤르메스 신과 같은 존재라는 의미가 담겨져 있다. 연금술에서 메르쿠리우스는 여러 가지 상징으로 표현되는데 수은의 활성, 불 위에서 즐거워하는 용[176], 자신의 꼬리를 물고 있는 우로보로스ouroboros[177], 해와 달의 얼굴을 한 자웅동체적 인간[178], 철학자의 아들이라 불리우는 어린이[179] 등이 그것이다. 모두 변환과 재생을 상징하고 있다.

❇그림6 원질료인 대지가 철학자의 아들에게 젖을 물리고 있다.

③ 육각의 별 : 이는 두 개의 삼각형이 만나는 것으로 대극의 합일을 표현한다. 사원소의 결합이나 해와 달의 결합은 모두 육각의 별과 함께 합일coniunctio을 나타내는데 이는 연금술의 바닥을 흐르는 가장 근원적인 주제이다.

❇그림7 자신의 꼬리를 물고 있는 우로보로스(ouroboros)

---

176 불은 금속을 변형시키는 가장 중요한 도구이다. 내단화후內丹火候에서나 연금술에서도 불은 생명과 정신을 변환시키는 필수불가결한 요소로 상징되고 있다. 용은 동서양에 고루 나타나는 상징으로 실제로는 없는 동물이다. 땅이 붙어 기어다니는 특성으로 인해 가장 물질적인 대지의 존재인 뱀이 천상의 존재로서 날아다니는 것은 하늘과 땅의 조화, 대극의 합일을 나타내게 된다. 따라서, 용은 메르쿠리우스의 중요한 상징으로 쓰이게 된다.

177 자신의 꼬리를 물고 있는 뱀인 우로보로스는 결국 스스로 파멸에 이르게 된다. 그리고 나서 다시 존재가 스스로 자신을 낳고 키우는데 이처럼 스스로 죽이고 재생하는 정신의 자기순환성을 나타낸다.

178 해와 달 또한《참동계》에서 집중적으로 사용되는 상징이다. 이러한 음과 양, 남녀, 혼백의 합일을 통해 태어난 양신陽神을 키우는 것이 선도의 목적이라 보았을 때 연금술에서도 합일된 인간이 주요 상징으로 사용되게 된다.

179《참동계》를 비롯한 선도서적에서 말하는 영아嬰兒와 유사한데 몸속의 음기를 모두 태우고 순수하게 거듭나는 양적인 몸을 가리킨다. 연금술의 성공적인 성과로서 나타나는 것이 철학자의 아들이라는 점에서 유사하다.

:그림8 육각의 별과 순환의 상징

:그림9 왕과 왕비의 결합

④ 왕과 왕비 : 상식적으로 왕은 남성적인 것, 왕비는 여성적인 것을 상징하는데 이 부분 또한 두 대극의 합일을 묘사하기 위한 상징들이고, 인간 정신의 본성적 이중성을 보여준다.

왕은 집단무의식과 관련된 자아의 영역을 의미하며, 보통의 인간이 아닌 왕으로 표현된 것은 인간으로서 신적인 가치를 가지고, 신적인 존재가 되는 과제를 수행하는 자이기 때문이다. 왕의 형상이 나타나자마자 여왕이 따라나오는 것은 무의식으로부터 의식의 분화가 일어나자마자 생긴 것을 뜻하는데 의식 자체가 분별하는 일을 통해 무의식에서 독립되었음을 뜻하기도 한다. 왕과 왕비가 대등한 지위에서 마주하는 것은 자아가 무의식과 힘의 균형을 유지할 수 있을 정도로 충분히 분화되어 성숙한 상태임을 말해준다.

⑤ 생명의 샘 : 생명수라고도 하는데 오행의 발생론에서 만물이 水에서 시작하는 것과 유사하다. 연금술의 상징에서 초기에 이러한 생명의 샘이 보여지는데 왕과 왕비가 합일을 이루면서 목욕하는 상징이 쓰이기도 한다. 여기서의 목욕은 용해와 정화를 뜻한다. 목욕은 물과의 접촉이

라는 점에서 무의식과의 관계 혹은 무의식에의 접근으로 본다. 주천화후周天火候에 있어서의 목욕과정 또한 일종의 무의식적인 관조상태, 무위의 상태이므로 서로 유사하다고 본다. 다른 한편으로 수련과정에서 생기는 단 침, 즉 임독맥이 뚫리고, 신장의 수기가 올라와 입속에 고이는 침 또한 생명수라는 이름과 비슷한 개념으로 장생로長生露라 불리운다. 비슷한 상징을 사용한다는 측면에서 유의함이 보인다.

※그림10 용기속의 생명의 샘과 남녀의 결합

⑥ 용기, 플라스크 : 여기서의 용기는 그릇으로 화로위에 올리는 솥과 같은 것이다. 동양 연단술에서 정로鼎爐를 중요시하듯이 서양연금술에서도 용기를 특히 중요시하였다. 질료가 변환되는 장소이기 때문에 용기는 재창조를 위하여 꼭 필요한 대지적인 것, 어머니적인 것, 자궁을 나타낸다. 자아가 아니마[180]와의 관계에 있어 자신의 근원적 정신, 즉 분화이전의 정신에로 귀환을 의미하는 것이다. 자아가 의식의 분화를 거듭하는 동안에도 무의식에는 근원적 전체성이 그대로 반영되어 있다. 자아에게 전체성을 환기시키는 것은 자아를 산출한 그 정신성, 무의식인 어머니이다. 그래서 연금술사들은 줄곧 연

180 아니마(anima)는 남성이 지니는 무의식적인 여성적 요소를 가리킨다.

금술의 성과는 비밀의 용기에 달려있다고 강조한다. 모든 변용의 비밀은 바로 용기의 비밀에 해당하며, 이는 전체성을 만드는 요소인 것이다.

※그림11
해와 달은 대극의 가장 대표적인 상징이다.

⑦ 해와 달 : 달은 태양에 반하여 일반적으로 여성성, 혹은 여성적인 힘을 나타내며, 순환적인 형태의 변화를 하기 때문에 순환속에서도 변치 않는 자연의 근원이 가지고 있는 영원성, 불사성 혹은 재생성, 나아가서는 깨달음을 나타내기도 한다. 태양이 낮의 눈인 것처럼 달은 밤의 눈에 해당한다. 이는 곧 밤의 어두움을 밝히고 있는 빛을 상징하는 것으로 무의식에 내재하고 있는 인격적인 요소 또는 인식이나 지혜의 측면을 나타낸다. 달의 모양에 따른 상태의 변화를 설명하기도 하는데 보름달은 밤에 더욱 빛난다는 측면에서 무의식적인 요소가 강한 것이고, 모양이 이지러진 반달이나 초승달은 분별이 나타난 의식의 상태를 뜻한다. 흑화의 과정에서 자아는 무의식의 자율적 활동에 전적으로 몸을 맡기고 있을때 달이 비추고 있듯이 이제 자아 너머 무의식의 내재적인 인격이 모든 것을 통제할 수 있는 것이다. 하지만 태양의 형태가 그대로 유지되듯이 자신의 힘을 상실하지 않고 있다는 점 또한 볼 수 있는데 이는 무의식과의 통합에 있어 자아의 의식이 무의식에 먹혀버리지 않는다는 점을 나타낸다. 해와 달의 결합은 영혼과 육체의 결합으로 해석하기도 한다. 심리학적으로는 자아와 아니마 혹은 아니무스의 관계이지만 어머니와 근친상간적인 관계를 한 아들의 형상으로 묘사되기도 하며, 녹색의 사자가 해를 삼키는 장면으로 표현되기도 한다.

⑧ 녹색의 사자 : 녹색이라는 식물성의 특징과 사자라는 동물적인 특징

❇그림12 태양을 삼키고 있는 녹색사자

을 함께 가진다. 녹색은 여성적이고, 대지적인 것이면서 변화나 창조를 가져올 수 있는 힘을 가졌다고 본다. 반면에 사자는 강인한 힘과 위력을 가지고 있어 동물중의 왕으로 알려져 있으며 얼굴에 둥글게 난 털 때문에 태양이나 빛과 유비되어 낮의 신이기도 하다. 녹색의 사자가 삼키는 태양은 자아에 해당하여 합일을 나타내는데 자아는 정신의 부분으로서 전체에 소속되려 하자마자 자신의 존재가 해체될 위기에 이른다. 합일은 이런 의미에서 동시에 죽음을 수반한다. 죽음을 맞이하면서도 자식을 남기기 위해 생식을 하는 동물들은 간접적이지만 영원성, 불사성을 획득하는 하나의 방식이 되는 것이다.

녹색의 사자는 수은을 의미하며, 태양은 유황(납)을 상징한다. 단가고서에는 "수중은水中銀을 캐기를 원한다면 먼저 주리홍朱裡汞"을 떨어뜨리라는 말이 있는데 수중은이란 유황(납)이고, 주리홍이란 수은을 말한다. 수는 감괘이고 감괘안의 금속은 음중양효를 의미하며, 주는 붉은색으로 리괘를 상징하고 붉음속의 수은은 양중음효를 뜻한다. 상단전의 신을 하단전에 비춰 응신적조凝神寂照하면 양기가 일어나는 내단수련의 과정과 상통한다.

⑨ **호문클루스**homunculus : 왕과 왕비가 합일을 이루고 죽어갈 때 하나된 그들의 몸에는 새로운 아기가 자라게 되는데 이는 내용적으로 정신의 통합체이다. 이러한 수태상태는 마치 도태道胎를 형성하는 것과 유사하며 이를 키우고 내보내는 것을 양신출신養神出神이라고 한다. 이러한 영아嬰

兒를 호문클루스라고 하며, 철학자의 아들이라고도 부른다.

⑩ 안트로포스anthropos : 보편자로서의 인간으로 해석된다. 융의 전인격적인 존재인 자기Selbst와 같이 해석되며 진인眞人과 상통한다.

❊그림13 남녀의 결합이후에 호문클루스가 탄생했다.

2) 연금술의 4단계

① 흑화黑化 nigredo, melanosis[181] : 흑화는 연금술과정의 시작으로 원질료prima materia가 활동하는 존재로 알려지고, 비로소 실험이 본궤도에서 진행되려는 것이다. 이때의 원질료는 내부에 지수화풍地水火風(토양, 물, 공기, 불)[182]의 사원소가 혼돈의 상태로 뒤엉켜있는데 이때는 남녀, 영육의 결합상태로 해석할 수 있다. 주역의 수뢰둔水雷屯괘와 같은 상태인 것이다. 심리학적으로는 의식적 자아의 퇴행과 죽음을 의미하며, 연금술사들이 물질에 투사한 집단무의식과 자아가 관계를 맺기 시작했음을 뜻한다. 이때의 자아는 전적으로 내향적이 되어 집단무의식이 점차 활성화되는데 자아가 자신의 주도적 역할을 거두고 무의식에 내재하고 있던 통제력에 의존하는 상태인 것이다. 이러한 과정은 연정화기煉精化氣단계에서 응신적조凝神寂照하며 빛을 내면으로 돌리는 과정과 유사하다. 입정에 들어 식신識神의 작용이 멈춘 상태를 집단무의식의

181 melanosis는 흑색 색소를 말하고, nigredo는 흑화과정을 말한다. 아래의 leukosis는 흰색 색소, xanthosis는 노란색 색소, iosis는 붉은 색소이다.

182 사원소는 흑화, 백화, 황화, 적화의 4단계와 연결되는데 사위일체로 표현되기도 한다. 실제 황화과정은 15, 16세기에 와서 빠져 흑화, 백화, 적화의 3단계로 많이 서술되는데 이러한 과정은 기독교 교리적 관점에서 여성의 상징인 성모마리아의 역할이 축소되고, 남성의 요소들인 삼위일체로 정리될 때 함께 일어난 것으로 해석한다. 황화가 빠진 대신 녹화가 추가되기도 하는데 이는 녹색이 지극히 자연의 색으로 중요한 의미를 띠기 때문이기도 하였다. 결국 음양오행설의 오행색이 모두 쓰이게 된 것이다. 융은 사원소의 통합을 심리학적으로 전인격화 과정(individuationsprocess)에서 볼 수 있는 의식의 4기능인 사유, 감정, 감각, 직관의 통합으로 보았다.

활성화로 이해할 수 있다.

② **백화**白化 albedo, leukosis : 흑화의 어둠속에서 세척과 정화를 거쳐 밝아지는 것으로 물질의 구성요소인 사원소가 더 이상 혼돈의 덩어리가 아닌 의미있게 통합되어 배치되는 것을 의미한다. 흑화가 몸에서 영혼이 빠져나간 죽음을 의미했다면 백화는 몸에서 빠져나간 영혼이 다시 육체로 되돌아온 상태를 나타낸다. 달의 상태로도 알려져 있는데 이는 밤이나 태양이 뜨기 전의 새벽의 여명기로서 지뢰복地雷復괘의 상태와 같다. 심리학적으로는 의식이 다시 활동을 시작하기 전의 상태이지만 자아가 비로소 무의식의 통제안에 수용되어 정신의 전 영역에 동참할 수 있는 준비가 된 상태이다.

③ **황화**黃化 citrinitas, xanthosis : 황화는 적화로 이어지는 중간에 나타나는 잠깐의 과정으로 후기 연금술에서는 거의 언급되지 않는다. 노란색은 본래 대지의 색으로 우주적 질료가 형상을 가지기 위하여 대지라는 질료에 힘입는 것과 같다. 몸에서 빠져나간 영혼이 돌아와 다시 육화하는 상태는 대지를 통하여 이루어지는 것이다. 《참동계》에서 언급되는 황정黃庭, 황여黃輿, 황아黃芽, 진의眞意 등이 유관하다고 본다.

④ **적화**赤化 rubedo, iosis : 붉음은 태양의 색이고, 피의 색이다. 무의식의 밤이 지나가고, 날이 밝아 의식이 자신의 활동을 개시한 것으로 볼 수 있다. 이때의 의식은 전인격적 존재로서의 의식성으로 연금술이 이로써 완전한 목표에 도달하게 된다. 대지적인 것이 천상의 의미를 획득하고, 천상의 것이 지상적 존재에 의하여 전적으로 알려지는 것으로 천상의 결혼으로 표현되기도 한다. 음양의 조화이고, 대극의 합일인 것이다. 이러한 존재를 진인眞人이라 볼 수 있으며 양신陽神을 출신出神하여 허공과 합하는 경지로 해석할 수 있다.

3) 연금술의 의미

연금술의 결과로 얻어지는 것은 황금, 철학자의 돌, 생명수, 만병통치약 등으로 불리는 물질적인 것과 철학자의 아들, 보편자로서의 인간 등 인격적 존재로 표현되는 것으로 나눠진다. 이는 연금술의 과정이 자연계의 순환의 바탕이 되는 순수질료 혹은 우주의 질료가 인간을 매개로 하여 형상화하는 것인데 이때 물질의 형상화란 다름이 아니라 집단무의식의 의식화 곧 정신의 실현을 의미하므로 위의 두 가지 특성은 동전의 양면과 같아 곧 하나의 내용을 다루는 것이다. 이러한 이유로 융은 정신과 물질이라는 이분적 구분이 연금술의 이해를 통해 극복될 수 있다는 신념을 가졌던 것이다. 연금술이 서양에서는 기독교적 해석, 화학적 발전, 심리학적인 해설 등으로 이해되고, 동양에서는 외단의약이나 화학, 내단의 양생학적, 종교적 이해, 한의학의 생리학적 해석 등으로 다양하게 발전하였지만 현대사회에까지도 중요한 화두인 정신과 물질의 통합된 문명을 이루고자 하는 측면에서 여전히 유효한 가치를 지닌다고 할 수 있다.

4. 동양연단술의 분석심리학적 이해

《주역周易·계사상전繫辭上傳》에 "陰陽不測之謂神"이라는 구절이 있다. 사리분별을 넘어선 경지를 설명하고자 음과 양을 측량할 수 없다라고 표현하였는데 이러한 인간정신의 영역이 바로 '神'이라는 것이다. 이는 분석심리학에서 음양을 분별하는 의식에 상대되는 개념인 무의식과 유사하다고 할 수 있다. 서양이 의식의 확장과 분화를 강조하는 문화였다면 동양은 이러한 무의식에 인간의 더욱 본질적인 면이 숨어있음을 긍정하고 개발하려 노력했던 문화였다. 이러한 현상은 '胎息', '返本還原'이라는 개념에서 나타나듯이 의식이 성장하기 이전의 영유아기 상태를 오히려 더 높은 수준으로 본다는 점에서 확인할 수 있다. 물론 인간의 완성이 의식을 가진 채로 다시 '無'의 세계로 돌아가는 것이지만 개념적으로는 개인의식이 발달하지 않은 태아기의 상태야 말로 자연과 합일된 상태로 보는 것이다. 태아가 자라나 성인의 몸을 가지고 비로소 수련을 시작하여 다시 태아 때의 상태로 돌아가는 과정이 동서양 연금술의 주된 테마이고, 이러한 과정에서 가장 중요한 주제는 바로 '음양의 합일', '대극의 합일'이다. 이러한 합일을 위해서는 궁극적으로 개인의식을 무한대로 확충시키거나, 완전히 소멸시키는 것이 필요했는데 이때 사용되었던 방법이 바로 '回光'이라는 내향적 작업이었다. 선도에서는 이러한 과정을 통해 '陰液'이 '元精'으로, '陽氣'가 '元氣'로, '識神'이 '元神'으로 변화하여 허공과 같은 상태와 하나가 된다고 한 것이다. '虛空', '無', '道'이러한 경계는 바로 심리학에서 말하는 자아없는 통일체적인 의식상태로 표현할 수 있고, 원래 자아가 무의식과 동종적인 관계에 있었다는 전제조건이 있기 때문에 가능한 것이다.[183] 본래 만물이 道에서 출발하였기에 다시 道로 돌아갈 수 있다는 의미이다.

1) 동양연단술의 상징체계와 개념들

서양연금술에서는 정신의 다양한 변용을 표현하기 위하여 주로 외부의 구체적인 대상에 투사시켜 설명하는 방식을 사용한데 반해 동양의 연단술은 상대적으로 객관적인 방식인 별도의 상징체계를 고안하여 사용하였다. 그러한 상징체계가 바로 하도, 낙서, 팔괘, 64괘, 사상, 음양오행들이다.

① 하도와 낙서

C.G. 융은 원상圓相인 하도와 방상方相인 낙서를 만다라형상이라 해석하였다. '天圓地方'이라하여 하늘은 둥글고, 땅은 모났다는 의미가 하도와 낙서의 성격이기도 한데 융은 심리학적으로 둥근 구도의 만다라가 원초적 상태에서 등장하는 것이고, 정사각구도의 만다라는 고도의 의식상태에서 출현하는 것으로 보아 선천, 후천의 의미와 가깝게 해석하였다.

183 이유경, 《중국 연금술의 분석심리학적 이해》, 心性硏究, 2000, p. 31.

② 선천팔괘, 후천팔괘

심리학적으로 선천과 후천이라는 개념은 인간 정신의 이중적 구조를 인식하면서 이룩된 것으로 본다. 선천팔괘라는 만다라의 내부에는 음과 양이 상호대응되어 있는데 음과 양의 절대가치가 유지되면서 변이가 일정하고 규칙적으로 일어나는 것을 나타냄으로써 절대적 가치의 우주원리를 표상하고, 후천팔괘는 선천팔괘에서 보여주는 절대가치의 변화보다는 상대적 가치의 변화를 반영한 상징체계로서 이미 변이가 일어난 것의 지속적, 순환적 변이를 현상적으로 다루고 있다. 자아의 의지와는 관계없이 인간이 이러한 이중적 구조의 자연을 가지고 있다는 점을 반영한 것이고, 연단술의 수련과정을 통해 선천과 후천팔괘로 구분된 이중의 상징체계를 하나로 연결통합하려는 것이 연단술의 주된 가르침이다. 심리학적으로는 선천과 후천의 인식이란 의식과 무의식이라는 이중적 정신구조에 대한 이해에서 나타났다고 보는 것이다.

2) 연단과정의 심리학적 이해

선천의 건곤괘가 후천의 감리괘로 변하면서 여러 가지 대립상이 나타나는 것으로 괘상에서는 표현된다. 이는 日月, 水火, 金木, 龍虎, 鉛汞으로 다양하게 설명되는데 보다 중요한 점은 이들의 표면적 대립보다 내부에 감춰진 眞陰과 眞陽의 결합이라고 할 수 있다. 이유경[184]은 심리학적으로 무의식을 향한 내향적 접근을 통하여 이러한 결합이 3번에 걸쳐 이뤄진다고 보았다. 이는 서양연금술의 단계가 크게 흑화-백화-적화로 이어지는 것에 대한 연장선상에서 동양연단술을 해석한 것으로 보여진다.

① 자아의 일차적 내향화

첫단계의 목적은 성인자아로 하여금 음양이 뒤바뀐 후천의 상태를 인식시키고, 자아의 내향화가 성공적으로 이루어지게 하는 것이다. 《태을금

184 이유경, 《중국 연금술의 분석심리학적 이해》, 心性硏究, 2000, p. 49-57.

화종지》〈회광징험장回光徵驗章〉에서 "해가 큰 바다로 지고, 나무가 늘어서있는 형상[日落大水, 行樹法象]"이라고 표현한 부분을 예로 들어 자아가 태양과 같이 외부로 향하여 있다가 내면을 향하였을 때 발견하게 되는 무의식의 상태를 바다 속으로 해가 지는 광경을 묘사한 것이다.[185] 큰 물인 바다는 음적인 요소로 무의식의 영역으로 해석된다.

② 내향화를 통한 무의식의 근원지 탐색

내향화를 통해 자아가 내면의 무의식을 탐색하다보면 점점 자아의 의식은 축소되고 무의식이 정신의 주인처럼 왕성해진다. 이때에는 무의식의 정동성을 극복하면서 진행되어야 하는데 이는 용과 호랑이의 싸움과 이어지는 휴식, 즉 용호교구龍虎交媾, 감리교구坎離交媾와 목욕沐浴으로 표현되어 진다. 목욕이라는 다소 무위적인 과정을 통해서 자아는 무의식과 더욱 친화적으로 바뀐다는 것이다. 또한, 지나치게 강화된 무의식은 자아를 과도하게 수동적인 상태로 만들어 혼침昏沈과 산란散亂에 빠질 수 있다고 《태을금화종지》에서는 지적한다. 《태을금화종지》〈회광징험장回光徵驗章〉에서 "대지가 얼음이나 유리로 만들어진 보석처럼되어 밝은 빛이 점점 엉긴다"라고 표현한 부분이 이에 해당한다고 보는데 첫 번째 단계에서 물이라는 음적인 영역, 즉 무의식을 자각하고 이러한 과정이 깊어지면서 보다 물이 얼어 고체화된 얼음이나 유리를 형상화된다는 것이다. 이는 무의식의 활동영역이 좀더 확고하게 자리잡는다는 것을 뜻하며, 자아의 심상을 생산해내는 근원으로서의 무의식 영역을 찾는 과정임을 나타낸다. 이러한 영역을 규竅, 월굴月窟, 황정黃庭, 황부인이라 지칭하고, 오행상 토의 영역이라 보는 것이다.[186] 결국 태아시절의 자궁으로

185 《태을금화종지》에서는 해가 지는 것을 혼돈과 무극의 상태로 돌아감을 나타내고, 이를 기반으로 震에서 제왕이 출현하는데 진괘는 나무이니 나무가 늘어선 것이라 하였다.(日落者 從混沌立基 無極也, 上善若水, 淸而無瑕, 此卽太極主宰出震之帝也. 震爲木, 故以行樹象焉.) – 여동빈저/ 이윤희, 고성훈역, 《태을금화종지》,여강출판사, 2002, p. 88.

186 규竅는 선천조규先天祖竅라고도 불리우는데 태아시절에 이루어진 통로로 단전시스템을 가리킨다고 본다. 월굴月窟은 소강절의 시에서 사용되었으며 천근天根과 더불어 12벽괘의 순환으로 설명된다. 음의 근원이라는 뜻이고, 양의 근원은 천근이 된다. 復卦에서 건

돌아간다는 취지에서 내부의 자궁을 마련했다는 의미가 되는데 심리학적으로는 개별자아의 영역이 보편적인 정신의 영역과의 통합을 위한 기초적인 준비가 되었다는 것이다.

③ 자아의 우주혼 획득

- 우주혼이란 무의식의 완전한 의식화를 통해서 얻어진 전인격적 상태를 말한다. 동양연단술에서는 식신識神이 사라지고 원신元神이 자라나 양신陽神으로 변화되는 것으로 성명을 다시 잇게 되는 것이다. 이전단계에서 음의 영역에 도달하고, 그 힘의 중심인 규, 자궁을 확인한 이후에 다시 양의 영역으로 돌아가는 셈이다. 이는 이전단계가 용호, 연홍, 감리의 결합인데 반해서 부모, 건곤의 결합으로 묘사되는데 이는 후천의 상태에서 선천의 상태로 돌아갔음을 나타낸다. 서양연금술은 이러한 결합이 어머니와 아들의 결합과 같으므로 근친상간적 결합으로 주로 묘사된다. 서양연금술에 자주 나타나는 임신한 남자 또는 수태한 처녀등의 삽화들은 결합을 통해 생긴 영아嬰兒(호문클루스)를 의미하며 이를 키워 내보내는 것이 양신출신陽神出神인 것이다. 두 번째 단계가 진행되면서 내향화의 에너지 즉, 회광하는 힘이 무의식에 모여 거의 포화상태가 되는데 긴장이 점점 고조되다가 마침내 무의식의 힘이 돌파하여 자아에 도달하게 되면 무의식이 전면에 드러나 의식을 완전하게 하는 것이다.

5. 동서양 수행체계와 연금술의 상호비교

아래의 비교표는 선도의 내단수련과 외단과정, 연금술의 화학적변용과 분석심리학적 해설을 비교, 연결시킨 것이다. 본질적으로 완벽하게 일치하지는 않지만 상당부분 유사하다는 점에서 동서양의 정신문화와 물질문명의 공통점을 느끼게 한다. 【그림 14】의 경우 서양연금술의 상징적 그림과 동양의 내단술의 과정이 매우 유사할 수 있음을 보여준다.

괘, 姤卦에서 곤괘로 이어지는 음양소장의 변화에서 姤卦는 월굴, 復卦는 천근에 해당한다.

아래의 그림에서 여자는 임산부로서 도태를 이룬 것을 상징한다. 서양 연금술이론으로 보면 호문클루스라는 양신陽神을 출산할 것이다. 풀무를 손에서 놓은 것이 양광이현 이후의 지화止火를 보여준다.

❇그림14 풀무질을 멈추는 임산부

	선도 7 단계	선도 4 단계	정명 충효도 (태을금화 종지)	외단술 10 단계[187]	연금술 4 단계	연금술 7단계 (에메랄드 타블렛)		분석심리 학적 해설
後天	煉己	煉精化氣 (소약-소주천) -凝神寂照 -展竅開關 -採藥歸爐	〈雙修入手〉	준비	흑화 黑化 nigredo melanosis	하소법 Calcination 불의 원소	재료(의식의 각 종요소)를 불에 태워서 정화	외부로 투사되는 모든 것이 자신의 그림자라는 것을받아들이고 이를 되돌리는 과정. 자아의 퇴행
	周天			방만 들기 [作室]				
	採藥			입단 入壇		용해법 Dissolution 물의 원소	불로 정화된 재료들을 물에 녹여 다시한번 걸러내는 과정	
	煉丹	煉氣化神 (대약-대주천) -陽光一現 -陽光二現 -陽光三現 -馬陰藏相	陽光二現 虛室生白 虛空生白 〈回光修性〉	안로 安爐	백화 白化 albedo leukosis			
				치정 置鼎		분리법 Seperation 공기의 원소	물에 녹여진 미세입자들을 분리해 내는 것	잠재의식의 미분화된 요소들이 현현하면서 의식의 통찰과 마주 대하는 과정
				변약 辨藥		결합법 Conjunction 대지의 원소	미세입자를 안정화(봉고)시키는 과정	
先天	道胎	煉神還虛 -養神 -出神	〈返照修命〉	고제 固濟	황화 黃化 xanthosis	발효법 Fermentation 황	안정화된 미세입자를 화학적 변성을 일으키는 것	전순인격적 존재로서 의식을 가지게 되며 무의식이 의식화된 상태
	超脫			용화 用火		증류법 Distillation 수은	자기Selbst라 불리우는 근원적 존재성을 기화시키는 것	
	合道	虛空合道 생사윤회 초월		개노 開爐	적화 赤化 nebedo iosis	응고법 Coagulation 소금	완성되어 확충된 자기를 이 자연계내에서 존재하도록 하는 것	
				복식 服食				

【표 20】 동서양수행체계와 연금술의 상호비교

187 胡孚琛, 呂錫琛,《道學通論》, 북경, 사회과학문헌출판사, 2004, p.461-465.

○●

《참동계》원문에 대한 분석은 원문, 국역, 교감, 구문해설, 각가주, 고찰의 형태로 한다. 원문과 분장구조는 후촉 팽효의 『주역참동계분장통진의』를 따르는데 《중화도장》본을 저본으로 한다. 본래 〈주역참동계정기가명경도周易參同契鼎器歌明鏡圖 정기가鼎器歌〉가 마지막 부분이지만 《주역참동계발휘》와 《주역참동계고이》등에 실려있는 〈찬서讚序〉를 뒤에 붙여놓았다. 참고하는 주석서는 아래와 같다. 이 중에서 조선조의 대표적인 주해서인 《참동계주해》와 《참동고》를 비중있게 다룬다.

① 《주역참동계통진의》, 후촉 팽효, 이하 [통진의]

② 《주역참동계발휘》, 원 유염, 이하 [발휘]

③ 《참동계천유》, 청 주원육, 이하 [천유]

④ 《참동계주해》, 조선 권극중 , 이하 [주해]

⑤ 《참동고》, 조선 서명응 , 이하 [참동고]

第二部

周易參同契

卷上

1. 乾坤者《易》之門戶章 … 第一

원문 乾坤者, 易之門戶, 衆卦之父母。坎離匡郭, 運轂正軸,

국역 건과 곤은 《역》의 대문과 같은 의미가 가지며, 모든 괘들의 부모역할을 한다. 감과 리는 성곽과 같아서, 바퀴통을 굴리고, 굴대를 바르게 하는 것과 같다.

교감 **1** 坎離匡郭 : [통진의 사고전서]본과 [참동고]본에서는 "坎離匡廓"이라 하였다.

구문해설 **1** 乾坤者, 易之門戶, 衆卦之父母 : 《주역·계사하전》 제6장에 "乾坤, 其易之門邪"이라 하고, 《주역·계사상전》 제12장에 "乾坤, 其易之緼耶"라고 하면서 "건곤이 배열되어 역을 이루고, 그 가운데 역이 서니 건곤이 훼손되면 역을 볼 수 없고, 역을 볼 수 없으면 건곤이 거의 쉬게 될 것이다."[188]라고 하였다. 즉, 모든 괘가 건곤의 양효와 음효에서 비롯되어 변화되어 나간다는 뜻이며, 건곤이 하늘과 땅이 되니 만물은 그 안에 담겨 있다는 뜻이 된다.

2 坎離匡郭 : '匡郭'은 성곽城郭이라는 뜻으로 《참동계》내에서 자주 등장되는 단어이다. 30장 "隱藏其匡郭"에서는 달의 형상을 가리켰다. 달이 그믐날에 그 형상을 숨긴다는 뜻으로 쓰였고, 87장 "匡廓以消亡"에서도 동지날에 윤곽이 소멸되는 과정을 묘사하였다. 이는 달의 모양으로 화후

188 "乾坤, 成列而易, 立乎其中矣, 乾坤, 毁則无以見易, 易, 不可見則乾坤, 或幾乎息矣."

의 과정을 설명한 '월체납갑법'을 의미하는데 성곽의 테두리를 달의 모양으로 표현한 것으로 감리괘의 작용이 그 실체임을 뜻한다.

3 運轂正軸(운곡정축) : '運轂(운곡)'은 바퀴통을 굴린다는 뜻으로, 바퀴통은 바퀴살이 그 주위에 꽂히고, 바퀴축이 꿰이는 바퀴중앙의 구멍을 말한다. '正軸(정축)'은 수레의 굴대, 즉 바퀴축을 바르게 한다는 뜻이다. 굴대는 수레바퀴 두 개를 연결하는 중앙의 축을 말한다. 굴대와 바퀴통이 중심을 잡아줘야 바퀴가 굴러가듯이 감리괘가 건곤의 체를 이어받아 용으로써 만물에 작용한다는 의미이다.

【그림 15】 바퀴통

각가주 **1** 乾坤者(건곤자), 易之門戶(역지문호), 衆卦之父母(중괘지부모)。坎離匡郭(감리광곽), 運轂正軸(운곡정축) : [통진의]본에서는 "태역, 태허, 태초의 이전에는 비록 텅빈 것을 머금어 지극히 묘하였지만 아직 징조가 나타나지 않았다. 태시, 태소, 태극의 사이에 뒤섞여 이뤄지는 혼돈이다. 그 가운데 진일의 정이 있어 천지의 시작이 되고, 만물의 어미가 되었다. 하나의 氣(기)가 형태를 이루고, 두 개의 형식으로 이것을 나눈다. 그러한 연후에 건곤이 있고, 음양이 있으며, 삼재, 오행이 생겨 만물에 이름이 지어졌다. 그러므로 건곤은 천지의 기강이 되고, 음양은 조화의 탁약이 된다."[189]라고 하였다.

[발휘]본에서는 "감은 달이고, 리는 해이다. 해와 달인 황도에서 운행하고, 밤낮으로 왕래하여 순환함에 끊임이 없으니 울타리가 두루 쳐있는 것과 같다. 바퀴통은 몸과 같고, 바퀴축은 마음과 같으니 나의 바퀴통을 굴림에 반드시 그 축을 바르게 해야 한다. 환단을 수련함에 내 몸속의 해와 달을 운행시켜 천지의 조화와 함께 하니 그 마음을 바르지 않게 할 수 있겠는가"[190]라고 하였다.

[주해]본에서는 "금단의 법에서는 솥과 화로가 우선 자리한다. … 건곤의 솥과 화로는 후천의 색신이고, 감리의 약물은 선천의 법신이다. 약물은 솥과 화로에서 떨어지지 않고, 선천은 후천과 분리되지 않으며, 법신은 색신과 떨어지지 않는다. 약물을 구하려면 먼저 솥과 화로를 구해야 하며, 선천을 찾으려면 먼저 후천을 닦아야 한다. 법신을 추구한다면 먼저 색신을 수련해야하는 것이 당연한 이치인 것이다. … 감리는 약물이다. … 비유해서 말하면 龍汞(용홍), 虎鉛(호연), 腎氣(신기), 心精(심정)인데 실제로는 금단대약을 말한다. 리괘 가운데 허한 이치가 있고, 이치는 無(무)를 주관한다. 가운데 실한 것은 氣(기)이고, 氣(기)는 有(유)를 주관한다. … 離宮(리궁)에서 無(무)를 구하는 것은 禪(선)이요, 坎府(감부)에서 有(유)를 찾는 것은 丹(단)이다."[191]라고 하였다.

[참동고]본에서는 "건곤에서 만 가지 변화가 따라 나온다. … 이것이 곧 주자가 말한 변역의 역이다. … 건곤이 뒤섞여 여섯 자식을 낳는다. 여섯 자식이 곧 건곤의 형체를 깨뜨린 것이다. … 이것이 곧 주자가 말한 교역의 역이다."[192]라고 하였다.

---

189 "太易, 太虛, 太初之前, 雖含虛至妙, 則未見兆萌. 太始, 太素, 太極之際, 因有混成, 乃混沌也. 中有眞一之精, 爲天地之始, 爲萬物之母. 一氣旣形, 二儀斯析, 然後有乾坤焉, 有陰陽焉, 有三才, 五行焉, 有萬物衆名焉. 故配乾坤爲天地之紀綱, 運陰陽爲造化之橐籥."

190 "坎, 月也. 離, 日也. 日月行於黃道, 晝夜往來, 循環無窮, 如匡郭之周遭也. 轂猶身也, 軸猶心也. 欲轂之運, 必正其軸. 修還丹者, 運吾身中之日月, 以與天地造化同途, 不正其心可乎."

191 "金丹之法, 鼎爐居先. … 乾坤鼎爐后天色身也. 坎離藥物先天法身也. 藥物不離於鼎爐先天不離於后天, 法身不離於色身, 欲求藥物先修鼎爐, 欲求先天先修后天, 欲求法身, 先修色身理然也. … 坎離者藥物也. … 喩則爲龍汞, 虎鉛, 腎氣, 心精, 實金丹大藥也. 又離中虛理也. 理主無也. 中實氣也. 氣主有也. … 離宮求無者禪也. 坎府索有者丹也."

192 "乾坤而萬化由是出入. … 此卽朱子所稱變易之易也. … 乾坤錯雜乃生六子, 六子卽是乾坤

고찰 모기령의 《태극도설유의太極圖說遺議》에서 이르기를 '《참동계》에는 본래 수화광곽도水火匡郭圖, 삼오지정도三五至精圖, 그 밖에 모두 아홉 그림이 있었으나 주희가 《참동계고이》를 만들면서 모두 없애버렸다'고 하였다. 하지만 실제는 이러한 그림들은 당송시대에 지어진 것으로 추측된다.[193]

2. 牝牡四章 … 第二

빈 모 사 괘 이 위 탁 약 복 모 음 양 지 도 유 공 어 자 준 승 묵
원문 牝牡四卦, 以爲槖籥。覆冒陰陽之道, 猶工御者, 準繩墨,
집 함 비 정 규 구 수 궤 철 처 중 이 제 외 수 재 율 력 기
執銜轡, 正規矩, 隨軌轍。處中以制外, 數在律歷紀。
월 절 유 오 육 경 위 봉 일 사 겸 병 위 육 십 강 유 유 표 리
月節有五六, 經緯奉日使。兼并爲六十, 剛柔有表裏。

국역 암수로 이뤄진 네 개의 괘는 바람을 일으키는 풀무[槖]와 바람이 빠져나가는 관[籥]이 된다. 음양의 도를 거느려 다스리는 것은 마치 말을 부리는 자가 규범을 준수하면서, 재갈과 고삐를 잡고, 규칙에 맞게, 수레바퀴의 궤도에 따르는 것과 유사하다. 중심을 잡아 가면서 외부의 상황을 제어하니 수는 역법에 따른 벼리에 있게 된다. 한 달은 다섯 마디가 6번 있어서 30일이며, 종횡으로 이뤄지는 운동[經緯]은 태양의 활동에 따르게 된다. 서로 아우르고, 더해져 60개가 되는데 강유가 있고, 표리가 있다.

구문해설 **1 牝牡四卦** : 건곤감리의 4괘를 가리키며, 암수로 나눈 것은 건괘가 순양, 곤괘가 순음, 감괘가 음중지양, 리괘가 양중지음이기 때문이다.

2 以爲槖籥 : 1장에서 말한 건곤의 '易之門戶'와 감리의 '匡廓'을 총결

破體是也. … 此卽朱子所稱交易之易也."

193 위백양 지음, 최형주 해역, 《주역참동계》, 자유문고, 2001, p. 19-20.

한 의미이다. '橐'이 바람을 끌어들이는 빈 풀무 주머니로서 건곤에 해당하고, '籥'은 감리에 해당하는데, 풀무 주머니에서 생성된 바람이 나가는 관을 말한다. 이 관을 통해 바람이 내보내져 비로소 외적인 작용을 일으킨다는 의미이다.

3 準繩墨 : '繩墨'은 먹줄과 먹을 뜻하는데 건물을 짓거나 물건을 만들 때 정하는 기준을 말한다. 규범을 준수한다는 의미이다.

4 執銜轡 : '銜轡'는 재갈과 고삐를 뜻하는데 마부가 말을 부리는 수단인 재갈과 고삐를 단단히 잡고 이끌어나간다는 비유이다.

5 正規矩 : '規'는 원을 그리는 콤파스이고, '矩'는 'ㄱ'자 모양의 자로서 직각을 그리는데 쓰는 도구이다. '規矩'는 '繩墨'과 더불어 목수가 꼭 지켜야할 도구이자 규범을 뜻하는데 《참동계》에서 자주 쓰이는 단어이다. '準繩墨'과 같이 규범을 준수한다는 의미이다.

6 隨軌轍 : 수레바퀴의 궤도를 따라간다는 뜻인데, 옛날에는 수레바퀴의 폭을 일정하게 정하여 도로상에 새겨진 수레바퀴의 자국을 바퀴가 따라가게 하였다고 한다. 이러한 궤도를 바르게 따르는 것에 비유한 것으로 역시 규칙을 따르는 것을 의미한다.

7 處中以制外 : 건곤감리의 4괘가 바퀴통과 굴대처럼 중심을 잡아 나머지 60괘를 제어한다는 뜻이다.

8 數在律曆紀 : 易과 爐火를 설명하는 數들은 '律'과 '曆'과 '紀'에 맞춰진다. '律'은 소리의 음정을 측정하는 것이고, '曆'은 일월성신을 기준으로 시기를 나누는 것이며, '紀'는 목성인 세성의 일주하는 시간인 12년을 말한다.

9 月節有五六 : 옛날의 날짜기준은 5일이 1절이었는데 하루를 12시로 나눴기 때문에 5일이면 60시진이 되어서 60갑자에 해당하므로 1절이라 하였다. 그러므로 1개월은 5일의 1절이 6번 있어서 30일이 된다.

10 經緯奉日使 : 종횡으로 엮어지는 날짜와 기후의 관계는 태양의 운동에 의해 이루어진다는 의미이다.

11 兼并爲六十, 剛柔有表裏 : 괘상을 묘사한 것으로 음양의 효가 종과 횡으로 엮어져서 60괘를 낳는데, 이들은 음양을 통해 강과 유로 나뉘고, 상하괘를 통해 표와 리로 구분된다.

각가주 1 牝牡四卦, 以爲橐籥。覆冒陰陽之道, 猶工御者, 準繩墨, 執銜轡, 正規矩, 隨軌轍 : [통진의]본에서는 "무릇 금액환단을 수련함에 있어서 솥 속에 금모金母, 화지華池가 있는데 역시 금태金胎, 신실神室이라 이른다. 이내 건, 곤, 감, 리의 4괘가 약이 된다."[194]라고 하였다.

[발휘]본에서는 "건괘는 순양의 숫 괘이고, 곤괘는 순음의 암괘이다. 감은 음중에 양을, 리는 양중에 음을 가지고 있다. 암수는 서로 사귀는 괘인 것이다. 단법에서는 건, 곤이 위아래로 자리를 하고, 감, 리가 동서로 벌려있다. 건곤의 열리고 닫힘과 감리의 오고감이 엄밀히 풀무주머니의 형상이다."[195]라고 하였다.

[참동고]본에서는 "흘러 행해지는 것을 말하자면 동지, 하지는 건곤의 經이 되고, 춘분, 추분은 감리의 緯가 된다. 사람의 체질로 말하자면 폐장, 비장은 건곤의 經이 되고, 심장, 신장은 감리의 緯가 된다. 운행하는 것으로 말하자면 氣와 精은 건곤의 經이 되고, 혼백은 감리의 緯가 된다. … 이상의 제1절은 건곤감리가 역의 4정괘가 됨을 밝혔다. 주자朱子가 일찍이 소자邵子의 학문이 희이希夷에게서 얻어졌고, 희이는 참동계로부터 근원을 둔다고 하였는데 지금 소자의 말을 고찰해보면 건곤을 바로 상하의 위치이고, 감리는 좌우의 문이 된다고 한 것과 건곤은 천지의 근본이고, 감리는 천지의 쓰임이라고 한 것, 건곤감리가 36괘의 조상이 된다고 한 것들이 모두 이 구절에서 나온 것이다."[196]고 하였다.

---

194 "凡修金液還丹, 鼎中有金母華池. 亦謂之金胎神室, 乃用乾, 坤, 坎, 離 四卦爲藥."

195 "乾, 純陽牝卦也. 坤, 純陰牡卦也. 坎, 陰中有陽. 離, 陽中有陰. 牝牡, 相交之卦也. 丹法位乾, 坤於上下, 列坎, 離於東西. 而乾坤之闔闢, 坎離之往來, 儼如橐籥之狀."

196 "以流行言之則冬夏二至爲乾坤之經, 春秋二分爲坎離之緯, 人以體質言之則肺脾二臟爲乾坤之經, 心腎二臟爲坎離之緯, 以運行言之則氣精二物爲乾坤之經, 魂魄二物爲坎離之緯 … 以上爲第一節 乾坤坎離爲易之四正也. 朱子嘗謂邵子之學得於希夷, 希夷源流自參同契, 今考邵子之言曰乾坤正上下之位, 坎離列左右之門, 曰乾坤天地之本, 坎離天地之用, 曰乾坤坎離爲

2 處中以制外，數在律歷紀。月節有五六，經緯奉日使。兼并爲六十，剛柔有表裏。: [발휘]본에서는 "수가 '律歷紀'에 있다는 것은 12자리를 순행하거나, 12소리에 율려가 응하는 것이나, 12개월을 지나거나, 12년의 벼리를 잡는 것이다. … 건과 곤이 남북으로 자리를 정하는 것은 經이고, 감과 리가 동서로 묘한 쓰임을 보이는 것이 緯이다."[197]라고 하였다.

[주해]본에서는 "이것은 화후를 말한 것이다. … 5일은 1候이고, 6候는 1개월이 되고, 72候는 1년이 된다. 60은 한 달의 낮과 밤이다."[198]라고 하였다.

[참동고]본에서는 "이상의 제2절은 4정괘가 선천의 60 대괘對卦를 통섭하는 것을 말하였다. 소자가 말하기를 36에서 4를 (거듭) 빼면 24인데 4라는 것은 건곤감리이다. 이르기를 몸체에는 384가 있고, 쓰임에는 360이 있는 것은 어째서 인가. 건곤감리는 사용하지 않기 때문이다. 건곤감리의 쓰지 않음은 어째서인가 하면 360을 이루기 위해서이다. 이러한 내용들은 모두 이 구절에서 나왔다."[199]고 하였다.

고찰 – [참동고]에서는 "正規矩，隨軌轍"까지를 1장 1절로 보고, 건곤감리가 역의 네 가지 바름[四正]이 된다고 하였다.

– "處中以制外，數在律歷紀 … 兼并爲六十，剛柔有表裏"의 구절을 1장 2절로 보고, 사정괘四正卦가 선천 60대괘對卦를 통섭한다고 하였다.

– 사람의 체질을 논하면서 간장을 제외한 폐, 비, 심, 신이 건, 곤, 감, 리의 4정괘와 대비된다고 한 것이 특징이며, 이는 4정괘의 오행배속에 맞춘 인

三十六卦之祖, 皆本於此節."

197 "數在律歷紀者, 巡行十二位, 應律十二聲, 歷之十二月, 紀之十二年也. … 經乾, 坤, 南北之定位也. 緯坎, 離, 東西之妙用也."

198 "此言火候也. … 五日爲一候, 六候爲一月, 七十二候爲一年, 六十者一月兼晝夜則爲六十也."

199 "以上爲第二節, 四正之統先天六十對卦也. 邵子曰三十六去四則二十四, 四者乾坤坎離也. 曰體有三百八十四而用止于三百六十何也. 以乾坤坎離之不用也. 乾坤坎離之不用何也. 所以成三百六十也. 皆本於此節."

상을 보이기도 하고, 실제 수련과정상에서 간을 제외한 이들 4장기의 운행이 중요함을 시사하기도 한다.

3. 朔旦屯直事章 … 第三

삭 단 둔 직 사 지 모 몽 당 수 주 야 각 일 괘 용 지 의 차 서

원문 朔旦屯直事, 至暮蒙當受, 晝夜各一卦, 用之依次序。

국역 초하루의 아침은 둔괘가 바로 행사하고, 저녁에 이르면 몽괘가 이에 대응하여 이어받는다. 낮과 밤이 각각 하나의 괘를 이루니 그 사용함이 차례와 순서에 의거한다.

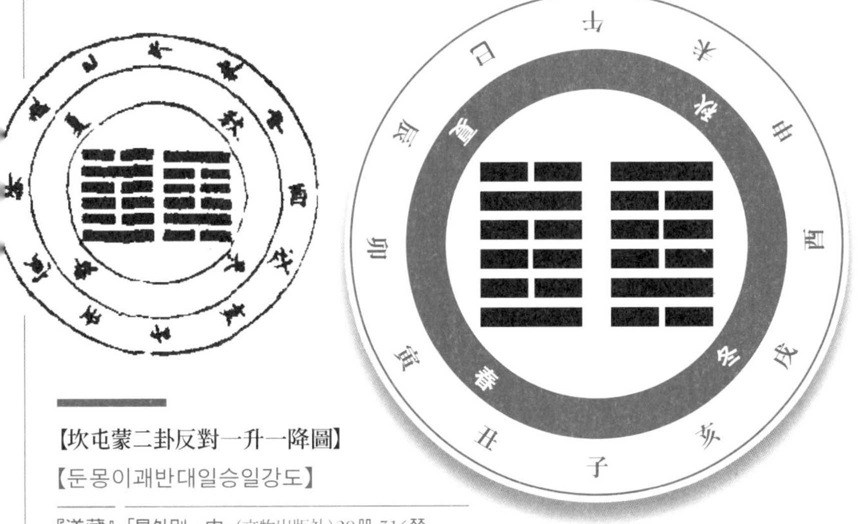

【坎屯蒙二卦反對一升一降圖】
【둔몽이괘반대일승일강도】

『道藏』「易外別一中」(文物出版社) 20冊 316쪽

직 사 당 사

교감 **1** 直事 : [발휘]본에는 "當事"라 하였다.

삭 단 삭 단

구문해설 **1** 朔旦 : 음력으로 첫날인 초하루를 '朔'이라 하고, '旦'은 아침이라는 뜻이다. 즉, 초하루날 아침을 의미한다.

둔

2 屯 : 수뢰둔괘를 말한다. 건곤을 제외한 주역 상하경의 첫 번째 괘이다. 만물이 시작하는 혼돈의 단계를 의미한다.

3 蒙(몽) : 산수몽괘를 말한다. 둔괘에 이은 두 번째 괘이며, 아직 어려서 이제 막 자라나는 단계를 의미한다.

4 次序(차서) : 《주역》상하경의 배열순서를 말한다. 《참동계》에서는 괘의 순서를 이용한 단법화후를 설명하는데, 초하루 아침은 둔괘, 저녁은 몽괘, 이튿날 아침은 수괘, 저녁은 송괘로 해서 마지막 30일 아침은 기제괘, 저녁은 미제괘로 끝난다.

각가주 1 朔旦屯直事(삭단둔직사), 至暮蒙當受(지모몽당수), 晝夜各一卦(주야각일괘), 用之依次序(용지의차서) : [통진의]본에서는 "주야로 음양이 승강하는 화후의 수는 모두 괘효에 요약되어 있는데 하나의 괘가 각각의 일을 맡으니 둔, 몽의 2괘를 시작으로 하며, 둔괘는 아침, 몽괘는 저녁이 된다. 이를 시작으로 차서를 정한다."[200]라고 하였다.

[참동고]에서는 "대개 선천은 체이고, 후천은 용이며, 선천은 대대待對이고, 후천은 반대反對이다. 대대의 체가 위에 서면 반대의 용은 아래에서 보인다. 그러므로 해와 달의 낮과 밤이 반대가 되어 배치된다."[201]고 하였다.

4. 旣未至晦爽章 … 第四

원문 旣未至晦爽(기미지회상), 終則復更始(종즉부경시), 日辰爲期度(일진위기도), 動靜有早晩(동정유조만)。

국역 기제괘와 미제괘에 이르러 그믐날의 날이 밝아오면 (과정을) 마치고 다시 시작하게 된다. 하루 12진은 규칙과 법도를 이루고, 동하고 정하는 것에는 서로 이르고, 늦는 순서가 있다.

200 "凡運晝夜陰陽升降火數, 皆依約卦爻晝夜各一卦直事, 始以屯蒙二卦爲首, 朝屯暮蒙, 從此爲次序也."

201 "蓋先天體也, 後天用也. 先天待對也, 後天反對也. 待對之體立于上則, 反對之用見于下故日月之晝夜以反對配之."

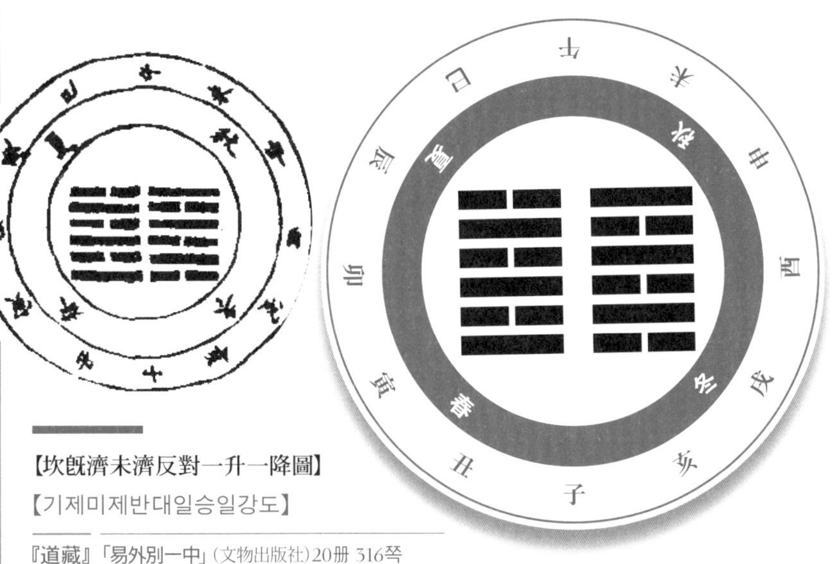

【坎旣濟未濟反對一升一降圖】

【기제미제반대일승일강도】

『道藏』「易外別一中」(文物出版社)20冊 316쪽

교감 1 日辰(일진) : [천유]본에는 "日月(일월)"이라 하였다.

2 晦爽(회상) : [발휘]본에서는 "昧爽(매상)"이라 하였다

구문해설 1 旣未(기미) : 수화기제괘와 화수미제괘를 말하며, 《주역》상하경의 마지막 두괘이다.

2 晦爽(회상) : '晦(회)'는 그믐날을, '爽(상)'은 날이 밝아옴을 말한다. 초하루 아침에 屯卦(둔괘)가 행사하듯이, 그믐날 아침은 旣濟卦(기제괘)가 행사한다는 뜻이다.

3 日辰(일진) : 하루의 12시진을 말한다. 건곤감리 4괘를 제외한 60괘를 1개월의 30일에 배당하기 때문에 하루에 2괘씩 아침, 저녁에 배당된다. 한 괘가 6효이므로 두 괘의 12효는 하루 12시진에 해당된다.

4 動靜有早晩(동정유조만) : 낮과 밤의 변화는 음양의 동정으로 표현되며, 여기에는 시간적인 순서가 있다는 의미이다.

각가주 1 旣未至晦爽(기미지회상), 終則復更始(종즉부경시), 日辰爲期度(일진위기도), 動靜有早晩(동정유조만) : [발휘]본에서는 "그믐이 되면 기제, 미제가 쓰이고, 그믐과 초하루의 순환이 돌고 돌아 다시 시작한다. 그 사이의 괘상은 안팎으로 강유의 몸을 가지고, 혹은 반대로, 혹은 대대를 이루지만 모두 집착할 필요는 없다. …

해의 길이가 도수를 측정하는 기준이 된다. 해는 불이고, 시간은 후이다. 사람이 능히 하늘의 일진을 따르나 반대로 내 몸에서 구하니 해가 임하는 위치가 시간이 된다. … 움직이는 것은 해가 뜨는 것이고, 고요한 것은 해가 져서 쉬는 것이다. 대개 내 몸속에도 스스로 해가 뜨고, 지는 조만早晩이 있고, 그 화후의 동정이 하나하나 하늘의 법도와 맞는다."[202]라고 하였다.

[주해]본에서는 "'爽'은 달이 밝음을 생하는 것이고, 괘효로는 화후에 해당한다. 다만 홀짝, 진퇴하는 것이 화후의 문화와 무화에 비교될 뿐이고, 다른 깊은 의도는 없다. 혹자는 이것을 두고 눈을 감고, 호흡수를 세는 법으로 보지만 오류이다."[203]라고 하였다.

[참동고]본에서는 "괘의 9, 6은 動하는 것이고, 7, 8은 靜하는 것이다."[204]라고 하였다.

5. 春夏據內體章 … 第五

원문 春夏據內體, 從子到辰巳, 秋冬當外用, 自午訖戌亥。

국역 봄과 여름에 내체에 의거하고, 子에서 시작하여 辰巳에 이른다. 가을, 겨울은 외용에 해당하며, 午로부터 시작하여 戌亥에 이르러 끝난다.

구문해설 1 春夏… 秋冬 : 하루를 담당하는 2개의 대성괘는 내괘와 외괘로 구성된다. 오전괘에는 봄과 여름이, 저녁괘에는 가을과 겨울이 배속되어 계절의 변화를 상징하며, 원형이정元亨利貞 사덕四德의 의미가 내포

202 "以至晦日用旣濟, 未濟, 晦朔循環, 周而復始. 其間卦象內外剛柔之體, 或反或對, 皆不必執泥也. … 日長爲期度之謂也. 日卽火也, 辰卽候也. 人能以天上之日辰反而求之吾身, 則日臨之位卽時辰也. … 動者, 日出而作也. 靜者日入而息也. 蓋吾一身之中, 自有日出日入之早晩, 其火候動靜, 一一暗合天度."

203 "爽月生明也. 以卦爻配火候者, 只取奇遇進退以比火候文武而已. 別無深義. 或者以此爲閉目數息之法則誤矣."

204 "卦之九六爲動, 七八爲靜也."

되어 있다.

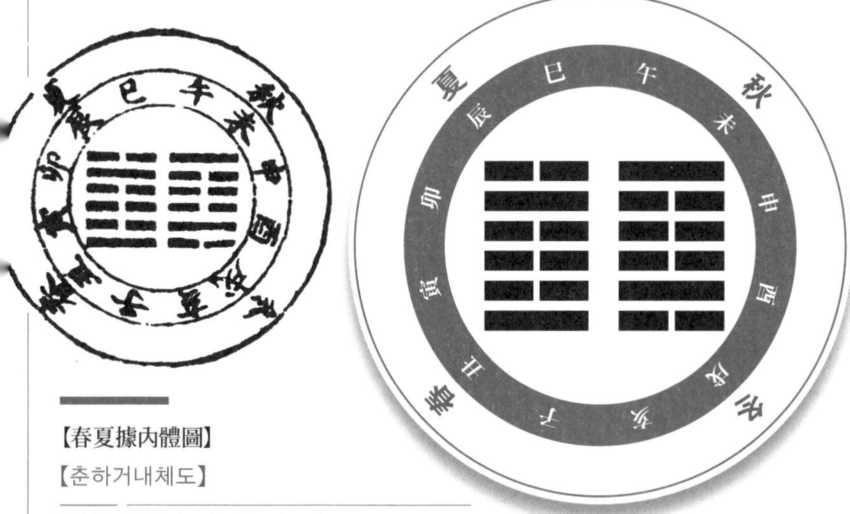

【春夏據內體圖】
【춘하거내체도】
『道藏』「周易参同契發揮 卷一中」(文物出版社) 20冊 196쪽

2 從子到辰巳(종자도진사)… 自午訖戌亥(자오흘술해) : '4장 구문해설 3) 日辰(일진)'의 설명에서와 같이 각 효가 하나의 時辰(시진)을 담당한다. 둔괘와 몽괘를 통해 예를 들어 본다.[205]

	⇦ 陽						
둔屯		夏			春		내체 內體
	사巳	진辰	묘卯	인寅	축丑	자子	
	--	—	--	--	--	—	
몽蒙		秋			冬		외용 外用
	오午	미未	신申	유酉	술戌	해亥	
	—	--	--	--	—	--	
	陰 ⇨						

【표 25】 둔몽괘의 시진時辰

205 위백양 지음, 최형주 해역,《주역참동계》, 자유문고, 2001, p. 20.

3 內體, 外用 : 대성괘는 2개의 소성괘로 구성되는데 1효부터 3효까지를 내괘라고 하고, 넷째 효부터 상효까지를 외괘라고 하는데 각각 내체, 외용으로 표현되었다. 내괘, 외괘가 내체, 외용으로 표현된 것은 내외괘가 체용의 관계를 가짐을 의미한다.

각가주 1 春夏據內體, 從子到辰巳, 秋冬當外用, 自午訖戌亥 :
[발휘]본에서는 "괘에는 육효가 있어 아래 삼효는 내부이고, 위의 삼효는 외부이다. 시험삼아 둔, 몽의 두 괘로 밝혔는데 아침에는 둔괘를 사용하여 양화가 상승하는 화후로 본다. 둔괘의 초구효는 마땅히 몸속의 子에 해당하니 안으로부터 밖을 향한다. … 저녁에 몽괘를 사용하는 것은 음부가 하강하는 화후이다. 몽괘의 상구효는 몸속의 오에 해당하므로, 밖으로부터 안을 향하는 것이다. … 그러나 춘하추동, 子午巳亥를 통해 내체, 외용의 설을 말하는 것은 모두 비유일 뿐이다. 만약 형상과 문장에 얽매여 집착하여 괘기를 행한다면 스스로 수고롭게 할 뿐 이익이 없다."[206]라고 하였다.

[주해]본에서는 "자부터 사까지는 양화후陽火候이고, 오부터 해까지는 음부후陰符候이다. 양화는 발생하는 것이고, 음부는 수렴하는 것이니 단을 수련하는 선비는 이것을 역시 알아야한다. 내외의 두 괘는 문화, 무화를 때에 따라 돌리는 것이다."[207]고 하였다.

[참동고]본에서는 "지금 이와 같은 법은 경방의 괘기직일법卦氣直日法과 대체로 비슷하나 조금 다르다. 괘기직일법은 震, 離, 兌, 坎으로써 사정괘를 삼고, 공경, 대부, 제후, 임금의 배속이 있고, 그 날짜로써 쉼과 허물을 본다. 경방京房은 스스로 초연수焦延壽로부터 얻었다고 하고, 초연수

206 "卦有六爻, 下三爻爲內, 上三爻爲外. 試卽屯, 蒙二卦明之. 朝用屯, 陽火上升之候也. 而屯之初九, 正當身中之子, 由內而外 … 暮用蒙, 陰符下降之候也. 而蒙之上九, 正當身中之午, 由外而內, … 然所謂春夏秋冬, 子午巳亥, 與夫內體外用之說, 皆譬喩也. 乃若泥象執文而行卦氣, 則徒自勞苦, 何益哉."

207 "自子至巳陽火候也, 自午至亥陰符候也. 陽火發生陰符收斂. 丹士亦知此義. 內外兩卦之候一文一武各隋其時也."

는 은자隱者에게서 얻었다고 한다. 그러나 주자는 그 차례와 위치가 순서에 맞지 않음을 의심하였다. 지금 이 책으로 고찰해보면 경방은 반드시 이 방법에 의했지만 망령되이 자신의 뜻을 조금씩 더해서 그러했을 것이다."[208]라고 하였다.

6. 賞罰應春秋章 … 第六

원문 賞罰應春秋(상벌응춘추), 昏明順寒暑(혼명순한서), 爻辭有仁義(효사유인의), 隨時發喜怒(수시발희노), 如是應四時(여시응사시), 五行得其理(오행득기리)。

국역 상과 벌은 봄, 가을에 상응하고, 어두움과 밝음은 추위와 더위에 따른다. 효사에는 인의가 있고, 때에 따라 기쁨과 성냄의 감정이 드러난다. 이와같이 사시에 순응하여 따르니, 오행이 그 이치를 얻는다.

구문해설 1 賞罰應春秋(상벌응춘추), 昏明順寒暑(혼명순한서) : 봄에 양기가 피어 만물이 자라나는 것은 상으로 주어지고, 가을에 숙살의 기운으로 만물이 시드는 것을 벌로 표현하였다. 하루의 밝음과 어두움 또한 여름과 겨울의 계절 변화와 마찬가지의 현상이라는 뜻이다. 우리의 생명은 양기의 보존과 변화에 밀접하기 때문에 봄은 생명의 상징으로 묘사되며, 시간의 흐름에 따라 변한다는 진리가 내포되어 있다.

2 爻辭有仁義(효사유인의), 隨時發喜怒(수시발희노) : 괘상의 상징적 표현을 옛 성인들이 괘사와 효사를 붙혀 실생활에 응용할 수 있도록 하였다. 특히 길흉회린吉凶悔吝을 통하여 인륜을 드러내려 한 것이 바로 괘효사이다. 이러한 효사에는 인의의 도리가 들어있다는 것이며, 봄은 仁(인)에, 가을은 義(의)에 해당하는 이치와 희노애락의 감정변화도 사계절의 변화에 상응한다는 의미를 가진다.

---

208 "今按此法與京房卦氣直日之法, 大體相近而少有不同, 卦氣直日之法以震離兌坎爲四正, 又有公卿大夫候辟之配各以其日, 觀其休咎而房自言得之焦延壽, 延壽得之隱者然, 朱子疑其位序之不倫. 今以此書考之, 必房因此法妄以已意稍加櫽括而然也."

3 如是應四時, 五行得其理 : 위에서 말한 것과 같이 상벌과 밝고 어두움, 추위와 더위가 사계절의 변화에 상응하고, 인간의 윤리와 감정의 변화 또한 계절변화에 위시한 오행의 이치에 따른다는 것이다.

각가주 **1** 賞罰應春秋, … 五行得其理 : [통진의]본에서는 "봄기운의 발생하는 것을 상이라 하고, 가을 기운으로 숙살하는 것을 벌이라 한다. … 금액환단을 수련함에 만약 천지의 조화를 본받지 않으면 자연의 정상情狀으로써 얻는 것 없게 된다."[209]라고 하였다.

[발휘]본에서는 "상벌, 혼명, 인의, 희로와 같은 것은 사시와 오행의 설과 더불어 모두 비유이다."[210]라고 하였다.

[주해]본에서는 "봄이라 하고, 여름이라 하고, 상賞이라 하고, 밝다고 하고, 어질다고 하고, 기쁘다고 하는 것은 양의 때에 문화의 화후를 가리킨다. 가을이라 하고, 겨울이라 하고, 벌이라 하고, 어두움이라 하고, 의리라 하고, 성냄을 말하는 것은 음부에 무화의 화후를 가리킨다. 비록 그렇다 하더라도 불이 권위를 행사하는 것은 실제 사람의 마음이 주인이지, 불 스스로 불이 되는 것은 아니다. 불은 호흡에 의지하고, 호흡은 마음에 의지하니 의념을 멈추면 문화가 되고, 의념을 움직이면 무화가 된다. 마음은 북두칠성이 몸 속의 4가지 기후를 고르게 운행하는 것과 같다. 의념은 참된 토이고, 몸속의 오행을 조화롭게 한다. 아래의 장에서 누누이 말하는 북두칠성과 戊己는 모두 단을 수련하는 선비의 마음을 비유한 것이다."[211]라고 하였다.

[참동고]본에서는 "위의 세 구절은 4정괘가 후천의 60반괘反卦[212]를 통섭

---

209 "春氣發生謂之賞, 秋氣肅殺謂之罰. … 修金液還丹, 若非取法象天地造化, 以自然之情, 則无所成也."

210 "如賞罰昏明, 仁義喜怒, 與夫四時五行之說, 皆譬喩也."

211 "曰春曰夏曰賞曰明曰仁曰喜等陽時文火候也. 曰秋曰冬曰罰曰昏曰義曰怒等陰符武火候也. 雖然司火之權實在主人之心意. 火非自火也. 火依於息, 息依於心. 止念爲文火, 動念爲武火. 心如斗極運平身中之四候, 意爲眞土, 和勻身內之五行. 下章累言, 斗極與戊己者, 皆喩丹士之心意也."

212 산수몽山水蒙괘와 수뢰둔水雷屯괘는 괘를 뒤집으면 얻어지는데 이러한 관계를 반괘라

하는 것을 말한다. 소강절이 원회운세로 개벽이래의 수를 기록하였는데 1원, 12회, 360운, 4320세가 1년, 12월, 360일, 4320시에 응하는 것이다."[213] 라고 하였다.

고찰 – 건곤감리의 4괘가 음양의 활동을 조절하고, 연월일시의 절후를 이루며, 64괘의 기초임을 말하였다. 1~6장은《참동계》의 강령에 해당한다.

– [참동고]에서는 이 장까지를 1장 3절로 보고, 사정괘가 후천 60반괘反卦를 통섭한다고 하였다.

7. 天地設位章 ··· 第七

원문 天地設位, 而易行乎其中矣。天地者, 乾坤之象,
設位者, 列陰陽配合之位, 易謂坎離, 坎離者, 乾坤二用。
二用無爻位, 周流行六虛, 往來既不定, 上下亦無常,
幽潛淪匿, 變化于中, 包囊萬物, 爲道紀綱,

국역 하늘과 땅이 자리를 정하고, 역이 그 가운데에서 행해진다. 하늘과 땅은 건곤의 상이며, 자리를 정함은 음양에 배합되는 자리가 배열됨을 말한다. 역은 감리를 말하는데, 감리는 건곤의 두 가지 쓰임이다. 두 가지 쓰임은 효의 자리가 없어서, 두루 육효의 허한 곳을 흐른다. 오고 가는 데에 미리 정해진 것이 없고, 위 아래로 역시 항상된 것이 없다. 깊이 잠기고 숨은 채로 변화가 그 가운데에서 나오니 만물을 감싸 안아 도의 기강이 된다.

고 한다.

213 "上爲第三節四正之統後天六十反卦也. 邵子以元會運世紀開闢以來之數而一元十二會三百六十運四千三百二十世應一年十二月三百六十日四千三百二十時皆本於此節."

구문해설 **1** 天地設位 : 《주역·계사하전》 제12장에서 "天地設位, 聖人成能"이라 하여 하늘과 땅은 인사가 펼쳐지는 장으로서 모든 행위와 변화의 바탕이 된다는 의미이다.

2 設位者, 列陰陽配合之位 : 앞의 구문인 '天地者, 乾坤之象'과 더불어 천지와 일월의 역학적 설명부분이다. 본래 하나의 모습이 없던 우주가 음과 양으로 나뉘어 하늘과 땅을 이룸을 의미한다. 이는 건곤의 이미지이고, 여기서 출발하여 해와 달을 비롯한 만물이 감리괘를 비롯한 팔괘로 베풀어진다.

3 易謂坎離 : 易이 坎離라는 설은 '易'이라는 글자의 모양이 '日'과 '月'의 합성이라는 주장에서부터 해와 달이 바뀌고, 교대하면서 변화한다는 의미등 다양하다.

4 坎離者, 乾坤二用 : 감리가 건곤의 두 가지 쓰임이라는 것은 건(☰)과 곤(☷)이 섞여 건의 한 효가 곤으로 들어가면 감(☵)으로, 곤의 한 효가 건으로 들어가면 리(☲)로 됨을 말한다. 건곤의 정수가 서로 교대되었으나 중정의 덕을 갖춰 건곤을 대신하여 활동한다고 본다. 실제 단법화후에 있어서도 건곤감리괘를 제외한 나머지 60괘를 1달 60일에 배속시키게 되는데, 외단적 비유에 있어서도 건곤이 솥과 화로라면 감리는 실질적인 약물이 된다. 건곤과 감리를 체용의 관계로 보는 것이다.

5 二用無爻位 : '二用'이란 감리괘를 말하는데 감리괘가 효의 자리가 없다는 것은 다산 정약용의 주역해설서인 《주역사전周易四箋》에서 주장한 '伏體'설과 유사하다. 다산은 天地水火가 역의 네 가지 기둥이라고 보면서 천지는 卦德을 표현하고, 수화는 卦數를 표현한다고 하였다. 여기서 괘의 수란 1, 3, 5효는 양효이므로 리괘의 상을, 2, 4, 6은 음효이므로 감괘의 상을 의미한다. 감리의 상이 6효 가운데 포함되어 모든 괘의 배후에 항상 숨어있다는 것이다.[214]

6 周流行六虛, 往來既不定, 上下亦無常 : 《주역·계사하전》 제8장

214 임명진, 〈다산역학의 의학적 응용에 대한 연구〉, 대전대 한의학석사논문, 2005, p. 8.

에서 "周流六虛, 上下无常"이라 하여, '역의 원리가 변화에 있고, 상하사방으로 두루 흘러 오르고 내림에 변화가 무상하다'라고 하였다. '六虛'는 상하사방의 의미와 육효의 의미를 모두 가진다.

7 幽潛淪匿 : '幽潛'은 깊숙이 잠긴다는 뜻이며, '淪匿'은 잠기어 숨는다는 뜻이다. '二用無爻位'와 같이 6효 내에서도 정해진 자리가 없다는 뜻이면서, 만물의 배후에서 작용한다는 의미이다.

각가주 **1 天地設位, … 爲道紀綱** : [주해]본에서는 "이 장은 천지간의 두 가지 기운이 흘러 움직이는 것을 빌려와 연단하는 솥에서 약물이 변화되는 것에 비유하였다. … 사람의 몸은 소천지이다. 심신이 서로 8촌 4푼 떨어져 있어 천지간의 거리와 비슷하다. 자시에 신장속의 기운이 상승하고, 심장속의 액체가 하강하니 사람속의 동지이다. 묘시에는 기액氣液이 심신의 중간에 고르게 머물러 있으니 몸속의 춘분이다. 오시에는 기가 심장에 이르고, 액이 신장에 이르니 몸속의 하지이다. 또한 오시부터 氣가 아래로 돌아오고, 液은 다시 상승한다. 유시에는 기액이 심신의 중간에 고르게 머무니 몸속의 추분이다. 자시에는 기가 신장에 이르고, 액이 심장에 이르니 지극하면 돌아와 다시 상승하고, 하강하는 것이 이전의 법과 같다. … 단을 수련하는 자는 몸속의 조화가 천지의 조화에 참여하여야 약물을 얻을 수 있고, 화후에 허물이 없다."[215]고 하였다.

2 天地設位, 而易行乎其中矣 : [통진의]본에서는 "정기가 건곤을 법받았고, 다시 그 가운데에서 금모金母를 편안히 하고, 천, 지, 인의 삼재를 갖춘다."[216]라고 하였다.

[참동고]본에서는 "장차 감리가 건곤을 대신하여 공용을 나타낸다는

215 "此章借天地間二氣流行喩丹鼎中藥物變化. … 人身卽小天地也. 心腎相去八寸四分乃天地相去之比也. 子時腎中氣升心中液降卽身中冬至也. 卯時氣液停勻於心腎之中卽身中春分也. 午時氣到心液到腎卽身中夏至也. 又自午時氣還下液復升, 酉時氣液停勻於心腎之中卽身中秋分也. 子時氣到腎液到心極則還復升降如前法, …修丹者以身中造化參天地造化則藥物可採而火候無愆矣."

216 "旣鼎器法乾坤, 復於其中, 安金母, 以備天地人三才也."

것으로 먼저 계사의 문장을 인용하여 근본을 드러냈다. 가운데로 행한다는 것은 감리가 천지의 가운데를 흘러 운행한다는 뜻이다."[217]라고 하였다.

3 易謂坎離, 坎離者, 乾坤二用, 二用無爻位, 周流行六虛 : [통진의]본에서는 "두 가지 쓰임에 효의 자리가 없다는 것은 밖으로 수화를 베풀고, 운행하여 동정에 항상됨이 없다는 것이다. 그러므로 여섯 가지 허한 곳으로 두루 흘러 상하로 왕래함에 항상된 자리가 없는 것이다."[218]라고 하였다.

[발휘]본에서는 "건은 하늘이고, 곤은 땅이니 내 몸의 정기이다. 리는 해이고, 감은 달이니 내 몸의 약물이다. … 감리 두 가지는 여섯 허한 곳을 두루 오르고 내리며, 위아래로 왕래하니 대개 효의 자리가 없다. 내 몸의 감리도 정기의 내부를 운행한다."[219]라고 하였다.

[참동고]본에서는 "이는 역의 用九, 用六이 선후천의 60괘에 두루 흐름으로써 선후천 60괘의 변화를 다하게 되는 것이다. 지금 후천역의 용구, 용육을 고찰해보면 단지 건곤의 두 괘만 언급하고 나머지 괘는 말하는 않았다. 이는 역시 건곤의 두 가지 쓰임이라는 뜻이다."[220]라고 하였다.

4 幽潛淪匿, 變化于中 : [발휘]본에서는 "깊이 잠기고 숨는 것은 神이 氣 속으로 들어가는 것이고, 기가 배꼽속으로 들어가는 것이다. 바다밑으로 가라앉아 돌아가는 것이다. 그 속에서 변화한다는 것은 기가 스스로 변화하는 때에 이르러 고요함이 극에 달해 기기氣機가 스스로 발하는 것이다."[221]라고 하였다.

5 包囊萬物, 爲道紀綱 : [발휘]본에서는 "대개 금단의 어미는 선천일

---

217 "將言坎離代乾坤之功用而先引易繫之文, 以推本焉. 行乎其中謂坎離流行於天地之中也."

218 "坎離二用無爻位者, 謂外施水火, 運轉動靜無常, 故周流六虛, 往來上下無常位也."

219 "乾爲天, 坤爲地, 吾身之鼎器也. 離爲日, 坎爲月, 吾身之藥物也. … 坎離二者, 周流升降於六虛, 往來上下, 皆無爻位, 吾身之坎離, 運行乎鼎器之內."

220 "此易之用九用六周流于先後天六十卦, 以盡先後天六十卦之變也. 今考後天易用九用六, 但言之於乾坤二卦而餘卦不言之者, 亦寓乾坤二用之意."

221 "幽潛淪匿者, 神入氣中, 氣入臍中, 而沈歸海底去也. 變化于中者, 時至氣自化, 靜極機自發."

기일 뿐이다. 벌리면 둘이고, 나누면 셋이며, 흩어지면 만 가지이니 모두 하나의 기에서 유래한 것이다."[222]라고 하였다.

[참동고]본에서는 "사물은 氣와 精에서 생기는데 리화離火는 氣이고, 감수坎水는 精이다. 그러므로 九六인 것이다. … 도는 가운데 토에 서며, 리기離己는 음이 가운데 있고, 감무坎戊는 양이 가운데 있다. 따라서, 구육은 도의 기강이 된다."[223]고 하였다.

고찰 – [참동고]에서는 "坎離者, 乾坤二用"까지를 2장 1절로 보고, 감리의 주된 공용이라 하였다.

8. 以無制有章 ⋯ 第八

원문 以無制有, 器用者空, 故推消息, 坎離沒亡。

국역 무에서 유를 지어내니 그릇이 쓰일 수 있는 것은 그 빈곳이 있기 때문이다. 그러므로 오고 가는 소식을 미루어 헤아리면 감리는 숨겨져 나타나지 않는다.

구문해설 **1 以無制有, 器用者空** : 《노자·도덕경》11장의 "三十輻共一轂, 當其無有車之用, 埏埴以爲器, 當其無有器之用, 鑿戶牖以爲室, 當其無有室之用, 故有之以爲利, 無之以爲用." 구절과 상통하는 내용이다. 감리괘가 모든 괘, 모든 사물의 배후에서 작용한다는 의미의 부연설명이다. 무에서 유가 나오고, 그릇이란 무릇 빈곳을 채워야 그 용도가 바르게 되기 때문에 감리의 작용이 그만큼 중요하다는 뜻이다.

222 "蓋金丹之母, 不過先天一氣而已. 裂而爲二, 分而爲三, 散而爲萬, 皆自此一氣中來."

223 "物生於氣精而離火爲氣, 坎水爲精, 故九六. … 道立於中土而離已陰中, 坎戊陽中, 故九六紀綱于道."

2 故推消息 : '消息'은 돌고 도는 시간적 변화과정을 의미하는데 주역에서도 12소식괘消息卦라고 해서 복復 · 임臨 · 태泰 · 대장大壯 · 쾌夬 · 건乾 · 구姤 · 돈遯 · 비否 · 관觀 · 박剝 · 곤坤의 12괘를 12월에 배속하여 설명한다. 《참동계》에서는 '進陽火, 退陰符'의 화후론이 있는데 이러한 '進陽火'는 離에 속하고, '退陰符'는 坎에 속한다고 볼 수 있다.

3 坎離沒亡 : 감리가 감추어져 나타나지 않는다는 것은 12소식괘에서도 확인할 수 있다. 12소식괘는 양효와 음효가 질서정연하게 늘었다 줄어드는 상을 보이기 때문에 감이나 리의 상이 나타나지 않는다. 실제 자연계에서도 태양과 달의 작용이 만물에 미쳐 동물과 식물등의 생장이 일어나지만 이들 생물의 변화에 해와 달이 직접 나타나지 않는 것과 같다. 화후에 있어서도 감리는 건곤의 선천으로 회복하기 위해 반드시 필요한 약물로 이들 또한 변화의 과정속에서 관찰될 뿐이지 직접적으로 감리가 드러나지는 않는다.

각가주 1 以無制有, 器用者空 : [통진의]본에서는 "없다는 것은 용이고, 있다는 것은 호랑이다. 없다는 것은 수은의 양적인 기운이고, 있다는 것은 납의 음적인 질이다. 납과 수은은 텅빈 그릇 속에 있으며 아직 스스로 변화할 수 없다. 감리가 오르고 내려 사시를 운행하면 드디어 생성되어 보이게 된다."[224]라고 하였다.

[발휘]본에서는 "지금 위백양이 말한 무에서 유를 지어내고, 그릇의 쓰임은 텅빈 것이라는 말은 실제 노자의 설이다. 대개 단법에서는 태허로 솥과 화로를 삼고, 태허의 속에서 천연의 묘용이 나온다고 하니 기괴하고, 기괴하다."[225]라고 하였다.

[주해]본에서는 "없다는 것은 불이고, 있다는 것은 물이다. 리괘의 없음

224 "无者, 龍也. 有者, 虎也. 无者, 汞陽之氣也. 有者, 鉛陰之質也. 鉛, 汞處空器之中, 而未能自生變化, 因坎離升降, 推運四時, 遂見生成."

225 "今魏公謂以無制有, 器用者空, 實用老子之說. 蓋丹法以太虛爲鼎爐, 而太虛之中自有天然妙用, 奇哉奇哉."

으로 감괘의 있음에 참여하여 맺어지면 텅 빈 그릇에 약이 이뤄지는 것이다."[226]라고 하였다.

[참동고]본에서는 "없다는 것은 몸체가 숨은 것이고, 있다는 것은 변화가 드러난 것이다. 그릇이 쓰인다는 것은 감리의 공용으로 말한 것인데 일월과 대지 사이가 드넓고, 공허하여 최초에는 한가지의 물건도 있지 않았음을 뜻한다. 모든 만물이 해의 따뜻한 비춤과 달의 윤택함을 필요하지 않음이 없다. 어찌 없음으로 있음을 제어하지 않는다고 할 수 있겠는가."[227]라고 하였다.

2 故推消息(고추소식), 坎離沒亡(감리몰망) : [발휘]본에서는 "'息(식)'은 진화進火의 화후로, 곤이 세 번 변하면 건을 이룬다. '消(소)'는 퇴부退符의 화후로 건이 세 번 변하면 곤을 이룬다. 지금 초하루에서부터 진괘가 용사한 후에 태를 지나 건에 이르고, 보름이 지나 손괘가 용사한 후에 간을 지나 곤에 이른다. 그 사이에 감리의 효위爻位가 나타나지 않는 것을 감리가 숨겨져 나타나지 않는다고 한 것이다."[228]라고 하였다.

[주해]본에서는 "화부로써 소식을 이룬다. 숨겨져 나타나지 않는다는 것은 신의 변화하는 도가 나타났다 사라지는 것이 지극함을 말한 것이다."[229]라고 하였다.

[참동고]본에서는 "소식은 선천도의 소식이다. … 선천도의 소식은 감리의 2궁이 갑자기 사라져 쓸 수 없는 것이 되므로 숨겨져 사라졌다고 한다."[230]라고 하였다.

고찰 [참동고]에서는 여기까지 2장 2절로 보고, 감리가 구육九六을 이룬

---

226 "無者體之隱也, 有者化之著也. 器用以坎離之功用言之益日月大地之間㳁蕩空虛初無一物介於其中矣. 然凡萬有之生莫不有待於日之煬煥月之滋潤, 豈非所謂以無制有乎."

227 "無火也, 有水也, 以離無參坎有結成至藥於空器之中, 以火符消息之之, 沒亡者極言其出沒神化之道也."

228 "息者, 進火之候, 坤三變而成乾也. 消者, 退符之候, 乾三變而成坤也. 今自朔旦震卦用事之後, 歷兌至乾. 望罷巽卦用事之後, 歷艮至坤. 其間不見坎離爻位, 是謂坎離沒亡歟."

229 "以火符消息之之, 沒亡者極言其出沒神化之道也."

230 "消息卽先天圖之消息也. … 先天圖消息之數, 坎離二宮, 輒去之不用如沒亡."

다고 하였다.

9. 言不苟造章 … 第九

원문 言不苟造(언불구조), 論不虛生(론불허생), 引驗見效(인험견효), 校度神明(교탁신명), 推類結字(추류결자), 原理爲證(원리위증)。 坎戊月精(감무월정), 離己日光(리기일광), 日月爲易(일월위역), 剛柔相當(강유상당), 土王四季(토왕사계), 羅絡始終(나락시종), 靑赤白黑(청적백흑), 各居一方(각거일방), 皆禀中宮(개품중궁), 戊己之功(무기지공)。

국역 말을 구차하게 지어내지 않고, 변론을 허투루 만든 것이 아니다. 증거를 대고 효과를 보이면서, 신명을 헤아리고, 비슷한 것을 미루어 보아 문자로 맺어 원리로써 징험한다. 坎(감)은 戊土(무토)이며, 달의 정수이고, 離(리)는 己土(기토)이며, 해의 빛이다. 해와 달은 易(역)이 되니, 강함과 유함이 서로 마땅함이 있다. 土氣(토기)는 네 계절에 왕성하고, 처음과 끝을 두르고 감싼다. 청색, 적색, 백색, 흑색이 각각 하나의 방위에 자리하고, 모두 中宮(중궁)에서 품수를 받으니 戊己(무기)의 공인 것이다.

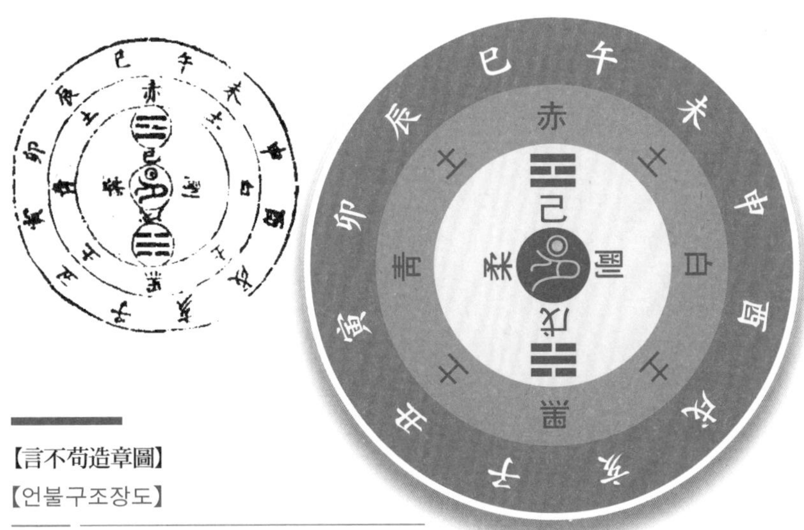

【言不苟造章圖】
【언불구조장도】
『道藏』「周易參同契發揮 卷一中」(文物出版社)20冊 197쪽

교감 **1** 原理爲證(원리위증) : [발휘]본, [천유]본, [참동고]본에서는 "原理爲徵(원리위징)"이

라 하였다.

구문해설 1 言不苟造, 論不虛生, 引驗見效, 校度神明, 推類結字, 原理爲證。: 단순한 언어적 유희가 아니라 실증적 관점과 神明으로써 문자화시켰다는 의미이고, 이러한 문장들은 원리로써 징험할 수 있다는 것이다.

2 坎戊月精, 離己日光 : 감리는 현상계의 배후에서 작용하는 원동력으로 오행중 토에 해당한다. 감은 戊土에 해당하고, 리는 己土에 해당한다. 감수의 괘(☵)는 음기가 양기를 싸고 있어 모양은 달의 형상이나 해의 양기를 받아 가운데 양의 기운이 함장되어 있다. 그래서 달의 정수라고 한 것이다. 리화의 괘(☲)는 양기가 음기를 싸고 있어서 형상은 해의 형상이나 달의 음기에 감응하여 음의 기운이 함장되어 있다. 그래서 해의 빛이라고 한 것이다.

3 日月爲易, 剛柔相當 : 일월은 건곤의 두 가지 쓰임으로 해와 달의 변화과정은 곧 역을 의미한다. 음과 양이 강함과 유함으로 서로 대응된다는 의미이다. 앞의 '推類結字'라는 관점에서 보면 '易'이 '日'과 '月'의 조합으로 이뤄졌다는 것을 의미하기도 한다.

4 土王四季, 羅絡始終, 青赤白黑, 各居一方, 皆稟中宮, 戊己之功 : 목, 화, 토, 금, 수 오행의 기운이 중궁의 토에 의해서 조절되는 것을 표현하였다. 무기의 토가 나머지 목, 화, 금, 수의 시작과 끝을 두루 관장한다.

각가주 1 推類結字 … 日月爲易 : [주해]본에서는 "'推類'하는 예는 많다. '丹'자 역시 해와 달의 형상이다. 금단이 해의 정수와 달의 영화에서 나오는 고로 丹이라 이름한 것이다."[231]라고 하였다.

2 坎戊月精, 離己日光 … 皆稟中宮, 戊己之功 : [통진의]본에서는

231 "推類徵之則此例甚多, 如丹字亦日月象也. 金丹出於日精月華, 故以丹名之也."

"坎戊는 달의 음에 해당하나 戊는 양이니 음가운데 양이 있는 것이고, '水中生金虎'를 상징한다. … 離己는 해의 빛에 해당하나 기는 음이니 양가운데 음이 있는 것이고, '火中生汞龍'을 상징한다."[232]라고 하였다.

[발휘]본에서는 "대개 참된 토의 조화가 아니면 음양이 격리되고, 강유가 나눠져 단을 이룰 수 없다. 오호라 위백양이 이 책을 지음이 이러한 도의 비밀을 밝혔으니 증험하여 효과가 나지 않음이 없다."[233]라고 하였다.

[주해]본에서는 "坎戊, 離己를 납갑법으로 말하자면 감은 수요, 리는 화이다. 수화가 서로 극하는 것이 심한 고로 감리는 모두 토와 함께 하여 수를 제어할 필요가 있다. 조화된 가운데에서도 억제하고 돕는 것이 있다."[234]라고 하였다.

고찰 [참동고]에서는 이 장까지를 2장 3절로 보고, 감리로 역의 이름을 정했다 하였다.

---

232 "坎戊月精者, 月陰也, 戊陽也, 乃陰中有陽, 象水中生金虎也. 離己日光者, 日陽也, 己陰也, 乃陽中有陰, 象火中生汞龍也."

233 "蓋非眞土造化, 則陰陽否隔, 剛柔離分, 不能成丹也. 嗚呼, 魏公作是書以發明斯道之秘, 無比引驗見效."

234 "坎戊離己以納甲法言之也, 坎水也, 離火也, 水火相剋甚故, 坎離皆配土要制水也. 造化中亦有抑扶."

10. 易者象也章 … 第十

원문 易者象也。懸象著明, 莫大乎日月。窮神以知化,
陽往則陰來。輻輳而輪轉, 出入更卷舒。易有三百八十四爻,
據爻摘符, 符謂六十四卦。晦至朔旦, 震來受符。當斯之際,
天地媾其精, 日月相撢持。雄陽播元施, 雌陰化黃包。
混沌相交接, 權輿樹根基。經營養鄞鄂, 凝神以成軀。
衆夫蹈以出, 蠉動莫不由。

국역 역은 상이다. 상으로써 드러내는 것으로 해와 달만큼 큰 것은 없다. 신을 궁구함으로써 변화를 알게 되는데 양이 가면 음이 오는 것이고, 바퀴살이 중심축방향으로 모여 수레바퀴가 돌듯이, 오고 감에 따라 펴졌다가 오므려진다. 역에는 384효가 있는데, 효에 의거해서 부합됨을 취하며, 64괘에 부합됨이 있다. 그믐이 지나 초하루 아침이 되면 震이 와서 부절符節을 받는다. 이러한 사이에 하늘과 땅이 그 정기를 교감하고, 해와 달이 서로 취한다. 숫 컷인 양이 으뜸 되는 '元'으로 베푸는 것을 퍼뜨리고, 암컷인 음이 '黃'의 감싸는 것을 변화시킨다. 혼돈한 상태에서 서로 교접하니 그 시작되는 뿌리가 생긴다. 경영하여 그 기초를 기르고, 정신을 모아 몸을 이룬다. 모든 사람들이 이러한 경로를 밟아 나타나며, 꿈틀거리는 생물들 또한 이로 말미암지 않는 것이 없다.

교감 1 雄陽播元施, 雌陰化黃包 : [발휘]본에서는 "雄陽播玄施, 雌陰統黃化"라 하였고, [참동고]본에서는 "雄陽播玄施, 雌陰化黃包"라 하였다.

구문해설 1 易者象也 : 《주역·계사하전》 제3장에 "是故 易者 象也, 象也者像也"라 하여, 역은 만물의 상을 드러낸 것이고, 象이란 형상을 본뜬 것을 말한다 하였다.

2 懸象著明, 莫大乎日月 : 《주역·계사상전》 제11장에 나오는 구문이다.

3 窮神以知化 : 《주역·계사하전》 제5장에 "窮神知化, 德之盛也"이라 하여 신을 궁구하여 변화함을 아는 것이 덕의 성함이라 하였다.

4 輻輳而輪轉, 出入更卷舒 : '輻輳'는 수레의 바퀴살 '폭'과 모인다는 뜻의 '주'로 이뤄졌다. 수레의 바퀴살이 중심축 방향으로 모인다는 의미로 음양과 일월로 귀납됨을 뜻한다. '出入更卷舒'는 해와 달이 들고, 나는 과정이 구부러져 말렸다가 펴졌다 하는 과정으로 묘사하였다.

5 據爻摘符, 符謂六十四卦 : '符'는 부절符節, 부신符信을 의미하는데 예로부터 본래 하나였던 두 조각을 서로 가지고 있다가 이를 맞붙여 증거로 삼는다는 뜻이다. 爻를 토대로 천지자연과의 부합됨을 찾는다는 의미이다. 그것이 爻의 모임인 卦이고, 64개의 괘로써 만물의 상황과 변화를 표현하게 된다.

6 晦至朔旦, 震來受符 : 납갑법納甲法과 60 조모괘朝暮卦에 따라 그믐에서 초하루로 진행되면서 양기의 시작을 의미하는 震이 시작한다.

7 天地媾其精, 日月相撢持 : 《주역·계사하전》 제5장에 "天地絪縕, 萬物化醇, 男女構精, 萬物化生"이라 하여 천지와 남녀의 교합으로 인한 만물의 탄생을 설명하였다. '撢'은 끌다, 취하다는 뜻으로 해와 달이 서로 교감한다는 뜻이다.

8 雄陽播元施, 雌陰化黃包 : '元'은 乾의 四德중에 으뜸되는 것으로 《주역·문언전》에서는 '元者, 善之長也'라 하고, 만물이 시작하는 봄의 기운으로 설명된다. 숫컷, 陽, 元은 베풀고, 이끌어가는 기운으로 하늘의 양적인 이미지를 표현한 것이다. '黃'은 坤과 土의 기운을 뜻하는데 《주역·문언전》에서는 '黃裳元吉', '黃中通理', '天玄而地黃'이라 해서 땅의 덕을 누런 흙에 비유하였다. 암컷, 陰, 黃은 감싸고, 교화하는 기운으로 땅의 음적인 이미지를 표현한 것이다.

9 權輿樹根基 : '權'은 저울추를, '輿'는 수레의 바닥을 의미하는데 저

울을 만들 때는 저울추를 먼저 만들고, 수레를 만들 때에는 수레의 바닥을 먼저 만든다는 의미이다. 즉 사물의 시작을 의미하며, 나무의 뿌리와 그 터와 같은 개념이다.

10 經營養鄞鄂 : '鄞鄂'은 63장에서 "性主處內, 立置鄞鄂"라는 구문으로도 나오는데, '鄞'은 고을이름으로써 옛 춘추전국시대 월나라에 속한 지명이고, 현재는 절강성에 있는 현의 이름이기도 하다. '鄞'은 '根'과 같은 의미, 같은 음으로도 쓰이는데 본 구절에서는 뿌리, 기초의 의미를 가지므로 '근'으로 발음하는게 옳겠다. '鄂'또한 지명으로 호북성의 별칭이기도 하다. '鄞鄂'은《참동계》에서 기초라는 뜻으로 쓰였다. 경영하여 기초를 기른다는 것은 모태에서 수정란을 길러 태아로 만드는 과정에 비유할 수 있다.

11 凝神以成軀 : '鄞鄂'을 길러 여기에 神을 모아 결합시키면 비로소 몸을 가진 사람이 된다는 뜻이다. 精과 神의 결합을 통한 생명의 탄생을 의미한다.

12 蝡動(연동, 윤동) : 꿈틀거리는 것을 말하는데 금수禽獸를 이른다.

각가주 **1** 易者象也。懸象著明, 莫大乎日月, 窮神以知化, 陽往則陰來。輻輳而輪轉, 出入更卷舒 : [통진의]본에서는 "금액환단은 해와 달, 음과 양, 정과 기가 결합하여 생기지 않은 것이 없다."[235]라고 하였다.

[발휘]본에서는 "지금 위공이 말하는 것은 장차 몸속의 음양을 단련함이다. 몸 속의 음양은 형체로써 구할 수 없으니 백성들은 매일 사용해도 알지 못한다."[236]라고 하였다.

[주해]본에서는 "화후는 다름 아니라 해와 달의 오고감과 차고 이지러지는 것이다. 대개 해와 달이 모양을 이룸에 주위가 각 840리이고, 해가 밝으면 불 구슬 같으며, 달이 검기는 갯펄을 비추는 것[漆鏡]같다. 달은

---

235 "金液還丹, 莫不合日月陰陽精氣而成也."

236 "夫魏公之爲是說也, 將以指陣身中之陰陽. 而身中之陰陽, 則無形可求, 百姓日用而不知."

별다른 몸체가 없어 해의 빛을 받는다. 그믐과 초하루 사이에 해와 달이 만나 위 아래로 합쳐져 함께 움직이고, 함께 사라지니 빛을 내지 않게 된다. … 대개 해와 달은 음양으로써 부부관계이다. 낳고 기르는 근본이니 1년 12번 만나 남녀가 정을 나누는 상이다. 하늘로 오르고, 땅으로 들어가며 밤낮으로 서로 바뀌어 펴고 거두어들이는데 두 가지 기운이 만 가지 종류로 생성된다. 이것이 조화의 항상된 도이다. 만약 금단이 상을 취한다면 어떻겠는가. 해는 양이고, 양은 목화에 속한다. 달은 음이고, 음은 금수에 속한다. 목은 뜨고, 금은 가라앉으며, 화는 마르고, 수는 고요하니 그 성질이 서로 반대되고, 서로 억제하여 반달과 보름달이 된다. 떨어져 서로 반대되면 그믐과 초하루에 있게 되니 합하여 서로 억제하는 고로 해와 달은 결국 틀리지 않게 되는데 만약 해와 해가 서로 합치거나, 달과 달이 서로 만나면 어찌 능히 서로 교류하여 주겠는가. 금단은 곧 몸 속의 해와 달이다. 심은 해이고, 신은 달이다. … 대저 금단은 해가 생하고, 달이 이룬다. 어찌하여 그렇게 말하느냐 하면 상현은 해의 精과 목화의 神, 魂을 취하고, 하현은 달의 정화와 수금의 精과 魄을 취한다. 두 반달이 합쳐진 후에 수는 화를 억제하고, 금은 목을 제압하며, 精은 神을 속박하고, 백은 혼을 통섭한다. 이것이 곧 이룬다[成]는 의미이다."[237]라고 하였다.

[참동고]본에서는 "신령스레 변화하는 것은 해와 달의 혼백이요, 오고 가는 것은 해와 달의 精氣이다."[238]라고 하였으며, "북두칠성의 자루가 운행하는 것은 바퀴살이 안으로 모이는 것과 같고, 해와 달이 운행하는 것은 바퀴가 밖에서 돌아가는 것과 같다. … 해와 달이 적도의 북쪽에서

---

237 "火候無他乃日月之往來圓缺也. 蓋聞日月成形周圍各八百四十里, 日瑩似火珠, 月黑如漆鏡, 月無別體受日爲光晦朔之間日月交會上下合壁同行同沒故全不見光. … 夫日月者陰陽夫妻, 生育根本也, 一年十二次交會男女媾精之象也. 升天入地晝夜互換卷舒二氣生成萬類, 雖然此造化之常道也. 若夫金丹取象則奈何, 日爲陽陽屬木火, 月爲陰陰屬金水, 木浮金沈火燥水靜, 其性相反相制在弦望離而相反在晦朔合而相制, 故日月終能古不忒若日與日相合, 月與月相遇安能交相爲賜哉. 金丹卽身內日月也. 心日也, 身月也. …且金丹日生而月成, 何以言之上弦取日精木火神魂也. 下弦取月華水金精魄也. 兩弦合後水禁火金制木精束神魄攝魂, 此乃成之之義也."

238 "神化者日月之魂魄, 往來者日月之精氣."

운행하는 것은 나오는 것이고, 펴는 것이며, 해와 달이 적도의 남쪽에서 운행하는 것은 들어가는 것이고, 오므려지는 것이다."[239]라고 하였다.

2 易有三百八十四爻，據爻摘符，符謂六十四卦 : [발휘]본에서는 "爻는 괘의 획이고, 符는 괘의 합체이다. 역에는 64괘가 있고, 단법에는 건, 곤으로 鼎器를, 감리로 약물을, 나머지 60괘로 화후를 삼는다."[240]라고 하였다.

[주해]본에서는 "384효는 64괘의 홀수와 짝수의 효이다. 더불어 단약은 1근이 60냥이고, 384銖이다. 효에 의거하여 부합됨을 취한다는 것은 괘를 취하여 부합함을 이루는 것이고, 부합됨을 본다는 것은 불을 행하는 것이다. 상양자가 이르기를 하나의 괘에는 6효가 있고, 하나의 효에는 세 개의 부절이 있으니 하루에 2개의 괘가 있어 모두 36개의 부절이 있게 된다. 음양이 서로 교회하면서 효의 작용이 다하지 않으니 하나의 효에 3개의 부절이 있으면 그치고 하나의 부절만 사용한다. 그러므로 단두를 채취할 때 역시 하나의 부절이 나타나는 경계에서 멈춘다. 대개 불성과 선단은 모두 얻기는 갑작스럽고[頓], 이루기는 점진적이라고[漸] 하는 뜻은 어떠한 것인가? 이는 선후천의 다름이 있기 때문이다. 선천은 다가와 모이는 반면 후천은 펴지고 길어지는 것이다. 선천에서 도를 얻고, 후천에서 도를 이루는 고로 빠르고 느린 차이가 생기게 된다."[241]라고 하였다.

[참동고]본에서는 "이 18 글자는 주자가 정본을 상고한 것에는 없다. 혹 이르기를 서종사의 주석문이 착오로 들어온 것이 아닌가 하였다."[242]라

---

239 "斗柄之運如輻之輳于內, 日月之行如輪之轉于外, ⋯ 日月行乎赤道之北者爲出爲舒, 日月行乎赤道之南者爲入爲卷."

240 "爻者, 卦劃也. 符者, 卦之合體也. 易有六十四卦, 丹法以乾坤爲鼎器, 以坎離爲藥物, 而其餘六十卦爲火候."

241 "三百六十四爻乃六十四卦之奇偶爻也. 與丹藥一斤十六兩三百八十四銖相符也. 據爻摘符者摘卦爲符視符行火也. 上陽子曰一卦有六爻一爻有三符一日兩卦有三十六符, 陰陽相交不盡一爻之用, 一爻三符止用一符故採得丹頭亦止一符之傾也. 蓋佛性仙丹俱是得之以頓而成之以漸, 此義云何, 有先后天之異故也. 先天攢促后天舒長, 得道於先天而成道后天故有遲速之異也."

242 "此十八字朱子考正本無之或曰徐從事註文而錯入於此也."

고 하였다.

3 晦至朔旦(회지삭단), 震來受符(진래수부) : [통진의]본에서는 "동서의 기운이 서로 사귀고, 부부의 정이 서로 연결될 때 진괘가 부절을 받아 오고, 천지가 그 정신을 사귀며, 해와 달이 그 혼백을 합한다."[243]라고 하였다.

[발휘]본에서는 "건이 곤과 사귀면 진이 되는데 몸속의 일양이 생기는 것이다."[244]라고 하였다.

[주해]본에서는 "팔괘에서 감, 리괘를 제외한 여섯 괘로써 1달의 6후를 나누고, 이로써 달빛이 차고 이지러지는 것을 표시한다. 보름이전에 빛이 차있는 것은 양이 생기는 것이고, 보름이후에 빛이 어두운 것은 음이 생기는 것이다. 진괘는 양이 생기는 괘이고, 태괘는 양이 자라는 괘이며, 건괘는 양이 순수한 괘이다. 그러므로 보름이전의 3후는 震(진), 兌(태), 乾(건)이 주관한다. 1후의 5일은 진이 와서 부절을 받고, 2후의 5일은 태가 와서 부절을 받으며, 3후의 5일은 건이 와서 부절을 받는다. 손괘는 음이 생하는 괘이고, 간괘는 음이 자라는 괘이며, 곤괘는 음이 순수한 괘이다. 그러므로 보름 이후의 3후는 巽(손), 艮(간), 坤(곤)괘가 주관한다. 1후 5일은 손괘가 부절을 받고, 2후 5일은 간괘가 와서 부절을 받으며, 3후 5일은 곤괘가 와서 부절을 받으니 이처럼 진괘의 부절을 말한 것은 하나를 들어 나머지를 예로 든 것이다."[245]라고 하였다.

[참동고]본에서는 "선천도를 보면 곤궁에서 팔괘가 끝나고 진궁에서 팔괘가 이어간다. 곤은 순음으로 그믐이 되고, 진에서 양이 시작하니 초하루가 된다. 부절을 받는다는 것은 그믐에 달이 이미 해와 더불어 합하여 있지만 초하루에 이르면 아침에 다시 해의 빛을 나누어 받는 것을 말한

---

243 "東西之氣相交, 夫婦之情相契. 當斯之際, 震來受符, 天地媾其精神, 日月合其魂魄."

244 "震來受符者, 乾交於坤而成震, 身中之一陽生也."

245 "八卦除坎離二卦以六卦分配日月六候, 以表月光之圓缺, 月以望前光圓爲陽生也. 望後光暗爲陰生. 震陽生卦也. 兌陽長卦也. 乾陽純卦也. 故望前三候震兌乾主之, 初候五日震來受符, 再候五日兌來受符, 三候五日乾來受符也. 巽陰生卦也. 艮陰長卦也. 坤陰純卦也. 故望後三候巽艮坤主初候五日, 巽來受符再候五日, 艮來受符三候五日坤來受符也. 此只言震符者擧一而例其餘也."

다."[246]라고 하였다.

4 當斯之際, 天地媾其精, 日月相撢持 : [발휘]본에서는 "이때 神과 氣가 사귀고, 氣와 神이 합하며, 천지가 精을 나누거나, 해와 달이 합치는 것과 같다."[247]라고 하였다.

[참동고]본에서는 "곤궁에서 진괘의 첫 번째 획은 잉태한 시점을 말한다. … 정을 교감한 후에 양이 안에 있고, 음이 밖에 있으면 坎水이고, 음이 안에 있고, 양이 밖에 있으면 離火이다."[248]라고 하였다.

5 雄陽播元施, 雌陰化黃包。混沌相交接, 權輿樹根基 : [통진의]본에서는 "혼돈은 신실이 계란의 형상을 띠고, 반달 두 개가 합한 형상이라 혼돈이라고 한다. 양용과 음호가 혼돈속에 있으니 서로 교감하는 기운을 이어가고, 나무의 뿌리터전을 닦는다."[249]라고 하였다.

[발휘]본에서는 "숫 컷인 양이 으뜸 되는 '元'으로 베푸는 것을 퍼뜨린다는 것은 천기가 땅으로 내려오는 것을 말하고, 암컷인 음이 '黃'의 감싸는 것을 변화시키는 것은 땅이 천기를 이어 만물을 생하는 것이다. … 음양의 두 기운이 위아래로 교접하니 뒤섞여 하나가 된다. 그러므로 혼돈이라 한다. 혼돈은 천지의 성곽이 된다."[250]라고 하였다.

[참동고]본에서는 "숫컷이면서 양적인 것은 心火이고, 검은 색[玄]은 물의 색깔이다. 암컷이면서 음적인 것은 腎水이고, 황토색이다. 의서에서 사람이 태속에 생길 때 반드시 먼저 물이 엉겨 이슬같은 구슬이 되고, 그 속에서 따뜻한 기운이 생기는데 위로 心火를 생하고, 순환하여 오장을 생한다고 하였다. 이는 대개 수화가 이미 갖춰지면 心火가 아래로 腎精을 생하는 고로 숫양이 퍼뜨리고, 검은 것은 베푼다고 하였다. 腎精이 또한 위로 脾土를 생하는 고로 암컷인 음이 누런 것을 변화시킨다 한 것이

246 "先天圖坤宮八卦旣終震宮八卦繼之. 坤純陰爲晦震始陽爲朔也. 受符謂月於晦時旣與日合及至朔朝復與日分受光於日."

247 "斯時神與氣交, 氣與神合, 有如天地之構精, 日月之合壁."

248 "坤宮胚胎, 震初劃之時也. … 媾精之後, 陽內陰外者爲坎水, 陰內陽外者爲離火."

249 "混沌者, 神室象雞子, 兩弦相合如混沌也. 陽龍陰虎在混沌中, 相承交感之氣, 樹立根基."

250 "雄陽播玄施者, 天氣降而至於地也. 雌陰統黃化者, 地承天氣而生物也."

다. … 이상은 태를 머금고 한번 동하고, 한번 정하면서 성명의 근본을 시작하는 것을 말하는 것이다."[251]라고 하였다.

6 經營養鄞鄂, 凝神以成軀。衆夫蹈以出, 蝡動莫不由。: [발휘]본에서는 "단법을 경영하는데 있어서 빛을 돌려 안을 비추면 신이 기를 그리워하며 응결된다. 氣가 神을 그리워하며 가니 자연히 교류하여 맺히고, 태를 이룬다. 마치 神의 빛이 안으로 흐르고, 氣의 말이 밖으로 달리는 것과 같다."[252]라고 하였다.

[주해]본에서는 "지극하도다! 단약이여. 천지의 신과 정, 해와 달, 혼과 백, 암수가 베풀고 받아서 교류하면 원기를 품고, 신을 던지게 된다. 드디어 참된 몸을 이루고, 질이 달라져 승화되면 이름하여 신선이라 한다. … 일체의 천선天仙은 연단을 통하여 나오지 않은 것이 없다."[253]고 하였다.

[참동고]본에서는 "수화가 경영되어 精과 神을 생하면 이로서 주재가 되어 신체를 이루게 된다."[254]고 하였다.

11. 於是仲尼章 … 第十一

원문 於是, 仲尼讚鴻濛, 乾坤德洞虛, 稽古當元皇, 關雎建始初, 昏冠氣相紐, 元年乃芽滋。

국역 이에 있어 공자는 홍몽을 예찬하였으니, 건곤의 덕은 텅비어 공허한 것이다. 옛적을 되돌아보면 마땅히 으뜸되는 제왕에 해당하니, 《관저》편이 시초를 세우고, 관례와 혼례로 서로 기운을 맺으며, 원년은 이내 싹이 터서, 잎이 무성해진다.

---

251 "雄陽心火也, 玄水色也. 雌陰腎水也. 黃土色也. 醫書云人物胞胎之始, 必先有水凝成露珠其中煖氣又上生心火循環以生五臟. 此蓋言水火旣具心火又下生腎精故曰雄陽播玄施, 腎精又上生脾土故曰雌陰化黃包 … 皆言其胞胎一動一靜肇始性命之基址也."

252 "丹法經營於此而回光內照, 則神戀氣而凝, 氣戀神而住, 自然交結成胎. 如其神光內泄, 氣馬外馳."

253 "至矣哉丹藥也. 天地神精日月魂魄雌雄施受交姤爲胎元神投焉. 遂成眞軀脫質升化名曰神仙. …一切天仙無非煉丹而出也."

254 "水火經營生精生神以爲主宰然後乃成軀殼也."

교감 1 稽古當元皇 : [참동고]본에서는 "稽古稱元皇"이라 하였다.
2 昏冠氣相紐 : [사고전서]본, [발휘]본, [주해]본, [천유]본에서는 "冠婚氣相紐"라 하였고, [참동고]본에서는 "冠昏氣相紐"라 하였다.

구문해설 1 於是 : 10장에서 일월로 대변되는 음양의 두 기운이 '元'과 '黃'으로 서로 교감하여 만물의 시작을 이룬다고 하였다. '이러한 것에 있어서'라는 뜻이다.
2 仲尼 : 공자의 자字이다.
3 鴻濛 : 큰 기러기라는 뜻의 두 글자가 만났으며, 자연의 원기, 허무한 기운, 원기의 처음으로 광대하여 분명하지 않은 상태를 말한다.
4 乾坤德洞虛 : 건곤은 만물의 터전이 되고, 감리가 실질적으로 활동하는 음양 주체이다. 따라서, 건곤의 덕은 유가의 太極, 노자의 無, 불가의 空처럼 텅 비어 만물을 담는 것이라 하였다.
5 元皇 : 으뜸되는 제왕으로 요, 순을 가리킨다.
6 關雎 : 《시경詩經》〈국풍國風〉의 맨 앞에 나오는 시이다.
7 紐 : 맺는다는 뜻이다.
8 芽滋 : 싹이 트고 잎이 무성하다.
9 鴻濛, 乾坤, 元皇, 關睢, 冠婚, 元年 : 이들은 모두 시작을 알리는 의미를 가진다.

각가주 1 於是, 仲尼讚鴻濛, 乾坤德洞虛, 稽古當元皇, 關睢建始初, 冠婚氣相紐, 元年乃芽滋 : [주해]본에서는 "공자는 역의 일을 찬양하고, 역의 도리를 밝혔는데 반대로 짝이 되어 추진한 것이다. 원황은 상고시대에 단법을 시작하였는데 金碧經에 이르기를 원군元君은 수은을 단련하고, 신실을 텅 빈 공간에 넣었다고 하였는데 이것이 그것이다. 관저의 시는 부부의 예를 말하면서 두 가지 기운이 서로 만남을 말하였고,

관례와 혼례를 이르는 것은 관혼이 있는 해에 삼년간 약을 채취하도록 착수하지 않기 때문이다. … 원년은 채약의 시작이고, 싹이 자라는 것은 약의 싹이 생기는 것이다."[255]라고 하였다.

[참동고]본에서는 "홍몽은 넓고 거친 것이다. 역의 복괘가 1년의 동지이고, 사람이 처음 태어났을 때의 하나의 원기인즉 세상의 시작이 된다는 것이다. 그러므로 복괘를 직접적으로 찬미한 것이 넓고 거친 것을 찬양한 것이다. 공자는 복괘를 찬양하며 이르기를 복괘에서 천지의 마음을 보았다고 했으니 이것을 가리킨 것이다. 덕은 마음에 얻어지는 것이고, 텅 빈 것은 허허로이 밝게 통한 것이다. … 윗 문장에서 하나의 원기로 보면 다시 한번 성스러운 임금이 나오는 시기이고, 하나의 집안으로 보면 관저시가 다시 이루어지는 시기이며, 하나의 몸으로 보면 관례가 바로 시작하는 시기이고, 하나의 국가로 보면 임금이 즉위한 원년으로 싹이 움트는 시기를 뜻한다."[256]라고 하였다.

12. 聖人不虛生章 … 第十二

원문 聖人不虛生[성인불허생], 上觀顯天符[상관현천부]。天符有進退[천부유진퇴], 屈伸以應時[굴신이응시]。故易統天心[고역통천심],

국역 성인은 헛되이 태어나지 않으니, 위를 올려보아 천부를 드러낸다. 천부에는 나가고 들어옴이 있으며, 굽히고, 펴는데 마땅한 시간이 있다. 고로 역이 하늘의 중심을 통솔한다.

---

255 "仲尼讚易之事易道明而丹法反隅而推也. 元皇上古始造丹法者也. 金碧經曰元君始煉汞神室含洞虛者是也. 關雎之詩言夫婦之禮取二氣相姤也. 冠婚云者男子冠婚之年三元不敢下手採藥易於反掌. … 元年採藥之初也. 芽滋藥苗生也."

256 "鴻濛洪荒也. 易之復卦歲之冬至人物之初生在一元則俱爲洪荒之世故贊復卦直謂之讚洪荒. 夫子贊復卦云復其見天地之心, 蓋指此也. 德者得於心也. 洞虛則洞徹虛明也. … 一元則復其首出聖皇之時也. 在一家則復其關雎造端之時也. 在一身則復其冠禮正始之時也. 在一國則復其人君卽位元年曰芽滋萌之時也."

교감 1 天符有進退 : [참동고]본에서는 "天行有進退"라 하였다.
2 屈伸以應時 : [참동고]본에서는 "詘信以應時"라 하였다.

구문해설 1 上觀 : 《주역·계사상전》 제4장에 "仰以觀於天文, 俯以察於地理"라고 하여, 하늘의 뜻을 살피기 위해 우러러 보는 것을 의미한다.
2 天符 : 하늘의 뜻이 부합된 신호를 말한다. 易이 하늘의 신령스런 뜻을 점사를 통해 얻으려는 것처럼 하늘의 뜻은 성인을 통해 전달된다고 보았다.
3 天心 : 하늘의 중심이란 고천문학에서 자미원紫微垣을 의미한다. 자미원은 옥황상제가 사는 곳을 의미하기도 하며, 북극성이 그 중심에 있듯이 모든 별이 자미원을 중심을 회전한다. 《태을금화종지》 제1장 天心편에 보면 "回光之功, 全用逆法, 注想天心, 天心居日月中"이라 하여 상단전에 회광반조하는 수행법으로 설명하였다. 즉, 천문학적으로 하늘의 중심은 자미원이지만 인체에서 하늘의 중심은 상단전이라는 의미이다.

각가주 1 聖人不虛生, 上觀顯天符。天符有進退, 屈伸以應時。故易統天心 : [통진의]본에서는 "법상을 설하고, 지극한 정을 채취하며, 정노를 갖추고, 화후를 운행하며, 누각을 돌아 괘효를 행하고, 시진을 정하며, 절후를 나누니 이로써 천지의 大數를 다한 것이다."[257]라고 하였다.
[발휘]본에서는 "'符'는 합하는 것이다. 달이 하늘에 운행함에 한 달에 1도이며, 해와 더불어 교합하니 천부라고 한다. 천부는 나아가고, 물러남이 있으며 굴신이 때에 응한다. 달이 초하루로부터 빛이 점차 나아가고 혼이 자라고, 백이 줄어들며, 양이 펴지고 음이 굽으니 하루에 자에서 사시에 이르는 것을 상징한다. 16일 이후에는 빛이 점차 물러나고, 백이 자라며, 혼이 줄어드니 음이 펴지고, 양이 굽는다. 이는 하루에 午時에서

257 "是以設法象, 採至精, 具鼎爐, 運符火, 循刻漏, 行卦爻, 定時辰, 分節候, 以盡天地之大數也."

亥時까지를 상징한다. … 사람은 능히 몸에서 이를 구하니 스스로 화후가 나아가고 들어오는 묘함을 묵묵히 모을 수 있다. … 天心은 북방, 子의 중심이다."[258]라고 하였다.

[주해]본에서는 "이는 성인이 단역을 처음 지었음을 깊이 탄식하며 후인들에게 이익됨을 말하는 것이다. … 하나의 양이 처음 천지간에 생기는 시작의 도리는 금단에 있어서 불을 일으키는 시작과 같다."[259]고 하였다.

[참동고]본에서는 "위의 글은 곤괘가 다하고, 복괘가 뒤에서 잇는 이치를 말한 것이다. … 이 그림을 보고 지혜가 높은 자는 반드시 천부를 드러내 밝히는데 천부는 음양오행으로써 절후를 나누어 명한 것이니 만약 임금이 분부하면 신하가 이에 임해 맡은 일을 하는 것과 같다. … 나아가고 펴지는 것은 그림의 왼쪽 반에 응해 復卦에서 乾卦에 이르는 시기이고, 물러나고, 굽는 것은 그림의 오른쪽 반에 응해 姤卦에서 坤卦에 이르는 시기이다."[260]라고 하였다.

고찰 [참동고]에서는 13장의 "復卦建始萌"까지를 3장 2절로 보고, 감리괘가 번갈아 그믐과 초하루가 됨을 말하였다.

258 "符者, 合也. 月行於天, 一月一度, 與日交合, 故謂之天符. 天符有進退, 屈伸以應時者, 月自初一以後光漸進, 魂長魄消, 陽伸陰屈, 象一日之子至巳. 十六以後光漸退, 魄長魂消, 陰伸陽屈, 象一日之午至亥也 … 人能卽此反求諸身, 自可默會火候進退之妙矣 … 天心, 北方子之中也."

259 "深歡聖人肇造丹易利益後人古訣. …一陽初生於天地爲建始之道於金丹爲起火之首也."

260 "上文既說盡坤後繼復之理矣. … 觀此圖之上智必能顯命於天符. 天符者以陰陽五行分命節候. 若人君分符於臣而任之職事也. …進也信也. 應圖左半復至乾之時也. 退也詘也應圖右半姤至坤之時也."

13. 復卦建始萌章 … 第十三

원문 復卦建始萌, 長子繼父體, 因母立兆基。消息應鍾律, 升降據斗樞。三日出爲爽, 震庚受西方。八日兌受丁, 上弦平如繩。十五乾體就, 盛滿甲東方。蟾蜍與兔魄, 日月氣雙明, 蟾蜍視卦節, 兔者吐生光。七八道已訖, 屈折低下降,

국역 복괘는 강건한 (양기가) 처음으로 생기고, 큰 아들은 아비의 몸을 이어 받으며, 어미로부터 시작되는 터전을 세운다. 소장성쇠는 종률의 조율에 의하고, 오르고 내림은 북두칠성의 자루방향에 의거한다. 3일에 (달이) 나오면 상爽이라 하여 밝아지고, 진☳은 경금의 방향인 서방에서 받는다. 8일이면 태☱가 丁火의 방향인 남방에서 받으니 상현달의 평평함이 먹줄과 같다. 15일에는 건☰의 형체를 이루어 갑목의 방향인 동쪽에서 꽉 찬 보름달을 이룬다. 두꺼비와 토끼가 더불어 해와 달의 기운이 모두 밝다. 두꺼비는 괘의 절후를 보이고, 토끼는 生光을 토한다. 15일 보름날은 도가 이미 끝나고 굴신하여 낮게 내려온다.

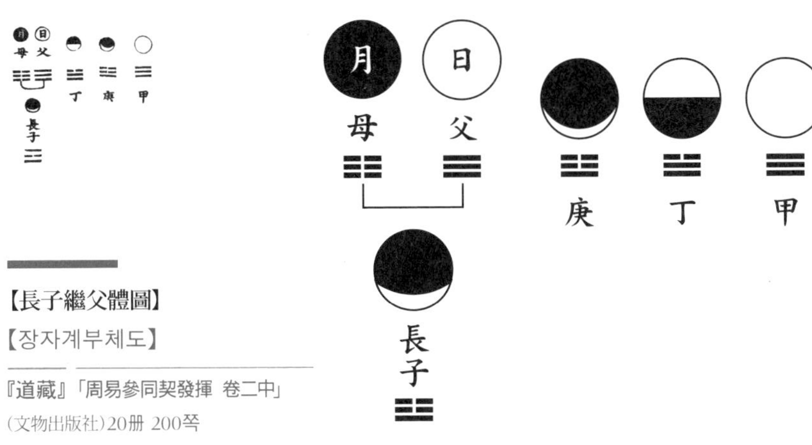

【長子繼父體圖】
【장자계부체도】
『道藏』「周易参同契發揮 卷二中」
(文物出版社) 20冊 200쪽

교감 1 復卦建始萌 : [발휘]본에서는 "復卦建始初"라 하였다.

2 震庚受西方 : [발휘]본, [참동고]본에서는 "震受庚西方"이라 하였다.
3 日月氣雙明 : [발휘]본, [참동고]본에서는 "日月無雙明"이라 하였고, [천유]본에서는 "日月炁雙明"이라 하였다.
4 兔者吐生光 : [사고전서]본에서는 "兔魄吐生光"이라 하였다.
5 七八道已訖 : [참동고]본에서는 "七八道已窮"이라 하였다.

구문해설 **1** 復卦 : 복괘는 11월 동지의 괘이다. 동지에 一陽이 생하는 원리와 같이 곤괘 아래에서 초효가 양효로 변한 것이다. 이는 곧 내체가 震☳이 된 것이다.
2 長子, 父體, 母 : 震☳이 큰 아들이 되는 것은 어미인 坤☷ 에서 태어나, 아비인 乾☰의 기운을 받아 초효가 양으로 변하였기 때문이다.
3 兆基 : '兆'는 조짐, 비롯됨을 의미한다. 동지에 양기가 시생하는 것과 重地坤에서 양기가 동해 地雷復이 되는 것을 의미한다. 곤괘를 토대로 만물이 시작되는 터전을 세운다는 뜻이다.
4 鍾律 : 전통 궁중음악인 아악雅樂에서는 음정을 나타내는 12律을 측정하기 위해 원통형의 율관을 사용하였다. 12율은 1옥타브의 음역을 12개의 음정으로 구분하여 각 음을 반음정도의 차이로 율을 정한 것으로 중국의 주나라때부터 사용되었다. 12율은 저음부터 황종黃鐘:C ·대려大呂:C# ·태주太簇:D ·협종夾鐘:D# ·고선姑洗:E ·중려仲呂:F ·유빈蕤賓:F# ·임종林鐘:G ·이칙夷則:G# ·남려南呂:A ·무역無射:A# ·응종應鐘:B의 순으로 되어 있다.[261] 六律은 양률이라고 하고, 육려는 음률이라고 하는데 율관의 길이에 따라 12율의 음정이 정해진다.
12율려는 단순히 음정에만 국한되는 것이 아니라 1년 12월에도 배속된다. 따라서 1년간의 음양소식 변화는 12율의 변화와 비례한다는 의미가 된다.

---

261 네이버 백과사전, http://100.naver.com/100.nhn?docid=103444.
262 네이버 백과사전, http://100.naver.com/100.nhn?type=image&media_id=488081&docid=123953&dir_id=09030601.

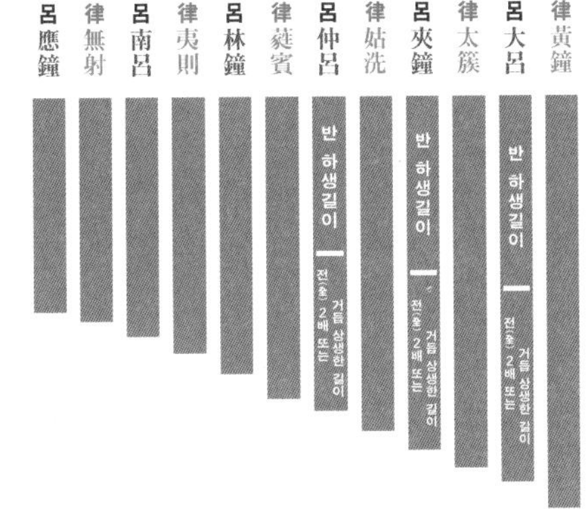

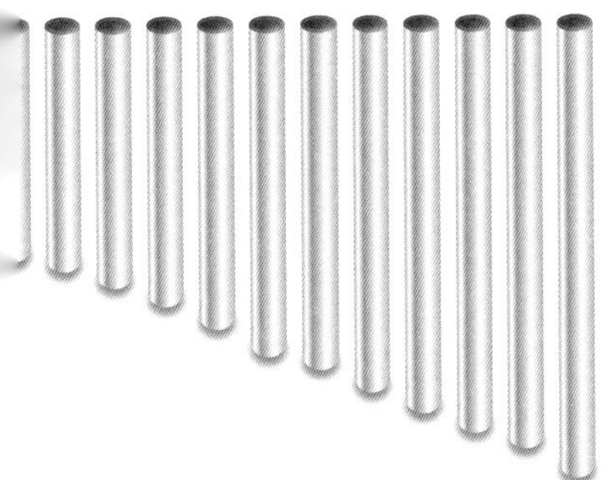

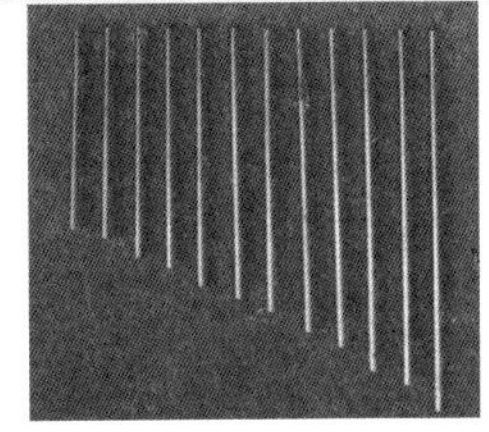

【그림 16 율관의 길이】[262]
[좌: 구리로 만든 율관(국립국악원), 상: 모형도]

5 斗樞(두추) : 예로부터 북두칠성의 자루가 가리키는 방향으로 월건月建을 삼아 해당하는 달을 파악하였다. 해와 달의 승강에 의한 밝음과 어두움, 여름과 겨울의 변화가 북두칠성이 가리키는 12辰(진)의 변화에 의거한다는 의미이다.

6 三日出爲爽, 震庚受西方(삼일출위상, 진경수서방) : 3일이 되면 초생달이 서쪽하늘에 뜨게 되는데 이때 달의 밝음이 비로소 나타나게 된다. 양기가 시생하는 震(진)☳의 상이며 서쪽을 나타내는 庚(경)의 방위이다.

7 八日兌受丁, 上弦平如繩(팔일태수정, 상현평여승) : 8일이 되면 상현달이 남쪽하늘에 뜨게 되는데 달의 밝은 부위가 늘어나면서 二陽(이양)이 차오르는 兌(태)☱의 상이며, 남쪽을 나타내는 丁(정)의 방위이다. 초승달은 가느다란 모습이지만 상현달이 되면서 아래 부분이 점점 차올라 마치 먹줄처럼 평평해져간다는 의미이다.

8 十五乾體就, 盛滿甲東方(십오건체취, 성만갑동방) : 보름날이 되면 순양의 건괘처럼 달의 모

양도 둥글게 가득 찬다. 갑의 방위인 동쪽하늘에 뜬다는 뜻이다.

9 蟾蜍與兔魄(섬서여토백) : '蟾蜍(섬서)'는 섬서, 섬여라고 읽으며, 두꺼비라는 뜻이지만 달의 은유로 오랫동안 쓰였고, 여기에서는 달의 형체를 의미한다. 달두꺼비에 대한 이야기는 중국의 항아姮娥전설에서 유래하지만 실제 두꺼비는 음적인 동물중 하나이다. 두꺼비의 습성 중에는 잘 움직이지 않다가 주변의 움직이는 것이 나타나면 무조건 잡아먹는 습성이 있는데 그중 독성이 있는 것을 먹게 되면 다 토해내는 식으로 살아간다. 이러한 습성이 고대인들에게 달의 모양이 차고 기우는 현상을 연상시켰고, 월식현상이 생겼다 사라지는 것 등과 연관 짓게 하였다. 토끼는 12辰(진)에서 묘목卯木이고, 陰木(음목)에 해당한다. 도교전설에 의하면 토끼가 달에서 방아를 찧는 것은 불사약을 만드는 연단과정으로 묘사한다. 이는 《참동계》를 비롯한 대부분의 연단서에서 해와 달의 역할을 강조하는 과정과 밀접할 것으로 보인다. 도교사에서 주사를 연단하는 과정에서 불에 가열함에 따라 다시 본래의 붉은 모습을 돌아오는 과정으로 보고 재생, 회춘의 에너지를 관찰했듯이 달의 모양이 주기적으로 회복되는 것을 보면서 같은 이미지를 느꼈을 것으로 추측된다.

'兔魄(토백)'은 달의 빛으로 해석하는데 본래 '魄(백)'은 '霸(패)'와 통하고 '霸(패)'는 달이 비로소 빛을 얻는 것을 의미한다. 즉, 그믐달에서 초생달로 진행하면서 달이 빛을 내는 시점을 말하는데 그런 차원에서 '兔魄(토백)'은 달빛으로 해석하게 된다.

10 日月氣雙明(일월기쌍명) : 해와 달의 기운이 서로 밝다는 것은 달이 햇빛을 받아 빛을 내는 것을 의미한다.

11 蟾蜍視卦節(섬서시괘절) : 달의 형체변화은 괘의 변화과정과 일치한다. 월체납갑을 의미한다.

12 兔者吐生光(토자토생광) : 달의 모양변화는 달빛을 통해 드러나게 된다.

13 七八道已訖(칠팔도이흘) : '七八'은 7+8=15를 의미하며, 보름이 되면 달의 모양변화가 일단락된다는 뜻이다.

14 屈折低下降 : 보름달에서 양기의 충만이 극에 달했으므로 이후에는 양기가 꺾여 하강하게 된다.

각가주 **1** 復卦建始萌, 長子繼父體, 因母立兆基 : [통진의]본에서는 "육음효의 아래에서 초효가 양효로 변하니 복괘가 된다. … 곤괘에서 아래의 한효가 건효로 변하니 내체는 진괘를 이룬다. 곤은 진의 어미인 고로 기틀을 세운다고 한다. 진은 건의 장남이다."[263]라고 하였다.
[발휘]본에서는 '11'월의 동지에 이르면 1획이 차올라와 복괘가 된다. 그러나 이러한 것은 역시 비유이다. 1년에는 동지가 복괘가 되고, 한 달에는 초하루가 복이 되며, 하루에는 자시가 복이 된다. 몸속의 조화를 빌려 드러내지 않은 것이 없으니 연월일시에 집착할 필요가 없다."[264]라고 하였다.
[주해]본에서는 "복괘는 초하루의 해이다. 한 달의 초하루는 일 년의 동지와 같은 고로 복이라고 이른다. 앞장에서는 단지 '震符'를 논했지만 여기에서는 여섯 괘를 늘어놓고 여기에 납갑법을 겸해 화후의 시작과 마침을 크게 밝혔다."[265]라고 하였다.
[참동고]본에서는 "큰 아들은 진이다. 초하루에 해는 진괘의 일양으로 곤의 몸체로부터 일어나 장차 건체로 나아가니 건은 아비가 된다. 그러므로 큰 아들이 아비의 몸체를 이었다고 한다. 곤은 어미가 되는 고로 어미의 형체로 말미암아 그 기틀을 세웠다고 한다."[266]고 하였다.

2 消息應鍾律, 升降據斗樞 : [발휘]본에서는 "子에서 巳까지는 息이

---

263 "六陰爻下初變一陽爻, 爲復卦, … 謂因坤卦下變一乾爻, 內體成震, 坤是震之孕母, 故云立兆基也. 震是乾之長子."

264 "至十一月冬至, 始滿一畫爲復. 然此亦譬喩也. 年以冬至爲復, 月以朔旦爲復, 日以子時爲復, 無非借以發明身中造化, 殆不必泥於年月日時也."

265 "復朔日也. 一月之朔如一年之冬至故曰復也. 前章只論震符, 此備陣六卦兼說納甲法大明火候之終始."

266 "長子震也. 朔日者乃震之一陽所以起自坤體將向乾體者也. 乾爲父故曰以長子而繼父體也. 坤爲母故曰因母形而立兆基."

고, 午에서 亥까지는 消이다. 소식이 종률에 응한다는 것은 1년 12개월의 안에 매월 하나의 管이 바뀌고, 1년에는 12율이 다 바뀌는 것이다. 내 몸의 화후 소식 역시 그러하다. 오르고 내리는데 북두의 자루에 의거한다는 것은 북두의 자루가 1일 12시진내에 매 시진마다 한 위치를 옮기니 하루에 12시진을 옮기게 된다. 내 몸의 화후 승강 역시 그러하다."[267]라고 하였다.

[참동고]본에서는 "앞 구절은 괘체로써 밝힌 것이지만, 이는 괘덕과 괘상으로 밝힌 것이다."[268]라고 하였다.

3 三日出爲爽, 震庚受西方 : [참동고]본에서는 "상은 밝다는 뜻이다. 진괘가 곤의 몸체에다 건의 양기를 초효에서 얻었으며, 달의 음적인 기질로 해의 빛을 서쪽에서 받으니 그 상이 하나이다. 경의 서방은 해질 무렵 땅위의 서쪽인 경의 자리에서 달이 보이는 것을 말하는 것이다. 이것이 납갑법에서 진괘가 육경을 받아들이는 이유이다."[269]라고 하였다.

4 三日出爲爽, 震庚受西方。八日兌受丁, 上弦平如繩。十五乾體就, 盛滿甲東方 : [통진의]본에서는 "삼일에는 형체가 생기고, 8일에는 상현을 이루며, 양의 숫자가 반을 얻으니 비유하자면 솥 속에 금과 물이 서로 반반씩 되는 것과 같다. 15일에 이르면 둥글게 가득 차 동쪽에 나타난다."[270]라고 하였다.

[발휘]본에서는 "진괘는 庚方에 납한다. 내 몸의 화후로 말하자면 하거가 감히 머무르지 못하는 시간이다. … 태괘는 丁方에 납한다. 내 몸의 양화가 상승하는 절반에 이른 것을 비유한다. … 건괘는 甲方에 납한다.

---

267 "自子至巳爲息, 自午至亥爲消. 消息應鐘律者, 鐘律於一歲十二月之內, 每月換一管, 一歲換盡十二律. 吾身火候之消息, 亦猶是也. … 升降據斗樞者, 斗樞於一日十二時之內, 每時移一位, 一日移遍十二辰. 吾身火候之升降, 亦猶是也."

268 "上以卦體而明之, 此以卦德卦象而明之."

269 "爽明也. 震以坤體得乾陽於初爻月以陰質受日光於西畔其象一也. 庚西方, 謂晡見於地上西方之庚位. 此納甲之法所以震納六庚也."

270 "月自三日生形, 至于八日成上弦, 陽數得半, 喩鼎中金水各半也. 至十五日, 圓滿出於東方"

내 몸의 양화가 가득 찬 화후에 비유된다."[271]라고 하였다.

[주해]본에서는 "초 3일 저녁에 달이 서쪽의 경방에서 밝아 震符라고 이르며 진은 庚方에 납한다. 초 8일 저녁에는 달이 남쪽의 정방에서 뜨니 이름하여 兌符라고 하며, 태는 丁方에 납한다. 15일 저녁에 달이 보름달이 되고, 동쪽의 갑방에서 돌아가니 乾符라고 하고, 건은 甲方에 납한다."[272]라고 하였다.

5 蟾蜍與兔魄, 日月氣雙明, 蟾蜍視卦節, 兔者吐生光 : [발휘]본에서는 "두꺼비는 달의 정이고, 토끼는 해의 빛이다. 해와 달이 쌍으로 밝지 않다는 것은 해는 낮에 빛나고, 달은 밤에 빛을 받아 밝기 때문이다. … 대개 호흡은 해와 달이다."[273]라고 하였다.

[주해]본에서는 "금단의 도에서는 전적으로 해와 달의 상징을 쓴다. 양화가 단을 생하여 밖의 양이 안의 음을 깎음으로써 해의 혼이 달의 백에 비추는 것을 상징하였다. 음부는 단을 완성하는 것으로 밖의 음이 안의 양을 싸서 굳게 하는 것으로 달의 백이 해의 혼을 속박하는 것을 상징한다. 해와 달이 합하고, 떨어지는 것이 丹火의 시작이요 끝이다."[274]라고 하였다.

[참동고]본에서는 "오경통의에 이르기를 달 속에는 토끼와 두꺼비가 있는데 어찌된 것인가. 토끼는 음이고, 두꺼비는 양으로 음이 양에 매여 있다. … 대개 달 속에 이미 두꺼비가 있어 밝음을 낳고, 또한 토백이 있어 백을 낳는다는 것이다. 진실로 해와 달이 함께 밝다면 이는 곧 두 개 다 존귀하게 하는 혐의가 있는 고로 이미 몸체와 질을 갖춘 것을 토백의 음으로 삼고, 또한 해의 빛을 빌려 두꺼비의 양을 머금은 것으로 삼았다.

---

271 "應震卦之納庚. 若以吾身之火候言之, 則所謂河車不敢暫留停之時是也. … 應兌卦之納丁, 以喻吾身陽火上升之半也. …. 應乾卦之納甲, 以喻吾身陽火盛滿之候也."

272 "初三日夕月生明於西方庚位謂之震符而應震之納庚, 初八日夕月上弦於南方丁位謂之兌符而應兌之納丁. 十五日夕月滿輪於東方甲位謂之乾符而應乾之納甲."

273 "蟾蜍者, 月之精. 兔魄者, 日之光. 日月氣雙明者, 日以昱乎晝, 月以昱乎夜. … 蓋呼吸, 則日月也."

274 "金丹之道全象於日月, 陽火生丹以外陽消剝內陰象日魂之照耀月魄也. 陰符成丹以外陰包固內陽象月魄之鈐束日魂也. 日月離合丹火首尾也."

그 수로 말하자면 음이 두 개이고, 그 상으로 보자면 음이 반이며, 그 뜻으로 말하면 주자가 이른 '그 시작함은 해가 시작하는 것이고, 그 마침은 해가 마치는 것이다'라고 한 것이 된다."[275]라고 하였다.

6 蟾蜍視卦節, 兔者吐生光 : [발휘]본에서는 "단법에서 상반월은 양이고, 진, 태, 건에 속한다. 하반월은 음이 되고, 손, 간, 곤에 속한다. 그러므로 두꺼비가 괘의 절후를 본다고 하였다. 달은 본래 빛이 없는데 해의 빛을 받아서 밝으니 토끼는 생빛[生光]을 토한다고 하였다."[276]라고 하였다.

[참동고]본에서는 "선천도를 보면 왼쪽 반의 진, 태, 건괘의 세자리 위에 각각 팔괘가 있어 달의 밝음[明]이 생기는 분초의 단계가 되었고, 오른쪽의 반인 손, 간, 곤괘의 세 자리위에 또한 각 팔괘가 있어서 달의 어두운 부분[魄]이 생기는 분초의 단계가 되었다. 이것이 이른바 괘의 절후를 보고, 생광을 토하는 것이다."[277]라고 하였다.

7 七八道已訖, 屈折低下降 : [발휘]본에서는 "7, 8은 15일이다. 양화는 진괘에서 상승하여 15일에 순수한 건에 이르면 이미 상반월의 화후가 가득차고, 그 세력이 극에 달하여 그 도가 위태로워진다."[278]라고 하였다. [참동고]본에서는 "15라고 말하지 않고, 7, 8이라고 한 이유는 7은 소양이고, 8는 소음이어서 합하면 두 개의 작은 것이 모여 15가 되기 때문이다."[279]라고 하였다.

---

275 "五經通義云月中有兎與蟾蜍何也. 兎陰蜍陽陰係陽也. … 蓋言月中旣有蟾蜍以生明又有兎魄以生魄者. 誠以日月若或雙明則有二尊之嫌故旣具體質以爲兎魄之陰又借日光以含蟾蜍之陽, 以其數則陰兩也. 以其象則陰半也. 以其義則朱子所謂其載也. 日載之, 其終也. 日終之也."

276 "丹法以上半月爲陽, 屬震, 兌, 乾; 下半月爲陰, 屬巽, 艮, 坤, 故曰: 蟾蜍視卦節. … 月本無光, 受日之光而白, 故曰, 兔者吐生光."

277 "先天圖左半震兌乾三宮之上, 各有八卦, 以爲生明分秒之節, 其右半巽艮坤三宮之上, 亦各有八卦, 以爲生魄分秒之節. 是則所謂視卦節吐生光也."

278 "七, 八卽十五也. 陽火自震而升, 至于十五純乾, 則已滿上半月之候, 其勢極矣, 其道危矣."

279 "不曰十五而曰七八者七爲少陽八爲少陰合二少而爲十五也."

14. 十六轉受統章 … 第十四

원문 十六轉受統, 巽辛見平明, 艮直于丙南, 下弦二十三,
坤乙三十日, 東北喪其朋, 節盡相禪與, 繼體復生龍,

국역 16일이 되면 다시 돌아서 시작되는 실마리를 받게 되니 손☴은 서쪽인 辛의 방향에서 해뜰녘[平明]에 보인다. 간☶이 남쪽인 丙의 방향에 곧바로 나타나니 하현달로써 23일이 된다. 곤☷은 동쪽인 乙의 방향에 30일에 나오는데 동북방에서 그 벗을 잃는 것과 같다. 마디가 다하니 서로 자리를 양보하여 주고, 그 몸을 이어 다시 용을 생한다.

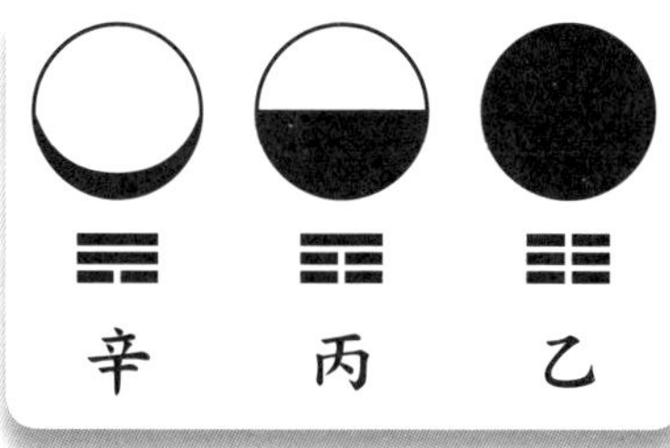

『道藏』「周易參同契發揮 卷二中」
(文物出版社) 20冊 201쪽

교감 **1** 東北喪其朋 : [고이]본과 [참동고]에서는 "東北喪其明"이라 했고, [발휘]본에서는 "東方喪其明"이라 했으며, 최형주 해역의 《참동계》[280]본에서는 "陽路喪其明"이라 하였다.

구문해설 **1** 十六轉受統 : 16일은 보름이후를 말하며, 전반부의 진양화進陽火기에 이어 퇴음부退陰符하는 시기가 시작되어 그 실마리를 이어받는다고 한 것이다.

2 巽辛見平明 : '平明'은 밝을 녘을 가리키는데 해뜨는 시각을 말한다. 손괘의 모양은 보름달에서 다시 약간 기우는 모양을 묘사한 것이다.

280 대만 자유출판사 《주역참동계해. 주역참동계 맥망脈望》합간본과 일본 명덕출판사, 영목유차랑(鈴木由次郎)의 《주역참동계》를 저본으로 하였다고 한다.

3 <ruby>艮<rt>간</rt></ruby><ruby>直<rt>직</rt></ruby><ruby>于<rt>우</rt></ruby><ruby>丙<rt>병</rt></ruby><ruby>南<rt>남</rt></ruby>, <ruby>下<rt>하</rt></ruby><ruby>弦<rt>현</rt></ruby><ruby>二<rt>이</rt></ruby><ruby>十<rt>십</rt></ruby><ruby>三<rt>삼</rt></ruby> : 하현달은 자정쯤에 남방에 뜨기 때문에 '直'이라는 표현을 쓴 것으로 보인다. 23일 가량에 해당한다.

4 <ruby>坤<rt>곤</rt></ruby><ruby>乙<rt>을</rt></ruby><ruby>三<rt>삼</rt></ruby><ruby>十<rt>십</rt></ruby><ruby>日<rt>일</rt></ruby>, <ruby>東<rt>동</rt></ruby><ruby>北<rt>북</rt></ruby><ruby>喪<rt>상</rt></ruby><ruby>其<rt>기</rt></ruby><ruby>朋<rt>붕</rt></ruby> : 30일이 되면 합삭合朔이 되어 달의 모양이 보이지 않게 된다. 坤☷의 모양을 띠면서 동쪽인 乙의 방향에 해당하는데 이는 《주역》〈곤괘 단〉에서 "<ruby>西<rt>서</rt></ruby><ruby>南<rt>남</rt></ruby><ruby>得<rt>득</rt></ruby><ruby>朋<rt>붕</rt></ruby>, <ruby>乃<rt>내</rt></ruby><ruby>與<rt>여</rt></ruby><ruby>類<rt>류</rt></ruby><ruby>行<rt>행</rt></ruby>, <ruby>東<rt>동</rt></ruby><ruby>北<rt>북</rt></ruby><ruby>喪<rt>상</rt></ruby><ruby>朋<rt>붕</rt></ruby>, <ruby>乃<rt>내</rt></ruby><ruby>終<rt>종</rt></ruby><ruby>有<rt>유</rt></ruby><ruby>慶<rt>경</rt></ruby>"이라 한 것에서 나왔다.

5 <ruby>節<rt>절</rt></ruby><ruby>盡<rt>진</rt></ruby><ruby>相<rt>상</rt></ruby><ruby>禪<rt>선</rt></ruby><ruby>與<rt>여</rt></ruby> : '節'은 달의 변화와 화후의 마디를 말하는데 이러한 것이 괘상으로 표현되었다. 震☳, 兌☱, 乾☰, 巽☴, 艮☶, 坤☷의 여섯괘로 나뉜 것이 그것이다. '<ruby>禪<rt>선</rt></ruby>'은 '與'와 더불어 '주다', '물려주다', '선위하다'는 뜻을 가진다.

6 <ruby>繼<rt>계</rt></ruby><ruby>體<rt>체</rt></ruby><ruby>復<rt>부</rt></ruby><ruby>生<rt>생</rt></ruby><ruby>龍<rt>용</rt></ruby> : 곤괘에서 복괘가 나오는 과정을 묘사한 것으로 복괘의 내괘는 震☳이다. 《주역·설괘전》에서는 "<ruby>震<rt>진</rt></ruby><ruby>爲<rt>위</rt></ruby><ruby>龍<rt>용</rt></ruby>"이라 한 것에서 유래하였다.

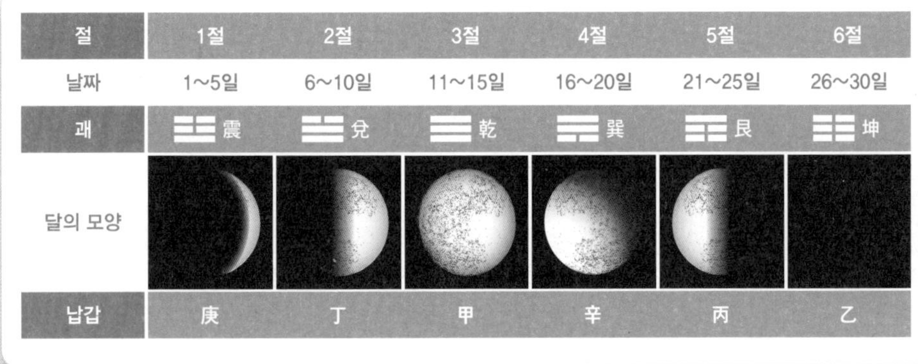

절	1절	2절	3절	4절	5절	6절
날짜	1~5일	6~10일	11~15일	16~20일	21~25일	26~30일
괘	☳ 震	☱ 兌	☰ 乾	☴ 巽	☶ 艮	☷ 坤
달의 모양						
납갑	庚	丁	甲	辛	丙	乙

【표 22】 6절과 월체납갑

각가주 **1** <ruby>十<rt>십</rt></ruby><ruby>六<rt>육</rt></ruby><ruby>轉<rt>전</rt></ruby><ruby>受<rt>수</rt></ruby><ruby>統<rt>통</rt></ruby>, <ruby>巽<rt>손</rt></ruby><ruby>辛<rt>신</rt></ruby><ruby>見<rt>견</rt></ruby><ruby>平<rt>평</rt></ruby><ruby>明<rt>명</rt></ruby>, <ruby>艮<rt>간</rt></ruby><ruby>直<rt>직</rt></ruby><ruby>于<rt>우</rt></ruby><ruby>丙<rt>병</rt></ruby><ruby>南<rt>남</rt></ruby>, <ruby>下<rt>하</rt></ruby><ruby>弦<rt>현</rt></ruby><ruby>二<rt>이</rt></ruby><ruby>十<rt>십</rt></ruby><ruby>三<rt>삼</rt></ruby>, <ruby>坤<rt>곤</rt></ruby><ruby>乙<rt>을</rt></ruby><ruby>三<rt>삼</rt></ruby><ruby>十<rt>십</rt></ruby><ruby>日<rt>일</rt></ruby>, <ruby>東<rt>동</rt></ruby><ruby>北<rt>북</rt></ruby><ruby>喪<rt>상</rt></ruby><ruby>其<rt>기</rt></ruby><ruby>朋<rt>붕</rt></ruby> : [발휘]본에서는 "16일에 이르면 백을 생하고, … 내 몸의 화후로 말하자면 음이 양을 홀로 받아들여 산봉우리를 돌아가는 때와 같다. 23일에 이르면 하현이 되는데 … 내 몸의 음부가 하

강하기를 절반가량한 때이다. 30일에 이르면 그믐이 되는데 … 내 몸의 음부가 다하게 되는 화후이다."[281]라고 하였다.

[주해]본에서는 16일 아침에 달은 서쪽의 辛方(신방)에서 어두움을 생하니 巽符(손부)라고 하고, 손는 辛方(신방)에 납한다. 23일 아침에 하현달이 남쪽의 병방에서 나타나니 艮符(간부)라고 이름하고, 간은 丙方(병방)에 납한다. 30일 아침에 동쪽의 을방에서 빛을 잃어가니 坤符(곤부)라 이름하고, 곤은 乙方(을방)에 납한다. 처음에는 내가 어리석어 납갑법이 어떤 이치인지를 몰랐으나 지금은 달이 드러나는 방위를 표시한다는 것을 알았다. 괘상과 천간이 자연과 해와 달이 더불어 나타나니 사람의 지력으로 어찌 지어내겠는가."[282]라 하였다.

[참동고]본에서는 "실마리라는 것은 역법의 실마리이다. '轉受統(전수통)'은 왼쪽 반으로부터 양력의 실마리를 돌아 오른쪽 반의 음력으로 들어가는 것을 말한다."[283]라고 하였다.

2 節盡相禪與(절진상선여), 繼體復生龍(계체부생룡) : [발휘]본에서는 "6번의 절후가 다하면 해와 달의 합삭 후에 양이 또한 음을 홀로 받아 다시 진괘로 변한다. 진은 용이 되고, 하나의 양이 두 개의 음 아래에서 동하게 된다. 진이란 깊은 연못의 아래에서 움직이는 동물이니 어찌 용이 아니겠는가."[284]라고 하였다.

[주해]본에서는 "한 사람의 화로와 솥에 얽힌 화후의 징후는 이미 다 보였지만 천하의 약물이 생기고 나오는 것은 무궁한 고로 마디가 다하니 서로 자리를 양보하여 주고, 그 몸을 이어 다시 용을 생한다고 하였다. … 시각으로 말하자면 작은 순환이고, 해와 달로 말하자면, 중간의 순환이며, 세성歲星의 주기로 말하면, 큰 순환이다. 화후가 양의 시간에 있을 때

---

281 "月至十六日旣生魄 …以吾身火候言之, 則陰受陽禪, 峰回路轉之時也. 月至二十三日爲下弦, … 以喩吾身陰符下降之半也. 月至三十日爲晦, …以喩吾身陰符窮盡之候也."

282 "十六日朝月生暗於西方辛位謂之巽符而應巽之納辛. 二十三日朝月下弦於南方丙位謂之艮符而應艮之納丙. 三十日朝月滅光於東方乙位謂之坤符而應坤之納乙. 愚初不知納甲法有何義理, 到今始知以表月現之方位也. 卦象天干自然與日月孚合非人智力取造也."

283 "統曆統也. 轉受統謂自左半陽曆之統轉入右半陰曆之統也."

284 "六節旣盡, 則日月合朔之後, 陽又受陰之禪, 復變爲震. 震爲龍, 一陽動於二陰之下. 震也, 重淵之下有動物, 豈非龍乎."

단기丹氣가 수시로 펴지고, 화후가 음의 시간에 있을 때에는 단기가 수렴되고 맺히게 된다. 음양이 오고, 지키며, 커지고, 기르는 것은 단의 몸체인 것이다."[285]라고 하였다.

15. 壬癸配甲乙章 … 第十五

원문 壬癸配甲乙(임계배갑을), 乾坤括始終(건곤괄시종)。 七八數十五(칠팔수십오), 九六亦相應(구륙역상응), 四者合三十(사자합삼십), 陽氣索滅藏(양기삭멸장)。 八卦布列曜(팔괘포열요), 運移不失中(운이부실중)。

국역 임계는 갑을에 배당되고, 건곤은 그 시작과 끝을 포괄한다. 7+8은 15이고, 9+6 또한 15이니 역시 서로 같다. 이 4가지 수를 합하면 30이 되니, 양기가 다하여 없어진다. 팔괘가 베풀어져 빛나고, 운행하여 이동하되 그 중도를 잃지 않는다.

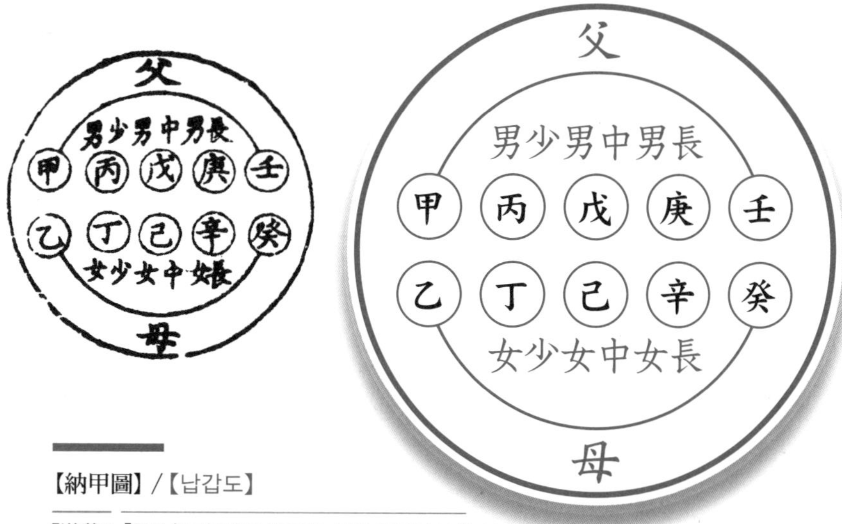

【納甲圖】/【납갑도】

『道藏』「周易參同契發揮 卷二中」(文物出版社) 20冊 201쪽

교감 **1** 壬癸配甲乙(임계배갑을) : [주해]본에서는 "壬癸甲配乙(임계갑배을)"이라 하였다.

---

285 "一人爐鼎符候已畢, 天下藥物生出無窮, 故云節盡相禪與, 繼體復生龍. …時刻謂之小周, 日月謂之中周, 歲年謂之大周. 火候在陽時, 丹氣數舒, 火候在陰時, 丹氣斂結, 陰陽來持而長養丹體也."

2 九六亦相應 : [발휘]본, [천유]본에서는 "九六亦相當"이라 하였다.
3 陽氣索滅藏 : [발휘]본에서는 "易象索滅藏"이라 하여, '역의 상이 다 함이 없다'로 풀이된다.

구문해설 **1** 壬癸配甲乙, 乾坤括始終 : 납갑법에 의하면 '乾金 內卦甲子寅辰, 外卦壬午申戌, 坤土 內卦乙未巳卯, 外卦癸丑亥酉'라고 하여 건에는 갑과 임이 배속되고, 곤에는 을과 계가 배속된다. 정노鼎爐를 이루는 건곤에는 갑을의 시작과 임계의 마무리가 모두 포괄된다는 의미가 있다.
2 七八數十五, 九六亦相應, 四者合三十 : 7은 少陽의 火, 8은 少陰의 木으로 합하면 15가 되고, 9는 老陽의 金, 6은 老陰의 水로 합하면 역시 15이다. 목, 화, 금, 수 四象의 변화가 1달을 의미하는 30일이 되고, 1달의 안에는 양기의 변화와 음기의 변화가 들어있게 된다. 이를 陽火와 陰符의 변화로 해석할 수도 있다.

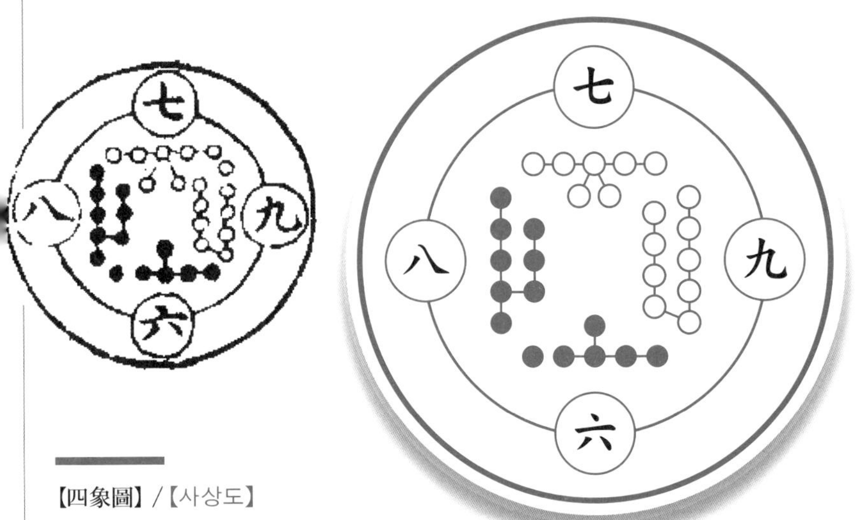

【四象圖】/【사상도】

『道藏』「周易參同契發揮 卷二中」(文物出版社)20冊 202쪽

3 陽氣索滅藏 : 초승, 상현, 보름, 하현, 그믐에 이어 달의 모양이 보이지 않는 합삭의 기간이 되면 양기가 모두 소멸하여 감춰진 상태가 된 것이다.

4 八卦布列曜, 運移不失中 : 1달의 운행에는 팔괘의 배열이 이루어지는데 이는 납갑의 형태로 설명되었다. 이러한 운행에는 음과 양의 기운이 고루 배열되어 치우침이 없다는 의미이다.

각가주 **1** 壬癸配甲乙, 乾坤括始終 : [통진의]본에서는 "임계가 음이고, 갑을이 양으로 음양이 서로 배합되었다. 이는 단모丹母가 건곤이라는 솥가운데 있는데, 양용陽龍과 음호陰虎가 서로 상합한 기운을 받는 것을 이른다. 그러므로 건곤은 처음과 끝을 포괄한다고 한 것이다."라고 하였다.

[주해]본에서는 "임계는 모두 수이다. 건곤정노乾坤鼎爐의 괘가 능히 약물을 생하는데 있어서 진수眞水를 보아 단두丹頭를 이룬다."[286]고 하였다.

2 七八數十五, 九六亦相應, 四者合三十, 陽氣索滅藏, 八卦布列曜, 運移不失中 : [주해]본에서는 "단화丹火의 시작과 끝을 나누면 15가 되는데 이는 단약과 솥의 무게이다. 양기가 점차 소멸하여 간직되는 것은 달이 해에 합하여 빛을 잃는 것에 비유되고, 해는 주고, 달은 빛을 이루는 고로 빛으로서는 양이 되지만 달은 이미 그믐이 된다. 진괘는 생하고, 태괘는 기르며, 건괘는 가득 찬다. 또한 손괘는 줄고, 간괘는 소멸되며, 곤괘는 간직되니 이와 같이 서로 찾는 바가 끝이 없다."[287]고 하였다.

[참동고]본에서는 "나눠서 말하자면 초하루부터 상현달까지는 8일이고, 상현달부터 보름까지는 7일이므로 소음의 수 8과 소양의 수 7이다. 그러므로 7과 8을 더하면 15가 된다. … 사상의 수를 합하면 30일이 되는데 양기는 여기에 이르면 한번 마치고 변화하여 그믐이 되고 빛이 없어지니

---

286 "壬癸皆眞水也, 乾坤鼎爐之卦能生藥物可見眞水爲丹頭也."

287 "丹火之首尾分之爲十五, 卽丹藥鼎器之斤兩也. 陽氣爲滅藏喻月合於日而光滅也. 日受月成光故以光爲陽月旣晦則又震生兌長乾滿旣望則又巽消艮滅坤藏如是相尋於無窮也."

양기가 다하여 없어진다. 양기는 곧 달이 머금은 해의 빛이다."[288]고 하였다.

고찰 [참동고]에서는 여기까지를 제3장 3절로 보고, 감리괘가 납갑을 생하는 과정을 말한 것이라 하였다. 이렇게 하여 3장을 마치는데 상편에 3개의 장이 있는 이유는 괘의 삼재를 형상화하고, 각각 3개의 절이 더해져 9개의 절이 된 것은 괘의 9수를 형상화한 것이라 하였다. 또한, 서명응은 《주역·계사전》이후, 《황극경세서》이전에 복희 선천과 문왕 후천의 은밀한 뜻을 펼친 것이 바로 《참동계》라고 하면서 선천학의 주요문헌이라 강조하였다.

16. 元精眇難觀章 … 第十六

원문 元精眇難觀, 推度效符徵。居則觀其象, 準擬其形容,
立表以爲範, 占候定吉凶, 發號順時令, 勿失爻動時。
上察河圖文, 下序地形流, 中稽于人心, 參合考三才。
動則循卦節, 靜則因彖辭, 乾坤用施行, 天地然後治。
可得不愼乎。

국역 으뜸되는 정기는 아득하여 보기 어렵고, 증거가 되는 징험을 본받아 미루어 추측한다. 머무를 때는 그 상象을 보고, 그 생긴 모양에 견주어 본뜬 것인데, 표表를 세워 규범을 삼고, 점을 쳐서 길흉을 정한다. 언행을 드러내매 시간적인 법령에 맞게 하고, 효가 동하는 때를 놓치지 말아야 한다. 위로는 하도의 글을 관찰하고, 아래로는 지형의 흐름을 차례삼으며, 가운데로는 사람의 마음을 돌아보니, 세 가지가 합해진 삼재를 생각한다. 움직일 때에는 괘의 절도에 따르며, 가만히 있을 때에는 단사

288 "分而言之則自朔至上弦凡八日自上弦至之望凡七日而以少陰之八合少陽之七也. 故曰七八數十五也, … 是則四象之數合爲三十日而陽氣至此一終變爲晦之無光所以謂之索滅藏也. 陽氣卽月之含日光爲光者也."

에 따른다. 건곤의 쓰임이 베풀어 행해지면, 천하는 그러한 뒤에 다스려진다. 삼가지 않을 수 있는가!

교감 **1** 發號順時令(발호순시령) : [발휘]본에서는 "發號順節令(발호순절령)"이라 하였다.
2 參合考三才(삼합고삼재) : [주해]본, [참동고]본에서는 "參同考三才(참동고삼재)"라 하였다.
3 動則循卦節(동즉순괘절) : [발휘]본에서는 "動則依卦變(동즉의괘변)"이라 하였다.
4 靜則因象辭(정즉인단사) : [발휘]본에서는 "靜則循象辭(정즉순단사)"라고 하였다.
5 天地然後治(천지연후치) : [천유]본, [참동고]본에서는 "天下然後治(천하연후치)"라 하였다.
6 可得不愼乎(가득불신호) : [발휘]본에서는 "可不愼乎(가불신호)"라고 하였다.

구문해설 **1** 元精眇難覩(원정묘난도) : '元精(원정)'은 으뜸되는 정기로 천지의 원기元氣를 가리킨다. 외단의 입장에서는 솥가운데 들어있는 신령스럽고도, 참된 정수를 말한다. 이러한 '元精(원정)'을 살피기란 쉽지 않다는 의미이다. '眇'는 적게 보인다는 회의자會意字이듯이 아득하다는 뜻을 가진다.
2 推度效符徵(추탁효부징) : '符徵(부징)'은 자연의 변화를 통해 나타나는 증거들을 말한다. 이러한 징험은 주역 괘효의 상으로도 표현된다.
3 居則觀其象(거즉관기상) … 靜則因象辭(정즉인단사) : 《주역·계사상전》 제2장에 "君子居則觀其象, 而玩其辭(군자거즉관기상, 이완기사)"라 하여, 행동을 하지 않고, 가만히 있을 때에는 주역의 괘상과 자연의 현상을 관찰하고, 단사와 효사를 음미하라고 하였다. 이는 주역의 괘효사에 자연의 이치와 인간의 도리가 들어있으며, 주역의 괘효상이 만물의 변화를 상징하고 있기 때문이다.
4 準擬其形容(준의기형용) : '形容(형용)'이라하는 것은 천지만물의 외형을 말한다. 《주역 계사상전》 제8장에 "擬諸其形容, 象其物宜(의제기형용, 상기물의)"라고 하여 성인이 만물의 형태를 근거삼아 사물의 마땅한 象(상)을 정했다고 하였다.
5 占候定吉凶(점후정길흉) … 動則循卦節(동즉순괘절) : 《주역·계사상전》 제2장에 "動則觀其變, 而玩其占(동즉관기변, 이완기점)"이라 하여, 실행에 옮길 때에는 괘효의 변화를 잘 살피고, 점사를 따져 길흉을 판단하라고 하였다.

6 發號 : 말을 내어 행동을 일으키는 것을 말한다. 《주역·계사상전》 제8장에 "言行君子之樞機, 樞機之發, 榮辱之主也"라고 하여 언행이 중요함을 강조하였다.

7 爻動 : 점을 칠 때 효가 동하면 양효는 음효로, 음효는 양효로 변하게 된다. 이러한 과정을 통해 괘의 의미가 변하고, 여기에서 사태의 변화추이를 예측하게 된다. 《주역·계사하전》 제1장에 "吉凶悔吝者, 生乎動者也"라 하여 동효에 의해 길흉회린이 정해진다고 하였다.

8 上察河圖文, 下序地形流 : 《주역·계사상전》 제4장에 "仰以觀於天文, 俯以察於地理"라 한 내용과 유사하다. '河圖文'은 천문天文을 가리키며 55수를 이용하여 하늘의 움직임을 형상화한 것으로 본다. '地形流'는 지리地理를 가리키며, 45수를 이용하여 땅의 이치를 형상화한 낙서洛書이다.

각가주 1 元精眇難覩, 推度效符徵 : [주해]본에서는 "원정은 약물이다. 소위 坎鉛, 離汞이라고 말하는 것이다. 鉛汞은 모두 선천의 물건으로 형상으로 가히 볼 수 없으니 같은 부류로써 그 정상을 가진 물건으로 솥과 화로를 삼거나 또는 부합되는 상황을 추측한 후에 착수할 수 있다."[289]라고 하였다.

[참동고]본에서는 "원은 원기이고, 정은 정영精英이다. … 사람의 원기와 정영은 형상이 없어 보기 어려우므로 마땅히 운행되는 증험에 근거하여 추측하게 된다. 대개 사람은 작은 우주이다. 하늘은 금기로 만물의 위에 있듯이 폐 역시 금기로써 오장의 위에 있다. 하늘에 24절기의 구분이 있어 1년의 4계절이 있듯이 폐도 역시 24개의 구멍이 있어 사람 몸의 청탁과 영위를 나누어 그 상을 볼 수 있게 한다."[290]고 하였다.

---

289 "元精卽藥物也. 所謂坎鉛離汞者也. 鉛汞皆先天物也. 無形象可觀必也. 以同類有情之物立爲鼎爐又測符候然後可以下手也."

290 "元元氣也, 精精英也. … 人之元氣精英無形無像渺然難覩, 亦當以運行之所符驗證據者推度而效則之. 蓋人身小天地也. 天以金氣在萬有之上故肺亦以金氣在五臟之上. 天有二十四氣分播一歲之春夏秋冬故肺亦有二十四孔分播一身之淸濁榮衛."

2 **居則觀其象, 準擬其形容, 立表以爲範, 占候定吉凶, 發號順時令, 勿失爻動時** : [주해]본에서는 "생김새는 화로와 솥에 비유하고, 효가 동하는 것은 화후에 비유한다. 화후의 증험은 1년에서는 동지에 있고, 1개월에서는 초삼일이나 15일에 있으며, 하루에는 자시에 있다. … 매월 밤 해시 끝, 자시 초에 일양이 싹이 터 움직이면 가히 불을 나아가게 하여 약을 채취할 수 있다."[291]라고 하였다.

[참동고]본에서는 "象은 관측기구이다. 관측기에 의거하여 천체의 모습을 보고, 따르는 것이다. 表는 규표圭表[292]이다. 먼저 규표로 북극 중궁의 높이를 정하고 이로써 황도와 적도의 범위를 그린다. 그런 연후에 해와 달, 오성의 운행경로를 오차없이 할 수 있고, 천간과 지지의 배속에 오류가 없게 된다. 길흉은 간지가 가리키는 길흉으로 소위 효가 동하는 시기를 놓치지 말라는 것이다. 효는 천하의 움직임을 본받는 것으로 천문이 인사에 조짐을 보여주고, 괘효가 인사에 길흉을 보여주는 것이 한가지인 것이다. 무릇 이것이 모두 선천역이다."[293]라고 하였다.

3 **上察河圖文, 下序地形流, 中稽于人心, 參合考三才。動則循卦節, 靜則因彖辭** : [주해]본에서는 "사람의 몸은 곧 천지이다. 심장속의 離火의 精은 곧 태양이다. 12시간 중에 두루 흐르다가 자시에 신장의 위치에 이르는 것은 해가 땅속으로 들어가 한밤중이 되는 형상이며, 음이 극해 양이 생겨 되돌아 상승하는 것은 묘시에 간의 위치에 이르러 평명平明[294]이 되는 것이다. 오시가 되면 심장의 위치에 이르는데 해가 중천에 떠서 한낮이 되는 형상이고, 양이 극해 음이 생겨 되돌아 아래로 향하는 것은

---

291 "形容喩爐鼎也. 爻動喩符候也. 符候在一年則冬至, 在一月則初三或十五在一日則子時也. … 每月夜半亥末子初一陽萌動則可進火採藥也."

292 예전에 쓰던, 천문 관측 기계의 하나. 곱자처럼 생겼으며 그림자의 길이로 태양의 시차를 관측하였다.

293 "象儀器也. 以儀器觀法象准擬天體之形容也. 表圭表也. 先立圭表定北極中宮之高下以爲範圍於黃赤二道然後, 日月五星之行度不差而天干地支之配屬不謬也. 吉凶者干支所値之吉凶所謂勿失爻動時是也. 爻也者效天下之動也. 天文示兆象於人事, 卦爻示吉凶於人事一也. 凡此皆先天易也."

294 해뜨는 시각, 또는 해가 떠서 밝아질 때.

유시에 폐의 자리에 이르는 것이니 초저녁의 상이고, 자시에 다시 이르면 신장의 자리로 돌아와 그치지 않는다. 그러므로 자시는 하루의 동지이고, 몸속의 진괘가 생하는 것이다. 하늘과 사람과 태양이 이 시간에 교회하니 불을 나아가게 하고, 약을 채취하는 것은 자시가 아니고서는 다른 시간은 불가능하다."[295]라고 하였다.

4 乾坤用施行, 天地然後治。 可得不愼乎 : [참동고]본에서는 "건곤의 쓰임이란 용구, 용육이다. 위 문장에서 이미 추측할 수 있는 법을 밝혀놓았다. '乾元用九, 天下治'라는 문장은 폐는 오장에서 하나의 작용도 없지만 단지 離火와 坎水에 의해서 작용한다는 것이다. 하늘높이 자리 잡고 위로 스스로 움직여 조화를 부리지 않으면서, 리괘의 해나 감괘의 달이 승강왕래하여야 九六의 건곤이 그 변화를 이루게 된다. 그러므로 건곤은 용구와 용육 없이는 변화할 수 없는 것이 바로 건곤의 일이다. 肺脾는 離火와 坎水가 없이는 운행할 수 없으니 그것이 폐비의 기운이다."[296]라고 하였다. 즉, 폐와 비장이 솥뚜껑과 솥의 작용을 하고, 그 속에서 감리의 약물이 작용, 변화하듯이 실제 생리에서도 심신의 승강작용에 의해 폐의 기능이 나타난다고 하였으며, 이러한 坎離, 心腎의 작용이 用九, 用六임을 밝혔다.

고찰 - [참동고]본에서는 이 장부터 중편에 배속하고 "이 편이 오로지 肺金이 솥뚜껑이 되고, 脾土가 솥이 되며, 心火, 腎水가 약물과 화로가 되니 4가지는 사람 몸의 四正이다. 사람의 사정이 밝혀지면 선천의 사정

295 "人身卽天地也. 心中離火之精卽大陽也. 二六時中周流上下子時到腎位日入地中夜半之象也. 陰極陽生還復上升卯時到肝位爲平明. 午時到心爲日到天中正晝之象也. 陽極則陰生還復向下酉時到肺位爲衲昏, 子時又到腎位周而不止然則子時者爲一日之冬至也. 身中之震生也. 天人大陽交會於此時進火採藥莫良於子時而餘時皆不堪用也."

296 "乾坤之用卽用九用六是也. 上文旣備言推度之法矣. 此又引乾元用九天下治之文以喩肺於五臟一無作用而但以離火坎水爲其作用者正如天高拱于上不自行造化之事而離日坎月升降往來爲九六於乾坤以成其變化故乾坤無用九用六卽不能變化其乾坤之事. 肺脾無離火坎水則不能運行其肺脾之氣也."

또한 밝혀진다."[297]고 하여 장부론에 입각한 정로약물설을 주장하였다. 또한, "《참동고》의 중편은 오로지 心과 意로써 폐, 비, 간, 신에서 精과 氣를 신묘하게 운용하는 것이니, 이것 또한 호괘가 신묘하여 천하의 뜻에 밝은 것이다"[298]라고 하여 2권의 다른 이름인 〈호체고互體攷〉의 의미와 결합시켰다.

– [참동고]본에서는 이 구절까지를 건괘의 초효에 배당하고, 氣가 시작하는 조짐이라 하였다.

17. 御政之首章 … 第十七

원문 御政之首, 管括微密, 開舒布寶。要道魁柄, 統化綱紐。爻象內動, 吉凶外起, 五緯錯順, 應時感動。四七乖戾, 誃離俯仰。

국역 정사를 거느리는 우두머리는 단단히 잠그고, 비밀스럽게 하는데 이내 문호가 열리고 펴지면 보물이 드러난다. 그 요점되는 길은 북두칠성으로서 조화를 통솔하는 핵심이 된다. 효상은 안에서 움직이고, 길흉은 밖에서 일어난다. 다섯별의 순행과 역행은 시간에 따라 감응하여 움직인다. 28수가 틀어지고, 어긋나면 위로 올려보이는 천문현상이 흩어지고 분리되게 된다.

교감 **1** 御政之首, 管括微密 : [참동고]본에서는 이 구절 앞에 16장의 마지막 구절인 "可得不慎乎"가 있다. 장절구분의 차이인 것이다.

2 開舒布寶 : [참동고]본에서는 "闓舒布寶"라 하였고, '闓'와 '開'는 같

297 "中篇專言肺金之爲鼎, 蓋脾土之爲鼎器, 心火腎水之爲藥爐, 四者人身之四正也. 人身之四正明則先後天之四正亦明矣."

298 "參同中篇, 專以心意, 妙運精氣於肺脾肝腎, 是亦互卦神明天下之志." – 여기서의 폐비간신은 폐비심신의 잘못된 표기로 생각된다. 폐비간신은 《동의수세보원》의 장부론 분류이고, 《참동고》에서는 일관되게 폐비심신의 분류를 보인다.

다고 하였다.

3 魁柄 : [발휘]본에서는 '魁杓'라 하였다. '柄'과 '杓'는 같은 뜻으로 자루를 의미한다.

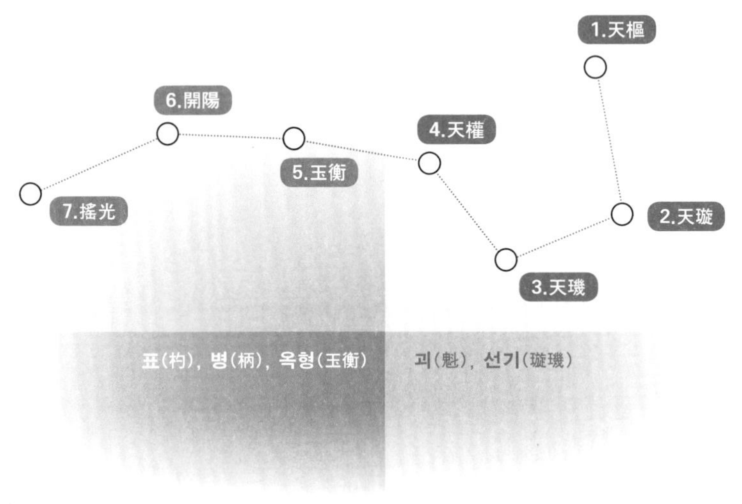

【그림 17】 북두칠성

구문해설 1 御政 : '御'는 거느린다는 뜻으로 본래는 나라의 정사를 거느려 다스린다는 의미이다. 《참동계》에서는 火候의 과정이 마치 임금이 나라를 다스리듯 굳은 마음을 중심으로 행하는 것으로 비유하였다. 이는 인체에서 출발하여 인간세상의 현상, 더 나아가서는 천문학적인 현상을 유비시키는 소우주론적 관점이라 할 수 있다.

2 管括微密 : 외단적 의미와 내단적 의미를 둘 다 가진다. 외단적으로는 화로 위에 올린 솥을 완전히 밀폐시키는 과정을 묘사한 것이고, 내단적으로는 이목구비와 몸을 움직이지 않고 단속하는 수행과정을 묘사한 것이다. '管'은 대롱, 자물쇠를 '括'은 묶는다는 뜻이다. 비밀스럽게 묶어 단단히 잠근다는 의미이다.

3 開舒布寶 : 보물이 열려서 펴진다는 것은 내외단 과정을 통해 얻어진 단약을 의미한다.

4 魁柄 : 북두칠성을 의미하는데 첫 번째 별을 천추天樞, 두 번째를 천선天璇, 세 번째를 천기天璣, 네 번째를 천권天權, 다섯 번째를 옥형玉衡, 여섯 번째를 개양開陽, 일곱 번째를 요광搖光이라 한다. 1번~4번까지가 국자모양에 해당하며 괴魁, 선기璇璣라 하고, 5번~7번까지가 자루모양에 해당하면서 표杓, 병柄, 옥형玉衡이라고 한다. 이를 다 합하여 두斗라 하니 북두이다. 예로부터 북두칠성의 자루부분이 가리키는 방향으로 해당 월건을 찾곤 하였으니, 1년 단위의 변화과정을 드러내는 기준이라고 할 수 있다.

5 統化綱紐 : 북두의 자루가 월건을 가리킨다는 사실과 별자리들의 기준이 된다는 점에서 천문학적으로 중요하다. 천지자연의 벼리가 되는 요점을 통괄한다는 뜻이다.

6 爻象內動, 吉凶外起 : 효상의 변화로 길흉을 점치는 것을 의미한다.

7 五緯錯順, 應時感動 : '五緯'는 목, 화, 토, 금, 수성을 말하고, 이들이 순조롭게 움직이거나, 어지럽게 움직이는 것에 따라 사시의 감응이 그에 따라 변화됨을 말한다.

8 四七乖戾, 誃離俯仰 : '四七'는 28수를 말한다. 28수가 질서를 잃으면, 천문이 어지러진다는 것을 의미한다. '誃離'는 이리저리 흩어지는 것을 말하고, '俯仰'은 천문을 보기위해 올려보는 행위를 표현한 단어이지만 여기서는 천문을 말한다.

각가주 **1 御政之首, 管括微密, 開舒布寶** : [발휘]본에서는 "일양이 겨우 동해서 단을 짓는 시기는 마치 임금이 정사를 다스리는 우두머리가 되는 것과 유사하다. 그러하니 소리 내어 명령을 내리는 것에 어찌 삼가지 않을 것인가! '管括微密'은 눈이 그 빛을 머금고, 귀는 그 소리를 고정시키며, 코는 그 숨을 고르고, 혀는 기 기운을 봉하며, 다리를 포개고 단정히 앉아 고요히 정신을 안으로 모으는 것이니 터럭만큼도 마음이 밖으로 응하는 것이 없다. 눈, 귀, 혀, 코, 사지를 움직이지 않으면 혼, 정, 신, 백, 의가 각각 간, 신, 심, 폐, 비장에 돌아와 정기가 누설되지 않는 무루無

漏의 경지에 이른다. 이러한 혼, 정, 신, 백, 의가 한데 뭉치면 일기로 화하여 단전에 모이는데 호흡과 의념에 따라 용호가 충개하고, 대로가 열리니 하나의 도랑이 흘러 8가지 옥빛흐름이 되는 것과 같다."[299]하여 내단 수행의 과정으로 설명하였다.

[참동고]본에서는 "정사를 다스리는 우두머리는 임금이고, 미묘하고, 비밀스러운 것은 사람의 마음이다. … 사람의 몸에서 폐장은 영위를 소도消導시켜 아래로 내려가게 하고, 腎精으로 갈무리하여 위로 상승시키니, 이것이 그 상이다."[300]라고 하였다.

2 要道魁柄, 統化綱紐。爻象內動, 吉凶外起 : [참동고]본에서는 "괴는 북두칠성 머리 부분의 4별이고, 병은 북두칠성 꼬리부분의 3별이다. 북극과 4상의 가운데 자리하여 기준이 되며, 운행하는 기틀이 된다. 그러므로 중요한 도는 안이 동하면 밖으로 일어난다고 말한 것은 북두가 안에서는 효상의 동함으로 나타나고, 밖으로는 길흉으로 나타난다는 뜻이다. 마치 천주天柱[301]가 밝지 않으면 음양이 조화롭지 못하고, 육갑이 밝지 않으면 추위, 더위의 절도가 바뀌듯 북두의 4성이 변색하면 천도가 밝지 않는 것이 모두 마찬가지이다."[302]라고 하였다.

3 御政之首, 管括微密, 開舒布寶 … 四七乖戾, 誃離俯仰 : [주해]본에서는 "이 장은 일에 착수하는 처음에 욕심을 절제하고, 근원을 공고히 하는 것이 중요함을 말하였다. 임금이 나라를 다스리는 도에 있어서 근원을 맑게 해야 하는데 그렇지 않으면 일에 패착이 있게 된

---

299 "一陽纔動作丹時, 猶人君御政之首也. 發號施令, 可不愼乎. 管括微密者, 眼含其光, 耳凝其韻, 鼻調其息, 舌緘其氣, 疊足端坐, 潛神內守, 不可一毫外用其心也. 蓋眼旣不視, 魂自歸肝. 耳旣不聽, 精者歸腎. 舌旣不聲, 神自歸心. 鼻旣不香, 魄自歸肺. 四肢旣不動, 意者歸脾. 然後魂在肝而不從眼漏, 魄在肺而不從鼻漏, 神在心而不從口漏, 精在腎而不從耳漏, 意在脾而不從四肢孔竅漏. 五者皆無漏矣, 則精, 神, 魂, 魄, 意相與混融, 化爲一氣, 而聚於丹田也. 迨夫一息換鼻, 吾心怳然, 則龍虎衝關大路開, 而一渠流轉八瓊槳矣."

300 "御政之首君也. 微密人心也. … 在人身則肺臟消導榮衛而降之于下管攝腎精而升之于上者, 此之象也."

301 자미궁 가운데 있는 다섯 개의 별이다.

302 "魁北斗之首四星也. 柄北斗之尾三星也. 以其居北極四象之間爲其幹運之機軸故曰要道內動外起言北斗內所動之爻象爲北斗外所應之吉凶. 如天柱不明則陰陽不調, 六甲不明則寒暑易節, 北斗第四星變色則天道不明皆是也."

다."[303]고 하였다.

18. 文昌統錄章 … 第十八

원문 文昌統錄, 詰責台輔, 百官有司, 各典所部。

국역 문창성은 기록하는 업[錄]을 총괄하고, 잘못을 따져 꾸짖는 삼태성과 사보성이 있다. 백가지 관직이 각자 맡은 벼슬이 있고, 각 벼슬은 맡은 부서가 있다.

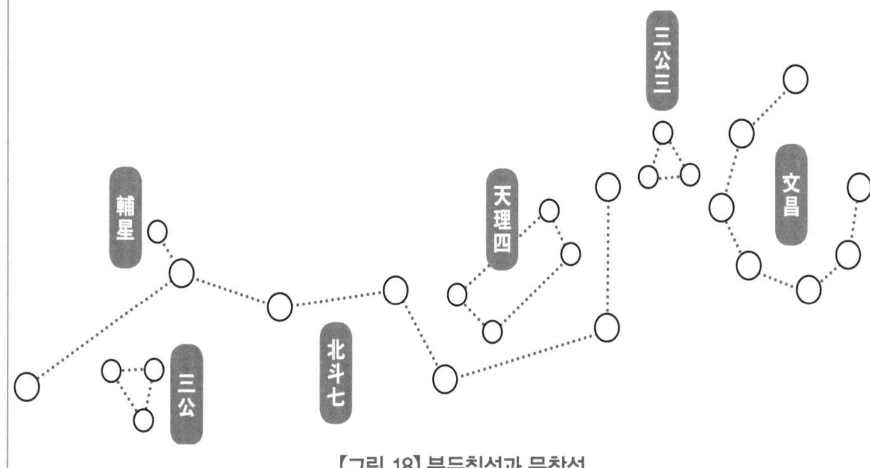

【그림 18】 북두칠성과 문창성

교감 **1** 各典所部 : [주해]본에서는 "各有所部"라 하였다.

구문해설 **1** 文昌統錄 : 문창성은 북두칠성의 옆에 있으면서 온 세상의 문학을 맡아보는 별자리이다.

2 詰責台輔 : '詰責'은 꾸짖어 묻는 것을 말한다. '台'는 三台星을 가리키는데 삼태성은 태미원에 속하면서 북두칠성의 아래에 위치한다. 서양 별자리로는 큰곰자리의 발에 해당한다. 《천문류초天文類抄》에서는 "三台

303 "此章言下手之初先要, 節嗜慾固本元, 猶人君出治之道端本澄源不然則有乖錯之患."

는 정승의 지위이니, 주로 덕을 베풀고 임금의 뜻을 널리 펴는 일을 한다."[304]라고 하였다. '輔'는 四輔星을 가리키는데 이는 옥황상제를 상징하는 北極五星의 天樞星을 옹위하면서 옥황상제가 우주를 다스리는 것을 돕는 네 보좌관을 의미한다.[305]

각가주 **1** 文昌統錄 : [통진의]에서는 '文昌統錄은 斗魁戴筐이다. 첫 번째는 上將, 두 번째는 次將, 세 번째는 貴相, 네 번째는 司命, 다섯 번째는 司錄, 여섯 번째는 司災이다.'[306]라고 하였다. '斗魁戴筐'은 문창성의 여섯별을 가리킨다.

2 文昌統錄, 詰責台輔, 百官有司, 各典所部 : [주해]본에서는 "문창성은 육관의 으뜸이고, 태보성은 삼공의 자리에 있으니 비유하자면 단사의 마음과 뜻이다."[307]라고 하였다.

[참동고]본에서는 "문창의 6성은 북두의 괴魁 근처에 있으며 삼공의 3성은 북두의 표杓 근처에 있다. 좌우에 끼고 문창이 주관하는 무기와 문서, 관직등을 통솔하는 것은 다섯별의 순행과 역행을 거느리고, 28수의 어그러짐을 태보성에게 꾸짖게 한다. … 대개 해와 달은 비록 각각 운행하는 도수가 있으나 경성經星은 하늘에 걸려있거나 혹 변동사항은 해와 달에 벌칙으로 드러난다. 그러므로 사람은 비록 心腎으로 약물과 화로라는 수련의 요체로 삼지만 역시 肺金의 솥뚜껑에 대해 신중하지 않을 수 없는 것이다."[308]라고 하였다.

---

304 《천문류초》, 조선 이순지, 김수길, 윤상철 공역, 대유학당, 1999, p. 255. "三公之位也, 主開德宣符."

305 《우리별자리》, 안상현지음, 현암사, 2000, p.73.

306 "文昌統錄者, 斗魁戴筐. 六星, 曰文昌官, 一曰將, 二曰次將, 三曰貴相, 四曰司命, 五曰司錄, 六曰司災."

307 "文昌六官之長, 台輔三公之位, 喩丹士之心意."

308 "文昌六星在北斗魁旁, 三公三星在北斗杓旁, 來居左右者欲使文昌之主威武主文緒主功爵者 總錄五緯之錯順, 四七之乖戾以詰責於台輔 … 蓋日月雖各自有行度然經星所麗之天一或變動謫見於日月故人雖以心腎藥爐爲修煉之要然亦不可不致謹於肺金之鼎蓋也."

19. 日含五行精章 … 第十九

원문 日含五行精, 月受六律紀. 五六三十度, 度竟復更始。原始要終, 存亡之緖, 或君驕溢, 亢滿違道。或臣邪佞, 行不順軌。弦望盈縮, 乖變凶咎。執法剌譏, 詰過貽主。

국역 해는 오행의 정을 품고, 달은 육률의 기강을 받아 5×6=30의 도수가 되며, 이러한 도수는 마침내 처음의 시작으로 돌아간다. 처음을 찾아서 끝을 구함은 생사의 단서가 된다. 혹 임금의 교만함이 차서 넘치면 도를 어기게 되고, 혹 신하가 삿되이 아첨하고, 행실이 법도에 따르지 않으면, 상하현달과 보름달의 차고 기움이 나타나면서 괴이한 변고와 흉한 재화를 만나게 된다. 법도를 지키면서 나무라며 꾸짖고, 허물을 물어 임금에게 전한다.

교감 **1** 詰過貽主 : [참동고]본에서는 "詰過移主"라 하였다.

구문해설 **1** 日含五行精, 月受六律紀 : '五行'은 五運으로 다섯 가지 기운이 갈마들어 있는 것이며, 음양으로 나뉘어 10天干이 된다. '六律'은 六氣를 말하는데 12地支로 볼 수 있다. 《참동계》 2장 牝牡四卦章에서 "數在律歷紀"라 한 부위와 유사하다.

2 五六三十度, 度竟復更始 : 5일은 1候이고, 6候는 1월이다. 고로 한달은 30일이며, 끝이 없이 순환되는 해와 달의 변화를 의미한다.

3 原始要終, 存亡之緖 : 《주역·계사상전》 제4장에 "原始反終, 故知死生之說"이라고 하여 순환하는 모습에서 생사의 이치를 찾을 수 있다 하였다.

4 或君驕溢, 亢滿違道, 或臣邪佞, 行不順軌 : 임금과 신하가 도리를 다하지 못하는 것을 표현하였다.

5 執法剌譏, 詰過貽主 : '譏'는 나무란다는 뜻으로 '剌'와 같은 뜻이

다. '貽'는 준다는 뜻이다.

각가주 **1** 日含五行精, 月受六律紀 : [주해]본에서는 "해에는 오강과 오유가 있는데 합하여 십간十干이 된다. 십간十干은 오행의 정기로써 갑을이 목이 되고, 병정이 화가 되는 부류이다. 달에는 여섯 개의 율려가 있는데 합하여 12율이 되고, 12율은 12개월의 법칙이 되니 황종이 자이고, 대려가 축인 것이 그 부류이다."[309]라고 하였다.

[참동고]본에서는 "오행의 정미로움은 북두의 자루가 가리키는 것이 陽干일 때이다. 육율의 기강이라 함은 북두의 자루가 가리키는 것이 陰支일 때이다. 양간은 해에 대해서 말한 것이고, 음지는 달에 대해 말한 것으로 서로 무늬가 된다. … 이러한 것을 몸에서 보면 리괘인 心과 감괘인 腎이 되고, 리의 氣와 감의 精, 리의 魂과 감의 魄이 된다. 九와 六은 肺金에 대해서도 아닌 것이 없으니 해와 달이 천체에서는 九와 六이 되는 것과 같다."[310]라고 하였다.

2 五六三十度, 度竟復更始 : [발휘]본에서는 "태양은 하루에 1도를 운행하고, 30도를 지나면 태음과 교합된다 하여 돌고 돌아 반복된다"[311]고 하였다.

[주해]본에서는 "5와 6이 합하면 30이 되고, 1개월의 마침과 시작이다."[312]라고 하였다.

3 原始要終, 存亡之緖 : [참동고]본에서는 "북두칠성의 자루가 벼리가 되는 시작임을 추적해서 해와 달, 5와 6의 마치는 것을 연구하면 사람 일의 존망이 여기에 달려있으므로 그 단서를 얻을 수 있다. 肺金이 腎水의 시작됨과 腎水가 肺金에서 마치는 것을 밝힘으로써 金水가 서로 잠기

309 "日有五剛五柔合爲十干, 十干爲五行之精如甲乙爲木, 丙丁爲火之類, 月有六律六呂合爲十二律, 十二律爲十二月之律, 如黃鐘子大呂丑之類."

310 "五行精斗柄所建之陽干也. 六律紀斗柄所建之陰支也. 言陽干於日言陰支於月互文也. … 觀乎此則人身之離心坎腎離氣坎精離魂坎魄. 莫不九六於肺金亦猶日月爲九六於天體也."

311 "太陽一日行一度, 行至三十度, 則又與太陰交合, 周而復始."

312 "五六合爲三十, 一月之終始也."

어 있으면 존재하고, 그렇지 않으면 반대가 된다."[313]고 하였다.

4 或君驕溢, 亢滿違道, 或臣邪佞, 行不順軌, 弦望盈縮, 乖變凶咎 : [발휘]본에서는 "임금은 神을 말하고, 신하는 氣를 말한다. 단을 지을 때 납[鉛]과 수은[汞]이 흙솥[土釜]으로 돌아오는데 心身이 적연히 동하지 말아야 한다. 신체가 동하면 기가 흩어지고, 마음이 동하면 신이 흩어진다."[314]라고 하였다.

[주해]본에서는 "해는 임금의 상이고, 달은 신하의 상이다. 임금의 도가 과하게 급해지면 재앙이 되니 해가 달을 먹는 현상이 된다. 신하의 도가 순리를 따르지 않으면 벌을 내리게 되니 달이 해를 먹는 현상이 생긴다. 임금과 해는 마음이고, 신하인 달은 감정과 뜻이다. 무릇 노화爐火분야에 있어서 허물을 뉘우치고, 채찍질하는 것은 마음과 뜻일 뿐이다."[315]라고 하였다.

[참동고]본에서는 "이는 역건괘의 上九, 높이 나는 용이 후회함이 있다는 상이다. 임금이 교만하여 드높이면 신하는 반드시 삿되고, 망령되어지니 마치 울림이 소리에 응하는 것과 같다. 정사를 다스림에 있어서 도리에 위배되고, 법에 맞지 않으면 하늘의 조화에 간섭하여 반드시 달의 차고 기움에 변고와 재앙이 생긴다. 사람의 몸에 있어서도 心君이 교만하면 여러 장기의 기운이 일체 망동하여 위로 폐장을 손상시켜 백가지 질병이 번갈아 나타나니 이 또한 金水가 교류하지 않는 것이다."[316]라고 하였다.

5 執法刺譏, 詰過貽主 : [참동고]본에서는 "법을 집행하는데 있어서 나라에서는 대각臺閣이고, 몸에서는 간장이다. … 간장이 心君을 보좌하

313 "推原魁柄綱紐之始而要究日月五六之終則人事之存亾於此可以得其緖矣. 以明肺金爲始於腎水, 腎水爲終於肺金, 金水相涵則存, 不然反是."

314 "君乃神也, 臣乃氣也. 作丹之時, 鉛汞歸土釜, 身心寂不動. 蓋身動則氣散, 心動則神散."

315 "日爲君象, 月爲臣象, 君道亢急則灾爲日薄月, 臣道不軌則讁見月蝕日, 君日心主也. 臣月情意也. 凡爐火吝咎責之心意而已矣."

316 "此卽易乾上九亢龍有悔之象也. 君驕亢則臣必死佞如響應聲, 施於政事者違道非法上干天和必致盈縮乖變之灾, 在人身則心君驕亢諸藏之氣一切妄行上損肺臟百疾交作又非金水不交之比矣."

면서 항상 역행하는 것을 경계시키니, 심군이 가히 중앙의 바른 자리에서 여러 기운을 조절하고, 폐장으로 역상하지 않도록 한다. 대체로 양생의 방법에 있어서 급하게 화내는 것을 금하는게 으뜸인데 그 기운이 거슬러 망행하면 폐장을 범하기 때문이다. 그러므로 이것으로 종결지은 것이다."[317]고 하였다.

고찰 [참동고]에서는 "~度竟復更始"구절까지를 1장 2절로 보고, 건괘의 가운데 효에 해당하며, 氣의 근원에 대하여 말한 것이라 하였다.

20. 辰極受正章 … 第二十

원문 辰極受正, 優遊任下。明堂布政, 國無害道。內以養己, 安靜虛無。原本隱明, 內照形軀。閉塞其兌, 築固靈株。三光陸沈, 溫養子珠, 視之不見, 近而易求。

국역 북극성이 바르게 자리 받아 화순하게 책임에 임하면서 명당에서 정사를 베풀면 나라에는 그 도를 해치는 일이 없다. 안으로는 자기를 수양하여 안정하면서 사사로움이 없는 허무한 경지에 이른다. 근원으로 돌아가 밝음을 감추고, 안으로 신체를 비춘다. 입을 다물고, 신령스런 구슬을 쌓아 견고하게 한다. 세 개의 빛을 땅이 가라앉아 묻힌 듯 하고, 성태로 맺힌 구슬을 따뜻하게 기르니, 보려해도 보이지 않으나 가까이에 있어 쉽게 찾을 수 있다.

교감 1 辰極受正 : [발휘]본에서는 '辰極處正'으로 되어 있다.

구문해설 1 辰極受正 : '辰'은 별을 나타내는 총칭으로 '辰極'은 북극성

317 "執法在國則臺閣也. 在身則肝臟也. … 肝臟佐心君常戒怫逆則心君可以正位中央調攝諸氣使不上干於肺臟也. 大抵養生之法, 以禁暴怒爲上者, 爲其氣逆妄行, 上干肺臟, 故以是終之."

을 말한다.

2 優遊任下(우유임하) : '優遊(우유)'는 넉넉하고 화순한 상태를 표현하는 형용사이다.

3 明堂(명당) : 임금이 조회를 보던 정전正殿을 말하며, 하늘의 북극성이 자리를 바로 하고, 나라의 임금이 위치를 바로 하는 것이 내단수행에 있어서 마음을 바로 하는 것과 같다는 것을 의미한다.

4 內以養己(내이양기), 安靜虛無(안정허무) : 《참동계》에는 외단설과 내단설, 주역의 설, 노장의 설이 함께 어울려 있는 것이 특징인데 내단과 노장의 설이 드러나는 구절이다. '內以(내이)'는 안으로 의식을 돌리는 것으로 불교의 '내관內觀 Vipasyana'나 도가의 '회광반조回光返照'의 의미를 가진다. '養己(양기)'는 자기를 기르는 것으로 후천의 리괘☲를 선천의 건괘☰로 환원시키는 것을 내단의 목적으로 봤을 때 리괘 가운데의 己土(기토)를 의미하기도 한다. 이러한 수양의 원칙은 편안하고[安(안)], 고요하며[靜(정)], 텅 비워서[虛(허)], 아무것도 없음[無(무)]이라고 할 수 있다.

5 原本隱明(원본은명), 內照形軀(내조형구) : 근본을 찾는다는 것은 사람의 몸이 생길 때 내재된 신령스러운 본성이 있기 때문이다. 즉, 성명의 본원을 궁구하는 것을 의미한다. 이러한 신령스런 본성이 허무虛無한 성질을 가지므로 그 밝음이 숨겨져 있다고 표현하였다. 우리의 몸속에 내재된 한 점의 신령스런 본성을 찾기 위해서는 우리의 인식기관들을 밖에서 안으로 돌려 비춰야 한다. 영혼과 육신을 분리된 별개로 보는 것이 아니라 우리의 육신 속에 기의 순환과 영혼의 씨앗이 내재되어 있다는 것이 중요하며, 이러한 관점을 바탕으로 유체생리학이 가능하다고 본다.

6 閉塞其兌(폐색기태) : '兌(태)'는 태괘☱를 말하며, 《주역·설괘전》 제9장에 "兌爲口(태위구)"라고 하였는데 이는 입 또는 입구를 의미한다. 입을 비롯해 기운이 빠져나가는 모든 통로를 막는 것을 뜻한다.

7 築固靈株(축고령주) : 이렇게 기운을 쌓다보면 신령스런 구슬이 맺히게 되는데 이를 '靈株(령주)'라고 하였다. 의념과 호흡에 의해 기운이 축적되면서 맺히는 단丹이나, 선천의 신령스런 본성인 원신元神을 가리키는 것으로 보인다.

8 三光陸沈 : 세 가지 빛이란 해와 달과 별을 뜻하기도 하고, 눈과 귀와 입을 뜻하기도 한다. 우리의 인식작용을 땅에 묻힌 듯 드러내지 않는다는 의미이다.

9 溫養子珠 : '溫養'이라는 것은 선도용어로 강한 의념과 호흡을 이용하는 운기運氣가 아니라 자연스러우면서도 천천히 기운을 유통시키는 것을 의미한다. '子珠'는 앞에서 나온 '靈株'와 같은 의미로 보인다. 원신이 수련 중 드러나면 이를 온양해야 함을 설명하였다.

10 視之不見, 近而易求 : 《노자·도덕경》 14장에 보면 "視之不見 名曰夷"라 한 부분과 상통하며, 보려고 하여도 보지 못하지만 오히려 밖에서 찾으려 하지 말고, 내면 가까이에서 찾으라는 의미이다.

각가주 **1** 辰極受正, 優遊任下。明堂布政, 國無害道 : [주해]본에서는 "북두칠성이 하늘가운데를 돌고, 뭇별들이 둘러싸는 것은 임금이 정사를 명당에서 펼치고, 만국이 받드는 것, 단을 공부하는 선비가 일심으로 화로에 임해 약물과 화후를 조절하는 것과 같은 이치이다. 장의 앞부분부터 여기에 이르기까지 형체를 단련하고, 마음을 지키는 것은 단을 수련하는 첫 번째 요점인 것이다."[318]라고 하였다.

2 養己 : [천유]본에서는 '己'를 단순히 자신으로 해석한 것이 아니라 己土로 보았다. "자신을 단련한다는 것은 기己를 기르는 것이다. 기는 곧 리괘 가운데의 기토로서 성품의 근원이 기대어 있는 곳이다. 단지 선천의 바탕이 깔려있는 乾의 본성이 바뀌어 후천의 離로 되었으니 元神이 모습을 바꾸어 識神이 된 것이다. 심의 가운데 음기가 시시각각 흐르게 되니 잃어버리기는 쉽고, 잡아 놓기는 어렵다. 감괘중에 있는 선천의 지극히 양적인 기炁를 얻지 못하면 제어할 방법이 없다. 선천의 일기一炁는 허무한 곳으로부터 오는 것이니 텅 비어 안정됨을 지키지 못하면 근원을

318 "北斗運樞天中而衆星環拱, 王者布政明堂而萬國朝宗, 丹士一心臨爐而藥火調和其理一也. 自章首至此極論煉形持心爲修丹之第一要也."

찾아 뿌리로 돌아갈 수 없다."[319]

[참동고]본에서는 "자신을 기른다는 것은 선가에서는 연기煉己라고 이름하여 사욕을 버리고, 헛생각을 끊는 것이라 하였다. 이는 유가의 함양涵養과 같다."[320]고 하였다.

3 閉塞其兌, 築固靈株。三光陸沈, 溫養子珠 : [통진의]본에서는 "세 개의 빛은 陽火, 陰符, 金胎로써 해와 달과 별을 상징한다."[321]고 하였다.

[천유]본에서는 "세 개의 빛은 하늘에 있을 때에는 해와 달과 북두가 되고, 사람에 있어서는 리괘가 해에, 감괘가 달에, 하늘의 마음이 북두의 자루에 응한다."[322]고 하였다.

[참동고]본에서는 "영험한 구슬이라는 것은 감정이 영대靈臺의 싹이 되는 것을 말하는데 나무의 그루터기와 같다. 세 개의 빛은 정기신이다. … 구슬은 대단이 엉겨 脾土에 있는 것으로 子水이다. 구슬은 단에서 말하기를 大丹이 脾土에 엉긴 것으로 腎精으로부터 위로 黃庭을 자윤한 것이다. … 구슬을 따뜻이 기르는 것은 화를 나아가게 하는 시초공부로 특히 감괘 초효로서 말할 수 있고, 5장이 곤괘 상효임과 더불어 단을 이루는 머리와 꼬리에 상응한다."[323]고 하였다.

4 視之不見, 近而易求 : [참동고]본에서는 "구슬의 물건됨은 장부에 열거되는 것이 아니라 막[324]의 바깥에 숨어있다. 그러므로 보아도 보이

319 참동계천유, 위백양저, 주운양진인주석, 자유출판사인행, p. 97 "鍊己卽養己也. 己卽離中己土. 爲性根之所寄. 只因先天底乾性, 轉作後天之離, 元神翻作識神, 心中陰氣, 刻刻流轉, 易失而難持, 不得甘中先天至陽之炁, 無以制之. 然先天一炁, 從虛無中來, 若非致虛守靜之功, 安得窮源反本哉."

320 "養己仙家又名煉己而去私慾絶浮念爲工夫, 猶儒家之涵養也."

321 "三光者, 卽陽火, 陰符, 金胎, 以象日, 月, 星也."

322 "三光在天爲日月斗. 在人離以應日, 坎以應月, 天心在中以應斗樞."

323 "靈珠爲情爲靈臺之苗如木之有株也. 三光精氣神也. … 子珠卽大丹之凝在脾土者子水也. 珠以丹言蓋大丹之凝在脾土實由腎精之上潤黃庭 … 溫養子珠則之溫養子珠乃進火之始初工夫, 故特言之於坎初爻以與第五章坤上爻成丹首尾相應也."

324 여기에서 말하는 막이라는 것이 무엇인지 명확하지 않은데 일반적으로 장부를 싸고 있는 막으로 삼초三焦를 말하는 경우가 있다. 실제 삼초의 위치와 형상이 상중하 삼단전과 비슷한 측면이 있는 것을 보면 막-삼초-단전기화의 연관성을 생각하게 하다.

지 않는 것이고, 내 몸에 있어 힘써 미칠 수 있으니 가까이에서 구하기 쉽다고 한 것이다."[325]라고 하였다.

고찰 – [참동고]에서는 "明堂布政, 國無害道"구절 까지를 1장 3절로 보고 건괘의 상효에 해당한다고 하며, 기의 승강이라 하였다.
– 또한, 중편 1장을 마무리 지으면서 건괘, 폐장, 솥뚜껑에 배속시켰다.

21. 黃中漸通理章 … 第二十一

원문 黃中漸通理, 潤澤達肌膚。初正則終修, 幹立末可持。一者以掩蔽, 世人莫知之。

국역 황중黃中이 점차 이치대로 통하면 피부까지 도달하여 윤택하게 한다. 처음이 바르면 끝마칠 때 까지 잘 닦이고, 중심 줄기가 서면 말단도 잘 지탱된다. 하나를 통해 가지고 가려놓았기 때문에 세상 사람들이 잘 알지 못한다.

교감 1 黃中漸通理 : [주해]본에서는 "中黃漸通理"라 하였다.

구문해설 1 黃中漸通理, 潤澤達肌膚 : 《주역 · 곤괘 · 문언전》에 "君子黃中通理, 正位居體, 美在其中而暢於四肢, 發於事業, 美之至也"라 하여 '黃'은 중앙 토의 기운을 상징하면서 '中'과 함께 중단전을 상징하기도 한다. 중단전의 기운이 하늘의 이치에 맞게 통하고, 바른 위치에 자리하면 이러한 아름다움이 사지말단에 이르는 것처럼 피부로 전해져 윤택해 진다는 의미이다.
2 一者 : 선천의 원신元神을 가리킨다. 선천의 원신은 내가 태어나게된 시작이면서 후천에서는 가려져 있으므로 일반사람을 알지 못한다 하였다.

325 "子珠之爲物不列臟腑隱于膜外故曰視之不見 , 邇在吾身由力可致故曰近而易求."

각가주 **1 黃中漸通理, 潤澤達肌膚** : [참동고]본에서는 “누런 속에 이치가 통한다함은 역 곤괘 문언의 글이다. 감괘가 곤괘의 초효와 상효로써 두 개의 음을 갖고, 건괘속의 일양을 품은 고로 이에 곤괘문언을 인용하여 腎水와 脾土의 상호관계가 오묘함을 밝혔다. 누런 것은 脾土의 색이고, 가운데는 脾土의 위치이다. 대개 坎을 화로라 말하는데 정액을 온양시킴으로써 중토의 누런 방을 통해 그 윤택한 효과가 기육肌肉과 피부에 다다르면 구슬이 여기에서 화생하는 것이다.”[326]라고 하였다.

2 初正則終修, 幹立末可持 : [참동고]본에서는 “처음과 중심 줄기는 온양하는 것을 가리키고, 끝과 말단은 대단을 이른다. 능히 온양을 돈독케하는 것으로 시작함으로써 중심 줄기를 세우게 되면 스스로 마지막에 대단을 이루게 되어 그 말단을 지킬 수 있게 된다.”[327]라고 하였다.

3 一者以掩蔽, 世人莫知之 : [통진의]본에서는 “하나라는 것은 수水이다. 수의 뿌리인 참된 금[眞金]이 그릇 속에서 굳건하게 덮여있으니 일반사람들은 이를 알 수가 없다.”[328] 라고 하였다.

[주해]본에서는 “일이라는 것은 다름 아니라 금단이다. … 그 하나를 얻으면 만사가 다 이루어지는데, 유가에서는 태극이라 하였고, 불가에서는 진여眞如, 도가에서는 금단이라 하였다. 모두 하나의 글자이다. 비록 그러하나 최초에 하나가 깊은 심연深淵에 부착되면 볼 수 없는 고로 세상 사람들은 엿볼 수 없는 것이다.”[329]라고 하였다.

[참동고]본에서는 “다만 세상 사람들이 坎水의 수인 ‘1’이 욕심으로 인해 실천으로 행해지지 못하고 감춰질까 두렵다.”[330]고 하였다.

---

326 “黃中通理易坤文言之辭, 坎以坤初上二陰含乾中一陽故於此引坤文言以明腎水脾土互相關維之妙. 黃者脾土之色也. 中者坤土之位也. 蓋言坎爐溫養之精液以漸通理於中土黃房其潤澤之效, 達于肌膚則子珠於是乎化生也.”

327 “初幹指溫養言, 終末指大丹言. 能篤溫養於初以立其幹則自成大丹於終, 可持其末.”

328 “一者, 水也. 緣水根眞金在器內, 固濟蒙蔽, 常人莫能知之也.”

329 “一者無對之稱金丹也 … 得其一萬事畢, 儒謂之太極佛謂之眞如道謂之金丹, 皆此一字也. 雖然最初一着幽深不可見故云世人莫能窺也.”

330 “但恐世人於坎水之數一者爲慾所蔽莫能實踐行之也.”

고찰 [참동고]에서는 "內以養己 ~ 世人莫知之"까지를 1절로 보고 이를 감괘의 초효, 精의 수련으로 보았다. 전반의 공부와 후반의 공부를 대비하여 음획을 분석하였다.

22. 上德無爲章 … 第二十二

원문 上德無爲, 不以察求。下德爲之, 其用不休。上閉則稱有, 下閉則稱無。無者以奉上, 上有神明居。此兩孔穴法, 金氣亦相須。

국역 높은 덕은 무위로써 함으로 애써 구하는 것이 없다. 낮은 덕은 유위로써 하니 잠시도 쉬는 일이 없다. 위로 막힌 것을 있음이라 칭하고, 아래로 막힌 것을 없음이라 칭한다. 없음은 위를 받들므로 위에 신명이 자리하게 된다. 이 두 가지의 공혈孔穴법에는 금기金氣 또한 서로 따른다.

교감 1 上有神明居 : [발휘]본, [주해]본, [참동고]본에서는 "上有神德居"라 하였다.

2 金氣亦相須 : [발휘]본에서는 "有無亦相須"라 하였다. [천유]본에서는 "金炁亦相胥", [주해]본과 [참동고]본에서는 "金氣亦相胥"라 하였다.

구문해설 1 上德無爲, 不以察求 : 《노자·도덕경》38장에 "上德無爲而無以爲, 下德爲之而有以爲"라 하여, 높은 덕은 무위로써 하고, 낮은 덕은 유위라 하였다. 선천의 원신은 허무한 상태로 안정해야 찾을 수 있어 무위로써 해야지, 애써 찾으려 하면 오히려 찾지 못한다는 의미이다.

2 下德爲之, 其用不休 : 낮은 덕은 유위로써 하기 때문에 항상 찾지만 선천의 원신을 찾기 어렵다.

3 上閉則稱有, 下閉則稱無 : 건과 곤이 교류할 때 곤의 음효가 위로

올라와서 리괘가 되면 위로 막는 것[上閉]이 되며, 리괘의 중앙 음효는 허무한 것이지만 묘한 작용이 있으므로 있다[有]고 한다. 건의 양효가 아래로 내려와서 감괘가 되면 아래로 막는 것[下閉]이 되며, 감괘의 중앙 양효는 실한 것이지만 허무한 기운이 있으므로 없다[無]고 한다.

4 無者以奉上, 上有神明居 : 하폐로 설명되는 감괘 중간의 양효는 없음[無]을 의미하지만 이 양효가 상승하여 리괘의 음효과 교류하면 수화기제가 일어나 선천의 건체乾體를 회복하게 된다. 이러한 양효의 상승을 원기의 상승으로 보고, '奉上'이라 한 것이며, 위에 '神明'이 자리한다고 하였다.

5 兩孔穴法 : 두 개의 구멍이란 리괘와 감괘의 中爻를 말한다. 이들 감리는 선천의 건곤이 변화된 후천의 모습으로 선천으로 회복하려면 감리의 중효가 교류하는 감리교구坎離交媾가 일어나야 한다. 이러한 과정을 '兩孔穴法'이라 한다.

6 金氣亦相須 : 감괘에 들어있는 양효를 '金', 리괘에 들어있는 음효를 '氣'라 하여 이들이 서로 교류함을 말하였다.

각가주 **1 上德無爲, 不以察求。下德爲之, 其用不休。** : [통진의]본에서는 "上德은 물이 위에 있는 것이고, 下德은 불이 아래에 있는 것으로 水火既濟되어 건과 곤이 됨을 이른다. 물은 위에 있으면서 항상 고요하려 하니 無爲하면서 음에 자리하고, 애써 구하지 않게 된다. 불이 아래에 있으면서 항상 동하려 하니 12시진 안에서 돌고 돌아 그 쓰임이 쉬지 않는다."[331]라고 하였다.

[주해]본에서는 "상덕은 신화神火이고, 하덕은 건화乹火이다. 천기는 하행하고, 지기는 상행하니 이것인 지천태地天泰이다. 하늘의 도는 움직이고, 쉬지 않으며 땅의 도는 지어냄없이 하늘에 통솔된다."[332]라고 하였다.

---

331 "上德者, 水在上也. 下德者, 火在下也. 水火既濟, 乾, 坤之謂也. 水在上常靜, 無爲而處陰, 不以察求也. 火在下常動, 運轉經歷十二辰內, 其用不休也."

332 "上德者神火也, 下德乹火也. 天氣下行地氣上行是爲地天泰. 天道動而不息地道無爲統於

[참동고]본에서는 "덕의 전문篆文은 '得'과 '心'에서 온 것이므로 離心과 坎腎이 상하로 교류하는 묘한 쓰임을 말한 것이다. 리괘가 위에 있는 고로 상덕이며, 불의 성질이 타오르니 일부러 지어낼 수 없는 것이고, 혹 지어내면 이로써 관찰하니 관찰하여 구하다 보면 쉽게 타버리게 된다. 감괘가 아래에 있는 고로 하덕이다. 물의 성질은 적시면서 아래로 내려오기 때문에 가히 다스릴 수 있다. 만약 능히 다스리면 이로써 굳은 인내가 쌓이게 되는 까닭에 한 몸의 쓰임이 휴식이 없게 된다."[333]고 하였다.

2 上閉則稱有, 下閉則稱無 : [통진의]본에서는 "상폐는 있음을 이르니 내수內水이고, 하폐는 없음을 이르니 외화外火이다."[334]라고 하였다.

[발휘]본에서는 "위로 막혀 있다고 칭하는 것은 離宮에 眞水의 상이 함장되어 있기 때문이고, 아래로 막혀 없다고 칭하는 것은 坎戶에 무형의 붉은 용이 숨어있기 때문이다."[335]라고 하였다.

[주해]본에서는 "있는 것은 물이고, 없는 것은 불이다. 지기가 위로 행하여 막는 것은 물이고, 천기가 아래로 행하여 막는 것은 불이다."[336]라고 하였다.

[참동고]본에서는 "상폐는 사려를 적게하는 것이고, 있다는 것은 마음을 보존하는 것이다. 하폐는 바로 욕망을 끊고, 정을 쌓는 것이며, 없다는 것은 욕심이 없는 것이다."[337]라고 하였다.

3 無者以奉上, 上有神明居 : [주해]본에서는 "없는 것으로써 있는 것을 모색하는 것이다. 위에는 있고, 아래에는 없는 것은 수화기제이다."[338]라고 하였다.

天也."

333 "德篆文從得從心謂得於心也. 此言離心坎腎上下交須之妙用. 離在上故曰上德火性炎熾不可作爲若或作爲而以察, 察求之易至於焚灼也. 坎在下故曰下德, 水性潤下可以修爲而以堅忍儲之所以爲一身之用無有休息也."

334 "上閉稱有, 內水也. 下閉稱無, 外火也."

335 "上閉則稱有者, 離宮有象藏眞水也. 下閉則稱無者, 坎戶無形隱赤龍也."

336 "有者水也, 無者火也, 地氣上行閉之則爲水, 天氣下行閉之則爲火."

337 "上閉, 如少思寡慮是也. 有則心存也. 下閉, 如絶慾儲精是也, 無則慾無也."

338 "以無索有也. 上有下無是爲水火旣濟."

[참동고]본에서는 "정이 아래에서 성하면 신이 위에서 왕성하니 감괘속의 일양이 리괘 속의 일음을 받들어 離가 乾의 몸이 되도록 하는 것이 소위 위를 받드는 것이다. 위에 신덕이 있으니 신실神室이라 하고, 정실精室의 위에 있게 된다. 높고도 존경스럽다."[339]라고 하였다.

4 此兩孔穴法, 金氣亦相須 : [통진의]본에서는 "수화음양의 두 기운이 더불어 폐하거나, 서로 따르고 해서 神藥이 이루어지니, 여타 다른 방법은 없다."[340]라고 하였다.

[천유]본에서는 "감괘 가운데에 있는 참된 金의 精이 위로 올라가고, 리괘 가운데에 있는 참된 水의 氣가 아래로 내려와서 서로 화합한다."[341]고 하였다.

[주해]본에서는 "건곤의 두 구멍과 수화가 서로 이용하면 금기가 이를 따라 기를 생하는데, 생할 때 급히 채취해야 한다. 채취하는 화후에서 1시간을 6개의 후로 나눈다면 2후는 채취하는데 쓰고, 4후는 단을 합하는데 쓴다. 단을 합하는 것은 납과 수은이 서로 모일때 한마음으로 안을 비춰 정을 온전히 하고, 신을 보내면 참된 호흡이 몸을 돌아 위로 천곡에 올라간다. 이내 이슬로 훈증되어 떨어지는데 황정에 들게 되면 채약합단採藥合丹이라 한다. 황정은 비위의 아래, 방광의 위로 심장의 북, 신장의 남, 간의 서쪽, 폐의 동쪽으로 일신의 중앙이다. 약을 얻고는 불을 내어 소모시키지 않는 고로 약을 얻고 화후를 10개월간 잘 기르게 되면 바야흐로 대단이 이와같이 이뤄진다. 약을 구하지 않고, 불을 내는 것은 역시 아랫부위를 따뜻하게 하고, 형체를 보익하는 효과는 있다."[342]라고

---

339 "精盛于下則神旺于上而以坎中之一陽奉離中之一陰使離爲乾體所謂奉上也. 上有神德居謂神室在精室之上巍然尊高也."

340 "謂水火陰陽二氣, 雙閉相須而成神藥, 餘無別徑也."

341 "坎中眞金之精上升, 離中眞水之氣下降. 有無互入, 兩者交通成和."

342 "乾坤兩竅水火互用則金氣須之以生氣, 生時急要採取, 採取之候一時之中分六候, 二候用於採取, 四候用之合丹. 合丹者鉛汞相投之際, 一心照顧傳精送神則眞息周流身中逆上天谷, 瑞露蒸成落入黃庭則謂之採藥合丹也. 黃庭者脾胃之下膀胱之上, 心之北而腎之南, 肝之西而肺之東, 一身之正中也. 所得藥在其中不進火則還爲耗散故得藥之後火符煉育凡用十箇月而方成大丹若也. 不求藥而進火則亦能溫暖下府而補益形軀也."

하였다.

[참동고]본에서는 "'相'은 보는 것이다. '胥'는 '聿來胥字'[343]라고 할 때의 살핀다는 뜻이다. 肺金이 腎水와 서로 더불어 집이 되어주는 것을 말한다. 대개 수는 시작과 끝을 이루고, 두 가지의 상징을 띤다. 그러므로 신장의 물은 형체로써 말하자면 본래의 장기와 명문으로 나뉘니 서로 집이 되는 것이다. 말하자면 무기의 두 토가 금을 생하여 금기가 신수를 살펴서 그곳에 거하니 역시 둘이 된다."[344]라고 하였다.

고찰 [참동고]에서는 "上德無爲 ～ 金氣亦相須"를 2절로 보고 감괘의 중효로써 神을 수련하는 부분으로 보았다. 비록 상하의 두 공혈을 나누었지만 덕이라는 하나의 글자로 양획의 진실을 관통하였다고 하였다.

23. 知白守黑章 … 第二十三

원문 知白守黑，神明自來，白者金精，黑者水基。水者道樞，其數名一。陰陽之始，玄含黃芽。五金之主，北方河車。故鉛外黑，內懷金華，被褐懷玉，外爲狂夫。

국역 흰 것을 알고, 검은 것을 지키면, 신명이 스스로 온다. 흰 것은 金의 精이요, 검은 것은 水의 기틀이다. 水는 道의 지도리가 되니, 그것을 숫자로 표현하면 '하나'이다. 음양의 시작으로서, 검으면서 누런 싹[黃芽]를 머금고 있다. 다섯 金의 주인은 북방의 하거河車이므로 납의 겉은 검고, 안은 황금빛 꽃을 품고 있듯이 베옷을 입은 자가 옥을 품고 있지만 겉으로는 미친 사람처럼 보이는 것과 같다.

343《詩經》〈大雅, 文王之什〉의 구절이다.

344 "相視也. 胥如聿來胥字之胥言肺金相胥腎水而宅之也. 蓋水所以成始成終有兩之象故腎臟之水以形體言之則本藏命門爲兩以互宅言之則戊己二土生金而金氣相胥. 腎水居之亦爲兩也."

교감 **1** 內懷金華 : [참동고]본에서는 "內懷金氣"라 하였다.

구문해설 **1** 知白守黑, 神明自來, 白者金精, 黑者水基 : 오행의 분류에 의해 흰색은 金氣를, 검은 색은 水氣를 가리킨다. 본 장에서는 각각 금의 정수와 수의 기틀로 표현하였다. 《참동계》의 '金水論'은 인체의 생명발생론적 관점을 내포한다고 할 수 있다. 일반적으로 오행의 발생론적 시각은 '水'에서 시작된다. 하지만 선천의 회복을 추구하는 선도에서는 '水'이전의 근원을 찾게 되는데 그것이 바로 '金'이다. 건괘가 금에 속하는 것과도 상통한다. 연금술에서 목표로 삼는 황금 또한 영원불멸의 이미지를 가지기만 하는 것이 아니라 인간탄생의 이전의 원형으로서의 의미도 가진다고 볼 수 있다. 《노자·도덕경》 28장에 "知其白, 守其黑, 爲天下式, 爲天下式, 常德不忒, 復歸於無極."에서 나온 표현으로 대립되는 두 기운을 모두 알고, 지킬 줄 알아야 근원인 무극으로 돌아갈 수 있다는 의미이다.

2 水者道樞, 其數名一 : '水'가 도의 지도리가 되는 것은 오행의 순서에서 '天一生水'로 으뜸에 서기 때문이다.

3 陰陽之始, 玄含黃芽 : '水'가 생명과 만물의 시작이며, 그 안에는 누런 싹을 품고 있다는 의미로, '黃芽'는 외단술에서 유래된 말이다. 《황제구정신단경결黃帝九鼎神丹經訣》 1권 3항 〈현황법玄黃法〉에 보면 "수은 10근과 납 12근을 철 그릇 속에 넣고 맹렬한 불로 가열하면 납과 수은이 그 정화를 토해내는데 자주빛이거나 황금색을 띠게 된다. 이를 현황玄黃, 황정黃精, 또는 황아黃芽라 부른다."[345]고 하였고, 《음진군금석오상류陰眞君金石五相類》 6편에 이르기를 "납에서 나오는 황화黃華는 납의 기운이 수은과 합해질 때 납의 성분을 잃지 않아서 생기는 것으로 이를 황아라 한

---

345 《중국외단황백법고》, 진국부저, 상해고적출판사, 1997, p. 255. "《黃帝九鼎神丹經訣》卷一 第三項 〈玄黃法〉: '取水銀十斤, 銀二十斤, 納鐵器中: 猛其火. 鉛與水銀吐其精華, 華紫色或如黃金色, 以鐵匙接取, 名曰玄黃, 一名黃精, 一名黃芽.'"

다."[346]고 하였다. 실제 산화수은II HgO의 색깔이 적색과 황색 두 가지로 존재하니 이를 가리킬 수도 있다. 내단적으로는 하단전속에 들어있는 황금빛 기운을 가리킨다.[347]

4 五金之主, 北方河車 : 오금五金은 책에 따라 다소 편차가 있다. 《태고토태경서太古土兌經序》에서는 금, 은, 동, 철, 주석이라 하였고, 《제가단법諸家丹法》 2권에서는 주사, 수은, 웅황, 자황, 유황이라 하였다.[348] 황금(금), 백금(은), 흑금(철), 적금(구리), 청금(납)으로 분류하여 五色金으로 해석하기도 한다. 이는 오행에 부합될 수 있으며, 내단적으로는 정, 신, 혼, 백, 의에 비유된다. 다섯 금속의 으뜸은 금을 말하는 것으로 이러한 금의 기운이 북방의 수기인 '北方河車'에서 나온다 하였다. 하거는 물수레로 해석되지만 내단수련에서는 기의 흐름을 뜻한다. 신→간→심→폐를 돌아 다시 신으로 돌아오는 것을 소하거小河車, 독맥의 삼관을 뚫고, 상단전→중단전→하단전으로 내려오는 것을 대하거大河車, 진음과 진양이 교류하여 12층 누각에서 만나 한알 한알 단전으로 돌아오고 금빛이 만 갈래로 뻗치는 것을 자하거紫河車라 한다.[349]

5 故鉛外黑, 內懷金華 : 水에 비유되는 납의 겉은 검지만 속에는 흰 金의 精을 안고 있다는 뜻이다. 이를 자양진인紫陽眞人 장백단張伯端이 지은 《오진편悟眞篇》[350]에서는 "黑中有白爲丹母, 雄里懷雌是聖胎"라 하였다.

각가주 1 知白守黑, 神明自來 : [발휘]본에서는 "흰 것은 금이고, 검은 것은 수이다. 단법에서는 수를 기틀로 하고, 금정金精은 수에서 생성되

---

346 《중국외단황백법고》, 진국부저, 상해고적출판사, 1997, p. 256. "《陰眞君金石五相類》第六篇: '鉛中黃華, 黃華是鉛中之炁, 合汞爲用, 卽不失鉛體, 卽謂黃芽.'"

347 《역해 참동계천유》, 이윤희역해, 여강출판사, 2000, p. 205. 주석 22).

348 《중국외단황백법고》, 진국부저, 상해고적출판사, 1997, p. 259.

349 《역해 참동계천유》, 이윤희역해, 여강출판사, 2000, p. 205. 주석 32).

350 장백단은 북송대의 인물로 《참동계》를 본받아 시의 형태로 《오진편》을 지었으며, 남종도교의 시조로 추앙받고 있다. 《오진편》은 《참동계》와 더불어 가장 대표적인 내단서적으로 인정받고 있다.

는 고로 흰 것을 아는 자는 오직 검을 것을 지키는데, 검은 것을 지키면 흰 것이 스스로 드러난다."[351] 하였고, "신명은 천기天機이다. 그러한 기틀을 훔치기 위해서는 반드시 먼저 마음을 비워야 한다. 마음을 비우면, 신이 엉기고, 신이 엉기면 호흡이 고르게 되고, 호흡이 고르게 되면 … 신명이 스스로 온다."[352]고 하였다.

[천유]본에서는 "水 가운데 金이 있으니 선천에서 온 丹의 어미에 해당한다. … 흰 것은 감괘 가운데의 眞金이고, 검은 것은 리괘 가운데의 眞水이다. 사람이 능히 진공을 통찰해서 고요히 볼 수 있으면 한 점의 신명이 스스로 허무한 곳으로부터 생겨난다."[353]고 하였다.

[주해]본에서는 "납의 질은 비록 쇳돌 같지만 속에 백금을 간직하고 있고, 수은이 비록 검지만 가운데 진기를 머금고 있으니, 그 이치가 서로 비슷하다. 한 마음으로 지키면 신명이 스스로 응하는 것이다."[354]라고 하였다.

[참동고]본에서는 "이는 금수의 색깔로 말한 것이다. 금은 기를 주관하고, 기는 억지로 지어낼 수 없으니 단지 그 이치가 그와 같다는 것을 안다. 이러한즉 자연히 법칙을 따라가는 고로 안다[知]고 하는 것이다. 水는 정을 주관하고, 정은 반드시 지어냄이 있으니 잘 지키고, 삼가 비밀로 한 연후에 바야흐로 능히 가득 차게 되는 고로 지킨다[守]고 한 것이다. 기가 조화롭고, 정이 충만하면 신명이 구하지 않아도 스스로 이르게 된다."[355]고 하였다.

2 白者金精, 黑者水基 : [천유]본에서는 "이 흰 것은 형체가 있는 금이

---

351 "白者, 金也. 黑者, 水也. 丹法以水爲基, 而金精生於水中, 所以知白者惟守其黑, 守黑則白自現也."

352 "神明者, 天機也. 如欲盜其機, 必先虛其心. 心虛則神凝, 神凝則息定, 息定則 … 而神明自來也."

353 "水中之金爲先天丹母也. … 白卽坎中眞金, 黑卽離中眞水. 人能洞徹眞空, 靜存妙有一點神明, 自然從虛無中生出."

354 "鉛質雖礦中藏白金, 昬水雖黑中含眞氣, 其理相似一心守之則神明自應."

355 "此以金水之色言之金主氣, 氣不可以作爲, 但知其理之如此則自然循軌故曰知也. 水主精, 精必有所作爲而固守謹秘然後方能克滿故曰守也. 氣調精滿則神明不求而自至."

아니라 시공을 초월한 가운데 허무한 원성을 말한다. 원성은 본래 순수하게 희고 때 묻지 않은 상태인데, 이것이 바로 태어나기 전의 乾元에 해당하며, 상덕이라 한다. … 검은 것은 땅위에 흐르는 물이 아니라 허무한 가운데 생긴 일기이다. 일기는 본래 태초의 혼돈시기에 땅을 가르는 한 소리가 난 후에 坤元으로서 만물의 뿌리가 되니 이른바 하덕이다."[356]라고 하였다.

3 水者道樞, 其數名一 : [주해]본에서는 "하늘이 물을 생하는 고로 도의 지도리가 되고, 음양의 시작이 된다. 지금은 대저 물이란 인물의 生氣이다. 하늘이 하나를 생하기 전에 맑고 하나의 청허한 기운이 있었는데 두루 흘러 오고가니 윤기있게 적셔주는 정이 되고, 이것인 참된 물이다. 천지에는 한밤중의 이슬기운이 되고, 사람에게는 진액의 뿌리가 된다."[357]고 하였다.

4 陰陽之始, 玄含黃芽 : [참동고]본에서는 "천일은 반드시 土五를 지나 地六에 이른 연후에 바야흐로 그 형체를 이룬다. 이는 하도河圖 음양오행의 차례이다. 그러므로 모든 사물이 음양오행을 품부받아 생하는 것은 반드시 먼저 물의 검은 색이 흙의 황아를 머금은 연후에 이내 능히 열리고 닫히며, 움직이고 멈춰 그 형체를 이루게 된다. 금이 비록 수를 생하지만 수 역시 금을 생하며 수안에 토가 있음으로서 금을 생하는 것이다."[358]라고 하였다.

5 五金之主, 北方河車 : [천유]본에서는 "다섯 금속이란 외단술의 은, 납, 주사, 수은, 흙을 빌려 인체 가운데에 있는 오행의 정精을 비유한 것이

---

356 "白者非有形之金, 乃空劫中虛無元性也. 元性本純白無染便是未生以前乾元面目, 卽所云上德也. … 黑者非行地之水, 乃虛無中所生之一炁也. 一炁本鴻濛未分便是囫地一聲以後, 坤元根基, 卽所云下德也."

357 "天一生水故爲道樞爲陰陽之始也. 今夫水人物之生氣也. 天一未生前爲湛一淸虛之氣周流往來爲滋潤之精是爲眞水在天地爲沆瀣之氣, 在人神爲津液之根."

358 "天一必歷土五至地六然後方成其體. 此河圖陰陽五行之序也. 故凡物之稟陰陽五行以生者必先以水之玄色含土之黃芽然後乃能闔闢動靜以成其形. 是金雖生水水亦生金以水中有土而生金也."

다."[359]라고 하였다.

[주해]본에서는 "보통 좋은 우물물은 야반夜半의 자시에 天一의 정이 수면을 떠다닐 때이므로 이름하여 정화수이다. 금단의 머리 역시 자시에 몸속의 신장에서 출현하는 것을 이용하니 이름하여 수금중水金中이다. … 솥과 화로를 서로 달이면 心腎이 교구하게 되어 하나의 기가 출현하여 응하니 채단득약采丹得藥이라 한다. 처음에 채취하면 수화가 단련하여 자금紫金을 이루는데 이를 금액대환단金液大還丹이라 한다. 이는 금이 이르러 스스로 굴속에서 조화를 이루는데 범상한 금과 견줄 수 있는 것이 아닌 고로 五金의 주인이라 하였다. 眞氣의 오르고 내리는 하거河車는 이름하여 子水중에서 얻는다고 하는 고로 하거라 한다. 단전에 약이 있으니 하거가 사지몸체로 운전하는 고로 북방의 正氣라 한다."[360]라고 하였다.

[참동고]본에서는 "다섯 금속[五金]은 금, 은, 동, 주석, 납이고, 강[河]은 천하성天河星이며, 수레[車]는 오거성五車星이다. 천문현상을 보면 천하天河와 오거五車의 두 수성水星이 있는데 마땅히 자미궁紫微宮과 백호가 서로 접하는 사이에 있다. 그 精氣가 땅으로 내려오면 금, 은, 동, 주석, 납이 화생하고, 주된 것은 금이지만 물과 서로 머금는 묘함이 별의 현상에서 발견된다. 선가에서 오가피五加皮라 하는 것이 위로는 오거성五車星의 정기에 응하므로 그 잎이 5개이니 역시 같은 뜻이다."[361]라고 하였다.

6 故鉛外黑, 內懷金華, 被褐懷玉, 外爲狂夫 : [참동고]본에서는 "밖이 검다는 것은 물의 찌꺼기이고, 안이 희다는 것은 금의 정수精粹이다. 납이 이루는 상태는 사람이 속에 아름다운 옥을 품고 있는 것과 같

359 "五金者借外鍊銀鉛砂汞土, 以喩身中五行之精."

360 "今夫井泉之良者夜半子時天一之精游於水面是名井花水. 金丹之頭亦用子時出現于人身之腎中是名水金中 … 鼎爐相烹心腎交垢則一氣出而應之謂之采丹得藥也. 初采爲水火符煉之則凝成紫金是謂金液大還丹. 此金來自造化窟中非凡金之可比故爲五金之主也. 河車眞氣升降之名得之子水中故河車. 丹田有藥河車搬運於四體中古云北方正氣."

361 "五金爲金銀銅錫鉛也. 河天河星也. 車五車星也. 觀于天象則天河五車二水星當紫宮白虎相接之交. 其精降于地爲金銀銅錫鉛, 化生之主則金水相含之妙, 可見於星象者然也. 仙家謂五加皮上應五車星精故其葉有五亦此意也."

아서, 밖으로는 누더기 옷을 입은 미친 사람이 안으로 옥과 金氣를 품은 것이다. 미친 사람은 밖이 검은 것이다."[362]라고 하였다.

고찰 – [참동고]에서는 24장의 "金爲水母, 母隱子胎。水爲金子, 子藏母胞"까지 포함하여 3절로 삼고, 중편 2장으로 보았으며 감괘의 상효로 氣의 수련이라 하였다. 전반의 공부에 대비해 후반의 공부를 음효의 상징으로 분석하였다. 또한, 감괘는 신장으로서 솥과 화로에 해당한다.

– "순서로 말하자면 리괘가 마땅히 감괘의 앞에 있어야하지만 감괘를 리괘의 앞에 둔 것은 대개 리괘의 氣를 미루어서 감괘의 자리로 내리고, 감괘의 精을 끌어다가 리괘의 자리로 올려서 아래 것은 올리고, 위의 것은 내리는 것으로 이를 교태交泰의 뜻이라 한다. 사람들이 항상 리감이라 하지 않고, 감리라 하는 것 또한 감으로써 위의 자리를 삼는 것이다."[363]라고 하였다.

24. 金爲水母章 … 第二十四

원문 金爲水母, 母隱子胎。水爲金子, 子藏母胞。眞人至妙, 若有若無。髣髴大淵, 乍沈乍浮。退而分布, 各守境隅。

국역 금은 수의 어미가 되고, 어미는 자식의 태를 숨긴다. 수는 금의 자식이 되니 자식은 어미의 자궁에 간직된다. 진인은 지극히 묘해서 있는 듯, 없는 듯 하고, 큰 연못과 비슷해서 잠깐 잠겼다가 잠깐 떠올랐다 한다. 물러나 나뉘어 퍼지니 각각의 자리를 지키게 된다.

교감 1 退而分布 : [발휘]본, [주해]본에서는 "進退分布"라 하였다.

---

362 "外黑者水之渣滓, 內白者金之精粹. 鉛之爲狀如人內懷溫潤之美玉, 外爲被褐之狂夫, 懷玉金氣也. 狂夫外黑也."

363 "以次序言之, 則 離當先於坎, 而此以坎先於離者, 蓋推離之氣, 降之于坎, 引坎之精, 升之于離, 使下者上上者下, 此交泰之意, 故人之恒言, 不曰離坎, 而曰坎離, 亦以坎爲上也."

구문해설 **1** 真人至妙, 若有若無。髣髴大淵, 乍沈乍浮。: 眞人은 내단수련의 궁극적 지향점을 의미하는데 출생이전의 무극의 상태라 할 수 있고, '大淵'에 비유되었다. 헤아릴 수 없이 깊은 연못과 같다는 뜻이다. '髣髴'은 비슷하다는 뜻이다.

2 退而分布, 各守境隅 : 금과 수가 함께 있다가 물러나 분리될 때는 각각의 자리로 돌아가서 맡은 바의 역할을 한다는 뜻인데 있는 듯 없는 듯한 진인이 드러나면 묘한 작용이 있다는 뜻이다.

각가주 **1** 金爲水母, 母隱子胎 : [주해]본에서는 "이는 금수가 신실을 결성하면 원신이 이에 의지해 이뤄지는 일을 말한 것이다."[364]라고 하였다.

[참동고]본에서는 "그 시작으로서 肺金이 아래로 腎水를 생하는 고로 금이 수의 부모라 하였고, 그 마침으로서 신수가 위로 폐금을 자양하므로 어미가 자식의 태를 숨긴다고 한 것이다. 인사로써 말하면 이는 어미가 자식의 태를 숨긴 형상이다."[365]라고 하였다.

2 水爲金子, 子藏母胞 : [참동고]본에서는 "그 시작으로는 腎神이 위로 肺氣에서 품부받은 고로 수는 금의 아들이다. 그 마치는 것으로는 腎神이 위로 肺室을 조회하는 고로 아들이 어미의 胞에 간직된다고 하였다. 인사로써 말하면 이는 자식이 어미의 포에 있는 상이다. 흰 것을 알고 검은 것을 지킨다고 한데에서부터 여기에 이르기까지 모두 금수가 서로 의지하여 사는 것을 말하였다. 이로써 앞 절에서 말한 두 개의 공혈이 가지는 뜻을 끝맺는 것이다."[366]라고 하였다.

3 真人至妙, 若有若無 : [참동고]본에서는 "장차 심의 煉氣, 煉精,

---

364 "此言金水結成神室而元神依之之事也."

365 "其始也, 肺金下生腎水故曰金爲水母, 其終也. 腎水上涵肺金, 故曰母隱子胎, 以人事言之, 此卽母懷子胎之象也."

366 "其始也. 腎神上稟肺氣, 故曰水者金子, 其終也. 腎神上朝肺室, 故曰子藏母胞. 以人事言之, 此卽子在母胞之象也 自知白守黑至此, 皆言金水之互宅, 以終前節兩至孔穴之意."

煉神을 말하는 고로 특별히 진인이라 칭한다. 진인은 心이다. 삼재의 상으로 보면 하늘에는 금의 氣가 위에 있고, 땅에는 토의 精이 아래에 있으며, 사람은 그 가운데 거하면서 병립하니 세 가지가 그 心의 神이 간직한 것뿐이다. 그러므로 선경에서는 심장을 강궁진인絳宮眞人이라 하는데, 강궁은 심장의 집이고, 진인은 심장의 神이다. 여기에서는 심장이 폐와 비장의 중간에 있고, 폐와 비장의 기운을 운행하므로 사람에 있어서는 천지가운데에서 천지기운을 다스리는 것과 같아, 그 쓰임이 지극히 묘하고, 묘함을 말하고 있다."[367]라고 하였다.

4 髣髴大淵, 乍沈乍浮 : [참동고]본에서는 "대연大淵은 소호금천씨小昊金天氏의 음악이다. 악성이 흘러 충만하나 보아도 보이지 않음이 기와 비슷하다. 그래서 비유를 삼은 것이다. 반드시 금천씨의 음악을 취하니 무릇 일신의 영위지기榮衛之氣는 모두 폐에서 생하고, 폐는 금에 속하니 금천씨인 것이다. … 대개 강궁진인이 선처럼 가늘게 이어지는 기운을 다스리는 것이 금천씨의 대연의 음악과 같다."[368]고 하였다.

5 退而分布, 各守境隅 : [천유]에서는 "금과 수가 서로 만나는 때에서는 함께 중앙에 있다가 서로 어우러지고 나서 물러날 때에는 진인이 가운데에 자리 잡아 남아있고, 이 둘은 전처럼 아래와 위로 나뉘어져 펴져서 하나는 남쪽, 하나는 북쪽으로 각각 한 구석씩 경계를 지키게 된다."[369]고 하였다.

[주해]본에서는 "元神이 출현하면 납이 가라앉고, 은이 떠오르니 각자 경우에 맞게 된다. 진인은 元神이다."[370]라고 하였다.

---

367 "將言心之煉氣煉精煉神故特稱眞人, 眞人爲心也. 三才之象, 天以金氣在上, 地以土精在下, 人處其中竝立爲三者, 以其心之藏神而已. 故仙經號心爲絳宮眞人, 絳宮心之宅也. 眞人心之神也. 此槪言心在肺脾之中, 幹運肺脾之氣. 猶人在天地之中, 綱綸天地之氣而其爲用至妙至妙也."

368 "大淵小昊金天氏之樂也. 樂聲流動充滿, 視之不見, 有似乎氣, 故取以爲喩, 其必取金天氏之樂者, 凡一身榮衛之氣, 皆生乎肺而肺屬金且金天氏. … 絳宮眞人調馴其細細如線之氣, 若金天氏大淵之樂音也."

369 "金水交會之際, 同在中央及旣交而退, 眞人處中, 兩者依舊分布上下, 一南一北各守境隅矣"

370 "元神出現則鉛沈銀浮各守境隅矣. 眞人元神也."

[참동고]본에서는 "강궁진인이 세세히 기운을 폐를 따라 내려 간에 분포시켜서 간의 부분을 지키고, 비장에 분포시켜서 비장의 부분을 지키며, 신장에 분포해서는 신장의 부분을 지키니 마치 대지가 만 가지의 기운을 가지나 본래에는 하늘에 근본한 것과 같다. 실제로는 리괘의 해에 연유하고, 천지간에 자리하면서 그 공용을 맡고 있는 것이다."[371]라고 하였다.

고찰 [참동고]에서는 이상을 3장 1절로 삼고, 리괘의 초효로써 氣의 수련이라 하였다. 시작과 끝이 한 가지 뜻이며, 양획의 실함을 상징한 것이다.

25. 采之類白章 … 第二十五

원문 採之類白, 造之則朱。鍊爲表衛, 白裏貞居。方圓徑寸, 混而相拘。先天地生, 巍巍尊高。

국역 이를 채취하면 흰 종류이지만 이것을 주조하면 이내 붉은 색이다. 단련하여 겉을 지키면 흰 것이 속에서 바르게 자리하게 된다. 모난 것과 둥근 것의 지름이 1촌인데, 섞여서 서로 구속하고 있다. 하늘과 땅보다 먼저 생기고, 높이 우뚝 솟은 듯 존귀하다.

교감 1 採之類白 : [참동고]본에서는 "望之類白"이라 하였다.
2 白裏貞居 : [천유]본, [주해]본에서는 "白裏眞居"라 하였다.
3 混而相拘 : [발휘]본에서는 "混而相扶"라 하였다.

구문해설 1 採之類白, 造之則朱 : 처음에 채취할 때에는 흰색에 속하는 종류였지만 주조를 하면 붉게 변한다는 것으로 흰색은 납[鉛]을 말

371 "絳宮眞人導達其細細如線之氣從肺降下而分布于肝使守肝之境遇分布于脾使守脾之境遇分布于腎使守腎之境遇如大地萬有之氣雖本于天而實由離日居天地之間司其功用也."

한다. 흰색은 23장에서 금의 정수라 하였고, 북방 감괘에 깃들은 양효를 검은 납속의 금빛 정화로 비유했는데 이것이 곧 채취해야할 금단金丹이다. 금단을 채취할때에는 흰색이지만 불로 달구면 붉어진다는 뜻의 구절이다. 내단적으로도 하단전에서 단을 채취하여 화후를 통해 단련하는 과정으로 해석된다.

2 鍊爲表衛(련위표위), 白裏貞居(백리정거) : 외단적으로 화로의 불이 솥의 겉을 달구고, 금단이 솥 안에 잘 있는 것을 묘사하였다.

3 方圓徑寸(방원경촌), 混而相拘(혼이상구) : 금단의 형상을 묘사한 것으로 보여지는데 '方圓(방원)'은 일반적으로 '天圓地方(천원지방)'의 의미로 둥글고, 모난 형태를 묘사한 것으로도 쓰이지만 둘레길이를 의미하기도 한다. '徑(경)'또한 지름을 의미하는데 금단의 크기가 대략 1촌에 해당한다고 보여진다. 이러한 금단은 금과 수의 혼합으로 이루어진 것이다.

4 先天地生(선천지생), 巍巍尊高(외외존고) : 하늘과 땅의 탄생에 앞서 생겼다는 것은 우주 발생론에 해당하는 표현이다. 천지가 생기기 전에 우주가 하나의 기운으로 응결된 상태를 말하며, 이때부터 존재한 진일의 원기가 인체 내에도 존재하여 선천으로 돌아가는 기틀이 됨을 의미한다. 《노자·도덕경》 25장에 "有物混成(유물혼성) 先天地生(선천지생) 寂兮寥兮(적혜요혜), 獨立不改(독립불개) 周行而不殆(주행이불태) 可以爲天下母(가이위천하모), 吾不知其名(오불지기명) 字之曰道(자지왈도)"라는 구절과 유사하다.

각가주 **1** 採之類白(채지류백), 造之則朱(조지즉주) : [참동고]본에서는 "氣(기)가 精(정)을 생하는 것을 말하였다. 정은 밖으로는 흰색의 거품처럼 보이지만 수련을 통해 단전의 재료로 형성되는 고로 붉다고 한다. 일설에 의하면 붉은 것은 혈이고, 정과 혈은 근원이 하나이므로 정이 변화하여 혈이 되고, 혈이 변화하여 정이 된다."[372]고 하였다.

2 鍊爲表衛(련위표위), 白裏貞居(백리정거) : [참동고]본에서는 "수련의 공이 깊어지면 정액이 충만하여 여러 장기를 적시고, 맥의 밖으로 위기가 청명해지는데

372 "氣之生精. 精自外望見如泡漚之白及其修煉製造則盡是丹田之材料故曰朱. 一說朱血也. 精血本一物故精化則爲血, 血化則爲精也."

이르게 된다. 만약 신실을 이루는 성곽이 견고해지면 신이 바르게 되어 백색의 精室에 거처하게 된다."[373]고 하였다.

3 方圓徑寸, 混而相拘 : [발휘]본에서는 "'方圓徑寸'은 니환궁泥丸宮을 이른다. 요즘 사람들이 단순히 심을 방촌方寸이라하는데 이는 사람의 몸에 세 개의 단전이 있음을 모르는 소치이다. 그 가운데는 모두 비어서 1촌이 되며, 기맥이 모두 서로 통하고 있다. '混而相拘'는 머리에 아홉 개의 궁이 있고, 니환궁이 그 가운데에 거처함을 이른 것이다"[374]고 하였다.

[천유]본에서는 "中黃의 神室 안은 지름이 1촌에 불과한데 둥글기는 하늘을 닮고, 모나기는 땅을 닮았다. 가운데 진인이 있어 혼란스레 섞여 있는 모습이 마치 계란과 같다."[375]고 하였다.

[주해]본에서는 "이는 신실의 법상을 말한 것이다."[376]라고 하였다.

[참동고]본에서는 "모났다는 것은 신장의 좌우에 두 개의 쌍으로 있는 것으로 땅의 도가 모난 것이다. 둥근 것은 심장의 상이 하늘을 닮아 둥근 것이다. 직경이 1촌인 것은 심장과 신장의 내부직경이 모두 종횡으로 1촌이기 때문이다. 혼합하여 서로 얽힌다는 것은 심장에 쌓인 정과 신장에 쌓인 정이 혼합되어 하나의 물건을 만드는 것을 말한다."[377]고 하였다.

4 先天地生, 巍巍尊高 : [발휘]본에서는 "니환이라는 一穴은 사람 몸의 모든 구멍에서 으뜸이 되는데 이러한 혈이 열리면 나머지 혈들도 열리게 된다. 니환궁이 곤륜산의 정상에 있으니 이내 元神이 거하는 곳이 되는 것이다."[378]라고 하였다.

---

373 "修煉功深精液充滿諸臟潤及脈外衛氣清明, 堅剛若城郭於神室則神乃貞一居往于精室白色之裏也."

374 "方圓徑寸, 謂泥丸宮也. 今人但謂心爲方寸, 殊不知人身三田, 其中皆虛一寸, 而氣脈皆相通也. 混而相扶, 謂頭有九宮, 而泥丸宮居其中."

375 "中黃神室之中, 不過徑寸, 圓以象天, 方以象地, 中有眞人居之, 混混沌沌, 形如鷄子."

376 "此言神室法象也."

377 "方者腎左右兩雙, 象地道之方也. 圓者心臟, 象天道之圓也. 經寸者心腎內徑, 皆縱橫一寸也. 混而相拘謂心藏所儲之精,腎臟所儲之精, 混合拘攣遂成一物也."

378 "泥丸一穴, 乃一身萬竅之祖竅, 此竅開則衆竅齊開也. 泥丸宮在崑崙峰頂, 乃元神所居

[천유]본에서는 "지름이 1촌인 곳을 현관玄關 이라 한다. 현관은 크게 우주의 육합을 포함하고, 작게는 작은 먼지에까지 들어간다. 하늘과 땅이 생기기 전에 이 구멍이 생겼으니 이름하여 하늘 가운데 하늘이요, 원시조기元始祖炁를 간직하고 있다."[379]라고 하였다.

[주해]본에서는 "처음에 50일은 단이 생기는 시작이고, 중간의 50일은 단이 생기는 중간이며, 뒤의 50일은 단이 생기는 마무리이다. 처음 열릴 때에는 기장쌀만하여 금단金丹이라 이름하고, 중간에 열릴 때에는 참새알만 하여 금액환단金液還丹이라 부른다. 뒤에 열릴 때에는 계란만 하고, 금액대환단金液大還丹이라고 이름한다."[380]고 하였다.

[참동고]본에서는 "의서에서 말하는 두 개의 정이 부딪쳐 신을 생한다고 하는 것은 대개 심장과 신장의 정이 섞여 뒤엉킨 것이다. 괘상으로 보면 리괘의 1, 3효의 양과 감괘의 1, 3효의 음이 바뀌고, 또는 감괘의 중효 1양과 리괘의 중효 1음이 바뀌면서 서로 부딪히면 순수한 건괘의 몸이 이뤄지는 것이다. 두 개의 토인 戊己(무기)의 精(정)들이 부딪쳐 神(신)이 되는 것이다. 신에는 두 가지 뜻이 있다. 유가에서 말하는 '목의 神(신)은 仁(인)이고, 화의 神(신)은 禮(예)이며, 금의 神(신)은 意(의)이고, 수의 神(신)은 智(지)이며, 토의 神(신)은 信(신)이다.'라고 하는 것은 이치로써 말한 것이다. 의가에서 이르는 '혼신의백이 모두 신'이라 말하는 것은 기운으로써 말한 것이다. 요약하면 하나인데 다만 유래한 바가 다를 뿐이다. 하늘과 사람의 본성과 천명이 본래 다른 것이 아니다. 아직 생기기 이전으로부터 말하자면 천지가 있기 전에 사덕이 있어서, 열리고 닫히는 가운데 간직되어 있고, 몸의 형체가 생기기전에는 먼저 오성이 있어서 움직이고 멈추는 가운데 간직되어 있었다. … 이른바 천지보다 먼저 생겼다는 것이 그러한 뜻이다."[381]라고 하였다.

之位."

379 "徑寸之地, 卽玄關也. 玄關一竅, 大包六合, 細入微塵. 未有天地, 先有此竅, 號爲天中之天, 內藏元始祖炁."

380 "初五十日丹生之始, 中五十日丹生之中, 後五十日丹生之終. 初開之生如黍米大此名金丹. 中開之生如雀卵此名金液還丹. 後開之生如雞子此名金液大還丹."

381 "醫書稱兩精相搏而生神. 蓋心腎兩藏之精, 混合拘攣, 則是, 於卦象, 爲離之初上二陽, 下

26. 旁有垣闕章 … 第二十六

원문 旁有垣闕, 狀似蓬壺。環匝關閉, 四通踟躕。守禦密固, 閼絕姦邪。曲閣相通, 以戒不虞。可以無思, 難以愁勞。神氣滿室, 莫之能留。守之者昌, 失之者亡。動靜休息, 常與人俱。

국역 주위에는 담장과 문이 있는데, 마치 봉래산과 같다. 빈틈없이 둘러싸면서 막혀있고, 사방으로도 빠져나갈 수 없다. 지키고, 막아서 치밀하고, 견고하게 하면 간사함을 막게 된다. 누각이 굽이굽이 이어져 있듯이 헤아리지 못함을 경계한다. 가히 생각을 없앨 수 있고, 이로써 근심하거나 수고롭지 않게 된다. 신기가 방안에 가득 차니 맘대로 머무르게 할 수 없다. 잘 지키는 자는 흥하고, 잃는 자는 망한다. 동정과 휴식 모두 사람과 함께 한다.

구문해설 **1 旁有垣闕, 狀似蓬壺** : '垣'은 담장을, '闕'은 문을 의미한다. '蓬壺'는 봉래산蓬萊山을 뜻하는데 《사기·봉선서》에서 이르기를 서해해상에 있었던 신선의 산이라 하였다. 바닷물에 둘러싸인 산이면서 쉽게 범접하기 어려운 신선의 산처럼 특별한 구역이라는 뜻이다.

2 環匝關閉, 四通踟躕 : '環匝'은 빙 둘러 있는 것을 말하고, '關閉'는 잠겨서 닫혀있다는 뜻이다. '踟躕'는 망설이고, 주저하는 모습을 말하여, 이도저도 할 수 없는 상태를 의미한다. 20장에서 '閉塞其兌'라 한 것과 상통한다.

3 守禦密固, 閼絕姦邪 : 내단적으로는 눈과 코와 귀와 입을 굳게 닫어 간사한 것을 막아 들어오지 못하게 하는 것과 같다.

易坎之初上二陰, 又爲坎之中間一陽, 上易離之中間一陰, 互相搏易, 遂成純乾之體, 而戊己二土兩精相搏神於是乎生矣. 神有二義, 儒家云, '木神曰仁, 火神曰禮, 金神曰義, 水神曰智, 土神曰信', 此以理言也. 醫家云, '魂神意魄, 皆名爲神'. 此以氣言也. 要之則一, 所從言有不同焉耳. 大抵天人性命, 本無二致. 自其有生之前而言之, 則未有天地, 先有四德, 藏于闔闢之中, 未有形身, 先有五性, 藏于動靜之中. … 所謂先天地生者然也."

4 曲閣相通, 以戒不虞 : '曲閣'은 굽이친 누각의 모습인데 이러한 누각의 선이 이어져 있음을 말하였다. '以戒不虞'는《주역·췌괘萃卦 대상전大象傳》에 "君子以除戎器, 戒不虞"라 한 것과 유사한데 헤아리지 못함을 경계한다고 하였다.

5 可以無思, 難以愁勞 :《주역·계사상전》제10장 "易无思也, 无为也"라는 구절과 상통하는데 易의 본질이 잡념을 비우고, 무위로써 행하는데 있음을 표현한 것과 같다.

6 神氣滿室, 莫之能留 : 무위로 수행하면 神氣가 저절로 가득 차게 되는데 이러한 상태가 되면 능히 머무르게 하거나 가게 하지 못한다는 뜻이다.

7 守之者昌, 失之者亡 : 이는《황제내경소문》〈이정변기론移精變氣論〉의 "得神者昌, 失神者亡",《황제내경영추》의 "失神者死, 得神者生"과 유사하다. 神氣의 축적과 이를 지키는 것이 중요함을 강조하였다.

8 動靜休息, 常與人俱 : 신기가 언제나 함께 해야함을 의미한다.《참동계》66장의 "寢寐神相抱, 覺悟候存亡"과 의미가 상통한다.

각가주 1 旁有垣闕, 狀似蓬壺 : [참동고]본에서는 "오장 가운데 심과 간은 서로 연결되어 있고, 五志 가운데 신과 혼은 같은 것인 고로 수련에서도 비록 욕심을 절제하고, 정을 쌓는 것이 요점이지만 분노로 간을 상하는 것을 절제하지 못하면 신이 크게 손상받게 된다. 그러므로 煉神의 법에서는 마땅히 간의 기운을 기르는 것을 겸해야 한다. 간은 담을 포함하고 있고, 심장의 왼쪽에서 마치 박을 드리운 듯 한 형태이므로 주위에는 담장과 문이 있는데, 마치 봉래산과 같다고 하였다."[382]라고 하였다.

2 環匝關閉, 四通踟蹰 : [참동고]본에서는 "빙둘러 있는 것은 간의 계통이 횡격막을 관통하고, 심장에 락하며, 위로 폐의 속에 도달하는 것을

382 "五臟之中心肝相連, 五志之中神魂同體, 故修煉之法, 雖以節慾儲精爲要然, 若不能制其怒以傷肝氣, 則其所以害於神大矣. 故煉神之法, 當兼養肝臟也. 肝包膽, 外蔽心左旁, 其形如垂匏, 故曰旁有垣闕, 狀似蓬壺."

말한다. 사방으로 통한다는 것은 간이 눈에 통하는 것으로 눈은 주위 사방을 두로 보기 때문이다. 그러므로 의서에서 간의 정이 성하면 시력이 밝아진다고 하였다."[383]라고 하였다.

3 守禦密固, 閼絕姦邪 : [참동고]본에서는 "간은 모려와 결단의 기관이므로 精이 왕성하면 능히 심신을 보좌하며 간사함을 막게 된다. 간사함은 다름아니라 편벽되고, 음란한 생각이다."[384]라고 하였다.

4 曲閣相通, 以戒不虞 : [참동고]본에서는 "간의 맥락은 심장의 神室과 통하는데 마치 궁궐의 누각들에 길이 있는 것과 같다. 그러므로 神室은 혹 외사의 간섭과 침범이 있으면 간이 먼저 노하니 허물을 경계하는 것이라 하였다."[385]라고 하였다.

5 可以無思, 難以愁勞 : [참동고]본에서는 "윗 구절의 '無思'는 심을 말한 것이고, 아랫구절의 '難愁'는 간을 말한 것이다. … 이상이 2절로 리괘의 중효, 精의 수련이다. 전반의 심장에 대해 후반의 간장은 음효를 분석한 상징이다."[386]라고 하였다.

6 旁有垣闕, 狀似蓬壺 … 動靜休息, 常與人俱 : [주해]본에서는 "이 장은 神室의 법상을 이어서 말했다. 힘을 다하여 마를 경계하고 막는 것이다. 마라는 것은 外道이다."[387]라고 하였다.

고찰 [참동고]에서는 25장과 26장의 "～可以無思, 難以愁勞"구절까지를 3장 2절로 보고, 리괘의 중효, 精의 수련으로 보았다. 전반은 심장을, 후반은 간장의 상이고, 음효의 분석을 하였다. 또한 "神氣滿室, … 常與人俱"구절을 3절로 보고, 리괘의 상효인 神의 수련이라 하였다. 리괘, 심

---

383 "環匝, 謂肝之系, 貫膈絡心, 上達肺中也. 四通謂肝通目, 目所以周視四外, 故醫書言肝精盛則視明也."

384 "肝爲謨慮決斷之官故精盛則能佐心神閼絶其姦邪, 姦邪如非辟淫泆之念是也."

385 "肝之脈絡相通於心臟之神室, 如宮闕之有閣道故神室或有外邪之干犯則肝先怒之所謂戒之虞也."

386 "上句無思結前半之言心也, 下句難愁結後半之言肝也. … 以上爲第二節離之中爻精之修煉也. 前半之心臟對後半之肝臟象陰爻之析."

387 "此章繼神室法象而力陳儆戒盖防魔也. 魔者外道."

장, 약물이다. “내경에 이르기를 심장은 神을 간직하고, 一身의 주인으로 七情을 조절한다. 금단정리金丹正理에 이르기를 사람 몸에는 9궁이 있어 심장은 강궁진인絳宮眞人, 신장은 단혈진인丹穴眞人, 간은 난대궁진인蘭臺宮眞人, 폐는 상서궁진인尙書宮眞人, 비장은 황정궁진인黃庭宮眞人, 담은 천령궁진인天靈宮眞人, 소장은 현령궁진인玄靈宮眞人, 대장은 말령궁진인末靈宮眞人, 방광은 옥방궁진인玉房宮眞人이 있고 모두 강궁진인의 통제를 받는다.”[388] 라고 하였다.

27. 是非歷臟法章 … 第二十七

원문 是非歷藏法, 內視有所思, 履行步斗宿, 六甲以日辰。
陰道厭九一, 濁亂弄元胞。食氣鳴腸胃, 吐正吸外邪。
晝夜不臥寐, 晦朔未嘗休。身體日疲倦, 恍惚狀若癡。
百脈鼎沸馳, 不得清澄居。累土立壇宇, 朝暮敬祭祠。
鬼物見形象, 夢寐感慨之。心歡意悅喜, 自謂必延期,
遽以夭命死, 腐露其形骸。舉措輒有違, 悖逆失樞機。
諸術甚衆多, 千條有萬餘, 前却違黃老, 曲折戾九都。

국역 역장법이나 내관으로 생각을 지키는 것, 북두와 28수를 밟고, 육갑으로 일진을 붙이는 것은 옳지 않다. 음도는 구천일심에 만족되지 못하여 불결하고 난잡스럽게 자궁을 희롱한다. 기를 먹는 경우에 장과 위를 소리 내어 울리게 하나 오히려 정기는 토해내고, 바깥의 삿된 기운을 마신다. 낮에도 밤에도 자리에 눕지 않고, 1달 내내 쉼없이 하게 되면 몸이 날로 피로해지고, 황홀한 것이 마치 바보가 된 듯하다. 백맥이 솥에서 끓어오르듯이 내달리니 맑게 살수가 없다. 흙을 쌓아 제단을 세우고, 아침 저녁으로 공경스럽게 제사를 모신다. 귀신형상의 물체가 나타나니 꿈속

388 “內經曰心藏神爲一身君主統攝七情, 酬酌萬機, 金丹正理曰身中有九宮眞人, 心爲絳宮眞人, 腎爲丹穴眞人, 肝爲蘭臺宮眞人, 肺爲尙書宮眞人, 脾爲黃庭宮眞人, 膽爲天靈宮眞人, 小腸爲玄靈宮眞人, 大腸爲末靈宮眞人, 膀胱爲玉房宮眞人, 皆統於絳宮眞人.”

에서 느끼어 감개무량해 한다. 마음이 기쁘고, 즐거워 스스로 반드시 수명이 연장될 것으로 여기나 갑자기 요절하여 죽고, 길거리에서 그 시체가 썩을 뿐이다. 행동이 민첩하나 어긋나 있으니 어그러지고, 뒤집혀 그 핵심적인 기틀을 잃게 된 것이다. 이러한 모든 술수들이 심히 다양하고, 많아서 천 가지 만 가지에 달하지만 진퇴에 있어 황노사상을 어기고, 내용에 있어 구도九都의 정신을 배반하였다.

교감 **1** 履行步斗宿(리행보두수) : [발휘]본에서는 '履斗步罡宿(이두보강수)'[389]라 하였고, [주해]본, [참동고]본에서는 "履斗步綱宿(이두보강숙)"라 하였다.
2 六甲以日辰(육갑이일진) : [발휘]본에서는 '六甲次日辰(육갑차일진)'이라 하였다.
3 心歡意悅喜(심환의열희) : [발휘]본, [주해]본에서는 '心歡而意悅(심환이의열)'이라 하였다.
4 千條有萬餘(천조유만여) : [참도고]본에서는 "千條更萬餘(천조갱만여)"라 하였다.

구문해설 **1** 是非歷藏法(시비력장법) : '是非(시비)'는 '옳지 않다'로 해석하였다. '歷藏法(력장법)'에서의 '藏(장)'은 오장을 의미한다. 오장을 경유시키면서 운기하는 수행법으로 보인다. 《황정경》에서 말하는 오장신五臟神을 존사存思하는 것과 유사하다. 이러한 방법은 금단의 바른 도가 아니라는 취지의 문단이다.
2 內視有所思(내시유소사) : 내시內視, 내관법內觀法과 존사법을 이른다. 자신의 마음이나 오장, 단전등을 안으로 보는 수행법이고, 오장과 단전의 신을 이름과 형상을 지어 생각하는 존사存思법을 말하였다.
3 履行步斗宿(리행보두수) : 북두칠성을 비롯해서 하늘의 별자리를 땅위에 가상으로 정해놓고 그것을 밟는 행위를 말한다. 여기에는 주술적인 의미가 내포되는데 일종의 부록符籙을 받는 행위라고 할 수 있다. 별자리의 정기를 받는 것으로 삼보구적三步九跡, 우보禹步와 유사하다.
4 六甲以日辰(육갑이일진) : 육갑은 갑자, 갑인, 갑진, 갑오, 갑신, 갑술 이렇게 6일에

---

389 강罡은 사정四正을 바르게 한다는 뜻이다. 사정이란 자(子 : 정북), 오(午 : 정남), 묘(卯 : 정동), 유(酉 : 정서)의 네 방위를 말하는 것으로 천지를 바르게 지키고 세운다는 뜻이다. 즉 북두칠성의 '천추', '천선', '천기', '천권'을 말하는 것이며, 이 네 별로 둘러싸인 사각형의 공간을 선기옥형璇璣玉衡이라고 하는데 이는 똑바른 정사를 의미한다.

해당하는데 이러한 일진이 일월성신과 연관되어 수행했던 것을 말한다고 본다. 하지만 정확히 현재 통용되는 만세력의 사주팔자형태를 의미하는지, 아니면 별도의 수행법이 있었는지는 알 수 없다.

5 陰道厭九一, 濁亂弄元胞 : '陰道'는 방중술을 의미하는 것을 보인다. '九一'은 구천일심九淺一深의 방중기예를 의미한다. 성욕을 제어해야 하는 방중술에서 갖가지 기예를 사용하다보면 이미 문란해져 여자의 음정을 흡입하기는 커녕 불결하고 난잡하게 되어 자궁을 희롱하기만 한다고 할 수 있다.

6 食氣鳴腸胃, 吐正吸外邪 : 이는 토고납신土故納新하는 복식服食, 복기服氣의 법을 가리키는 것으로 보인다. '鳴腸胃'는 인위적으로 호흡을 일으키면서 배에서 소리가 나는 것을 의미한다. 부자연스러운 과정인 것이다. 이러한 옳지 못한 방법을 하게 되면 오히려 탁한 기를 마시고, 바른 기는 내보내게 된다는 뜻이다.

7 身體日疲倦, 恍惚狀若癡 : 밤에 잠을 자지 않고 수행을 하면 자기도 몰래 몸이 피곤하여 헛것이 보이거나, 몽롱한 상태가 되는데 이러한 경계는 절대로 바른 수행의 과정이 아님을 보인 것이다.

8 百脈鼎沸馳, 不得淸澄居 : 결국 모든 혈맥이 요동치고, 불안정해져서 수행의 기본인 맑고 투명한 정신상태는 얻지 못하게 된다.

9 累土立壇宇, 朝暮敬祭祠 : 제단을 쌓고, 아침저녁으로 제사를 지내는 것은 대표적으로 우상을 모시는 것으로 이 또한 삿된 수행법으로 지적하였다.

10 鬼物見形象, 夢寐感慨之 : 밤낮을 자지 않고 몸을 혹사시키면 몽롱해지듯이, 밤낮으로 제사를 지내다보면 외부의 사물에 기대는 마음에서 비롯되므로 귀신의 형상을 보게 되는데 꿈같이 나타나는 그러한 현상 또한 자신이 지어내는 것이고, 모두 헛된 일이라는 주장이다.

11 心歡意悅喜, 自謂必延期, 遽以夭命死, 腐露其形骸 : 이러한 모든 수행법들이 궁극으로 수명연장에 뜻이 있음을 보여주는 문장이다.

그 목표가 수명연장인데 오히려 요절하거나 길거리에서 시체가 썩을 정도로 말로가 비참하다는 것이 그것을 더욱 부각시킨다.

12 前却違黃老, 曲折戾九都 : '前却'은 문어적으로 진퇴, 즉 진행과정을 의미한다. '曲折'은 '내용'으로 해석된다. '九都'는 황제나 노자가 구궁의 동굴방 속에서 공부한 것에서 유래된 것[390]으로 보인다. 즉, 과정과 내용이 황노의 사상에 어긋난다고 하여 비판하였다.

각가주 **1** 是非歷藏法, 內視有所思, 履行步斗宿, 六甲以日辰 : [참동고]본에서는 "脾臟은 오지에서 '意'인 고로 '是非'라 하였다. '是非'란 옳고 그름을 따져 논하는 것이다. '藏'은 '臟'과 통하니 '歷藏法'은 장부를 만지고, 통과하는 법을 이른다. 여러 가지 법 중에서 오직 내시법이 최고다. 대개 존상, 운기, 북두의 건을 밟기나 28수의 강기綱紀를 밀어 밟는 것은 대대待對의 본체인 선천을 얻는 것이다. 육갑의 운행에 응하거나 60시진의 날짜를 참고하는 것은 유행의 작용인 후천을 얻는 것이다. 그렇기 때문에 법에 있어서 바르게 하고, 편벽됨이 없으면 마음이 좋게 드러나고, 바르게 이뤄진다."[391]고 하였다.

2 陰道厭九一, 濁亂弄元胞 : [참동고]본에서는 "음도수련이란 옳은 듯 하지만 틀린 것이다. 九一이란 태식의 절차이다. 세상 사람들이 태식이라고 하는 것은 아이가 어미의 자궁에 있을 때 배꼽을 통해 엄마의 호흡을 따라하는 것으로 그 호흡이 위로 기관에 이르고, 아래로는 기해에 이른다. 모름지기 기러기털로 코와 입에 대고 숨이 멈춘 때부터 배꼽으로 호흡하는 동안 수를 세어 혹 81, 혹 120수가 되면 입으로 기를 토하는 것이니 이것이 아홉 마디로 9×9=81이다. 호흡은 마땅히 자연스러운 절도를 따라야만 하는데 지금 이와 같이 복잡하다. 게다가 아이가 어미의

---

390 참동계천유, 위백양저, 주운양진인주석, 자유출판사인행, p. 126 "大約比黃老復命歸根之功, 卽非黃老九宮洞房之奧."

391 "脾於五志主意故曰是非, 是非猶言褒貶論難也. 藏通作臟, 歷藏法爲按歷臟腑之法也. 言諸法之中惟內視一法最有思量. 蓋以存想運氣機履北斗之建而推步綱紀之二十八宿者得先天待對之體也. 應六甲之運而參互時日之六十辰者得後天流行之用也. 所以於法中正無偏乃此心之發所當好而直遂者也."

자궁에 있을 때 반드시 이렇지는 않는다. 혹 9번, 혹 1번이더라도 그 호흡이 그러하면 탁하고 어지럽게 그 자궁을 희롱하게 된다."[392]라고 하였다.

고찰 [참동고]에서는 "～陰道厭九一, 濁亂弄元胞"까지를 제4장 1절로 보아 곤괘의 초반 획을 의미한다고 하였고, "食氣鳴腸胃 … 曲折戾九都" 구절을 4장 2절로 보아 곤괘의 초반 획의 의미가 아닌 것이라 하였다.

28. 明者省厥旨章 … 第二十八

원문 明者省厥旨, 曠然知所由。勤而行之, 夙夜不休。
服食三載, 輕擧遠遊。跨火不焦, 入水不濡。能存能亡,
長樂無憂。道成德就, 潛伏俟時。太一乃召, 移居中洲。
功滿上升, 膺籙受圖。

국역 눈 밝은 이가 그 뜻을 살피면 그 말미암은 바를 확연히 알 것이다. 부지런히 행하고, 아침저녁으로 쉬지 않으면서 복식服食을 3년간 행하면 거동이 가벼워지면서 멀리 이동하는 능력이 생기게 된다. 불에 들어가도 불타지 않고, 물에 들어가도 젖지 않으며, 능히 나타났다 사라지고, 오래토록 즐겁고, 근심이 없게 된다. 도와 덕을 성취하니 숨고 엎드려 때를 기다린다. 태일의 부름을 받아 중주中洲로 옮겨 살게 된다. 공이 가득 차게 되면 하늘로 올라가게 되어 비기秘記와 그림을 받게 된다.

교감 1 服食三載 : [천유]본, [주해]본에서는 '伏食三載'라 하였다.
2 功滿上升 : [발휘]본에서는 '功滿上昇'이라 하였다.
3 太一乃召 : [발휘]본, [주해]본, [참동고]본에서는 '太乙乃召'라 하였다.

---

392 "陰道修煉之似是而非者也. 九一胎息之節也. 世之爲胎息者曰兒在母胞, 以臍隨母呼吸而呼吸之, 故其息上至氣關下至氣海也. 遂以鴻毛着口鼻之上, 初閉氣時, 以臍呼吸而數之, 或至八十一或至一百二十然後乃以口吐氣出之, 九節, 九九八十一也.夫呼吸當循其自然之節而今其支離如此況兒在母胞未必以或九或一爲其息之節則反不免爲濁亂玩弄其元胞."

구문해설 **1** 明者省厥旨，曠然知所由 : '厥旨'는 '그 뜻'이라 해석한다. '曠然'은 마음이 넓고, 환한 모습을 나타내는 형용사이다. 《참동계》의 표현들이 은유적이고, 이해하기 어렵기 때문에 좌절하지 말고, 그 이면의 본뜻을 잘 살피라는 뜻이다.

2 夙夜 : '夙'은 이른 아침을 뜻한다. 밤낮으로 쉬지 않음을 의미한다.

3 服食三載 : '服食'은 단약을 복용하는 것을 말하는데 이는 내단, 외단 모두에 해당하는 과정이다. '三載'는 3년을 말하는데 복식공부에 소요되는 시간이다. 이러한 기간에는 입실하여 멀리 나가는 것을 삼가게 된다.

4 輕擧遠遊。跨火不焦，入水不濡。能存能亡，長樂無憂。: 복식삼재를 마친 이후의 변화를 설명하였다.

5 道成德就，潛伏俟時 : 엎드려 때를 기다린다는 것은 마치 온양溫養 과정과 유사하다. 인간 세상에 숨어 공을 쌓으며, 때를 기다린다는 의미이다.

6 太一 : '太一'은 太乙이라고도 하는데 별자리에서 나온 이름이다. 자미궁紫微宮안에 있는 북극오성의 두 번째 별을 의미한다. 임금의 별을 뜻하고, 주변 별들은 태자, 후궁, 서자등 왕들의 가족 별들이 된다. 1000년 전만 해도 북극오성의 다섯 번째 별인 천추성이 북극성이였기 때문에 그 중 가장 밝은 별인 두 번째 별이 태일성이 된 것으로 보인다.[393]

7 中洲 : '中洲'는 우주의 중심으로 太一의 거주지를 의미한다. 우리가 사는 곳 밖에 4개의 바다가 있는데 그 가운데 3개의 섬이 있고, 섬들 사이에 10개의 작은 섬이 있는데 가장 위에 있는 섬을 봉래蓬萊, 방장方丈, 영주瀛洲라 하고, 가운데 있는 섬을 부용芙蓉, 낭원閬苑, 요지瑤池라 하고, 아래에 있는 섬을 적성赤城, 현관玄關, 도원桃園이라 한다. 중앙에 있는 섬이 바로 자부紫府라고 하며, 여기에 태을원군太乙元君이 산다고 한다.

---

393 《우리별자리》, 안상현지음, p.69, 현암사, 2000/현재의 북극성은 구진대성이다.

8 膺籙受圖 : '膺'은 받는다는 뜻으로 '受'와 같다. '籙'과 '圖'는 자격을 증명해줄 수 있는 비문秘文과 도기圖記를 의미한다.

각가주 **1** 明者省厥旨, 曠然知所由。勤而行之, 夙夜不休 : [주해]본에서는 "지혜로운 자는 丹과 禪의 이치를 훤히 알고, 겸하여 잘 닦아 널리 나아가 졸렬하지 않도록 한다."[394]고 하였다.

2 服食三載… 長樂無憂 : [발휘]본에서는 "이러한 과정이 3년 지나면 몸이 연기나 구름같이 되어 보행하는데 있어 마치 나는 것 같고, 가히 움직임이 가볍고, 멀리 다닐 수 있다. 크게 홍수가 나서 물이 하늘에 닿더라도, 나는 젖지 않고, 큰 가뭄에 금속만 구르고, 흙과 산이 타들어갈 때도 뜨겁지 않게 된다. 나타나고 사라지는 것이 스스로에게 달려있으며, 오래토록 즐겁고 근심이 없다."[395]고 하였다.

[주해]본에서는 "복식은 기를 굴복시켜 먹는 것이다. … 단이 완성된 후에 정과 함께 미음같은 것이 생기므로 갈증이 없어지고, 기와 더불어 물엿같은 것이 생겨 배고프지 않는다. 또한 안에서 부부가 교합했으므로 밖으로는 남녀의 욕구가 없어지고, 안으로 감리가 결합했으므로 밖으로 수화의 해로움이 없어진다. 용과 호랑이를 굴복시켰으므로 맹수가 감히 접근하지 못하고, 금과 목을 함께 결합하였으니 병장기가 해치지 못한다."[396]라고 하였다.

[참동고]본에서는 "앎과 실천이 함께 나아가기를 3년에 이르면 기가 성하고, 정이 충만해지며, 신이 왕성하여져서 가히 가볍게 걸어 먼 길을 가고, 타지도, 젖지도 않으며, 혹은 숨기고, 혹은 드러나며, 가히 근심없이 즐길 수 있게 된다."[397]고 하였다.

---

394 "智者灼見丹禪之旨, 兼修齊進門亭曠遠不佅劣也."

395 "若過此三載以後, 則身如煙雲, 行步如飛, 可以輕擧, 可以遠遊, 大浸稽天, 而我不溺, 大旱金石流, 土山焦, 而我不熱, 存亡在我, 而長樂無憂矣."

396 "伏食者伏氣而食之也. … 丹成以後精與之漿故不渴, 氣與之粻故不飢, 又內夫婦交故外無男女之欲, 內坎離交故外無水火之害, 降伏龍虎故猛獸不敢近, 交並金木故刀兵不能賊."

397 "知行竝進此及三載則氣盛精滿神旺可以輕擧遠遊可以不焦不濡可以或隱或顯可以有樂

3 道成德就, 潛伏俟時 : [참동고]본에서는 "도는 몸에서 말미암은 것이고, 덕은 마음에서 얻은 것이다. 시간은 상승하는 시기를 말한다."[398]라고 하였다.

4 太一乃召, 移居中洲 : [참동고]본에서는 "한서에 이르기를 '중궁의 천극성天極星에서 첫째로 밝은 곳에 태일이 항상 자리한다.'고 했고, 회남자에 이르기를 '자궁은 태일이 자리하는 곳이다.'라고 했다. 이들은 폐의 神을 빌려 말한 것이다. 대개 혈기가 궤도를 따라가면 혼백이 합체하여 肺金, 태일의 신의 명령을 듣지 않는 것이 없게 되며, 태일의 신은 이내 精室의 神을 불러 위로 단전의 신과 교류한다. 황정을 비춰 윤택케 하면 대단을 결성하니 소위 中州로 이동하여 거하는 것이다."[399]라고 하였다.

5 功滿上升, 膺籙受圖 : [참동고]본에서는 "상승한다는 것은 백일승천白日昇天하는 것이다. … 흰 것[白]은 肺金의 색이고, 해[日]는 心火의 상이다. 공이 가득한 후에 몸의 모든 뼈마디의 신이 혼합되어 단전에 하나로 되는데 폐금으로 상승하는 것을 말한다."[400]고 하였다.

고찰 – [천유]본에서는 [통진의]본의 79장 '維昔聖賢章'의 뒤에 이어진다. 복식수행을 통해 단이 완성되고, 그 이후의 성취과정을 묘사한 것으로 전후 문장구조로 보면 착간된 것으로 볼 수도 있다.

– [참동고]에 의하면 4장 3절을 이루며, 곤괘의 중효의 반획에 해당한다. 4장은 곤괘, 脾臟, 숱이다.

無憂."

398 "道者身之由也, 德者心之得也. 時謂上升之時也."

399 "漢書云中宮天極星其一明者太一常居, 淮南子云紫宮者太一之居, 此借言肺之神也. 蓋血氣順軌魂魄合體莫不聽命於肺金太一之神, 則太一之神乃召精室之神, 上交丹田之神, 照潤黃庭, 凝成大丹, 則所謂移居中州也."

400 "上昇卽所謂白日昇天也. … 白者肺金之色, 日者心火之象, 言功滿之後, 一身百骸之神, 混合爲一於丹田, 上昇肺金."

29. 火記不虛作章 … 第二十九

원문 火記不虛作, 演易以明之。偃月法爐鼎, 白虎爲熬樞, 汞日爲流珠, 青龍與之俱。擧東以合西, 魂魄自相拘。上弦兌數八, 下弦艮亦八, 兩弦合其精, 乾坤體乃成。二八應一斤, 易道正不傾。銖有三百八十四, 亦應卦爻之數。

국역 《화기火記》는 헛되이 지어지지 않았으니, 《역易》을 연역하여 그것을 밝힌다. 달의 이지러짐은 솥과 화로를 본 뜬 것이고, 백호는 가열하는 데 있어 중요한 것이다. 수은은 해와 같아 흐르는 구슬이 되고, 청룡이 그와 더불어 함께한다. 동쪽의 것을 들어 서쪽의 것과 합하니 혼과 백이 스스로 서로 껴안게 된다. 상현달 태괘의 수는 8이고, 하현달 간괘 역시 8이다. 상하현달이 그 정을 합치면 건곤의 몸이 이내 형성된다. 8兩이 두 개가 되니 16兩이 되어 1근에 응하니 易의 도는 바르고 치우침이 없다. 수銖는 384가 되니, 괘효의 수 또한 이에 응한다.

교감 1 偃月法爐鼎 : [발휘]본에서는 '偃月作爐鼎'이라 하였다.
2 銖有三百八十四, 亦應卦爻之數 : [주해]본과 [참동고]본에서는 본문이 아닌 주석문으로 처리하였다.

구문해설 1 火記 : 이름처럼 연단에 있어서 화후의 법을 설명한 책이다. 36장에서도 《화기육백편火記六百篇》이라 소개하고 있는데 현재에는 남아 있지 않다. 혹자는 페르시아에서 전래된 연금술서적이 아닌가하는 추측을 하기도 한다.
2 演易以明之 : 《역易》의 원리를 이용하여 연단화후의 법을 설명하였다는 것으로 참동參同이 역, 노장, 연단술을 합참하였다는 의미에 부합되는 구절이다.
3 偃月法爐鼎 : '偃月'은 쓰러진 형상의 달로써 반달을 의미한다. 달의

차고 기움을 화로와 솥에 비유함으로써 화후의 과정과 상통함을 표현하였다.

4 白虎爲熬樞(백호위오추) : '白虎(백호)'는 납인 연鉛을 의미한다. 외단의 의미로는 납을 가열했을 때 붉은 색의 연단鉛丹 Pb3O4이 나오는데 수은처럼 '丹(단)'을 만들 수 있는 금속인 것이다. 따라서, 연홍鉛汞의 관계에서 중요한 위치를 차지함을 의미한다.

5 汞日爲流珠(홍일위유주), 青龍與之俱(청룡여지구) : 납이 금에 속하고, 백호와 달로 상징되는데 반하여 수은은 목에 속하고, 청룡과 태양을 상징한다. 단사에서 수은이 흘러나올 때 마치 구슬과 같기에 '流珠(유주)'라 표현하였다.

6 擧東以合西(거동이합서), 魂魄自相拘(혼백자상구) : 동쪽은 수은을 뜻하고, 서쪽은 납을 뜻한다. 혼백 또한 마찬가지이고, 표로 정리하면 아래와 같다.

汞	木	青龍	魂	日	火	離	心	性
鉛	金	白虎	魄	月	水	坎	腎	命

【표 23】 연홍의 음양분류

7 上弦兌數八(상현태수팔), 下弦艮亦八(하현간역팔) : 상현은 월체납갑설에 의해 정丁에 해당하는데 13장의 '八日兌受丁(팔일태수정), 上弦平如繩(상현평여승)'에 해당하는 내용이다. 하현은 병丙에 해당하면서 '艮直于丙南(간직우병남), 下弦二十三(하현이십삼)'의 내용과 같은데, 같은 8의 수를 쓴다는 것은 보름달을 기준으로 8번째 날이기 때문이다. (15일 + 8일 = 23일) 태괘와 간괘의 대칭성, 상현과 하현의 대칭, 같은 8번째 날짜라는 것에서 음양수화의 교합을 암시한다.

8 兩弦合其精(양현합기정), 乾坤體乃成(건곤체내성) : 상현과 하현은 곧 앞서 말한 '偃月(언월)'을 의미한다. 양현이 서로 가진 음과 양의 정기를 합하면 건곤의 체가 형성된다. 양적인 측면으로 보면 보름달이 되어 건괘를 의미하고, 음적인 측면으로 보았을 때는 합삭合朔이 되어 곤괘를 뜻하게 된다. 이는 또한 '偃月(언월)'

이 '爐鼎'를 본받았다는 것과 상통한다. '爐鼎'는 괘로 따지면 건곤에 해당한다.

9 二八應一斤 : 이는 날짜나 무게를 재는 수數를 통해 자연과 연단술의 연관성을 설명한 구절이다. 초하루부터 8일까지는 상현에 이르는 시간이고, 보름이후 8일까지는 하현에 이르는 시간이다. 각각 합하면 '二八'이 되고, 16냥은 1근이 되므로 자연변화가 수에 대응함을 의미한다. 게다가 1근은 384수銖가 되니 주역의 효와 일치한다.

10 易道正不傾 : 역은 일월의 도라 했다. 자연의 변화가 빈틈없이 대응되어 돌아가므로 기울어짐 없이 계속된다.

11 銖有三百八十四, 亦應卦爻之數 : 앞에서 얘기한 16냥 = 1근에 대한 얘기이다. 실제 외단의 약물조제나 내단의 수련과정 설명에 있어서도 자주 언급되는 내용이다. 1괘에는 6효가 있고, 64괘가 있으니 64×6=384가 된다.

각가주 **1** 火記不虛作, 演易以明之 : [발휘]본에서는 《환단금약시還丹金鑰匙》를 인용하면서 600편은 60괘의 확대라고 보고, 60괘는 1개월에 해당하는 괘이고, 600편은 이내 10개월의 절후를 표현한 것으로 보았다. 그래서 《역》을 연역하였다 하였다.

[주해]본에서는 "화기는 고단서의 이름이다."[401]라고 하였다.

2 偃月法爐鼎, 白虎爲熬樞, 汞日爲流珠, 青龍與之俱 : [발휘]본에서는 "偃月爐가 연로鉛爐이며, 그 위치가 2번째이고, 백호가 산다. 流珠宮은 홍정汞鼎이며, 그 위치가 離에 있고, 청룡이 산다."[402]고 하였다. 즉, '偃月'과 '汞日'을 단순히 상징적인 표현이 아니라 화로와 솥의 일종으로 설명한 것이다. 또한, 백호는 하단전으로 보고, "동방청룡의 혼을 들어 서방백호의 백과 합하여 동서간에 간격이 없는 용호교구龍虎交媾가 일어나고,

---

401 "火記古丹書名."

402 "偃月爐, 鉛爐也. 其位在次, 白虎居之. 流珠宮, 汞鼎也. 其位在離, 青龍居之."

자금紫金을 생산한다."[403]고 하였다.

[주해]본에서는 "연단하는 화로와 솥에서 단전은 솥에, 기해氣海는 화로에 해당한다. 혹은 니환泥丸이 솥이고, 기해가 화로라는 두 가지 설이 통용된다. 대개 화후는 기해에서 피어나 니환을 훈증하여 참된 물처럼 단전으로 떨어지니 이름하여 현태懸胎이고, 화로의 이름은 언월偃月이다. 현태정懸胎鼎속에 성태聖胎가 달리는 것이다. 언월로偃月爐의 입구는 반달 초기의 모습이다. 사람이 만약 이러한 화로입구를 보게 되면 丹道는 반 이상 된 것이다. … 청룡과 백호는 본래 震木과 兌金의 신이다. 사람에게 있어서는 장남과 소녀이다. 용호에는 내외가 있으니 震木과 兌金은 외용호이고, 心火와 腎水는 내용호이다."[404]라고 하였다.

[참동고]본에서는 "신장은 두 개의 쌍이 있는데 좌우로 각각 기울어진 달 모양이 되어 비장의 아래에 이어진다. … 비장은 뜻을 간직하고, 신장은 의지를 간직하는데 의지가 뜻을 만드는 것처럼 화로가 솥을 단련한다. 그러므로 신장이 솥과 화로가 된다. 백호는 肝金이다. … 汞은 수은이고, 수은은 단사속에 숨어있는 것을 眞汞이라 하고, 진홍이 단사의 밖으로 나온 것을 수은이라 하는데 때때로 통용된다. 해 역시 리괘의 상이다. 流珠는 리괘속에 己土가 하강하여 따뜻하게 녹아 융화되면 교질처럼 되어 마치 구슬이 녹아 흐르는 것과 같은 것이다. 청룡은 肝木이다. 화와 목이 분리되지 않으니 심과 간이 서로 연결된 것이다."[405]라고 하였다.

---

403 "但擧東方靑龍之魂, 以合西方白虎之魄, 卽東西旣無間隔, 自然龍虎交媾, 而魂魄相投産紫金也."

404 "煉丹爐鼎, 丹田爲鼎, 氣海爲爐, 或曰泥丸爲鼎, 氣海爲爐, 二說俱通, 蓋火候發於氣海而蒸泥丸於眞水落於丹田烹煉成堅, 以此推之則爐鼎之義, 可知之矣, 又鼎之名曰懸胎, 爐之名曰偃月, 懸胎鼎中, 聖胎所懸也. 偃月爐之口, 如初弦之月也, 人若見此爐口則丹道過半矣. 靑龍白虎本震木兌金之神, 以況人之長男少女也. 有內外龍虎, 震木兌金外龍虎也. 心火腎水內龍虎也."

405 "腎有兩雙左右各如偃月承脾之下 … 脾藏意腎藏志, 志所以成意, 爐所以煉鼎, 故以腎藏爲鼎爐也. 白虎肝金也. … 汞水銀也, 水銀伏於丹砂之中者謂之眞汞, 眞汞出於丹砂之外者謂之水銀, 亦有時通用也. 日亦離象也. 流珠謂離中己土下降溫煗融化成膠如貫珠而流爍也. 靑龍肝木也. 火木不離, 心肝相連."

3 擧東以合西, 魂魄自相拘 : [주해]본에서는 "목화는 동하기 쉬운 고로 용과 수은은 머물러 쌓이기 어렵다. 홀연히 호랑이의 기운에 달여지면 금은 목을 제어하고, 수는 화를 굴복시키며, 동서가 서로 합하고, 혼백이 서로 잡으니 단약이 이뤄진다."[406] 고 하였다.

[참동고]본에서는 "들어서[擧] 합한다[合]는 것은 역시 비장의 뜻이 시키는 바이다. 동쪽은 해가 생하는 방위이고, 서쪽은 달이 생하는 방위이다. 위 문장에서 肺腎이 상대하고, 心肝이 서로 친함을 이미 말하였다. 그러므로 여기서는 비장의 뜻이 肺를 들어 腎과 합하며, 심을 들어 간과 합하니 간이 간직하고 있는 혼과 폐에 간직된 백이 자연히 서로 얽히고, 연결됨을 말하였다."[407]라고 하였다.

4 上弦兌數八, 下弦艮亦八, … 銖有三百八十四, 亦應卦爻之數 : [주해]본에서는 "그 두 가지란 兌와 艮의 수를 합한 것이다. 건과 곤이 몸체를 이루면 고르게 나타나 기울어짐이 없다."[408]라고 하였다.

고찰 [참동고]에서는 이장을 5장의 1절로 삼았고, 곤괘의 중효의 반획으로 精이 엉기는 것으로 설명하였다.

---

406 "木火善動, 故龍汞極難渟畜, 忽被虎氣煎熬, 則金制木水伏火, 東西相合, 魂魄相拘而丹藥成矣."

407 "擧之合之亦脾意之所使也. 東卽日所生之方也. 西卽月所生之方也. 上文旣言肺腎之相對, 心肝之相比, 故此又言脾之意, 擧肺以合於腎, 擧心以合於肝而肝所藏之魂, 肺所藏之魄, 自然相爲拘連也."

408 "其兩則兌艮合數, 乾坤成體停匀不傾也."

30. 金入於猛火中章 … 第三十

원문
금입어맹화 색불탈정광 자개벽이래 일월불휴명
金入於猛火, 色不奪精光。自開闢以來, 日月不虧明。
금불실기중 일월형여상 금본종월생 삭단수일부
金不失其重, 日月形如常。金本從月生, 朔旦受日符。
금반귀기모 월회일상포 은장기광곽 침륜우동허
金返歸其母, 月晦日相包。隱藏其匡廓, 沈淪于洞虛。
금복기고성 위광정내희
金復其故性, 威光鼎乃熺。

국역 금은 맹렬한 불에 들어가도 색에 있어서 그 정미로운 빛을 빼앗기지 않는다. 천지개벽이래로부터 일월은 그 밝음이 이지러지지 않았다. 금은 그 중후함을 잃지 않고, 일월의 형상은 항상 그대로이다. 금은 본래 달로부터 생하고, 초하루 아침에 해의 징험을 받는다. 금이 그 어미에게로 돌아가니 달은 그믐날에 해와 더불어 감싸 안는다. 그 형상을 숨기고, 텅 빈 곳으로 가라앉는다. 금은 그 본래의 성질로 돌아가고, 위엄스런 빛으로 솥도 이내 빛나게 된다.

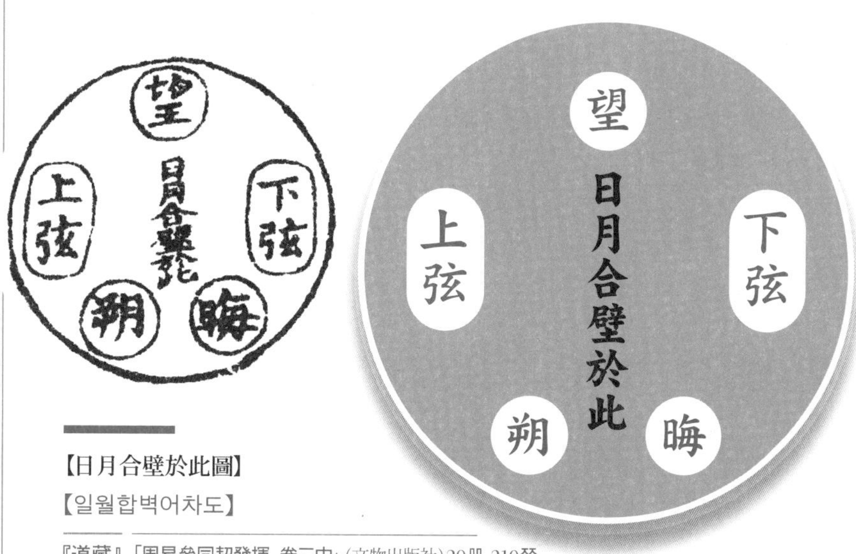

【日月合壁於此圖】
【일월합벽어차도】

『道藏』「周易參同契發揮 卷三中」(文物出版社) 20冊 210쪽

교감 **1** 金本從月生(금본종월생) : [발휘]본에서는 '金本從日生(금본종일생)'이라 하였다.

2 朔旦受日符 : [참동고]본에서는 "朔朝受日符"라 하였다.

구문해설 1 金入於猛火, 色不奪精光 : 외단의 입장에서는 금Au이 불에 녹지 않고, 오히려 더욱 빛나는 영원성을 표현하였다.

2 自開闢以來, 日月不虧明 : 천지개벽이래로 일월의 변화처럼 변하지 않는 것은 없다고 보았다. 《주역·계사전》 11장에 "懸象著明, 莫大乎日月"과 상통하는 내용이다.

3 金不失其重, 日月形如常 : 금은 영원한 존재성에, 일월은 변하지 않는 모습을 표현하였다.

4 金本從月生, 朔旦受日符 : 금은 서방에 해당하고, 음에 해당하므로 달에서 생한다고 하였다. 초하루가 되면 태양빛을 받아 초승달이 되는데 이를 가리켜 '日符'를 받았다고 하였다. 내단적으로 보면 하단전의 감궁에서 선천의 금을 찾는데 이를 찾을 때에는 해의 빛을 받듯 의식의 빛이 필요한 것과 같다.

5 金返歸其母, 月晦日相包 : 오행상생론에 의하여 金은 土에서 생한다. 여기서 어미란 土인 坤宮를 말한다. 그믐날이 되면 지구 - 달 - 해의 순서로 점점 이동하여 달의 모양이 보이지 않게 된다. 이를 해와 달이 서로 껴안는다고 표현한 것이고, 金이 坤宮으로 돌아갔다고 하였다.

6 隱藏其匡廓, 沈淪于洞虛 : '匡廓'은 달의 윤곽과 형상으로 많이 쓰였는데 그믐이후에 달의 형체가 보이지 않는 것을 말한다. '洞虛'는 '空洞虛無'의 약자로 바다 깊숙이 보이지 않는 곳으로 들어간다는 뜻이다. 금이 곤궁으로 돌아가는 것과 같은 내용이다.

7 金復其故性, 威光鼎乃熺 : 금이 곤궁으로 돌아가 그 본래의 성질로 돌아가면 위엄어린 빛이 나와 솥마저도 환하게 빛난다는 표현이다. '熺'는 빛난다, 성하다, 아름답다는 뜻이다. 금이나 달이나 직접 빛을 내는 것이 아닌데 솥마저 환하게 빛난다는 것은 무엇인가? 여기서는 금의 본래 성질로 돌아가서 일정시간이 지나고, 거기에 화후가 더해지면 빛이 나게

된다는 의미로 보여 진다.

각가주 **1** 金入於猛火, 色不奪精光 : [주해]본에서는 "화가 비록 금을 극하지만 금 역시 화로 말미암아 이뤄진다."[409]라고 하였다.

2 金本從月生, 朔旦受日符 : [발휘]본에서는 금이 달이 아닌 해에서 나왔다고 한다. "천체중에서 해와 달이 두드러지듯이 단법에 있어서는 금과 화가 두드러진다. 금은 달이요, 화는 해이다. 요즘 사람들이 단지 금이 달의 빛인 줄 알지만 달의 빛이 본래 해에서 생긴 것임을 모른다."[410]라고 하여 '金本從日生'을 주장하였다.

[참동고]본에서는 "금이 달에서 생하니 달이 토를 얻음이다. 15일에 빛을 토하는 것이 거울을 새로 갈아 庚金의 색이 있는 것과 같으니 어찌 달이 금을 생하는 것이 아니겠는가."[411]라고 하였다.

3 金復其故性, 威光鼎乃熺 : [발휘]본에서는 "그 본체의 어두움으로 돌아간다. 단 그 어두움을 지키고, 밝은 것을 묻지 말라. 오래도록 지키면 神明이 스스로 오게 된다. 삽시간에 빛이 솥을 뚫고 나오는데 화력이 강하면 삼일에 庚方에서 생하고, 兌卦의 문을 연다. 黑銀이 白銀으로 된다."[412]고 하였다.

[주해]본에서는 "해는 화이고, 달은 금이다. 해와 달이 합체하여 그 밝음을 잃지 않는 것이 그 뜻이다. 금과 화가 서로 만나면 화가 금을 녹여 숨어 들어가 하나의 색이 된다. 잠시 후 불이 그치면 금이 본성을 회복하게 되는데 이는 화후가 금단을 성취함을 말한다."[413]라고 하였다.

[참동고]본에서는 "그러므로 본성은 토의 성품에서 품부받는다. 솥은

---

409 "火雖克金, 金亦由火而成."

410 "懸象著明, 莫大乎日月. 丹術著明, 莫大乎金火. 金卽月也, 火卽日也. 今人但知金爲月之光, 而不知月之光本生於日也."

411 "金生於月以月之得土也. 觀十五之吐光, 若鏡新磨而有庚金之色則豈非月之生金乎."

412 "復其本體之黑矣. 但守其黑, 勿問其白. 守之之久, 神明自來. 俄頃光芒透鼎, 火力熾盛, 則三日庚生兌戶開, 黑銀煥出白銀來也."

413 "日火也, 月金也. 日月合體而不失明者此義也. 金火相遇火爍金融隱藏沈淪混爲一色, 湏更火輟金復本性此言火符之成就金丹也."

비토이고, 빛나는 것은 타오르는 것이다. 금의 성질은 본래 엄숙하고, 위엄있으면서 빛나는 것이니, 이로써 솥에 불이 타오르는 것이다."[414]라고 하였다.

고찰 [참동고]에서는 이 장을 5장 2절로 보고, 곤괘 상효의 반획으로 神(신)이 발생하는 것으로 보았다.

31. 子午數合三章 … 第三十一

원문 子午數合三(자오수합삼), 戊己號稱五(무기호칭오)。三五既和諧(삼오기화해), 八石正綱紀(팔석정강기)。
呼吸相貪育(호흡상탐육), 佇思爲夫婦(저사위부부)。黃土金之父(황토금지부), 流珠水之母(류주수지모)。
水以土爲鬼(수이토위귀), 土鎮水不起(토진수불기)。朱雀爲火精(주작위화정), 執平調勝負(집평조승부)。
水盛火消滅(수성화소멸), 俱死歸厚土(구사귀후토)。三性既合會(삼성기합회), 本性共宗祖(본성공종조)。

국역 子午(자오)의 수는 합하여 3이요, 戊己(무기)는 5라 칭한다. 3과 5는 곧 화해하니, 팔석이 그 기강을 바르게 한다. 호흡이 서로 찾고, 기르다가 머물러 생각하여 부부가 된다. 황토는 금의 아비이고, 유주流珠는 수의 어미이다. 수는 토로써 鬼(귀)를 삼기에 토가 수를 내리누르면 수가 일어나지 못한다. 주작은 火(화)의 精(정)인데 평형을 유지시켜 이기고 지는 일을 조절한다. 수가 왕성하면 화가 소멸하니 모두 죽어서 두터운 토로 돌아간다. 세 가지의 성질이 이미 합하여져 모이니 본성과 조상이 같다.

교감 1 戊己號稱五(무기호칭오) : [주해]본에서는 "戊己數稱五(무기수칭오)"라 하였다.
2 呼吸相貪育(호흡상탐육) : [사고전서]본에서는 '貪育(탐육)'이지만 [정통도장]본에서는 '貪欲(탐욕)'이다. [발휘]본에서는 '呼吸相含育(호흡상함육)'이라 하였다.
3 佇思爲夫婦(저사위부부) : [발휘]본에서는 '佇息爲夫婦(저식위부부)'라 하였다.

414 "故性謂稟于土之性也. 鼎卽脾土也, 憘炎也. 金性本自嚴威光明及以鼎火之炎."

구문해설 **1** 子午數合三 : 여기서는 오행의 生數를 이용하였다. 수는 1, 화는 2, 목은 3, 금은 4, 토는 5이다. '子 1 + 午 2 = 3'이 된다. '子午'를 얘기한 것은 수와 화를 드러내기 위함이다.

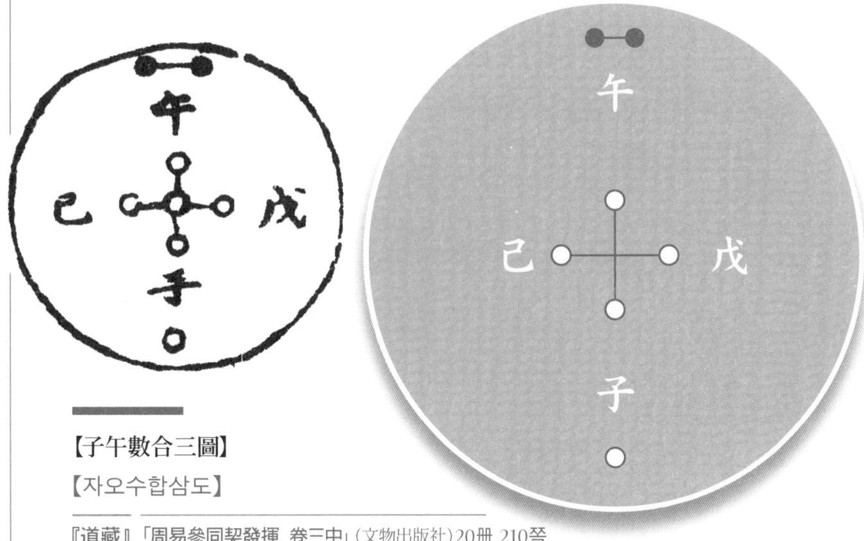

【子午數合三圖】
【자오수합삼도】

『道藏』「周易參同契發揮 卷三中」(文物出版社) 20冊 210쪽

2 戊己號稱五 : 戊己는 토이므로 5에 해당한다.

3 三五既和諧, 八石正綱紀 : 3과 5는 水火와 土를 말하는 것으로 '八石'은 3+5=8을 의미하기도 하고, 외단술에 쓰이는 광석[415]이기도 하다. 외단용어를 차용해 내단적인 설명을 하는 과정에서 나타나는 것으로 보인다. 수화토의 3자가 어울려 바른 기강을 세운다는 것으로 30장에서 강조한 '金火論'과 함께 중요한 기전중 하나라 할 수 있다.

4 呼吸相貪育, 佇思爲夫婦 : 水火土의 조화가 일어난 후에는 새로운 호흡이 들고, 나게 되는데 서로 탐하고, 길러서 멈추어 지는 순간 부부가 되듯이 조화를 이룬다는 뜻이다. 실제 호흡 수련에 있어서 들숨과 날숨의 중간에 잠시 정지된 순간을 중요시 하는데 이는 음과 양을 품은 태극의 상태로 비유할 수 있다. '佇思'는 오래 머물러 생각한다는 뜻이다.

---

415 八石에 대한 자세한 내용은 외단학설에서 자세히 설명한다.

5 黃土金之父, 流珠水之母 : 土生金에 따라 황토는 금의 아비라고 할 수 있다. '流珠'는 수은을 가리키는데 수은이 액체금속이라 흘러내리는 모습을 딴 이름이라 할 수 있다. 水銀의 이름도 은이 물처럼 흐른다는 뜻에서 지어진 것이다.

6 水以土爲鬼, 土鎭水不起 : '鬼'는 官鬼의 의미로 나를 극하는 것을 의미한다. 즉, 土克水를 표현한 것이다. '鎭'은 누르다, 진압하다는 의미로 토가 수를 극하면 물이 일어나지 못한다는 뜻이다.

7 朱雀爲火精, 執平調勝負 : 주작은 남방의 일곱별이며, 화의 정수라고 볼 수 있다. 토가 수를 극하면서 지나치면 수가 일어나지 못한다고 하였는데 내외단을 통틀어 금수의 기운은 화를 통해 상승되어야 한다. 따라서, 토가 약하거나, 토가 지나치게 수를 극하면 화가 작용하여 끓어오르게 하고, 반면에 화가 왕성하면 수가 그것을 소멸시키게 된다. 서로 이기는 것을 없게 하며 같이 소멸된다.

8 水盛火消滅, 俱死歸厚土 : 수가 왕성하면 화를 억제시킬 수 있는데 왕성한 수는 토가 제압하게 된다. 이렇게 수가 화를, 토가 수를 제압하여 소멸되게 되는데 이러한 과정을 통해 결국 토로 돌아가게 된다. '俱死'는 수와 화가 함께 소멸되는 것을 가리킨다. '厚土'는 흙가마를 가리킨다.

9 三性旣合會, 本性共宗祖 : 水火土의 본성을 '三性'이라 하는데 이들이 모여 하나가 되면 그 본성이 토인 坤宮으로 귀결됨을 의미한다. '宗祖'는 토로 귀결됨이 조상과 같은 근원에 해당하기 때문이다.

각가주 1 三五旣和諧, 八石正綱紀 : [주해]본에서는 "팔석은 三五가 누적된 것이다."[416]라고 하였다.

[참동고]본에서는 "사물이 처음 생할 때 水一이 精을 함장하고, 火二가 氣를 자윤하며, 土五가 그 사이에서 충화시켜 神을 생한다. 수련에 있어 三五는 약물이고, 그 본연의 참됨으로 돌아가는 것이다. 팔은 三五가 합

416 "八石三五之積也."

한 것이고, 석은 토의 정미로움이다. 팔석은 청옥青玉, 랑간琅玕, 산호珊瑚, 마류瑪瑠, 수정水精, 유리琉璃, 운모雲母, 단사丹砂의 8가지 보석이다. 이는 8가지 보석을 빌려 사람 몸의 팔괘에 비유한 것이다. 강기는 약물의 벼리를 말한 것으로 의가에서 말하는 군신좌사가 그것이다."[417]라고 하였다.

2 黃土金之父, 流珠水之母 : [발휘]본에서는 "流珠는 수은이다. 가만있지 않고 움직이기 때문에 流珠라 칭한다. 流珠가 물에 들어가면 眞金을 생성하므로 金生水이다. 그러므로 流珠는 水의 어미이다."[418]라고 하였다.

[주해]본에서는 "유주는 수은이다. 결국은 금으로 변하므로 수의 어미가 된다."[419]고 하였다.

[참동고]본에서는 "황토는 비장이다. 도가에서 황정이라고 이르는 것으로 아래 문장에서 말한 황여黃轝가 이것이다. 이는 황토가 감리의 두 토와 구별됨을 뜻한다. 유주는 腎精이 위로 황정을 자윤하여 대단을 이룬 것인데 2장에서 말한 자주子珠가 그것이다."[420]라고 하였다.

3 水以土爲鬼, 土鎭水不起 : [참동고]본에서는 "토가 수를 누르면 수가 일어나지 못한다는 것은 토의 성질이 지극히 실하므로 혹 물을 메우면 물이 잠복하여 일어나지 못한다는 말이다. 대개 신수의 정이 비토로 상승하면 비토의 극을 당하는데 처음에는 가라앉아 일어나지 않다가 마침내 크게 응결하여 대단을 성취하니 기장쌀의 크기에서 크게는 오리알의 크기까지 된다. 이는 역시 근원으로 환원되는 이치이다."[421]라고 하

---

417 "物之初生, 水一含精, 火二資氣, 土五沖和於其間, 以之生神, 修練之以三五爲藥物, 返其本然之眞也. 八亦三五之合也, 石者土之精也. 八石卽青玉琅玕珊瑚瑪瑠水精琉璃雲母丹砂之八寶. 此蓋借八寶以喩一身之八卦也. 綱紀言爲綱紀於藥物, 如醫家之正君臣佐使也."

418 "流珠, 乃汞也, 以其走動不定, 故稱流珠. 流珠入於水中, 則結成眞金, 金生水, 故曰: 流珠水之母."

419 "流珠汞也. 終變成金故爲水母也."

420 "黃土脾臟也. 道家謂之黃庭而下文所謂黃轝是也. 此言黃土者所以別于坎離二土也. 流珠卽腎精之上潤黃庭, 凝成大丹者, 第二章所謂子珠是也."

421 "土塡水不起謂土性至實故或塡於水則水爲之潛伏不起也. 蓋腎水之精英上昇脾土爲脾土所克始則潛伏不起, 終則搏塡凝結, 以之成就大丹, 由黍米之大至於鴨卵之大. 此亦歸根還元之理也."

였다.

4 朱雀爲火精(주작위화정), 執平調勝負(집평조승부) : [발휘]에서는 "만약 남방 주작의 불이 맹렬히 타올라 극에 다다르면 화가 성하고, 물이 끓어 그 금이 물을 따라 증발되어 올라가게 된다."[422]고 하였다.

[주해]본에서는 "주작은 심을 비유한 것이다. 평형을 유지하여 승부를 조절한다는 것은 意土(의토)가 수화를 조절하는 것으로 心(심) 또한 意(의)에서 생하는 것이다."[423]라고 하였다.

[참동고]본에서는 "주작은 심장의 적색에 비유되어 날아가는 상이다. 비장은 비록 뜻을 간직하지만 심이 군주이므로 평형을 유지하여 승부를 조절하는 것은 오로지 심에게 달려있다. 화의 정수로서의 화는 心火(심화)이고, 君火(군화)이며, 화가 소멸되는 화는 腎火(신화)이고, 命門火(명문화)이다."[424]라고 하였다.

5 水盛火消滅(수성화소멸), 俱死歸厚土(구사귀후토) : [주해]본에서는 "금단의 법에서는 불로 물을 달이는데 물이 변하여 금이 되면 즉시 불은 멈춰 쓰지 않게 되므로 모두 죽어 土(토)로 돌아간다고 하였다. 토는 참된 흙이고, 곧 뜻이다."[425]라고 하였다.

[참동고]본에서는 "기가 이르면 살고, 돌이키면 죽는다. 두터운 토는 역시 비장이다."[426]라고 하였다.

6 三性旣合會(삼성기합회), 本性共宗祖(본성공종조) : [천유]본에서는 "三家(삼가)가 순하여 서로 생하는 것이나, 三家(삼가)가 거슬러 서로 극하는 것은 모름지기 중궁 토의 생극을 따라야 한다. 그러므로 丹道(단도)의 작용은 전적으로 眞意(진의)에 달려있다."[427]고 하였다. 즉, 水火土(수화토)의 뿌리인 토를 '眞意(진의)'로 본 것이다.

[주해]본에서는 "세 가지 본성은 水火土(수화토)이다. 으뜸되는 조상은 약의 어

---

422 "若得南方朱雀之火, 猛烹極煅之, 則火盛水沸, 其金隨水而上騰矣."

423 "朱雀又喩心也. 執平調勝負者意土調匀水火而心又爲意之生也."

424 "朱雀喩心之赤色飛揚也, 脾雖藏意而心爲君主故其執平衡均分數則專在于心也. 火精之火, 心火也 君火也, 火消之火, 腎火也, 命門火也."

425 "金丹之法以火烹水, 水變成金卽火輟不用, 故曰俱死歸土也. 土者眞土也. 卽意也."

426 "氣之至者爲生, 返者爲死厚土亦脾也."

427 "三家順而相生, 須從中宮之土生起, 三家逆而相剋, 亦從中宮之土剋起, 所以丹道作用全在眞意."

미로 선천일기先天一氣를 말한다."[428]라고 하였다.

[참동고]본에서는 "세 가지 본성은 金火水이다. 금화수의 성질은 서로 모여 합하면 기가 항상 펴지는 것이 없어 돌아가지 않을 수 없게 되니 마치 사람이 죽으면 神魂이 하늘로부터 온 것이라 하늘로 돌아가고, 精魄이 땅으로부터 온 것이라 땅으로 돌아가는 것과 같다. 이는 오행의 시작과 마침에 대한 자연의 기틀이다. 이로써 회합이 지극하여 금수화의 神魂이 단전으로 올라가고 금수화의 精魄이 비토로 돌아가 대단이 응결되어 완성되니 이른바 각각 조상으로 돌아가는 것이다. 대저 금이 토에서 생하므로 본성은 토이고, 화가 토를 품으니 본성은 토이며, 수는 토에 간직되니 본성이 토이다. 뭇 토중의 토는 대지의 토에 근원하는 고로 대지의 토는 뭇 토들의 으뜸가는 토이다. 인체에서는 비토가 대지의 토이므로 역시 세 가지 토의 으뜸이다."[429]라고 하였다. 세 가지 본성에 대하여 [천유]나 [주해]본과는 다른 견해를 드러내었다.

고찰 [참동고]에서는 5장 3절로 삼고 곤괘 상효의 반획이며, 丹의 성취로 해석하였다. 5장은 곤괘, 비장, 솥이다. 다른 장에서는 1장기臟器에 1장章을 할애했는데 4, 5장에 모두 비장을 배속하여 설명한 것에 대해서 《대학》 성의장誠意章에서 "誠其意, 愼其獨"이라고 하여 의意에 두 가지 상을 취한 것과 묘하게 합한다고 하였다. 그러면서 진인이 역학의 종지만 얻은 것이 아니라 《대학》이라는 경전 또한 표리로 삼았다고 주장하였다.

---

428 "三性水火土也. 宗祖卽藥母先天一氣也."

429 "三性金火水之性也. 金火水之性旣相會合則氣無常伸, 不得不返而歸之, 如人物之死, 神魂以其得乎天而歸于天, 精魄以其得乎地而歸于地. 此乃五行始終自然之幾也. 是以會合之極金水火之神魂升于丹田而金水火之精魄, 歸于脾土, 以至於凝成大丹所謂各歸宗祖者然也. 大抵金生于土則本性土也, 火含于土則本性土也. 水藏于土則本性土也. 而衆土之土皆原於大地之土故大地之土爲衆土之土之宗祖, 在人身則脾土卽大地之土故亦爲三土之宗祖."

32. 巨勝尙延年章 … 第三十二

원문 巨勝尙延年, 還丹可入口。金性不敗朽, 故爲萬物寶。
術士服食之, 壽命得長久。土遊于四季, 守界定規矩。
金砂入五內, 霧散若風雨。熏蒸達四肢, 顔色悅澤好。
髮白皆變黑, 齒落生舊所。老翁復丁壯, 耆嫗成姹女。
改形免世厄, 號之曰眞人。

국역 깨도 오히려 수명을 연장하니, 환단이야말로 먹을 수 있는 것이다. 금의 성질은 망가지거나, 부패하지 않는 고로 만물의 보배가 된다. 술사들은 그것을 먹어 오랜 수명을 얻게 된다. 토는 4계절에서 놀면서, 경계를 지키고, 법칙을 정한다. 황금과 단사를 복용하여 오장 안으로 들어가면 마치 비바람이 부는 날 안개처럼 흩어지는 듯 하다가 팔다리로 훈증된 기운이 퍼져나간다. 안색은 화색이 돌고, 윤택해져 좋다. 흰 머리카락은 모두 검게 변하고, 빠졌던 이빨이 다시 제자리에 난다. 늙은이는 다시 젊은이가 되고, 할머니는 소녀가 된다. 모습이 바뀌어 세상의 재앙을 피하게 되는데 이름하여 진인이라 부른다.

교감 1 金砂入五內 : [주해]본에서는 "金砂八五內"라 하였다.

구문해설 1 巨勝 : 《신농본초경》에서는 호마胡麻로 소개되어 있는데 "一名巨勝. 味甘平. 生川澤. 治傷中虛羸. 補五內. 益氣力. 長肌肉. 塡髓腦. 久服輕身不老. 葉名靑蘘."라 하였다. 깨를 말한다. 여기에서도 '五內'라 하여 오장을 보한다고 하였다.

2 還丹 : 단사가 화후에 따라 색깔의 변화를 거치다가 다시 단사의 붉은 색으로 돌아오는 데에서 나온 용어로, 구전환단九轉還丹, 구환금액九還金液, 금단金丹으로도 불리운다. 내단용어로는 회복된 선천의 원기를 가리킨다.

3 土遊于四季，守界定規矩 : 토는 계절에 있어서 辰, 戌, 丑, 未의 4개월에 해당하여 계절을 구분하는 역할을 한다. '規矩'는 법칙이나 기준을 뜻한다.

4 金砂入五內 : '金砂'는 황금과 단사를 합쳐 부르는 것이지만 문맥상 '還丹'을 가리킨다. '還丹可入口'한 뒤 오장으로 들어가는 과정을 묘사한 것이다.

5 霧散若風雨。熏蒸達四肢，顏色悅澤好。髮白皆變黑，齒落還舊所。老翁復丁壯，耆嫗成姹女。: 이상의 내용은 환단을 복용했을 때의 변화상이다. 마치 비바람이 치는 듯 한 느낌과 안개가 퍼지듯이 팔다리로 기운이 전달되고, 안색은 물론, 각종 노화증상이 회복된다는 이야기이다. 《참동계발휘》, 《참동계천유》에서도 모두 이러한 현상은 비유가 아니라 실제 일어나는 현상을 적은 것이라 하였다. '耆嫗'는 늙은 할머니라는 뜻이고, '姹女'는 아름다운 소녀라는 뜻이다.

6 改形免世厄，號之曰真人 : '眞人'이란 단순히 젊어지고, 건강해지는 것을 넘어서 세상의 모든 재앙을 피하는 초월적인 존재라는 뜻이다.

각가주 **1** 巨勝尚延年，還丹可入口。金性不敗朽，故爲萬物寶。術士服食之，壽命得長久: [주해]본에서는 "대저 선천의 일기는 하늘에서는 기의 어미가 되고, 사람에서는 단두가 되며, 초목에서는 호마, 인삼, 출 등의 부류가 된다. 금석에 있어서는 단사, 웅황의 부류인데 초목금석의 제재들은 병을 치료하고, 수명을 늘리며, 단두丹頭, 기모氣母의 약은 날개를 달고 신선이 되어 하늘에 올라가게 한다."[430]라고 하였다.

[참동고]본에서는 "거승은 호마의 별명으로 흑지마黑脂麻로도 칭한다. 口는 위의 입구로 위는 비장이 싸고 있는데 수곡을 받아들여 삼키는 역할을 한다. … 앞에는 단을 말했고, 여기서는 금으로 해석했는데, 이 금은 황금의 금이 아니라 앞장에서 '금이 본래의 성질을 회복한다'고 할 때

---

430 "夫先天一氣在天爲氣母, 在人爲丹頭, 播草木爲胡麻蔘朮之類, 寓於金石爲丹砂雄黃之類. 草木金石之劑療病延年, 丹頭氣母之藥羽化登仙以彼證."

의 금이다. 복식은 외단복식을 빌려 내단수련을 비유한 것이다."[431]라고 하였다.

2 土遊于四季, 守界定規矩 : [발휘]본에서는 "土는 능히 水를 고갈시키기도 하고, 火를 저장할 수도 있다. 水를 지키면 흐르지 않고, 火를 지키면 불이 타오르지 않는다. 이제 坤에서 지키면 採藥을 하고, 乾에서 지키면 運火를 하게 된다."[432]고 하여 토의 역할이 연단술의 과정에 있어서도 중요하다 하였다.

[참동고]본에서는 "토는 戊己의 두 토이다. 토의 성품은 유유히 이동하여 사계에 왕성하니, 중정을 지켜 경계를 한정시킨다. 만 가지의 규범을 만드는 고로 금단복식은 반드시 두 개의 토가 재료가 된다."[433]고 하였다.

3 金砂入五內, 霧散若風雨 … 改形免世厄 : [발휘]본에서는 "金砂가 솥 위로 오르면 양쪽의 신장을 뚫고, 夾脊혈을 따라 心經을 지나고, 髓海로 들어가 肺腧를 치고 올라가, 肝과 脾臟을 지나 다시 단전으로 돌아간다."[434]고 하였다. 외단적인 표현을 차용하였으나, 환단 복용 후에 나타나는 체내의 약물주행경로를 서술한 것으로 보인다.

[주해]본에서는 "금사는 처음에 기장쌀만한 단을 채취하게 되는데 리괘의 단사가 감괘의 기와 감응하여 이뤄지는 고로 금사金砂라고 한다. … 대개 선단禪丹은 성명의 구분을 주관하고, 성명에는 心身의 차이가 있다. 단이라는 것은 몸속에서 채취될 때 天命을 굳게 하여야 징험을 할 수 있으니 몸이 먼저 받는 고로 '金砂八五內'라 하고, 사지로 훈증하여 도달한다고 하였다. 선을 하는 사람이 마음 속에 깨달음을 얻거나, 견성하면 마음이 그것을 먼저 아나니 소위 훤히 빛나고, 깜짝 놀라 듯 깨달으면서

---

431 "巨勝胡麻之別名, 又稱黑脂麻, 口胃口也. 胃爲脾所包, 呑納水穀也. … 上釋丹此釋金, 金非黃金之金卽上文金復其故性之金也. 服食亦借外丹之服食, 以喩內丹之修煉也."

432 "土能竭水藏火, 守於水則水不流, 守於火則火不熖, 今以之守於坤而採藥, 守於乾而運火."

433 "土戊己二土也, 土之爲性, 遊移寄旺於四季, 守中正之界限定, 萬有之規矩, 故金丹服会, 必以二土爲之材料也."

434 "金砂之升鼎也, 穿兩腎, 導夾脊, 過心經, 入髓海, 衝肺腧, 度肝歷脾, 復還于丹田."

온몸을 통해 땀이 나는 것이 그것이다."[435]라고 하였다.

4 真人(진인) : [발휘]본에서는 하늘과 땅과 사람이 삼재가 되는데 하늘과 땅은 끝이 없이 무궁한 반면 사람은 100살도 살지 못하는 이유를 얘기하면서 진인이 되는 방법을 얘기하였다. "만물 가운에 신령스러운 것이 사람이니 어찌 능히 천지와 더불어 함께 할 수 있는가. 만약 천지의 기틀을 훔쳐 금액대단을 수련하여 완성하면 천지와 더불어 그 시작과 끝을 함께 할 수 있다."[436]고 하였다.

[참동고]본에서는 "이 편 속의 진인은 모두 두 군데에 보인다. 3장의 진인은 강궁진인이고, 여기서의 진인은 수련을 통해 공을 이루어 마음이 곧 몸이 되고, 몸이 곧 마음이 되어 이로써 선도를 얻고 도록圖錄을 받은 것이다."[437]라고 하였다.

고찰 [참동고]에서는 6장 1절로 삼고 내단의 실효를 설명한 것으로 보았다.

435 "金砂初採黍米丹也. 離砂感坎氣而成故曰金砂. … 蓋禪丹主性命之分而性命有身心之殊. 丹者於身內採丹固命則其險身先受之, 所謂金砂八五內. 薰蒸達四肢是也. 禪人於心中悟理見性, 則其證心先知之, 所謂恍然驚悟通身汗出是也."

436 "以其靈於物, 故特謂之人. 豈能與天地並哉? 若夫竊天地之機, 以修成金液大丹, 則與天地相爲終始."

437 "篇內眞人凡兩見而第三章之眞人卽絳宮眞人也. 此眞人乃是修煉功成心卽是身, 身卽是心而爲得仙道膺籙圖之眞人也."

33. 胡粉投火章 … 第三十三

원문 胡粉投火中, 色壞還爲鉛。冰雪得溫湯, 解釋成太玄。
金以砂爲主, 稟和於水銀。變化由其眞, 終始自相因。
欲作服食仙, 宜以同類者, 植禾當以黍, 覆雞用其子。
以類輔自然, 物成易陶冶。魚目豈爲珠, 蓬蒿不成檟。
類同者相從, 事乖不成寶。是以燕雀不生鳳, 狐兔不乳馬。
水流不炎上, 火動不潤下。

국역 호분을 불 속에 던지면 색이 무너지면서 다시 납이 된다. 얼음과 눈은 따뜻하게 끓인 물을 만나면 녹아서 물이 된다. 연금鍊金은 단사로써 주로 삼는데, 본디 수은과 조화를 이룬다. 변화는 그 참됨 것에 말미암고, 끝나고 시작하는 것은 서로 돕기를 스스로 한다. 복식하여 신선이 되려거든 마땅히 같은 부류로써 해야 하니, 벼를 심으려면 마땅히 기장으로 하고, 닭을 품는 것은 그 자식을 이용해야 한다. 같은 부류로써 돕는 것은 자연스러운 것이니 사물이 이루어지는 데에는 도예와 야금이 쉬운 것이다. 물고기 눈이 어찌 구슬이 될 것이며, 쑥[蓬蒿]은 오동나무[檟]가 될 수 없는 것이다. 부류가 같으면 서로 따르고, 일이 어긋나면 보물을 이루지 못한다. 이로써 제비와 참새는 봉황을 낳지 못하고, 여우와 토끼는 말을 젖먹이지 못하는 것이다. 물은 흐르나 위로 타오르지 못하고, 불은 움직이나 내려가 적시지는 못한다.

교감 1 植禾當以黍 : [참동고]본에서는 "植禾當以穀"이라 하면서 다른 판본에는 '粟'이라 하였다고 적었다.

2 覆雞用其子 : [발휘]본에서는 "覆雞用其卵"이라 하였다. (《통진의》 사고전서본도 마찬가지로 '子'가 아니라 '卵'인데 문맥상 '卵'이 더 적절해 보인다.)

구문해설 1 胡粉投火中 : '胡粉'은 연분鉛粉, 백분白粉, 연백鉛白이라고도 하는데 화학식으로는 '$PbCO_3$', '$PbOH_2$'이다. 보통 흑연黑鉛 graphite을 가열하여 얻는 것으로도 전해지는데 사실 흑연黑鉛 graphite은 탄소성분으로 되어 있는 것이고, 여기서 말하는 호분은 방연석方鉛石, PbS이 원 광석이다. 이를 가열하여 밀타승密陀僧, 胡粉, 연단鉛丹등을 얻게 되는 것이다. 호인胡人들이 이것으로 얼굴화장을 했다하여 호분이라 한다.

2 色壞還爲鉛 : 호분을 불에 넣으면 산화과정에서 다양한 색깔이 나타나는데 이러한 과정을 표현한 것이다. 황색, 붉은색, 흰색, 검은색 등이 과정상에 나타나는 색깔들이다. 단사의 수은과 같이 자신의 색으로 환원되는 특징이 있어 수은과 함께 납은 중요한 물질로 취급되었다.

3 冰雪得溫湯, 解釋成太玄 : 눈이 녹아 물이 된다는 구절인데, '太玄'은 물이 坎水로써 북방에 위치하고, 북방의 어둡고 까마득한 기운을 표현한 단어이다.

4 金以砂爲主, 稟和於水銀 : 연금술에 있어서 단사가 가장 중요한 재료란 뜻이고, 수은은 단사에서 나오기 때문에 수은과 단사는 닭과 달걀의 관계처럼 같은 부류가 된다. '稟和'는 본래의 천성, 그 유래가 수은과 어우러진다는 뜻이다. 실제 금을 얻는 방법에는 혼홍법混汞法 amalgamation과 회취법灰吹法 cupellation이 있는데 중요한 것은 수은을 이용한다는 점이다. 혼홍법은 일종의 수은합금인 아말감으로 만드는 것이고, 회취법은 수은을 포함한 납광석을 녹여서 내면에 골회骨灰를 바른 반사로에 넣어 공기를 불어넣으면 납은 산화하여 골회에 흡수되고, 금은 산화되지 않고 덩어리로 남게 되는 방식이다.

5 變化由其眞, 終始自相因 : 단사와 수은이 서로 협력하여 황금을 만들거나, 환단을 이루는 것은 이 두 물질의 참된 성질[眞]이 같기 때문이라고 본 것이다.

6 植禾當以黍 : 같은 류를 쓰는 것에 대한 예이다. '禾'는 벼이고, '黍'는 기장인데 둘 다 같은 화본과禾本科이다.

7 以類輔自然, 物成易陶冶 : 같은 부류를 이용하여 돕는 것이 자연

스러운 것은 도자기를 빚거나, 쇠를 야금하는 것처럼 쉬운 일이라는 뜻이다.

8 蓬蒿不成檟 : '蓬蒿'는 쑥을, '檟'는 오동나무를 가리킨다.

9 燕雀不生鳳, 狐兔不乳馬。水流不炎上, 火動不潤下 : 같은 류가 아니면 함께 할 수 없음을 드러내는 예이다.

각가주 1 胡粉投火中, 色壞還爲鉛。冰雪得溫湯, 解釋成太玄 : [주해]본에서는 "이는 같은 부류가 서로 감응하는 것을 납과 수은이 서로 작용하는 것에 비유하였다. 수은은 내약이고, 납은 외약이다. 내약이 외약을 얻지 못하면 신비로운 변화를 얻을 수 없다. 납으로써 수은을 점화하면 처음에 생기는 단이 되고, 납으로 수은을 단련하면 大成의 단이 된다. 수은의 성질은 움직이기를 좋아하나 납을 만나면 응결되는데 수은이 응결된 후에는 납이 소용없다. … 외약은 능히 내약을 인도하는 고로 때로는 외약을 귀중하게 여기니 외약으로 임금, 남자, 주인을 삼으며, 내약은 신하, 여자, 손님으로 삼는다. 소위 뒤바뀐 것이 이것이다."[438]라고 하였다.

[참동고]본에서는 "호분은 백분이다. 본래 흑연을 단련하면 이뤄지는데 불속에 던지면 백색이 무너져 흑연 본질로 돌아온다. 이를 통해 만물의 마지막에는 반대로 본질로 돌아오는 것이 자연의 항상된 이치라는 것을 말하였다."[439]라고 하였다.

2 金以砂爲主, 稟和於水銀, 變化由其眞, 終始自相因 : [주해]본에서는 "납은 흑연이라고 불리우는데 혹은 백금이라고도 한다. 홍汞은 주사라고 불리우는데 혹 수은水銀이라고도 한다. 두 약물은 서로 재료가

---

438 "此以同類相感喩鉛汞相投也. 汞內藥也, 鉛外藥也. 內藥不得外藥則不成神化必也. 以鉛點汞而爲初生之丹, 以鉛錬汞而爲大成之丹, 汞性善搖, 得鉛則凝, 汞凝之後鉛無所用. … 又外藥能導內藥, 故有時歸重於外藥, 如以外藥爲君爲男爲主, 內藥爲臣爲女爲賓之類是已. 所謂顚倒者此也."

439 "胡粉白粉也. 本以黑鉛煉之以成而及投火中則白色毁壞, 還其黑鉛之本質. 言此以明萬物之終, 反歸本質, 乃其自然之常理."

되나 홍汞이 근본이다. 그러므로 사砂가 위주라고 하고, 또 본디 수은과 어울린다고 하였다."[440]라고 하였다.

[참동고]본에서는 "수련을 하는데 금단이라 이름한 것은 본래 그 상을 취한 것일 뿐이다. 대개 리괘의 해와 감괘의 달이 대지에 오르고 내리면서 그 정미로운 빛이 모여 길러 주사를 생한다. 주사는 또한 참된 수은을 생하며, 참된 수은은 세월이 오래되면서 백은으로 변한다. 백은도 세월이 지나면서 황금이 되는데 이와 비슷하다. 리괘의 심장과 감괘의 신장이 호흡을 따라 비토에서 단을 이루는 고로 금단이라는 이름을 빌려 수련의 이름을 삼는다. 한번 변화하는 것이 하늘의 참됨에서 비롯되므로 사람의 사사로운 지식으로는 알 수 없고, 반드시 내 몸이 가지고 있는 참된 금단을 단련 변화시켜야 시작과 끝이 서로 관련되어 공을 이룰 수 있다."[441]라고 하였다.

3 欲作服食仙(욕작복식선), 宜以同類者(의이동류자) : [참동고]본에서는 "몸에서 같은 부류란 정기신이다."[442]라고 하였다.

고찰 [참동고]에서는 이 장을 6장 2절로 삼고, 외단이 이치에 맞지 않음을 드러냈다고 보았다.

440 "鉛謂之黑鉛或謂之白金, 汞謂之朱砂或謂之水銀. 二藥相資汞爲本也. 故曰砂爲主又曰稟和於水銀也."

441 "修煉之所以名金丹者本取其象而已. 蓋離日坎月升降于大地, 其精光之所鍾毓是生朱砂, 朱砂又生眞汞, 眞汞歲久久變爲白銀, 白銀歲久久變爲黃金. 一有似乎. 離心坎腎呼吸成丹于脾土故, 借金丹之名以爲修煉之名是, 其一變一化皆由乎天眞而未嘗容以人爲私智則必以吾身所具之眞金丹, 搗煉變化然後始終相因可以成功."

442 "身之同類卽精氣神是也."

34. 世間多學士章 … 第三十四

원문
세간다학사 고묘부량재 해후불조우 모화망화재
世間多學士, 高妙負良材。邂逅不遭遇, 耗火亡貨財。
거안의문설 망이의위지 단서무인연 도량실조지
據按依文說, 妄以意爲之, 端緖無因緣, 度量失操持。
도치강석담 운모급여자 류황소예장 니홍상련비
擣治羌石膽, 雲母及礜磁。硫黃燒豫章, 泥澒相鍊飛。
고하오석동 이지위보추 잡성불동류 안유합체거
鼓下五石銅, 以之爲輔樞。雜性不同類, 安有合體居。
천거필만패 욕힐반성치 요행흘불우 성인독지지
千擧必萬敗, 欲黠反成癡。僥倖訖不遇, 聖人獨知之。
치년지백수 중도생호의 배도수미로 출정입사혜
稚年至白首, 中道生狐疑。背道守迷路, 出正入邪蹊。
관규불광견 난이규방래
管窺不廣見, 難以揆方來。

국역 세상에는 학자들이 많은데 뜻이 높고, 묘하며, 좋은 재주도 있지만 기약없이 만났을 뿐 제대로 만난 것이 아니어서 불을 소모하고, 재물을 탕진한다. 문서에만 의존하고, 망령된 생각만으로 행동하기 때문에 실마리가 될 만한 인연이 없으면서, 일을 대하는 마음이 그 확고함을 잃게 된다. 강, 석담, 운모, 여석, 자석을 빻고, 유황은 예장豫章에서 태우며, 니홍泥汞은 서로 단련시킨다. 다섯 가지 광석과 구리를 두드리고, 이것을 연단 과정을 보조하는 중요한 것으로 삼는다. 잡스러운 성질은 같은 부류가 되지 않으니 어찌 그 몸체를 합하여 자리할 수 있겠는가. 천 번을 일으켜도 만 번을 실패하며, 현명하려다 도리어 바보가 된다. 요행을 바라다 마치도록 얻지 못하니 성인만이 홀로 그것을 알고 있다. 어려서부터 늙을 때까지를 보면 중간에 여우와 같은 의심이 생겨 도에 등을 돌리고 미로를 지키며, 바른 곳에서 벗어나 삿된 길로 들어간다. 대롱으로 하늘을 보듯 그 견해가 넓지 못하니 장래를 헤아리기가 어렵다.

교감 1 邂逅不遭遇(해후불조우) : [천유]본에서는 "邂逅不遭値(해후불조치)"라 하였다.
2 雲母及礜磁(운모급여자) : [천유]본에서는 "雲母及礬磁(운모급반자)"라 하였다.
3 泥澒相鍊飛(니홍상련비) : [발휘]본에서는 "泥汞相鍊飛(니홍상련비)"라 하였고, [주해]본에서는 "泥鴻相煉持(니홍상련지)"라 하였으며, [참동고]본에서는 "泥汞相煉治(니홍상련치)"라 하였

다. 澒과 汞은 같은 뜻이다.

4 鼓下五石銅 : [발휘]본에서는 "鼓擣五石銅"이라 하였다.

5 雜性不同類 : [주해]본과 [참동고]본에서는 "雜性不同種"이라 하였다.

6 安有合體居 : [발휘]본과 《통진의》 [사고전서]본, [참동고]본에서는 "安肯合體居"라 하였고, [주해]본에서는 "安有合休居"라 하였다.

7 出正入邪蹊 : [주해]본에서는 "出正入邪岐"라 하였다.

구문해설 1 高妙負良材 : '高妙'는 뜻이 높고 묘함을 말하고, '良材'는 좋은 재질을 의미한다. '負'는 짊어지는 것으로 높은 뜻과 선천적인 재질이 결합됨을 뜻한다.

2 邂逅不遭遇 : '邂逅'는 뜻밖에 우연히 만나는 것을 말하고, '遭遇'는 직접적으로 일에 맞닥뜨리는 것을 말한다. 계획없이 우연스레 만난 것이지 확실하게 접한 것이 아니라서 의미가 없다라고 해석된다.

3 耗火亡貨財 : 재물을 잃고, 불을 소모한다는 것은 외단적인 설명에 가깝다. 예로부터 외단에 있어서는 강한 불을 얻기 위해 화로와 솥, 금속등 많은 돈이 필요하였다. 이러한 것들을 쉽게 소모하는 것을 표현하였다.

4 據按依文說, 妄以意爲之, : '據按', '依'는 모두 '依據'한다는 뜻으로 글에만 의지해서 망령된 생각만으로 행한다는 뜻이다.

5 端緖無因緣, 度量失操持, : 단서가 될 만한 실마리는 아무런 연고도 없는 것이고, 이리저리 재볼만한 것도 계획대로 실행함을 잃어버렸다는 뜻이다. '操持'는 계획하여 시행함을 의미한다.

6 擣治羌石膽 : '擣治'는 찧거나 부수고, 법제하는 것을 가리킨다. '羌'은 羌鹽, 戎鹽이라고 하며, 일종의 소금이다. '石膽'은 $CuSO_4$-$5H_2O$의 형태로 물을 함유하고 있으며, 담즙을 분비하고, 催吐시키는 약리작용을 가진다.

7 雲母及礜磁 : '雲母'는 화강암 중의 중요한 조암광물로서 돌비늘이라

고도 한다. 《신농본초경》에는 "除邪氣. 安五藏. 益子精. 明目. 久服輕身延年."이라 하였다. '礜'는 礜石으로 FeAsS이다. '磁'는 磁石으로 Fe_3O_4의 화학식을 가진다.

8 硫黃燒豫章 : '豫章'은 두 가지 의미로 추측이 된다. 하나는 지명으로써 한나라때 현재의 장시성江西省에 두었던 군郡으로 유황의 산지였다고 한다. 다른 하나는 녹나무의 다른 이름이기도 하다. 《포박자》〈황백편黃白篇〉에서는 "唯長沙·桂陽·豫章·南海土釜可用也."라 하여 장사, 계양, 남해, 예장지방의 흙가마를 사용한다고 언급하였다.[443]

9 泥澒相鍊飛 : '泥澒'은 '泥汞', '汞泥'라고도 불리우는데 일종의 아말감을 말한다. 금박이나 은박을 수은과 함께 넣고 찧으면 진흙상태로 되는데 이를 가리킨다.[444] '鍊飛'는 태워서 단련하는 것이다.

10 鼓下五石銅 : '鼓下'는 풀무상자에 바람을 넣기 위해 풀무질을 하는 것을 가리키고,[445] '五石銅'은 다섯 가지 약석과 구리를 말한다. 《포박자》〈금단편金丹篇〉에서는 오석을 丹砂, 雄黃, 白礬, 曾青, 慈石이라고 하였고, 〈등보편登涉篇〉에서는 雄黃, 丹砂, 雌黃, 礬石, 曾青이라 하였다.[446]

11 以之爲輔樞 : '輔樞'는 연단과정을 보조하는 중요한 것이라는 뜻이다.

12 雜性不同類 : 33장과 유사한 내용이다. 같은 부류를 사용하여야 연단이 가능하다는 것이다.

13 欲黠反成癡 : 현명하려다 도리어 바보가 된다는 뜻으로 '黠'은 영리

---

443 왕명찬, 《포박자내편교석》, 중화서국, 2002년, p. 289.

444 진국부저, 《중국외단황백법고》, 상해고적출판사, 1997, p. 244. "《諸家丹法》第四篇: 十一項: '銀箔一兩末, 汞四錢同椒杵成泥, 用生絹裂出汞泥' 又券六第一項: '用金箔五十片與汞同研如泥.' 是汞泥卽汞金或汞銀之合金."

445 왕명찬, 《포박자내편교석, 중화서국》, 2002년, p. 307. 〈登涉篇〉에 보면 "《金簡記》雲, 以五月丙午日日中, 搗五石, 下其銅. 五石者, 雄黃·丹砂·雌黃·礬石·曾青也. 皆粉之, 以金華池浴之, 內六一神爐中鼓下之, 以桂木燒爲之, 銅成以剛炭煉之"라 하였다. 여기서 '鼓下'가 나오는데 계목으로 태우고, 풀무질을 하는 것으로 해석된다.

446 왕명찬, 《포박자내편교석》, 중화서국, 2002년, p. 78, p. 307.

하다는 뜻이고, '癡'는 어리석다는 뜻이다.

14 僥倖訖不遇 : '僥倖'은 우연히 바라는 것이고, '訖'은 마치다는 뜻이다.

15 中道生狐疑 : '狐疑'는 여우가 의심이 많은 것에 빗댄 표현이다. 의심이 많아 쉽게 포기하고, 바르지 않은 길로 간다는 뜻이다.

16 出正入邪蹊 : '蹊'는 지름길로 正道에 반대되는 뜻이 '邪蹊'이다.

17 管窺不廣見, 難以揆方來 : '管窺'는 대롱속으로 하늘을 본다는 뜻으로 식견이 좁음을 뜻한다. '揆'는 헤아린다는 뜻이고, '方來'는 다가올 일, 즉 미래를 뜻한다. 즉, 식견이 좁아 한치 앞을 예측하지 못한다는 의미이다.

각가주

1 世間多學士, 高妙負良材 … 管窺不廣見, 難以揆方來 : [주해]본에서는 "흑연은 순수脣水[447]를 가리킨다. 물속에는 참된 하나의 기운이 있는데 납속의 은이다. 주사는 심액心液을 가리킨다. 액속에 바른 양적인 精이 있는데 단사중의 수은이다. 정기를 채취하는 법은 주사속의 수은을 채취하는 것이나 흑연속의 은을 채취하는 것과 비슷하다."[448]라고 하였다.

[참동고]본에서는 "강석담羌石膽은 석담이 진주에서 나오고, 강도산羌道山은 큰 돌 사이에서 생기는데 2월에 채취하면 청색이고, 흰 무늬가 있는 것이 공청空靑과 비슷하다. 능히 철을 동으로 변화시켜 금과 은을 합성한다. 운모는 일명 인석磷石인데 태산太山, 려산廬山, 낭야琅琊의 북정산北定山에서 취하는데 돌 사이에서 역시 나온다. 2월에 채취하면 다섯 가지 색의 다른 종이 나온다. 소금물에 끓이면 가루가 된다. 포박자에서 말한 대로 운모를 10년 먹으면 구름이 항상 덮는다는 것이 그것이다. 여礜는 역

447 [주해]본의 주석에서 '순수脣水'라고 한것은 '신수腎水'의 잘못된 표기로 보인다.

448 "黑鉛之脣水也. 水中眞一之氣乃鉛中銀也. 朱砂指心液也. 液中正陽之精乃砂中汞也. 夫采精氣之法恰似朱砂中采汞, 黑鉛中取銀."

시 약석으로 누에가 먹으면 살찌고, 쥐가 먹으면 죽는다. 자석은 철을 끌어당기는데 산의 양지에서 철을 생산하고, 음지에서 자석을 얻는다. 유황은 의가에서 황아黃芽라고 이름 한 것인데 동해 목우산牧牛山, 중주 태행산太行山, 하서의 여러 산에서 나온다. 대개 반석礬石의 액이다. 8, 9월에 채취하고, 금을 녹이면 자색 불꽃이 있다. 예장목豫章木은 진귀한 것이다."[449]라고 하였다.

고찰 [참동고]에서는 이상을 6장 3절로 보고 외단이 사람들을 속이는 잘못된 부분에 대한 것으로 해석하였다.

35. 若夫至聖章 … 第三十五

원문
약부지성 불과복희 시획팔괘 효법천지 문왕제지종
若夫至聖, 不過伏羲, 始畫八卦, 效法天地。文王帝之宗,
결체연효사 부자서성웅 십익이보지 삼군천소정
結體演爻辭。夫子庶聖雄, 十翼以輔之。三君天所挺,
질흥갱어시 우렬유보취 공덕불상수 제작유소종
迭興更御時。優劣有步驟, 功德不相殊。製作有所踵,
추도심분수 유형역촌량 무조난려모 작사령가법
推度審分銖。有形易忖量, 無兆難慮謀。作事令可法,
위세정차서 소무전식자 인사각오지 호약건유장
爲世定此書。素無前識資, 因師覺悟之。皓若褰帷帳,
진목등고대
瞋目登高臺。

국역 만약 지극한 성인이라 하면 복희씨 이상 가는 이가 없다. 처음으로 팔괘를 그려 천지를 본받았다. 문왕은 제왕의 으뜸으로 본체와 연결하여 효사를 부연하였다. 공자는 여러 성인중에서 성웅에 해당하는데 십익을 지어서 그것을 보필하였다. 세 분은 하늘에서 빼내어 보낸 분들로 차례로 일어나 시대를 다스렸다. 우열의 차이는 있지만 공덕에 있어서는 서로

449 "羌石膽, 卽石膽之出秦州, 羌道山者, 生于大石間, 二月采之, 則青色白文, 狀如空青, 能化鐵爲銅, 合成金銀也. 雲母, 一名磷石, 出太山廬山及琅琊之北定山, 亦生于石間. 二月采之, 則五色異種, 鹽湯煮煉, 可使成粉. 抱朴子所謂服雲母十年, 雲氣常覆其上者, 此也. 礜亦藥石, 蠶食之則肥, 鼠食之則死. 磁所以引鐵者, 山之陽産鐵, 則其陰有磁石也. 硫黃, 醫家名爲黃芽, 生于東海牧牛山, 中州太行山及河西諸山. 蓋礬石之液也. 八九月采之, 燒金有紫炎也. 豫章木之珍貴者也."

다르지 않다. 만들고 짓는데 앞 분의 발자취를 가지고 있고, 미루어 헤아리는데 세밀한 부분까지 살폈다. 유형의 것은 헤아리기가 쉽지만 무형의 징조는 생각하여 도모하기가 어렵다. 일을 행하는 법도로 삼기 위해서 세상을 위해 이 책을 지은 것이다. 본디 앞선 지식이 없었기에 스승을 통해 깨달을 수 있었다. 휘장을 걷어 올린 듯 밝고, 눈을 부릅뜨고 높은 대臺에 오른 것 같다.

교감 1 若夫至聖 : [천유]본에서는 “若夫三聖”이라 하였다.
2 結體演爻辭 : [발휘]본에서는 “循而演爻辭”라 하였다.
3 製作有所踵 : [주해]본에서는 “製作有所種 라 하였다.
4 爲世定此書 : [주해]본, [참동고]본에서는 “爲世定詩書”라 하였다.
5 皓若褰帷帳 : [발휘]본에서는 “皓若褰幃帳”이라 하였다.

구문해설 1 若夫至聖, 不過伏羲 : 이 장에서는 복희, 문왕, 공자 이렇게 3명의 성인에 대해 설명한다. 그 중에서 처음 하늘과 땅의 이치를 본받아 팔괘를 긋고 선천의 역을 연 복희를 가장 위대하다고 추앙하였다.
2 文王帝之宗, 結體演爻辭 : 문왕은 복희의 선천역과 괘상에 효사를 붙이고, 후천역을 열어 후대의 사람들이 글을 통해 이해할 수 있도록 하였다. 그래서 제왕의 으뜸이라 하였다. 학설에 의하면 문왕이 괘사를 짓고, 주공이 효사를 지었다고 한다.
3 夫子庶聖雄, 十翼以輔之 : 공자는 괘효사에 이어 계사전 상하, 단전 상하, 상전 상하, 문언전, 설괘전, 서괘전, 잡괘전의 10편을 지어 보충하였다. 그래서 공자를 성웅이라 하였다.
4 三君天所挺, 迭興更御時 : ‘三君’은 복희, 문왕, 공자를 이르는데 복희씨가 가장 으뜸의 성인이지만 이들이 하나의 도를 시대를 이어가며 세상에 전하였다고 하였다. ‘挺’은 빼다, 빼어나다는 뜻이고, ‘迭’은 번갈아 들다는 뜻이다.

5 優劣有步驟, 功德不相殊 : '優劣'은 수준의 높고 낮음을, '步驟'는 걷고 뛰는 빠르기의 차이를 뜻한다. 이처럼 수준과 설명방식의 차이가 있지만 그 공덕은 다르지 않다는 뜻이다.

6 製作有所踵, 推度審分銖 : '踵'은 발꿈치, 뒤를 좇는 것으로 문왕은 복희를, 공자는 문왕을 좇았다는 뜻이다. '分'은 1냥의 1/100, '銖'는 1냥의 1/24이다. 글을 붙이고, 책을 짓는데 있어서 이처럼 작은 부분까지 고려하였다는 뜻이다.

7 忖量 : 헤아린다는 뜻이다.

8 皓若褰帷帳 : '皓'는 밝다는 뜻이고, '褰'은 들어 올리는 것이다. '帷帳'은 휘장揮帳, 위장幃帳이라고도 한다.

9 瞋目登高臺 : '瞋'은 크게 뜨다, 부릅뜬다는 뜻이다.

각가주 1 若夫至聖, 不過伏羲, 始畫八卦, 效法天地 : [참동고]본에서는 "'若夫'는 《서경書經》〈요전堯典〉, 〈순전舜典〉의 '曰若稽古'의 예를 모방한 것이니, 대개 공경의 뜻이다. 선천역이 말미암아 일어난 것이다."[450]라고 하였다.

2 文王帝之宗, 結體演爻辭 : [참동고]본에서는 "이는 후천역이 일어난 바이다."[451]라고 하였다.

3 優劣有步驟, 功德不相殊 : [참동고]본에서는 "세분 성인의 역은 선천으로 천지의 체를 세우고, 후천으로 천지의 용에 이르렀다. 십익에 이르러서는 선천, 후천의 이치를 밝혔다. … 세 성인의 외공과 내덕이 하나이면서 둘이고, 둘이면서 하나이다."[452]라고 하였다.

고찰 – 본 장은 《참동계》가 易을 바탕으로 쓰여졌음을 드러낸다. 또한,

---

450 "若夫, 倣書二典曰若稽古之例, 盖敬之也. 此先天易之所由起也."

451 "此後天易之所由起也."

452 "三聖之易先天立天地之體, 後天達天地之用, 至於十翼又推明先天後天之理. … 三聖之外功內德則一而二二而一也."

유형의 학문이 아니라 쉽지 않았기에 스승의 도움으로 깨달음을 얻었음을 말하였다.

– [참동고]에서는 "～作事令可法, 爲世定此書"까지를 7장 1절로 보고, 금단의 연원이라 하였다.

36. 火記六百篇章 … 第三十六

원문 火記六百篇, 所趣等不殊。文字鄭重說, 世人不熟思。
尋度其源流, 幽明本共居。竊爲賢者談, 曷敢輕爲書,
若遂結舌瘖, 絕道獲罪誅。寫情著竹帛, 又恐泄天符。
猶豫增歎息, 俛仰綴斯愚。陶冶有法度, 未忍悉陳敷。
略述其綱紀, 枝條見扶疎。

국역 《火記》600편과는 취하려는 바가 서로 다르지 않다. 문장과 글자들이 정중하게 설해지지만 세상사람 중에 신중하게 생각하는 이는 없다. 그 원류를 헤아려 찾아보면 어둠과 밝음이 본래 함께 자리하고 있다는 것을 알 수 있다. 현자를 위해 이야기 하는데 어찌 감히 가볍게 책을 만들 수 있겠는가. 만약 끝내 혀를 묶고 말하지 않는다면 도가 끊겨 참수당할 죄를 짓는 것이 된다. 실정을 그려 죽간이나 비단에 저술하였으니 또한 하늘의 부신[天符]을 누설하는 게 아닐까 두렵다. 우물쭈물하다 탄식만 더하다가 하늘을 우러르고, 땅을 굽어보아 이 어리석음을 책으로 엮었다. 도기를 빚고 주물을 만드는 일에도 법도가 있어 차마 다 펴 보일 수 없다. 그 핵심적인 것만 간략하게 서술하니 지엽적인 것은 주석을 보라.

교감 **1** 竊爲賢者談 : [주해]본에서는 "切爲賢者談"이라 하였고, [참동고]본에서는 "竊待賢者談"이라 하였다.

2 若遂結舌瘖 : [참동고]본에서는 "結舌欲不語"라 하였다.

3 俛仰綴斯愚 : [발휘]본에서는 "俛仰輒思慮"라 하였다.

4 未忍悉陳敷 : [천유]본에서는 "安能悉陳敷"라 하였다.
5 枝條見扶疎 : [천유]본에서는 "枝條見扶疏", [참동고]본에서는 "枝條見扶蘇"라 하였다.

『道藏』「周易參同契 卷上中」(文物出版社) 20冊 301쪽

구문해설 1 火記六百篇 : 29장에서도 《화기火記》라는 책에 대한 신뢰, 이 책이 주역을 연역하여 지은 책임을 설명하였다. 이 장에서는 더 나아가 《화기火記》와 《참동계》가 목적하는 바가 비슷하다는 것을 말하였다.

2 文字鄭重說 : '鄭重'하다는 것은 근신하고, 신중하다는 뜻이다.

3 尋度其源流, 幽明本共居 : 고금의 丹書들이 문장이 정중하여 많은 사람들이 깊이 따져 생각하지 못했는데, 결국 그 근원은 '一陰一陽'일 뿐이라는 설명이다. '幽'는 그윽하고, 어두운 것으로 음을 나타내고, '明'은 밝음이므로 양이다. 음정과 양기로 설명할 수도 있다. 이는 易이 日과 月을 합한 것이라는 것과 일맥상통한다.

4 竊爲賢者談 : '竊'은 훔친다는 뜻도 있지만 겸양의 표현으로 '나, 저'를 의미하기도 한다. 여기서는 후자의 뜻으로 해석했는데 《참동계천유》를 번역한 이윤희는 '현인들의 말을 훔쳐서'라고 해석하였다.

5 曷敢輕爲書 : '曷'은 '어찌'라는 뜻이다.

6 若遂結舌瘖 : 본래 '舌瘖'은 의학용어로 중풍등으로 인해 말을 하지 못하는 신경장애이지만 여기에서는 '瘖'을 벙어리로 해석하였다.

7 絕道獲罪誅 : '誅'는 베어 죽이는 참수형을 말한다.

8 寫情著竹帛, 又恐泄天符 : '寫情'은 보거나 느낀 실정을 그려내는 것이다. '竹帛'은 대나무와 비단으로 옛날에는 죽간이나 비단에 글을 적었다. '天符'는 하늘의 부신符信으로 일종의 천기누설을 말하는 것이다.

9 猶豫增歎息 : '猶豫'는 결정하지 못하고 망설이는 것으로, 유猶와 예豫 모두 동물이름이었다고 한다.

10 俛仰綴斯愚 : '俛'은 숙여 보는 것이고, '仰'은 우러러 보는 것이다. '綴'은 엮는다는 뜻으로 책을 지음을 뜻한다.

11 陶冶有法度 : '陶'는 도예, '冶'는 야금술을 말한다.

12 未忍悉陳敷 : '未忍'은 아직 차마 하지 못한다는 숙어이다.

13 枝條見扶踈 : '枝條'는 가지를 뜻하고, '扶踈'는 나무의 가지와 잎이 번성하여 사방으로 뻗어나가는 것을 뜻한다. 하지만 '扶踈'는 '扶疏'와 통하는데 주석서라는 뜻이 있다.

각가주 **1** 火記六百篇 : [통진의]본에서는 "《화기火記》의 600은 별의 주기와 화후의 대수大數에서 나와서, 아침저녁 각각 하나의 괘에 직접 연결된다. 그래서 600편이니 편마다 한 개씩 대응되는 고로 년과 월이 같고, 월과 일이 같으며, 일과 시가 같다."[453]고 하였다.

[발휘]본에서도 "화후가 이처럼 번잡하고 어려운 것으로 여겨지니, 육백편이 60괘일 뿐이라는 것을 모른다. 육십괘는 한 달의 후이고, 육백편은 10개월의 후이다."[454]고 하였다.

---

453 "火記六百篇, 蓋是周星運火之大數, 朝暮各係一卦直事. 云六百篇, 篇次一一皆同, 故年與月同, 月與日同, 日與時同也."

454 "以爲火候如此其繁且難, 殊不知六百篇亦猶六十卦爾. 六十卦爲一月之候, 六百篇乃十個月之候."

[주해]본에서는 "화기는 화후를 밝힌 책으로, 600편은 1개월에 60괘씩, 10개월이면 600편인 것이다."[455]라고 하였다.

[참동고]본에서는 "화기는 고대 단학서적이다. 황제이래로 여러 선도저작이 있었는데 많게는 600편이 달한다. 그러나 그 뜻을 살펴보면 대부분 같은데 모두 약물로 비유하여 수련의 일을 설명하였다."[456]라고 하였다.

2 尋度其源流, 幽明本共居 : [참동고]본에서는 "어두우면 귀신이 있고, 밝으면 예악이 있다. 모두 음양의 상대적인 경위와 오행의 상생상극에 근본한다."[457]라고 하였다.

고찰 [참동고]에서는 7장 2절로 삼고, 금단의 지침이 되는 결구라 하였다.

37. 以金爲隄防章 … 第三十七

원문 以金爲隄防, 水入乃優遊。金計有十五, 水數亦如之。
臨爐定銖兩, 五分水有餘。二者以爲眞, 金重如本初。
其三遂不入, 火二與之俱。三物相含受, 變化狀若神。
下有太陽氣, 伏蒸須臾間。先液而後凝, 號曰黃輿焉。
歲月將欲訖, 毀性傷壽年。形體爲灰土, 狀若明窗塵。

국역 金으로 제방을 만들면 水가 들어가 이내 유유히 자리하게 된다. 金의 수를 계산하면 15이고, 水의 수도 역시 그와 같다. 화로에 넣을 때에는 작은 수량까지도 정하게 되는데 5푼이라도 물이 남게 된다. 금, 수 이 두 가지로써 참된 것이 되는데 금의 무게는 처음과 같다. 그 세 가지가 모름지기 들어가는 것은 아니고, 화와 금수가 더불어 갖추어 진다. 세 가지

455 "火記明火候之書, 六百篇一月用六十卦十月乃六百篇也."

456 "火記古丹書也. 言自黃帝以後諸仙道所著丹書其富至於六百篇之多. 然考其旨意之趣向而等類之. 皆寓言托辭乎藥物以喩修煉之事."

457 "幽則有鬼神, 明則有禮樂. 皆本於陰陽之相經緯, 五行之相生克也."

물건이 서로를 머금고 받으니 변화상이 신비롭다. 아래에는 태양의 기운이 있으니, 잠시 동안 솥에 넣고 증발시킨다. 먼저 액체가 되고, 뒤에 응결하니 이름하여 황여黃輿라고 한다. 세월이 장차 끝나려 하면 본성을 훼손하고, 수명을 상하게 된다. 형체가 재나 흙과 같아지고, 용모는 밝은 창문에 먼지 낀 것과 같다.

【以金爲隄防圖】

【이금위제방도】

『道藏』「周易參同契發揮 卷四中」(文物出版社)20冊 215쪽

교감 **1** 水入乃優遊(수입내우유) : [참동고]본에서는 "水火乃優遊(수화내우유)"라 하였다.

2 金計有十五(금계유십오) : [천유]본에서는 "金數十有五(금수십유오)"라 하였고, [참동고]본에서는 "金數有十五(금수유십오)"라 하였다.

3 其三遂不入(기삼수불입) : [발휘]본에서는 "其土遂不入(기토수불입)", [천유]본에서는 "其土遂不離(기토수불리)"라 하였다.

4 火二與之俱(화이여지구) : [발휘]본에서는 "二者以爲眞(이자이위진)", [천유]본에서는 "二者與之俱(이자여지구)"라 하였다.

5 三物相含受(삼물상함수) : [주해]본에서는 "三物相合受(삼물상합수)"라 하였고, [참동고]본에서는 다른 판본에서는 "二物相含受(이물상함수)"라고 하였다.

6 變化狀若神(변화상약신) : [참동고]본에서는 "變化狀(변화상)"이라 하여 "若神(약신)"을 생략하

였다.

7 狀若明窗塵 : [발휘]본에서는 "狀若明窻塵"이라 하였다. '窗'과 '窻'은 같은 자이다.

구문해설 1 以金爲隄防, 水入乃優遊 : 易으로 보았을 때 金은 坎水의 가운데 있는 양기로 乾에서 유래한 眞金이다. 외단으로 보면 금은 납[鉛]이고, 수는 수은[汞]이다. 내단으로 보면 금은 腎中의 陽氣이고, 수는 신장의 水氣이다. 양기는 상승하기 쉽고, 음기는 흘러내리기 쉬우므로 양기를 제방삼아 元氣의 이탈을 막아야 하는 것이다. 이 문장은 금단을 이루는데 있어서 핵심인 금과 수를 언급하였다. 금단을 단련하는데 있어서 金-鉛으로 제방을 하여야 水-汞이 이에 규제를 받아 천천히 자리 잡고 밖으로 달아나지 않는다는 뜻이다. '優遊'는 한가롭게 유유자적한다는 뜻이다. [참동고]본에서는 말하는 금-솥뚜껑-폐의 설정이 설득력있게 적용되는 구절이라 할 수 있다.

2 金計有十五, 水數亦如之 : 15는 상현과 하현에 이르는 날짜로 13장과 29장에서 상현과 하현의 대칭성과 이들의 결합으로 원만한 건체인 보름달이 됨을 설명하고, 금단에 비유하였다. 이러한 월체납갑설은 약물의 수량을 설명하는 데에도 응용되었는데 29장에서 "上弦兌數八, 下弦艮亦八, 兩弦合其精, 乾坤體乃成。二八應一斤, 易道正不傾"이라 하여 초하루에서 8일, 보름에서 8일간인 상하현이 더하면 16으로 1근의 수량과 같다고 하였다. 또한, 15라는 수는 土의 생수인 5와 성수인 10의 합으로 상수학적으로는 토의 작용이 내재함을 의미한다.

3 臨爐定銖兩, 五分水有餘 : 제방을 만든 후에는 화로에 얹을 수 있는데 이 때 약물의 수량을 정확하게 하는 것이 중요하다. 銖는 1냥의 1/24이고, 分은 1/100인데 1냥은 37.50004g으로 추정한다. 5푼의 물이 유여하다는 부분은 해석이 난해한 부분으로 5푼의 적은 양이 오차를 일으킨다고 해석할 수도 있고, 5푼의 여유가 있어야 한다고 할 수 있는데 이를 戊土

로 볼 수 있다.

4 二者以爲真, 金重如本初 : '二者'는 금과 수를 말한다. 금으로 제방을 만들고 수를 넣어 토의 작용이 더해지면 眞金과 眞水가 되는데 이는 우리 몸의 眞陰과 眞陽이라 할 수 있다. 이러한 과정을 통해도 본래 금의 중량은 변하지 않는다는 뜻이다.

앞의 '五分水有餘'가 戊土의 5푼이라면 금의 중량도 마찬가지라고 할 수 있고, 己土가 된다 하겠다.

5 其三遂不入, 火二與之俱 : 여러 주석서들이 원문을 다르게 본 구절이다. '其三'을 '其土'의 오기로 볼 수도 있으나 중요한 것은 금, 수, 토를 아울러 가리키거나, 금수에 이은 세 번째, 眞土를 가리킨다고 볼 수 있다. 眞土는 실제 단법에 있어서도 직접 약물로써 집어넣는 것도 아니고, 정해진 자리가 있는 것도 아니므로 '不入'한다고 하였다. '火二'는 상수학적으로 하도의 내용을 따라 2, 7에 배속된 火로 볼 수도 있으나 문맥상 의미가 없고, 火와 金水로 해석하는 것이 자연스럽다. 토는 마땅한 자리가 없으나, 火는 화로를 가열하는데 사용되므로 필요한 것이 아닌가 생각된다. 하지만 《참동계발휘》나 《참동계 천유》의 원문처럼 오기일 가능성도 상당히 높다고 생각된다.

6 三物相含受, 變化狀若神 : '三物'은 위의 '其三'과 같이 금, 수, 토로 볼 수 있다. 혹자는 金水, 木火, 戊己土를 三物로 보기도 한다. '含受'는 머금어서 받는다는 뜻이다.

7 下有太陽氣, 伏蒸須臾間 : 아래의 태양기는 외단으로는 솥 아래의 화로속 불을 가리키고, 내단으로는 子時에 일어나는 하단전 양기를 가리킨다. 이는 소주천과 대주천이 각각 다르다고 하는데 유국량劉國樑이 주석한 《신역주역참동계》에서는 자시에 양기가 미려에서 상승하여 연공이 개시된다고 하였다. 소주천에서는 남자의 음경이 발기되는 활자시를 자시로 삼고, 대주천에서는 정자시를 자시로 삼는다는 것이다.[458] '伏蒸'

---

458 유국량주석, 《신역주역참동계》, 삼민서국, 2001, p. 75.

은 약물을 솥에 넣고 끓여 증발시키는 과정이고, '須臾間'은 잠깐동안을 뜻한다.

8 先液而後凝, 號曰黃輿焉 : 처음에는 용액으로 점출되다가 나중에는 이들이 응고된다는 뜻이다. 이를 '黃輿'라고 하는데 '輿'는 수레, 가마라는 뜻이다. 이윤희의 주석[459]에서는 진사와 납광물질을 신실에 넣고 가열하면 얻어지는 노란색 결정가루, 즉, 23장의 구문해설에서 설명한 황아黃芽 HgSO4-2HgO와 같은 것으로 보았다. 진국부[460]도 《경도집庚道集》을 인용하면서 명창진明窗塵과 진사辰砂를 이용해 만든 황아黃芽를 수비水飛하여 만든 것이 자하거紫河車인데, 자하거와 진사를 이용해 황여黃輿를 만든다 하였다. 하지만 화학식은 이윤희의 설과 같이 $HgSO_4$-2HgO로 보았다. 명창진이 약물로 쓰인 것을 볼 수 있다. 내단적으로는 금단의 별명으로 보는데 유국량은 연단과정에서 얼굴색이 황색으로 변하고, 형상이 마치 수레가 돌아가는 형상이라 보았다.

9 歲月將欲訖, 毁性傷壽年 : '訖'은 끝나다, 마치다는 뜻이다. 세월이 장차 끝마친다는 것은 약물을 단련하는 시간이 끝나간다는 뜻이고, 이때가 되면 약물들이 성질이 바뀌어 인성을 헤치고, 수명을 손상시키는 것으로 된다.

10 形體爲灰土, 狀若明窗塵 : 인성과 수명이 손상되면 형체가 타고남은 재나 흙처럼 되고, 밝은 창에 붙은 먼지와 같은 형상을 띠게 된다는 뜻이다. 수련중 청탁이 나눠져 맑은 것은 위로 떠올라 밝은 창의 먼지와 같이 되고, 탁한 것은 灰土같이 된다고도 한다.

각가주 **1 以金爲隄防, 水入乃優遊** : [발휘]본에서는 "상현에 반근의 금으로 화로외측의 동남방 절반에 제방을 만들고, 그러한 연후 하현에 반근의 수를 서방으로부터 흘러내려 북방의 화로내측으로 넣는다. 이러

459 이윤희역해, 《역해 참동계천유》, 여강출판사, 2000, p. 286. 주석 66).
460 진국부저, 《중국외단황백법고》, 상해고적출판사, 1997, p. 272.

하면 그 기세가 급하지 않고, 유유자적하게 된다."[461]고 하였다.

[천유]본에서는 "감중의 금은 본래 안에 엎드려 있지만 안에 있는 것이 밖으로 나오지 않을 수 없으므로 금단작용에는 반드시 제방을 먼저 세우고, 육문六門을 굳게 닫아야 원기가 바야흐로 외설되지 않는다. 離속의 수는 쉽게 범람하여 밖에 있지만 안으로 들어오지 않을 수는 없다. 하물며 제방이 있으면 범람을 못하게 하여 眞金이 다시는 흘러 나가게 하지 않는다. 그런즉 자연스레 화로의 안으로 들어오게 된다."[462]고 하였다. 六門은 감각기관을 말한다.

[주해]본에서는 "이 장은 금수의 근량을 논하였다. 단의 재료는 단지 금, 수, 목, 화를 달이고, 단련하며, 토로 조화시키고, 균형되게 하는 것 뿐이다. 금은 납속의 기운이니 수은을 점화시켜 금을 이룬다. 금은 腎水를 생하고, 불로 단련하기를 그치지 않으면 금수가 합하여 견고한 胎를 이룬다."[463]라고 하였다.

[참동고]본에서는 "폐금은 위에서 덮개가 되고 비토가 생하는 금은 아래에서 솥이 되니, 이는 마치 흐르는 냇물에 제방이 있어야만 수화가 오르고 내리면서 그 생화하는 기틀을 행하는 것과 같다. 만약 제방이 없으면 천지가 없는 해와 달이 되니 수화 역시 그러하다."[464]라고 하였다.

2 金計有十五, 水數亦如之 : [천유]본에서는 "금과 수의 두 몸속에는 본래 무토와 기토가 간직되어 있다. 토의 생수는 5이고, 성수는 10이다. 감속의 금은 戊를, 리속의 수는 己를 받는데 모두 그 수가 10數중의 5가 된다. 두 가지 토가 합하여 규圭를 이루는데 그 이치가 마치 두 반달의 기

---

461 "以上弦半斤金爲外爐東南半璧之隄防, 然後下弦半斤水自西而下入於北方內爐, 則其勢不迫而優遊自如也."

462 "坎中之金, 本伏處而在內, 然內者不可不出, 金丹作用必須先立隄防, 牢鎭六門元氣方不外泄. 離中之水, 易泛濫而在外, 然外者不可不入, 況隄防旣立, 不許泛濫眞金無復走漏, 自然優遊入爐."

463 "此章論金水斤兩也. 丹材只取金水木火烹之煉之土和之勻之耳. 金鉛中氣也. 點汞卽成金, 金産神水火煉不已則金水合而成堅固之胎."

464 "肺金爲蓋於上, 脾土之生金者爲鼎於下, 如川流之有堤防然後水火可以優游升降以行其化化生生之機. 若無堤防則如日月之無天地而水火亦徒然也."

운이 합쳐지면 바로 원만한 깨달음과 같다."[465]고 하였다.

[참동고]본에서는 "금의 생수 4와 수의 성수 6을 합하고, 토 5가 그 가운데 거하니 15가 된다. 수의 생수 1과 금의 성수 9가 합하고 토 5가 그 가운데 거하니 역시 15이다. 화와 목도 모두 마찬가지이니 단지 금과 수만을 말한 것이다. 무릇 사물의 시작은 모두 수에 속하고, 완성은 모두 금에 속한다."[466]라고 하였다.

3 臨爐定銖兩(임로정수량), 五分水有餘(오분수유여), 二者以爲真(이자이위진), 金重如本初(금중여본초) : [발휘]본에서는 "대저 금과 수를 각각 반씩 합하면 2×8=16이 되어 1근의 수가 된다. 한번 닫히고, 한번 열리면 오고감이 끝이 없다. 곧 내 몸의 진음, 진양인 것이다. 그러나, 물이 반근정도 남는 것이 필요한데 금 또한 그 반근의 중량을 줄일 수 없다."[467]고 하였다.

[주해]본에서는 "화로를 대해서는 수량을 정하는데 금은 본래의 수를 사용하고, 수는 15를 다섯으로 나누어 그 중에서 둘을 취하고, 셋을 버린다. 단두丹頭의 수는 귀한 것은 지극히 맑은 것을 귀하게 여기므로 수량을 취할 때 적게 한다. 물과 철의 청탁과 경중을 변별하는 데는 방법이 있다. 화로와 솥에 神水(신수)를 끓여 처음에 감정을 잊고, 생각을 끊으면 자연히 상응하는 것은 선천의 水(수)이다. 맑고 가벼운 것은 감히 사용하여 욕념을 거둬들여 생하면 후천의 水(수)이다. 중탁한 것은 감히 사용하지 않는다."[468]라고 하였다.

[참동고]본에서는 "화로는 감괘 신장이다. 수량을 정한다는 것은 약물재료의 수량을 정하는 것이다. 五分(오분)은 五土(오토)이고, 감괘중 일양이 五土(오토)의

465 "金水兩體之中, 本藏戊己二土, 土之生數得五成數得十, 坎中之金納戊是得其十數之五也. 離中之水納己, 是亦得其十數之五也. 二土合而成圭, 兩弦之炁恰好圓覺."

466 "以金之生數四. 合水之成數六. 而土五居其中. 則爲十五. 以水之生數一. 合金之成數九. 而土五居其中. 則亦爲十五. 火木二行. 莫不皆然. 而但稱金水者. 凡物始之者. 皆屬於水成之者. 皆屬於金."

467 "夫金水各半, 合成二八, 一斤之數, 一闔一闢, 往來不窮, 乃吾身之眞陰陽也. 然水要半斤有餘, 金又不可虧其半斤之重."

468 "臨爐定用之銖兩則金用本數, 水則坎十五五分之而取其二分舍其三分也. 丹頭之水貴其至淸故取銖兩少也. 水鐵淸濁輕重辨之有術. 爐鼎相蒸神水初出忘情絶慮自然相應者先天水也. 淸而輕堪用欲念攝之而生則爲後天水. 濁重不敢用也."

수를 포함하고 있다. 초효와 상효의 二陰은 一六水의 생성수를 포함하고 있으니 水의 숫자가 土의 숫자보다 많다. 토는 가운데이고, 덕이다. 수는 욕망이고, 감정이다. 그러므로 화로에 임해서 수량을 정할 때에는 감의 덕으로 離火의 감정을 제어할 수 있음을 알아야 한다. 그래서 아랫 문장에 '二'로서 참됨을 삼는 공부를 둔 것이다."[469]라고 하였다. 또한 "2라는 것은 화의 생수 2이다. 참된 것은 眞土이다. 리괘의 己土는 아래 감괘의 戊土와 교류하는데 이것은 토가 건곤, 음양과 합하는 것이다. 그러므로 토라고 말한다. 참된 토는 위로 폐금을 생하고 그 금은 또한 참된 금이 된다. 이와 같이 생생하여 그치지 않으면 정기가 충만하여 그 근본을 되돌리고, 처음에 품부받은 16량의 중량으로 돌아간다."[470]고 하였다.

4 其三遂不入, 火二與之俱 : [주해]본에서는 "'火二'는 마땅히 '水二'로 바뀌어야 한다."[471]고 하였다.

[참동고]본에서는 "'其三'은 목의 생수 3으로 肝木이 그 가운데 들지 못한 것이다. 대개 화목은 떨어지지 않는 고로 心火는 항상 肝木을 끼고 같이 운행하는 하나의 물건이다. 그러므로 肝木과 떨어지지 않는다."[472]라고 하였다.

5 三物相含受, 變化狀若神 : [발휘]본에서는 《지도편至道篇》을 인용하여 "승강의 이름은 금수이다. 운행할 때의 손을 眞風이라 한다."라고 하였고, "대개 상승하는 것은 금이고, 하강하는 것은 수이다. 이러한 승강을 일으키는 것은 토이다. 비록 그러하나 금, 수, 토의 세 가지 물건은 모두 상징으로 비유한 것에 불과하다. 보다 깊이 탐구해보면 대도大道는

---

469 "爐, 坎腎也. 定銖兩定藥物材料之銖兩也. 五分, 爲五土也. 坎之爲卦, 中一陽含五土之數, 初上二陰含一六數生成之數, 是則水數多於土數也. 土者, 中也, 德也, 水者, 慾也, 情也. 故臨爐定銖兩之際, 知坎之德不能制其離火之情, 遂有下文以二爲眞之工夫也."

470 "二者爲火之生數二也. 眞則眞土也. 以離中之己土下交坎中之戊土則是其土合乾坤陰陽之中, 所以謂之眞土. 眞土上生肺金則是其金又爲眞金如是生生不已則精氣充滿遂復其本初所稟得十六兩之斤重矣."

471 "火二當作水二."

472 "其三, 謂木之生數三也. 言肝木不入於其中者. 蓋火木不離, 故心火常挾肝木而俱行, 便是一物, 故不別擧肝木也."

본래 이름과 형상이 끊어진 것이고, 진선眞仙은 본래 화초가 없으니 어찌 금수가 있고, 토가 있겠는가."[473]라고 설명하였다.

[주해]본에서는 "'三物'은 마땅히 '二物'로 고쳐야한다. … 그렇지 않으면 위에서 말한 '火二'가 아래의 '太陽氣'와 겹친다. 금수는 단지 두 개의 물건인데 만약 하나의 물건을 더하면 또한 어떤 물건인가."[474]라고 하였다.

[참동고]본에서는 "세 가지 물건은 금화수이다. 본래 다섯 물건인데 목은 이미 갖춰져 있고, 토는 주재하는 고로 세 가지 물건이다."[475]라고 하였다.

6 下有太陽氣, 伏蒸須臾間 : [발휘]본에서는 《옥지서玉芝書》를 인용하여 이르기를 "무릇 연단을 할 때에는 자시의 양기를 따라 불을 일으켜야, 그 불의 힘이 완전하다. 이 시간이외에 일으키는 불은 그렇지 못하다. 대개 자시에는 태양이 북방에 있고, 사람의 몸에서는 미려관尾閭關에 도달한다. 이때에 불이 일어나면 내외가 서로 합하니 이에 천지의 기틀을 훔쳐 단을 완성할 수 있다."[476]고 하였다.

[천유]본에서는 "대개 앞뒤로 제방이 이미 튼튼하여 조금도 새어나가는 것이 없게 하면 솥 안에서 진기가 자연히 발생한다. 그러한 후에 감중의 양기를 뽑아, 리중의 음을 채우면 북쪽 바다가운데에서 태양의 진화가 훈증되어 상승하게 되고, 잠깐 사이에 리궁의 眞水가 이에 응한다."[477]고 하였다.

[주해]본에서는 "태양기는 화후이다. 무릇 단을 짓는 법에서 처음에는

---

473 "升降名爲金水, 運時巽曰眞風. 蓋升者金也, 降者水也, 而所以爲之升降者土也. 雖然, 金, 水, 土 三物不過皆設象比喩爾. 究而言之, 大道從來絶名相, 眞仙本自無花草. 何金水之有哉? 何土之有哉?"

474 "三物當作二物 …不然則上云火二下又有太陽氣其文重疊也. 金水只是二物若加一物則又何物也."

475 "三物金火水也. 本爲五物而木旣與俱土爲主宰故曰三物."

476 "凡鍊丹隨子時陽氣而起火, 其火力方全. 餘外别時起火, 其火不然. 蓋子時太陽在北方, 而人身氣到尾閭關, 於此時而起火, 則內外相合, 乃可以盜天地之機而成丹."

477 "蓋前後隄防旣已完固, 不容絲毫走漏, 爐中眞炁自然發生. 然後抽坎中之陽, 塡離中之陰, 北海中太陽眞火薰蒸上騰, 須臾之間離宮眞水應之."

곤괘의 자리에서 피어나서 화후로 감괘속의 몸에 비추면 음속의 양이 양속의 음과 더불어 서로 만나고 날아올라 위로 건궁에 도달한 후 곤괘의 자리로 다시 돌아오는 것을 건궁이 사귀기 시작한다고 한다."[478]라고 하였다.

[참동고]본에서는 "아래는 신실을 이르니 단전의 아래이다. 태양기는 비장이고 비장이 하늘에서 기를 얻고, 땅에서 형태를 받으니, 하늘에서는 태양이고, 땅에서는 태음이다. 그러므로 태양기이다. '伏蒸(복증)'은 잠복하여 찌는 것을 말한다."[479]라고 하였다.

7 先液而後凝(선액이후응), 號曰黃輿焉(호왈황여언) : [천유]본에서는 "먼저 흰 액체가 된 후에 응결되어 견고하게 된다. 둘은 황방黃房에서 모여 쉼 없이 돌면서 어우러지는데 황여黃輿의 상이 있어 마치 어린아이와 아름다운 여자가 나란히 노란 옷을 입은 할머니[黃婆(황파)]에 이끌려 방으로 들어가는 상황이다. 마땅히 이 둘이 합하기 전에는 진의眞意로써 합하고, 두 물건이 어우러진 이후에는 진의로써 지킨다."[480]고 하였다.

[주해]본에서는 "한 점이 황정에 떨어지는데 마땅히 이때이다. 기액이 형태를 합하고, 응결하려하나 아직 맺어지지 않았을 때 급히 손풍을 불어 도우면 離火(리화)가 지극히 달여지고, 맹렬이 단련하여 금단을 이룬다. 이를 쫓아 화공이 서로 이어 금옥의 액체를 변화시키는 것인데 삼단전으로 되돌리면 황여라고 하고, 또한 하거라 하여 그 운전하는 의미를 취한다."[481]라고 하였다.

[참동고]본에서는 "먼저 정액이 모이고 후에 단이 맺혀 완성된다. 황여는 왕자의 호위병이다. 비유하면 대단이 호위병이 되어 황정을 호위한

---

478 "太陽氣火候也. 凡作丹之法初徒坤位發, 火候照入坎中, 軀出陰內之陽與陽中之陰, 相遇飛騰而上至於乾宮交姤復還坤位所謂乾宮交始."

479 "下謂神室丹田之下也. 太陽氣者脾也. 脾得氣於天, 賦形於地, 在天爲太陽, 在地爲太陰, 故曰太陽氣, 伏蒸言潛伏而蒸溽也."

480 "先時化爲白液後乃凝而至堅. 兩者交會於黃房, 運旋不停有黃輿之象, 所謂嬰兒姹女齊齊出卻被黃婆引入室也. 然此兩物未交之前, 當以眞意合之. 兩物旣交之後, 又當以眞意守之."

481 "擺一點落黃庭是也. 當斯際也. 氣液合形欲凝未凝, 急噓巽風助此離火極烹猛煉結成金丹. 從此火工相續變作金玉之液, 還返三田中其名曰黃轝又名河車取其運轉之義也."

다."[482]라고 하였다.

8 歲月將欲訖, 毁性傷壽年 : [주해]본에서는 "세월이 끝마쳐지려하면 음이 다하고, 양은 순수해져 장차 태를 벗어나려 한다. 성품을 손상한다고 말하는 것은 뼈와 혈맥이 참된 것으로 변화하는 것이다."[483]라고 하였다.

[참동고]본에서는 "사람의 수명이 길면 120세이니 이는 원기가 정한 한계이다. 그러나 정을 함부로 하고 욕망대로 하여 그 본성을 훼손시키면 그 수명을 상하여 그 수에 미치지 못하는 것이다."[484]라고 하였다.

9 形體爲灰土, 狀若明窗塵 : [발휘]본에서는 "단법에서는 소위 맑은 것을 취하고, 탁한 것을 버리는 것이 있는데 바로 이것을 이른다. 맑은 것은 위로 떠오르니 소위 밝은 창의 먼지와 같다. 탁한 것은 가라앉아 아래에 있으니 소위 형체가 회토와 같은 것이다. 외단을 닦는 경우에 솥뚜껑의 위에 날아 붙어 응결된 것을 명창진明窓塵이라 한다."[485]고 하였다.

[천유]본에서는 "처음에 神이 氣속으로 들어갈 때 적연히 움직이지 않는 것이 마치 말라죽은 나무나 꺼진 재와 같은데 그렇게 오래 있다 보면 생기가 다시 움직이고, 한 점 진기가 희미하고, 은근하게 천천히 올라오는데 마치 아지랑이같은 먼지의 형상이다."[486]라고 하였다.

[주해]본에서는 "형태가 잿빛 흙같은 것은 남화경南華經에서 '보기에 땅의 무늬같은 부류'라고 한 것이다. 상태가 창에 붙은 먼지같은 것은 호흡이 날고 뜨는 상태이다. 무릇 사람의 호흡에 의지하는데 도인이 단을 얻은 후에는 호흡이 태식으로 바뀌고, 단이 성숙한 후에는 태식이 무식으로 변한다. 태식은 호흡이 일신의 모공에서 미미하게 나오는 것으로 입

482 "先液精之聚也. 後凝丹之成也. 黃轝王者之儀衛而喻大丹爲儀衛於黃庭也."

483 "歲月欲訖陰盡陽純將欲脫胎也. 毁性云云骨脈變易眞."

484 "人之上壽爲一百二十歲, 此其元定之大限也. 然放情縱慾毁其本性傷其壽年則未及其數."

485 "丹法所謂取淸捨濁, 正謂此也. 淸者浮而在上, 所謂狀若明窓塵是也. 濁者, 沈而在下, 所謂形體爲灰土是也. 鍊外丹者, 取其飛結於鼎蓋之上者. 號曰明窓塵."

486 "初時神入炁中, 寂然不動, 似乎枯木死灰, 久之生機復轉. 一點眞炁稀微隱約, 滃然上升, 有如野馬塵埃之狀."

과 코로 나오는 것이 아니다. 태아가 모태 속에 있을 때 어미의 호흡을 따라 하고 스스로는 숨을 쉬지 않는 고로 태식이라 한다. … 그러나, 태식도 쉽지 않다. 세상사람 중에 혹 약이 없는데도 태식을 강행한 사람은 대부분 기운이 옹체되어 질병을 만들었다. 무식이라는 것은 성인이 몸속에 크게 이루거나 일신의 원신과 합쳐져 스스로 혈육에 의지 않고 허물을 남긴 것이다. 호흡의 나가고 들어옴은 생사의 현상이다. 호흡이 고르면 이미 생사에서 벗어난 것이고, 일신의 탁한 찌꺼기가 하나씩 떨어져나가니 마치 해가 비치는 창의 먼지와 같다."[487]라고 하였다.

고찰 [참동고]에서는 "～ 號曰黃輿焉<rt>호왈황여언</rt>"까지를 7장의 3절로 삼고 금단의 제량劑量이라고 하였다.

38. 擣治幷合之章 … 第三十八

원문 擣治幷合之<rt>도치병합지</rt>, 持入赤色門<rt>지입적색문</rt>。固塞其際會<rt>고색기제회</rt>, 務令致完堅<rt>무령치완견</rt>。炎火張於下<rt>염화장어하</rt>, 晝夜聲正勤<rt>주야성정근</rt>。始文使可修<rt>시문사가수</rt>, 終竟武乃陳<rt>종경무내진</rt>。候視加謹愼<rt>후시가근신</rt>, 審察調寒溫<rt>심찰조한온</rt>。周旋十二節<rt>주선십이절</rt>, 節盡更須親<rt>절진갱수친</rt>。氣索命將絕<rt>기색명장절</rt>, 休死亡魄魂<rt>휴사망백혼</rt>。色轉更爲紫<rt>색전갱위자</rt>, 赫然成還丹<rt>혁연성환단</rt>。粉提以一丸<rt>분제이일환</rt>, 刀圭最爲神<rt>도규최위신</rt>。

국역 찧고 수치하여 합하여 가지고 있다가 붉은 색의 문에 집어넣는다. 만나는 부위를 굳게 막아서 완전하고 견고하게 한다. 타오르는 불이 아래에서 크게 하고, 밤낮으로 바르면서 성실히 한다. 처음에는 문화로써 닦을 수 있게 하고, 나중에는 무화로써 펴지게 된다. 지켜봄에 있어서는 삼가 신중해야 하고, 깊이 살펴서 온도를 조절해야 한다. 12마디를 두루

---

487 "形如灰土, 南華經所謂視之以地文之類是也. 狀若慇塵者氣息飛浮之狀也. 凡人氣息爲依道人得丹後, 凡息化爲胎息, 丹熟後胎息變爲無息. 胎息者息從一身毛孔中微微宣泄不以口鼻出也. 如兒處胎時隨母呼吸而不自息故謂之胎息 …然則胎息亦不易也. 世人或有無藥而强行胎息者多胎致氣滯成疾也. 無息者聖大成身中又有一身元神與此打合爲一身造自化全不賴血肉身遺蛻近之矣. 息之出入生死之象也. 息定則已脫於生死外. 凡一身滓穢之氣片片浮去閃閃爍爍如射日之窓塵也."

도는데 마디가 끝나면 모름지기 다시 가까워진다. 기가 다하여 목숨이 장차 끊어지려고 하면 그쳐서 죽게 되어 혼백이 없어진다. 색깔은 다시 자색으로 되고, 빛나는 모습의 환단을 이루게 된다. 가루로 만들어 한 알을 먹으면 작은 양이지만 아주 신묘하다.

교감 1 持入赤色門(지입적색문): [주해]본과 [참동고]본에서는 "馳入赤色門(치입적색문)"라 하였다.
2 晝夜聲正勤(주야성정근): [발휘]본에서는 "龍虎聲正勤(용호성정근)"이라 하였다.
3 終竟武乃陳(종경무내진): [천유]본에서는 "終竟武乃成(종경무내성)"이라 하였고, [주해]본에서는 "終更武乃陳(종갱무내진)"이라 하였다.
4 候視加謹愼(후시가근신): [천유]본에서는 "候視加謹密(후시가근밀)"이라 하였다.
5 節盡更須親(절진경수친): [주해]본에서는 "節盡更相親(절진경상친)"이라 하였고, [참동고]본에서는 "節盡更親觀(절진경친관)"이라 하였다.
6 休死亡魄魂(휴사망백혼): [주해]본과 [천유]본에서는 "體死亡魄魂(체사망백혼)"이라 하였다.
7 赫然成還丹(혁연성환단): [천유]본에서는 "赫然稱還丹(혁연칭환단)"이라 하였다.
8 粉提以一丸(분제이일환): [발휘]본에서는 "服之以一丸(복지이일환)"이라 하였다.

구문해설 1 擣治并合之(도치병합지): '擣(도)'는 손으로 방아를 찧는 것이고, '治(치)'는 수치법제를 뜻한다.
2 持入赤色門(지입적색문): '赤色門(적색문)'은 솥[乾鼎(건정)]과 화로[坤爐(곤로)]중에 솥을 상징한다. 건곤을 정로에 비유하는 데에서 나온 것으로 《주역·설괘전》에서 "乾爲大赤(건위대적)"이라 한 것과 상통한다.
3 固塞其際會(고색기제회), 務令致完堅(무령치완견): 약물을 잘 빻아서 솥안에 넣고 솥과 뚜껑이 닫히는 부분을 철저하게 막아서 봉한다는 뜻이다.
4 炎火張於下(염화장어하), 晝夜聲正勤(주야성정근): "炎火(염화)"가 아래에서 타오르는 것은 37장에서 "下有太陽氣(하유태양기)"라고 한 것과 같은 의미이다. 내단적으로 "下(하)"는 하단전을 가리키는데, 단전에서 타오르는 불은 무화武火와 문화文火 두 가지로

나눌 수 있다. 소약을 만드는 소주천과정은 후천의식을 사용하므로 무화를 쓴다고 하고, 단을 이루는 대주천과정에서는 선천원신을 사용하므로 문화, 즉 무념무상의 상태에서 진행한다고 한다. 화후를 有爲와 無爲의 단계로 나눈 것이다. '聲正勤'에서 '聲'은 불을 지필 때 생기는 소리이거나 솥 내부의 약물이 화학변화를 일으키면서 내는 소리라고 해석할 수 있다. 끊임없이 가열해야 함을 표현하였다. 이 구문은 81장의 "升熬於甑山兮, 炎火張設下"와 같은 의미이다.

5 始文使可修, 終竟武乃陳 : 시작할 때는 의념과 호흡을 멈추고, 무위로써 하는 문화를 사용하여 수련하고, 마칠 때에는 강한 의념과 호흡을 이용한 무화로써 펼친다고 하였다. 시작할 때는 지뢰복괘의 일양이 움직이는 시기, 즉 子時에 미려尾閭에서 양기가 일어나는 활자시活子時라고 할 수 있다. 활자시가 아니더라도 연정화기煉精化氣단계에서 가만히 하단전을 응시하는 응신적조凝神寂照[488]과정을 뜻하기도 한다. 이때에는 가만히 양기가 일어나는 부위를 응시하여 키우는 것이 중요하므로 문화로 수련한다고 한 것이고, 마치는 시기에 무화로 한다는 것은 전규개관展竅開關[489]이라 해서 경맥을 주천시키며 척추상의 삼관三關을 여는 과정을 의미한다. 구체적으로는 독맥상으로 기운을 끌어올릴 때 사용하는 호흡과 의념이 그러하다. 외단적으로는 약물을 달일 때 서서히 온도를 올려 나중에는 최고의 온도로 가열한다는 의미로 해석된다.

6 候視加謹愼, 審察調寒溫 : 응신적조와 문무화후文武火候를 주의해서 조절해야 함을 의미한다.

7 周旋十二節, 節盡更須親 : '十二節'은 자에서부터 해까지의 12時辰을 뜻하기도 하고, 복괘에서 곤괘까지의 12벽괘를 의미하기도 하는데 내단적으로는 양기를 독맥을 따라 니환으로 올리는 진양화進陽火와 니환에

---

488 응신적조란 의식을 사용해서 비추어본다는 것이다. 일반적으로 혈류량과 신경이 많이 분포한 하단전이나 회음을 그 대상으로 한다.

489 전규개관이란 주천이라 불리우는 에너지 회전법으로 몸속에 막혔던 에너지를 정화하여, 더 깊은 이완을 얻는 과정이다.

서 냉각된 기운을 다시 하단전으로 내리는 퇴음부退陰符의 주천과정을 설명하는 것이다. 12번의 과정이 끝나면 같은 과정을 다시 하게 된다는 것으로 주천과정이 여러 차례 반복해야 됨을 의미한다.

8 氣索命將絕, 休死亡魄魂 : '氣'는 화후에 사용되는 火氣를 의미하는데 주천이 끝나 화후를 마칠 때 마치 생명이 끊어지는 것과 같다고 비유하였다. 또한 주천의 과정이 끊임없이 반복되면서 음인 識神이 소멸되고, 양인 元神이 살아나면 곧 화후를 멈추는 '止火'의 단계가 오는데 이를 가리킬 수도 있다. '休死'라는 것은 마치 오행의 '王相休囚死'설을 떠오르게 하는데 같은 구절내의 '索', '絶', '亡'과 더불어 죽고, 끝마친다는 의미이지만 실제 죽는다기 보다는 새로운 陽神으로 거듭남을 뜻한다고 봐야한다. '魄魂'은 '鉛汞'에도 비유되는 것으로 납을 뽑아서 수은을 보충하는 추연첨홍抽鉛添汞, 감괘를 취하여 리괘를 채우는 취감전리取坎填離를 계속하다가 결국은 수은과 납도 모두 소멸되듯이 혼백 또한 소멸되는 것이다. 결국 우리가 생명이라고 생각하는 몸과 마음이 수련을 통해 소멸되고 본래 순수한 양신으로 거듭남을 표현한 구절이라 할 수 있다.

9 色轉更爲紫, 赫然成還丹 : '轉'과 '還'은 '九轉還丹'의 그것과 같은 뜻으로, 자금紫金색으로 변하고, 빛나는 단이 된다는 뜻이다. 37장에서 초기에 금수토의 세 가지 기운이 달여지면 황색의 '黃輿'가 생긴다고 하였는데 九轉의 과정으로 통해 자금색의 환단으로 변한다는 것이다. 안색이 누런 빛이 돌아서 '黃輿'라 했다는 유국량의 주석에 의하면 단을 형성하면서 안색이 금빛으로 변한 것을 묘사했다고 볼 수 도 있다. 자색이 금색과 유사한지는 명확하지 않지만 부처님의 몸에서 나오는 빛을 묘사할 때나 《태을금화종지太乙金華宗旨》[490]의 '金華'와 같은 것도 영원불멸의 금을 묘사하는 것을 보면 자금색이 가지는 진리적 상징성은 역사적으로 유서가 깊다. 紫金은 乾으로도 본다.

---

490 남송과 원대에 창시된 정명충효도淨明忠孝道의 주요 경전으로 당대 여동빈呂洞賓의 가르침을 기록한 형식으로 되어있다. 수련과정에서 나타나는 빛과 상단전을 중심으로 하는 체계이다. C.G. jung과 Richard Wilhelm의 심리학적 해설로도 유명하다.

10 粉提以一丸, 刀圭最爲神 : '粉'은 세밀하다는 뜻이고, '一丸'은 적은 양을 의미한다. '刀圭'또한 환산제를 만들 때 사용하는 도구로 넓이가 10푼씩인 사각형 숟가락이다. 작은 양의 단약이라는 의미이며, 이러한 단약이 형성되면 그 작용이 신묘하다는 뜻이다.

각가주 **1** 擣治并合之, 持入赤色門 : [주해]본에서는 "앞장과 함께 환단의 변화상을 논했다. 여러 단학 서적을 고찰해보면 처음에는 기장쌀만한 단을 채취하는데 화후로 단련하면 점점 크게 이뤄져 금액의 질을 이루고, 몸속을 두루 돌아 처음에는 미려혈로부터 위로 협척, 쌍관혈을 치고 올라가 니환궁에 도달한다. 아래로 돌아 상악부위로 내려오면 입속에 들어가는데 이때의 상태가 참새알처럼 되고 단 연유처럼 되면 금액환단 또는 옥액환단이라 부른다. 서서히 삼켜서 단전으로 내리면 성태가 맺어지고, 회전하는데 납이 일곱 번 돌고, 수은이 아홉 번 돌면 바야흐로 대약을 이루는데 형태가 붉은 귤처럼 된다. 이를 구전금액대환단이라 하는데 찧고 달군다는 것은 이러한 일을 가리키는 것이다. 붉은 색 문은 입이다."[491]라고 하였다.

[참동고]본에서는 "윗 문장은 본성을 해치고, 수명을 손상시키는 일을 징계하는 것이다. 모름지기 사람의 오장의 정기는 찧고 수치하여 화합하면 심장의 적색문에 넣는다는 것이다."[492]고 하였다.

2 炎火張於下, 晝夜聲正勤 : [발휘]본에서는 '晝夜'를 '龍虎'로 보았는데 그런 연장선에서 이 구문과 유사한 81장의 '白虎倡導前兮, 蒼液和于後'에서 '蒼液'을 '蒼龍'이라고 하였다. 백호와 연결하여 '龍虎'가 되니 일관성이 드러난다. "단전에 불이 치성하면 구름과 안개가 피어오르는 듯 하고, 니환에는 바람이 일어난다. 완연히 용과 호랑이의 울음 소리

---

491 "自前章末至此章論還丹變化之狀, 按諸丹書初采曰黍米丹以火符煉之則漸漸成大化爲金液之質, 周流身中初自尾閭穴沖上夾脊雙關到泥丸宮還下穿上顎降入口中狀如雀卵甘如水酥此名金液還丹, 亦名玉液還丹, 徐徐嚥下丹田結成聖胎, 如是輪轉鉛爲七返汞是九還方成大藥形如朱橘此名九轉金液大還丹, 擣冶云云蓋指此事也. 赤色門口也."

492 "懲上文毁性傷壽之事, 遂以一身五臟之精氣擣治和合納之于心之赤色門也."

가 나는 것이다."[493]라고 하였다.

[참동고]본에서는 "불이 아래에서 타오르는 것은 추첨의 시작에 따뜻하게 타오르는 것으로 화후가 문화이다. 밤낮으로 바르면서 성실한 것은 추첨의 마지막에 맹렬히 달이는[煎] 것으로 화후가 무화이다. … 문화는 유가에서 함양하는 공부와 같고, 무화는 유가에서 용맹정진하는 공부와 같다."[494]라고 하였다.

3 周旋十二節(주선십이절), 節盡更須親(절진갱수친) : [주해]본에서는 "12절은 12개월이다. … 하단전에서 상단전으로 이동하여 다시 아래로 돌아가지 않으니 참된 화후의 시기에는 상승한다. 사람 몸에서 척추 뼈를 따라 내려가 24번째 마디가 하관이니, 미려혈이라고도 한다. 18번째 마디는 중관이요, 니환궁은 상관이다. 척추 뼈를 따라 양옆으로 경로가 있으니 위로 니환에 이르고, 아래로는 미려에 연결된다. 이는 삼관으로 몸속의 삼관이지 공법상의 삼관이 아니다."[495]라고 하였다.

4 氣索命將絕(기색명장절), 休死亡魄魂(휴사망백혼) : [발휘]본에서는 《취허편翠虛篇》[496]을 인용하여 "장차 백맥이 다하여 근원으로 돌아가고, 맥이 멈추고, 기가 머물러 단이 맺히기 시작한다. 대개 금액이 응결될 때 선기옥형이 일시적으로 회전을 멈추고, 일월과 같은 혼백이 북방의 물속으로 가라앉는데 완전히 사라진다. … 죽는다고 말하지만 사실 죽는 것이 아니다. 이때가 되면 뿌리로 돌아가 생명을 복원하는 것으로, 신과 정이 응결되고, 팔맥이 모두 머무르게 된다. 호흡이 없어 마치 그 기운이 끊어진듯 다한 모양이 된다."[497]고 하였다.

---

493 "蓋丹田之火熾盛, 則雲蒸霧滃, 泥丸風生, 而宛有龍吟虎嘯聲也."

494 "炎火張于下者抽添之始, 炎炎焞溫是於火候爲文火也. 晝夜聲正勤者抽添之終烈烈烹煎是於火候爲武火也. … 文火如儒家涵養之功, 武火如儒家勇進之功."

495 "十二節十二月也. … 自下丹田移寓上丹田, 自是不復還下, 眞候時上升也. 人身夾脊骨二十四節名曰下關, 又名尾閭穴, 十八節爲中關, 泥丸宮爲上關, 脊骨兩方有經路, 上沖泥丸, 下連尾閭, 此三關則身中三關 非工法之三關也."

496 《泥丸集》이라고도 하며, 송대 진남陳楠이 지었다. 《동의보감》에 자주 인용되었다.

497 "將百脈盡歸原, 脈住氣停丹始結. 蓋金液凝結之際, 璇璣玉衡一時停輪, 而日魂月魄皆沈淪於北方海底, 而索然滅藏, … 所謂死者, 非死也. 此時歸根復命, 神凝精結, 八脈俱住, 呼吸俱無, 其氣索然如絶也."

[천유]본에서는 "납을 뽑고, 수은을 더함이 오래되면 납이 다하고, 수은은 말라 음이 소멸되고 양은 자라난다. 바야흐로 본성의 씨앗이 변하여 眞性이 되고, 식신이 변하여 원신이 된다. 음적인 찌꺼기가 다 없어지면 죽음의 기운이 사라지고, 생명의 뿌리가 갑자기 끊어지면서 양신이 그 형상을 이룬다. 즉 보통의 몸이 죽고, 혼백이 모두 허공처럼 되는 것이다."[498]라고 하였다.

[참동고]본에서는 "비록 기가 다하고, 생명이 장차 끊어지려고 할 때를 당했더라도 만약 이 단을 먹으면 가히 혼백의 죽음을 멈출 수가 있으니 그 효과를 극도로 말한 것이다."[499]라고 하였다.

5 粉提以一丸, 刀圭最爲神 : [발휘]본에서는 《취허편翠虛篇》을 인용하여 단약의 신묘함을 이렇게 묘사하였다. "삼관을 왕래함이 끊임없으면 하나의 길로 백맥이 니환에서 조회한다. 니환의 위에는 자금정紫金鼎이 있고, 솥의 가운데 한 덩어리의 자금단紫金團이 있다. 변하여 옥같은 음료가 되어 입속으로 들어오면 향긋하고 달며 청량한 느낌이 혀끝에 퍼진다. 삼켜서 먹으면 오장으로 들어가 장부를 화창하게 하여 몸을 건강하고 편안케 한다."[500]

[천유]본에서는 '刀圭'를 刀金, 圭土로 해석하고, 초기의 물과 더불어 금, 수, 토의 3자에 의한 수련이라 보았다. 《성명규지性命圭旨》[501]에서처럼 '圭'는 戊, 己土 2개를 이은 것을 의미한다.

고찰 [참동고]에서는 이 장을 8장 1절로 보고, 금단에 감응하는 효험이라 하였다.

---

498 "抽鉛添汞, 久之鉛盡汞乾, 陰消陽長, 方得變種性爲眞性, 化識神爲元神, 陰滓盡除. 則尸氣滅而命根卒斷. 陽神成象, 則凡體死而魂魄俱空."

499 "雖當氣索然命將絶之時, 若服此丹可以休止其死亡之魂魄, 甚言其效也."

500 "三關往來氣無窮, 一道百脈朝泥丸. 泥丸之上紫金鼎, 鼎中一塊紫金團. 化爲玉漿流入口, 香甛清爽遍舌端. 吞之服之入五內, 臟腑暢甚身康安."

501 《성명규지》는 명대의 내단서로 윤진인尹眞人의 제자가 지은 것으로 전해온다. 본래 이름은 《성명쌍수만신규지性命雙修萬神圭旨》이다.

39. 推演五行數章 … 第三十九

원문 推演五行數, 較約而不繁。舉水以激火, 奄然滅光明。
日月相激薄, 常在晦朔間。水盛坎侵陽, 火衰離晝昏。
陰陽相飲食, 交感道自然。

국역 오행의 수로 미루어 유추하면 비교적 간략하고, 번잡하지 않다. 수를 들어서 화를 공격하면 갑자기 빛을 사라지게 한다. 해와 달이 서로 부딪치면 이는 항상 그믐과 초하루의 사이에 있게 된다. 수가 왕성하여 감이 양을 침범하면 화가 쇠약해져 리가 낮에도 어둡다. 음양이 서로 먹는 것은 교감하는 도로써 자연스러운 것이다.

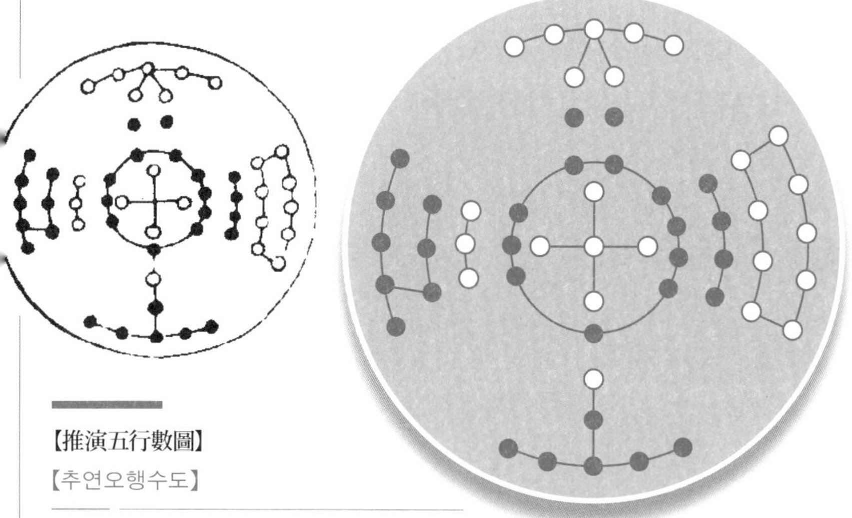

【推演五行數圖】
【추연오행수도】

『道藏』「周易參同契發揮 卷四中」(文物出版社)20冊 217쪽

교감 1 較約而不繁 : [천유]본, [주해]본, [참동고]본에서는 "較約而不煩"이라 하였다.

2 奄然滅光明 : [참동고]본에서는 "奄然滅光榮"이라 하였다.

3 日月相激薄 : [발휘]본과 [천유]본, [사고전서]본에서는 "日月相薄蝕"이라 하였다.

구문해설 **1** 推演五行數, 較約而不繁 : 《참동계》에서는 연단의 이치를 크게 주역과 노화, 노장사상으로 표현하였지만 오행의 원리 또한 비중있게 사용하였다. 예를 들어 금, 수, 토가 그것으로, 金을 단순히 오행순환의 하나로 보는 것이 아니라 깨달음과 선천의 순수한 양기를 의미하는 것이 그것이다.

2 擧水以激火, 奄然滅光明 : 오행상극에서 수극화현상을 표현하였다. 水火는 日月, 男女, 心腎, 魂魄으로 상징되므로 복합적인 의미라 할 수 있다. '奄然'은 갑작스런 모습을 말한다.

3 日月相激薄, 常在晦朔間 : '激薄'은 '薄蝕'으로 보는 것이 본래 의미에 더욱 맞을 것 같다. 일식과 월식이 지구와 해와 달의 위치관계에서 생기는 현상이므로 해와 달의 상호작용으로 생긴다고 본 것이다. 그믐과 초하루 사이에는 해와 달이 황도에서 나란히 만나므로 합삭合朔이라 하여 달이 보이지 않는 상태가 된다. '晦朔間'은 38장에서 '氣索命將絶, 休死亡魄魂'이라고 한 시점과 유사하다고 볼 수 있다. 즉, 달로 상징되는 인체의 음기가 모두 소멸하면서 마치 죽은 듯 보이는 것이 그것이다.

4 水盛坎侵陽, 火衰離晝昏 : 이는 개기일식을 설명하는 것으로 태양이 달에 가려져 낮에도 어두워지는 현상이다. 이 또한 합삭의 시기에 낮에 일어나는 것으로 수기가 화기를 침범했다고 설명되어진다.

5 陰陽相飮食, 交感道自然 : 평소에는 해가 빛을 발하고, 달이 이를 받아 빛나는 것뿐만 아니라 한쪽의 기운이 승해서 서로를 먹는 현상 또한 자연스러운 감응이다. '日食'과 '月食'은 각각 음과 양이 한쪽으로 치우칠 때의 경우로 이를 '먹는다'라고 표현한 것이 '飮食'과 상통한다.

각가주 **1** 推演五行數, 較約而不繁 … 陰陽相飮食, 交感道自然 : [주해]본에서는 "이는 오행의 교감하는 이치를 논했고, 상극하는 가운데 서로 주는 도리가 있음을 말했다."[502]라고 하였다.

고찰 [참동고]에서는 40장의 "～金來歸性初, 乃得稱還丹"구절까지를 8장 2절로 보고, 금단의 이름과 뜻을 해설하였다고 보았다.

40. 名者以定情章 … 第四十

원문 名者以定情, 字者緣性言。金來歸性初, 乃得稱還丹。
吾不敢虛說, 倣傚聖人文。古記題龍虎, 黃帝美金華。
淮南鍊秋石, 王陽加黃芽。賢者能持行, 不肖毋與俱。
古今道猶一, 對談吐所謀。學者加勉力, 留連深思惟。
至要言甚露, 昭昭不我欺。

국역 이름이라는 것은 그 정상情狀을 한정함으로써 짓고, 자字라는 것은 그 본성에 연유하여 말한다. 금이 오니 초기의 본성으로 돌아가고, 이내 환단이라 칭하는 것을 얻는다. 나는 감히 헛된 말을 하지 않으니 성인의 문장을 본받았다. 옛 기록에 용호라는 제목이 있고, 황제는 황금 꽃을 찬양하였다. 회남왕은 추석을 단련하였고, 왕양王陽은 황아라는 말을 더했다. 현명한 자는 이를 능히 가지고 행할 것이고, 어리석은 자는 더불어 함께하지 못할 것이다. 예나 지금이나 도는 오직 하나일 뿐인데 각각에 대하여 그 생각한 바를 말하였다. 배우는 자들은 힘써 노력을 더하고, 유념하여 깊이 생각하라. 지극히 요긴한 말은 매우 밝고, 분명하게 드러냈으니 내가 속이는 것이 없다.

교감 1 金來歸性初 : [주해]본에서는 "金束歸性初"라 하였다.
2 乃得稱還丹 : [주해]본에서는 "乃復稱還丹"이라 하였다.
3 古記題龍虎 : [발휘]본과 [천유]본에서는 "古記顯龍虎"라 하였다.

502 "此論五行交感之理, 相克之中又有相與之道."

4 王陽加黃芽 : [천유]본에서는 "玉陽加黃芽"라 하였다.

5 古今道猶一 : [발휘]본과 [천유]본, [참동고]본, [사고전서]본에서는 "古今道由一"이라 하였다.

6 學者加勉力 : [천유]본에서는 "學者知勉力"이라 하였다.

7 留運深思惟 : [발휘]본과 [천유]본에서는 "留念深思惟"라 하였다.

구문해설 **1** 名者以定情, 字者緣性言 : 《예기禮記·곡례曲禮》에 보면 "男子二十冠而字, 女子許嫁笄而字"라 하여 성인이 되면 '字'를 붙이도록 되어있는데 '字'는 윗사람이 본인의 기호나 덕을 고려하여 붙이는 것이다. 이처럼 하나의 사물이나 사람이 있어도 性과 情이 나눠지는 것처럼 2개의 이름을 가질 수 있음을 말하였다. 선천과 후천의 관계를 설명하기 위한 것으로 인간이 비록 현재의 모습이 전부인 것 같지만 선천의 본성을 회복하면 전혀 다른 차원으로 탄생하듯이 다른 이름으로 불리울 수 있다는 것이다.

2 金來歸性初, 乃得稱還丹 : 金은 최초의 본성으로 건괘로 표현되며, 연단술의 목표가 되는데 다시 되돌렸기에 환단이라 한다. 건괘의 가운데 효가 곤으로 가서 감괘가 되는데 이를 坎중의 金이라 한다. 이 금을 다시 건괘로 돌리는 것이 情에서 性으로 후천에서 선천으로 돌아가는 것이다. 따라서, 되돌렸다는 '還'이라는 말에는 내단의 깊은 뜻이 담겨있다고 볼 수 있다.

3 聖人文 : 35장에서 복희, 문왕, 공자의 三聖과 황제, 노자를 일컫는다고 볼 수 있다.

4 古記題龍虎, 黃帝美金華 : 근래에도 《용호경龍虎經》이라는 것이 있는데 《참동계》의 이 구절을 토대로 가탁하여 지은 것으로 추정된다. 남북조시대에 유연劉演이 찬한 《고문용호경古文龍虎經》이 전해지지만 《참동계》보다 후대의 저작이다. '龍虎'를 책이름이 아닌 고서에 쓰인 단어로 보면 큰 무리가 없을 것 같다. 황제가 금단을 '金華'라 하였다는데 정확

한 출전을 찾을 수 없다.

5 淮南鍊秋石, 王陽加黃芽 : '淮南'은 회남왕인 유안劉安을 가리키는데 《회남자淮南子》에 보면 유안이 환단을 만들고 이를 추석이라 하였다는 내용이 있다. '王陽'은 서한시대의 왕길王吉을 가리키는데 《한서漢書》 72권에 보면 "俗傳王陽能作黃金"이라 하였다. 《참동계천유》에서는 '王陽'이 아닌 '玉陽'이라고 했는데 이윤희는 《참동계천유》주석[503]에서 중국 전진교 북칠진北七眞의 한사람인 왕처일王處一의 字라고 해설하였다. 하지만 '龍虎', '黃帝', '淮南'모두 동한이전의 인물이나 기록으로, 《참동계》의 저작연대보다 후대의 인물이 언급된다는 것은 말이 안 된다. '黃芽'는 '秋石'과 같이 환단의 다른 이름이다.

6 不肖 : 품성이나 재능이 높지 않음을 말한다.

7 昭昭 : 밝다는 뜻으로 명백하다는 의미로 쓰였다.

각가주 **1 名者以定情, 字者緣性言。金來歸性初, 乃得稱還丹** : [통진의]본에서 "금은 情이고, 수는 性이다. 금이 이미 수은을 생했으니 이것이 情이 性으로 돌아간 것이다. 또한 금은 수에서 생하니 수는 금의 어미이다. 수가 다시 금에서 생하고, 금이 반대로 수의 어미가 되므로 환단이라 부른다. 앞의 문장중에 '母隱子胎, 子藏母胞'가 이것이다."[504]라고 하여, 24장의 내용과 상통함을 설명하였다.

[주해]본에서는 "이름이란 항상 부르는 것이고, 자는 귀한 칭호이다. 곤은 情이고, 건은 性이다. 사람이 청년기에 三元이 와서 패하니 순수한 건체이다. 남녀가 한번 교감하면 정기가 빠져나가 건괘속의 허한 곳이 가슴이 되고, 곤괘의 배가 실해지면 감이 되니 환단의 법이 다시 감괘 속의 실함을 뽑아 나의 리괘 배속의 허한 곳을 채운다. 건괘의 금효가 곤괘로부터 건으로 돌아오니. 이것이 금이 와서 본성으로 돌아오는 것이다.

---

503 이윤희역해, 《역해 참동계천유》, 여강출판사, 2000, p. 308. 주석 103).

504 "金者, 情也. 水者, 性也. 金旣生水銀, 是情歸性也. 且金生於水, 水爲金母; 水復生於金, 金返爲水母, 故有還丹之號. 上文云母隱子胎, 子藏母胞是也."

'還'은 금이 돌아온 것을 말하니, '丹'은 자이다."[505]라고 하였다. [참동고]본에서는 "금단이라는 것은 그 정상을 정하여 이름한 것이고, 환단은 그 본성에 근거하여 자를 지은 것이다."[506]라고 하였다.

2 吾不敢虛說, 倣傚聖人文 : [참동고]본에서는 "성인의 문장은 세 개의 역이다. 역은 상징이고, 금단 또한 인체에 상을 세운 것이다."[507]라고 하였다.

3 古記題龍虎, 黃帝美金華。淮南錬秋石, 王陽加黃芽 : [참동고]본에서는 "옛기록이란 옛날의 단서들이다. 옛날의 단서중에 금벽용호경이라는 이름의 책이 있다. 거기에서 황제의 단을 금화라 하였고, 회남의 단을 추석이라 하였으며, 왕양의 단을 황아라 하였다. 이 책에서 서술한 금단이 이름은 비록 다르지만 실제는 같으니 모두 내단을 비유하여 말한 것이다."[508]라고 하였다.

고찰 [참동고]에서는 "吾不敢虛說, 倣傚聖人文 ~ 至要言甚露, 昭昭不我欺"의 구절을 8장 3절로 보아 금단의 전수과정을 설명한 것으로 보았다. 3개의 장과 9개의 절로 구분된 것은 금단에 대한 총론적인 것으로 건곤감리 4괘의 양효九와 음효六에 해당한다. 이상까지가 [참동고] 2권, 호체고互體考이다.

505 "名者常號, 字者貴稱. 坤情也. 乾性也. 人之丁壯時三元來敗如純乾體也. 及乎男女一交精氣泄走乾中虛而爲胸. 坤腹實而爲坎還丹之法復抽坎中之實塡我離腹之虛. 乾之金爻自坤還乾. 此謂金來歸性初也. 還者金復之稱還名也. 丹字也."

506 "金丹者定其情而名之也. 還丹者緣其性而字之也."

507 "聖人文三易也. 易者象也. 金丹亦所以立象於人身也."

508 "古記, 古丹書也. 言古丹書, 有以金碧龍虎經, 題其名者, 而其中敍黃帝之丹曰金華, 淮南之丹曰秋石. 王陽之丹曰黃芽. 與夫此書所敍之金丹, 異名而同實, 皆所以寓言內丹也."

卷中

41. 乾剛坤柔章 … 第四十一

원문 乾剛坤柔(건강곤유), 配合相包(배합상포)。陽稟陰受(양품음수), 雌雄相須(자웅상수)。須以造化(수이조화), 精氣乃舒(정기내서)。坎離冠首(감리관수), 光耀垂敷(광요수부)。玄冥難測(현명난측), 不可畫圖(불가화도)。聖人揆度(성인규탁), 參序无基(참서무기)。四者混沌(사자혼돈), 徑入虛无(경입허무)。六十卦周(육십괘주), 張布爲輿(장포위여)。龍馬就駕(용마취가), 明君御時(명군어시)。和則隨從(화칙수종), 路平不邪(노평불사)。邪道險阻(사도험저), 傾危國家(경위국가)。

국역 건은 강하고, 곤은 부드러우니 서로가 감싸듯 짝이 되어 합한다. 양은 주고, 음은 받으니 암수가 서로 마땅하다. 모름지기 조화로써 정기가 이내 펴지게 된다. 감리는 가장 우두머리가 되니 그 광채가 널리 드리워진다. 가물거리고 어두워 헤아리기 어려우니 그림으로 그릴 수도 없다. 성인이 이를 헤아려 그 근원되는 기틀을 참고하여 정리하였으니, 4가지가 서로 뒤섞여 허무한 곳으로 곧바로 들어가게 된다. 60괘가 돌아 널리 펴져서 수레가 되니 용마가 멍에를 지고 달리고, 밝은 군주는 때에 맞게 다스린다. 법칙에 맞게 조화되어 따르고 좇으니 그 길이 평탄하고, 삿됨이 없다. 삿된 길은 험난하니 나라와 집안을 위태롭고 기울게 한다.

교감 **1** 參序无基(참서무기) : [사고전서]본, [발휘]본, [천유]본, [주해]본에서는 "參序元基(참서원기)"라 하였고, [참동고]본에서는 "參序玄基(참서현기)"라 하였다.
2 須以造化(수이조화) : [발휘]본에서는 "皆以造化(개이조화)"라 하였다.
3 六十卦周(육십괘주) : [발휘]본에서는 "六十卦用(육십괘용)"이라 하였다.

구문해설 **1** 乾剛坤柔(건강곤유), 配合相包(배합상포) : 《주역·잡괘전》의 "乾剛坤柔(건강곤유)"를 그대로 옮겨온 것으로 순양괘인 건괘의 강건함과 순음괘인 곤괘의 유순함을 표현하였다.

2 陽稟陰受, 雌雄相須 : '稟'은 녹을 준다는 뜻이다. 해가 빛을 내면 달이 이를 받아 빛을 내는 것과 같다. '稟受'하고, '相須'한다는 것은 乾坤과 龍虎가 交媾하는 것을 뜻한다.

3 須以造化, 精氣乃舒 : 음양이 서로를 찾아 조화가 되니 정미로운 기운이 퍼지게 되는데 이는 내단적으로는 하단전의 감괘에 감춰져있는 金氣와 리괘 가운데 있는 木精의 결합인 용호교구龍虎交媾을 상징한다. '精氣'는 《주역·계사전》의 "精氣爲物, 游魂爲變"에서 나온 단어이다.

4 坎離冠首, 光耀垂敷 : '冠首'는 관직에서의 우두머리를 뜻한다. 선천팔괘에서 남북이 건곤이었다면 후천팔괘에서는 감리가 남북을 차지하므로 건곤을 제외하고는 감리가 나머지 60괘를 이끌게 된다. 이러한 해와 달의 움직임에는 빛이 드리워지게 마련이고, 60괘의 화후로 나타나게 된다.

5 玄冥難測, 不可畵圖, 聖人揆度, 參序无基 : '玄冥'은 본래 《예기禮記·월령月令》편에 "孟冬之月, … 其神玄冥"이라 하였듯이 북방 水神을 말하는데 여기서는 깊고 그윽하여 어두움을 뜻한다. '无基'는 '元基'로 해석하는 것이 타당하다고 본다. 외단적인 연단과정이나 내단적인 성명쌍수의 방법이나 초입자가 쉽게 알 수 있는 지식이 아니므로 성인이 그 근원을 따져 밝혀주었다.

6 四者混沌, 徑入虛无 : '四者'는 乾坤坎離, 天地日月을 말한다. '徑入'은 곧바로 들어간다는 뜻이다. 솥과 화로, 약물이 뒤섞여 하나가 되고, 곧바로 서로를 구별할 수 없는 허무한 경지에 들어간다는 것은 그 과정을 쉽게 알 수 없음을 나타낸다.

7 六十卦周, 張布爲輿 : 건곤이 정로鼎爐가 되고, 감리가 약물이 되며, 나머지 육십괘가 화후를 이루는데 1달 30일간 아침저녁으로 1개의 괘가 맡아 화후를 담당하여 돌아간다. 베풀어 실시하되 수레와 같이 된다는 것은 나의 神과 氣가 화후를 수레 몰 듯 이끌어 간다는 뜻이다.

8 龍馬就駕, 明君御時 : 앞의 '輿'가 몸에 해당한다면 '龍馬'는 의지가 되고, '明君'은 心神을 가리킨다고 본다. 훌륭한 말을 절도있게 잘 다루는 것이 중요하고, 이러한 과정이 60괘의 화후로 드러난다는 것이다.

9 和則隨從, 路平不邪。邪道險阻, 傾危國家 : 대자연과 국가사회의 질서가 내외단술의 올바른 과정과 상통함을 드러내고, 잘못된 수련은 나라가 위태롭게 되듯이 인체를 해롭게 함을 표현하였다.

각가주 **1** 乾剛坤柔, 配合相包 : [발휘]본에서는 "단을 짓는 때에 있어서 乾陽이 아래의 坤陰과 사귀게 하는 것은 호흡을 서로 머금게 하는 것이고, 강함과 부드러움이 서로 마땅하게 하는 것이며, 부부의 짝을 이뤄 한 덩어리로 뭉치면 神氣가 근원으로 돌아가고, 性命이 합일되어 지극한 즐거움이 그 가운에 잉태하게 된다. 혹 龍虎交媾라 하고, 또한 金木交併이라 한다…. 깊이 연구하여 말하자면 마음과 호흡이 서로 의거하여 안으로 음양이 교감하니 신기가 사귀어 맺어지는 것 뿐이다."[509]라고 하여 참된 호흡[眞息]을 강조하였다.

[참동고]본에서는 "사람의 몸이 생할 때 내장에서부터 외체에 이르기까지 건곤의 강유가 서로 배합되거나 서로 포함하지 않은 것이 없다. 건괘가 앞서 이끌고 처음으로 곤괘와 교류하는 것이다."[510]라고 하였다.

2 陽稟陰受, 雌雄相須 : [참동고]본에서는 "건이 양의 강함으로써 그 기운을 품부받고, 곤은 음유함으로써 그 정을 품부받으니 숫컷이 암컷에 화답하여 서로 도와 따르지 않은 것이 없다. 이는 건괘가 다시 곤괘와 교류한 것이다."[511]라고 하였다.

3 須以造化, 精氣乃舒 : [참동고]본에서는 "음양의 동정과 개합이 이뤄진 연후에 정기가 펴서 도달하고, 변화하여 형태를 이루니 이는 건괘

---

509 "作丹之時, 以乾陽下交於坤陰, 使呼吸相含, 剛柔相當, 配爲夫婦, 打成一片, 則神氣歸根, 性命合一, 而至樂孕於其中也. 或名之曰龍虎交媾. 又曰金木交併. … 究而言之, 不過心息相依, 而陰陽內感, 神氣交結爾."

510 "人身之生自內臟至外體無非乾坤剛柔或相配合或相包含, 此乾初交於坤也."

511 "乾以陽剛而稟其氣, 坤以陰柔而賦其精, 無非雄倡雌和互相須待. 此乾再交於坤也."

가 세 번째 곤괘와 교류한 것이다."[512]라고 하였다.

4 坎離冠首, 光耀垂敷, 玄冥難測, 不可畫圖 : [참동고]본에서는 "감괘는 곤괘가 건의 중효를 포함한 것이고, 리괘는 건괘가 곤의 중효를 포함한 것이므로 卦氣에 함께 하지 않으면서 건곤의 九六으로써 건곤의 공을 행한다. 그래서 '우두머리'라고 하는 것이니, '우두머리[冠首]'란 조화를 이끈다는 것이다. 빛이 드리워진다는 것[光耀垂敷]은 리괘가 감괘와 사귀는 것이고, '현묘함을 헤아리기 어렵다[玄冥難測]'는 것은 감괘가 리괘와 사귀는 것을 가리킨다. '그림으로 그려낼 수 없다는 것[不可畫圖]'은 감괘와 리괘가 곤괘를 생성하는 것을 말한다."[513]라고 하였다.

5 聖人揆度, 參序无基。四者混沌, 徑入虛无 : [참동고]본에서는 "'四'라는 것은 건곤감리이다. 혼돈은 하나로 혼합됨이고, 허무는 태극의 체로서 형태와 자취가 없는 것이다."[514]라고 하였다.

6 六十卦周, 張布爲輿 : [발휘]본에서는 《상청옥진태식결上淸玉眞胎息訣》을 인용하여 "나는 神을 수레로 삼고, 氣를 말로 삼아 종일토록 말을 몰아도 피로하지 않다."[515]고 하였다.

[천유]본에서는 "연단의 길에 있어서 몸은 수레가 되고, 뜻은 말이 되며, 이를 부리는 것은 心君이다."[516]라고 하였다.

[참동고]본에서는 "수레는 곤을 가리킨다. 설괘에 이르기를 '곤은 수레'라 하였다. 선천도에서 '양은 우측반쪽에서 자란다'고 하였는데 우측은 곤의 자리이고, 자란다는 것은 건의 기운이다. 음은 좌측반쪽에서 사라진다고 하였는데 좌측은 건의 자리이고, 사라지는 것은 곤의 기운이다.

---

512 "陰陽動靜闔闢然後舒達精氣變化成形. 此乾三交於坤也."

513 "坎以坤含乾之中爻, 離以乾含坤之中爻. 故不與於卦氣而爲乾坤之九六, 行乾坤之功化, 所以謂之冠首. 冠首言冠首於造化也. 光耀垂敷離之交坎也. 玄冥難測坎之交離也. 至於不可畫圖則坎離之生坤也."

514 "四者乾坤坎離也. 混沌混合爲一也. 虛無謂太極之體無形無眹也."

515 "吾以神爲車, 以氣爲馬, 終日御之而不倦."

516 "丹道以身爲輿, 以意爲馬, 御之者心君也."

그러나 좌우를 막론하고 자리가 허한 것은 모두 곤에 속하고, 효가 실한 것은 고로 모두 건에 속한다. 대개 자라는 것은 건의 내쉬는 숨이고, 사라지는 것은 건의 들이마시는 숨이다. 이는 60괘가 사방으로 두루 펴지는 까닭이니, 건이 수레를 타는 것이 된다."[517]라고 하였다.

3 龍馬就駕(용마취가), 明君御時(명군어시) … 邪道險阻(사도험저), 傾危國家(경위국가) : [발휘]본에서는 廣成子(광성자)의 말을 인용하여 올바른 어정御政의 방법을 밝혔는데 "나는 그 하나를 지켜 조화로움에 자리하는 고로 나의 몸을 1200세에 이르게 하고, 나의 외형은 쇠약해지지 않았다. 무릇 몸은 국가와 같고, 마음은 군주와 같다. 마음이 정해지면 신이 응결되고 기운이 화창하게 되며, 삼관이 자연스럽게 오르고 내려 백맥이 자연히 유통하게 된다. 부지런히 행하면 신선이 안 되는 경우가 없다."[518]고 하였다.

[참동고]본에서는 "역 건괘 단사에 때때로 여섯용이 날아 하늘을 다스린다는 문장을 인용하여 리괘, 감괘의 96수와 멍에를 지어 다스리는 변화가 건괘에 나타남으로써 60괘를 낳는 것을 말하였다."[519]라고 하였다.

고찰 - [주해]에서는 이 장이 정기와 약물에 대해 상편의 머리 장에 이어 말하였다고 하였다. 중편은 상편을 연역한 것이고, 하편은 중편을 연역하였다.

- [참동고]에서는 이 장을 하편의 1장 1절로 삼고, 사정괘가 선천의 체로 서는 것이라 하였다.

---

517 "輿, 指坤言, 說卦云坤爲輿. 先天圖, 陽長於右半, 則右者, 坤之位也. 長者, 乾之氣也, 陰消於左半, 則左者, 乾之位也. 消者, 坤之氣也. 然無論左半右半, 位虛, 故皆屬之坤, 爻實故皆屬之乾. 蓋其長也, 乾之噓也. 其消也, 乾之吸也. 此六十卦所以長布四周, 皆爲乾所乘之輿也."

518 "我守其一以處其和, 故我修身千二百歲矣, 吾形未嘗衰. 夫身猶國也, 心猶君也. 心定則神凝氣和, 三官自然升降, 百脈自然流通. 勤而行之, 無有不仙者."

519 "又引易乾彖時乘六龍以御天之文以明離坎九六駕御變遷於乾卦以生六十卦也."

42. 君子居室章 … 第四十二

원문 君子居其室, 出其言善, 則千里之外應之。謂萬乘之主, 處九重之室, 發號施令, 順陰陽節。藏器待時, 勿違卦月。屯以子申, 蒙用寅戌。餘六十卦, 各自有日。

국역 군자는 그 집에 살고 있어도 나오는 말이 선하면 천리 밖에서도 이에 응답하니 이를 일러 만개의 전차를 거느리는 주인이라 일컫는다. 아홉 겹의 깊은 방에 자리해도 호령을 내리고, 명령을 베풀면 음양의 절도에 맞게 되는 것이다. 그릇을 감추고 때를 기다려 괘로써 나눈 달에 어긋나지 않게 한다. 둔괘는 子, 申으로 하고, 몽괘는 寅과 戌로 한다. 나머지 60괘는 각자 그에 해당하는 날짜가 있다.

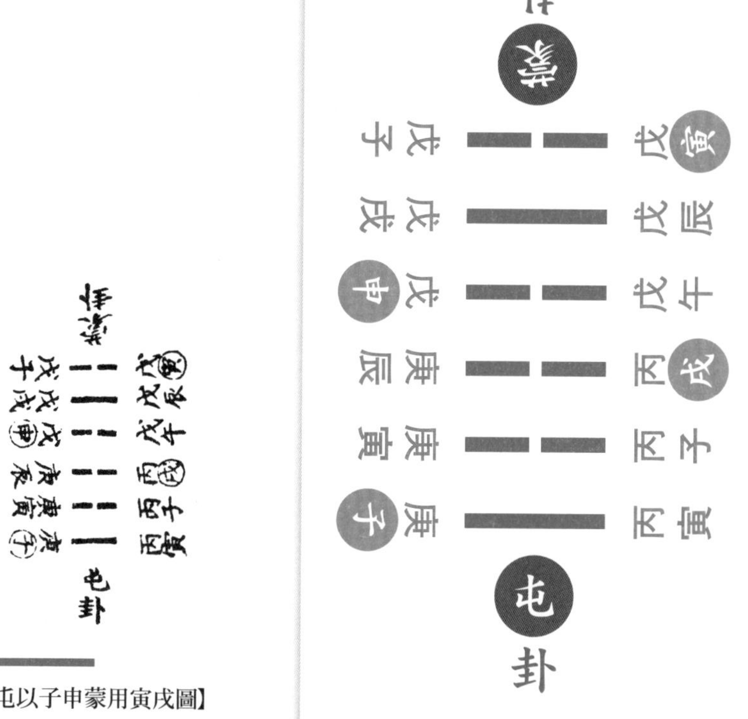

【屯以子申蒙用寅戌圖】
【둔이자신몽용인술도】

『道藏』「周易參同契發揮 卷五中」(文物出版社) 20冊 222쪽

교감 1 藏器待時 : [주해]본과 [참동고]본에서는 "藏器候時"라 하였다.
2 勿違卦月 : [발휘]본과 [참동고]본에서는 "勿違卦日"이라 하였다.

구문해설 1 君子居其室, 出其言善, 則千里之外應之 : 《주역·계사상전》 8장에서 風澤中孚卦의 九二爻辭에 대한 해설인 "君子居其室, 出其言, 善則千里之外應之, 況其邇者乎? 居其室, 出其言, 不善千里之外違之, 況其邇乎? 言出乎身, 加乎民; 行發乎邇; 言行君子之樞機, 樞機之發, 榮辱之主也。言行, 君子之所以動天地也可不愼乎?"에서 나온 것이다. 그만큼 군자의 언행이 중요함을 표현한 것인데 여기에서는 心君이 연단과정에 있어서 중요한 역할을 하는 것으로 쓰였다.
2 萬乘之主 : '萬乘'에서 '乘'은 전차를 뜻하는데 10000개의 전차를 거느릴 정도의 큰 규모라는 뜻이다. 천승千乘은 병거 1,000대를 갖출 수 있는 제후라는 뜻이고, 백승지가百乘之家는 병거 100대를 갖출 수 있는 가문으로, 경卿·대부大夫의 지위를 가리켰다. 앞 인용문의 '君子'와 상응하는 단어이다.
3 處九重之室, 發號施令, 順陰陽節 : '九重之室'은 군자가 기거하는 '其室'과 같은 것이다. 앞 인용문에 상응하는 구문이다.
4 藏器待時, 勿違卦月 : 《주역·계사하전》 5장에서 "君子藏器於身, 待時而動, 何不利之有."라고 하여 '器'를 일종의 능력으로 표현하였다. 능력을 감추고 때를 기다린다는 것으로 본문에서는 '器'가 인체 내의 '鼎器'라 할 수 있다. '卦月'은 12개월에 배속된 12벽괘를 말한다. 《주역참동계발휘》본에서 처럼 '卦日'로 본다면 60괘 화후를 이루는 아침, 저녁괘의 12효를 말한다고 할 수 도 있다.
5 屯以子申, 蒙用寅戌 : 둔괘와 몽괘는 서로 전도顚倒의 관계를 가지는 괘이다. 괘를 그대로 뒤집어 보는 것으로 초하루의 아침과 저녁을 각각 주관한다. 여기에 경방의 납갑, 납지설을 적용시켜 배치한 것을 설명

하였다. 4에서 말한 '卦日'은 이것을 이른 것이다. 5장의 "春夏據內體, 從子到辰巳, 秋冬當外用, 自午訖戌亥"의 구절이 時辰을 나타내는 것과 비교해서 볼 수 있다. 종합해서 보면 아래 표와 같고, 둔몽괘에 이어 기제, 미제괘도 추가해보았다. 이러한 납지설은 납갑설과 함께 경방京房에 의해 창시되어 후대 상수역학의 중요한 이론으로 자리 잡았다.

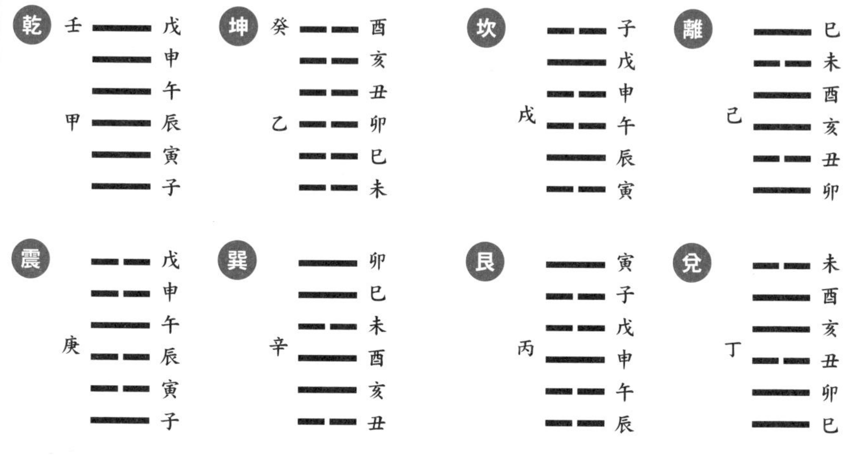

【표 24】 팔괘납갑납지도

時辰	屯卦	納支
巳	‖	子
辰	\	戌
卯	‖	申
寅	‖	辰
丑	‖	寅
子	\	子

時辰	蒙卦	納支
亥	\	寅
戌	‖	子
酉	‖	戌
申	‖	午
未	\	辰
午	‖	寅

時辰	未濟卦	納支
亥	\	巳
戌	‖	未
酉	\	酉
申	‖	午
未	\	辰
午	‖	寅

時辰	旣濟卦	納支
巳	‖	子
辰	\	戌
卯	‖	申
寅	\	亥
丑	‖	丑
子	\	卯

【표 25】 屯蒙卦와 旣濟未濟卦의 卦日

납갑을 붙이는 원리는 《참동계》에서 유일하게 달의 모양으로 설명하였지만 납지의 원리는 그 설이 구구하다. 그중에서 乾, 震, 坎, 艮의 남자괘는 地支중에서 양을, 坤, 巽, 離, 兌의 여자괘는 음의 地支를 사용하고, 포태법胞胎法원리에 입각해서 초효부터의 순서를 다르게 한 것이 일반적으로 통용된다.[520] 子申(자신)과 寅戌(인술)은 각각 초효와 4효를 가리킨다.

6 餘六十卦(여육십괘), 各自有日(각자유일) : 위의 표에서 旣濟卦(기제괘)와 未濟卦(미제괘)의 예를 들었듯이 60괘가 각각 아침괘와 저녁괘로 나뉘어 천간, 지지가 배속된다. 이러한 60괘의 화후에 대해서는 별도의 장에서 설명하기로 한다.

각가주 **1** 君子居其室(군자거기실) … 順陰陽節(순음양절) : [발휘]본에서는 "수련하는 선비는 빛을 묵묵히 머금고, 안을 돌이켜 비추며, 극도로 텅 비고, 고요함이 돈독해지면 천지의 기운이 자연스레 돌아온다. 왜냐하면 이것에 감응하면 저것에 응답이 있는 것이 자연의 이치이기 때문이다."[521]라고 하였다. [참동고]본에서는 "역 계사전의 중부괘의 문장을 인용하여 중심에서 말미암아 밖으로 응하는 실질적 이치를 밝혔다."[522]라고 하였다.

2 藏器待時(장기대시) : [발휘]본에서는 "연단의 법에 있어서 우선 때를 알아야 하고, 마땅히 때를 기다려야 한다. 때가 진실로 이르지 않았다면 오직 빛을 묵묵히 머금고, 텅 비워 기다릴 뿐이다. 억지로 행동하지 않는 것이 우선이다."[523]라고 하였다.

3 勿違卦月(물위괘월), 屯以子申(둔이자신): [주해]본에서는 "괘월은 화후이다. 子(자)와 申(신)은 납갑으로 말하면 둔괘屯卦의 初九爻(초구효)가 庚子(경자)이니 곧바로 자시이고, 六四爻(육사효)가 戊申(무신)이니 바로 묘시이다."[524]라고 하였다.

고찰 [참동고]에서는 43장의 "~逆之者凶(역지자흉), 順之者吉(순지자길)"까지를 1장 2절로 보고, 사정괘가 후천의 용을 포괄한다고 하였다.

---

520 《주역과 오행연구》, 윤태현저, 식물추장, 2002, p.602./건괘는 양포태법을 써서 子寅辰午申戌로 나아가지만 곤괘에서는 음포태법을 써서 未巳卯丑亥酉로 역행한다는 것이다.

521 "修鍊之士, 含光默默, 返照於內, 虛極靜篤, 則天地之氣自來歸之. 何者? 此有感則彼有應, 自然之理也."

522 "引易繫辭中孚之文以明由中應外實然之理也."

523 "蓋鍊丹之法, 先當知時, 尤當待時. 時苟未至, 則惟含光默默, 虛以待之而已, 不可爲之先也."

524 "卦月火候也. 子申者以納甲言之, 屯初九爻爲庚子直子時, 六四爻戊申直卯時也."

43. 聊陳兩象章 … 第四十三

원문 聊陳兩象, 未能究悉。立義設刑, 當仁施德, 逆之者凶, 順之者吉。按歷法令, 至誠專密。謹候日辰, 審察消息。纖芥不正, 悔吝爲賊。

국역 일단은 두 개의 모습으로 늘어놓았지만 아직 다 밝혀진 것은 아니다. 의로움을 세워 형벌을 만들고, 어진마음으로 덕을 베푸니 이를 거스르는 자는 흉하고, 따르는 자는 길하다. 법령을 두루 살펴보되 지극한 정성으로 아주 치밀하게 하고, 삼가 日辰을 살펴 음양의 늘어나고 줄어듦을 깊이 관찰한다. 아주 작은 것이라도 바르지 않으면 후회와 한으로 해롭게 된다.

교감 1 謹候日辰 : [주해]본에서는 "謹候日夜"라 하였다.

구문해설 1 聊陳兩象, 未能究悉 : '聊'는 애오라지, 우선, 약간, 의지한다는 뜻이고, '兩象'은 42장에서 말한 屯蒙卦를 말한다. 60괘의 화후를 납갑과 납지로 설명하는데 일단 두 개의 괘를 예로 들었을 뿐이지 다 밝혀놓은 것은 아니라는 뜻이다.

2 立義設刑, 當仁施德 : 仁義는 오행상 금과 목에 해당된다. 내단적으로 刑은 수렴의 의미를 가지면서, 午에서 亥까지의 퇴음부退陰符과정을, 仁은 발생의 의미를 가지면서, 자에서 미까지의 진양화進陽火과정을 뜻한다고 할 수 있다.

3 按歷法令, 至誠專密 : '按歷'은 미루어 살피는 것을 뜻한다. '法令'은 화후에 관한 규칙을 뜻한다고 할 수 있다. 양기의 상승과 하강, 文火와 武火의 조절, 약물의 채취 방법등이 그것이다.

4 謹候日辰, 審察消息 : '日辰'은 '法令'의 시간적 의미를 뜻한다. 우선은 해와 달의 천문학적 변화를 근거하여 수련에 임해야 한다는 뜻이

지만 더 나아가서는 우리 몸의 생리학적 변화를 일진에 비유한 것이기도 하다. '消息'은 더하고, 덜해지는 음양의 변화를 뜻하는데 12時辰을 나타내는 12辟卦가 그 대표적인 모형이다.

5 纖芥不正, 悔吝爲賊 : '纖芥'는 가늘고, 얇은 비단이라는 뜻의 '纖'과 겨자씨만큼 작다는 뜻의 '芥'이므로 극히 미세한 것을 이른다. '悔吝'은 위의 '仁義刑德'과 함께 《주역》에서 자주 쓰이는 단어인데 여기서는 내단화후內丹火候를 조급히 하거나 부족하게 하여 주화입마走火入魔에 들거나 약이나 불을 잃어버리는 것을 의미한다.

각가주 1 立義設刑, 當仁施德 : [발휘]본에서는 "의로움으로 형벌을 만드는 것은 서방의 납을 재련하는 까닭이고, 어진마음으로 덕을 베푸는 것은 동방의 수은을 제련하는 까닭이다. 납은 금에 속하고, 그 성질이 지극이 강하므로 감괘의 가운데에 간직되어 있다. 맹렬하게 가열하지 않으면 날려버릴 수 없으므로 무화를 사용하여 압박해야지 문화를 통해서는 안된다. 수은은 목에 속하고, 그 성질이 지극히 유순해서 리괘 가운데 숨어있다. 한번 참된 납을 보게 되면 자연이 동하지 않는 고로 문화를 단련해야지 무화를 쓰면 안된다."[525]고 하여 '義刑'은 흑연 가운데 납을 무화로 다스림을, '仁德'은 단사 가운데 수은을 문화로 다스림을 설명하였다.

[주해]본에서는 "형덕과 인의는 머릿장의 인의와 상벌의 뜻이다."[526]라고 하였다.

2 謹候日辰, 審察消息 : [발휘]본에서는 '日辰'과 '消息'을 다음과 같이 예로 들었다. "《오진편》에 이르기를 달의 차고 기움은 전신의 성쇠와 대응되고, 해가 뜨고 짐은 영기와 위기의 차고 더움에 합한다. … 그

525 "在義設刑者, 所以煅西方之鉛也. 當仁施德者, 所以鍊東方之汞也. 鉛屬金, 其性至剛, 藏於坎中, 非猛烹極煅則不能飛上, 故用武火逼之而不可施以文. 汞屬木, 其性至柔, 隱於離中, 一見眞鉛, 則自然不動, 故用文火鍊之而不可施以武."

526 "刑德仁義如首章仁義賞罰之義."

믐, 초하루, 보름, 반달은 한 달의 영허소식盈虛消息이고, 낮, 밤, 새벽, 아침은 하루의 영허소식이다. …《소문》에 이르기를 해가 뜰 때에 사람의 기운이 생하고, 해가 중천에 있으면 양기가 풍성해지며, 해서 서쪽에 있을 때에는 양기가 이미 허약해져, 기의 문이 이내 닫힌다고 하였고, 달이 생기면 혈기가 정을 만들고, 위기가 움직이기 시작한다. 보름달이 되면 혈기가 실해지고, 기육이 견고해진다. 달이 텅 비게 되면 기육이 줄고, 경락이 허해지며, 위기가 사라져 형태만 남게 되니 천지의 시간이 인체의 시간과 같다. … 단법에 있어서 하늘은 솥이고, 땅은 화로이며, 달은 약으로 쓰인다. 채취하는 데에는 반드시 달의 차고 기움을 보고하며, 해를 보고 화후를 삼는다. …《황극경세서》를 보면 인시에 사물을 닫고, 1년에서는 경칩과 같으며, 數는 이때부터 시작한다. 술시에 사물을 닫고, 1년에서는 입동과 같으며, 數는 여기에서 그치니 단법의 화후가 아니겠는가! 해자축의 3시간은 해가 지고 보이지 않으니 數는 있으나 행하지 않는다. 그 사이에 하나의 양이 처음 움직이는 곳이고, 만물이 생하지 않는 시간이니 이것이 성인이 천지의 마음을 본다는 것이다. … 단을 수련함에 달이 차면 기혈이 충분하여 약력이 완전하고, 보름 이후에는 기혈이 줄어드니 약력이 적어진다."[527]고 하였다.

[참동고]본에서는 "음양의 소식을 깊이 관찰하고, 화후의 뽑고, 더하는 것을 비밀리에 합한다."[528]라고 하였다.

527 "《悟眞篇》云: 月虧盈, 應精神之衰盛. 日出沒, 合榮衛之寒溫. … 晦朔弦望, 一月之盈虛消息也. 晝夜晨昏, 一日之盈虛消息也. …《素問》云: 平旦人氣生, 日中而陽氣隆, 日西而陽其已虛, 氣門乃閉. 又云: 月始生則血氣始精, 衛氣始行. 月郭滿則血氣實, 肌肉堅. 月郭空則肌肉減, 經絡虛, 衛氣去形獨居. 是故天地有晝夜晨昏, 人身亦有晝夜晨昏. … 丹法以天爲鼎, 以地爲爐, 以月爲藥之用. 而採取必按月之盈虧, 以日爲火之候. … 有如《皇極經世書》, 以寅爲閉物, 猶歲之驚蟄, 數自此而始; 戌爲閉物, 猶歲之立冬, 數至此而止, 非丹法運火之候乎. 亥, 子, 丑三時, 則日入于地而不見, 有數而不行. 其間一陽初動處, 萬物未生時, 是聖人所以見天地之心. … 修丹於月望則氣血滿而藥力全, 望後則氣血減而藥力少."

528 "審察陰陽之消息, 密合火候之抽添也."

44. 二至改度章 … 第四十四

원문
이지개도 괴착위곡 륭동대서 성하상설 이분종횡
二至改度，乖錯委曲。隆冬大暑，盛夏霜雪。二分縱橫，
불응누각 풍우불절 수한상벌 황충용비 산붕지렬
不應漏刻。風雨不節，水旱相伐。蝗蟲湧沸，山崩地裂。
효자용심 감동황극 근출기구 원류수역 혹이초화
孝子用心，感動皇極。近出己口，遠流殊域。或以招禍，
혹이치복 혹흥태평 혹조병혁 사자지래 유호흉억
或以致福，或興太平，或造兵革。四者之來，由乎胸臆。

국역 동지와 하지의 도수가 바뀌어 어그러지고 뒤틀리면 한겨울에도 매우 덥고, 한 여름에도 눈과 서리가 내리게 된다. 춘분과 추분이 제멋대로 되어 정확한 시간에 응하지 않으면 비바람이 절도에 맞지 않고, 홍수와 가뭄이 서로 공격하게 되며, 해충들이 들끓고, 여러 재앙들이 두루 나타난다. 하늘에서 괴이한 현상이 보이고, 산사태와 지진이 일어나게 된다. 효자의 마음 씀씀이가 황극을 감동시키면 가까이 자기 입에서 나온 것이 멀리 다른 지역으로 흘러가게 된다. 혹은 화를 초래하고, 혹은 복이 되기도 하며, 혹은 크게 평화로운 시대를 일으키고, 혹은 전쟁과 혁명을 만들기도 하니, 이러한 4가지가 찾아오는 것은 모두 마음에서 말미암는 것이다.

교감 **1** 盛夏霜雪(성하상설) : [발휘]본과 [참동고]본에서는 "盛夏霰雪(성하산설)"이라 하였다.

2 二分縱橫(이분종횡) : [주해]본에서는 "三分縱橫(삼분종횡)"이라 하였는데 잘못 기재한 것으로 보인다.

3 風雨不節(풍우불절)，水旱相伐(수한상벌) : [천유]본에서는 "水旱相伐(수한상벌), 風雨不節(풍우불절)"이라 하여 순서가 바뀌었다.

4 蝗蟲湧沸(황충용비)，群異旁出(군이방출)。天見其怪(천견기괴)，山崩地裂(산붕지렬) : [참동고]본에서는 "蝗蟲湧沸(황충용비)，山崩地裂(산붕지렬), 天見其性(천견기성)，群異旁出(군이방출)。"이라 하여 문장의 순서가 다르다.

5 四者之來(사자지래) : [주해]본에서는 "四者之中(사자지중)"이라 하였다.

구문해설 **1** 二至改度, 乖錯委曲 : '二至'는 뒷 구문의 '二分'과 함께 시간의 구분점이다. 동지, 하지, 춘분, 추분으로 동지는 음이 극에 달해 양기가 생하는 때이고, 하지는 양이 극에 달해 음기가 생하는 때이다. 이러한 음양의 변동시점이 잘못되어 맞지 않으면 기상이변이 일어나듯이 인체에도 좋지 않은 현상이 나타남을 뜻한다. '乖'는 어그러지다, '錯'은 섞이다, '委'는 막히다, '曲'은 휘다는 뜻으로 질서가 맞지 않음을 뜻한다.

2 二分縱橫, 不應漏刻 : '縱橫'에서 세로는 '縱', 가로는 '橫'인데 합쳐서 오락가락하는 모양을 뜻한다. '漏刻'은 옛날의 물시계로 아래의 구멍으로 물이 빠져나가고[漏], 물의 수위가 가리키는 수치[刻]로 시간을 측정하였다. 춘분과 추분은 음과 양이 균등해 조화를 이룰 때이므로 이때에는 변화와 움직임을 줄여야 하지만 그렇지 않을 경우 기상이변과 같은 인체 내에 이상 현상이 나타난다는 뜻이다.

3 蝗蟲湧沸, 群異旁出 : '蝗蟲'은 누리, 풀무치Locusta migratoria 라 불리우는데 메뚜기과의 일종으로 농작물피해를 일으키는 곤충이다. '湧沸'는 끓어 솟아오른다는 형용사이다. 자연재해에 이어 병충해도 심해짐을 뜻한다.

4 孝子用心, 感動皇極 : '孝子'는 본문에서 상당히 의외의 단어인데 유가의 사상을 통해 보면 부모에 효도하고, 나라에 충성하는 것이 으뜸된 덕목으로 이를 확대해석하면 이상적인 도덕관을 가지고, 천지의 이치에 순응하는 군자를 뜻한다고 하겠다. 군자의 말이 천리밖에 응하듯이 효자의 마음씀이 하늘을 감동시킨다는 뜻이다. '皇極'은 '黃極'으로도 해석되는데 중앙의 바른 자리이기도 하고, 하늘 가운데에 있는 참된 주재자이기도 하다.

5 近出己口, 遠流殊域 : '己口'는 나의 말로 해석되지만 군자의 언행을 총칭하는 것으로 본다. 42장의 "君子居其室, 出其言善, 則千里之外應之"과 상통하는 구문이다.

6 四者之來, 由乎胸臆 : '四者'는 '禍', '福', '太平', '兵革'을 말한다. '胸臆'은 가슴을 의미하지만 여기서는 언행을 일으키는 마음을 뜻한다.

각가주 1 二至改度, 乖錯委曲 : [천유]본에서는 "가령 동지에 하나의 양이 처음 생하면 모름지기 진화進火의 법을 써서 감춰진 용의 씨앗을 길러야 하고, 불이 지나치게 타오르면 안된다. 하지에 하나의 음이 처음 내려오면 퇴화退火의 법을 써서 모름지기 점차 어리는 서리를 밟게 되면 차츰 얼음이 되는 것을 방비해야하므로 지나치게 냉각되어도 안된다."[529] 고 하였다.

2 二分縱橫, 不應漏刻 : [천유]본에서는 "춘분, 추분은 음양이 각각 반이고, 수화가 균등하니 이때에 이르면 마땅히 목욕沐浴을 해야 한다. 마음과 사려를 깨끗이 청소하고, 중화의 기운을 고르게 가져 솥 안에 진기眞炁가 바야흐로 엉기게 해야한다."[530]고 하였다.

3 孝子用心, 感動皇極 : [발휘]본에서는 《복명편復命篇》을 인용하여 "건은 세 아들을 낳고, 곤은 세 딸을 낳는데 총 여섯 자식이다. 지금 건이 아버지로, 곤이 어머니가 되는데 자리로는 상하에 위치한다. 여섯 자식이 그 사이에서 움직이는데 상하를 왕래하여 아비와 어미를 따르게 된다. 그러므로 이름하여 효자라고 한 것이다."[531]라고 하였다.

[천유]본에서는 "황극이라는 것은 하늘 가운데의 참된 주재자로 내 몸 안의 天谷元神이다."[532]라고 하였다.

[참동고]본에서는 "어진 사람의 일은 하늘이 친하게 섬기고, 친하게 섬기는 것은 하늘을 섬기는 것과 같다. 효자는 마음의 임금으로 칭한다. …

529 "假如冬至一陽初生, 法當進火, 然須養潛龍之萌. 火不可過炎. 夏至一陰初降, 法當退火, 然須方履霜之漸, 火不可過冷."

530 "至於春秋二分, 陰陽各半, 水火均平, 到此便當沐浴, 洗心滌慮, 調變中和, 鼎中眞炁方得凝聚."

531 "蓋乾生三男, 坤生三女, 總曰六子. 今乾父坤母, 位乎上下, 而六子運用於其間, 往來上下, 一惟父母是從, 故名之曰孝子."

532 "皇極者天中之眞宰, 則吾身天谷元神也."

황극은 북극을 말하고, 북극은 하늘의 중심이다. 사람의 마음도 지극 정성이면 능히 북극의 천심을 감동시킬 수 있다."[533]라고 하였다.

4 或以招禍, 或以致福, 或興太平, 或造兵革 : [발휘]본에서는 《오진편悟眞篇》을 해설하면서 수련과정에서 생길 수 있는 이상 현상을 아래와 같이 열거하였다. "대개 약이 있을 때 화후를 행하면 금이 화의 압박을 받아 離宮으로 달려 올라가고, 변화하여 水가 된다. 반대로 화를 극하면 불이 타오르지 않는 우환이 생긴다. 만약 약이 없이 화후를 행하면 虛陽이 상승하여 그 몸을 스스로 불태우게 되니 이러한 것이 화를 부르기도, 복에 이르기도 한 이유이다. … 眞鉛은 坎宮에서 생기나 탁하여 잘 일어나지 않는다. 리궁의 眞汞을 얻으려면 마땅히 무화를 써서 맹렬히 달궈야 한다. 그러한 연후에 위로 끓어오를 수가 있다. 리궁에 이르면 진홍과 사귀어 맺혀진 후에는 목욕으로 지켜야 하는데 이때는 불을 가해서는 안 되니 평화와 전쟁의 일이 판이하게 다른 것이다."[534]고 하였다.

5 四者之來, 由乎胸臆 : [참동고]본에서는 "가슴은 심장이다. 선악 두 가지를 말하면 즉각 만리 밖에 응하니 빠르지 않으면서도 속하고, 다니지 않으면서도 이르니 이는 마음이 드러나 황극을 감동시키는 것을 밝힌 것이다."[535]라고 하였다.

---

533 "仁人之事天如事親, 事親如事天, 以孝子稱心君. … 皇極謂北極也. 北極天之心也. 人心若有至誠則能感動北極之天心也."

534 "蓋有藥而行火候, 則金被火逼, 奔騰至於離宮, 化而爲水, 反以剋火, 故火無炎上之患. 若無藥而行火候, 則虛陽上攻, 適所以自焚其軀, 此招禍致福之所由分也. … 蓋眞鉛生於坎宮, 濁而不起, 欲其擒制離宮之眞汞, 當用武火猛烹極煅, 然後飛騰而上. 及其至於離宮與眞汞交結之後, 則宜守城沐浴, 更不可加以火, 此太平兵革之迥不同也."

535 "胸臆心也. 極言善惡二言輒應於萬里之外, 不疾而速, 不行而至, 以明此心所發感動皇極."

45. 動靜有常章 … 第四十五

원문 動靜有常, 奉其繩墨。四時順宜, 與氣相得。剛柔斷矣, 不相涉入。五行守界, 不妄盈縮。易行周流, 屈伸反復。

국역 움직이고, 멈추는 데에 항상된 바가 있으니 먹줄을 따르듯 그 법도를 받들게 된다. 사계절에도 마땅한 바를 따르게 되면 그 기운과 더불어 얻는 바가 있다. 굳셈과 부드러움이 나눠지니 서로 간섭하여 섞이는 바가 없다. 오행이 그 경계를 지키니 망령되게 넘치거나 부족한 법은 없다. 역의 이치가 움직여 흐르고 돌아 굽었다 펴졌다하기를 반복하는 것이다.

교감 1 與氣相得 : [천유]본에서는 "與炁相得"이라 하였다.
2 屈伸反復 : [발휘]본에서는 "詘信反復"이라 하였고, [사고전서]본, [주해]본, [참동고]본에서는 "屈伸反覆"이라 하였다.

구문해설 1 動靜有常, 奉其繩墨 : 연단 중에는 무위로 해야할 때와 유위로 운화할 때가 있고, 가만히 신을 모아 반조해야 할 때와 적극적으로 불과 약을 캐내야 할 때가 있듯이 움직일 때와 움직이지 말아야 할 때가 있는 것이다. '繩墨'은 목수가 나무를 자를 때 먹줄로 그 선을 그리듯이 기준이 되는 법칙이 있음을 표현하였다. 《주역 · 계사전》 6장에 보면 "夫乾, 其靜也專, 其動也直, 是以大生焉。夫坤, 其靜也翕, 其動也闢, 是以廣生焉"이라 하여 동정의 다름을 표현하였다.
2 四時順宜, 與氣相得 : '四時'는 44장에서 말한 二至二分을 의미하는데 동지와 하지에서는 진양화進陽火, 퇴음부退陰符의 화후를 돌리고, 춘분과 추분에는 목욕沐浴으로 온양溫養해야 한다.
3 剛柔斷矣, 不相涉入 : '剛柔'는 화후에 있어서 무화와 문화를 뜻한다고 할 수 있다. 강하게 무화를 쓸 때와 약하게 문화를 쓸 때가 섞여서는 안 됨을 강조한 것이다.

4 <ruby>五行守界<rt>오행수계</rt></ruby>, <ruby>不妄盈縮<rt>불망영축</rt></ruby> : 오행은 앞서 말한 계절변화의 마땅함을 뜻하기도 하고, 목설구비의目舌口鼻耳의 감각기관이기도 하며, 혼신의백지魂神意魄志의 다섯 가지 정신작용이기도 하다. 응신적조凝神寂照하는 과정에서 의념을 단전으로 모으는데 이때에는 모든 감각기관을 닫고, 정신을 하나로 모으는 것이 필요하다는 뜻이다. '盈縮'은 지나치게 많거나, 부족한 것을 말한다.

5 <ruby>易行周流<rt>역행주류</rt></ruby>, <ruby>屈伸反復<rt>굴신반복</rt></ruby> : '易'은 日月을 말하고, '<ruby>周流<rt>주류</rt></ruby>'는 <ruby>周天<rt>주천</rt></ruby>을 말한다. 해와 달은 음양의 대표적인 상징으로 인체에서는 음양기운의 바다라고 하는 임독맥이라 할 수 있다. 음과 양의 소장이 끊임없이 반복됨을 표현하였다.

각가주 1 <ruby>動靜有常<rt>동정유상</rt></ruby>, <ruby>奉其繩墨<rt>봉기승묵</rt></ruby> : [발휘]본에서는 "적연하여 동하지 않고, 근본으로 돌아가 다시 고요해지는 것은 '<ruby>坤<rt>곤</rt></ruby>'의 시간이라 나는 고요하게 그때를 기다린다. 고요함이 극에 이르면 이내 동하게 되는데 양기가 황종의 궁에 씨앗을 감추는 것으로 '<ruby>復<rt>복</rt></ruby>'의 시간이다. 나는 움직임으로써 이에 응한다. … 그 소위 움직인다는 것은 '<ruby>行氣<rt>행기</rt></ruby>'하는 움직임이요, 그 소위 고요하다는 것은 '<ruby>禪定<rt>선정</rt></ruby>'의 고요함이다."[536]라고 하였다.

2 <ruby>剛柔斷矣<rt>강유단의</rt></ruby>, <ruby>不相涉入<rt>불상섭입</rt></ruby> : [천유]본에서는 "강한 것은 무화이고, 부드러운 것은 문화이다. 몸과 마음이 아직 합하기 전에는 마땅히 무화로써 단련하고 조금이라도 부드러움이 끼어서는 안 된다. 神과 氣가 이미 조화된 때가 되면 마땅히 문화를 써서 군세게 그 경계를 넘어야지 조금이라도 강함이 섞여서는 안 된다."[537]고 하였다.

3 <ruby>易行周流<rt>역행주류</rt></ruby>, <ruby>屈伸反復<rt>굴신반복</rt></ruby> : [발휘]본에서는 "상반월에는 양이 퍼지고, 음이 굽어지며, 혼이 자라고, 백이 적어진다. 하반월에는 음이 늘어나고, 양

---

536 "寂然不動, 反本復靜, 坤之時也, 吾則靜之待之. 靜極而動, 陽氣潛萌於黃鐘之宮, 復之時也, 吾則動以應之. … 其所謂動者, 乃行氣之動. 其所謂靜者, 乃禪定之靜."

537 "剛屬武火, 柔屬文火, 身心未合之際, 當用武火以煅鍊之. 不可稍涉于柔, 神炁旣調之時, 當用文火以固濟之, 不可稍涉于剛."

이 굽으며, 혼이 줄고, 백이 자란다. 순환이 반복되고, 끝이 없다. … 해와 달의 본받은 까닭으로 천지와 더불어 그 공을 함께하는 것이니 요점이 임·독 두맥에 있다. … 사슴이 장수하는 데 있어서 500세는 백록이 되고, 1000세에는 청록이 되니 모두 독맥이 통해서 이다. 거북이, 학, 두꺼비가 모두 1000살까지 사는 것은 모두 임맥이 통했기 때문이다."[538]라고 하였다.

4 動靜有常(동정유상), 奉其繩墨(봉기승묵) … 易行周流(역행주류), 屈伸反復(굴신반복) : [주해]본에서는 "이는 단을 공부하는 선비의 마음과 뜻이 문제가 없고, 화후가 절차에 맞는 것을 말한 것으로 획을 긋기 전의 역을 가리켜 금단金丹이라 한 것이다."[539]라고 하였다.

고찰 [참동고]에서는 43장 "按歷法令(안력법령), 至誠專密(지성전밀)"에서부터 45장까지를 중편 1장 3절로 삼고, 사람의 마음이 천추에 응한다고 하였다. "북극은 하늘의 지도리이고, 단전은 사람의 지도리이다"[540]라고 하였다.

---

538 "上半月陽伸陰屈, 魂長魄消. 下半月陰伸陽屈, 魂消魄長. 循環反覆, 無有窮已. … 然其所以效日月之運用, 與天地以同功, 其要在乎任, 督二脈. … 鹿壽長生, 五百歲爲白鹿, 千歲爲青鹿, 蓋能通其督脈者也. 如龜, 鶴, 蟾蜍皆壽千歲, 蓋能通其任脈者也."

539 "此言丹士心意不差, 火候順軌, 此易指劃前之易金丹也."

540 "北極爲天之樞, 丹田爲人之樞."

46. 晦朔之間章 … 第四十六

원문 晦朔之間(회삭지간), 合符行中(합부행중)。混沌鴻濛(혼돈홍몽), 牝牡相從(빈모상종)。滋液潤澤(자액윤택), 施化流通(시화류통)。天地神明(천지신명), 不可度量(불가탁량)。利用安身(리용안신), 隱形而藏(은형이장)。始于東北(시우동북), 箕斗之鄉(기두지향)。旋而右轉(선이우전), 嘔輪吐萌(구륜토맹)。潛潭見象(잠담견상), 發散精光(발산정광)。

국역 초하루와 그믐의 사이에 그 부절이 합해지고 그 속에서 운행된다. 천지자연이 뒤섞여 나눠지지 않은 상태에서 암수가 서로 따르니 자양분과 진액이 윤택하여 널리 베풀어 유통된다. 천지의 신명은 감히 측량할 수 없고, 이용하여 몸을 편안케 하는 것은 그 형태를 숨기고 감춘다. 동북방인 기수箕宿와 두수斗宿의 고향에서 시작하여 오른쪽으로 돌아 달의 테두리와 빛을 토해낸다. 깊은 연못에 잠긴 모습이 드러나며 그 정미로운 빛을 발산한다.

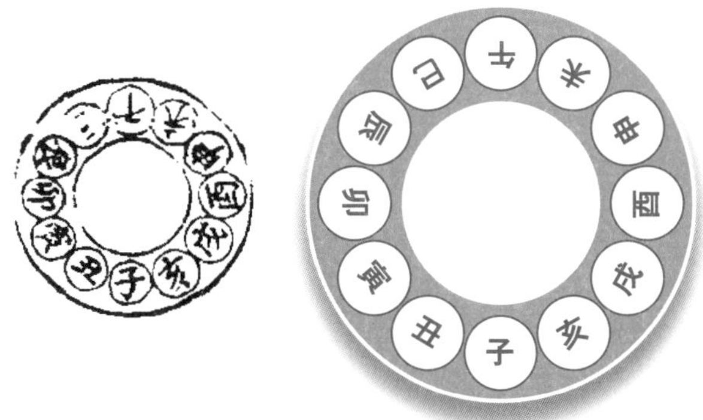

『道藏』「周易參同契發揮 卷五中」(文物出版社)20冊 228쪽

교감 **1** 天地神明(천지신명) : [발휘]본, [주해]본, [참동고]본에서는 "天地神靈(천지신령)"이라 하였다.

구문해설 **1** 晦朔之間(회삭지간), 合符行中(합부행중) : 그믐과 초하루는 음에서 양으로, 무에서 유로, 겨울에서 봄으로 진행되는 과정이며, 생명이 나타나는 시기라 할 수 있다. 주역의 복괘復卦이며, 亥子時이기도 하다. 뒤에 나오는 '始于東北', '箕斗之鄉'과 같은 의미이다.《주역·설괘전》5장의 "艮, 東北之卦, 萬物之所成終而所成始也"또한 같은 의미이다. '合符'는 자연의 운행법칙에 부합된다는 의미인데 여기서는 그믐과 초하루사이의 합삭기간에 해와 달이 황도상에서 만나는 것을 표현한 것으로 보인다. '行中'은 이렇게 일월이 그 사이에 운행됨을 말한다.

2 混沌鴻濛, 牝牡相從 : '混沌'은 천지개벽 초에 아직 만물이 확실히 구별되지 않은 상태를 말하며, '鴻濛'또한 하늘과 땅이 아직 갈라지기 전의 혼돈상태를 말한다. '牝牡相從'은 음양, 혼백이 합쳐져 다시 선천의 상태로 돌아갔음을 표현한 것이고, 이때가 마치 '混沌鴻濛'과 같다는 의미이다.《참동계천유》에서 '大藥'을 묘사했다고 한 것도 이 구절이 후천을 거슬러 선천에 도달한 경지를 표현했다고 본 것이다.

3 天地神明, 不可度量 : 대주천으로 대약을 형성하는 연기화신의 단계가 되면 양광삼현을 거쳐 선천원신이 회복되는데 이때 무위의 법에 의해 연단이 되므로 신명이 밝아진다고 할 수 있다. 이러한 원신을 후천의 사고작용으로 파악되는 것이 아니라는 의미이다.

4 利用安身, 隱形而藏 :《주역·계사하전》5장의 '精義入神 以致用也, 利用安身 以崇德也'과 유사한 구문이다. '隱形而藏'은 합삭의 시기에 달의 모양이 모이지 않는 것을 말하는데 이는 내단적으로 一陽이 생하려는 시기에 고요히 마음을 단전으로 모으는 것으로도 해석된다.

5 始于東北, 箕斗之鄉 : 한의학을 비롯한 동양철학에서는 시간과 공간이 합일되어 진행되는데 동북방은 오행상 수에서 목으로 이어지는 길목이다. 28방으로는 축간인丑艮寅이며, 달의 빛이 다시 생기는 것을 뜻한다. '箕斗'는 28수에서 동방의 각항저방심미기角亢氐房心尾箕, 북방의 두우여허위실벽斗牛女虛危室壁의 연결점인 기수箕宿와 두수斗宿를 말한다. 동북의 의미이다.

6 旋而右轉, 嘔輪吐萌 : '旋而右轉'은 지구의 자전이 시계반대방향 즉,

왼쪽으로 돌기 때문에 하늘의 별자리는 오른쪽으로 도는 것으로 관찰되는 것에 기인한다. '嘔輪吐萌'에서의 '輪萌'은 달의 윤곽과 빛을 말한다.

7 潛潭見象, 發散精光 : '潛潭'은 깊이 숨어있 듯 연못 속에 잠겨있는 모습을 형용하는 단어이다.

각가주 **1 晦朔之間, 合符行中** : [발휘]본에서는 '晦朔之間'에 대해서 "천지가 이 시기에 개벽하고, 해와 달이 이 시간에 합해지며, 풀과 나무가 이 시기에 싹을 틔우고, 사람 몸의 음양이 이 시간에 교류한다. 신선은 이 시간에 단을 짓는다. 즉, 안의 참된 기운이 밖에 응하는 것이다."[541] 라고 하였다.

[천유]본에서는 "이 구절은 그믐과 초하루의 사이, 해와 달의 모임을 통해 대약의 근본을 설명하였다. … 달은 본래 빛이 없지만 해의 혼을 받아 빛을 내기 때문에 30일 저녁이 되면 빛이 다하여 그 형체가 사그라지는 고로 그믐이라고 한다. 이때에는 해와 달이 황도를 함께 지나면서 해와 달이 합쳐지는데[合符] 이것이 바로 그믐과 초하루의 중간이다. 내 몸에서는 해의 정과 달의 빛이 남과 북으로 하나씩 놓인다. 眞意를 쫓아 따라잡으면 바야흐로 中黃의 神室에서 교회하게 되는데 수화기제가 虛와 危라는 별자리의 사이에 자리하게 되는 것이다. 허무함이 지극하고 고요하며 두터우면 신명이 저절로 생기는 것이다. 즉, 일초사이에 참된 그믐과 초하루가 일어나는 것이다."[542]라고 하여 내단과의 연관성을 보다 구체적으로 설명하였다.

[주해]본에서는 "이는 해와 달이 합하고, 불과 약이 시작하는 도리를 말한 것이다. 매 초하루에 해와 달은 서로 사귀고, 金火가 서로 만나 약물

---

541 "天地開闢於此時, 日月合壁於此時, 草木孳萌於此時, 人身之陰陽交會於此時; 神仙於此時而作丹, 則 內眞外應."

542 "此節言晦朔之交, 日月會合, 爲大藥之根本也. … 月本無光, 受日魂以爲光至三十之夕, 光盡體伏, 故謂之晦. 此時日與月, 並行于黃道, 日月合符, 正在晦朔中間, 吾身日精月光, 一南一北. 賴眞意以追攝之. 方交會于中黃神室. 水火旣濟. 正在虛危中間. 虛極靜篤. 神明自生, 卽一刻中眞晦朔也."

을 낳아 이루는데 열리고 닫히면서 순환이 쉬지 않고 일어난다."[543]라고 하였다.

[참동고]본에서는 "'合符'는 해와 달이 서로 겹쳐 부절이 서로 합하는 것과 같고, '行中'은 해와 달이 그믐전 30일과 초하루 후 30일의 가운데로 행하는 것을 말한다. 일설에 의하면 달과 해는 황도의 가운데로 행한다고 한 것과 통한다."[544]라고 하였다.

2 混沌鴻濛, 牝牡相從 : [발휘]본에서는 "신이 엉기고, 기가 모이고 섞여 하나가 되면 안으로는 한 몸을 자각하지 못하고, 밖으로는 우주를 알지 못한다. 도와 더불어 하나로 어두워지고, 만 가지 사려가 모두 없어지니, 이름지을 수 없다. 억지로 이름 짓자면 太一이 眞氣를 머금고 있는 것이요, 혹 선천일기라고 말한다."[545]고 하였다.

[참동고]본에서는 "氣의 시작이다."[546]라고 하였다.

3 滋液潤澤, 施化流通 : [발휘]본에서는 "음양이 교감하는 참된 풍경이다. 이때에는 정신이 사방으로 고루 흘러가 다다르지 않는 곳이 없다. … 이는 몸 가운데 천지의 기운이 자욱하고, 몸 가운데 남녀의 정이 얽힌 것이다. …천지간에 윤택하게 되고, 크게 풍요로우면서 아름답게 된다."[547]고 하였다.

[참동고]본에서는 "精이 맺히는 것이다."[548]라고 하였다.

4 天地神明, 不可度量 : [참동고]본에서는 "神의 운행이다."[549]라고 하였다.

---

543 "此更言日月合辟, 火藥更始之道, 每朔日月相交金火相姤, 產成藥物開闢以來循環不息."

544 "合符謂日月相疊如兩符之相合也. 行中謂日月行于晦前三十日朔後三十日之中也. 一說月與日行于黃道之中亦通."

545 "神凝氣聚, 混融爲一, 內不覺其一身, 外不知其宇宙, 與道冥一, 萬慮俱遺, 不可得而名, 强名之曰: 太一含眞氣. 或名之曰: 先天一氣."

546 "氣之始也."

547 "其陰陽交感之眞景象歟. 斯時也, 精神四達並流, 無所不極. … 此乃身中之天地絪縕, 身中之男女構精也. … 天地之間, 被潤澤而大豐美矣."

548 "精之結也."

549 "神之運也."

5 利用安身, 隱形而藏 : [발휘]본에서는 "그믐과 초하루의 사이에는 해와 달이 북방에서 합하여 빛이 숨어 보이지 않는다. 다리를 모으고 단정히 앉되, 마치 돌산이 움직이지 않는 것과 같이 한다. 입을 닫고 혀를 쓰기를 마치 겨울에 뱀이 들어 앉아있는 것처럼 하는 것이다."[550]라고 하였다.

6 始于東北, 箕斗之鄉 : [주해]본에서는 "옛 구결에 水火가 서로 사귀고, 싹이 이로부터 나오니 금화金華의 향기가 묘필수畢昴宿에 베풀어지고, 옥토끼가 심방수心房宿에 나타난다고 하였다. 魄이 辛의 지방으로부터 성하고, 魂이 艮의 고향으로 들어가 간직된다. 도는 마침내 五六으로 돌아가니 복괘가 또다시 거듭 금화金華를 묘필수畢昴宿에 베푼다. 震卦는 庚位에서 생하고, 묘필수畢昴宿는 서방이다. 옥토는 심장에서 나타나고, 건의 둥근 모습이 갑의 땅에 나타나니 심방은 동방이다. 간은 기두箕斗가 되고, 손은 각진角軫이 되니 명경도明鏡圖를 살피면 알 수 있는 것이다."[551]라고 하였다.

[참동고]본에서는 "기箕는 동방 창룡의 첫 번째 별자리이고, 두斗는 북방 현무의 7번째 별자리이다. 두 별자리의 사이에 성기星紀인 축궁丑宮이 있다. 해와 달이 하늘을 운행하면 여기에 이르는데 합하였다가 다시 나눠지고, 마쳤다가 다시 시작한다."[552]라고 하였다.

고찰 [참동고]에서는 이 장을 2장 1절로 보고, 화후의 징조와 기틀이라 하였다.

---

550 "晦朔之間, 日月合璧於北方, 光耀隱而不見. 疊足端坐如山石之不動, 口緘舌氣如冬蛇之蟄伏."

551 "古訣曰水火相交濟萌芽從此, 芳金華施畢昴, 玉免現心房, 魄盛從辛地, 魂藏入艮鄉. 道終歸五六, 復卦又重張金華施畢昴, 震生於庚位也. 畢昴西方也. 玉免現心房, 乾圓於甲地也. 心房東方也. 艮爲箕斗, 巽爲角軫按明鏡圖則可知之矣."

552 "箕爲東蒼龍之第一宿, 斗爲北玄武之第七宿, 二宿之間卽星紀丑宮也. 日月行天一終至此則合而復分終而復始也."

47. 昂畢之上章 … 第四十七

원문 昂畢之上(묘필지상), ☳震出爲徵(진출위징)。陽氣造端(양기조단), 初九潛龍(초구잠룡)。陽以三立(양이삼립), 陰以八通(음이팔통)。三日震動(삼일진동), 八日☱兌行(팔일태행)。九二見龍(구이현룡), 和平有明(화평유명)。三五德就(삼오덕취), ☰乾體乃成(건체내성)。九三夕惕(구삼석척), 虧折神符(휴절신부)。盛衰漸革(성쇠점혁), 終還其初(종환기초)。☴巽繼其統(손계기통), 固濟操持(고제조지)。九四或躍(구사혹약), 進退道危(진퇴도위)。☶艮主止進(간주지진), 不得踰時(부득유시)。二十三日(이십삼일), 典守弦期(전수현기)。九五飛龍(구오비룡), 天位加喜(천위가희)。六五☷坤承(육오곤승), 結括終始(결괄종시)。韞養衆子(온양중자), 世爲類母(세위류모)。上九亢龍(상구항룡), 戰德于野(전덕우야), 用九翩翩(용구편편), 爲道規矩(위도규구)。陽數已訖(양수이흘), 訖則復起(흘칙부기)。推情合性(추정합성), 轉而相與(전이상여)。

국역 묘수昴宿와 필수畢宿의 위에 진괘가 나와 징조를 이룬다. 양기의 단서가 만들어지니 初九爻(초구효)의 잠겨진 용과 같다. 양은 3이라는 수로 세워지고, 음은 8이라는 수로 통하니 초 3일에는 진괘가 움직이고, 8일에는 태괘가 운행되면서 九二爻(구이효)의 용이 나타나 화평하고 밝아지는 것과 같다. 15일의 덕을 이루면 건의 몸체가 이내 완성되는데 九三爻(구삼효)의 저녁에도 조심하는 것과 같아서 신령스런 조짐이 꺾여 훼손되고 흥하고 쇠하는 것이 점차 바뀌게 되니 마침내 처음으로 돌아가게 된다. 손괘가 그 계통을 이어 굳게 보전하고 유지하여 九四爻(구사효)의 혹 뛰어올라 나아가고 물러남에 그 길이 위험한 것과 같다. 간괘는 멈추고, 나아가는 것을 주관하니 때를 뛰어넘을 수 없는 것과 같고, 23일에 하현의 시기를 주관하여 지킨다. 九五爻(구오효)의 하늘을 나는 용과 같아서 하늘의 자리에 기쁨이 더해진다. 六五爻(육오효)에서는 곤괘가 이를 이어 처음과 끝을 잡아매어 묶는데 뭇 자식들을 감추어 기르는 것이 세상의 어미와 같다. 上九爻(상구효)는 용이 지나치니 들판에서 덕을 다투며, 用九(용구)가 날아다니고 도의 법칙과 기준이 된다. 양수가 이미 끝났는데 끝나면 다시 일어나게 된다. 情(정)을 미루어 性(성)에 합하면 돌아가다 서로 함께 하게 된다.

【辰兌乾巽艮坤圖】

【진태건손간곤도】

『道藏』「周易參同契發揮 卷五中」(文物出版社)20冊 229쪽

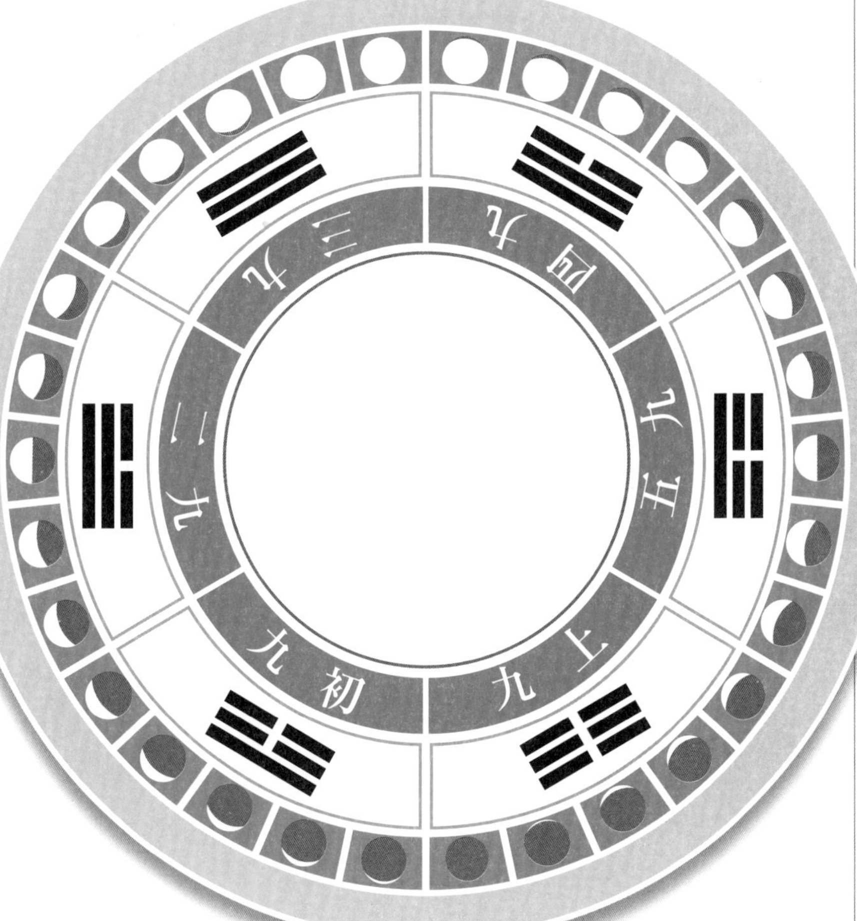

【先天六十四卦圖】

【선천육십사괘도】

『道藏』「易外別傳」(文物出版社) 20冊 315쪽

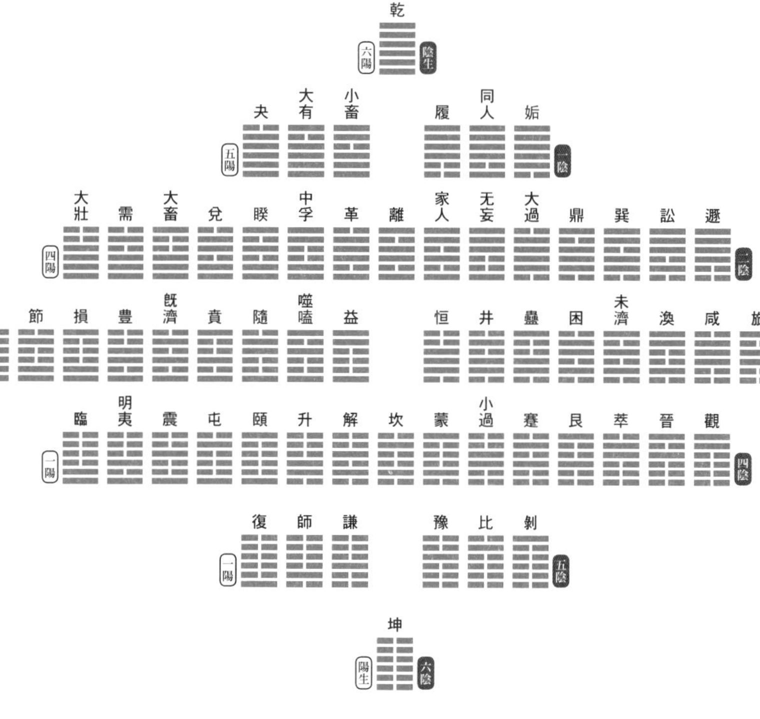

교감 **1** 上九亢龍, 戰德于野, … 推情合性, 轉而相與 : [참동고]본에서는 "陽數已訖, 訖則復起。推情合性, 轉而相與。上九亢龍, 戰德于野, 用九翩翩, 爲道規矩"의 순으로 자리가 바뀌었다.

구문해설 **1** 昴畢之上, ☳震出爲徵 : '昴畢'은 서방 7수인 규루위묘필자삼奎婁胃昴畢觜參에서 묘수昴宿와 필수畢宿부분을 말한다. 28방에서 경방과 유방에 속한다. 월체납갑에서는 음력 3일가량 초승달이 서쪽하늘에 떠오르는 것을 뜻한다. 이러한 초승달은 진괘의 초효 일양이 생기는 것과 같기 때문에 진괘가 징조를 나타나게 된다.

2 陽氣造端, 初九潛龍 : '造端'은 그 실마리를 짓는 것으로 일의 시작을 의미한다. '初九潛龍'은 《주역·건괘》 초효初爻의 효사爻辭로 본래는 '初九, 潛龍勿用'이라 하고 〈소상小象〉에는 '陽在下也'라고 하였으며, 〈문언전文言傳〉에서는 '龍德而隱者也. 不易乎世, 不成乎名, 遯世无悶, 不見是而无悶, 樂則行之, 憂則違之, 確乎其不可拔, '潛龍'也', '潛龍勿用, 下也'라 하였다. 양기가 아래에 잠겨있으니 세상에 함부러 나가지 않아야 함을 역설한 것이다. 여기서 '初九'에 대한 해석은 여러 가지가 있는데 일반적으로는 '九'가 老陽이므로 양의 상징으로 써서 6개의 양효로 이루어진 건괘의 첫 번째 양효를 뜻하는 것으로 통용된다. 하지만 《주역사전周易四箋》을 지은 다산 정약용은 그의 효변론爻變論에서 '爻'라는 것이 변화를 뜻하는 것으로 변하지 않는 것은 그저 '劃'일뿐이라 하였다. 또한 '九, 六'은 老陽, 老陰數이므로 그 자체가 변화를 상징하는 것이기에 효의 변화를 해설하는 것이 아닐 수 없다고 하였다. 결국 '初九'는 重天乾卦가 天風姤卦로 변하는 것을 뜻하고, 그에 대한 효사를 적은 것이 된다.[553] '龍'은 《주역·설괘전》에서 震卦의 상으로 배속된다. 따라서, 용이 연못에 잠겨있다는 것은 양기가 이제 시작하여 커지지 않았음을 의미한다.

---

553 임명진, 〈다산역학의 의학적 응용에 대한 연구〉, 대전대 한의학석사논문, 2005, p. 12.

3 陽以三立, 陰以八通, 三日震動, 八日☱兌行 : 양기는 음력 3일부터 싹트고, 음기는 8일이 되면 양과 통한다는 뜻이다. 3일은 초승달이 처음 나타나는 시기라 이때는 진괘에 해당하며, 8일은 상현달이 나타나는 시기이고, 태괘에 해당한다. 진괘는 양기의 시작을 뜻하지만 태괘는 두 개의 양을 품고 음이 남으므로 음효가 괘의 주인이 되어 '退陰符'하는 시기를 앞두고 있음을 보여준다.

4 九二見龍, 和平有明 : 《주역·건괘》 九二爻는 '九二, 見龍在田, 利見大人'이라 하였고, 〈소상小象〉에서는 '德施普也'라고 하였으며, 〈문언전〉에서는 '龍德而正中者也. 庸言之信, 庸行之謹, 閑邪存其誠, 善世而不伐, 德博而和. 易曰 見龍在田, 利見大人, 君德也.', '見龍在田, 時舍也', '見龍在田, 天下文明'이라 하였다. 初九에 이어서 바른 자리에 이르렀으니 덕을 베풀고, 교화하는 것이 중요하다는 뜻이다. 월체로는 상현달이 되었으니 밝은 곳과 어두운 곳이 반반이고, 음양이 균형됨을 뜻한다. 내단화후에 있어서도 화력이 너무 강하지도, 약하지도 않은 상태를 말한다.

5 三五德就, ☰乾體乃成 : '三五'는 15일 보름을 말하고, '乾體'는 보름달을 뜻한다.

6 九三夕惕, 虧折神符 : 《주역·건괘》 九三爻는 '九三, 君子終日乾乾, 夕惕若, 厲无咎.'이고, 〈소상小象〉에서는 '終日乾乾, 反復道也'라 하였으며, 〈문언전〉에서는 '君子終日乾乾, 夕惕若, 厲无咎, 何謂也? 子曰, 君子進德脩業. 忠信, 所以進德也, 脩辭立其誠, 所以居業也. 知至至之, 可與言幾也, 知終終之, 可與存義也. 是故居上位而不驕, 在下位而不憂. 故乾乾因其時而惕, 雖危无咎矣.'라 하고, '終日乾乾, 行事也', '終日乾乾, 與時偕行'이라 하였다. 양기가 충만하게 되었지만 곧 변하여 음이 자랄 터이므로 두려워하고, 삼가야 함을 말한 것이다. '夕惕'은 하루종일 굳셀 뿐 아니라 저녁에도 방심하지 말고 삼가야함을 뜻한다. '虧折'은 양기가 극성하다가 곧 꺾여 음기가 생한다는 뜻이다. '神符'는 자연의 이치가 반

영되는 현상인데 보름달의 모양이기도 하고, 건괘의 괘상이기도 하다. 이렇게 양기가 충만한 현상이 곧 수그러들게 된다는 뜻이다.

7 盛衰漸革, 終還其初 : 달의 모양이 차고 기우는 것이 끊임없이 반복된다는 것, 12벽괘의 괘상변화가 마찬가지로 반복됨을 의미한다. '革'은 바뀐다는 뜻이다.

8 ☴巽繼其統, 固濟操持 : 손괘는 건괘에서 一陰이 자라나는 상이므로 이러한 변화의 계통을 이었다고 본다. '固濟'는 굳게 구제한다는 것으로 여기에서는 소멸되어가는 양의 덕을 지키는 것이다. '操持'는 잡아서 지키는 것으로 여기에서는 새롭게 발생한 음덕을 말한다. 내단적으로는 震→兌→乾으로 진행하면서 양화陽火가 척추를 따라 니환으로 올라가는 것이고, 건에서 불을 줄여 다시 巽→艮→坤으로 진행하여 하단전으로 내리는 것으로 볼 수 있다. 이때 초기부터 키워온 양화를 잘 보존하고, 음부陰符를 순조롭게 진행시키는 것이 중요함을 설명한 것으로 해석된다.

9 九四或躍, 進退道危 : 《주역·건괘》 九四爻는 '九四, 或躍在淵, 无咎'이며, 〈소상小象〉에서는 '或躍在淵, 進无咎也'라 하였다. 〈문언전〉에는 '或躍在淵, 无咎, 何謂也? 子曰, 上下无常, 非爲邪也, 進退无恒, 非離羣也. 君子進德修業, 欲及時也, 故无咎.', '或躍在淵, 自試也', '或躍在淵, 乾道乃革'이라 하였다. 하괘에서 상괘로 넘어갔으니 도약과 변화의 시기요, 양효가 음의 자리에 있으니 위험하다고 할 수 있다. 또한, 효변론에 입각해서 보면 건괘 '九四或躍'은 변하여 곤괘 '六四括囊'이 된다고 볼 수 있는데 이 또한 위험을 대비해 삼가는 모양이다.

10 ☶艮主止進, 不得踰時, 二十三日, 典守弦期 : 《주역·간괘艮卦》 〈단전彖傳〉에서 '彖曰, 艮, 止也. 時止則止, 時行則行, 動靜不失其時, 其道光明'이라 하였고, 《주역·설괘전》에서 '艮, 止也'라고 하였다. 간괘는 음기가 더욱 자라나는 형상으로 하현달에 해당한다. '踰時'는 시간을 넘기는 것인데 여기서 시간이란 하현달이 뜨는 음력 23일가량을 말하고,

이를 넘길 수 없다는 뜻으로 해석된다.

11 九五飛龍, 天位加喜 : 《주역·건괘》 九五爻는 '九五, 飛龍在天, 利見大人'이며, 〈소상小象〉에서는 '飛龍在天, 大人造也'라 하였다. 〈문언전〉에는 '飛龍在天, 利見大人, 何謂也? 子曰, 同聲相應, 同氣相求, 水流濕, 火就燥, 雲從龍, 風從虎, 聖人作而萬物覩, 本乎天者親上, 本乎地者親下, 則各從其類也', '飛龍在天, 上治也', '飛龍在天, 乃位乎天德'이라 하였다. 나는 용이 하늘에 있으니 유유상종에 의해 대인을 만나고, 기쁨이 생긴다는 의미이다. 효변론에 입각해서 보면 건괘 '九五飛龍'은 곤괘 '六五黃裳元吉'이 된다고 볼 수 있다. 주원육朱元育은 내단적으로 목욕沐浴의 시기라 하였으나 조문과의 명확한 해석이 어렵다.

12 六五☷坤承, 結括終始 : '六五'는 《주역·곤괘》 六五爻로 오해할 수 있으나 1달이 끝나는 30일을 말한다. 간괘에서 곤괘로 이어져 마무리가 지어지며 다시 새로운 시작이 이뤄지게 된다는 뜻이다. 《주역·곤괘》 〈문언전文言傳〉에 '坤道其順乎! 承天而時行'라 하여 하늘의 뜻을 이었음을 표현하였다.

13 韞養衆子, 世爲類母 : '韞'은 감추다, 감싸다는 뜻이다. 건괘가 아비가 되고, 곤괘는 어미가 되는데 나머지 여섯괘인 震, 坎, 艮, 巽, 離, 兌卦는 '衆子'가 된다. '類母'에서 '類'는 앞의 '衆'과 비슷하게 쓰였다.

14 上九亢龍, 戰德于野 : 《주역·건괘》 上九爻는 '上九, 亢龍有悔'이며, 〈소상小象〉에서는 '亢龍有悔, 盈不可久也'라 하였다. 〈문언전〉에서는 '亢龍有悔, 何謂也? 子曰, 貴而无位, 高而无民, 賢人在下位而无輔, 是以動而有悔也', '亢龍有悔, 窮之災也', '亢龍有悔, 與時偕極'이라 하였다. 모두 지나쳐 해로움을 표현하였다. '戰德于野'는 《주역·곤괘》 上六의 '龍戰于野, 其血玄黃'에서 유래한 것으로 효변설에 입각한 해석으로도 보인다. 건괘에서의 '亢龍'이나 곤괘에서의 '龍戰'이나 음이나 양이 극에 달하면 서로 투쟁하는 것을 보여준다.

15 用九翩翩，爲道規矩 : '用九'는 점을 쳤을 때 모두 '九'를 얻어 모든 효가 변했을 때를 말한다. 《주역·건괘》 用九爻는 '用九, 見羣龍无首, 吉'이며, 〈소상小象〉에서는 '用九, 天德不可爲首也.'라 하였다. 〈문언전〉에서는 '乾元用九, 天下治也.', '乾元用九, 乃見天則'이라 하였다. 도에 있어서 규칙이 되는 것과 천하의 이치가 되는 것이 상통한다. '翩翩'은 나부끼고, 오고가는 모양이다.

16 陽數已訖，訖則復起 : 괘효의 변화와 화후의 변화가 끊어짐없이 계속 이어나감을 뜻한다. '訖'은 마치다, 끝난다는 뜻이다.

17 推情合性，轉而相與 : 본래의 성품으로 드러나지 않았을 때에는 性, 性이 발동하면 情이 된다고 보는데 여기에서는 선천의 乾性과 坤命이 교구하여 후천의 離女와 坎男을 낳는데 리괘 가운데의 木精은 性으로, 감괘 가운데의 金氣는 情으로 본다. 결국 감리교구坎離交媾에 의해 性情과 魂魄이 결합함을 표현하였다.

각가주 **1 昴畢之上，震出爲徵。陽氣造端，初九潛龍** : [천유]본에서는 "우리 몸에서 납을 담은 솥이 처음으로 따뜻해지는 때에 약의 싹이 새로 돋아 부드러운데 이른바 子에서 오른쪽으로 돌아 서남에서 벗을 얻는 형국이다. 양기가 비록 이렇게 발생하였다 하더라도 실마리를 만들어 시작한 것뿐이므로 화력이 아직 미약하다. 그래서 바로 건괘의 초효인 잠용의 상에 응한 것이니 이러한 상황에서는 마땅히 子珠를 온양하고, 맹렬한 불을 사용하지 않는다. 이 문단에서는 해와 달이 합하여 금단의 대약을 생산하는 것이 활자시에 매인 작용이라는 것을 말하였다."[554] 고 하였다.

[참동고]본에서는 "주자가 이르기를 기두箕斗, 묘필昴畢은 하늘의 4방을 빌려 말한 것이고, 땅의 동, 북, 서방이라 하였다. 내가 말하기에는 기두,

---

554 "在吾身中爲鉛鼎初溫. 藥苗新嫩. 卽所云子當右轉西南得朋之象也. 陽炁雖然發生, 但造端托始. 火力尙微. 正應乾卦初九潛龍之象. 到此只宜溫養子珠. 不得遽用猛火. 此節言日月合璧產出金丹大藥. 卽係活子時作用."

묘필이 옛주석에서는 모두 하늘의 3방위라고 하였는데 주자가 이내 하늘의 4방위를 빌려 말하였다하니 땅은 어떻게 된 것인가. 대개 적도의 12궁은 하늘의 씨줄이 되는 별이다. 황도의 12궁은 해와 달의 궤도와 차례인 것이다. 적도는 해마다 황도보다 5초씩 더 길어지니 저녁에 나타나는 별이 옛날과 지금이 같지 않다. 지금 기두, 묘필이 아직 그믐과 초하루때에 마땅히 하나하나 동, 북, 서방에 맞지 않으니 주자의 말이 이와 같은 것이다. 위백양이 그 근본시작에 근거하여 말한 것이기 때문에 운행법에 있어서는 그 오차에 대해서는 미치지 못하였다. 독자는 말로써 뜻을 해침을 겪지 말라. 징조가 됨은 달의 윤곽이 미미하여 아직 진괘를 이루지 않은 것이나 다만 진괘의 징조를 보인 것이니 건괘의 초효가 잠룡인 까닭이다. 대저 이 절의 월백月魄은 곤의 위치이나 그 빛을 생하는 것은 미묘하게 나뉘어 건의 효가 되니 반복하여 납갑의 이치를 밝힌 것이다."[555]라고 하였다.

2 陽以三立(양이삼립), 陰以八通(음이팔통)。三日震動(삼일진동), 八日☱兌行(팔일태행)。九二見龍(구이현룡), 和平有明(화평유명) : [천유]본에서는 "진괘의 일양이 두 개의 음 아래에서 겨우 움직이고, 태괘의 일음은 두 개의 양 위에서 이미 운행하였으니 덕 가운데에 형벌이 있고, 생하는 가운데 죽음이 더한 것이다. 이는 목욕을 해야 하는 시기를 말한다."[556]고 하였다.

[참동고]본에서는 "양은 1에서 시작하여 3에서 서는 고로 괘는 반드시 3획이다. 음은 2에서 시작하나 8에서 통하는 고로 곤괘는 8번째 자리에 거한다. … 이는 3일에 진괘이고, 8일에 태괘이며, 음양이 반씩 참여하면 강유가 순수하게 건괘의 구이, 현룡재전見龍在田이 갖춰지는 것이다. 九의 양수로써 세 번 세우고, 두 개의 음으로 팔에 통하니 이는 화평한 문명의

---

555 "朱子曰箕斗昴畢借天之四方而言地之東北西方也. 愚謂箕斗昴畢舊註皆以爲天之三方而朱子乃曰借天之四方以言地何也. 蓋赤道之十二宮天之經星是也. 黃道之十二宮日月之躔次是也. 赤道歲過黃道五秒此昏中所以有古今之不同而今箕斗昴畢未必一一以晦朔當于東北西方故朱子之言如此然. 魏子盖據其本始而言之未及於差法. 讀者不以辭害意可也. 爲徵言月微有輪郭未成震卦而但爲徵於震卦所以爲乾卦初爻之潛龍也. 大抵此節以月魄爲坤之位, 其生明分秒爲乾之爻反復以明納甲之理."

556 "震之一陽纔動于二陰之下. 兌之一陰已行于二陽之上. 德中有刑, 生中帶殺. 此沐浴之時也."

상이다."[557]라고 하였다.

3 九三夕惕, 虧折神符… 上九亢龍, 戰德于野 : [발휘]본에서는 소성괘 6개 중에서 건괘는 九三爻에, 곤괘는 上九爻에 배속한 것에 대해 "대개 건에서 성을 지킬 때에는 문화를 사용하고, 곤에서 야전野戰을 할 때에는 무화를 사용한다. 모두 마땅히 위험을 방지하는 것이다."[558]라고 설명하였다. 이 부분에서는 진양화에 武火를, 퇴음부에 文火를 사용하는 것이 옳지 않은가하는 의문이 있다.

[주해]본에서는 "이는 다시 한번 납갑법으로 건괘 육효론을 더했다. 금단대약이 달에 따라 소식하여 두루 돌아 다시 시작하여 끝나는 경우가 없는 것이다. 역이라는 글자는 괘효의 역이고, 금단은 괘효의 역중 으뜸이다. 이는 무형의 역으로 유형의 역을 만나게 하는 것이다. 금단은 사람이 볼 수 없지만 괘효의 역으로써 추적하면 가히 알 수 있다. 감리의 두 효가 九六의 두 가지 쓰임이 되니 건곤에 있으면 육효를 두루 흐르고, 팔괘에 있으면 36효에 두루 흐르며, 64괘에 있어서는 384효에 두루 흐른다. 이는 금단 약물이 천지간에 흘러 다니며 남지 않는 것과 같다."[559]라고 하였다.

4 用九翩翩, 爲道規矩 : [발휘]본에서는 《환금편還金篇》을 인용하여 "'九轉'하는 공부는 대개 寅에서 시작하여 戌에서 끝난다. 이 시각 중에 화후의 비결이 있다. 그 사이에 추첨抽添, 진퇴進退의 묘함과 목욕沐浴, 교결交結의 오묘함이 있으니 이것을 지극히 그윽하다고 한다."[560]고 하였다.

---

557 "陽始於一而立於三故卦必三劃也. 陰始於二而通於八故坤居八位也. … 此言三日之震至八日爲兌則陰陽參半剛柔純備乾卦九二見龍在田, 以九陽之三立而當二陰之八通斯其所以爲和平文明之象也."

558 "蓋守城於乾而用文, 野戰於坤而用武, 皆當防危慮險也."

559 "此更以納甲法又參乾六爻論, 金丹大藥隨月消息周而復始. 無有已時也. 此易字指卦爻之易, 金丹爲卦爻之易宗祖也. 是無形之易, 寓於有形之易也. 金丹人不可見而卦爻之易推知而可知之矣. 坎離二爻爲九六二用在乾坤周流六爻, 在八卦周流三十六爻, 在六十四卦周流三百八十四爻. 如金丹藥物流行天地間體物而不遺也."

560 "蓋謂九轉功夫自寅而起, 至戌而止, 乃刻中火候之秘訣. 其間有抽添進退之妙, 沐浴交結之奧, 是故謂之極玄."

[천유]본에서는 "하물며 금단의 대도는 본래 건의 성품에서 나온 것으로 건은 곧 순수한 양이다. 반드시 아홉 번을 연단하여 성취할 수 있다."[561]고 하였다.

[참동고]본에서는 "육효가 모두 변하면 用九(용구), 用六(용육)이라 말하는데 윗글에서 이미 육효를 모두 열거하였는데 用九(용구)로써 마무리 하고, 用六(용육)을 말하지 않은 것은 건괘를 주로 하였기 때문이다. 9가 변하면 6이 되므로 위 글에서 九五, 六五는 하나로써 나머지를 해당할 수 있다. 도의 규범이 된다고 하는 것은 양이 음으로 변하고, 음이 양으로 변하는데 있어서 강함과 부드러움이 그 중도를 얻었다는 뜻이다."[562]라고 하였다.

고찰 본 장에서는 달의 모양변화와 내단화후를 연결하면서 건괘의 6효와 6개의 소성괘를 배속시켰다. 소성괘에 감리괘가 빠진 것은 이들은 약물이기 때문이다. 건괘에 비유된 것은 금단이 선천의 순양을 회복하는 것이기 때문이라 볼 수 있다.

건괘 육효	소성괘	효사	내단화후
上九	坤 ☷	上九亢龍, 戰德于野	陰符가 결실을 맺음
九五	艮 ☶	九五飛龍, 天位加喜	陰符가 절반 이루어짐
九四	巽 ☴	九四或躍, 進退道危	陰符가 이어지기 시작
九三	乾 ☰	九三夕惕, 虧折神符	陽火가 원만해짐
九二	兌 ☱	九二見龍, 和平有明	陽火가 절반 이루어짐
初九	震 ☳	陽氣造端, 初九潛龍	陽火가 일어나는 시작

【표 26】 건괘6효와 소성괘로 표현되는 내단화후

561 "況金丹大道, 本諸乾性, 乾乃純陽, 必鍊以九轉而始就."

562 "六爻皆變謂之用九用六, 上文旣歷擧六爻故以用九終之不言用六以其主乎乾也. 然九變則六故上文幷言九五六五擧一以該其餘也. 爲道規矩者以陽變陰以陰變陽剛柔得中也."

48. 循據璿璣章 … 第四十八

원문 循據璿璣(순거선기), 升降上下(승강상하)。周流六爻(주류육효), 難可察睹(난가찰도)。故無常位(고무상위), 爲易宗祖(위역종조)。

국역 천체의 운행을 따라 위아래로 올라갔다 내려가니 여섯 효를 두루 흐르지만 자세히 보기가 어렵다. 그러므로 항상된 자리가 없어 역의 으뜸되는 조상이 되는 것이다.

교감 **1** 難可察睹(난가찰도) : [발휘]본과 [천유]본에서는 "難以察睹(난이찰도)"라 하였고, [주해]본에서는 "難人察睹(난인찰도)"라 하였다.

구문해설 **1** 循據璿璣(순거선기) : '璿璣(선기)'는 천체의 운행을 측정하는 혼천의渾天儀의 다른 이름이기도 하지만 북두칠성을 가리키기도 한다. 북두칠성의 국자부분은 선기旋璣=璿璣, 자루부분을 옥형玉衡이라 한다.[563] 천체의 운행은 첫째 해와 달의 운행이 28수의 변화 속에서 어떻게 움직이는지에 대한 내용이다.

2 周流六爻(주류육효), 難可察睹(난가찰도) : 천체의 운행은 내단수련의 화후와 연관되는데 이는 건괘의 6효에 배당되고, 이는 다시 6개의 소성괘와 연관된다. 자세한 것은 위의 【표 26】 〈건괘 6효와 소성괘로 표현되는 내단화후〉를 참고한다. 이러한 변화는 쉽게 관찰하기 어렵다.

3 故無常位(고무상위), 爲易宗祖(위역종조) : 역은 항상 변화하므로 항상된 자리가 없다고 할 수 있다.

각가주 **1** 循據璿璣(순거선기), 升降上下(승강상하) : [참동고]본에서는 "初九(초구)에서 上九(상육)까지 북두의 운행이 응하는 것이다."[564]라고 하였다.

---

563 《우리별자리》, 안상현, 현암사, 2000, p. 92.

564 "自初九至上九應北斗之運也."

2 周流六爻, 難可察睹 : [참동고]본에서는 "九는 리괘가 되고, 六은 감괘가 되나 사람은 이를 알고 살피지 못한다."[565]라고 하였다.

3 故無常位, 爲易宗祖 : [발휘]본에서는 "신선의 還丹은 곧 몸속의 易이다. 화후의 九轉은 곧 몸속의 乾이다. 몸속의 건은 효와 획으로 볼 수 없으며, 象과 數로 찾을 수 없고, 맞이해 가 봐도 머리를 볼 수 없고, 따라가도 그 뒤를 볼 수 없다."[566]고 하였다.

[참동고]본에서는 "해와 달의 두 글자로 역의 이름을 세웠으니 역의 으뜸이 된다."[567]라고 하였다.

고찰 [참동고]에서는 2장 2절로 삼고, 화후의 추첨抽添이라 하였다. 뽑고, 보탠다는 것은 문화로 뽑으면 무화로 보태고, 무화로 뽑으면 문화로 더하는 것이다.

49. 朔旦爲復章 … 第四十九

원문 朔旦爲復䷗, 陽氣始通。出入無疾, 立表微剛。黃鍾建子, 兆乃滋彰。播施柔暖, 黎蒸得常。

국역 초하루 새벽에는 되돌아와 복괘가 되면 양기가 유통하게 시작한다. 나아가고 들어옴에 빠름이 없고, 측정표를 세워도 강함이 미약하다. 황종으로 子를 세우고, 조짐이 이내 밝게 번성한다. 씨를 뿌려 부드럽고 따뜻하게 해주면 백성들이 항상됨을 얻게 된다.

구문해설 **1 朔旦爲䷗復, 陽氣始通** : '朔旦'은 1년으로 보면 子月을, 1달로 보면 초하루를, 하루로 보면 해가 뜰 때를 말한다. 이때는 양기가 비

---

565 "九之爲離, 六之爲坎. 人莫能察知之也."

566 "神仙之還丹, 乃身中之易也. 火侯之九轉, 乃身中之乾也. 身中之乾, 無爻劃之可觀, 無象數之可求, 迎之不見其首, 隨之不見其後."

567 "合日月二文立易之名所以爲易之宗祖也."

로소 시작되는 시기라는 뜻. 복괘復卦는 一陽之卦로 重地坤에서 一陽이 생겨 이어진 괘이다. 내단적으로는 몸속의 陽火가 발동하는 초기로 화력은 미약할 때를 의미한다. 3장의 "朔旦屯直事"에서도 '朔旦'이 나오는데 여기에서는 건곤감리를 제외한 60괘로 한 달의 화후를 설명하기 위한 〈주야 60괘 화후설〉이고, 본 구절에서는 12벽괘로 화후를 설명하는 〈12소식괘 화후설〉이다.

2 出入無疾, 立表微剛 : 《주역·복괘》 괘사에 보면 "復, 亨. 出入无疾, 朋來无咎"라 한 구절이 인용된 것이다. 여기서 '疾'은 질병으로도 해석되고, 빠르다는 뜻으로도 쓰이는데 제가의 해설이 다르다. 정약용의 《주역사전周易四箋》에서는 12벽괘중 一陽之卦인 복괘가 추이推移라는 원칙에 의해 양효가 하나씩 올라가 地水師, 地山謙, 雷地豫, 水地比, 山地剝으로 되는데 復卦와 剝卦를 제외하고는 모두 감괘의 상을 만든다고 보았고, 坎은 《설괘전》에서 질병으로 분류했기 때문에 복괘에는 질병이 없다, 즉 '無疾'이라고 해석했다. 하지만 본 구절에서는 '빠름'으로 해석하여 내단화후에 있어 서두르지 말아야함을 뜻한다고 본다. 초기에 응신적조凝神寂照하는 과정으로 양화를 키워야 하기 때문이다. '立表'에서 '表'는 일종의 측정기로 해시계에서 사용되는 막대라 할 수 있다. 이처럼 그 시기를 측정해보자면 양기가 매우 미약한 상태라는 뜻으로 해석된다.

3 黃鍾建子, 兆乃滋彰 : '黃鍾'은 12율려에서 첫 번째 나오는 것으로 13장 구문해설 4)에 자세히 설명되어 있다. 월건으로는 11월인 子月에 해당된다. 장차 봄, 여름에 번성할 징조가 나타나게 된다. '建'은 月建으로도 쓰이는데 북두칠성의 자루가 향하는 방향을 그 달의 월건이라 부른다. 즉, 황종의 子月은 북두의 자루도 子의 방향을 가리킨다는 것이다.

4 播施柔暖, 黎蒸得常 : '播施'는 씨를 뿌리는 것이고, '柔暖'은 여린 따듯함, 즉, 미약한 양기로도 쓰이고, 씨 뿌린 후에 부드럽게 보온해주는 것으로도 해석된다. '黎蒸'은 여민黎民과 같은 의미로 쓰이는데 일반백성

을 뜻하고, 복괘에서는 위에 있는 다섯 개의 음효와 같다. 내단적으로는 연기煉氣되어야할 정기精氣로 볼 수 있다.

각가주 **1** 朔旦爲☷復 ⋯ 黎蒸得常 : [발휘]본에서는 《금단대성집金丹大成集》을 인용하면서 "復卦는 잠용潛龍이 일어나고 戊己가 약간 조정되니 공격할 수 없다. 九二의 현용見龍은 臨卦로써 신통함을 주관하니 이를 따라 화로 가운데 차례로 붉어진다. 泰卦는 마치 서로 만나는 것과 같아 맹렬한 불이 깔개를 태워 바람을 일으키는 것과 같다. 단련하면 황아黃芽와 백설白雪이 생기는데 기이한 공덕이 곤의 도로 돌아와 궁함이 시작한다. 화후의 구결은 여기에서 다하게 된다."[568]고 하였다.

[주해]본에서는 "이는 12괘로 1년의 불 작업과 금단의 시작 및 마무리를 논하였다. 달의 둥글고 이지러지는 것이 한 주기로 1달이 되고, 6괘로서 배속하니 震, 兌, 乾, 巽, 艮, 坤이 그것이다. 반 월 동안은 양효로 나아가고, 반 월 동안은 음효로 나아가니 기의 승강이 한번 돌아 1歲가 된다. 중괘 12개로는 復, 臨, 泰, 大壯, 夬, 乾, 姤, 遯, 否, 觀, 剝, 坤에 배속되는 것이다. 반년동안 양효로 나아가고, 반년동안 음효로 나아가니, 괘효의 합이 조화롭고, 묘하다. 복괘는 일양이 생하여 양화가 일어나 금단이 처음 징조가 나타나는 상이니, 화후는 마땅히 세밀해야 하는 고로 씨를 뿌려 부드럽고 따뜻하게 대해주어야 한다고 하였다."[569]라고 하였다.

[참동고]본에서는 "약간 강하고, 약한 양기이다. 여리고 따뜻하다는 것은 일양이 初陰에 생한 때에 색상을 말한 것이다. 백성을 말한 것은 복괘의 다섯 음효가 곤이 되고, 곤은 대중이기 때문이다. 출입하는데 빠름이 없다는 것은 후천역의 복괘 단사에서 항상됨을 얻는다는 것과 후천역의

568 "復卦起潛龍, 戊己未調未可攻. 九二見龍, 臨卦主神通, 從此爐中次第紅. 泰卦恰相逢, 猛火燒乾藉巽風. 鍊就黃芽并白雪, 奇功還返歸坤道始窮. 火候之口訣盡於此矣."

569 "此以十二卦論一歲火工金丹之始終也. 月之圓缺一周爲一月以卑六卦配之震兌乾巽艮坤是也. 半月進陽爻半月進陰爻, 氣之升降一周爲一歲以重卦十二配之復臨泰壯夬乾姤遯否觀剝坤是也. 半年進陽爻半年進陰爻, 卦爻之合於造化如是妙矣哉. 復爲一陽生陽火起首金丹初兆之象, 火候宜細故曰播施柔暖."

곤괘 단사에서 복괘는 곤에서 왔다고 하는 것이므로 두 괘의 단사에서 겹쳐 언급된 것이다."[570]라고 하였다.

50. 臨爐施條章 … 第五十

원문 臨䷒爐施條, 開路生光。光耀漸進, 日以益長。丑之大呂, 結正低昂。

국역 화로에 가까이 임하여 그 기운이 베풀어 자라게 되면 臨卦가 되는데 길이 열리고 빛을 생하게 된다. 빛이 점점 나아가 날마다 더욱 자라나게 된다. 丑의 자리를 大呂가 맡게 되고, 바르게 맺혀 밑에서부터 오르게 된다.

교감 1 開路生光 : [주해]본과 [참동고]본에서는 "開路正光"이라 하였다.
2 光耀漸進 : [참동고]본에서는 "光耀寖進"이라 하였다.

구문해설 1 ䷒臨爐施條, 開路生光 : 49장이후로 12벽괘를 소개하는 내용들이다. 각 벽괘의 이름은 구문을 수식하는 동사나 형용사로도 사용하기도 하고, 괘상의 이름으로도 사용되었다. '施條'는 화로에 임해서 불기운이 점점 자라듯이 陽火가 증가함을 뜻한다. '條'를 길어진다는 뜻으로 쓸 수 있고, 나뭇가지로 해석하여 화로에 땔감을 더 넣는다는 뜻으로 볼 수 있다. 화력을 강하게 한다는 뜻이다. '開路生光'은 양화가 커짐에 따라 움직이려는 통로 즉 임독맥이 열리고, 빛을 내기 시작한다고 볼 수 있다. 임독맥을 여는 것은 전규개관展竅開關으로 이해할 수 있으나 빛을 내는 것은 아직 연기화신煉氣化神단계의 양광陽光현상으로 보기는 어려울 것 같다.

570 "微剛微陽也. 柔暖指一陽初生時色相而言之黎烝謂復之五陰爲坤, 坤爲衆也. 出入無疾卽後天易復卦之彖辭得常又後天易坤卦之彖辭, 復自坤來故兼擧二卦彖辭言之."

2 光耀漸進, 日以益長 : 양화가 커감을 묘사하였다.

3 丑之大呂, 結正低昂 : 丑月은 12율려로 대려大呂이며, 二陽之卦이고, 12월 괘이다. '結正'은 바른 자리에 맺히는 것으로 바른 자리란 2효를 뜻한다. '低昂'은 낮은 곳에서 올라간다는 것으로 복괘에서 임괘로 왔으니 점점 올라가 건괘가 됨을 뜻한다.

각가주 1 ䷒臨爐施條 ⋯. 結正低昂 : [발휘]본에서는 "이 때는 양기가 점점 나아가는 때로 몸속의 양화가 점점 자유롭고 활달한 것에 비유된다. 황도가 점점 밝게 열리는 고로 빛이 점점 나아가고 매일 더 자란다고 할 수 있다."[571]고 하였다.

[주해]본에서는 "임괘는 두 개의 양이 생기면서, 단이 더욱 자라 화후를 지어내니, 마땅히 한번은 문화로, 한번은 무화를 쓰는 고로 낮은 자리에서 올라간다고 하였다."[572]라고 하였다.

[참동고]본에서는 "만물이 이에 이르러 조리가 있고, 점점 열리므로 자라나서 길이 열린다고 한 것이다. 누운 자리에서 나아가 점점 자란다는 것 역시 임괘의 彖辭에서 강함이 누웠으나 자란다고 한 것이다. 바르게 맺는 것은 正氣를 맺는 것이다."[573]라고 하였다.

571 "此時陽氣漸進, 喩身中陽火漸漸條暢, 而黃道漸漸開明, 故言光輝漸進, 日以益長也."

572 "臨爲二陽生丹生益著火候宜一文一武故曰低昂."

573 "萬物至是條理漸開故曰施條開路也. 寖進益長亦臨卦彖辭所謂剛寖而長也. 結正謂結其正氣也."

51. 仰以成泰章 … 第五十一

원문 仰以成泰䷊, 剛柔並隆。陰陽交接, 小往大來。輻輳於寅, 運而趨時。

국역 우러러 크고 넉넉한 태괘를 이루고 강함과 부드러움이 함께 융성하다. 음과 양이 사귀니 작은 것이 가고, 큰 것이 온다. 寅의 자리에서 바퀴살이 바퀴통에 모이니 때를 좇아 운행한다.

교감 **1** 運而趨時 : [천유]본에서는 "進而趨時"라 하였다.

구문해설 **1** 仰以成䷊泰, 剛柔並隆 : 태괘는 삼양지괘로 음과 양의 기운이 균등하고, 음양의 조화가 이상적으로 된 상태이다. 하루로는 평단平旦의 寅時이며, 한 달로는 6~8일이며, 일 년으로는 寅月이다. 율려로는 태주太簇이다.

2 陰陽交接, 小往大來 : 음기가 위에서 내려오고, 양기가 위에서 올라가니 음양이 교접하는 상이다. 《주역·태괘》괘사에서는 "泰, 小往大來, 吉, 亨."이라 한데서 유래된 것이고, '小往'은 점점 음기가 줄어드는 것을, '大來'는 점점 양기가 늘어나는 것을 뜻한다.

3 輻輳於寅, 運而趨時 : 10장에서 "輻輳而輪轉"라고 해서 역을 이루는 해와 달이 마치 바퀴통에 바퀴살이 붙어 돌아가는 것과 같다고 표현한 것과 같은 단어이다. 寅에 이르면 초기에 잠잠했던 양기의 움직임이 비로소 빠르게 돌아간다는 의미이다. '趨時'는 때를 좇다, 때에 맞춰 빠르게 움직임을 뜻한다.

각가주 **1** 仰以成䷊泰 … 運而趨時 : [발휘]본에서는 "이 때는 양기가 땅으로 나오는 때로 몸에서는 삼양이 올라가는 것에 비유된다. 점점 일어나고, 점점 우러르는데 마땅히 하거를 채찍질하여 솥 안으로 돌아가게 해야 한다. … 화후를 운행함이 여기에 이르면 멈출 수 없다."[574]라고 하였다.
[천유]본에서는 "세 개의 양이 위를 향하여 우러르니 마땅히 사람은 인에서 생하고, 만물이 열리는 것은 목의 덕이 바야흐로 왕성한데에서 모인다. 불이 寅에서 생하고, 음양이 균등해지는 고로 '剛柔並隆'이라 한다."[575]고 하였다.
[주해]본에서는 "태괘는 삼양이 생기고, 단이 생기는 중에 음양이 균형을 이루고, 강유가 함께 서는 것이다. 화후는 처음에는 무화, 후에는 문화로 하고, 이 달의 반부터 시작하여 목욕의 후로 들어간다. '輻輳'는 태주太簇이다. 밑에 율려의 이름으로 말뜻을 취한 것과 같다."[576]라고 하였다.

52. 漸歷大壯章 … 第五十二

원문 漸歷大壯䷡, 俠列卯門。楡莢墮落, 還歸本根。刑德相負, 晝夜始分。

국역 점차 크고 건장한 대장괘를 거쳐 묘방의 문에 나란히 세워진다. 느릅나무 열매깍지가 떨어져 본래의 뿌리로 되돌아간다. 덕과 형벌이 서로를 등지고, 낮과 밤이 나눠지기 시작한다.

교감 **1** 俠列卯門 : [주해]본에서는 "俠列夘門"이라 하였는데 '夘'와 '卯'는 같은 의미이다.

구문해설 **1** 漸歷䷡大壯, 俠列卯門 : 復 → 臨 → 泰 → 大壯의 순으로

574 "此時陽氣出地, 喻身中三陽上升, 漸漸起, 漸漸仰, 當急駕河車搬歸鼎內, … 火候之運至此不可留停也."

575 "三陽仰而向上, 正當人生于寅, 開物之會, 木德方旺, 火生在寅, 陰陽均平, 故曰剛柔并隆."

576 "泰爲三陽生, 丹生之中陰陽停勻, 剛柔竝立, 火候初武后文, 自此月半始入沐浴之候, 輻輳卽太簇也. 此下律名取義言之也."

지나간다는 뜻이다. '俠列'은 나란히 늘어놓는다는 뜻인데 '俠'은 '夾'과 통하는 글자로 율려의 협종夾鐘 또한 같은 시기이다. '卯門'은 월건으로는 卯月, 방위로는 해가 뜨는 卯方이다.

2 楡莢墮落, 還歸本根 : '楡莢'은 느릅나무의 잎이 나기 전 가지 사이에 나는 깍지로 이것이 늦은 봄 생겨서 마치 비가 내리듯 떨어진다 하여 유협우楡莢雨라고도 한다. 유염俞琰은 이 시기에 유협이 떨어지는 것이 양 가운데 음이 있기 때문이라 하였다.

3 刑德相負, 晝夜始分 : 형벌은 생명이 시드는 것이고, 덕은 만물이 생장하는 것이다. 만물이 생장해야 할 봄에 느릅나무의 열매 깍지가 떨어져 본래의 뿌리로 돌아가듯 덕과 형벌이 함께 함을 말하였다. 시기적으로 춘분으로 남과 밤의 길이가 같아짐을 표현하였다.

각가주 **1 漸歷大壯, … 晝夜始分** : [통진의]본에서는 "'刑德相負'라는 것은 2월과 8월로 음양이 나눠진 시기를 말한다. … 2월은 양중에 음을 품고 있어서 … '楡莢墮落'하는 것이고, … 8월은 음중에 양을 품고 있어서 양기가 발생하나 가을에 냉이와 보리가 다시 생기니[薺麥萌蘖] 금과 수가 남은 양기를 따라 자액이 방안에 가득한 상이다. 그리하여(58장 관괘에서) '複榮'이라 한 것이다."[577]라고 하였다.

[발휘]본에서는 "이때는 음이 양기를 보좌하니 사물이 모여 나오게 된다. 몸에서는 양화가 바야흐로 절반이 되고, 기후가 균등해진 것에 비유된다."[578]고 하였다.

[천유]본에서는 "불이 나아가 4개의 양에 이르면 生炁가 바야흐로 왕성해지지만 나무 속에 금이 배태되고, 삶 중에 죽음이 함께 하게 된다."[579]고 하였다.

---

577 "刑德相負者, 謂二月, 八月陰陽分位之時, … 二月陽中含陰,, 乃於仲春而楡莢墮落 … 八月陰中含陽, 陽氣發生, 乃於仲秋而薺麥萌蘖, 象金水隨餘陽氣, 滋液滿於室內, 故云複榮也."

578 "此時陰佐陽氣, 聚物而出, 喩身中陽火方半, 氣候停均."

579 "進火到四陽, 生炁方盛, 然木中胎金, 生中帶殺."

[주해]본에서는 "목욕의 화후가 되고, 양속에 음이, 덕 속에 형벌이 있다. 목기가 왕성하여 설기하고자 하는 고로 느릅나무 열매깍지가 응하여 떨어진다고 하였다. 호흡과 의념으로 불을 길러 수은의 정을 더한다."[580]라고 하였다.

[참동고]본에서는 "선천도에서 卯酉가 바르지 못하여 한 괘를 담당하거나 두 괘의 사이에 있는 고로 나란히 세워진다고도 하고, 문이라 하였다. 만물이 2월이 되면 번영하지 않을 수 없으나 오지 느릅나무 열매깍지가 순음의 기운을 품부받은 고로 떨어지는 것이고, 근본뿌리의 음으로 돌아간다고 하였다. 대개 덕 속에 형벌이 있는데 덕은 양이고, 형벌은 음이며, 낮은 양이고, 밤은 음이나 묘에 이르면 평평하게 나뉜다. 그러므로 선가에서는 이를 목욕의 화후라고 하였다."[581]라고 하였다.

53. 夬陰以退章 … 第五十三

원문 夬䷪陰以退, 陽升而前。洗濯羽翮, 振索宿塵。

국역 쾌괘의 음은 이로써 물러가고, 양이 올라가서 앞에 나아가게 된다. 날개 깃을 씻고, 묵은 때를 떨어서 고른다.

구문해설 **1** 夬陰以退, 陽升而前 : 하나의 음이 다섯 개의 양위에 올려진 상을 묘사한 것이다. 이 시기는 월건으로는 辰月, 율려로는 고세姑洗이다. 《주역周易 · 서괘전序卦傳》에 보면 "益而不已必決, 故受之以夬, 夬者決也."라 하였고, 《설문해자說文解字》에서는 "決, 行流也"라고 하였다. 즉, 물이 앞으로 흘러 장애물들을 뚫고 나가는 것을 의미한다.[582]

580 "沐浴之候, 陽中有陰, 德中有刑, 木氣旺而欲泄故楡莢應之而落, 息念養火爲益汞精也."

581 "先天圖卯酉不正當一卦而當二卦之間故曰俠列又曰門也. 萬物至二月莫不敷榮而獨楡莢稟純陰之氣故至是墮落還歸本根之陰. 盖德中之刑也. 德陽刑陰晝陽夜陰, 至卯平分故仙家以此爲沐浴之候焉."

582 《신역주역참동계》, 유국량주석, 삼민서국, 2001, p. 105.

2 洗濯羽翮, 振索宿塵 : '洗濯'는 씻는다는 뜻으로 현재도 많이 사용되는 단어이다. '羽翮'에서 '羽'는 날개, '翮'은 날개깃을 말한다. '振索'은 떨쳐서 고르고, 찾는다는 뜻이다.

각가주 **1** 夬陰以退 … 振索宿塵 : [통진의]본에서는 "양이 올라가고 음이 물러나니 양기가 이미 왕성하다. 솥 안에 일찌기 남은 작은 음기들은 진화辰火에 씻겨지고, 금사金砂는 날개를 씻는 듯이 되며, 묵은 때를 떨어내니 진3월에 응하는, 양화가 나아가는 화후이다."[583]라고 하였다.

[발휘]본에서는 "이때는 양기가 이미 성해서 하늘근처에 가까이 간 것이다. 묵은 때를 떨어낸다는 것은 대붕이 장차 하늘연못을 오르려 할 때 물을 치고 오르는데 그 기세가 마땅히 떨쳐나가는 것과 같다."[584]고 하였다.

[천유]본에서는 "河車가 여기에 이르렀을 때에는 멈추지 말고 지나가 곤륜의 정상에 들어가도록 운화해야 한다."[585]고 하였다.

[주해]본에서는 "양화가 왕성해지고 단도 점점 펴져 자란다. 날개를 씻는 것은 하늘로 날아오를 징조이다."[586]라고 하였다.

[참동고]본에서는 "다섯 양이 상승하고, 하나의 음이 터져 물러나니 기운이 모두 깨끗하여 조류들도 날개를 씻는 것과 같다."[587]라고 하였다.

---

583 "陽升陰退, 陽氣已盛, 而鼎內尙餘些些陰氣, 被辰火蕩滌, 金砂得以洗濯羽翮, 振其宿塵, 應三月辰, 進陽火候也."

584 "此時陽氣旣盛, 逼近天際 … 而又言洗濯羽翮, 振索宿塵者, 蓋大鵬將徙天池, 則水擊而上, 其勢當奮發也."

585 "河車到此, 不敢停留. 過此則運入崑崙峰頂矣."

586 "陽火縱旺, 丹益敷舒, 洗濯羽翮, 沖天之兆也."

587 "五陽上升一陰決退氣皆潔淨如禽鳥洗滌羽翮."

54. 乾健盛明章 … 第五十四

원문 乾䷀健盛明, 廣被四鄰。陽終於巳, 中而相干。

국역 하늘의 건괘가 되면 강건함이 왕성해져 밝아지니 사방의 이웃에 널리 영향을 미친다. 양은 사에서 마치니 그 가운데 서로 간여하게 된다.

구문해설 **1** 乾䷀健盛明, 廣被四鄰 : 《주역·건괘乾卦·상전象傳》에 "天行健, 君子以自强不息", 《주역·건괘乾卦·문언전文言傳》에 보면 "大哉乾乎! 剛健中正, 純粹精也", 《주역·계사하전》 12장에 "夫乾, 天下之至健也", 《주역·설괘전》에는 "乾, 健也"라 하여 건괘의 성질인 강건함을 표현하였다. '四鄰'은 사방의 이웃이라는 뜻으로 사방팔방에 영향을 미친다는 의미이다. 건괘는 월건으로는 巳月, 율려로는 중려中呂에 속한다.

2 陽終於巳, 中而相干 : 양기가 극성한 것은 巳일 때이며, 이러한 가운데 음기가 새로 생기니 '相干'이라 하였다. '中'은 '中呂'와 상통한다.

각가주 **1** 乾䷀健盛明 … 中而相干 : [발휘]본에서는 "이때는 양기가 극성해서 공간내부에 두루 퍼진다. 몸속에 陽火가 원만해서 丹光이 발현하는 것이 비유된다. … 陽火의 수가 종결되니 음부가 그 일을 맡는다."[588]고 하였다. 丹光은 연기화신단계에서 황정黃庭부위에서 나타나는 빛인 양광삼현陽光三現을 말한다.

[천유]본에서는 "이때는 양이 정수리까지 올라 九天의 위에 있으니 불과 빛이 두루 비치고, 金液이 비가 퍼붓듯 흘러내린다."[589]고 하였다.

[주해]본에서는 "해와 달이 바르고 광채가 원을 이루니 화후역시 무화가 마땅하다."[590]라고 하였다.

---

588 "此時陽氣極盛, 周遍宇內喩身中陽火圓滿, 而丹光發現 … 陽火數終則陰符用事也."

589 "此時陽升到頂, 九天之上, 火光徧徹, 金液滂流."

590 "如日月正對光華成圓, 火候亦宜武."

[참동고]본에서는 "가운데에서 서로 간여한다는 것은 그림으로써 말하면 남중南中이고, 달로써 말하면 六陰六陽의 가운데인 고로 간여하는 것이다. 구괘姤卦의 一陰이 배태되어 있다."[591]라고 하였다.

55. 姤始紀序章 … 第五十五

원문 姤䷫始紀序, 履霜最先。井底寒泉, 午爲蕤賓。賓服於陰, 陰爲主人。

국역 구괘는 그 순서의 실마리가 시작되니 서리를 밟는 가장 처음이다. 우물 밑에는 찬 샘이 솟고, 오의 자리에서 유빈의 율려를 갖는다. 음에 굴복하여 음이 주인이 된다.

교감 **1** 姤始紀序 : [발휘]본, [주해]본, [참동고]본에서는 "姤始紀緖"이라 하였고, [사고전서]본에서는 "姤始紀敘"라 하였다.
2 賓服於陰 : [천유]본에서는 "賓伏於陰"이라 하였다.

구문해설 **1** 姤䷫始紀序, 履霜最先 : '紀'는 실마리이고, '序'는 차례를 말한다. 음이 시작하는 실마리가 姤卦에서 시작됨을 뜻한다. '履霜'은 《주역·곤괘》 初六爻의 爻辭에 "初六, 履霜, 堅冰至"라 하고, 〈상전象傳〉에서는 "象曰, 履霜堅冰, 陰始凝也, 馴致其道, 至堅冰也."라고 한데에서 유래한다. 서리는 음기의 시작을 알리는 것으로 아직 얼음으로 진행되지 않은 초기의 陰이라는 뜻이다. 월건으로는 午月이고, 율려로는 유빈蕤賓이다.
2 井底寒泉, 午爲蕤賓 : '井底寒泉'은 《주역周易·정괘井卦》 九五爻의 효사인 "九五, 井洌, 寒泉食."에서 유래하였다. 시원한 샘이 우물 밑에 있다는 것은 오월의 더운 기후에 찬 기운이 아래에서 발생한다는 것으로

591 "中而相干謂以圖則爲南中, 以月則爲六陰六陽之中故干, 姤之一陰而胚胎之也."

姤卦의 初陰爻를 말한다. 화후로는 퇴음부退陰符의 시작이다.

3 賓服於陰, 陰爲主人 : '賓服'은 제후가 천자에 조공을 바치는 것이며, 복종하는 것을 말한다. 구괘의 음효가 주인됨을 말하였다. 주역에서는 적은 수의 효가 주인이 된다.

각가주 **1** 姤始紀序 … 陰爲主人 : [통진의]본에서는 "역에 이르기를 구는 만나는 것이다. 용과 호랑이가 사귀는 것도 서로 만나는 것이다. … 솥 안에 金母가 있는데 본래는 태음의 水精이다. 처음에는 음기가 약간 미더운 것을 얻었으나 金水가 조금씩 그 정을 펴서 반드시 얼음이 굳어지는 음의 극한 상태가 올 것임을 알아야 한다."[592]고 하였다.

[발휘]본에서는 "이때는 음기가 바야흐로 생기는 때이니 몸속에 음부가 시작되는 것에 비유된다. 영단靈丹이 이미 입속에 들어갔으니 돌아서 찬 샘에 든다. 마땅히 길들여 그 도에 이르고, 단전으로 돌려보내되 급히 황망히 해서는 안 되는 고로 서리를 먼저 밟게 되고, 우물 아래 찬 샘이 있다고 한 것이다."[593]라고 하였다.

[주해]본에서는 "하나의 음이 생기니 음부가 시작한 것이고, 금단은 이로부터 완성으로 나아간다. 음이 양을 싸고 있는 고로 음이 주인이 되니 마땅히 위험을 막아야 하며, 미미하게 불을 길러야 한다. 유빈은 음이 주인이고, 양이 손님이라는 뜻이다."[594]라고 하였다.

[참동고]본에서는 "'紀緖'는 음의 실마리를 잡는 것을 뜻한다. … 우물 밑이 차다는 것은 一陰이 생기기 시작하여 우물물이 먼저 차가워진다는 뜻이다. 양기가 손님이 되어 음에 복종하고, 음이 주인이 된다고 한 것은

---

592 "易曰, 姤, 遇也. 龍虎交媾, 故相遇也. … 喩鼎內金母, 本是太陰水精, 初得陰氣未信, 金水少得舒情, 必知堅冰極陰之至也."

593 "此時陰氣方生, 喩身中陰符起緖之地, 靈丹旣入口中, 回來却入寒泉, 當馴致其道, 送歸丹田, 不可荒忙急速, 故言履霜最先, 井底寒泉."

594 "一陰始生, 陰符起首, 金丹自此向乎成矣. 以陰包陽故陰爲主人, 切宜防危慮險, 微微養火, 蕤賓取陰主陽賓之義."

양으로 하여금 음이 자라는 것을 경계키 위한 것이다."[595]라고 하였다.

56. 遯世去位章 … 第五十六

원문 遯䷠去世位, 收斂其精。懷德俟時, 棲遲昧冥。

국역 세상의 지위를 버리고 숨으며 그 정기를 모아들인다. 덕을 품고, 때를 기다리며, 어둠에 은거하여 산다.

교감 1 遯去世位 : [발휘]본과 [천유]본, [주해]본에서는 "遯世去位"라 하였다.

2 栖遲昧冥 : [주해]본과 [천유]본, [참동고]본에서는 "棲遲昧冥"이라 하였다.

구문해설 1 遯䷠去世位, 收斂其精 : '遯'은 피하여 달아난다는 뜻으로, 세상의 지위를 버리고, 몸의 정기를 모아 저장한다는 의미이다. 둔괘는 월건으로 未月이고, 율려로는 임종林鐘이다.

2 懷德俟時, 栖遲昧冥 : '懷德'은 정을 수렴하듯이 자신의 덕을 펴지 않고 감추는 것이다. '俟時'는 때를 기다린다는 뜻이다. '栖遲'는 느리게 사는 것으로 어둠속에 은거함을 뜻한다.

각가주 1 遯去世位 … 栖遲昧冥 : [통진의]본에서는 "《역》에 이르기를 사물이 둔에서 마치는 법은 없다고 하였다. 그러므로 때를 기다린다고 한 것이다. 솥 안에 붉은 용의 정에 비유하면 음의 쓰임을 받은 것이니 점차 금수가 합하여 차녀姹女를 싹틔우려고 하는 것이다. 그런즉 그 정을

595 "紀緒紀陰之緒也. … 井底寒泉謂一陰始生井泉先寒也. 始言陽爲賓服於陰終言陰爲主人於陽所以深致陰長之戒."

수렴하는 것이고, 음양의 변화를 책임지게 된다."[596]고 하였다.

[발휘]본에서는 "이 시기에는 음기가 점차 자라나니 몸속에 음부가 오의 자리를 떠나 수렴 하강하는 것에 비유된다. 만약 현명한 자라면 조용히 물러나 산과 계곡에 은거하므로 덕을 품고 때를 기다린다고 한 것이다."[597]라고 하였다.

[주해]본에서는 "둔괘는 二陰이 생하고, 단기丹氣는 수렴되는 것이다. 무화로는 마지막을 임하므로, 하나의 문화를 쓴다. '昧冥'은 도리어 '林'자의 뜻이다. 이달은 율려가 임종이다"[598]라고 하였다.

[참동고]본에서는 "사람이 은둔하는 것으로 기의 수렴, 응결을 비유한 것이다."[599]라고 하였다.

57. 否塞不通章 … 第五十七

원문 否䷋塞不通, 萌者不生。陰伸陽屈, 沒陽姓名。

국역 비괘는 막혀서 통하지 않고, 어린 싹은 태어나지 않는다. 음이 자라고, 양이 굽어지는데 양의 성과 이름이 몰락한다.

교감 1 陰伸陽屈 : [발휘]본과 [참동고]본에서는 "陰信陽詘"이라 하였다.

2 沒陽姓名 : [발휘]본과 [천유]본에서는 "毁傷姓名"이라 하였다.

구문해설 1 否䷋塞不通, 萌者不生 : 《주역周易 · 비괘否卦》에서는 "大往小來. 則是天地不交而萬物不通也"라 하였고, "象曰, 天地不交, 否,

---

596 "易曰, 物不可以終遯. 故俟時也. 喩鼎內赤龍之精, 被陰用事, 漸合金水, 欲萌姹女, 則收斂眞精, 任陰陽之變化也."

597 "此時陰氣漸長, 喩身中陰符離去午位收斂而降下, 如賢者退隱僻處巖谷, 故言懷德俟時."

598 "遯爲二陰生, 丹氣收斂, 武火臨終, 用一文, 昧冥却林字之義, 此月律臨終也."

599 "此以人之隱遯喩氣之斂凝也."

君子以儉德辟難"이라 하였다. 즉, 상하가 소통하지 못하는 형상을 뜻하고, 그로인해 싹이 자라지 못함을 표현하였다. 월건은 申月이며, 율려로는 夷則이다.

2 陰伸陽屈, 沒陽姓名 : 음이 밑에서부터 차올라 자라나고, 양이 수그러드니 양기의 존재와 이름이 몰락한다고 표현하였다.

각가주 **1** 否䷋塞不通 … 沒陽姓名 : [발휘]본에서는 "이 시기는 양이 점점 쇠약해지니 몸속의 음부가 더욱더 하강하는 것에 비유된다. 삼음이 숙살의 때를 만나 풀과 나무가 누렇게 떨어지는 것이다."[600]라고 하였다.

[천유]본에서는 "월건은 신이며, 음률에 있어서 夷則에 해당하는데 '夷'는 해친다는 뜻이다. 오행의 水가 申에서 長生을 얻어 陽火를 침범하고, 없앨 수 있으므로 六陰이 坤으로 돌아가는 상인 것이다."[601]라고 하였다.

[주해]본에서는 "비괘는 삼음이 생하고, 단이 완성되는 중이다. 음이 나아가고 양이 물러가니 화후는 마땅히 처음에는 무화를 뒤에는 문화를 쓴다. 이달의 반부터 목욕의 화후에 들어간다."[602]라고 하였다.

[참동고]본에서는 "초목이 양기를 얻으면 발생하는데 6월에는 싹이 나나 7월에 이르면 다시 나지 않는다. … 이름과 성이 몰락한다는 것은 양기가 막혀 그 이름과 성을 잃는 것과 같다."[603]고 하였다.

---

600 "此時陽氣漸衰, 喻身中陰符愈降愈下, 猶三陰肅殺之時草木黃落."

601 "月建申律中夷則, 夷者傷也. 水生在申, 能侵滅陽火故有是六陰返坤之象."

602 "否爲三陰生, 丹成之中, 陰進陽退, 火宜初武後文, 自此月半是入沐浴之候."

603 "草木之得陽氣發生者至六月猶有萌芽之生及至七月以後則不復生也 … 沒陽姓名爲陽氣否塞如沒其姓名然也."

58. 觀其權量章 … 第五十八

원문 觀其權量, 察仲秋情。任畜微稚, 老枯復榮。薺麥芽蘖, 因冒以生。

국역 그 비율과 분량을 살피고, 가을의 정취를 관찰한다. 미약하고, 어린 것들을 맡아 기르고, 늙고 매마른 것이 다시 번영하게 된다. 냉이와 보리가 마른 고목에서 싹을 틔우니 이를 무릅쓰고도 살아난다.

교감 1 薺麥芽蘖 : [천유]본에서는 "薺麥萌蘖"이라 하였다.

구문해설 1 觀其權量, 察仲秋情 : 월건은 酉月이고, 절기상 추분에 해당하며, 율려로는 南呂이다. 추분은 춘분과 함께 낮과 밤의 길이가 같은 날로 '權量'은 이러한 균등한 비율을 의미한다. '權'은 저울추로 비율을 따지고, '量'은 무게를 뜻한다. '仲秋'는 가을 한창을 뜻하니 이 또한 추분을 가리킨다.

2 任畜微稚, 老枯復榮 : '任畜'은 책임지고, 기른다는 뜻이고, '微稚'는 미약하고, 어리다는 뜻이다. 본 장에서는 늙고, 마른 나무가 다시 번영한다는 것을 가을에 냉이와 보리가 싹트는 것에 비유하였다. 음중에 양이 있음을 표현한 것이다.

3 薺麥芽蘖, 因冒以生 : '薺'는 냉이를 말하고, '麥'은 보리, '芽蘖'은 그루터기에 움이 트는 것을 뜻한다. 이러한 어려운 환경을 무릅쓰고, 생기는 것을 표현하였다.

각가주 1 觀其權量 … 因冒以生 : [발휘]본에서는 "이때는 음이 양을 돕는 공이 있는 때로 사물이 모두 축소되면서 성숙한다. 몸속의 음부가 반을 지나 단전으로 들어간 것에 비유되며, 마치 나무에 꽃이 지고, 열매가 맺힌 것과 같다."[604]고 하였다.

[주해]본에서는 "관괘는 四陰이 생하고, 신월의 반부터 이달의 반에 이르기까지 모두 목욕의 화후를 쓴다. 음중에 양이 있고, 형벌 중에 덕이 있으며, 金精이 왕성하면 수를 생하듯 냉이와 보리가 이에 응하여 생기는 것이다. 호흡과 의념은 퇴화이므로 납의 기운이 소모되는 것을 두려워해야한다."[605]라고 하였다.

[참동고]본에서는 "비율과 분량을 살핀다는 것은 역시 관괘의 대상大象에서 지방을 둘러보고, 백성을 살피는 뜻을 취하였다. 대개 중추에는 수확의 시기이므로 옛날의 성왕들은 사방을 순시하면서 (곡식의) 분량을 확인하여 공평하게 하였다. … 8월과 2월은 상대가 되는 고로 선가에서는 역시 이를 목욕의 화후라 하였다."[606]라고 하였다.

59. 剝爛肢體章 … 第五十九

원문 剝䷖爛肢體, 消滅其形。化氣既竭, 亡失至神。

국역 박괘에 이르면 팔다리와 몸체가 벗겨지고, 문드러져서 그 형체가 소멸된다. 기가 변화하여 이미 고갈되니 지극히 신령함도 망하여 사라진 듯 하다.

교감 **1** 化氣既竭 : [천유]본에서는 "化炁既竭"이라 하였다.
2 亡失至神 : [사고전서]본에서는 "亡失至坤"이라 하였고, [참동고]본에서는 "亡失至形"이라 하였다.

604 "此時陰佐陽功, 物皆蓄小而成, 喩身中陰符過半降而入於丹田, 如木之斂花就實."

605 "觀爲四陰生, 自申月半至此月半竝爲沐浴之候. 陰中有陽刑中有德, 金精旺而生水. 薺麥應之而生息念退火恐損鉛氣也."

606 "觀其權量亦取觀之大象省方觀民之意. 盖中秋收穫之時故古之聖王巡狩四方觀其權量而平之也. … 八月與二月相對爲二中故仙家亦以此爲沐浴之候焉."

구문해설 **1** 剝䷖爛肢體, 消滅其形 : '剝爛'은 벗겨지고, 문드러지는 것이다. 《주역·잡괘전》에서는 "剝, 爛也"라고 하였고, 《주역周易·박괘剝卦》에 보면 "初六, 剝牀以足, 蔑, 貞凶.", "六四, 剝牀以膚, 凶."이라 하여 효가 올라감에 따라 신체의 아래부위부터 점점 벗겨져 나감을 묘사하였다. 여기에서도 음이 자라 올라가면서 양이 소멸되는 모습을 신체의 변화에 빗대어 설명하였듯이 '肢體', '其形'은 인체의 양기로 볼 수 있다. 剝卦는 월건으로 戌月, 율려로는 무역無射에 해당한다. 본문의 '滅'은 戌月과 연관되는데 《진서晉書·악지樂志》에 이르기를 "九月之辰謂之戌. 戌者, 滅也, 謂時物皆衰滅也"라고 한 것이 근거이다.
2 化氣既竭, 亡失至神 : '化氣'란 기의 변화로써 양기의 공능을 말한다. 剝卦의 모습에서 보이듯이 양이 점점 소멸되는 과정을 뜻한다.

각가주 **1** 剝爛肢體 ⋯ 亡失至神 : [발휘]본에서는 "음부가 장차 다하여 신공이 이뤄지지 않는 것에 비유된다. ⋯ 대개 화는 寅에서 생하고, 午에서 왕성하며, 戌에서 묻힌다. 술은 사물이 문을 닫는 시간이다."[607] 라고 하였다.
[주해]본에서는 "박괘는 五陰이 생긴 것으로 丹이 과반이상 완성된 것이다. 음기가 벗겨져 삐걱거리니 단이 더욱 견고해진다. 수은의 금은 솥에 가득차고, 납의 빛은 없어지니 戌에는 불이 고지庫地인 것이다."[608]라고 하였다.

607 "喩身中陰符將盡而神功無所施 ⋯ 夫火生於寅, 旺於午, 墓於戌. 戌者, 閉物之時也."
608 "剝爲五陰生, 丹成過半. 陰氣刻轢, 丹益堅固. 汞金滿鼎, 鉛華消竭, 火庫于戌."

60. 道窮則返章 … 第六十

원문 道窮則返, 歸乎坤䷁元。恒順地理, 承天布宣。

국역 도가 다하면 이내 돌이켜 곤괘의 시작으로 돌아간다. 한결같이 순순하게 땅의 이치를 따르고, 하늘이 펴서 베푸는 것을 이어받는다.

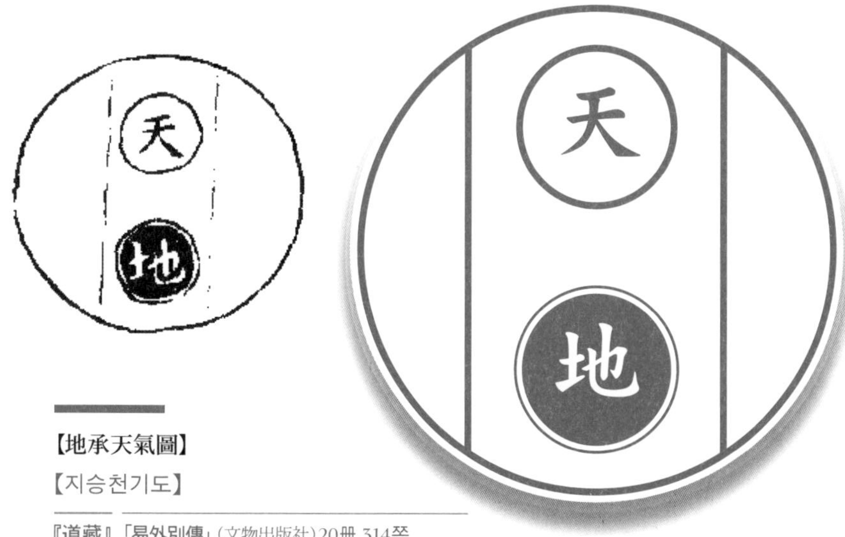

【地承天氣圖】
【지승천기도】
『道藏』「易外別傳」(文物出版社)20冊 314쪽

구문해설 **1** 道窮則返, 歸乎坤䷁元, 恒順地理, 承天布宣 : '道窮則返'이란 괘상으로 말하면 乾→姤→遯→否→觀→剝→坤→復→臨→泰→大壯→夬가 다시 乾으로 돌아가듯이 끝없이 순환하는 자연계와 인체생리를 뜻한다. 《주역·계사하전》에 "易窮則變, 變則通, 通則久"라 하여 易 또한 순환함을 표현하였다. 《주역周易·곤괘坤卦》에 보면 "彖曰, 至哉坤元, 萬物資生, 乃順承天"라 하여 '坤元', '順', '承天'과 같은 곤괘의 성질을 단적으로 표현하였다. 곤괘는 亥月이며, 율려로는 응종應鐘에 속한다.

각가주 **1** 道窮則返 … 承天布宣 : [발휘]본에서는 "이때는 순음이 쓰이는 때로 만물이 여기에 이르면 뿌리로 돌아가 명을 회복한다. 몸에서는 음부가 다하고, 적연부동하게 그 근본으로 고요히 돌아가는 것을 뜻한다. … '恒順地理(항순지리), 承天布宣(승천포선)'는 30장의 '金本從月生(금본종월생), 朔旦受日符(삭단수일부)'의 뜻과 통한다. 천지의 해와 달은 본래 하나로 달은 해의 빛을 받지만 해가 없으면 이지러지게 된다. 그러므로 달의 빛은 곧 해의 빛인 것이다."[609]라고 하였다.

[주해]본에서는 "곤괘는 여섯 음이고, 단이 이뤄져 마친 것으로 해와 달이 합일하여 戊己(무기)가 竅(규)를 이룬 것이다. … 곤의 덕을 보면 항상 건과 함께 한다."[610]라고 하였다.

61. 元幽遠渺章 … 第六十一

원문 玄幽遠渺(현유원묘), 隔閡相連(격애상련)。應度育種(응도육종), 陰陽之元(음양지원)。廖廓恍惚(요곽황홀), 莫知其端(막지기단)。先迷失軌(선미실궤), 後爲主君(후위주군)。无平不陂(무평불피), 道之自然(도지자연)。變易更盛(변역갱성), 消息相因(소식상인)。終坤始復(종곤시복), 如循連環(여순연환)。帝王承御(제왕승어), 千載常存(천재상존)。

국역 가물가물 아득하고, 끝없이 멀리 떨어져 막혀있는 듯 하지만 서로 이어져 있다. 절도에 맞게 씨앗을 기르니 음양의 시작인 것이다. 텅 비고, 커서 황홀하게 그 끝을 알 수가 없다. 먼저는 길을 잃고 그 자취를 잃어버리지만 뒤에는 주군이 된다. 태평하기만 하고, 기울어지지 않는 것은 없으니 이것이 도의 자연스러움이다. 변하고 바뀌면서 또다시 왕성해지고, 늘고 줄어듦이 서로 원인된다. 곤에서 마치나 다시 복에서 시작하니 순환함이 고리와 같이 계속된다. 제왕이 받들어 다스리면 천년동안 항상 보존된다.

---

609 "此時純陰用事, 萬物至此皆歸根而復命, 喩身中陰符窮極, 則寂然不動, 反本復靜 … 恒順地理 , 承天布宣, 與上篇金本從月生 , 朔旦受日符義同. 蓋天地日月一也. 月受日光而日不爲之虧, 然月之光乃日之光也."

610 "坤爲六陰生丹成之終爲日月合一戊己成圭. … 觀之坤之德常亞於乾也."

【終坤始復如循連環圖】/【종곤시복여순연환도】

『道藏』「周易參同契發揮 卷六中」(文物出版社)20冊 233쪽

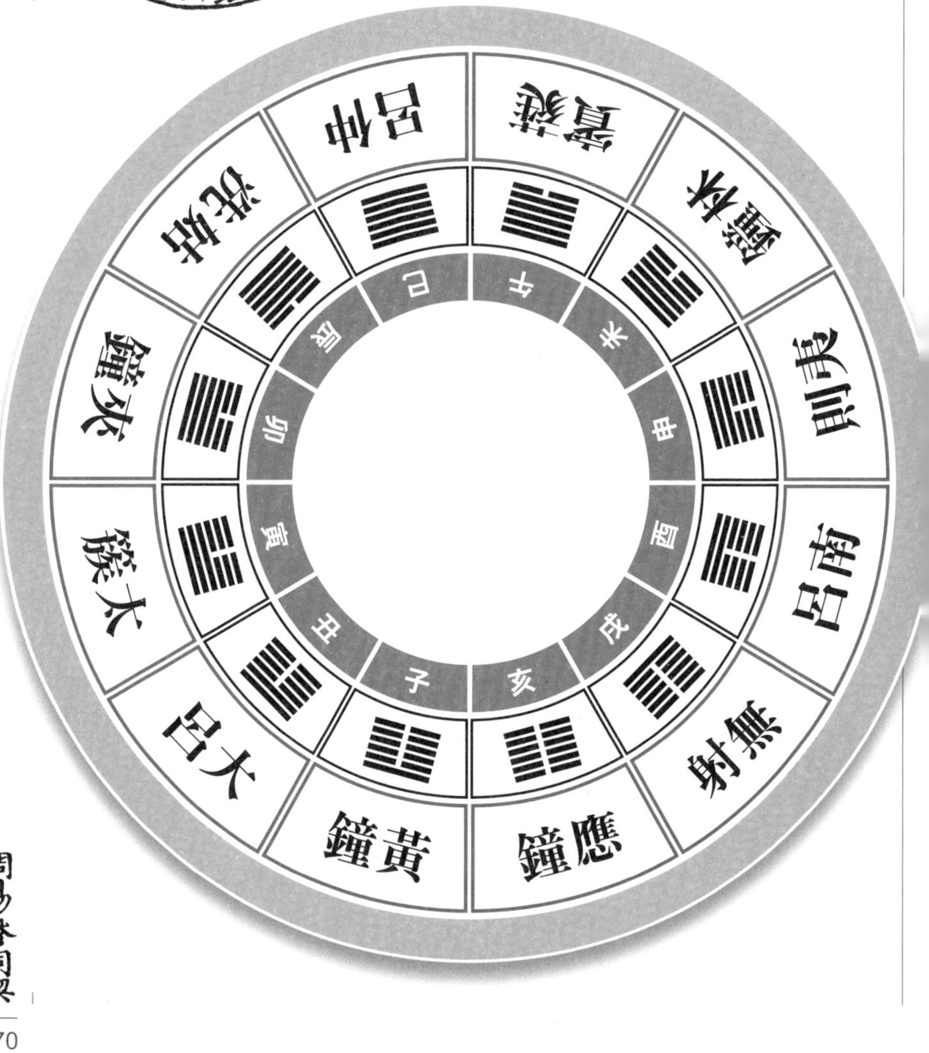

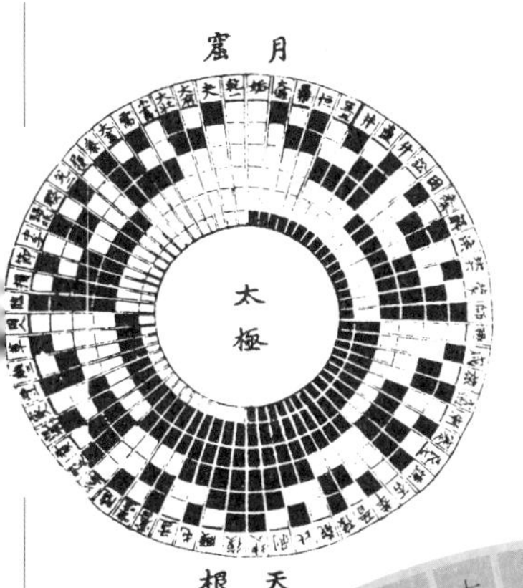

【先天圖】/【선천도】

『道藏』「易外別傳」(文物出版社)20冊 312쪽

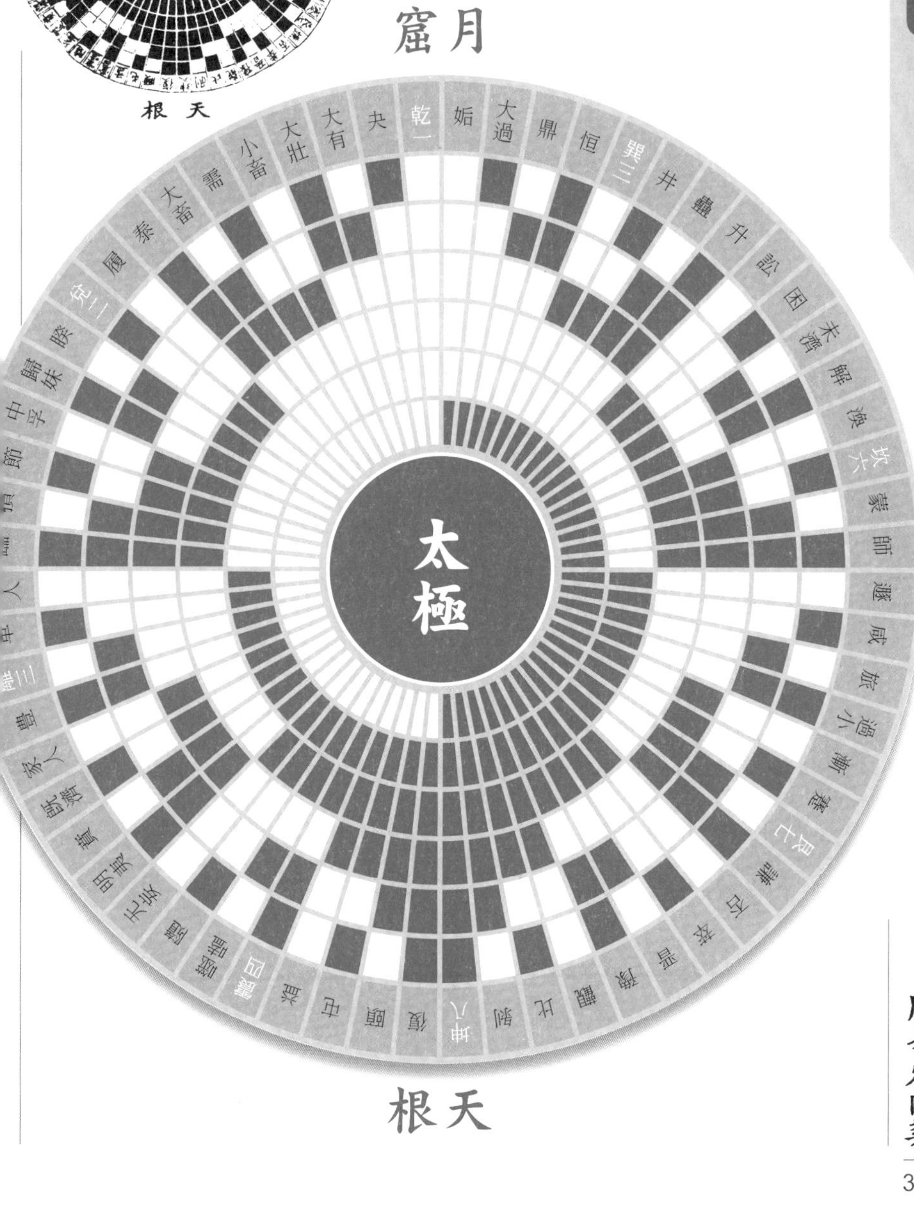

窟月

太極

根天

교감 **1** 陰陽之元 : [발휘]본과 [주해]본, [참동고]본에서는 "陰陽之原"이라 하였다.

2 變易更盛 : [참동고]본에서는 "變易衰盛"이라 하였다.

3 消息相因 : [사고전서]본과 [주해]본에서는 "消息相應"이라 하였다.

4 帝王承御 : [발휘]본과 [천유]본에서는 "帝王乘御"라 하였다.

5 千載常存 : [발휘]본과 [참동고]본에서는 "千秋常存"이라 하였다.

구문해설 **1** 玄幽遠渺, 隔閡相連 : 하늘과 땅이 서로 떨어져 멀리 있고, 亥와 子가 떨어져 있으며, 坤卦와 復卦가 서로 멀어 가물거릴듯 보이지 않지만 사실은 연결되어 순환함을 표현하였다. '玄幽'는 가물거리고, 그윽한 것이고, '遠渺'는 멀고, 아득히 작게 보임을, '隔閡'는 간격이 벌어져 서로 제한되어있음을 뜻한다.

2 應度育種, 陰陽之元 : 음속에 양의 씨앗이, 양속에 음의 씨앗이 있음을 뜻하며, 건곤이 교류하여 감리를 낳고, 감리 속에는 서로의 씨앗을 품고 있는 것과 상통한다.

3 廖廓恍惚, 莫知其端 : '廖廓'에서 '廖'는 공허함을, '廓'은 큰 울타리를 뜻하므로 음과 양이 서로의 씨앗을 품고, 끊임없이 순환하는 이러한 모습은 너무나 크고, 황홀하여 쉽게 파악하기 어렵다는 의미이다. 장삼봉張三丰의 《백자비주百字碑注》에 보면 소주천을 통해 약을 얻었을 때의 상황을 설명하면서 "홀연히 신장 가운데에서 한줄기 열기가 자각되는데 위로 심장으로 올라오고, 情이 性으로 돌아가 마치 부부가 화합하는 듯 몽롱하고 취한듯하다. 두 기운이 교감하니 단의 질을 맺어 이룬다."[611]이라 하였고, 최희범崔希範의 《입약경入藥鏡》에서도 "선천기와 후천기를 얻은 자는 항상 취한 듯 보인다."[612]라고 하였다. 본문의 내용도 12시진이 돌아가듯, 임독맥의 기운이 소통되는 것을 표현하였는데 이때의 상태가 황홀감을 느끼게 한다는 것으로 이해할 수 있다.

---

611 "忽覺腎中一縷熱氣, 上沖心府, 情來歸性, 如夫婦配合, 如癡如醉, 二氣氤氳, 結成丹質."

612 "先天氣, 後天氣, 得之者, 常似醉."

4 先迷失軌, 後爲主君 : 《주역周易 · 곤괘坤卦》 卦辭에 "君子有攸往, 先迷, 後得主"라고 한 내용과 유사하다. 즉, 양이 다하여 곤괘와 같이 순음이 되면 그 실마리를 얻지 못할 정도로 아득하여 마치 길을 잃은 듯 하나 시간이 지나면 하나의 양이 생하여 복괘가 되듯 다시 주인이 나타나 질서를 이루게 된다는 뜻이다.

5 无平不陂, 道之自然 : 《주역周易 · 태괘泰卦》에 "九三, 无平不陂, 无往不復"이라 하였다. 무엇이든지 변화가 불가피하다는 의미이다.

6 變易更盛, 消息相因。終坤始復, 如循連環 : '消息'은 곧 '終坤始復'이 계속 순환하여 변화하는 것을 뜻한다.

7 帝王承御, 千載常存 : '載'는 해, 년을 뜻하여 천년을 의미하는데 여기에서는 오랫동안 존속됨을 표현하였다.

각가주 1 玄幽遠渺, 隔閡相連 : [발휘]본에서는 "신선이 단을 지음에 이때에 이르면 입을 막고[塞兌], 눈을 지그시 감으며[垂簾] 신령스런 빛으로 아래에 있는 감궁에 비춘다. 시작할 때에는 그윽하고, 어두워 삼가 차가운 연못에 달이 젖는 듯 하지만 이어서 神과 氣가 합하고, 간격이 통하게 되면 마치 자석이 철을 끌어당기는 것처럼 된다."[613]고 하였다.

2 應度育種, 陰陽之元 : [발휘]본에서는 "단을 짓는 과정에서 바로 亥月의 순수한 곤괘가 용사하는 것과 같은 때이다. 이때는 만물이 뿌리로 돌아가고, 막고, 닫아서 겨울을 이룬다. … 마땅히 밤의 기운이 아직 멀지 않으니 단지 신과 기를 모으고, 잠깐 동안 단정히 앉으면 神氣가 뿌리로 돌아가고, 자연히 무에서 유가 생긴다. 점점 엉기고, 점점 모여 한 점의 금정金精을 이루게 된다."[614]고 하였다.

[주해]본에서는 "이는 곤괘의 화후이다. 음양의 절후가 진퇴, 소식의 이

613 "神仙作丹, 於此時塞兌垂簾, 以神光下照於坎宮. 始者幽幽冥冥, 儼如寒潭之浸月. 次則神與氣合, 隔閡潛通, 猶如磁石之吸鐵也."

614 "謂作丹之際, 正如亥月順坤用事之時. 其時萬物歸根, 閉塞成冬. … 當夜氣之未央, 但凝神聚氣, 端坐片時, 少焉神氣歸根, 自然無中生有, 漸凝漸聚, 積成一點金精."

치가 있는데 각 괘의 아래에 절기, 솥의 안, 단약등이 상응하여 나타난다."[615]라고 하였다.

[참동고]본에서는 "이는 神氣精이 黃中에서 배태되는 이치를 말한 것이다."[616]라고 하였다.

3 寥廓恍惚, 莫知其端 : [발휘]본에서는 "몸과 마음이 그 명을 회복하는 때에 신이 텅 비고 큰 곳에 들어 태허와 하나가 되고, 고요히 안정하기를 오래되기를 기다리면 심장의 꽃이 발현한다. 곧 三宮의 기운이 가득차서 단지 황홀함을 깨닫고, 그 이유는 알지 못하는 것이다."[617]라고 하였다.

4 先迷失軌, 後爲主君 : [발휘]본에서는 "처음에는 어두우면서 고요하지만 깊숙하고 어두운 곳으로 깊이 들어가면 갑자기 음이 다하고 양이 생하며, 고요함이 극에 달해 기기氣機가 발동한다. 문이 활짝 열리고, 허공이 갈라져 나아가니 일단의 바람과 빛이 적막한 고요를 깨뜨리고, 변화의 권세는 손안으로 돌아온다."[618]고 하였다.

5 變易更盛, 消息相因。終坤始復, 如循連環 : [주해]본에서는 "무극은 곤과 복괘 사이에 있으니 천지의 변화가 태극에서 시작하고, 태극에서 마친다. 이것이 금단이 복괘에서 시작하여 곤괘에서 마친다는 것으로 곤의 도는 음양의 구분이 있지만 다시 돌아가는 뜻이 심히 크다."[619]라고 하였다.

6 帝王承御, 千載常存 : [발휘]본에서는 "군자는 하루 종일 굳세고 굳세며, 때와 함께 행동하니 진실로 천년이 지나도록 항상 존재한다."[620]고 하였다.

---

615 "猶在坤卦候也. 陰陽節侯進退消息之理, 現於各卦之下中節氣鼎裡丹藥與之相應也."

616 "此又言神氣精胚胎黃中之理也."

617 "身心復命之時, 紳入寥廓, 與太虛一體, 靜定之久, 候至心花發現, 則三宮氣滿, 但覺恍恍惚惚, 莫知其所以然也."

618 "其先昏昏默默, 深入乎窈冥之中, 俄頃陰極而陽生, 靜極而機發, 則面門豁開, 虛空進裂, 一段風光破寂寥, 而化權歸手內也."

619 "無極在於坤復之間是天地之化始於太極而終於太極也. 是以金丹始於復而終於坤也. 坤道於陰陽之分雖賤於歸復之義甚大也."

620 "君子終日乾乾, 與時偕行, 則眞可以歷千秋而常存也矣."

고찰 [참동고]에서는 61장까지를 2장 3절로 보고, 화후의 찬족攢簇이라 하였다. "찬족이란 1년을 모아 한 달로 축약하고, 한 달을 모아 1일에 축약하는 것이다"[621]라고 하였다.

62. 將欲養性章 ⋯ 第六十二

원문 將欲養性(장욕양성), 延命却期(연명각기)。審思後末(심사후말), 當慮其先(당려기선)。人所稟軀(인소품구), 體本一无(체본일무)。元精雲布(원정운포), 因氣託初(인기탁초)。

국역 장차 본성을 기르고, 수명을 연장하여 시기를 늦추려고 한다면 뒷끝을 깊이 살피고, 마땅히 그 앞선 것도 고려해야 한다. 사람이 품부받은 몸은 본래 하나의 없음이다. 원정이 구름처럼 퍼져있으며, 기로 말미암아 처음이 의지된다.

교감 1 延命却期(연명각기) : [천유]본과 [주해]본에서는 "延命郤期(연명극기)"라 하였다.
2 元精雲布(원정운포) : [발휘]본에서는 "元精流布(원정류포)"라 하였다.
3 因氣託初(인기탁초) : [천유]본에서는 "因炁託初(인기탁초)"라 하였고, [참동고]본에서는 "因氣托初(인기탁초)"라 하였다.

구문해설 1 將欲養性(장욕양성), 延命却期(연명각기) : 여기서는 내단 성명쌍수性命雙修의 핵심개념인 성과 명이 나온다. 성은 사람의 본성으로 본래 텅 빈 태허에서 온 것으로 괘상으로는 건괘에, 혼백으로는 혼에 해당한다. 명은 기운이 가득차서 생명을 일으킨 것으로 괘상으로는 곤괘에, 혼백으로는 백에 해당한다. '養性延命(양성연명)'은 장수와 노화방지라는 목표를 향한 방편이고, '却期(각기)'는 죽는 시기를 연장하고, 물리친다는 뜻이다.
2 審思後末(심사후말), 當慮其先(당려기선) : '後末(후말)'은 곧 생명이 다하는 죽음의 시간이다.

621 "攢簇者, 簇一年而攢之於一月, 簇一月而攢之於一日也."

과연 죽음은 무엇이고, 어떻게 죽는가를 고민하려거든 마땅히 '其先' 즉, 어떻게 태어나고, 어디에서 왔는지를 따져봐야 한다는 것이다. 후천과 선천의 개념이기도 하며, 선천의 양기를 회복하는 내단의 역추逆推공부를 뜻하기도 한다.

3 人所稟軀, 體本一无 : 사람의 형체는 하나이면서 동시에 없는 것[無]에 근본을 두고 있다는 말인데 하나는 太極, 無는 無極으로도 해석된다. 《노자·도덕경》에 "萬物得一以生"이라 하여 '一'은 만물의 시작으로 보았고, 이러한 존재는 "天下萬物生於有 有生於無."라 하여 '無'에서 유래한다고 하였다.

4 元精雲布, 因氣託初 : 앞 문장에서 사람이 본래 텅 빈 곳에서 유래하여 그 근본을 찾을 수 없다 하였는데 元氣가 축적된 元精이 가득 한 가운데 원기의 변화로 말미암아 그 수정과 태아가 자라게 된다는 뜻이다. 일종의 발생론적 해설이다. '雲布'는 元精이 서로 구분되지 않고, 구름처럼 퍼져있다는 묘사이다.

각가주 1 將欲養性, 延命却期, 審思後末, 當慮其先 : [발휘]본에서는 "대저 장생을 얻으려하면 모름지기 나 자신이 태어나기 이전에 이 몸이 어떤 연유로 오게 되었는지를 구하여야 가히 본성을 기르고, 수명을 연장하는 도를 논할 수 있다."[622]라고 하였다.

[주해]본에서는 "세간에서 성명을 수양하는 것은 방문旁門으로서 거짓법이 있다. 금단의 대도를 배우려하는 자는 마땅히 근본인 無極의 참됨이 나의 본성이고, 선천의 기운이 나의 命임을 생각해야 한다. 근원을 철저히 궁구하여 하나를 얻으면 영원을 얻은 것이 된다."[623]라고 하였다.

[참동고]본에서는 "천성을 기르고, 수명을 늘이며, 죽음을 물리치려고 하면 뒷마무리를 살펴 생각해야 하고, 그 앞을 고려해야 한다. 그 앞이라

---

622 "夫欲求長生, 須求吾未生以前, 此身緣何而得, 然後可以論養性延命之道."

623 "世間凡修養性命者揔是旁門假法, 從事於支末欲學金丹大道當思原本無極之眞爲我性, 先天之氣爲我命, 窮源徹底一得永得也."

는 것은 품부받은 생명의 이치이다."[624]라고 하였다.

2 人所稟軀, 體本一无 : [참동고]본에서는 "하나는 太一이고, 없음은 無極이다."[625]라고 하였다.

3 元精雲布, 因氣託初 : [천유]본에서는 "10달에 이르러 태가 원만해지면, 태허한 가운데 한 개의 元精이 점처럼 생긴다. 마치 구름이 운행하고, 비가 오는 것처럼 달라붙어 곧바로 중궁의 신실에 들어가 '나'라는 주인의식을 짓는다. 이에 이르면 조규祖竅를 열고, 땅이 갈라지면 한 소리가 나게 된다. 天命의 性은 모름지기 나뉘어 하나의 음과 하나의 양이 되니, 대개 후천의 조화기운은 선천의 元精이 아니면 주인 없이 신령스럽게 될 수 없고, 선천의 元精은 후천의 조화기운이 아니면 의착할 데가 없어 설 수가 없다. 성과 명 두 가지가 본래 서로 떨어질 수 없다는 것이다."[626]라고 하였다.

[참동고]본에서는 "精은 水이고, 氣는 火이다."[627]라고 하였다.

---

624 "將欲養天性,延壽命, 却死期則審思後末當慮其先, 其先謂稟生之理也."

625 "一太一也. 無無極也."

626 "至十月胎圓, 太虛中一點元精, 如雲行雨施, 倏然依附, 直入中宮神室, 作我主人, 于是劈開祖竅, 囫地一聲, 天命之性, 遂分爲一陰一陽矣. 蓋後天造化之氣, 若非先天元精則無主而不能靈, 先天元精, 若非後天造化之氣則無所依而不能立. 可見性命兩者, 本不相離."

627 "精水也, 氣火也."

63. 陰陽爲度章 … 第六十三

원문 陰陽爲度, 魂魄所居。陽神日魂, 陰神月魄。魂之與魄, 互爲室宅。性主處內, 立置鄞鄂。情主營外, 築垣城郭。城郭完全, 人物乃安。爰斯之時, 情合乾坤。乾動而直, 氣布精流, 坤靜而翕, 爲道舍廬。剛施而退, 柔化以滋。九還七返, 八歸六居。男白女赤, 金火相拘。則水定火, 五行之初。上善若水, 清而無瑕。道之形象, 真一難圖。變而分布, 各自獨居。

국역 음양이 법도를 이루고, 혼백은 그곳에 자리한다. 陽神은 해의 혼이고, 陰神은 달의 백이다. 혼은 백과 더불어 서로의 집이 된다. 본성은 안에 자리하는 것을 주관하면서 기초를 세우고, 감정은 밖을 운영하면서 성곽을 쌓는다. 성곽이 완전하면 사람도 이내 안전하다. 이러한 때에 감정이 건곤에 합하는데 건은 움직이고, 바르기 때문에 기운이 퍼지고, 정이 흐르게 된다. 곤은 고요하고, 화합하므로 도의 집이 되는 것이다. 강함이 베풀고 물러나며 부드러움은 변화시켜 양육한다. 9와 7이 돌아오고, 8이 돌아가며, 6은 머문다. 남자는 희고, 여자는 붉으니 金火가 서로 잡아 취한다. 그러한 즉 수는 화를 안정시키니 오행의 시작이다. 높은 선은 물과 같아서 맑고 흠이 없다. 도의 형상은 참된 하나이기 때문에 그림 그리기 어렵다. 변하여 분포하니 제각각 홀로 자리한다.

교감 1 互爲室宅 : [주해]본에서는 "互爲宅舍"라 하였다.

2 築垣城郭 : [발휘]본에서는 "垣爲城郭", [천유]본에서는 "築爲城郭"이라 하였다.

3 爰斯之時 : [발휘]본과 [참동고]본에서는 "于斯之時"라 하였다.

4 則水定火 : [발휘]본에서는 "拘則水定"이라 하였다.

5 五行之初 : [발휘]본에서는 "水五行初"라 하였다.

6 道之形象 : [발휘]본에서는 "道無形象"이라 하였다.

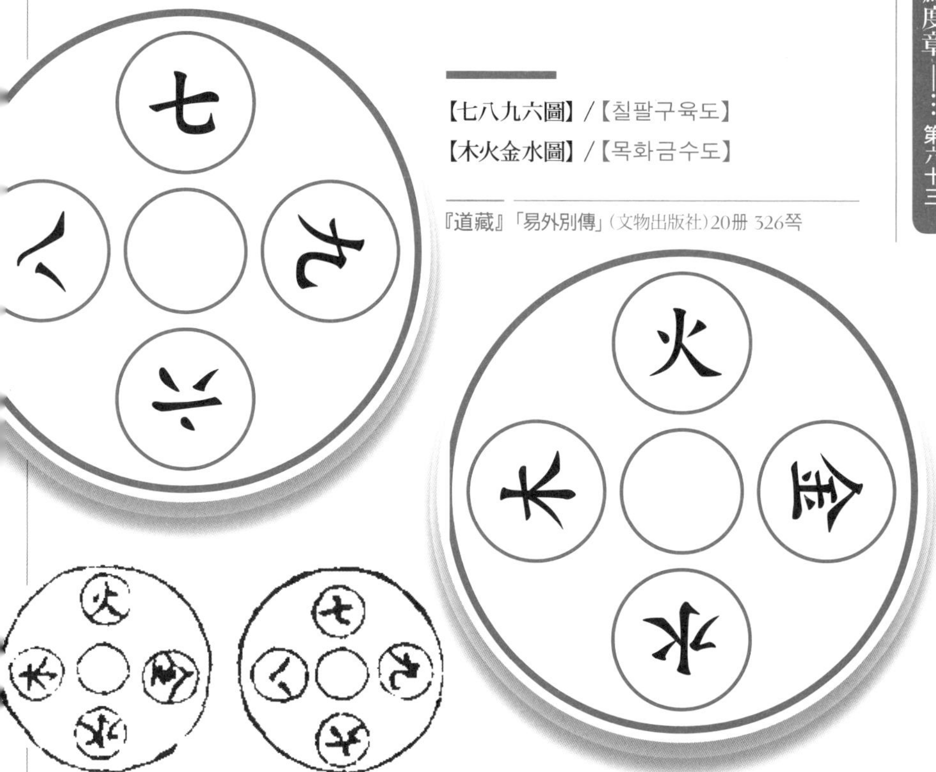

【七八九六圖】/【칠팔구육도】
【木火金水圖】/【목화금수도】

『道藏』「易外別傳」(文物出版社) 20冊 326쪽

구문해설 1 陰陽爲度, 魂魄所居 : 음양은 하늘에서는 해와 달로, 사람에서는 혼백으로 상징된다. 이러한 음양이 절도가 있다는 것은 주천화후에서 양화와 음부가 운행됨이 마치 해와 달의 운행에 빗대는 것과 상통한다. 혼백은 29장의 내용에서 볼 수 있듯이 청룡과 백호, 해와 달, 수은과 납, 동과 서로 비유되며, 본 구절에서는 자연계의 음양절도가 인체의 혼백에도 적용됨을 표현하였다.

2 陽神日魂, 陰神月魄 : '陽神'이란 인체의 元氣이고, '陰神'이란 인체의 元精이라 할 수 있다.

3 魂之與魄, 互爲室宅 : 혼과 백이 서로 집 역할을 해준다는 뜻으로,

생명현상에서는 따로 위치하는 것으로 설명되지만 본래 같은 곳에서 나왔고, 또한 같은 곳으로 돌아간다는 의미가 내포되어 있다. 이는 선천의 건곤이 교구하여 후천의 감리괘를 낳았을 때 감괘 속의 양효가 혼이 되고, 리괘 속의 음효가 백이 되는 것으로 설명된다. '室宅'은 내외단에 있어서 솥과 화로 안에 약물이 들어있다는 측면에서 '鼎爐'를 가리키기도 한다.

4 性主處內, 立置鄞鄂 : 62장에서는 성性과 명命을 논했다면 여기에서는 성性과 정情을 말한다. 주희는 인간의 본성인 性이 외부로 드러나면 情이 된다고 하였는데 여기에서도 이와 유사한 의미를 띤다. 다만 내단수련의 목표가 元性을 회복하는 것이기 때문에 성이 모든 것은 기초가 된다고 볼 수 있다. '鄞鄂'은 10장 "經營養鄞鄂"에서 해설된 것처럼 뿌리, 기초라는 뜻이고, 인체장기와 조직이라 볼 수도 있다.

5 情主營外, 築垣城郭 : 정은 성이 동한 결과이므로 외부로 표출된 감정이 된다. 성이 선천이라면, 정은 후천인 셈이다. '築'은 쌓는다는 뜻이고, '垣'은 담장이다. '鄞鄂'이 기초를 이루는데 반하여 '城郭'은 성의 둘레를 말한다. 내외의 의미를 가진다.

6 城郭完全, 人物乃安 : 성은 그대로 온전한 것이지만 외부로 발동된 정은 옳고, 그름과 이롭고, 해로움이 나눠진다. 따라서, 후천의 정을 온전히 하는 것이 내단수련과 양생에 있어서 중요한 시작임을 표현하였다.

7 爰斯之時, 情合乾坤 : '爰'은 발어사로 '이에~'로 해석된다. '이렇게 된 때'라는 것은 밖으로 퍼져있던 情이 性과 더불어 완전해지는 때를 말하는 것으로 후천의 정에서 선천의 성으로 회복된 것을 뜻한다. 따라서, 후천 감리괘가 선천의 건곤괘로 돌아갔으니 정이 건곤과 합하는 셈이 된다. 이러한 때야말로 성곽이 완전하여 사람이 평안하게 된다.

8 乾動而直, 氣布精流 : 《주역·계사상전》에 "夫乾, 其靜也專, 其動也直, 是以大生焉"이라 하여, 고요할 때에는 온전하지만, 움직이면 곧다고 한데서 유래한다. 이러한 건의 원기가 퍼지고, 정기가 유행한다는 뜻이

다. 《주역周易·건괘乾卦》 彖傳의 "雲行雨施, 品物流形"과도 상통한다.

9 坤靜而翕, 爲道舍廬 : 《주역·계사상전》에 "夫坤, 其靜也翕, 其動也闢, 是以廣生焉"이라 하여, 고요할 때에는 수렴, 화합하다가 움직이면 열린다는 뜻이다. '舍廬'는 거처하는 공간, 집을 의미하는데 건이 베풀고, 유통시키는 양적인 의미라면, 곤은 받아들이는 음적인 의미를 가진다. 《주역周易·곤괘坤卦》 彖傳의 "坤厚載物, 德合无疆"과도 상통한다.

10 剛施而退, 柔化以滋 : 앞 구절의 부연이다. '剛施而退'는 건괘를, '柔化以滋'는 곤괘를 뜻한다.

11 九還七返, 八歸六居 : 9, 8, 7, 6은 오행의 성수成數들인데 하도낙서의 배치에서 유래된 이론으로 1, 2, 3, 4는 시작을 의미하는 생수生數가 된다. 각각 오행배속이 이루어져 아래 표와 같이 배속된다.

오행	목	화	토	금	수
생수	3	2	5	4	1
성수	8	7	10	9	6

【표 27】 오행의 생수와 성수

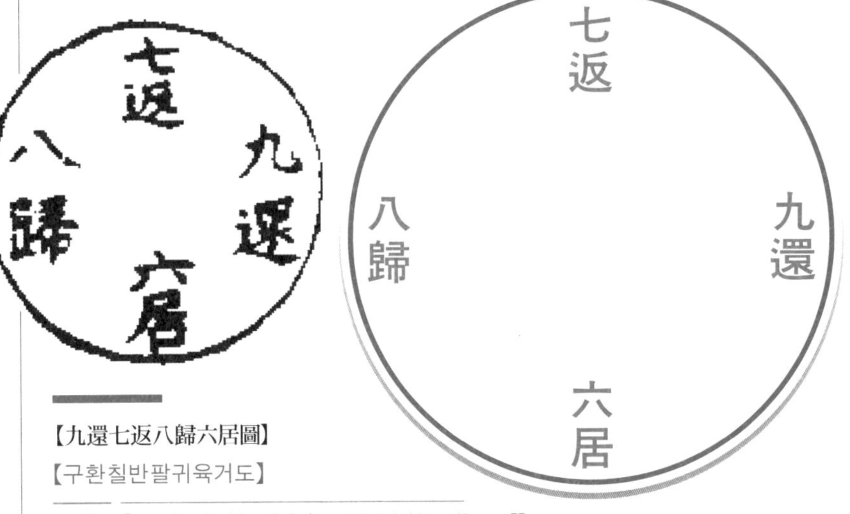

【九還七返八歸六居圖】
【구환칠반팔귀육거도】

『道藏』「周易參同契發揮 卷六中」(文物出版社) 20冊 234쪽

'還', '返', '歸'는 모두 돌아간다는 의미이고, '居'는 머문다는 종착의 의미를 가지므로 금, 화, 목이 수로 돌아가 자리잡는다는 뜻으로 해석된다. 내단적으로는 감괘인 하단전에서 丹이 형성됨을 의미한다. 또한, '九還'에 있어서 9가 서방 금의 성수라면 다시 원래의 모습인 생수로 돌아가 '還'은 4가 된다고도 볼 수 있다. '返'은 2, '歸'는 3, '居'는 1인 것이다.

12 男白女赤, 金火相拘 : 여기에서의 남녀는 문왕팔괘의 남녀구분을 말한다. 특히 《주역·설괘전》에 "坎再索而得男, 故謂之中男, 離再索而得女, 故謂之中女"라 하여 감괘는 남자, 리괘는 여자괘가 되는데 감괘는 달에 속하므로 흰색이고, 리괘는 해에 속하므로 붉은 색을 상징한다. 흰색의 금과 붉은 색의 화가 서로를 취하여 변화하게 되는데 氣와 神의 교류라 할 수 있다. '金火相拘'는 37장의 '以金爲隄防, 水入乃優遊。… 其三遂不入, 火二與之俱。… 下有太陽氣, 伏蒸須臾間。'에서 말하는 금과 수와 화의 상호작용을 연상시킨다.

13 則水定火, 五行之初 : 오행상극이론으로 수는 화를 극하므로 불의 지나친 작용을 억제한다는 뜻이다. 《주역·계사》에 대한 정현鄭玄의 주석을 보면 "天一生水於北"이라 하였는데 이는 수가 오행의 시작이 됨을 의미한다. 내단적으로도 감괘인 하단전으로 모든 것을 되돌려야 비로소 수련이 시작된다고 하는데 이 또한 같은 원리이다.

14 上善若水, 清而無瑕 : 《노자·도덕경》에 "上善若水, 水善利萬物而不爭, 處衆人之所惡 故幾於道"이라 한 것에서 유래한다. 물은 오행의 시초이고, 인간이 돌아가야 할 생명의 근원인데 이러한 물은 지극히 선함을 상징한다. 아무런 다툼도 없고, 지극히 맑아 티끌이 없다. '瑕'는 옥의 티를 가리킨다.

15 道之形象, 真一難圖 : 여기서 '道'와 '真一'은 같은 개념으로 볼 수 있다. 건곤감리와 금목수화의 변화 속에 참된 하나가 존재하는데 이를 형상화시켜 그리기 어렵다는 의미이다.

16 變而分布, 各自獨居 : '真一'한 '道'가 변화하고, 분화하여 각각 퍼

지면 그때서야 오행이 자신의 방위를 가지며, 자리를 잡는다는 의미이다.

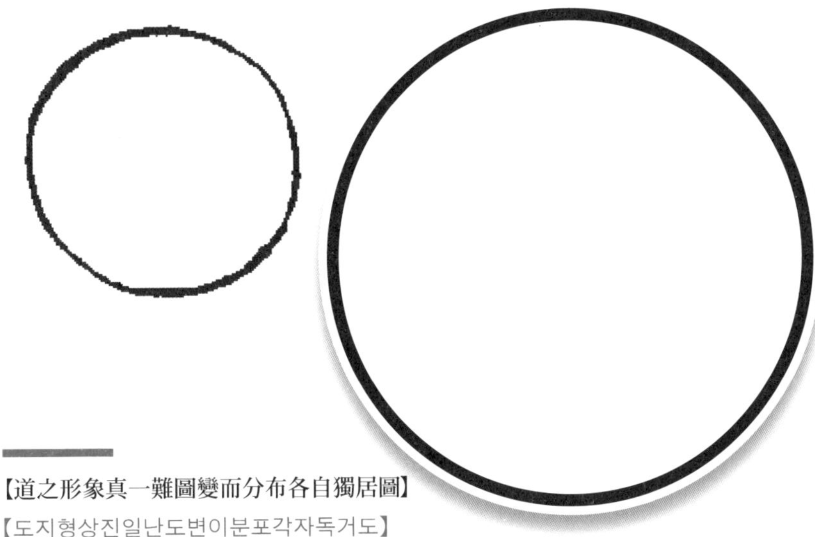

【道之形象真一難圖變而分布各自獨居圖】
【도지형상진일난도변이분포각자독거도】

『道藏』「周易參同契發揮 卷六中」(文物出版社)20冊 235쪽

각가주 **1** 陰陽爲度(음양위도), 魂魄所居(혼백소거) : [발휘]본에서는 "사람에게도 황도가 있는데 음부와 양화가 운행하는 곳이 바로 그것이다. 즉 해의 혼과 달의 백이 거주하는 방위인 것이다."[628]라고 하였다.

[천유]본에서는 "양의 신은 혼이고, 혼은 맑고 가벼운 것을 주관하니 동방의 木液(목액)이 된다. 음의 신은 백이 되니 백은 무겁고, 탁한 것을 주관하여 서방의 金精(금정)에 속한다. 둘은 나뉘어 감리의 울타리 안에 거주하게 된다."[629]고 하였다.

[주해]본에서는 "금단의 술법은 다름 아니라 음양의 두 글자에 나온 것이다. 사람 몸의 性(성), 神(신), 魂(혼), 氣(기), 乾(건), 남, 근악鄞鄂은 양물이고, 命(명), 精(정), 魄(백), 坤(곤), 여자, 집은 음물인 것이다. … 금단의 법은 다름 아니라 여기에서 나

628 "夫人身中黃道, 卽陰符陽火所行之處也, 卽日魂月魄所居之方也."

629 "陽之神爲魂, 魂主輕清屬東方木液, 陰之神爲魄, 魄主重滯屬西方精金, 兩者分居坎離匡廓之內."

온 것으로 양이 홀로 생길 수 없고, 음이 홀로 이뤄질 수 없는 것이다."[630] 라고 하였다.

[참동고]본에서는 "음양은 혼백의 바탕이고, 혼백은 음양의 신이다."라고 하였다.

2 陽神日魂, 陰神月魄 : [발휘]본에서는 "대저 해는 태양이고, 낮에 빛을 펴는 고로 혼으로 칭한다. 달은 태음이 되고, 밤에 풍경을 간직하므로 백이라 칭한다."[631]고 하였다.

[참동고]본에서는 "양이 혼이고, 음이 백인 것은 모두 水의 精과 火의 神에서 생긴다. 水의 精과 火의 神은 리괘의 해와 감괘의 달에서 품부받은 것이다."[632]라고 하였다.

3 魂之與魄, 互爲室宅 : [천유]본에서는 "후천에는 하나의 혼과 하나의 백이 생기는데 나뉘어 감리괘에 속한다. 대개 태양은 卯方에 있는 고로 리괘 가운데 일혼日魂이 있고, 양의 神이 된다. 태음은 酉方에 있는 고로 감괘 가운데 월백月魄이 있고, 음의 神이 된다. 이 두 가지가 비록 각각 자리하고 있지만 리괘 己土에 해당하는 해의 빛은 바로 달 속의 옥토끼이므로 해의 혼은 반대로 陰神을 짓는다. 감괘 戊土에 해당하는 달의 정기는 바로 태양속의 금 까마귀이니 달의 백은 반대로 陽神이 된다."[633]고 하였다.

4 性主處內, 立置鄞鄂 : [천유]본에서는 "후천의 두 물건은 비록 성과 명으로 나뉘어져 있지만 실은 으뜸된 성이 모두 명에 의지하여 있다. 대개 한번 음양의 세계로 떨어진 것 중에서 명 아닌 것이 없다. 그리고, 命元은 바뀌어 情이 되기 때문에 대개 음양의 변화하고 합치는 과정

---

630 "金丹法術無出陰陽二字, 凡人身中曰性曰神曰魂曰氣曰乾曰男曰鄞鄂陽物也. 曰命曰精曰魄曰坤曰女曰舍廬陰物也. … 金丹之法無出於此所謂獨陽不生, 獨陰不成者也."

631 "夫日爲太陽, 主以舒光, 故稱魂. 月爲太陰, 夜以含景, 故稱魄."

632 "陽魂陰魄皆生于水之精火之神, 水之精火之神乃離日坎月之所稟也."

633 "後天一魂一魄, 分屬坎離, 蓋以太陽在卯, 故離中日魂爲陽之神. 太陰在酉, 故坎中月魄, 爲陰之神, 兩者體雖各居, 然離己日光, 正是月中玉兎. 日魂返作陰神矣. 坎戊月精, 正是日中金烏, 月魄返爲陽神矣."

에서 情 아닌 것이 없다. 오로지 그 성은 명에 의지하는 고로 리괘 속의 元精과 감괘속의 元氣를 모두 명이라 부른다. 명은 오로지 변화하여 情이 되므로 해속의 木魂과 달 속의 金魄을 합쳐 情이라 부른다. 오직 조규祖竅안에 있는 한 점 元神만이 바야흐로 본래의 참된 본성이라 할 수 있다. 元神은 주인이 되니 구멍 속에서 한 점으로 있으면서 나오지 않는다."[634]고 하였다.

[참동고]본에서는 "성은 이치이다. 세운다는 것[立]은 '卽'이라는 말과 같다. 이치로써 말하면 이치는 기를 주관한다. 그러므로 기의 가운데에 위치하게 된다. 기로써 말하자면 금토의 두 장기는 처음에 나눠지기 시작했을 때 그 사이에는 텅빈 곳이 있었는데 이것이 심규心竅이고, 본성이 갖춰져 있었다. 그러므로 내부에 자리한다고 한 것이다. 중편의 3장에서 '천지보다 먼저 생겼다.'[先天地生]라고 말한 것이 그것이다."[635]라고 하였다.

5 情主營外, 築垣城郭 : [참동고]본에서는 "정이라는 것은 성의 쓰임이다. 정이 지극해지면 스스로 동정動靜, 개합[闔闢]하여 근육과 뼈를 생함으로써 성을 보호한다. 정은 사람이 장성한 후에 성곽을 지어서 그 거처를 보호하는 것과 같다."[636]라고 하였다.

6 城郭完全, 人物乃安 : [참동고]본에서는 "근육과 뼈가 온전히 갖춰져야 성정이 가히 안정할 수 있다."[637]라고 하였다.

7 爰斯之時, 情合乾坤 : [발휘]본에서는 "밤낮으로 잠시도 쉽없이

---

634 "後天兩物雖分性命, 其實祖性全寄于命, 蓋一落陰陽. 莫非命也. 且命元更轉爲情, 蓋陰陽之變合莫非情也. 惟其性寄于命, 故離中元精. 坎中元炁, 總謂之命. 惟其命轉爲情, 故日中木魂, 月中金魄, 總謂之情, 只有祖竅中, 一點元神. 方是本來眞性. 元神爲君, 安一點于竅內. 來去總不出門."

635 "性卽理也. 立猶言卽也. 以理言之則理主乎氣故處氣之中也. 以氣言之則金土二藏初分之時, 其間空處則爲心竅而性已具焉. 故曰處內中篇第三章所謂先天地生是也"/중편의 3장은 이 책의 원문저본에 해당하는 [통진의]본 25장에 해당한다.

636 "情者性之用也. 情至是自能動靜闔闢生筋生骸以爲衛於性, 情如人長成之後築城郭以衛其居也."

637 "筋骸全備然後性情可以安頓也."

河車를 돌리면 암암리에 모든 것이 함께 운행된다."[638]고 하였다.

8 乾動而直, 氣布精流, 坤靜而翕, 爲道舍廬 : [참동고]본에서는 "元이고, 亨이며, 利이고 貞이다."[639]라고 하였다.

9 剛施而退, 柔化以滋 : [발휘]본에서는 "乾陽이 아래의 곤과 교류하면 곤은 유순하여 이를 받아들여 약을 생산하게 된다. 시간이 경과하여 불로 단련되면 강함이 베풀어졌다 물러나게 되는데 이때 음의 부드러움이 상행하여 달콤한 샘물로 변하여 온 몸의 끝[九垓]까지 윤택하게 한다."[640]고 하였다.

10 九還七返, 八歸六居 : [발휘]본에서는 "9, 8, 7, 6은 수, 화, 목, 금이다. 괘로써 말하면 감, 리, 진, 태이고, 방위로써 말하면 동, 서, 남, 북 이며, 별자리로 말하면 허虛, 방房, 성星, 묘昴이고, 상으로 보면 거북이, 뱀, 용, 호랑이이다. 계절로는 봄, 여름, 가을, 겨울이고, 시간으로는 자, 오, 묘, 유로, 모두 사물이다. 九는 還을 이르고, 七은 返을, 八은 歸를 말한 것은 모두 동일한 뜻이나 六만 홀로 거한다고 한 것은 북방의 감괘 자리가 진연眞鉛이 자리한 본래 고향이기 때문이다."[641]라고 하였다.

[주해]본에서는 "태양의 원정은 모든 정의 어미이다. 부모의 정기가 여기에 있는 고로 몸속의 모든 정과 기는 九金, 七火, 八木, 六水로 돌아간다. 모든 것이 중간의 토에 모여서 단을 이루니 안에는 흰색이나 밖은 붉은 색이어서 마치 계란과 같다."[642]라고 하였다.

[참동고]본에서는 "금이 4에서 생하고, 9에서 완성되며, 화가 2에서 생하고, 7에서 완성된다. 목은 3에서 생하고, 8에서 완성되며, 수는 1에서 생

---

638 "晝夜河車不暫停, 黙契大造同運行也."

639 "元也亨也利也貞也."

640 "乾陽下濟於坤, 坤柔順而翕受之, 遂生藥. 旣經起火烹鍊, 則剛施而退, 陰柔上行, 而化作甘泉潤九垓矣."/'九垓'는 본래 나라의 끝이나 땅 끝을 말하는데 여기서는 인체의 장기와 조직으로 해석하였다.

641 "六, 七, 八, 九, 卽水, 火, 木, 金也. 以卦言爲坎, 離, 震, 兌, 以方言爲 東, 西, 南, 北, 以宿言爲虛, 房, 星, 昴, 以象言爲 龜, 蛇, 龍, 虎, 以時言爲 春, 夏, 秋, 冬, 以辰言爲 子, 午, 卯, 酉, 皆是物也. 夫九曰還, 七曰返, 八曰歸, 同一旨意. 而六獨曰居者, 北方坎位乃眞鉛所居之本鄕也."

642 "太陽元精衆精之母也. 父母精氣在此故身中諸精諸氣悉歸向之九金七火八木六水皆會於中土而成丹,內白外赤形如鷄子."

하고, 6에서 완성된다. 이는 오행의 생성의 수로써 기가 행함에 시작하는 지극함이다. 수의 1에서 금의 9로 돌아오고, 목의 3에서 화의 7로 돌아오고, 화의 2에서 목의 8로 돌아오고, 금의 4에서 수의 6으로 돌아오는 것은 오행의 교변하는 것으로 氣가 왕성하여 마무리되는 것을 말한다. 1, 9, 4, 6은 금수가 생성하는 고로 肺腎이 서로 받아들이는 것이고, 3, 7, 2, 8은 목화가 생성하는 고로 心肝이 서로 연결된 것이다."[643]라고 하였다.

11 男白女赤, 金火相拘 : [발휘]본에서는 "대개 금단의 성태聖胎는 음양이 내부에서 교감하여 神氣가 사귀어 맺히면 이루어지는데 남녀라고도 하고, 적백이라고도 한다. 모두 몸속의 부부를 다르게 부르는 것이다."[644]라고 하였다.

[참동고]본에서는 "남자는 본래 불의 붉은 색이나 도리어 금의 흰색이 되었고, 여자는 본래 금의 흰색이나 도리어 불의 붉은 색이 되었다. 이는 음양이 서로 집이 되어주는 묘한 것이다. 남자의 정액이 희고, 여자의 혈이 붉은 것을 보아도 징험할 수 있다."[645]라고 하였다.

12 上善若水, 清而無瑕 : [발휘]본에서는 "대저 물을 본성이라 할 때 고요히 안정되어 닻이 내려진 듯 하면 맑고, 어지러이 동하여 잠기면 탁해진다. 금단의 묘함은 전적으로 고요히 안정된 가운데 온다."[646]고 하였다.

643 "金生於四而成於九, 火生於二而成於七, 木生於三而成於八, 水生於一而成於六, 此五行生成之數所以行乎氣之至始也. 自水之一而還于金之九, 自木之三而返于火之七, 自火之二而歸于木之八, 自金之四而居于水之六, 此五行交變之所以立乎氣旺之終也. 一九四六金水生成故肺腎相涵, 三七二八木火生成故心肝相連."

644 "蓋金丹聖胎, 以陰陽內感神氣交結而成, 曰男女, 曰赤白, 皆身中夫婦之異名也."

645 "男本火赤而反爲金白, 女本金白而反爲火赤, 此陰陽互宅之妙, 觀於男精白女血赤亦可驗也."

646 "夫水之爲性, 靜定而矴之則清, 動亂而汩之則濁. 金丹之妙, 全是靜定中來."

64. 類如雞子章 … 第六十四

류여계자 백흑상부 종광일촌 이위시초 사지오장
원문 類如雞子, 白黑相符, 縱廣一寸, 以爲始初。四肢五臟,
근골내구 미력십월 탈출기포 골약가권 육활약연
筋骨乃俱。彌歷十月, 脫出其胞。骨弱可卷, 肉滑若鉛。

국역 계란과 같은 종류로써 흰 것과 검은 것이 서로 부합된다. 가로 세로 1촌이며, 이로써 시작이 되어, 사지와 오장, 근골이 이내 갖춰진다. 열 달이 지나면 그 태를 벗고 나오게 되는데 뼈는 약해서 굽어있을 수 있고, 살은 마치 납처럼 미끌거린다.

縱廣一寸橫微狹焉
法身在其中矣前輩
有云爭如跳入珠光
內踴身直到紫微宮

『道藏』「周易參同契解 卷中中」
(文物出版社)20冊 286쪽

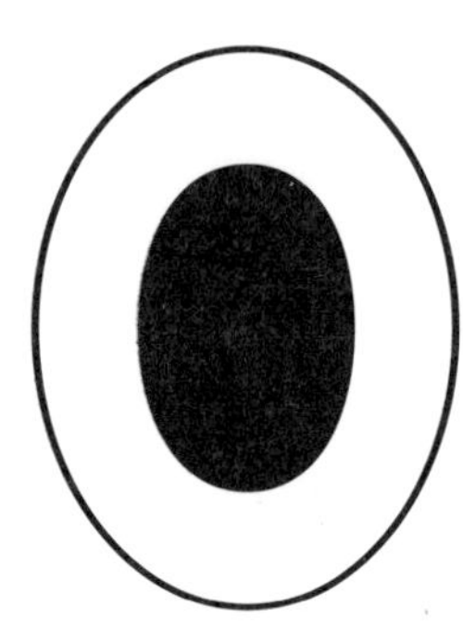

縱廣一寸橫微狹焉
法身在其中矣前輩
有云爭如跳入珠光
內踴身直到紫微宮

교감 1 본 장은 [발휘]본에서는 62장과 63장 사이에 위치한다.
2 白黑相符(백흑상부) : [주해]본과 [참동고]본에서는 "白黑相扶(백흑상부)"라 하였다.
3 縱廣一寸(종광일촌) : [천유]본에서는 "縱橫一寸(종횡일촌)"이라 하였다.
4 肉滑若鉛(육활약연) : [발휘]본과 [천유]본에서는 "肉滑若飴(육활약이)"라 하였다.

구문해설 1 類如雞子(류여계자), 白黑相符(백흑상부) : 여기서 계란 모양같다는 것은 외단에서 솥 가운데에 들어있는 신실의 모양을 빗댄 것이기도 하고, 우주모형이기도 하며, 인체의 수정란을 뜻하기도 한다. 내단적으로는 연신환허단계에서 도태道胎를 맺어 양신養神하는 과정이라 할 수 있다. 중첩되어 있는 상을 말한다. 흰색과 검은 색이 서로 부합되는 것이 마치 태극도에서 음양이 서로 섞이려는 모습과 유사하다.
2 縱廣一寸(종광일촌), 以爲始初(이위시초) : '縱廣(종광)'에서 '縱(종)'은 세로길이이며, 남북방향이다. '廣(광)'은 '橫(횡)'과 같으며 가로길이이고, 동서방향이다. 가로세로 길이가 1촌이라는 뜻이다. 신실의 크기, 도태의 크기, 수정란의 크기가 처음에는 이와 같다는 의미이다.
3 四肢五臟(사지오장), 筋骨乃俱(근골내구), : 태아가 자라나가는 모습이다.
4 彌歷十月(미력십월), 脫出其胞(탈출기포), 骨弱可卷(골약가권), 肉滑若鉛(육활약연) : '彌歷(미력)'은 두루 지낸다, 충분히 경과한다는 뜻이다. 10월의 경과는 마치 한의학의 '시월양태설十月養胎說'과 유사하다. 내단적으로는 10개월의 양태기간이 지나면 태아가 자궁을 빠져나오듯이, 陽神(양신)이 출신出神하는 것을 의미한다. '鉛(연)'은 녹여진 납으로 해석되기도 하지만, '飴(이), 엿'로도 본다. 문장의 의미상 '飴(이)'가 더욱 적절하다 할 수 있다.

각가주 1 類如雞子(류여계자), 白黑相符(백흑상부) : [통진의]본에서는 "대개 금액환단을 수행하는 데에는 단상[壇(단)]이 있다. 단상 위에는 화로가 있고, 화로 위에는 부엌이 있으며, 부엌 위에는 솥이 있고, 솥 가운데에는 신실이 있으며,

신실 속에는 金과 水가 있다. 신실의 형상이 계란 같고, 金水 역시 그러하다."[647]고 하였다.

[발휘]본에서는 "흑백이란 음양의 두 기운이다. 무릇 사람이 태를 맺는 처음에는 부정모혈로부터 음양의 두 기운이 합쳐져 이뤄지는데 혼돈스러운 모양이 마치 계란과 같다."[648]고 하였다.

[천유]본에서는 "이 구절은 특별히 법신의 형상을 드러내었다. 성태聖胎가 처음에 응결하면 한 점 元神이 신실에 잠겨있는데 혼돈스러운 것이 마치 계란처럼 흑백이 나눠지지 않게 된다."[649]

[주해]본에서는 "이는 성태聖胎가 영아嬰兒의 상을 하고, 일반 태와 더불어 서로 비슷함을 말하였다. 남자의 壬水와 여자의 癸水가 합하여 일반 태가 이루어지고, 호랑이의 납과 용의 수은이 합하여 성태를 이룬다."[650]라고 하였다.

[참동고]본에서는 "움직이고, 멈추며, 열리고 닫히는 동안 그 변화가 극에 다다르면 하나의 덩어리를 형성하는데 마치 계란과 같다. 물의 검은색과, 금의 흰색이 혼합되어 하나로 감싸안는 것과 같아진다."[651]라고 하였다.

2 縱廣一寸, 以爲始初 : [천유]본에서는 "신실의 가운데에는 둘레가 마침 직경 1촌이고, 법신이 그 가운데 은거한다. 한가롭게 지내는데 어린 아기가 엄마의 뱃속에서와 같이 자라난다."[652]

[주해]본에서는 "가로 세로 1촌이지만 능히 대천의 사바세계를 포용한다."[653]라고 하였다.

---

647 "凡修金液還丹有壇, 壇上有爐, 爐上有竈, 竈上有鼎, 鼎中有神室, 神室中有金水也. 神室象雞子, 金水亦如之."

648 "黑白者, 陰陽二氣也. 凡人結胎之初, 有父精母血陰陽二氣假合而成, 渾渾沌沌, 類如鷄子."

649 "此節特顯法身之形象也. 聖胎初凝, 一點元神潛藏神室. 混混沌沌玄黃未剖, 黑白未分有如雞子之狀."

650 "此言聖胎嬰兒之狀, 造化與凡胎相類, 男壬女癸合之爲凡胎. 虎鉛龍汞合之成聖胎."

651 "動靜闔闢旣極其變化則遂成一塊狀與鷄子水黑金白混合爲一如相包扶也."

652 "神室中間, 方圓恰好徑寸. 法身隱于其中, 優游充長, 與赤子原初在母腹中一般造化."

653 "縱廣一寸能容大千沙界."

[참동고]본에서는 "남북을 종縱이라 하고, 동서를 광廣이라 한다. 종횡으로 1촌이라 함은 심의 방촌方寸을 말한다. 대개 오장이 사귀고 변화하여 서로 생하는 초기에 흰 것은 상승하려하여 폐가 되고, 검은 것은 하강하려 하여 신장이 된다. 그 사이에 가로세로 1촌이 먼저 열리고 닫혀 심장이 되는데 성정의 덕이 이로 인하여 나타난다. 이는 도의 시작인 고로 도는 모두 中을 위주로 한다."[654]라고 하였다.

3 四肢五臟, 筋骨乃俱 : [발휘]본에서는 "백일이면 남녀가 나눠지는데 그러한 연후에 사지와 오장, 근골이 갖춰진다."[655]라고 하였다.

[참동고]본에서는 "오장의 근육이 사지의 뼈를 생한다."[656]라고 하였다.

4 彌歷十月, 脫出其胞, 骨弱可卷, 肉滑若鉛 : [발휘]본에서는 "기간을 채워 길러지면 그 자궁을 빠져나오는데 뼈는 약하고, 근이 부드러우며, 살은 연약하고, 미끌거린다. 이름하여 영아嬰兒이다. 금단을 단련하는 사람은 내 몸의 嬰兒를 수련해야하는데 역시 10월이 걸린다. … 영아는 단전에 있는데 나와 형상이 비슷하다. 대개 성태를 수련함에 있어서 10월 공부를 하지 않고 빨리 이룰 수는 없다."[657]고 하였다.

[천유]본에서는 "온양溫養이 충분하여 10월이면 태가 완성되고, 태아는 곤괘의 화로에서 뛰어올라 건괘의 솥으로 오른다. 이때부터 화로와 솥을 신중히 안정시키고, 다시 건곤을 조정하면 다시한번 운행의 조화가 일어난다. 나의 법신이 비로소 하늘을 통하고, 땅을 뚫어 태허에 합쳐진다."[658]고 하였다.

[참동고]본에서는 "임신 10개월이면 아이가 자궁을 나온다. 아이가 처

---

654 "南北曰縱, 東西曰廣. 縱廣一寸, 心之方寸也. 盖五臟交變相生之初, 白者將欲上升爲肺, 黑者將欲下降爲腎則其中之縱廣一寸, 最先開闢遂化爲心臟而性情之德因具於此以爲道之始初故道皆以中爲主也."

655 "百日而男女分形, 然後四肢, 五臟, 筋骨乃具."

656 "五臟之筋生四肢之骨也."

657 "及期而育, 脫出其胞, 骨弱筋柔, 肌軟肉滑, 名曰嬰兒. 鍊金丹者, 修吾身之嬰兒, 亦當彌歷十月. … 有箇嬰兒在丹田, 與我形貌亦如然. 蓋修鍊聖胎, 未有不用十月功夫而可以速成者也."

658 "溫養旣足. 至于十月胎完, 赤子從坤爐中躍然而出上升乾鼎. 從此重安爐鼎. 再造乾坤, 別有一番造化. 我之法身纔得通天徹地. 混合太虛."

음 태어났을 때에는 뼈와 마디가 유약하여 마치 종이를 접을 수 있는 것과 같고, 근육의 문리가 부드러워 마치 납이 녹아 흘러내리는 것과 같다."[659]라고 하였다.

고찰 [참동고]에서는 이 장을 3장 1절로 삼고, 품부받아 생기는 근본 시작이라 하였다.

65. 陽燧取火章 … 第六十五

원문 陽燧以取火, 非日不生光。方諸非星月, 安能得水漿?
二氣玄且遠, 感化尙相通, 何況近存身, 切在於心胸。
陰陽配日月, 水火爲效徵。

국역 양수陽燧라는 오목거울로 불을 취하는데 해가 아니면 빛을 만들 수 없다. 방제方諸라는 그릇은 별과 달이 아니면 어찌 마실 물을 얻을 수 있겠는가. 두 기운이 아득하고, 또한 멀지만 감응하고, 변화하면 오히려 서로 통하는데 하물며 가까이 몸을 보존하고, 간절히 가슴에 들어있으면 어떠하겠는가. 음양이 해와 달에 배속되고, 수화가 징험을 드러낸다.

교감 1 安能得水漿 : [발휘]본에서는 "安能德水漿"이라 하였다.
2 二氣玄且遠 : [발휘]본에서는 "二氣至懸遠"이라 하였다.

구문해설 1 陽燧以取火, 非日不生光, 方諸非星月, 安能得水漿 : 《회남자淮南子·천문훈天文訓》에 보면 일월과 음양을 기후변화와 연관시키면서 "陽燧見日 則燃而爲火 方諸見月 則津而爲水"라고 하여 양수는 불을 일으키고, 방제를 통해 물을 얻는다고 하였다. 또한, 《주례周禮·추관사구제오秋官司寇第五》에서 "司烜氏, 掌以夫遂取明火於日, 以鑒取明水

659 "懷妊十月兒免母胞, 兒之始生骨節柔弱如紙之可以卷束, 肉理滑澤如鉛之可以流鑠也."

於月, 以共祭祀之明齍明燭共明水"라 하여 불과 물을 얻는 도구로 설명된다. '燧'는 부싯돌로도 해석되는데 빛을 일으키는 것을 가리킨다. 부싯돌은 '수석燧石', 부싯나무는 '목수木燧', 빛을 모으는 오목거울은 수화경燧火鏡이라고도 한다. '方諸'는 《주례周禮》에 보듯이 일종의 거울[鑒] 또는 구리그릇으로 옛날에는 진주를 이용하였다가 점점 청동을 주조하여 사용하였다. 방제를 문질러 열을 내놓은 다음에 달빛아래 놓으면 이슬이 맺혀 물을 받을 수 있었다.

2 二氣玄且遠, 感化尚相通, 何況近存身, 切在於心胸 : '二氣'는 음양수화의 두 기운을 말한다. 하늘의 해와 달이 지상의 물과 불로부터 많이 떨어져 있지만 서로 감응하여 물과 불을 낳는다는 뜻이다. 이처럼 인체내의 정과 신의 교류 또한 쉬운 것이라는 의미이다.

3 陰陽配日月, 水火爲效徵 : 음양의 이치는 자연계에서는 해와 달로, 인체에서는 수와 화의 작용으로 나타난다.

각가주 **1** 陽燧以取火, 非日不生光, 方諸非星月, 安能得水漿 : [천유]본에서는 "양수는 불구슬로 구리거울과 같은 형상이고, 그 몸체는 감괘 가운데 하나의 양이 있는 것과 같다. ⋯ 방제는 대합조개의 구슬로 그 몸체는 가운데가 비어서 리괘 가운데 하나의 음이 있는 것과 같다."[660] 고 하였다.

[참동고]본에서는 "양수는 오색의 돌을 단련하여 만든 구슬로 해를 향해 비춰주면 쑥이 불을 취하는 것이다. 대개 불은 비록 양수를 써서 생기지만 그 근본은 해이다. 그러므로 만약 해의 빛을 향하지 않았다면 기는 불을 생하지 못한다. 비유하자면 기는 사람의 도구이지만 그 근본은 해인 것이다. 그러므로 만약 해의 운행을 따라가지 못하면 역시 기를 단련할 수 없는 것이다. 방제는 수정으로 만든 거울이다. 달을 향하여 놓으면 이로 인해 습기가 생기면 물을 취한다. 대개 물은 비록 방제를 도구로

660 "陽燧是火珠, 形如銅鏡, 其體中實象坎中一陽. ⋯ 方諸是蚌珠, 其體中虛, 象離中一陰."

하지만 그 근본은 달인 고로 만약 달의 빛에 향하지 않았다면 물을 생할 수 없다. 비유하자면 정은 본래 사람 몸의 도구이지만 그 근본은 달인 고로 만약 달의 모양변화[弦晦]에 의하지 않으면 역시 정을 단련할 수 없다."[661]라고 하였다.

2 二氣玄且遠, 感化尙相通, 何況近存身, 切在於心胸 : [발휘]본에서는 "몸속에는 스스로 수와 화가 있고, 마음속에는 스스로 약재를 가지고 있으니, 어찌 회광반조하여 감화하는 묘함을 구하지 않을 수 있겠는가. … 대개 음양이 그 부류를 얻으면 자연 감화한다. 위공魏公이 양수로 불을 취하고, 방제로 물을 취하는 증거를 들은 것은 학자들로 하여금 마음을 고요히 내관하여, 무에서 유가 나오는 것과 그러한 감화 역시 같은 것임을 알게 하려는 것이었다. … 지극한 도리는 멀리 있지 않고, 항상 눈앞에 있으니 … 사람들이 미혹하여 돌이키는 것을 모르고 안에서 찾지 못하는 것이다."[662]라고 하였다.

[주해]본에서는 "비록 그러하나 또한 알고 느껴 감응하는 이치가 있어 해와 달 속의 수화가 스스로 나오지 않다가도 양수와 방제에 감응하면 얻을 수 있는 것이다. 心腎속의 납과 수은이 스스로는 생하지 않지만 청룡과 백호에 감응하는 것과 같다."[663]라고 하였다.

3 陰陽配日月, 水火爲效徵 : [천유]본에서는 "대개 眞陰과 眞陽은 서로 집이 되어 간직하는데 이들이 곧 내 몸의 해와 달이다. 해의 빛과 달의 정기는 서로 작용하는데 이것이 바로 내 몸의 수와 화이다. 그 사이에서 채취하여 감응하고, 부르는 것이 전적으로 中黃의 참된 뜻[眞意]에

---

661 "陽燧煉五色石爲珠向日照之以艾取火. 盖火雖陽燧之所具而其本則日故若不向日之光氣, 不能生火以喩氣本人身之所具而其本則日故若不循日之行度, 亦不能煉氣也. 方諸以水晶作鏡, 向月承之因潤取水. 盖水雖方諸之所具而其本則月故若不向月之光氣不能生水, 以喩精本人身之所具而其本則月故若不依月之弦晦, 亦不能煉精也."

662 "身中自有水火, 心中自有藥材, 得不回光返照以求其感化之妙乎. … 大抵陰陽得類, 自然感化. 今魏公以陽燧取火, 方諸取水爲證, 欲使學者潛心內觀, 於無中生有, 其感化亦如是也. … 至道不遠, 恒在目前, … 但世人迷而忘返, 不能求之於內爾."

663 "雖然又須知感應之理, 始得日月中水火不自出, 須待陽燧方諸感知而應焉, 心腎中鉛汞不自生, 須待靑龍白虎感知而應焉."

달려있다."[664]고 하였다.

[주해]본에서는 "오행 가운데 수화가 가장 정미롭다. 천지에 있어서는 日月(일월), 水火(수화)이고, 사람의 몸에서는 心腎(심신), 鉛汞(연홍)이다. 서로 융통되는 고로 태양 속의 화는 심장의 수은과 같고, 달 속의 수는 신장의 납과 같다."[665]라고 하였다.

[참동고]본에서는 "움직이고 멈춤으로써 낮과 밤, 추위와 더위에 순응하는 것이 음양을 해와 달에 배합한 것과 같다. 心腎(심신)으로써 神精(신정), 魂魄(혼백)을 수련하는 것이 수화의 징험인 것이다."[666]라고 하였다.

66. 耳目口三寶章 … 第六十六

원문

이 목 구 삼 보, 고 색 물 발 양。 진 인 잠 심 연, 부 유 수 규 중,
耳目口三寶, 固塞勿發揚。 眞人潛深淵, 浮游守規中,
선 곡 이 시 청, 개 합 개 합 동, 위 기 지 추 할, 동 정 불 갈 궁。
旋曲以視聽, 開闔皆合同, 爲己之樞轄, 動靜不竭窮。
리 기 내 영 위, 감 내 불 용 총, 태 합 불 이 담, 희 언 순 홍 몽,
離氣內營衛, 坎乃不用聰, 兌合不以談, 希言順鴻濛,
삼 자 기 관 건, 완 체 처 공 방。 위 지 귀 허 무, 무 념 이 위 상。
三者既關楗, 緩體處空房。 委志歸虛無, 無念以爲常。
증 난 이 추 이, 심 전 불 종 횡, 침 매 신 상 포, 각 오 후 존 망。
證難以推移, 心專不縱橫, 寢寐神相抱, 覺悟候存亡。
안 용 침 이 윤, 골 절 익 견 강。 배 각 중 음 사, 연 후 립 정 양。
顏容浸以潤, 骨節益堅強。 排卻衆陰邪, 然後立正陽。
수 지 불 철 휴, 서 기 운 우 행。 음 음 약 춘 택, 액 액 상 해 빙,
修之不輟休, 庶氣雲雨行。 淫淫若春澤, 液液象解冰,
종 두 류 달 족, 구 경 부 상 승, 왕 래 동 무 극, 불 불 피 용 중。
從頭流達足, 究竟復上昇, 往來洞無極, 怫怫被容中。
반 자 도 지 험, 약 자 덕 지 예。 운 서 숙 오 예, 세 미 득 조 창。
反者道之驗, 弱者德之枘。 耘鋤宿汚穢, 細微得調暢。
탁 자 청 지 로, 혼 구 즉 소 명。
濁者清之路, 昏久則昭明。

국역 귀, 눈, 입은 세 가지 보물이니 굳게 닫아 펼쳐 일으키지 말아야 한다. 진인은 깊은 연못에 잠겨있는 듯 유유히 단전을 지킨다. 돌리거나 굽

664 "蓋眞陰眞陽, 互藏其宅, 便是吾身之日月. 日光月精, 相須爲用. 便是吾身之水火, 其間採取感召, 全仗中黃眞意."

665 "五行中水火最爲精英, 在天地曰日月水火, 在人身曰心腎鉛汞, 融通互用故日中之火, 猶心中之汞也. 月中之水猶腎中之鉛也."

666 "以動靜而順晝夜寒暑是陰陽之配日月也. 以心腎而煉神精魂魄是水火之爲效徵也."

어서 세밀히 보고 들으니 열리고, 닫히는 것이 모두 한 결 같이 합쳐진다. 자신을 다스리는데 있어서 핵심 지도리와 같고, 움직이거나 멈추거나 간에 다하여 없어지지 않는다. 리괘離卦는 안으로 영기와 위기를 들이고, 감괘坎卦는 이내 귀 밝혀 사용치 않으며, 태괘兌卦는 입을 합쳐 말하지 않는다. 말없이 태초의 원기를 따른다. 이 세 가지는 곧 대문의 빗장이나 바퀴의 굴대 또는 비녀장처럼 가장 중요한 요소이다. 몸을 느슨히 하고, 빈 방으로 들어가 뜻에 맡겨 허무함으로 돌아가며, 생각을 없애기를 항상 되게 한다. 증험하기 어려워 곧 뜻을 옮기고자 하더라도 마음을 오로지하여 오락가락하지 않으면서, 잠잘 때에는 신이 서로 품게 하고, 깨어있을 때에는 생기고, 사라지는 것을 살펴본다. 얼굴은 점점 윤택해지고, 뼈와 관절은 더욱 굳고, 강해진다. 여러 음사를 물리친 이후에는 바른 양을 세우게 된다. 수행하기를 멈춰 쉬지 않으면 많은 기운이 비구름처럼 운행하게 되는데, 마치 봄의 연못이나 얼음이 풀리는 것처럼 물이 넘쳐흐르듯 한다. 머리부터 다리까지 흐르면 궁극에 가면 다시 상승하니 오고 감이 세차게 흘러 무극과 같고, 불쑥 성내 듯 얼굴을 덮기도 한다. 되돌리는 것은 도의 증표이고, 약해 보이는 것은 덕의 자루와 같다. 오래 묵은 때를 김매듯 없애고, 가늘고, 미세한 것도 조화롭게 펴진다. 탁한 것은 맑아지는 길이고, 어둠이 오래되면 밝음이 나타난다.

교감 **1** 固塞勿發揚(고색물발양) : [천유]본에서는 "閉塞勿發通(폐색물발통)"이라 하였고, [주해]본과 [참동고]본에서는 "固塞勿發通(고색물발통)"이라 하였다.
2 旋曲以視聽(선곡이시청) : [발휘]본에서는 "旋曲以視覽(선곡이시람)"이라 하였다.
3 爲己之樞轄(위기지추할) : [발휘]본에서는 "爲己之軸轄(위기지축할)"이라 하였다.
4 離氣內營衛(리기내영위) : [천유]본에서는 "離氣納榮衛(리기납영위)"라 하였다.
5 坎乃不用聰(감내불용총) : [주해]본에서는 "坎乃不用聽(감내불용청)"이라 하였다.
6 三者既關楗(삼자기관건) : [사고전서]본과 [천유]본에서는 "三者既關鍵(삼자기관건)"이라 하였고, [주해]본에서는 "三者既開鍵(삼자기개건)"이라 하였다.

7 無念以爲常 : [발휘]본에서는 "念念以爲常"이라 하였다.
8 證難以推移 : [발휘]본에서는 "證驗自推移"라 하였다.
9 覺悟候存亡 : [사고전서]본과 [주해]본에서는 "覺寤候存亡"이라 하였다.
10 顏容浸以潤 : [천유]본에서는 "顏色浸以潤"이라 하였다.
11 排卻衆陰邪 : [발휘]본, [천유]본에서는 "辟卻衆陰邪"라 하였다.
12 究竟復上昇 : [주해]본과 [참동고]본에서는 "究意復上昇"이라 하였다.
13 怫怫被容中 : [발휘]본, [천유]본에서는 "怫怫被谷中"이라 하였다.
14 耘鋤宿汚穢 : [발휘]본에서는 "芸鋤宿汚穢"라 하였다.

구문해설 1 耳目口三寶, 固塞勿發揚 : 《음부경陰符經 · 상편上篇》에 보면 "九竅之邪 在乎三要"라고 눈, 코, 귀, 입, 요도, 항문의 9개 구멍 중에서 눈, 코, 입의 3가지가 가장 중요하다고 하였다. 이를 丹家에서는 精氣神을 내삼보內三寶로 보고, 귀, 눈, 입을 외삼보外三寶로 보는데 그만큼 수행에 있어서 중요한 기관이라는 뜻이다. '固塞'은 이들 감각기관을 굳게 닫아 듣지도, 보지도, 말하지 말 것을 강조한다.
2 眞人潛深淵, 浮游守規中 : 《황제내경 · 소문》〈상고천진론上古天眞論〉에 보면 "余聞上古有眞人者, 提挈天地, 把握陰陽, 呼吸精氣, 獨立守神, 肌肉若一, 故能壽敝天地, 无有終時, 此其道生."이라 하여 한의학에서 말하는 인간의 최고 경지로 설정하였다. 진인아래에는 至人, 聖人, 賢人이 있으면 일반사람은 平人이고, 질병을 가진 자는 病人이 된다. 수행의 경지이기도 하지만 내단과정에서는 元神으로 나타난다. 깊은 연못에 잠겨 있듯이 기운을 발설하지 않는 것을 표현하였고, 유유히 '規中'을 지킨다고 하였는데 '浮游'는 물에 떠다니듯 자연스레 움직이는 모양을 뜻하고, '規中'에서 '規'는 원을 그리는 그림쇠, 콤파스compass이다. 따라서, 규중은 원의 중간을 말하고, 근원에 해당하는 공간을 뜻한다. 내단적으로는

'意守丹田'을 뜻한다고 할 수 있다.

3 旋曲以視聽, 開闔皆合同 : '旋曲'은 돌아가고, 굽는다는 뜻인데 세밀하게 보고 듣되, 아주 눈을 감거나, 귀를 막지 말라는 의미이다. '開闔'은 열리고 닫히는 것으로 기운의 승강과 운행이 모두 눈과 귀의 움직임과 함께 한다는 뜻이다. 보통 기공에서 시선의 움직임에 따라 운기가 행해지는 것과 같은 것이다.

4 爲己之樞轄, 動靜不竭窮 : '己'를 해석하는데 여러 의견이 있다. 내 몸, 자기 자신으로 해석할 수도 있고, 己土로 해석할 수 있다. 후자는《참동계천유》방식인데 자세한 해설은 **각가주**에서 설명한다. '樞轄'은 문 지도리와 문의 빗장으로 사물의 중요한 부분이라는 뜻이다. 여기서는 귀, 눈, 입을 말하고, 앞서 말한 것처럼 眞氣가 빠져나가지 않도록 주의해서 이들 감각기관을 이용하면 매번 사용해도 眞氣가 다하여 없어지지 않는다는 뜻이다.

5 離氣內營衛, 坎乃不用聰, 兌合不以談, 希言順鴻濛 :《주역·설괘전》에 "乾爲首, 坤爲腹, 震爲足, 巽爲股, 坎爲耳, 離爲目, 艮爲手, 兌爲口."라고 하여 인체에 배속한 내용이 있다. 여기서 리괘는 눈이 되고, 감괘는 귀, 태괘는 입이 되어 이목구삼보耳目口三寶가 된다. '營衛'는《황제내경·영추》〈영위생회편營衛生會篇〉에 "人受氣于穀, 穀入于胃, 以傳與肺, 五臟六腑, 皆以受氣, 其淸者爲營, 濁者爲衛, 營在脈中, 衛在脈外, … 營衛者, 精氣也"라고 하여 음식에서 유래하여 순도가 다른 기운이라 정의하였다. 중요한 것은 눈으로 몸 밖의 사물에 주의를 보내는 것이 아니라 몸속 영위의 흐름을 관觀한다는 점이다. '聰'은 귀가 밝다는 뜻으로 귀를 외부의 소리를 듣는데 사용하지 않는다는 뜻이다. '希言'은 말을 드물게 하는 것으로 이처럼 눈과 귀와 입을 안으로 돌려 외부에 마음을 빼앗기지 않게 되면 최초의 원기가 혼돈 속에 뭉쳐있는 경지를 따르게 된다는 것이다. 참선의 입정入靜상태와 유사하다.

6 三者既關鍵, 緩體處空房 : 눈과 귀와 입을 잘 지키는 것이 가장 중

요하다는 뜻이다. '緩體'는 몸을 느슨히 이완시킨다는 뜻이다. '空房'은 텅 빈 방으로 수련하기에 적절한 공간이 필요함을 말하였다. 단순히 공간적인 의미만이 아니라 마음을 비워야 함도 내포한다.

7 委志歸虛無, 無念以爲常 : '委志'는 잡념을 버리고 無에 이르는 것, 식신識神을 버리고 원신元神에 이르는 것이다. 이러한 상태가 항상되게 해야한다는 뜻이다.

8 證難以推移, 心專不縱橫 : '證'은 수련의 경과에서 나타나는 증험을 말한다. '推移'는 마음을 옮겨 바꾸는 것을 말한다. 증험이 어렵다고 이러 저리 마음을 바꾸지 말고, 일관되게 하라는 의미이다.

9 寢寐神相抱, 覺悟候存亡 : '寢寐'는 잠잘 때를 말하는데 동정일여動靜一如, 몽중일여夢中一如의 수행을 해야함을 말한다. 잠잘 때조차 깨어서 '存亡'즉, 神과 氣의 움직임을 관찰해야 한다는 뜻이다.

10 顏容浸以潤, 骨節益堅強 : '浸'은 담그다, 스며들다의 뜻이지만 여기서는 '점점', '점차'의 뜻으로 쓰였다. 위와 같은 수행의 결과로 안색이 윤택해지고, 뼈와 관절이 강해진다는 뜻이다. 21장의 "黃中漸通理, 潤澤達肌膚"과 유사한 내용이다.

11 排卻衆陰邪, 然後立正陽 : '排卻'은 물리친다는 뜻으로, 여러 가지 잡념이나 삿된 생각인 陰邪를 없애면 선천의 건괘로 돌아가는데 이것이 '正陽'인 것이다. 장백단張伯端의 《오진편悟眞篇》상권에서 "群陰剝盡丹成熟, 跳出樊籠壽萬年"이라 한 것도 같은 의미이다.

12 修之不輟休, 庶氣雲雨行。淫淫若春澤, 液液象解冰 : '輟休'는 그치고, 쉰다는 뜻이고, '庶氣'는 여러 가지 기운이라는 뜻이며, '淫淫'과 '液液'은 물이 많아 넘쳐흐르는 모양을 뜻한다.

13 從頭流達足, 究竟復上昇, 往來洞無極, 怫怫被容中 : '究竟'은 '마침내, 이내'라는 뜻이고, '洞'은 빠르게 흐르는 모양을 말하며, '怫怫'은 불쑥 솟거나, 마음이 답답한 모양이다.

14 反者道之驗, 弱者德之柄 : '反'은 두 가지 의미를 가진다. 첫째는

선도의 원리인 역추逆推공부이다. 후천의 기운을 모아 선천의 건체로 돌아가는 것으로 앞 구절의 "委志歸虛無"도 결국 같은 뜻이다. 또 하나는 반복된다는 의미이다. 12벽괘의 순환으로 설명되어지는 자연계와 인체 생리의 순환론이 그것이다. 이러한 것이 도의 증험이라는 뜻이다. '弱'은 도가적 개념으로 고요함 가운데 양기가 생기고, 부드럽고, 겸손함이 도덕의 중심이라는 뜻이다. 《노자·도덕경》 40장의 "反者 道之動, 弱者 道之用, 天下萬物生於有 有生於無."라는 구절과 상통한다.

15 耘鋤宿汚穢, 細微得調暢 : '耘鋤'는 김매다는 뜻의 '耘'과 호미라는 뜻의 '鋤'가 결합되어 '김매다, 제거하다'라는 뜻을 가진다. '宿汚穢'는 오랫동안 쌓인 더러운 때를 가리킨다. 수련과정에서 음사陰邪를 모두 제거하고 나면 양기가 저절로 소통된다는 뜻이다.

16 濁者清之路, 昏久則昭明 : 앞 구절의 "反者道之驗"처럼 되돌리는 수련과정을 통하다 보면 후천의 혼탁한 음사를 자각하게 되는데 이들을 제거해나가는 과정자체가 맑은 선천으로 가는 길인 것이다. 또한, 후천의 음사는 수행을 해나가는 재료가 되기에 그 '길'을 의미한다고 할 수 있다. 어둠속의 여정이 길어지다 보면 이내 밝은 빛을 얻을 때가 온다는 것인데 내단적으로는 금단이 처음 맺어지는 시기에 마치 혼돈의 시간처럼 어둡고 탁하지만 이내 시간이 흘러 우리에게 내재되어 있는 순수한 양의 본래 모습이 드러나게 된다는 것과 같다.

각가주 **1** 耳目口三寶, 固塞勿發揚 : [발휘]본에서는 "시각을 거둬들이고, 청각을 되돌리며, 입을 닫고, 진액을 머금는다. 조금이라도 진기가 누설되지 않게 한 연후에 지극한 약이 자생하고, 대단이 성숙하게 된다."[667]고 하였다.

[참동고]본에서는 "주역의 설괘에 이르기를 감괘는 귀, 리괘는 눈, 태괘는 입인 고로 귀가 잘 들리지 않는 것은 坎水의 속이 맑은 것이고, 눈이

667 "收視返聽, 閉口含津, 勿使纖毫眞氣漏泄, 然後至藥滋生, 大丹成熟."

보이지 않는 것은 리괘의 기가 안에서 운영되는 것이며, 입으로 말하지 않는 것은 兌의 金이 울지 않는 것이다. 이 세 가지는 이내 神을 간직하는 도구이니 세 가지 보물이라 부른다."[668]라고 하였다.

2 眞人潛深淵, 浮游守規中 : [발휘]본에서는 元神이 자리한 니환의 상단전을 강조하면서 "깊은 연못이란 곧 太淵이다. 이명이 많지만 지금 시험삼아 거론하면 泥丸宮, 流珠宮, 玉淸宮, 紫淸宮, 翠微宮, 太微宮, 太一宮, 太玄關, 玄門, 玄宮, 玄室, 玄谷, 玄田, 砂田, 第一關, 都關, 天關, 天門, 天谷, 天田, 天心, 天輪, 天軸, 天源, 天池, 天根, 天堂, 天宮, 乾宮, 乾家, 交感宮, 離宮, 神宮, 神室, 神關, 神京, 神都, 玄都, 故都, 故鄕, 故丘, 故林, 故宮, 紫府, 紫庭, 紫金城, 紫金鼎, 朱砂鼎, 汞鼎, 玉庭, 玉室, 玉京, 玉宇, 瑶峰, 第一峰, 最高峰, 祝融峰, 崑崙頂, 崆峒山, 蓬萊, 上島, 上京, 上宮, 上玄, 上元, 上谷, 上土釜, 上丹田으로 그 이름은 비록 다르지만 실제로는 하나이다."[669]라고 하였다. 이렇게 많은 이명을 열거한 이유로 《취허편翠虛篇》, 《태고집太古集》, 《황정경黃庭經》, 《복명편復命篇》, 《환원편還元篇》등에서 같은 의미를 다른 이름으로 사용한 것을 예로 들었다.

[천유]본에서는 "깊은 연못은 북극의 태연으로 하늘마음이 거하는 곳으로 '元關一竅'라고 한다. 원관元關은 천지와 상하사방의 정 중앙 텅 빈 곳에 자리한다. 크기로는 바깥이 없고, 작기로는 안이 없으니 '規中'이라 이름한다. 가운데 있으면서 주재하는 이를 '眞人'이라 하는데 지키되 잃지 않으니 '抱一'한다고 이른다. 그러한 묘결은 전적으로 너무 애쓰지도, 태만하지도 않고, 돕지도, 잊지도 않는 浮游한 상에 있다."[670]고 하였다.

[주해]본에서는 "眞人은 元性이고, 規中은 사람의 정중앙이다."[671]라고

---

668 "易說卦曰坎爲耳, 離爲目, 兌爲口故耳不聽則坎水內澄, 目不視則離氣內營, 口不言則兌金不鳴. 三者乃藏神之具故稱之爲三寶."

669 "深淵, 卽太淵也. 異名衆多, 今試擧而言之, 曰泥丸宮, … 上丹田, 其名雖衆, 其實則一也."

670 "深淵乃北極太淵天心之所居, 卽元關一竅也. 元關在天地之間, 上下四方之正中, 虛懸一穴. 其大無外, 其小無內, 謂之規中. 中有主宰謂之眞人. 守而勿失謂之抱一. 然其妙訣, 全在不勤不怠, 勿助勿忘, 有浮游之象."

671 "眞人元性也. 規中一身正中也."

하였다.

[참동고]본에서는 "진인은 강궁진인이고, 깊은 연못은 精이다. 심규心竅가 역시 왕성하면 精의 즙이 3홉이 된다. 규중의 방촌의 구멍은 그 둥글기가 그림쇠와 같다. 세 가지 보물을 닫아서 드러내지 않으면 정이 왕성해지고, 신이 왕성해진다. 강궁진인이 精水의 속으로 가라앉아 그 한번 뜨고, 한번 떠다니는 것이 방촌의 속에서 나오지 않는다. 대개 마음이 밖으로 달아나지 않는 것을 이른다."[672]라고 하였다.

3 旋曲以視聽, 開闔皆合同 : [발휘]본에서는 《황극경세서皇極經世書》를 인용하면서 "하늘의 신은 해에서 살고, 사람의 신은 눈에서 드러난다."[673]고 하였다.

[천유]본에서는 "배우는 사람이 입실할 때에 마땅히 시각을 거두고, 청각을 되돌려 순순히 돌려 역행해야 한다. 그 문호가 한번 열리고, 한번 닫히는 것이 모두 원빈元牝속의 구멍과 더불어 상응해야 한다."[674]고 하였다.

[참동고]본에서는 "심이 규중을 나오지 않으면 눈을 뜨던, 눈을 감던 막론하고 모두 같다."[675]라고 하였다.

4 爲己之樞轄, 動靜不竭窮 : [천유]본에서는 "감괘에는 戊土가 납하고, 리괘에는 己土가 납한다. 戊土는 양으로 움직임을 주관하고, 己土는 음으로 고요하다. 그러나 리괘의 일음은 몸체는 비록 고요하나 실제로는 쉽게 움직여 막을 수가 없다. 오직 감괘 가운데의 진양이 나와야만 제지할 수 있으니, 己土가 문의 지도리와 같고, 수레의 축과 같다고 할 수 있다. 한번 열리고, 한번 닫히는 때가 많더라도 元炁는 소모되지 않는다."[676]고 하였다.

---

672 "眞人則絳宮眞人也. 深淵精也. 心竅亦盛精汁三合也. 規中方寸之竅其圓如規也. 言三寶閉塞勿發則精盛神旺絳宮眞人沈潛于精水之中,其一浮一游不出方寸之中. 盖謂心不外馳也."

673 "天之神栖於日, 人之神發於目."

674 "學人入室之時, 當收視返聽, 轉順爲逆. 其門戶之一開一闔. 皆與元牝內竅相應."

675 "心之不出規中則勿論開眼闔眼合同如一也."

676 "坎中納戊, 離中納己, 戊土屬陽主動, 己土屬陰主靜. 然離中一陰. 體雖靜而實則易動. 憧

[참동고]본에서는 “심은 사람 몸을 관할 통섭하는 것으로 문의 지도리나 수레의 축과 같아서 오직 움직이고, 멈추는 것이 일찍이 다한 적이 없다.”[677]라고 하였다.

5 離氣內營衛(리기내영위), 坎乃不用聽(감내불용청), 兌合不以談(태합불이담), 希言順鴻濛(희언순홍몽) : [발휘]본에서는 “눈을 거둬들여 내시하며 빛을 노출시키지 않고, … 귀를 되돌려 내청內聽하며 귀밝음이 누설되지 않게 하고, … 마음을 편안히 하고, 마치 재처럼 식어지면 말없이 묵묵히 성태聖胎를 지킨다”[678]고 하였다.

[참동고]본에서는 “‘內(내)’는 들인다는 뜻[納(납)]과 통한다. 리괘의 눈은 기를 주관하는 고로 눈을 감으면 능히 맥의 안으로 영기를 받아들이고, 맥의 밖으로 위기를 받아들인다. 감괘의 귀는 정을 주관하는 고로 귀를 닫으면 능히 그 정수를 온양溫養할 수 있다.”[679]라고 하였다.

6 三者既關鍵(삼자기관건), 緩體處空房(완체처공방) : [발휘]본에서는 “수련 공간은 너무 밝으면 안되는데 너무 밝으면 혼이 상한다. 너무 어두워도 안되는데 너무 어두우면 백이 상한다. 대개 혼은 밝은 것을 좋아하고, 백은 어두운 것을 좋아한다.”[680]고 하였다.

[참동고]본에서는 “보는 것과, 듣는 것, 말하는 것을 삼가면 사람 몸에 빗장을 걸었으니 마치 성곽처럼 견고해진다. … 그 몸을 이완시키고, 촉박하게 하지 않으면서 홀로 빈방에 거하면서 여색을 가까이 하지 않으면 수명을 늘리는 도가 거의 다 된 것이다.”[681]라고 하였다.

7 委志歸虛無(위지귀허무), 無念以爲常(무념이위상) : [발휘]본에서는 ‘無念(무념)’을 ‘念念(염염)’으로 보았는데 불교의 수행법중 하나인 염염상속법念念相續法으로 해석하면서 불

憧往來, 不可禁止. 惟賴坎中眞陽出而鈐制之. 若門之有樞, 車之有轄, 庶乎一開一闔. 動靜各有其時而元炁不至耗竭矣.”

677 “心爲一身之管攝如戶之樞如車之轄, 惟動惟靜皆未嘗渴窮也.”

678 “收目內視而光不露也. … 返耳內聽而聽不泄也. … 安閑心曲冷如灰, 默默無言護聖胎也.”

679 “內與納通. 離目主氣故閉目則能納脈內之營氣, 脈外之衛氣也. 坎耳主精故閉耳則能溫養其精水也.”

680 “坐處不欲太明, 太明則傷魂. 不欲太暗, 太暗則傷魄. 蓋魂好明, 魄好暗.”

681 “既愼其視聽言以爲一身之關鍵則如城垣之固. … 緩其體勿令促迫而獨宿空房不近女色則其於延年之道庶幾矣.”

교선佛教禪과 연단술의 차이를 백자청白紫清의 《어록語錄》를 인용하여 설명하였다. "단을 수련하는 구결의 가장 첫 번째는 '취기응신聚氣凝神'하는 것이다. 항상 굳게 쥐고 있으면 기가 모이고, 생각이 이어져 묵묵히 지키면 신이 엉긴다. 배우는 사람은 무심무념은 알지만 취기응신은 모르니 완고한 空에 떨어지게 된다. 어찌 선태仙胎를 이룰 수 있겠는가."[682]라고 하였다.

[주해]본에서는 "'委志'는 무심합도無心合道이다."[683]라고 하였다.

8 證難以推移, 心專不縱橫 : [발휘]본에서는 "證驗自推移"라 보았기 때문에 해설도 다르다. "만약 능히 부지런히 수행하고, 밤낮으로 쉬지 않은 것이 백일에 이르면 공이 영험해져 두 고환이 끓어오르는 듯 하고, 방광에 불탈 듯 하면서 눈에는 신광이 보이고, 귀에는 영험한 소리가, 코에는 기이한 향기가 나고, 입에서는 달콤한 침이 생기는데 이것은 몸이 온화하게 흘러넘치는 모습이다."[684]라고 하여 수행과정에서 나타나는 증험을 소개하였다. 이러한 현상 외에도 "식신識神이 아직 있어서 문득 형상화되면 신의 머리를 하지만 귀신의 얼굴을 하여 마음을 혼란하게 만드는데 만약 이때 동하지 않고, 보아도 보지 않은 듯 하면 몸이 허공과 같아져서 붙을 곳이 없어지면 자연적으로 사라진다."[685]고 하였다.

[주해]본에서는 "'證難'을 말하는 것은 심지가 고요하고 하나된 것을 증험하는 것이다."[686]라고 하였다.

9 寢寐神相抱, 覺悟候存亡 : [발휘]본에서는 "요컨대 하루 12시간 중에 낮과 밤없이 자나 깨나 생각한 연후에 공부가 순수해지면 약재가 소

---

682 "修丹口訣, 第一是聚氣凝神. 常常握固卽聚氣, 念念守默卽凝神. 學者若徒知無心無念, 而不知聚氣凝神, 則墮於頑空, 又安得胎仙之成也."

683 "委志云云無心合道."

684 "若能勤而行之, 夙夜不休, 以至百日功靈, 則兩腎如湯煎, 膀胱如火然, 目有神光, 耳有靈響, 鼻有異香, 口有甘津, 此身融融液液."

685 "識神尙在, 便化形像, 神頭鬼面, 惑亂心主. 若主不動, 見如不見, 體同虛空, 無處捉摸, 自然消散."

686 "證難云云證道后心志靜一也."

모되지 않았는지, 화후는 꺼지지 않았는지 생각해야 한다."[687]고 하였다.

[주해]본에서는 "'寢寐'를 말하는 것은 신이 충족되어 꿈에서도 한 가지가 되는 것이다."[688]라고 하였다.

[참동고]본에서는 "대개 움직이고, 멈추는데 있어 잠깐도 쉬는 경우가 없다."[689]라고 하였다.

10 顏容浸以潤, 骨節益堅強 : [주해]본에서는 "증험의 차이를 말하였다. 앞에 것은 신단神丹이 배에 들어와 10개월이 되면 불 작업이 점차 완성될 때 몸 역시 단련을 받아 단이 이뤄지고, 하거가 운행된다. 참된 양기가 사지로 분포하여 금액연형金液煉形이 있고, 옥액연형玉液煉形이 있게 된다. 금액은 심액心液이며, 심장은 해에 비교되는데 해는 금까마귀이니 금액이다. 옥액은 신액腎液이며, 신장은 달에 비교되는데 달은 옥토끼이므로 옥액이다. 오장에는 각각의 진액이 있지만 心腎이 위주이다."[690]라고 하였다.

11 排卻衆陰邪, 然後立正陽 : [주해]본에서는 "금액은 흘러 상극으로써 단련을 받기 시작하는데 폐를 단련하면 폐는 음이 없어지고, 다음에 간을 단련하면 간의 음이 없어지고, 다음으로 비를 단련하면 비에 음이 없어진다. 다음으로 신을 단련하면 신의 음이 없어지고, 다음으로 심을 단련하면 심의 음이 없어지게 된다. 옥액이 흐를 때에는 상생의 변화가 시작하는데 간에 음이 없으면 눈으로 어두움을 볼 수 있고, 심에 음이 없으면 입으로 신령한 맛을 느끼게 되며, 비에 음이 없으면 기육과 피부가 윤택해지고, 폐에 음이 없으면 아름다운 냄새를 맡게 되며, 신에 음이 없으면 귀가 총명해져 잘 듣게 된다. 화후의 부절이 충족되면 영아嬰兒가 위로 니환에 거하게 되는데 모든 몸 속의 陰中陽과 陽中陰이 모두

---

687 "要在一日十二時中, 無晝無夜, 念茲在茲, 然後功夫純粹, 而藥材不至消耗, 火候不至虧闕"

688 "寢寐云云神足者夢寐如一也."

689 "盖動靜無須臾離也."

690 "言證驗之異, 前者神丹入腹十月火工漸次成就之時, 身亦修煉丹就河車運載. 眞陽撒布四體有金液煉形, 有玉液煉形, 金液者心液也. 心比日, 日爲金烏故曰金液. 玉液者腎液也. 腎比月, 月爲玉兎故曰玉液. 五臟各有液而心腎爲主也."

변화하여 純陽이 된다. 위로 니환에서 조회하므로 삼화취정三花取頂이라 하고, 오장의 기운이 모두 순양으로 변하여 니환에서 조회하는 것을 오기조원五氣朝元이라 한다."[691]라고 하였다.

12 修之不輟休, 庶氣雲雨行 … 往來洞無極, 怫怫被容中 : [발휘]본에서는 정령양丁靈陽의 《회광집回光集》을 인용하면서 "만약 한 가지 생각도 생함이 없으면 자연히 단전기해丹田氣海안에서 태음의 정이 넘쳐 미려혈尾閭穴을 지나 협척夾脊, 쌍관雙關, 풍부風府, 니환泥丸을 잡고, 돌아 명당明堂, 비주鼻柱로 내려와 화지華池에 들어 달콤한 침이 된다. 삼켜 중루重樓로 내리고, 오장육부에 공급하다가 단전에 이른다. 상하로 흘러 돌아가고 四大를 채우니 돌고 돌아 다시 시작하여 두루 미치지 않음이 없다."[692]고 하였다.

[참동고]본에서는 "무릇 음은 반드시 사기이며, 양은 정기이다. 여러 기운이란 오장, 백체의 영기와 위기이다. 구름과 비가 운행한다고 말하는 것은 백맥이 유통하는 것이 마치 구름이 움직이고, 비가 내리는 것과 같기 때문이다."[693]라고 하였다.

13 反者道之驗, 弱者德之柄 : [참동고]본에서는 "공부는 위로부터 내려오니 그 기세가 순조롭게 효과가 응한다. 아래부터 위로 올라오면 그 기세가 반대로 되는 고로 정은 반대로 올라와 자윤하는 것이 도의 증험이다. 음사가 올 때에는 강하게 몰아치고, 正陽이 올 때에는 약하게 살살 이어진다. 기가 약하면서, 급박함이 없는 것이 덕의 자루와 같다."[694]

---

691 "金液流行以上克被煉始, 煉肺而肺無陰, 次煉肝而肝無陰, 次煉脾而脾無陰. 次煉腎而腎無陰, 次煉心而心無陰, 玉液流行以上生受化始肝無陰則目能視暗, 次心無陰則口有靈味, 次脾無陰則肌膚潤澤, 次肺無陰則臭徹善臭, 次腎無陰則耳聰善聽, 火符旣足, 嬰兒上居泥丸, 凡身內陰中陽, 陽中陰, 皆化爲純陽. 上朝泥丸是謂三花取項也. 五臟之氣皆化爲純陽上朝泥丸是謂五氣朝元也."

692 "若一念無生, 則自然丹田氣海之內, 太陰之精度過尾閭穴, 把夾脊, 雙關, 風府, 泥丸, 返下明堂, 鼻柱, 入於華池化爲甘津, 嚥下重樓, 澆灌五臟六腑至丹田, 上下流轉, 充盈四大, 周而復始, 無不遍矣."

693 "凡陰必死凡陽必正. 庶氣五臟百體之營氣衛氣也. 雲雨行謂百脈流通若雲行而雨施也."

694 "工夫自上而下其勢爲順效應, 自下而上其勢爲反故精反升潤爲道之驗也. 陰邪之來其强勃勃正陽之來其弱綿綿故氣弱無暴爲德之柄也."

라고 하였다.

14 耘鋤宿汚穢(운서숙오예), 細微得調暢(세미득조창) : [발휘]본에서는 "신선이 단을 수련함에 있어서 묵은 때를 뽑아버리고, 악귀와 삼시三尸를 몰아내며, 육근六根을 안정시키고, 오온五蘊을 공으로 돌리면 이에 바른 생각 속에 청정한 빛이 밝아지고, 허공에서 흰 빛이 빛나게 된다. 그렇게 되면 오장이 맑아지고, 육부는 태평하게 조화되며, 360개의 뼈와 관절에 응체된 것이 없어지게 되고, 84000개의 모공이 모두 소통된다."[695]고 하였다.

[참동고]본에서는 "'汚穢(오예)'는 命門(명문) 욕망의 화이고, '耘鋤(운서)'는 욕망의 화를 제거하여 완전히 맑아지면 비록 맥의 무늬가 가늘고, 미미한 사이에도 맑은 기운이 역시 퍼져나가게 된다."[696]라고 하였다.

15 濁者清之路(탁자청지로), 昏久則昭明(혼구즉소명) : [천유]본에서는 "금단이 맺히기 시작하면 맥과 기가 멈추고, 혼돈한 상태로 돌아가며, 태아 때로 돌아가는 듯 하는데 이는 마치 어둡고, 탁한 상태와 유사하다. 이것이 내 몸이 크게 죽는 때와 같으며, 오래 동안 이처럼 끊어져 있다가 다시 살아나서 본래의 면목을 가까이 증험하게 된다. 자연스레 순수하고, 맑으며 티끌없는 지혜의 본성이 두로 통하며 대지와 건곤이 모두 수정궁궐을 이룬다."[697]고 하였다.

[참동고]본에서는 "좌선을 하는 사람의 마음에서 형체를 죽이고, 실체를 잊으면 약한 듯, 탁한 듯, 어두운 듯하다."[698]라고 하였다.

고찰 [주해]에서는 이장이 단을 이룬 이후 선정禪定의 일을 말하였다고 하였다. 윗장에서는 그 도리를 밝히고, 이 장에서는 그 법을 말하였는데 수시收視, 반청返聽, 묵좌黙坐, 양신養神이 그 방법이다.

---

695 "今夫神仙之修丹, 耘鋤宿穢, 驅遣鬼尸, 安靜六根, 空其五蘊, 於正念中清靜光明, 虛白晃耀, 乃得五臟清涼, 六腑調泰, 三百六十骨節無有滯礙, 八萬四千毫竅皆通暢也."

696 "汚穢命門慾火也. 耘鋤慾火極其爭盡則雖脈理細微之間, 清氣亦得調暢也."

697 "至於金丹始結. 脈住炁停. 復返混沌, 重入胞胎, 似乎昏而且濁. 此吾身大死之時也. 久之絶後再甦, 親證本來面目, 自然純清絶點慧性圓通. 大地乾坤, 俱作水晶宮闕矣."

698 "坐禪之人心死形忘實似弱似濁似昏矣."

[참동고]에서는 "~寢寐神相抱(침매신상포), 覺悟候存亡(각오후존망)"까지를 3장 2절로 삼고, 본성을 기르는 공부라 하였다.

67. 世人好小術章 … 第六十七

원문
세인호소술 불심도천심 기정종사경 욕속알불통
世人好小術, 不審道淺深。棄正從邪徑, 欲速閼不通。
유맹불임장 롱자청궁상 몰수포치토 등산색어룡
猶盲不任杖, 聾者聽宮商, 沒水捕雉兔, 登山索魚龍,
식맥욕획서 운규이구방 갈력로정신 종년무견공
植麥欲獲黍, 運規以求方。竭力勞精神, 終年無見功。
욕지복식법 사약이불번
欲知服食法, 事約而不繁。

국역 세상 사람들은 작은 술법을 좋아하여 도의 깊고, 얕음을 살피지 않고, 바른 것은 버리고, 삿된 길을 따르니 빨리 이루고자 하나 막혀서 통하지 못한다. 마치 장님이 지팡이를 버리고, 귀머거리가 음악을 듣는 것과 같으며, 물에 들어가서 꿩과 토끼를 잡으려 하거나, 산에 올라가서 물고기와 용을 찾는 것, 보리를 심고서 기장을 얻으려는 것이나, 그림쇠를 가지고 네모를 그리려는 것과 같다. 힘을 다하여 정신을 수고롭게 하니 끝내 아무런 공적을 볼 수 없다. 복식하는 법을 알고자 한다면 지극히 간단하게 해야지 번거롭게 하면 안된다.

교감 **1** 沒水捕雉兔(몰수포치토) : [사고전서]본에서는 "投水捕雉兔(투수포치토)"라 하였다.
2 植麥欲獲黍(식맥욕획서) : [사고전서]본, [주해]본에서는 "植麥欲獲黍(식맥욕획서)"라 하였다.
3 欲知服食法(욕지복식법) : [사고전서]본과 [천유]본에서는 "欲知伏食法(욕지복식법)"이라 하였다.
4 事約而不繁(사약이불번) : [발휘]본에서는 "至約而不煩(지약이불번)", [천유]본에서는 "至約而不繁(지약이불번)", [참동고]본, [사고전서]본에서는 "事約而不煩(사약이불번)"이라 하였다.

구문해설 **1** 世人好小術, 不審道淺深(세인호소술, 불심도천심) : '小術(소술)'은 27장에서 언급된 '歷臟法(력장법)', '內視有所思(내시유소사)', '履行步斗宿(리행보두숙)', '陰道(음도)', '食氣(식기)'등의 방법을 가리킨다. 정도가 아니며 부질없는 작은 기술에 불과하다고 한 것이다.

2 棄正從邪徑, 欲速閼不通 : '閼'은 막혔다는 뜻이다.

3 猶盲不任杖, 聾者聽宮商 : '盲'은 장님, '聾'은 귀머거리이다. '任杖'은 지팡이를 맡아서 사용한다는 뜻이고, '宮商'은 오음계중에서 토와 금에 해당하는 음을 말하는데 여기서는 음악, 음정을 뜻한다.

4 沒水捕雉兔, 登山索魚龍, 植麥欲獲黍, 運規以求方 : 모두 본질을 놓치고, 엉뚱한 곳에서 답을 찾는다는 의미의 비유들이다. '沒水'는 물에 들어간다, 물에 빠진다는 뜻이고, '運規'는 원을 그리는 그림쇠 compass(콤파스)이며, '方'은 네모, 사각형을 뜻한다.

5 欲知服食法, 事約而不繁 : 여기에서는 '服食法'이 금단대도의 중요한 과정으로 서술되어 있는데 복식은 여러 가지 의미로 사용된다. 본문의 내용상으로는 내단을 생성시켜 임독을 유통시키고, 이것이 입으로 들어오는 것을 가리키지만 도교이론중에는 음식을 끊고, 단약이나 부적 태운 물만 복용하거나, 호흡을 기운을 들이마시고, 음식을 끊는 방법등 다양하다.

각가주 **1** 世人好小術, 不審道淺深 : [천유]본에서는 "배우는 자는 먼저 도와 기술을 알아야 하는데 하늘과 깊은 못의 차이와 성명을 온전히 닦아 무극으로 돌아가는 것을 일러 대도라고 한다. 하나하나의 묘결이나 잔기술로 스스로 구하나 얻을 수 없는 것을 작은 기술이라 한다. 금단의 대도는 만나기 어려우나 이루기는 쉽고, 방문의 작은 기술들은 만나기는 쉬우나 이루기 어렵다."[699]고 하였다.

2 猶盲不任杖, 聾者聽宮商 : [천유]본에서는 "선천의 성명은 형상과 그릇의 너머에 있다는 것을 알지 못하고, 후천의 정과 기를 헛되이 인식하여 몸속에서 찾지만 아득히 그림자와 메아리도 없이 그저 남을 따라

---

699 "學道者先要知道之與術, 天淵迴別, 性命全修, 復歸無極, 謂之大道. 一機一訣, 自救不了, 謂之小術, 金丹大道, 難遇易成, 一切旁門小術, 易遇難成."

뒤집어지고, 넘어질 뿐 털끝 만큼도 결정될 수 없다."[700]고 하였다.

고찰 [참동고]에서는 67장까지를 3장 3절로 정하고, 수명을 늘리는 공효라고 하였다.

68. 太陽流珠章 … 第六十八

원문 太陽流珠(태양류주), 常欲去人(상욕거인)。卒得金華(졸득금화), 轉而相因(전이상인), 化爲白液(화위백액), 凝而至堅(응이지견)。金華先唱(금화선창), 有傾之間(유경지간), 解化爲水(해화위수), 馬齒闌干(마치란간), 陽乃往和(양내왕화), 情性自然(정성자연)。迫促時陰(박촉시음), 拘畜禁門(구축금문), 慈母育養(자모육양), 孝子報恩(효자보은), 嚴父施令(엄부시령), 教敕子孫(교칙자손)。五行錯王(오행착왕), 相據以生(상거이생), 火性銷金(화성소금), 金伐木榮(금벌목영)。三五與一(삼오여일), 天地至精(천지지정), 可以口訣(가이구결), 難以書傳(난이서전)。

국역 태양의 유주流珠는 항상 사람을 떠나려고 하나 문득 황금꽃을 얻으면 전화되어 서로를 말미암아 변화하여 흰 액체가 되는데 응결되면 지극히 견고해진다. 황금꽃이 먼저 노래하면 잠깐 동안에 녹아서 물로 되는데 말의 이빨이 옥돌로 되는 듯 하고, 양기가 이내 가서 화합하니 정과 성의 자연스러움이다. 급하게 음을 다그칠 때 잡아두고 문을 닫아 인자한 어미처럼 기르면 효자가 은혜를 갚는 것과 같이 된다. 엄한 아버지가 명령을 내리고, 자손을 가르치고 타이르는 것이다. 오행이 돌아가며 왕성해지고, 서로 의거하면서 생한다. 화의 성질은 금을 녹이고, 금은 목의 번성을 쳐낸다. 삼과 오가 하나가 되니 천지의 지극은 정이 가히 구결로써는 가능해도, 글로 전하기는 어렵다.

교감 1 轉而相因(전이상인) : [사고전서]본에서는 "轉而相應(전이상응)"이라 하였다.
2 金華先唱(금화선창) : [발휘]본과 [천유]본, [참동고]본에서는 "金華先倡(금화선창)"이라

---

700 "不知先天性命, 超出形器之表. 卻妄認後天精炁. 身中摸索, 茫無影響, 隨人顚倒毫無決擇."

하였다.

3 馬齒闌干 : [사고전서]본, [주해]본에서는 "馬齒琅玕"이라 하였고, [천유]본에서는 "馬齒瓓玕"이라 하였다.

4 陽乃往和 : [참동고]본에서는 "陽乃往化"라 하였다.

5 教敕子孫 : [천유]본에서는 "教勅子孫"이라 하였다.

6 火性銷金 : [발휘]본에서는 "火性消金"이라 하였다.

7 三五與一 : [발휘]본과 [천유]본에서는 "三五爲一"이라 하였다.

8 天地至精 : [주해]본에서는 "天地至情"이라 하였다.

구문해설 1 太陽流珠, 常欲去人 : 29장의 "汞日爲流珠", 31장의 "流珠水之母"에서 모두 '流珠'가 언급됐는데 구슬이 흐른다는 것은 수은이 상온에서 액체의 성질을 띠는데에서 나온 말이다. 수은은 리괘중의 음효를 가리키는 것으로 離中木精, 丹砂中汞으로 해석된다. 따라서, 《주역周易 · 설계전設卦傳》에 "離爲火, 爲日"이라 한 것을 근거로 '太陽'과 상통한다. 흐르는 구슬은 이름처럼 쉽게 흘러내리고, 움직이는 특성이 있다. 이는 인간의 '性'에 해당하는데 그래서 자꾸 사람을 떠나 외부의 사물을 인식, 사고하려는 경향을 띠게 된다. 精神性情의 일반적인 오행배속은 다음과 같다.

火	神
木	性
金	情
水	精

【표 32】 정신성정精神性情의 사상분류

2 卒得金華, 轉而相因 : '金華'는 腎精에서 생기는 양을 말하는데 황금꽃으로 표현된 것은 수련과정에서 빛의 형태로 체험하거나, 뜨거운 양기로 체험하기 때문이다. 진연眞鉛 또는 황아黃芽라고도 하는데 23장의

‘故鉛外黑, 內懷金華’도 같은 뜻으로 쓰였다. 眞鉛을 얻으면 ‘太陽流珠’인 汞과 서로 전화되면서 의지하여 변화해 나감을 뜻한다. 내단적으로는 연홍의 결합이 용호, 감리, 혼백의 교구로 설명된다. 성정의 관점에서 보면 精神과 性情의 교류화합으로 金華가 생겨난다고 볼 수 있다.

3 化爲白液, 凝而至堅 : 흰 색은 오행상 금의 색깔로 금화의 색깔을 묘사한 것으로 볼 수 있다. 또한, ‘白液’은 《영보필법靈寶畢法·옥액환단玉液還丹》[701]에서 언급된 ‘白膏’과와 유사하다. 《영보필법》에서는 “옥액이란 신장의 수기인데 이것이 상승하여 심장에 이르면 두 기운이 결합하여 기관지인 중루를 통과하여 입속에 진액이 가득하게 된다. 이를 ‘옥액’이라 하고, 만약 이것을 삼켜서 중단전을 지나 하단전으로 돌아가게 하면 ‘환단’이라 말한다. … 이러한 성단은 맛이 생기고, 신령스러운 액체는 향을 풍긴다. 입과 코 사이로 항상 참된 향기와 기이한 맛이 있게 되는 것이다. 진액을 양치하듯 하면 연유처럼 되어 가히 사람의 질병을 치료할 수 있다. 몸에 두루 퍼져 모두 흰 고체[白膏]가 이뤄진다.”[702]고 하였다. 즉, 심장의 ‘太陽流珠’와 신장의 ‘金華’가 서로 결합하여 변화하면 흰 색의 액체가 되는데 이들이 엉겨 고체로 단단해지게 된다는 뜻이다.

4 金華先唱, 有傾之間 : ‘金華’가 먼저 노래한다는 것은 하단전에서 먼저 양기가 출현하는 것을 말하며, ‘有傾之間’은 잠깐 사이라는 뜻이다.

5 解化爲水, 馬齒闌干 : 녹아서 물이 된다는 것은 하단전에서 발생한 眞鉛인 金華가 장차 심장의 太陽流珠와 교류를 하기 위하여 마치 물처럼 흘러 솟아오르는 것으로 해석할 수도 있고, 금화로 나타났지만 다시 신장의 수기로도 돌아갈 수 있음을 의미할 수도 있다. ‘馬齒’와 ‘闌干’은

---

701 《영보필법》은 정양진인正陽眞人 종리권鐘離權조사가 종남산 석벽에서 《靈寶經》이라는 고대의 선도서를 얻어 만든 것으로 순양진인純陽眞人 여동빈呂洞賓조사에 의해 완성되었다고 전해온다. 이후 도교 남북종 모두의 연원이 되었을 뿐만 아니라, 당 문종 개성년간(836~839)에 신라의 김가기, 최승우, 자혜등 세 사람이 종리권으로부터 법과 구결을 전수받았다는 기록이 있다.

702 “玉液, 腎液也. 上升到心, 二氣相合而過重樓, 則津滿玉池, 謂之玉液. 若咽之自中田而入下田, 則曰還丹. … 聖丹生味, 靈液透香. 口鼻之間, 常有眞香奇味. 漱津成酥, 可以療人疾病. 遍體皆成白膏.”

여러 가지 해석의 여지가 있는 구절이다. 최형주[703]는 말의 이빨이 상악에만 있고, 하악에는 없다는 점과 옥돌이 산 밑에서 자라나는 것으로 보아 상하의 교류에 비유되었다고 하였으나 말의 치아를 보면 상악, 하악 모두 이빨이 난다. 본문의 구조상 금화가 출현하여 변화되는 과정을 서술한 것을 토대로 보았을 때 녹아서 물이 될 수도 있으나 점점 굳어져 말의 이빨이 옥돌처럼 변해가는 것으로 해석이 가능하다. 물론 최형주의 해석처럼 물이 솟아나는 형상을 말의 이빨과 옥돌이 자라는 것에 비유했을 수 도 있다.

6 陽乃往和, 情性自然 : 여기에서 '陽'이라 함은 眞鉛인 金華를 뜻한다고 볼 수 있다. 아래에서 위로 이동하여 화합하니 性과 情의 교류가 자연스럽게 이뤄지는 것과 같다. 위의 표에서처럼 금목이 서로를 찾아 교류하는 것이다.

7 迫促時陰, 拘畜禁門 : '迫促'은 급박하게 서두르는 것으로 음기가 다하고 양기가 생하는 復卦, 子時의 시점에 약물을 채취하여, 굳게 닫아 봉장封藏시켜야 한다는 뜻이다. 채약봉고採藥封固, 또는 채약귀로採藥歸爐의 과정이다.[704]

8 慈母育養, 孝子報恩 : '慈母'는 하단전으로 보내어 뱃속에서 따뜻하게 기르는 것이 마치 어미 닭이 자식을 품듯 하기 때문에 쓰인 표현이다. 어미는 오행상 土이며, 내단적으로는 '溫養'의 과정으로 그 자리에 잠시 머물면서 양기를 키우는 것이다. '孝子'는 오행상 金이며, 내단적으로는 진종眞種, 소약小藥이다. 진종은 앞의 채약귀로를 통해 얻는 기운을 말하고, 진종이 변화한 것을 소약이라 한다. 土生金의 과정이다.

9 嚴父施令, 教敕子孫 : '嚴父'는 채약해서 굳게 지키는데 있어서 자

---

703 위백양 지음, 최형주 해역, 《주역참동계》, 자유문고, 2001, p. 198 주석 4).

704 실제 수련과정에서는 전규개관의 온양과 주천을 계속 해나가다 보면 호흡이 고르게 되고, 잡념이 사라지면서 진의眞意만 남게 된다고 한다. 이때 어떠한 음란한 생각도 없는 상태에서 발기가 되는데 이를 외약활자시外藥活子時라고도 하며 일양래복一陽來復이라고도 한다. 성기끝 쪽으로 쾌감이 전달되려고 할 때 항문과 회음, 고환부위를 당기면서 의식을 집중시켜 다시 단전으로 돌아오게 하는 것을 말한다. 따라서 '陰'을 성적 에너지와 발기한 성기로 해석할 수 있고, '拘畜禁門'은 항문과 회음을 조이는 과정으로 볼 수 있다.

애로운 어미처럼 보살피기도 해야 하지만 누설되지 않도록 엄격히 하는 것도 필요하기에 엄한 아버지로 상징된다. 혹 金鉛이 木汞이 날뛰는 것을 억제한다는 金克木의 의미를 갖기도 한다.

10 五行錯王, 相據以生 : 이는 오행의 순환과 상생을 의미한다. 오행은 각각 왕성한 시기가 돌아가면서 있게 되고, 서로 생성시키고, 억제하면서 이러한 변화를 이끌어간다. 모양의 변화도 그러하다. 離火에서 木液이 나오고, 坎水에서 金華가 나오는 것이 그것이다.

11 火性銷金, 金伐木榮 : 앞 구절이 오행상생을 표현하였다면 이는 상극을 표현한 것으로 화극금, 금극목을 설명하였다. 金木은 각각 鉛과 汞을 가리키는데 腎臟의 精이 변화된 眞鉛은 文武火에 의해 제련되고, 날아가 흩어지기 쉬운 離火속의 木精인 眞汞은 眞鉛에 의해 다시 억제되어 잃어버리지 않는다는 뜻이다.

12 三五與一, 天地至精 : 37장의 "其三遂不入, 火二與之俱。三物相含受, 變化狀若神"과 유사한 문장이다. 37장에서의 '三'은 금, 수, 토로 해석되는데 본 문장에서의 '三五'는 앞 구절에 이어서 화, 금, 목으로 해석된다. 또는, 토, 목화, 금수로 볼 수도 있고, [발휘]본에서는 水一+火二='三', 土五는 '五'라고 보았다. 중요한 것은 이러한 오행의 분류들이 사실 하나로 모아진다는 것이다. 이는 丹藥이라고 할 수도 있고, 元氣라고도 할 수 있는데 이것이야말로 천지가운데에 가장 으뜸된 정기라고 보는 것이다.

각가주 **1** 太陽流珠, 常欲去人。卒得金華, 轉而相因, 化爲白液, 凝而至堅 : [통진의]본에서는 "太陽流珠는 지기가 천기에 감응하여 구슬로 변한 것으로 순양의 정기이다. 능히 만물을 생하고, 기운은 있으되, 형태는 없는 고로 赤龍이라 한다. 陽火는 기화하여 硃砂가 되는 고로 화생토, 토생금이다. ; 금은 태음의 가물한 정기로 능히 만물을 오래토록 기른다. 기운도 있고, 질감도 있는 고로 金華라고 부른다. 적룡은 본래 갑, 을에서 생하니 역시 청룡이라고도 하고, 양, 아비, 남편, 불이 된다.

금화는 경, 신에 붙어 있으므로 백호라고도 하고, 음, 어미, 처, 물이라 한다."[705]고 하였다.

[발휘]본에서는 "太陽流珠는 신령스런 수은이다. … 金華는 참된 납이다. 수은이 참된 납을 얻으면 전화하면서 서로 의지하여 자연히 달려 날아가 버리지 않고, 내부에 머물면서 금액으로 변하는데 엉기면서 견고해진다."[706]고 하였다.

[천유]본에서는 "선천의 본체는 性命과 乾坤이고, 후천의 쓰임은 性情과 坎離이다. … 후천 坎離가운데에서도 체용이 나뉘는데 眞陰眞陽은 본체가 되고, 水火에 속하고, 양현兩弦의 기운은 쓰임이 되는데 金木에 속하니 분별하지 않을 수 없다. 건은 태양에 속해 참된 본성이 되어 고요하여 동함이 없지만 곤괘의 음효와 교류하여 性이 情으로 변하고, 리괘 가운데 木汞이 이뤄졌다. 이 가운데 陰精이 쓰임을 맡아 리괘의 빛이 순순히 밖으로 흘러나가니 황홀하여 안정되지 못하고, 流珠의 형상을 갖는다. 건괘가 이미 리괘가 되면 그 가운데 있던 하나의 양이 곤궁으로 달려 들어가는데 곤괘는 태음원명에 속한다. 건괘의 一陽을 얻으면 命이 性으로 전환되어 감괘 가운데 金鉛을 이룬다. 이 한 점의 금기의 정화로움은 단지 坎水의 가운데 잠겨 감춰져있기 때문에 엿보기 어려우니 金華의 형상을 갖는다. … 납이 수은의 가운데로 들어가면 납의 구속력에 의지하게 되는데 납 또한 역시 수은의 변화를 얻게 된다. 두 물질은 모여 황방으로 들어가 하나의 기로 합성되는데 처음에는 액체였다가 나중에는 엉겨 굳어진다. … 흰색은 금의 색이고, 지극히 굳은 것도 금의 성질이다. 대개 금이 와서 본성으로 돌아가면 이내 맺혀져 단을 이룬다."[707]라고 하

---

705 "太陽流珠者, 地氣感天氣而化珠露, 是純陽之精氣, 能發生萬物, 有氣而無形, 故號曰赤龍也. 陽火化氣爲硃砂, 故火生土, 土生金; 金是太陰之玄精, 能長養萬物, 有氣而有質, 故號曰金華也. 赤龍者, 本生於甲, 乙, 亦名曰青龍, 陽也, 夫也, 父也, 火也. 金華者, 寄生於庚, 辛, 亦名曰白虎, 陰也, 母也, 妻也, 水也."

706 "太陽流珠, 乃靈汞也. … 金華, 卽眞鉛也. 汞得眞鉛則轉而相依, 自然不飛不走, 留戀于內, 而化爲金液, 凝而至堅也."

707 "先天之體爲性命, 乾坤是也. 後天之用爲性情, 坎離是也. … 至于後天坎離中又分體用. 以眞陰眞陽爲體, 體屬水火, 以兩弦之氣爲用. 用屬金木. 不可不辨. 乾屬太陽眞性, 本來寂然不

였다.

[주해]본에서는 "'태양유주'는 수은이다. 화의 본성과 목의 감정을 가지는 고로 조열하며, 쉽게 변화된다. … 마음이 몸에 열이 감응할 때 땀이 되고, 눈에서 슬픔을 느끼면 눈물이 되며, 신에서 합하는 것에 감응하면 정액이 되는 것이고, 코가 바람에 감응하면 콧물이 나는 것이다. 이는 항상 사람에게서 떠나려고 하는 것을 이른다."[708]라고 하였다.

[참동고]본에서는 "태양은 리괘이고, 화이며, 심이다. 유주는 리속의 음이고 화속의 토이며, 심속의 정이다. 도로써 존재하자면 대단大丹의 자주子珠는 비토에 머무니 그렇지 않으면 정욕이 항상 누설되려 한다. 금화는 폐금의 덮개로 사람 몸의 영위지기를 주관한다. 정은 홀로 갈 수 없으니 반드시 폐금의 기운과 더불어 돌아가 서로 원인이 되며 금단의 이름이 금단인 것이 이 때문이다. 감정은 심에 있고, 기는 폐에 있으니 본래 형체가 없지만 볼 수 있다. 비토로 내려오면 신수와 교류하여 하얗게 변하는데 정이 견고해진 고로 정精과 감정은 모두 '靑(청)'을 쓰고, '心(심)'이나 '米(미)'가 붙어 구별된다."[709]라고 하였다.

2 金華先唱, 有傾之間, 解化爲水, 馬齒闌干, 陽乃往和, 情性自然(금화선창, 유경지간, 해화위수, 마치란간, 양내왕화, 정성자연) : [발휘]본에서는 "진연은 감괘의 자리에서 생기는데 처음에는 액체였다가 나중에 굳어진다. 굳어지면 황아라고 하는 고로 말의 이빨과 옥돌에 비유된다. … 납은 임금이고, 수은은 신하이다. 납이 먼저 움직이면 수은이 이에 응하는데 이는 임금이 부르면 신하가 화답하는 것과 같다.

動, 只因交入坤中一陰, 性轉爲情, 遂成離中木汞, 自此陰精用事, 離光順流向外. 恍惚不定, 有流珠之象. 乾旣成離, 其中一陽走入坤宮, 坤屬太陰元命, 旣得乾中一陽, 命轉作性, 遂成坎中金鉛. 此點金炁精華, 只在坎水中潛藏杳冥不測, 有金華之象. … 鉛入汞中, 汞뇌鉛之拘鈐. 鉛亦得汞之變化, 兩物會入黃房. 合成一炁, 其炁先液而後凝. … 白色金色, 至堅者金性也. 蓋金來歸性, 已結而成丹矣."

708 "太陽流珠汞也. 火性木情故燥烈易化. … 心意在體感熱則爲汗, 在眼感悲則爲漏, 在腎感合則爲精, 在鼻感風則爲涕. 此常欲去人之謂也."

709 "太陽離也火也心也, 流珠離中之陰也. 火中之土也. 心中之情也. 存之以道則爲大丹之子珠留在脾土不然化爲精慾常求施泄也. 金華卽肺金之華蓋而主一身榮衛之氣者也. 情不能獨行必與肺金之氣轉輾相因金丹之名金丹亦以是也. 情之在心, 氣之在肺. 本無形體可覩及其降于脾土交于腎水則化爲白堅之精故精與情皆以靑但以心與米別之."

납은 금에 속하고, 수은은 목에 속하는데 목의 성질은 금을 사랑하는 것이고, 금의 감정은 목을 사모하는 것이니 음양이 서로 같은 부류를 얻어 자연이 감응하여 화합하는 것이다."[710]라고 하였다.

3 迫促時陰(박촉시음), 拘畜禁門(구축금문) : [발휘]본에서는 "마땅히 음이 극에 다다르는 시간에 일양이 처음 동하는 기틀을 맞아 진화해야 하는데 지나치지 않게 하고, 역시 모자르지 않게 해야 한다. 이를 '迫促時陰(박촉시음)'이라 한다. 진화하는 사이에 백맥이 빨라지며 근원으로 돌아오고, 아홉의 관이 다하여 바닥까지 다하게 되면서, 군화, 상화, 민화 모두 황궁으로 굽어 모이게 되는데 불로 단련하여 지극한 보석이 되는 것이니 이를 가리켜 '拘畜禁門(구축금문)'이라 한다."[711]고 하였다.

[천유]본에서는 "이 구절은 두 가지 물건을 붙잡고 제련하면 중궁에 모여 참된 씨앗을 낳는다는 것을 말하였다. 감괘속의 금화가 이미 올라가고, 리괘속의 유주가 곧 내려오면 상하현달의 기운이 서로 교류하는 순간이 생기는데 이때를 놓치지 말아야 한다. 마땅히 참된 뜻으로 급하게 두 물건을 교류시키고, 마땅히 허성과 위성의 중간에 자리하게 하는데 이때에는 마땅히 지호를 굳게 닫아걸고, 진기를 모으며, 터럭 하나라도 새나가지 않도록 한다."[712]고 하였다.

4 慈母育養(자모육양), 孝子報恩(효자보은), 嚴父施令(엄부시령), 教敕子孫(교칙자손) : [발휘]본에서는 "참된 납이 생기는 것은 곤모의 자궁에서 잉태되고, … 건궁으로 날아올라가 참된 수은을 사로잡아 서로 사귀면 단을 이룬다. 다시 곤모의 집으로 돌아오니 효자가 은혜를 갚는 것이다. … 그러나 타오르는 불의 맹렬함

---

710 "眞鉛生於坎位, 先液而後凝, 凝作黃芽, 故有馬齒欄干之喩. … 夫鉛, 乃君也. 汞, 乃臣也. 鉛先動, 汞應之, 猶君倡而臣和也. 鉛屬金, 汞屬木, 木性愛金, 金情戀木, 陰陽得類, 自然感合也."

711 "法當迫近陰極之時, 迎一陽初動之機以進火, 不可過之, 亦不可不及. 此之謂迫促時陰也. 進火之際, 促百脈以歸源, 窮九關而徹底, 君火, 相火, 民火 , 皆拘聚於黃宮, 而煅成至寶. 此之謂拘畜禁門也."

712 "此節言拘制兩物, 會中宮而産眞種也. 坎中之金華旣升, 離中之流珠卽降. 兩弦之炁, 相交只在一時. 時不可失, 當以眞意迫促之. 兩物相交, 正當虛危中間. 此時宜禁閉地戶. 翕聚眞炁. 不可一毫泄漏."

으로 지극히 달이지 않으면 참된 납은 날아오를 수 없으니 이는 엄한 아비가 명령하는 것과 같다."[713]고 하였다.

[천유]본에서는 "자애로운 어미는 문화에 비유되는데 신실가운데에서 온양하는 것이다. 엄한 아비는 무화에 비유되는데 문턱에 제방을 쌓는 것이다. 효자는 참된 씨앗에 비유되는데 금화와 유주 두 가지가 맺어진 것이다."[714]라고 하였다.

5 五行錯王, 相據以生, 火性銷金, 金伐木榮 : [발휘]본에서는 "금이 수를 생하고, 목이 화를 생하는 것은 도의 순오행이다. 지금 단법으로 말하자면 목과 화는 짝이 되나, 화는 반대로 목을 생하고; 금과 수는 합쳐지지만 수는 반대로 금을 생하니 '五行錯王, 相據以生'이라 하였다. … '金伐木榮'은 북방의 수 가운데 있는 금이 남방의 화 가운데 있는 목을 억제하는 것이다."[715]라고 하였다.

[천유]본에서는 "이 구절은 단을 짓는 데에 있어서 오행이 전도되는 묘함을 말하였다. … 단의 길에서 오행은 오로지 거꾸로 돌아가게 된다. 流珠는 본래 나무의 용에 해당하나 문득 離火속에서 나오게 되고, 金華는 본래 금의 호랑이인데 坎水속에서 나오는 것이 그렇다. 물과 불이 서로 간직되어 있고, 금과 목이 뒤집어 있어야만 바야흐로 뿌리로 돌아가 천명을 회복하고, 시간을 벗어나 장수할 수 있다. 죽이는 기틀이 돌아 살리는 기틀이 되니 소위 죽는 것이 삶의 뿌리이다라고 한다."[716]고 하였다.

6 三五與一, 天地至精, 可以口訣, 難以書傳 : [천유]본에서는 "동쪽의 3과 남쪽의 2를 더하면 5가 되고, 북쪽의 1과 서쪽의 4를 더하면 5

---

713 "眞鉛之生也, 孕於坤母之胞, ….. 迨夫飛上乾宮, 擒制眞汞, 與眞汞交結而成丹, 則又復回於坤母之舍, 此卽孝子之報恩, … 然非炎火爲之猛烹極煆, 則眞鉛不能飛起, 此嚴父所以施敎敕之令也."

714 "慈母喩文火, 在神室中溫養. 嚴父喩武火, 在門戶間隄防. 孝子喩眞種, 卽金華流珠兩物所結成者."

715 "金生水, 木生火, 此常道之順五行也. 今以丹法言之, 則木與火爲侶, 火反生木; 金與水合處, 水反生金, 故曰五行錯王 , 相據以生也. 金伐木榮者, 運北方水中之金, 以制南方火中之木也."

716 "此節言作丹之時, 五行顚倒之妙也. … 丹道之五行, 全用逆轉, 如流珠本是木龍, 却從離火中取出, 金華本是金虎, 卻從坎水中取出, 水火互藏金木顚倒, 方得歸根復命, 劫外長存, 殺機轉作生機, 所謂死者生之根也."

가 되며, 중앙의 무기가 참된 토이므로 합하여 5가된다. 이렇게 3개의 5가 되는데 남북을 섞고, 동서를 아울러서 참된 흙의 안에 모으면 이것이 바로 하나라고 하고, 3개의 5가 합하여 또한 하나가 된다."[717]고 하였다.

69. 子當右轉章 … 第六十九

원문 子當右轉, 午乃東旋, 卯酉界隔, 主定二名。龍呼於虎, 虎吸龍精, 兩相飮食, 俱相貪便, 遂相啣嚥, 咀嚼相呑。熒惑守西, 太平經天, 殺氣所臨, 何有不傾。貍犬守鼠, 鳥雀畏鸇, 各得其功, 何敢有聲。

국역 자에서는 마땅히 오른쪽으로 돌고, 오에서는 이내 동쪽으로 돌아 묘와 유가 경계를 나눠 떨어져있어 주인이 두 개의 이름을 정한다. 용은 호랑이에게 숨을 내쉬고, 호랑이는 용의 정을 들이마시는데 둘은 서로의 음식이 되어 모두 서로를 탐한다. 마침내 서로를 머금고, 씹어서 서로를

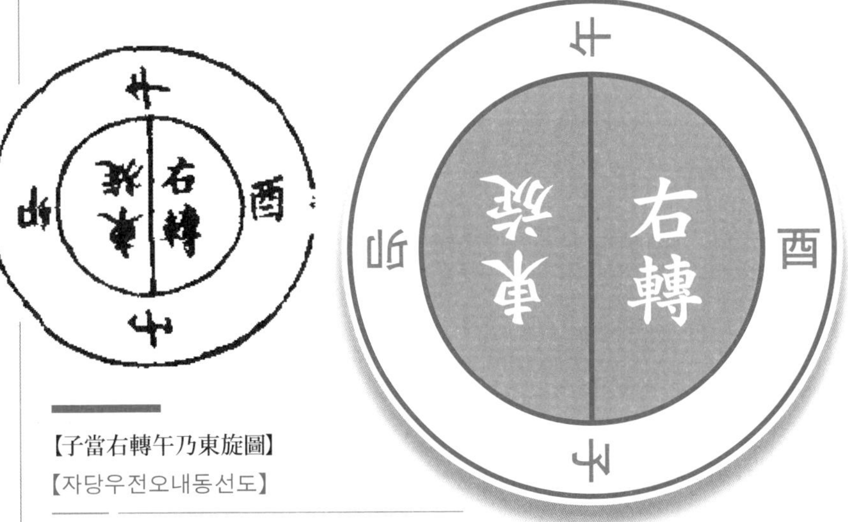

【子當右轉午乃東旋圖】
【자당우전오내동선도】

『道藏』「周易參同契發揮 卷六中」(文物出版社)20冊 241쪽

717 "東三南二, 合成一五. 北一西四合成一五. 中央戊己眞土, 合成一五. 是謂三五, 混南北, 幷東西, 攢簇於眞土之內, 是之爲一, 三五合而爲一."

삼키게 된다. 형혹성은 서쪽을 지키고, 태백성이 하늘을 지나가서 살기가 임하는 곳에 어찌 기울어짐이 없겠는가. 살쾡이와 개가 쥐를 잡아 지키고, 참새들이 매를 무서워하는 것이 각각 그러한 공효를 얻은 것이니 어찌 감히 소리를 내겠는가.

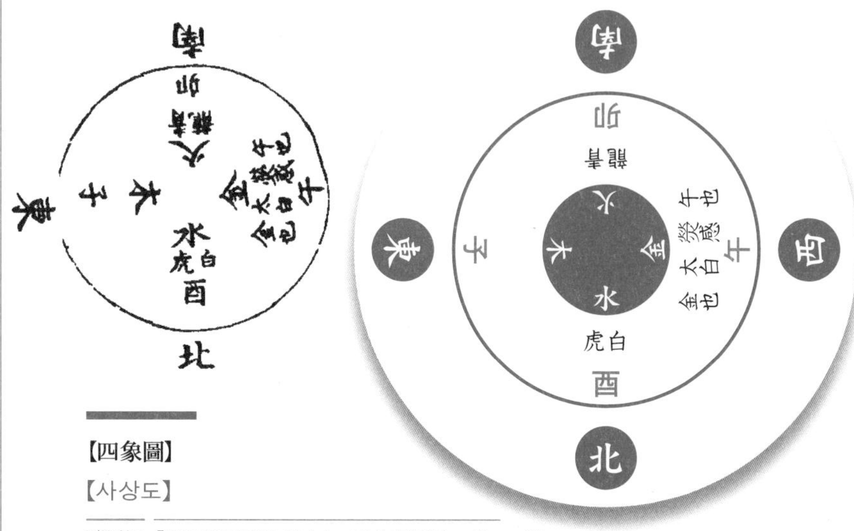

【四象圖】

【사상도】

『道藏』「周易參同契解 卷中中」(文物出版社) 20冊 288쪽

교감 1 子當右轉(자당우전) : [참동고]본에서는 "子當左轉(자당좌전)"이라 하였다.

2 主定二名(주정이명) : [통진의 사고전서]본과 [발휘]본, [천유]본, [주해]본, [참동고]본에서는 "主客二名(주객이명)"이라 하였다.

3 俱相貪便(구상탐편) : [발휘]본에서는 "俱相貪併(구상탐병)", [천유]본에서는 "俱使合併(구사합병)", [주해]본에서는 "俱相貪滎(구상탐영)"이라 하였다.

4 遂相銜嚥(수상함연) : [천유]본에서는 "遂相啣嚥(수상함연)"이라 하였다.

5 太平經天(태평경천) : [통진의 사고전서]본과 [발휘]본, [천유]본, [주해]본, [참동고]본에서는 "太白經天(태백경천)"이라 하였다.

6 各得其功(각득기공) : [발휘]본과 [천유]본에서는 "各得其性(각득기성)"이라 하였다.

구문해설 **1** 子當右轉, 午乃東旋 : 여기서 얘기되는 子午卯酉는 아래 그림과 같은 형태에서 설명되는데 이는 전통적으로 자의 북방을 아래쪽에 배치하여 천자가 남쪽을 내려보며 정사를 펼치는 방향을 취한 것이다. 자에서 오른쪽으로 돌아간다는 것은 子→酉의 방향인데 이는 신장의 坎水속에서 金氣가 나오는 것을 말하고, 오에서 동쪽으로 돈다는 것은 午→卯의 방향인데 이는 심장의 離火속에서 木精이 나오는 것을 의미한다.

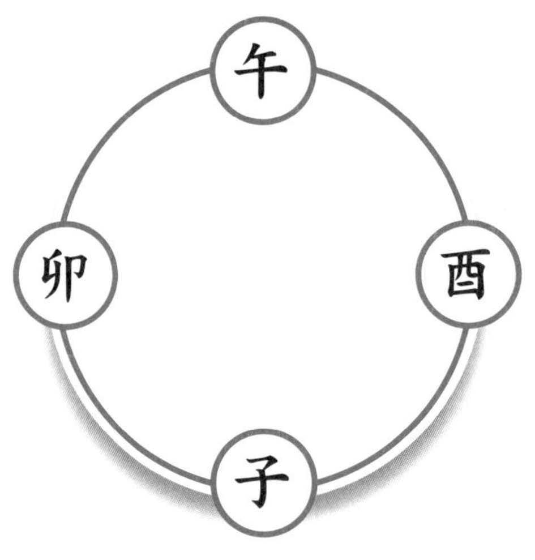

【그림 19】 자오묘유의 방위

2 卯酉界隔, 主定二名 : 결국 '太陽流珠', '陽龍'에 해당하는 卯와 '金華', '陰虎'에 해당하는 酉가 서로 멀리 떨어져 경계를 이루고 있는데 각각 자와 오에서 나와 주인된 이름을 가지게 된다는 뜻이다. '主定'을 '主客'으로도 보는데 이럴 경우 주인은 子午, 손님은 卯酉라 할 수 있다. 이는 마치 精神에서 性情이 나오고, 水火에서 金木이 나오는 것과 같은 이치이다.

3 龍呼於虎, 虎吸龍精 : 용호는 동방의 卯木, 眞汞인 청룡과 서방의 酉金, 眞鉛인 백호를 말한다. 이들은 각각 자와 오에서 나왔는데 서로 호흡하면서 金氣와 木精을 주고받음을 표현하였다. '呼'는 내쉬는 숨으로

양적으로 발산하는 기운이고, '吸'은 들이마시는 숨으로 음적으로 수렴하는 기운이다.

4 兩相飮食, 俱相貪便 : 龍虎와 鉛汞과 性情, 魂魄이 서로 교류하여 합쳐지는 것을 먹는 것에 비유하였다. '貪便'은 이익을 탐하는 모습을 가리킨다.

5 遂相啣嚥, 咀嚼相呑 : '啣嚥'은 '啣'은 '銜'의 속자로 입에 물다, 머금다는 뜻이고, '嚥'은 삼킨다는 뜻이다. '咀嚼'은 씹는 것을 뜻한다.

6 熒惑守西, 太平經天 : 熒惑星은 화성인데 이러한 화성이 서쪽을 지킨다는 것은 화기가 태성하여 금기를 압박함을 뜻한다. '太平'은 '太白'으로 해석되는 지금의 금성이다. 일종의 오기誤記로 보인다. '經天'은 하늘을 경유하여 지나간다는 뜻으로 남방의 午位를 지난다고 해석한다. 화후에 있어서는 불로 납을 단련하게 되면 금의 정은 위로 올라가서 오의 위치를 지난다는 것이라 할 수 있다.

7 殺氣所臨, 何有不傾 : '殺氣'는 금기를 가리키는데 앞 구절의 서쪽, 태백성을 말한다. 내단적으로는 감수가운데의 金華인 眞鉛이 올라와 眞汞과 만나면 眞汞이 眞鉛에게 몸을 던져 합쳐지지 다른 곳으로 기울어지지 않는다는 것을 표현하였다.

8 貍犬守鼠, 鳥雀畏鸇 : '貍'는 살쾡이, 삵을 말하며, '犬'은 개, '鼠'는 쥐이다. '鳥雀'은 참새와 같은 조류, '鸇'은 매를 말한다.

9 各得其功, 何敢有聲 : 살쾡이나 개가 쥐를 잡아놓아 꿈쩍 못하게 하는 것이나 참새가 매를 보고 두려워하는 것은 당연하다는 뜻이다. 각자의 공효를 얻은 것이기 때문에 다른 소리가 나올 수 없다는 뜻으로 鉛汞의 만남 또한 마찬가지인 것이다.

각가주 **1** 子當右轉, 午乃東旋, 卯酉界隔, 主定二名 : [발휘]본에서는 "호랑이가 물에서 생하는 것이고, … 용이 불로부터 나오는 것이다. 자오는 곧 남북이고, 남북은 곧 수화이다. 묘유는 동서이고, 동서는 곧 금목이다."[718]라고 하였다.

[천유]본에서는 "이 구절은 금과 목의 간격에 마땅히 목욕의 공이 들어가야 함을 말하였다. 오행의 상도로써 말하면 목은 亥에서 생함이 있고, 震木은 坎水에서 생하는 고로 용이 물로부터 나오는 것이다. 금은 巳에서 생하고, 兌金은 리화에서부터 나오니 호랑이는 불에서 생한다고 한다. 丹道에서는 거꾸로 쓰는 법이니 그렇지 않다. 자에서부터 오른쪽으로 돌아 미에 이르는 것은 북에서 서로 돌아 남에서 멈추는 것으로 중간에 酉金이 간직되어 있는 것이니 金華가 감괘 가운데에서 생하여 상현의 기운이 되니 호랑이가 물속에서 생하는 것이 그것이다. 오에서부터 역으로 돌아 축에 이르는 것은 남에서 돌아 동으로 돌아 북에서 멈추는 것으로 중간에 목이 간직되어 있는 것이니 流珠가 리괘 가운데에서 생하여 하현의 기운이 되니 용이 불로부터 나오는 것과 같다."[719]고 하였다. 또한, "이러한 성정의 두 가지 물건은 서로 화창하게 어울리는 것으로 말하자면 부부관계이고, 서로 생하는 것으로 말하자면 모자의 관계이며, 서로 억제하는 것으로 말하면 부자관계이고, 서로 호환되는 것으로 말하자면 주객관계이다."[720]라고 하였다.

[주해]본에서는 "자오는 남북이다. 남북이 비록 떨어져있으나 감리는 서로 만난다. … 묘유는 동서이다. 동서가 비록 막혀있지만 용과 호랑이는 서로 사귄다. 거꾸로 되고, 모여 합하니 손님이 주인이 된다."[721]라고 하였다.

[참동고]본에서는 "子는 北一水에서 좌로 돌아 西四金, 南二火를 지나

---

718 "而虎向水中生也. … 而龍從火裏出也. 子午, 卽南北也. 南北, 卽水火也. 卯酉卽東西也. 東西, 卽金木也."

719 "此節言金木間隔, 當加沐浴之功也. 以常道五行言之. 木生在亥, 震木生於坎水, 是龍從水裏出. 金生在巳, 兌金産自離火, 是爲虎向火中生. 丹道逆用則不然, 從子右轉到未, 自北而西, 以訖於南中藏酉金則金華産於坎中, 而爲上玄之氣, 所謂虎向水中生是也. 從午逆旋到丑, 自南而東以至于北, 中藏卯木則流珠取之離內而爲下弦之氣. 所謂龍從火裏出也."

720 "此性情二物, 自其相倡和而言則爲夫婦, 自其相生而言則爲母子. 自其相制而言則爲父子. 自其互換而言則又爲主客."

721 "子午南北也. 南北雖隔, 坎離相遇. … 卯酉東西也. 東西雖阻, 龍虎相交, 顚倒會合, 以賓爲主也."

東三木에서 다하니, 선천도에서는 곤이 간, 감, 손을 지나 리에서 다하는 것이다. 午는 南二火로부터 東三木, 北一水를 지나 西四金에서 다하니 선천도에서 건괘가 태, 리, 진을 지나감에서 다하는 것과 같다. '左'가 다른 판본에는 '右'로 되어 있는데 이는 하도의 자리가 왼쪽이면 괘에서는 서쪽이 되고, 하도의 자리가 오른쪽이면 괘에서도 동쪽이 된다는 것을 전혀 알지 못하였기 때문이다. … 왼쪽은 괘의 서쪽위치이고, 오른쪽은 괘의 동쪽으로 가는 것이다. 이는 음이 양을 집으로 삼고, 양이 음을 집으로 삼는 자연의 묘함을 말한다."[722]라고 하였다. 또한, "卯中은 춘분의 주된 이름이고, 酉中은 춘분의 손님된 이름이다. … 酉中은 추분의 주된 이름이고, 卯中은 추분의 손님 이름이다."[723]라고 하였다.

2 龍呼於虎, 虎吸龍精, 兩相飮食, 俱相貪便, 遂相啣嚥, 咀嚼相呑 : [발휘]본에서는 "단을 지을 때 용을 몰아 아래로 호랑이에게 숨을 내쉬고, 호랑이는 이내 용의 정기를 들이마신다. 숨을 내쉬고, 들이마시면서 서로 음식이 되고, 이들이 합쳐져 하나가 된다."[724]고 하였다.

[천유]본에서는 "오행이 서로 의거하듯, 주객이 이미 자리를 바꾸면 木龍이 반대로 酉의 자리에 가서 검은 호랑이의 기운을 내쉬고, 금 호랑이는 반대로 卯의 자리에 가서 赤龍의 金을 들이마신다."[725]고 하였다.

[참동고]본에서는 "용은 卯, 동쪽으로 청룡의 상이나 지금은 백호의 자리에서 숨을 내쉰다. 호랑이는 酉, 서방으로 백호의 상이나 지금은 청룡의 자리에서 숨을 들이마시니 소위 둘이 서로 먹는다는 것과 서로를 탐하게 된다는 것이 그것이다. … 목과 금이 서로 극하는 중에 역시 서로

---

722 "子自北一水左轉歷西四金南二火盡于東三木在先天圖則坤歷艮坎巽以盡于離也. 午自南二火歷東三木北一水盡于西四金在先天圖則乾歷兌離震以盡于坎也… 左, 一本作右, 殊不知位之左爲卦之西, 位之右爲卦之東. 此乃陰宅陽陽宅陰自然之妙."

723 "卯中者春分之主名, 酉中者春分之客名也… 酉中者秋分之主名, 卯中者秋分之客名也."

724 "作丹之時, 驅龍下呼於虎, 虎乃呑吸龍精, 一呼一吸, 兩相飮食, 於是倂合爲一."

725 "五行相據, 主客旣已互換, 則木龍反據酉位而呼黑虎之氣. 金虎反據卯位而吸赤龍之金."

생하고, 서로 화합하는 묘함이 있다."[726]라고 하였다.

3 熒惑守西, 太平經天, 殺氣所臨, 何有不傾 : [발휘]본에서는 "불이 금의 고향으로 들어가고, 금이 남쪽인 오의 방위를 지나쳐 나타나는 것이다. 단을 지을 때 신화를 운용하면서 금의 고향에 드는 것으로 금은 화의 핍박을 받아 드디어 날아 남방에 출현한다. … 금은 진연이다. … 眞鉛은 위로 날아올라 眞汞을 사로잡고, 眞汞은 眞鉛에게로 몸을 던진다."[727]라고 하였다.

[참동고]본에서는 "태백성은 낮에 남방의 午位에서 보이는데 이를 하늘을 지난다고 한다. 대개 형혹성인 화성은 혹 서방의 金位를 지키고, 태백성이 금성은 혹 남방 화의 자리를 지나는데 천문가들은 이를 火金이 상극하는 것으로 여기고, 살기 또는 병란의 상으로 그 나라가 반드시 기울 것이라 해석한다."[728]라고 하였다.

4 貍犬守鼠, 鳥雀畏鸇, 各得其功, 何敢有聲 : [발휘]본에서는 "신이 기에 들면 태가 되는 것은 살쾡이나 개가 쥐를 지키는 것과 같고, 약이 불을 얻어 단을 이루는 것은 참새와 같은 무리가 매를 두려워하듯 당연하다. 이처럼 동물들이 서로 억제하는 것은 한번만 봐도 자연히 항복하는 것으로 감히 소리낼 수 없다고 한 까닭이다."[729]라고 하였다.

고찰 [참동고]에서는 이장을 4장 2절로 보아 수련의 기운이라 하였다.

---

726 "龍卽卯東靑龍之象而今呼於白虎之位, 虎卽酉西白虎之象而今吸於靑龍之位所謂兩相飮食俱相貪便自然也. …木金相剋之中亦有相生相和之妙也."

727 "火入金鄕, 金過南方午位而出現也. 作丹之時, 運神火照入金鄕, 金被火逼, 遂飛騰而起現於南方. …金, 卽眞鉛也. … 眞鉛飛上擒眞汞, 眞汞自出投眞鉛."

728 "太白晝見于南方午位謂之經天也. 蓋熒惑火星而或守西方之金位, 太白金星而或經南方之火位則天文家以其火金相剋而謂之殺氣兵象其國必傾."

729 "神入氣而爲胎, 如貍犬守鼠. 藥得火而成丹, 如鳥雀畏鸇. 由其物類相制, 一見則自然降伏, 此所以不敢作聲也."

70. 不得其理章 … 第七十

원문 不得其理, 難以妄言。竭殫家產, 妻子飢貧。自古及今, 好者億人, 訖不諧遇, 希有能成。廣求名藥, 與道乖殊。如審遭逢, 睹其端緒。以類相況, 揆物終始。

국역 그 이치를 얻지 못하고, 어렵게 망령된 말을 하면 집안의 재산을 다 기울어 없어지게 하니 처와 자식이 굶주리고, 가난하게 된다. 예로부터 지금에 이르기까지 이것을 좋아한 이는 수없이 많지만 끝까지 모두 바른 도를 만나지 못하고, 능히 이룰 수 있는 자가 드물었다. 널리 명약을 찾지만 도와는 다른 길이 되어 버렸다. 만약 잘 살펴서 바른 길을 찾게 되면 그 실마리를 잘 보고, 같은 부류끼리 서로 비유해보아 사물의 시작과 끝을 잘 살펴야 한다.

교감 1 竭殫家產 : [천유]본에서는 "竭殫家財"라 하였다.
2 妻子飢貧 : [참동고]본에서는 "妻子飲貧"이라 하였다.

구문해설 1 不得其理, 難以妄言。竭殫家產, 妻子飢貧 : '竭殫'은 다 기울어 없어진다는 뜻이다. 이치를 얻지 못한다는 것은 부질없이 외단의 물질적인 측면에 집착해 가산을 탕진하거나, 깨달음없이 글을 지어 망령된 말을 하는 이들을 경고한 것이다.
2 自古及今, 好者億人, 訖不諧遇, 希有能成 : '億人'은 말 그대로 1억 명을 가리키는데 옛날에는 10만을 1억이라 했다. '訖'은 마침내, 끝내의 뜻이고, '希'는 드물다는 뜻이다. 《오진편悟眞篇》서문에 보면 "有遇而難成者, 有難遇而易成者"라 하여 바른 도를 만나도 이루기 어렵고, 만나기는 어려우나 이루기는 쉽다고 하여 이치를 얻고, 바른 도를 끝까지 지켜나가는 것이 쉽지 않음을 언급한 것과 상통한다.
3 廣求名藥, 與道乖殊 : '乖殊'는 어그러지고, 달라진다는 뜻이다.

4 如審遭逢, 睹其端緖 : '遭逢'는 만난다, 상봉한다는 뜻이고, '睹'는 본다, '端緖'는 단서, 실마리라는 뜻이다.

5 以類相況, 揆物終始 : '況'은 비유하다, 하물며의 뜻이고, '揆'는 헤아린다는 뜻이다.

각가주

1 不得其理, 難以妄言 … 廣求名藥, 與道乖殊 : [참동고]본에서는 "모두 세상 사람들이 외단을 숭상하여 가산을 잃고, 성공하지 못함을 깨우치는 것이다."[730]라고 하였다.

71. 五行相剋章 … 第七十一

원문 五行相剋, 更爲父母, 母含滋液, 父主稟與。凝精流形, 金石不朽。審專不泄, 得爲成道。立竿見影, 呼谷傳響。豈不靈哉, 天地至象。若以野葛一寸, 巴豆一兩, 入喉輒僵, 不得俛仰。當此之時, 雖周文揲蓍, 孔子占象, 扁鵲操鍼, 巫咸扣鼓, 安能令蘇, 復起馳走。

국역 오행이 서로 억제하면서 다시 부모가 되니, 어미는 자양되는 액체를 머금고, 아비는 주는 것을 주관한다. 엉긴 정이 몸을 흘러 금석처럼 썩지 않고, 오롯하게 살펴서 새어나감이 없으니 도를 이루어 얻는 것이다. 막대를 세우면 그림자가 나타나고 골짜기에서 부르면 메아리가 전하는 것이니 어찌 신령스럽지 않다 하겠는가! 하늘과 땅의 지극한 현상들이다. 만약 들칡 1촌과 파두 1냥을 목구멍에 넣으면 갑자기 쓰러져 일어날 수 없게 되는데 마땅히 이러한 때에 비록 주 문왕의 시초점을 치거나, 공자가 상을 보고 쳤던 점이나 편작이 침을 잡고 치료하는 것이나 무당이 북을 두드린다고 하더라도 어찌 능히 살려 다시 일어나 달리게 하겠는가.

730 "皆曉世人崇信外丹至於破産無成也."

교감 1 父主稟與 : [천유]본에서는 "父主秉與"라 하였다.
2 審專不泄 : [천유]본에서는 "審眞不泄"이라 하였다.
3 得爲成道 : [발휘]본에서는 "得成正道"라 하였다.
4 天地至象 : [사고전서]본과 [주해]본에서는 "天地舒象"이라 하였다.
5 不得俛仰 : [발휘]본에서는 "不得俯仰"이라 하였다.
6 雖周文揲著 : [참동고]본에서는 "雖"가 빠졌다.
7 安能令蘇 : [천유]본, [주해]본에서는 "安能令甦"라 하였다.

구문해설 1 五行相剋, 更爲父母, 母含滋液, 父主稟與 : 오행의 상생상극에서 상생은 부모의 역할과 같다. 아비가 주고, 어미가 키우는 것은 부정모혈의 관계와 같은데 남자의 정자가 자궁으로 들어가 난자와 수정하여 어미 뱃속에서 길러지는 것이라 할 수 있다.
2 凝精流形, 金石不朽 : 여기에서 정은 선천의 '元精', 내단수련으로 맺어진 단전의 기운, 어미의 자궁속에 생긴 태아등으로 해석되는데 수련을 통해 맺어진 정기精氣로 보는 것이 타당하다. 금석같이 견고하여 부서지지 않는 것은 우리의 신체가 그와 같이 변모한다는 것으로 불교에서 부처님의 영원한 몸을 가리키는 금강체金剛體와 상통한다. 《주역周易·건괘乾卦·단전彖傳》에 "雲行雨施, 品物流形"이라는 구절과 유사한데 비가 내려 만물이 자라나고 흘러다니는 것처럼 부모의 정혈을 받고, 오장의 정기가 엉겨 흘러다님을 설명하였다.
3 審專不泄, 得爲成道 : 정신을 온전하게 하나로 모아 새어나감이 없이 집중하면 도를 얻어 이룬다고 한 것이다.
4 立竿見影, 呼谷傳響。 豈不靈哉, 天地至象 : '竿'은 장대, 막대를 뜻하는데 햇빛아래로 막대를 세우면 그림자가 지고, 골짜기에서 소리를 치면 메아리가 울려나오듯이 서로 감응하는 이치를 설명한 것이다. 이러한 상호감응의 현상이 자연의 신령스런 것으로 연단술에서도 마찬가지

라는 뜻이다.

5 若以野葛一寸, 巴豆一兩, 入喉輒僵, 不得俛仰 : 여기에서 들춰은 갈근을 말하는 것이 아니라 구문鉤吻·호만등胡曼藤·단장초斷腸草 등으로 불리우는 맹독성 상록 넝쿨관목이다. 먹으면 혀와 입술에 궤양이 생기는데 과다복용하면 죽을 수도 있다. 파두 또한 특유의 정유성분이 설사를 유도해 독소를 배출시키는 독성약물이다. '輒僵'은 갑자기 쓰러지는 것으로 독성약물에 중독되어 쓰러지는 응급상황을 말한다.

6 當此之時, 雖周文揲蓍, 孔子占象, 扁鵲操鍼, 巫咸扣鼓, 安能令蘇, 復起馳走 : 독약을 먹고 쓰러진 상황에서 주역의 시초점이나 괘상을 통한 점, 편작의 침술, 무당의 굿이 살리는 것이 아니란 얘기이다. 적절한 대처법이 아님을 말한 것이고, 시기가 늦었음을 의미한다. 주나라 문왕의 성은 이姬이고, 이름은 창昌이다. 서백西伯이라고도 부른다. 주 무왕의 아버지이다. 시초점은 시초라는 풀막대 50가닥을 특유의 방법으로 계산하여 수와 괘를 뽑는 일종의 점법으로 문왕에 의해 주역의 괘사가 지어질 때부터 행해졌던 점법이다. 공자가 십익十翼을 지어 주역을 풀이했는데 계사전과 설괘전등을 보면 괘의 형상과 사물의 형상을 빗대어 점을 치고, 인간의 도리를 설명해놓았다. 주문왕과 공자의 설시법揲蓍法과 점상법占象法이 주역의 주요한 점법이다. 편작은 춘추전국시대의 명의로 성은 진秦, 이름은 월인越人이다. 장상군長桑君에게 의학을 배워 금방禁方의 구전과 의서를 받아 명의가 되었고, 괵나라(BC 655년 멸망) 태자의 급환을 고쳐 죽음에서 되살렸다는 이야기가 유명하다. '巫咸'은 상나라(BC 1600~ BC 1046)때의 신하이자 의사로 술수학뿐만 아니라 접신술을 행했던 것으로 알려져 있다. 《여씨춘추呂氏春秋·물궁勿躬》에는 "巫彭作醫, 巫咸作筮"라고 하였고, 《초사楚辭》에서는 "巫咸將夕降兮"라고 언급되어 있다. 조선후기 이익李瀷의 《성호사설星湖僿說》 30권 시문문詩文門 무함巫咸에 "'사무司巫가 무巫를 거느려 무항巫恒을 만든다.'하였는데, 함咸과 항恒은 다 주역 하편의 수괘首卦이다. 나의 생각으로는 함咸은 감感의 뜻

이요 항恒은 상常이니, 무함·무항은 다 귀신을 섬기는 자의 칭호로서, 혹은 경우에 따라 신을 요청하여 감격感格할 수 있게 하는 것을 무함이라 이르고, 그 사시四時의 예에 따라 푸닥거리하는 것을 무항이라 이르는 모양이다."[731]라고 하여 그 의미를 해석했는데 무당이 북을 두드리며 행하는 굿도 소용이 없음을 나타낸다. '蘇(소)'는 소생하다, 쉬다라는 뜻이다.

각가주 **1** 五行相剋(오행상극), 更爲父母(갱위부모), 母含滋液(모함자액), 父主稟與(부주품여) : [발휘]본에서는 "단법의 요점에서 오행보다 큰 것은 없고, 오행의 묘함은 감리를 벗어나지 않는다. 감은 수이고, 금수가 합하는 곳에 수 가운데 금이 있다. 리는 화이고, 목화가 어울리면 화 가운데 목이 있으니 이것이 사상이다. 坎(감)이 戊土(무토)를 납하고, 離(리)가 己土(기토)를 납하는 것이 더해져 오행이 된다. … 아버지는 하늘에 비유되고, 어머니는 땅에 비유된다. 하늘의 기운이 내려와 땅에 이르면 땅이 이를 받아 생육하는 공이 있다. … 수련하는 선비는 능히 자신의 하늘과 자신의 땅을 교류시켜 자기의 오행이 그 안에 모이면 사로 삼키고, 서로 먹여 도리어 친해지게 된다. 비로소 없는 가운데 잉태되는 것을 깨닫고, 성스러운 태를 이루어 맺게 되는 것이다."[732]라고 하였다.

2 凝精流形(응정류형), 金石不朽(금석불후) : [발휘]본에서는 "사람도 능히 돌이켜 몸에서 구하면 내 안의 오행의 정이 응결되어 보배가 되면 장차 천지와 서로 더불어 끝이 없게 된다."[733]고 하였다.

3 審專不泄(심전불설), 得爲成道(득위성도) : [발휘]본에서는 "'專(전)'은 세상일을 거절하고 한 마음으로 수련하는 것이다. … '不泄(불설)'은 하루 종일 묵묵히 계란이 알을 품듯 정신을 거둬들여 항상 몸속에 머무는 것이다. 이를 잘 살피면 공

---

731 이익李瀷저, 김주희외 9인 역,《성호사설星湖僿說》, 11책, 30권, 1984, 민족문화추진회, 서울.

732 "丹法之要, 莫大乎五行. 五行之妙, 無出於坎離. 坎爲水, 金水合處, 而水中有金; 離爲火, 木火爲侶, 而火中有木, 是爲四象. 加以坎納戊土, 離納己土, 是爲五行. … 父猶天也, 母猶地也. 天氣降而至於地, 地受之而成生育之功 … 修鍊之士, 能以自己之天交自己之地, 以自己之五行攢簇於其內, 則相吞相啗却相親, 始覺無中有孕, 而結成聖胎也."

733 "人能反身而求之, 以吾自己五行之精凝結成寶, 則將與天地相爲無窮."

부가 순수해지고, 약재가 소모되지 않으며 화력이 끊어짐이 없어 도가 이내 이뤄진다. 어리석은 자는 천한 술수에 미혹되어 손으로 미려를 눌러 음란하게 교합하여 생긴 탁한 물질을 막으려하고는 누설치 않고, 생각지 않는다고 한다. 정이 비록 누설되지는 않았으나 신기가 이미 사라지고 이미 부패한 물질만이 허리사이의 바닥에 쌓이니 기이한 질병을 낳을 뿐이다. 어찌 어리석지 않다고 하겠는가"[734]라고 하여 성관계를 하면서 요도를 압박하여 사정을 참는 것이 건강에 해로움을 말하였다.

4 若以野葛一寸(약이야갈일촌), 巴豆一兩(파두일량), … 安能令蘇(안능령소), 復起馳走(부기치주) : [발휘]본에서는 "요즘 사람들은 독약이 입에 들어가면 능히 사람을 죽인다는 것은 믿으면서도 영단이 입에 들어가면 사람을 오래 살리는 것은 믿지 않으니 이 어찌 생각 없음이 심하지 않은가!"[735]라고 하였다.

[참동고]본에서는 "들칡과 파두는 모두 독이 지독한 약물이다. 만약 들칡 1촌과 파두 1냥을 목구멍으로 넘기면 반드시 넘어져 시체처럼 되고, 엎어져 들지 못하게 된다. 이러한 때에 비록 문왕이 설시점을 치거나 공자의 괘상점을 보거나 편작같은 의사를 구해 치료하거나 무함을 통해 신의 도움을 받는 것이 어찌 다시 살려 생명을 얻게 하는 것이 되겠는가. 외단의 폐해를 매우 깊이 말한 것이다."[736]라고 하였다.

---

734 "專者, 謝絶人事, 一心修練 … 不泄者, 終日黙黙, 如雞抱卵, 神若出便收來, 常在腔子之內也. 審如此, 則功夫純粹, 藥材不至鎖耗, 火力不至間斷, 道乃成矣. 昧者惑於下術, 乃謂手按尾閭, 閉其淫佚感合之穢物, 謂之不泄不思. 精雖不泄, 神氣蓋已去矣. 徒留其底滯撓敗之物積於腰間, 以成寄僻之疾, 何其昧也如此."

735 "然而今人但信毒藥入口能使人速死, 而不信靈丹入口能人長生, 是何不思之甚歟."

736 "野葛巴豆皆藥之至毒者今若以野葛一寸和巴豆一兩而納之喉中則必成僵尸不得俯仰當此之時雖使請揲蓍於文王質卦象於孔子求醫治於扁鵲蘄神佑於巫咸, 亦安能回死爲生耶. 甚言外丹之害也."

72. 河上姹女章 … 第七十二

원문 河上姹女, 靈而最神, 得火則飛, 不見埃塵, 鬼隱龍匿, 莫知所存。將欲制之, 黃芽爲根。

국역 강가의 아름다운 소녀는 영민하면서도 가장 신묘하여 불을 얻으면 곧 날아가 먼지도 보이지 않게 된다. 귀신과 용이 숨은 듯 그 있는 곳을 알 수 없으니 장차 제어하고자 황아를 뿌리로 삼는다.

교감 **1** 得火則飛 : [발휘]본에서는 "見火則飛"라고 하였다.
2 莫知所存 : [주해]본에서는 "莫測所存"이라 하였다.

구문해설 **1** 河上姹女, 靈而最神 : '姹女'는 아름다운 소녀인데 괘상으로는 리괘에 해당하고, 12지지로는 오에 배당된다. '河上'은 여러 가지 의미를 띠게 되는데 우선 강가의 소녀라는 단순한 해석인데 이는 《노자老子·도덕경道德經·하상공장구河上公章句》의 저자인 '河上公', '河上丈人'과 유사하다. 이 또한 강가에 살았던 어느 장인이라는 의미이상은 없는 것으로 보인다. 더 나아가 연단술의 입장에서 리괘가 상징하는 단사丹砂와 그 속의 수은[汞]을 비유하자면 리괘는 세 딸중 中女에 해당하고, 리괘 속의 음효는 수은을 가리킨다. 이를 離火속의 木精이라 하는데 수은의 액체성질 때문에 태양유주太陽流珠로 불리우듯이 강가의 소녀란 리괘 속의 수은이라 볼 수 있는 것이다. 이러한 유동성은 납에 비유되는 精에 비해 변화무쌍한 神의 작용이기 때문이다. 주석서의 대부분은 분야설에 입각해서 午方에 해당하는 '三河'로 해석하여 3개의 하천이 만나는 지역이라 하였다.[737]

2 得火則飛, 不見埃塵, 鬼隱龍匿, 莫知所存 : 수은의 성질을 말

---

737 이윤희는 《역해 참동계천유》에서 현재의 청해성靑海省, 서녕시西寧市, 백토성白土城이 금성하金城河, 사지하賜支河, 황하湟河에 임해있어서 三河라 부른다고 주석하였다.

한다 하겠다. 수은이 가열되면 쉽게 증발하므로 띠끌도 남지 않고 다 날아가 버려 찾을 수 없다는 것이다. 《주역周易 · 계사상전繫辭上傳》 "陰陽不測之謂神"이라 한 것과 같이 心神은 변화무쌍하여 일단 동하면 흔적을 좇기 어렵고, 쉽게 움직인다는 것과 상통한다.

3 將欲制之, 黃芽爲根 : 우선 23장에서 "陰陽之始, 玄含黃芽"라 했듯이 '黃芽'는 수련의 시작에 있어서 중요한 것으로 하단전, 신장의 양기이며, 진연眞鉛으로 불리운다. 즉, 수은을 제련하고, 억제하기 위해서는 아래의 납이 필요하며 참된 납이 뿌리내려야 그러한 연단이 가능함을 표현하였다. 하단전수련이 우선됨을 드러냈다고 할 수 있다. 다양한 표현을 아래의 표로 정리해보았다.

神	眞汞	靑龍	太陽流珠	河上姹女
精	眞鉛	白虎	金華	黃芽

【표 29】 정신精神의 다양한 표현

각가주 **1** 河上姹女, 靈而最神, … 將欲制之, 黃芽爲根 : [발휘]본에서는 "대개 마음을 비우고 정신을 모으면 얻어지는 것이 심중에서 나오는데 이를 靈汞 또는 神汞이라 한다. 그 성질이 맹렬하여 불을 보면 날아가 흔적조차 없어진다. 이는 마치 귀신이나 용이 숨는 듯 하여 찾기 힘든 것과 같다. 만일 황아黃芽를 뿌리로 하지 않는다면 이를 어떻게 제지할 것인가. 황아黃芽는 진연眞鉛으로 수은이 진연眞鉛을 만나면 억제되어 서로 사귀어 맺어지니 그러한 연후에는 쉽게 날아 달아나지 않는다."[738] 고 하였다.

[천유]본에서는 "이 구절은 납으로 수은을 통제하는 것이 금단의 작용임을 말한 것이다. 리괘는 본래 태양의 건체에 근본하여 성의 근원이 된

738 "蓋由虛心凝神而得之, 實自心中出. 是以謂之靈汞, 又謂之神汞. 其性猛烈, 見火則飛走無蹤, 猶如鬼隱龍匿, 莫知所存. 非用黃芽爲根, 何以制之. 黃芽, 卽眞鉛也. 汞得眞鉛擒制交結, 然後不能飛走."

다. 가운데 하나의 음을 간직하고 있는데 곤괘와 맺어져 가운데 진수, 진홍을 간직하고 있는 것으로 숫컷으로 암컷을 감싸고 있으니 아름다운 소녀라고 한 것이다. 감괘는 태음한 곤괘에 바탕을 두니 명의 근원이다. 가운데 하나의 양을 간직하니 건괘와 맺어져 진연, 진금을 가지고 있는 것이다. 이로써 물속에서 금이 생겨나는 것이니 또한 황아라고 한다. 차녀가 후천의 마음에 비유되는데 선천의 본성은 적연하여 동하지 않지만 후천의 마음은 감응이 있어 하늘에도 잠겼다가 땅에도 잠겼다가 한다. 지극히 영민하고, 신령스러워 찰라라도 시공간을 초월해 미치지 않는 곳이 없다. … 감정과 욕심이 따라 흐른다는 뜻으로 사람의 마음이 본래 지극히 신령스럽지만 후천의 감정과 인식이 사물을 좇는 것을 피하지 못하게 된다. … 대개 감괘 가운데의 하나의 양은 건금에서 나온 것인데 원래는 우리 집의 같은 종류의 물건이나 흘러가면 감정이 되고, 되돌리면 본성이 된다. 금이 본성으로 돌아보면 근본으로 돌려 근원에 돌아오는 것으로 황아가 차녀와 서로 합하여 임금이 신하를 제어하고, 지아비가 지어미를 누르듯이 된다."[739]고 하였다.

[주해]본에서는 "강위라는 것은 사람 몸의 배속이 모두 물이므로 강으로써 아름다운 소녀와 리괘의 정, 내약을 비유한 것이다. 황아는 감괘의 기이고, 영아, 외약이라 이름한다. 내약이 외약을 얽어 금하기를 기다리고, 감리가 서로 사귀는 도리이다."[740]라고 하였다.

[참동고]본에서는 "강위는 물위이다. 왼쪽 신장은 精水(정수)를 간직하고, 오른쪽 신장은 命門火(명문화)가 된다. 사람은 오른쪽을 위로 삼으니 河上(하상)이라 한다. '姹(차)'는 소녀이다. 감의 외획은 모두 음인 고로 차녀라 칭한다. 욕망의

---

739 "此節言以鉛制汞. 乃金丹之作用也. 離本太陽乾體, 性之元也. 中藏一陰係坤中眞水卽是眞汞以其雄裏包雌, 又名姹女. 坎中太陰坤體, 命之元也. 中藏一陽, 係乾中眞金卽是眞鉛, 以其水中生金, 又名黃芽. 姹女喩後天之心, 先天之性, 本來寂然不動, 轉作後天之心有感卽通, 潛天潛地至靈至神, 一刹那間上下四方, 往古來今, 無所不偏, … 情慾順流之義, 人心本來至靈, 只因夾雜後天情識, 未免易于逐物, …. 蓋坎中一陽本出乾金 原是我家同類之物, 順之則流而爲情. 逆之則轉而爲性. 金來歸性, 反本還原, 黃芽得與姹女配合, 若君之制臣, 夫之制婦."

740 "河上人身腹中皆水故以河爲喩姹女離精內藥也. 黃芽坎氣也又名嬰兒外藥也. 內藥須待外藥拘禁坎離相交之道也."

불이 한번 동하면 흩어져 날아가 옷의 티끌이 보이지 않으니 이는 또한 귀신이 숨고, 용이 숨어 어디 있는지 보이지 않는 것과 같다. 장차 억제하려하는 것은 마땅히 황아黃芽로써 뿌리를 삼는데 황아는 토이다. 비토의 뜻으로써 心의 己土를 끌어와 腎의 戊土와 화합시키니 뿌리라고 한 것이다."[741]라고 하였다.

고찰 [참동고]에서는 71, 72장을 4장 3절로 보고 수련의 참된 것과 망령된 것이라 하였다.

73. 物無陰陽章 … 第七十三

원문 物無陰陽, 違天背元, 牝雞自卵, 其雛不全。夫何故乎? 配合未運, 三五不交, 剛柔離分。施化之精, 天地自然, 猶火動而炎上, 水流而潤下, 非有師導, 使其然也。資始統政, 不可復改。觀夫雌雄, 交媾之時, 剛柔相結, 而不可解, 得其節符, 非有工巧, 以制御之。若男生而伏, 女偃其軀, 稟乎胎胞, 受氣元初, 非徒生時, 著而見之。及其死也, 亦復效之。此非父母, 敎令其然。本在交媾, 定置始先。

국역 사물에 음양이 없으면 하늘에 위배되고 근원을 등지는 일이다. 암탉이 스스로 알을 낳는다면 그 병아리는 완전할 수 없다. 어째서 그러한가. 아직 짝을 지어 합쳐져 돌아가지 않고, 수화토가 서로 사귀지 않아 강함과 부드러움이 서로 분리되었기 때문이다. 베풀고 변화하는 정기는 천지의 자연스러움인데 오히려 불이 동하여 위로 타오르고, 물은 흘러 아래를 적시니 스승의 이끌어줌이 없어 그렇게 된 것이다. 시작할 때를

741 "河上水上也. 左腎儲精水, 右腎爲命門火, 人用以右爲上故稱河上也姹少也. 坎之外畫皆陰故稱姹女也. 慾火一動飛去飄散不見其衣裳之埃塵又如鬼之隱而龍之匿不知其伏在何處. 將欲制之當以黃芽爲根, 黃芽土也. 以脾土之意引心之己土和合於腎之戊土所以謂之根也."

취하여 바르게 다스리는 것이니 다시 고칠 수는 없게 된다. 무릇 암컷과 수컷이 서로 성교할 때는 강함과 부드러움이 서로 결합되어 풀 수가 없음을 보게 된다. 부절을 얻은 것처럼 서로 맞춰지는 것은 공교롭게 우연히 그것을 제어하는 것은 아니다. 남자는 태어날 때 엎어지고, 여자는 그 몸을 드러눕게 되는데 자궁의 태중에서 타고날 때 받았던 최초의 기운 때문이지 태어날 때만 그냥 그렇게 모습을 드러냈던 것은 아니다. 죽을 때에도 역시 그러한 모습을 본받는데 이는 부모가 그렇게 하라고 가르쳐서 된 것이 아니고 본래 성교할 때 먼저 시작된 위치에 따라 정해진 것이다.

교감 **1** 配合未運 : [발휘]본과 [천유]본, [사고전서]본에서는 "配合未連"이라 하였다.

2 施化之精 : [발휘]본과 [천유]본에서는 "施化之道"라 하였다.

3 猶火動而炎上, 水流而潤下 : [천유]본에서는 "火動炎上, 水流潤下"라 하였다.

4 非有師道 : [발휘]본과 [천유]본에서는 "非有師導"라 하였다.

5 使其然也 : [천유]본에서는 "使之然也", [참동고]본에서는 "使其然者"라 하였다.

6 資始統政, 不可復改 : [참동고]본에서는 이 구절이 누락되었다.

7 受氣元初 : [발휘]본과 [천유]본에서는 "受氣之初"라 하였다.

8 本在交媾 : [천유]본에서는 "本在交姤"라 하였다.

9 定置始先 : [발휘]본, [참동고]본에서는 "定制始先", [천유]본에서는 "定置如先"이라 하였다.

구문해설 **1** 物無陰陽, 違天背元 : '陰陽'은 우주자연의 규율을 말하는데 《주역周易·계사상전繫辭上傳》에 "一陰一陽之謂道"라고 한 것과 상통한다. '違天背元'은 하늘의 이치와 인간의 원기에 위배된다는 뜻이다.

2 牝雞自卵, 其雛不全 : 암수의 교미없이 암컷 혼자 알을 낳을 수는 없는 것이고, 이렇게 생긴 병아리는 완전할 수 없다는 것이다. '雛'는 병아리를 가리킨다.

3 配合未運, 三五不交, 剛柔離分 : '配合'은 암수의 교미를 말한다. '三五'는 31장의 "子午數合三, 戊己號稱五."에서 가장 자세히 설명되었듯이 수, 화, 토를 가리킨다. 이러한 암수, 음양, 강유, 수화가 결합되지 않고, 분리되었음을 뜻한다.

4 施化之精, 天地自然 : '施化'는 수컷의 '施精'과 암컷은 '化育'능력을 가리킨다. 남자가 정액을 내면 여자가 이를 받아 난자와 수정시켜 아이를 갖는 것과 같다.

5 猶火動而炎上, 水流而潤下, 非有師導, 使其然也 : 불이 타오르고, 물이 흘러내리는 것은 화수미제火水未濟, 천지비天地否의 상태를 말한다. '配合未運', '三五不交', '剛柔離分'된 상태인 것이다. 이러한 문제는 스승으로부터 바른 인도를 받지 못한 때문이라고 하였다. 《상서尙書 · 홍범洪範》에 "水曰潤下, 火曰炎上"이라한 구절과 상통한다.

6 資始統正, 不可復改 : 《주역周易 · 건괘乾卦 · 단전彖傳》의 "大哉乾元! 萬物資始, 乃統天"이라는 구절과 상통한다. 만물이 시작에 말미암아 길러지고, 그 바른 길을 가도록 거느려지는 것이어서 처음이 잘못되면 돌이킬 수 없음을 표현하였다.

7 觀夫雌雄, 交媾之時, 剛柔相結, 而不可解 : 암수의 교미때 서로 결합하여 떨어지지 않음을 뜻한다.

8 得其節符, 非有工巧, 以制御之 : 마치 부절이 서로 들어맞듯 결합되어 있는 것이 우연한 일이 아니라는 뜻이다.

9 若男生而伏, 女偃其軀 : '偃'은 앙와위로 드러누웠다는 것으로 엎드렸다는 뜻의 '伏'과는 반대말이다.

10 稟乎胎胞, 受氣元初, 非徒生時, 著而見之 : 남녀의 차이가 우연히 잠시 나타나는 현상이 아니라 수태될때부터 받았던 기운의 차이 때

문이라 설명하고 있다. '徒'는 다만, 겨우라는 뜻의 부사어이다.

11 此非父母, 敎令其然。本在交媾, 定置始先 : 부모가 가르쳐서 된 것이 아니라 본능적인 현상임을 설명하였다. 남녀가 성교시에 남자가 여자보다 상위의 체위를 갖는 것을 말한다. 이러한 상황이 남녀의 차이로 이어진다고 본 것이지만 설득력이 떨어지는 비유로 보인다.

각가주 **1** 物無陰陽, 違天背元… 三五不交, 剛柔離分 : [발휘]본에서는 "사람은 능히 빛을 돌려 비춰 자신의 내부에서 음양을 교합할 수 있으니 강유가 배합되고, 三五가 하나로 돌아간다. 하필 다른 곳에서 구하려 하는가. … 대개 금단은 청정하고 무위하는 도이다. 혹자는 삿되고 편벽한 설에 빠져서 금단에 아녀자를 이용하는데 미혹됨이 참으로 심하다."[742]라고 하여 본장에서 말하는 음양이 방중술을 말하는 것이 아니라 몸속의 음양을 합하는 것임을 강조하였다.

[천유]본에서는 "단도에서도 역시 그러하다. 반드시 동쪽의 3, 남쪽의 2, 북쪽의 1, 서쪽의 4의 사상이 어우러져 2개의 물건이 되어 중앙의 참된 흙에 이르면 같은 부류가 서로 구하여 三五로 합성되어 바야흐로 성태를 맺게 된다."[743]고 하였다.

[참동고]본에서는 "만물이 음양없이는 하늘의 조화와 생명의 근원을 위배하는 것이다. … 세상에 혹 인력으로 병아리를 만들기 위해 낮 기운이 성할 때 물과 햇볕을 쬐어서 따듯하게 하여 가짜로 양기를 만들면 병아리를 만들 수 있으나 오래갈 수는 없다."[744]라고 하였다.

2 施化之精, 天地自然… 資始統正, 不可復改 : [발휘]본에서는 "대개 사람의 한 몸은 천지의 형상을 본받아 머리는 하늘, 배는 땅이 된

---

742 "人能回光返照, 以吾自己陰陽交媾於內, 則剛柔配合, 三五歸一. 何必他求 … 蓋金丹者, 淸靜無爲之道也. 或者溺於邪僻之說, 以爲金丹必用婦人, 惑之甚矣."

743 "丹道亦然, 必須東三南二北一西四, 四象併爲兩物, 會到中央眞土, 同類相求, 合成三五, 方結聖胎."

744 "萬物若無陰陽則違天之造化背生之原本也. … 世或以人力成雛者當午盛水爆而溫之則假借陽氣以成雛然亦不能久也."

다. 단시 정신을 침잠하여 안으로 지키되 잊지도 돕지도 않으며 코로 고르게 숨을 쉬되 너무 놓지도, 너무 구애받지도 않으면 자연히 한번 열리고, 한번 닫히며, 한번 주고, 한번 받아 천지와 더불어 베풀고 화육하는데 다름이 없다. 만약 기화할 시간에 이르러 기기가 동하여 소리가 나면 불이 배꼽아래에서 드러나 물이 정수리에 향하여 생하는데 그 묘함이 스스로 그러한 듯 아닌 듯 한다. 처음에 정신을 수고롭게 하거나, 애써 힘을 들이지 않으면 후에 얻게 된다."[745]고 하였다.

[참동고]본에서는 "건과 곤이 교류하고, 해와 달이 교류하며, 남자와 여자가 교류하고, 암컷과 수컷이 교류하는 것이 모두 이러한 종류이다. 천지가 베풀어 화합하는 것이 자연의 이치인데 이는 불이 동하여 타오르고, 물이 흘러 아래로 적시는 것과 같다. 스승이 전하지 않더라도 이와 같이 되는 것이다."[746]라고 하였다.

3 觀夫雌雄(관부자웅), 交媾之時(교구지시) … 非有工巧(비유공교), 以制御之(이제어지) : [발휘]본에서는 "대개 금단에서 말하는 교구는 음양이 내부에서 감응하여 신과 기가 사귀어 맺는 것이다. 자웅, 부부는 모두 비유이다 … 마땅히 그 신이 기에 들어가 기와 신이 합해지면 부절을 얻는 듯하여 강함과 부드러움이 서로 결합하여 풀리지 않는 형상이 된다."[747]라고 하여 다시 한번 강조하였다.

[참동고]본에서는 "강유가 서로 교류하는 것은 자연의 이치이니, 사물의 암수를 보면 역시 알 수 있다."[748]라고 하였다.

4 若男生而伏(약남생이복), 女偃其軀(여언기구) … 本在交媾(본재교구), 定置始先(정치시선) : [발휘]본에서는 "대개 양기가 얼굴에 모이는 고로 남자는 낯이 무겁고, 태어날 때 반드시 엎어져있다. 음기는 등으로 모이는 고로 여자는 등이 무겁고, 태어날

745 "蓋人之一身, 法天象地, 首卽天也, 腹卽地也, 但潛神內守而勿忘勿助, 調均鼻息而勿縱勿拘, 自然一闔一闢, 一稟一受與天地施化之道無異. 若夫時至氣化, 機動籟鳴, 則火從臍下發, 水向頂中生, 其妙自有不期然而然者, 初不在勞神用力而後得也."

746 "乾與坤交, 日與月交, 男與女交, 牡與牝交, 凡若此類乃天地施和自然之理, 猶火動則炎上水流則潤下非有師傳導之而使其如此也."

747 "蓋金丹之所謂交媾, 乃陰陽內感, 神氣交結. 曰雌雄, 曰夫婦, 皆譬喩也. … 當其神入氣中, 氣與神合, 得其節符, 眞有剛柔相結而不可解之狀."

748 "剛柔相交自然之理, 觀物之雌雄亦可驗也."

때 반드시 우러러 눕는다. 어찌 태어날 때만 그러하겠는가. 죽을 때도 그러하다. 그러므로 남자는 물에 빠져죽으면 반드시 엎드리고, 여자는 드러눕는다. 짐승도 익사할 때 모두 그러하다."[749]고 하였다.

[천유]본에서는 "세상의 법을 알려면 도의 쓰임을 알아야한다. 선천은 건은 위에 곤은 아래에 있는 것은 내 몸의 부모요, 후천은 리가 위에 감이 아래에 있어 내 몸의 남녀가 된다. 불은 타오르니 감괘 남자의 성정이고, 물은 적시며 내려오니 리괘 여자의 성정이다. 坎男, 離女의 성정은 乾父, 坤母의 성정이니 건은 본래 위에 자리를 정하고, 곤은 본래 아래에 자리를 정하니 건의 아비와 곤의 어미가 교구하여 감리가 생한 것으로 위치는 비록 바뀌었으나 성정은 달라지지 않는다. 따라서, 감괘 가운데의 화는 타오르려하고, 리괘 가운데의 수는 적시며 흘러내리려 한다. 각각 근본으로 돌아가 그 같은 부류에 돌아가니 坎男과 離女는 다시 한번 사귀어 천지상하에 항상됨으로 돌아가 선천의 성명을 회복하게 된다."[750]고 하였다.

[참동고]본에서는 "대개 남자는 양인 고로 위로부터 아래를 덮고, 여자는 음인 고로 아래로부터 위를 잇는다. 리괘는 기로써 아래로 하강하고, 감괘는 정으로써 위를 적셔주니 어찌 의심이 있겠는가."[751]라고 하였다.

고찰 [참동고]에서는 이장을 5장 1절로 보아 내단의 음양이라 하였다.

749 "蓋陽氣聚面, 故男子面重, 生時必伏. 陰氣聚背, 故女子背重, 生時必仰. 豈獨生時爲然, 其死也亦然. 故男子溺死必伏, 女子溺死必仰, 走獸溺死伏仰皆然."

750 "旣識世法, 便知道用, 先天乾上坤下卽吾身之父母也. 後天離上坎下卽吾身之男女也. 火之炎上, 坎男之性情也. 水之潤下, 離女之性情也. 坎男離女之性情卽乾父坤母之性情也. 乾本定位居上, 坤本定位居下, 追乾父坤母交媾而成坎離, 位置雖更性情不易, 所以坎中之火仍欲炎上, 離中之水仍欲潤下, 各思返本還原, 歸其同類, 至於坎男離女再一交媾, 適還天上地下之常, 而先天之性命復矣."

751 "蓋男陽故自上覆下女陰故自下承上離以氣降之于下坎以精潤之于上 亦何疑於是哉."

74. 坎男爲月章 … 第七十四

원문 坎男爲月, 離女爲日, 日以施德, 月以舒光, 月受日化, 體不虧傷。陽失其契, 陰侵其明, 晦朔薄蝕, 掩冒相傾, 陽消其形, 陰凌災生。男女相須, 含吐以滋, 雌雄錯雜, 以類相求。

국역 감괘는 남자괘이며 달에 해당하고, 리괘는 여자괘이면서 해에 해당한다. 해가 있음으로써 덕을 베풀고, 달이 있음으로써 빛을 펼치게 되니 달은 받고, 해는 변화되지만 그 몸체는 이지러지거나 손상되지 않는다. 양이 그 약속을 잃으면 음이 그 밝음을 침범하여 그믐과 초하루에 일식이나 월식이 나타나, 가려지며 기울게 된다. 양은 그 모양이 사라지고, 음은 침범하여 재앙이 생기게 된다. 남녀가 서로 따르는 바가 있어 머금고 뱉어서 기르고, 암수가 서로 뒤섞여 있으나 같은 부류끼리는 서로 찾게 된다.

교감 1 月受日化 : [발휘]본에서는 "日改月化"라 하였다.
2 掩冒相傾 : [발휘]본에서는 "掩冒相包"라 하였다.

구문해설 1 坎男爲月, 離女爲日 : 63장의 "男白女赤, 金火相拘" 구절에서와 마찬가지로 《주역周易 · 설괘전設卦傳》에 "坎再索而得男, 故謂之中男, 離再索而得女, 故謂之中女"라는 구절에 따라 남녀괘를 나눈다. 감괘(☵)는 외곽의 음효속에 양이 들어있어 달의 기운과 같고, 리괘(☲)는 외곽의 양효속에 음이 들어있어 해의 기운과 같다.
2 日以施德, 月以舒光 : 해가 빛을 내어 만물을 비추는 것을 덕을 베푼다고 비유한 것이고, 달은 이러한 빛을 받아 펼치게 되는데 이는 부부의 도리와도 상통한다.
3 月受日化, 體不虧傷 : 달은 태양의 빛을 받아 반사하는데 이렇게 태

양의 빛이 달을 통해 전달되어도 그 몸체를 상하지 않는다는 뜻이다. 이는 뒤에 나오는 일식현상에 상대되는 것으로 일식이 태양의 몸체가 이지러지는 현상이라면 정상적인 경우 태양의 몸체는 그대로라는 뜻이다.

4 **陽失其契, 陰侵其明, 晦朔薄蝕, 掩冒相傾** : 39장의 "日月相激薄, 常在晦朔間。 水盛坎侵陽, 火衰離晝昏"과 상통하는데 양이 그 정당한 경로를 잃어버리면 음기가 성해져 일식이 일어난다는 뜻이다. '薄蝕'은 서로에 가려져 일식이나 월식이 일어날 때 엷어지고, 좀먹어 들어간다는 뜻을 나타낸다. '掩冒'는 서로의 그림자에 가려진다는 뜻이고, '相傾'은 그로인해 모양이 기울어진다는 뜻이다.

5 **陽消其形, 陰凌災生** : 양의 형태가 소모되어 줄어드는 것은 일식인데 이때 음기가 침범하여 재앙이 생긴다고 하였다.

6 **男女相須, 含吐以滋, 雌雄錯雜, 以類相求** : 남녀가 서로 따르면 삼키고 뱉으며 기르는 것은 해와 달이 서로 주고받는 것과 상통한다. 음속에 양이 있고, 양속에 음이 있는 리괘와 감괘의 상은 '雌雄錯雜'을 가리키며, 그러한 상태에서 서로 같은 부류를 찾아가게 된다는 뜻이다. 같은 부류가 서로 구한다는 것은 《주역周易 · 건괘乾卦 · 구오九五》의 "同聲相應, 同氣相求, 水流濕, 火就燥, 雲從龍, 風從虎, 聖人作而萬物覩, 本乎天者親上, 本乎地者親下, 則各從其類也."와 상통한다.

각가주 **1** **坎男爲月, 離女爲日, 日以施德, 月以舒光** : [발휘]본에서는 "대개 몸속의 음양이 전도되어 있는 것을 학자들이 진실로 알지 못하니 얕은 소견으로 볼 뿐이다. 대개 해는 덕을 베푸니 남편의 도이고; 달은 빛을 펼치니 아내의 도이다. 지금 달이 坎男이 되니 이는 곧 아내가 남자가 되는 것이고, 해가 離女가 되니 이는 곧 지아비가 여자가 되는 것이다. 이는 그 전도됨을 말한다."[752]고 하였다.

[주해]본에서는 "혼백이 서로 삼키고, 암수가 베풀고 받는 것처럼 두 기

---

752 "此蓋身中之陰陽顚倒, 學者誠未可以淺見窺也. 夫日以施德, 夫道也; 月以舒光, 婦道也. 今以月爲坎男, 則是婦爲男矣; 以日爲離女, 則是夫爲女矣. 此其爲顚倒也."

운이 서로 교감하는 것에서 해와 달만한 것이 없다. 부류를 추정하여 징험하는 면에서 사물에는 수화가 있고, 사람에는 남녀가 있는데 모두 이러한 상징이다."[753]라고 하였다.

[참동고]본에서는 "감괘는 남자괘인데 반대로 달의 여자상이 되고, 리괘는 여자괘인데 반대로 해의 남자상이 되는데 어찌된 것인가. 리괘의 해는 중심에 己土(기토)의 베풂을 얻고, 감괘의 달은 몸체가 감의 달이지만 외체는 戊土(무토)의 펴는 일을 맡은 고로 감괘의 달은 밖이 음이고, 안은 양이며, 리괘의 해는 밖이 양이고, 안이 음이다."[754]라고 하였다.

2 月受日化(월수일화), 體不虧傷(체불휴상) : [참동고]본에서는 "양이 음을 억제하는 것이다."[755]라고 하였다.

3 晦朔薄蝕(회삭박식), 掩冒相傾(엄모상경) : [발휘]본에서는 "해가 달을 바라보면 월식이고, 달이 해를 가리면 일식이다. 그러므로 일식은 초하루에, 월식은 보름에 나타난다. 그러나 식이 있고 없고는 교감하면 식이요, 교감하지 않으면 식이 없는 것이다. 지금 위공이 해와 달 두 가지를 거론하여 단도에 비유한 것은 그믐과 초하루에 일식이 일어난다고 하는데 그 뜻이 있다. 배우는 사람은 회광반조하지 않고 내 몸의 해와 달을 찾거나 내 몸의 그믐과 초하루를 찾지 말라."[756]라고 하였다.

[주해]본에서는 "비록 그 기운이 서로 교류하나 그 형체는 서로 싸우니 해가 달을 대해 빛을 생하여 불이 기름을 얻어 밝아지는 것, 남자가 여자를 따라 보익하는 것이 기가 교류하는 것이다. 달이 해를 먹으면 일식이고, 수가 화를 극하면 소멸되며, 여자가 남자를 유혹하면 독이 생기니 형체가 싸우는 것이다. 그 외형은 싸우는 것이나 실지로는 교류하는 것이

---

753 "魂魄呑吐雌雄施受二氣相媾者, 莫如日月也. 推類徵之則在物水火在人男女皆有此象也."

754 "坎男也, 而反爲月之女象, 離女也, 而反爲日之男象何也. 離日以中心所得之己土施, 坎月之體坎月以外體所賦之戊土舒離日之光故坎月外陰內陽離日外陽內陰也."

755 "陽制陰也."

756 "日望月則月食, 月掩日則日食, 是故日食於朔, 月食於望. 然而有食有不息者, 交則食, 不交則不食也. 今魏公擧日月二者比喩丹道, 而擧擧於晦朔薄蝕, 其意蓋有在矣. 學者得不回光返照, 尋吾身中之日月, 求吾身中之晦朔哉."

금단의 제복하는 기술이다. 그 교류를 즐기고, 그 싸움을 돕는 것이 세상 사람들이 살고 죽는 도리이다."[757]라고 하였다.

4 陽消其形(양소기형), 陰凌災生(음릉재생) : [천유]본에서는 "태양의 빛은 본래 금의 본성에서 나와서 원만하게 밝고, 두루 비추는데 아무리 오래되어도 훼손됨이 없다. 다만 한번 음한 기운이 침범하여 그 형체가 잠깐 줄고, 좀 먹히는 재앙을 당하게 된다. … 사람에 있어서 감괘와 리괘가 처음 사귈 때 일양이 바다속에 가라앉아 움직이고, 움직이지 않는 사이에 그 절도를 잃어 참된 불은 물속에 빠져버리게 된다. 화로에서 빠져나오지 못하고 일식이 일어나는 상과 같이 된다."[758]고 하였다.

[참동고]본에서는 "음이 양을 능멸하는 것이다."[759]라고 하였다.

5 男女相須(남녀상수), 含吐以滋(함토이자) : [천유]본에서는 "坎男(감남)과 離女(리녀)의 두 물건은 서로 따르고 서로의 작용이 된다. 달의 魄(백)은 금까마귀의 정을 밖으로부터 안으로 흡입하고, 해의 魂(혼)은 옥토끼의 골수를 안에서 밖으로 내쉰다. 주인과 손님이 거꾸로 뒤집혀 하나는 머금고, 하나는 토하니 참된 씨앗이 여기서 생겨 자란다."[760]고 하였다.

[주해]본에서는 "대저 사람은 남녀에서 생하고, 남녀에서 죽는다."[761]라고 하였다.

5 雌雄錯雜(자웅착잡), 以類相求(이류상구) : [천유]본에서는 "감괘속의 진화는 위로 올라 건으로 돌아가려 하고, 리괘속의 진수는 아래로 내려가 곤으로 돌아가려 한다. 흩어진 몸체를 단련하여 순수한 몸을 이루려는 것이다. 이를 물이 습한 곳으로 흐르고, 불이 마른 곳을 취하여 각각 같은 부류를 따르는

---

757 "雖然其氣相交, 其形相闘, 日對月生光, 火得油發明, 南順女補益, 其交也. 月薄日爲蝕, 水克火爲滅, 女感男爲蠱, 形闘也. 借其闘而固其交者金丹制伏之術也."

758 "太陽之光, 本出金性, 圓明普照, 萬古不虧, 但一受陰氣相侵, 其形未免暫消而生薄蝕之災矣 … 在人爲坎離初交, 一陽沈在海底, 動靜之間, 稍失其節. 以至眞火陷入水中. 不能出爐, 便應薄蝕之象."

759 "陰凌陽也."

760 "坎男離女二物相須爲用, 月魄吸金烏之精, 自外而入. 日魂呼玉兎之髓, 自內而出. 顚倒主賓, 一含一吐, 眞種於是滋生."

761 "夫人生由男女, 死由男女也."

다는 뜻이다."[762]라고 하였다.

[참동고]본에서는 "감은 남자괘이나 반대로 암컷이 되고, 리는 여자괘이나 반대로 수컷이 되니 서로 교차하여 중요한 것은 부류로써 구하는 것이다."[763]라고 하였다.

75. 金化爲水章 … 第七十五

원문 金化爲水(금화위수), 水性周章(수성주장), 火化爲土(화화위토), 水不得行(수불득행)。故男動外施(고남동외시), 女靜內藏(여정내장), 溢度過節(일도과절), 爲女所拘(위녀소구)。魄以鈐魂(백이검혼), 不得淫奢(부득음사)。不寒不暑(불한불서), 進退合時(진퇴합시), 各得其和(각득기화), 俱吐證符(구토증부)。

국역 금이 변화하여 수가 되는데 수의 성질은 두루 돌아다니는 것이다. 화가 변하여 토가 되면 수는 움직여 다닐 수가 없게 된다. 그러므로 남자는 동하여 밖으로 베풀고, 여자는 정하여 안에 간직하는데 도를 넘어 절도를 잃게 되면 여자가 구속하게 되고, 백이 혼을 단속하면 음란하거나 사치하지 않게 되고, 춥지도 덥지도 않으며, 나아가고 물러남에 때에 합당하니 각각 조화로움을 얻어 증거되는 징표를 토해내게 된다.

구문해설 **1** 金化爲水(금화위수), 水性周章(수성주장) : 금은 감괘 속에 있는데 선천의 순수한 몸은 眞金(진금)이라 할 수 있다. 금이 수를 생하는 것은 오행상의 법칙이지만 선천의 금이 하단전에 갈무리되어 감춰지고 이내 수가 이를 품고 오장의 하나로 작용하게 된다. '章(장)'은 성하다, 밝다는 뜻을 가져 물의 성질이 두루 흘러 성한 모양, 즉 범람의 상이다.

2 火化爲土(화화위토), 水不得行(수불득행) : 화생토, 토극수의 과정이다. 화는 리괘를 뜻하는데 리괘에서 변화된 토는 己土(기토)를 말한다. 토는 또한 성명, 혼백의 사이

---

762 "坎中眞火仍欲上歸于乾, 離中眞水, 仍欲下歸于坤. 由破體鍊之, 純體乃成. 此卽水流濕, 火就燥, 各從其類之旨也."

763 "坎南反爲雌, 離女反爲雄, 互相錯雜, 要在以類求之也."

에서 중재하는 진의眞意를 뜻하고, 망동하는 수는 인체에서는 누설되는 精을 가리킨다고 할 수 있다.

3 故男動外施, 女靜內藏, 溢度過節, 爲女所拘 : 남자가 밖에서 절제없이 망동했을때 여자가 이를 억제한다는 것으로 오행간의 생극이 남녀의 관계로 비유되었다.

4 魄以鈐魂, 不得淫奢 : 백으로 혼을 제지하여 음란하고 사치하지 않도록 한다는 것이다. '鈐'은 일종의 자물쇠로 굴대에 꽂아 바퀴가 구르지 못하게 하는 쐐기이다. 억제, 제지한다는 뜻이다. 여자가 남자를, 백이 혼을 제지하는 것이 서로 같은 의미이다.

5 不寒不暑, 進退合時, 各得其和, 俱吐證符 : 춥지도 덥지도 않다는 것은 음과 양 어느 쪽에 치우치지 않고 조화롭게 되었다는 뜻이다. 陽火와 陰符의 나아가고 들어오는 과정이 때에 맞게 적합하고, 조화로우면 단이 형성되는데 이때 그 상황에 맞는 증험들이 나타난다는 뜻이다.

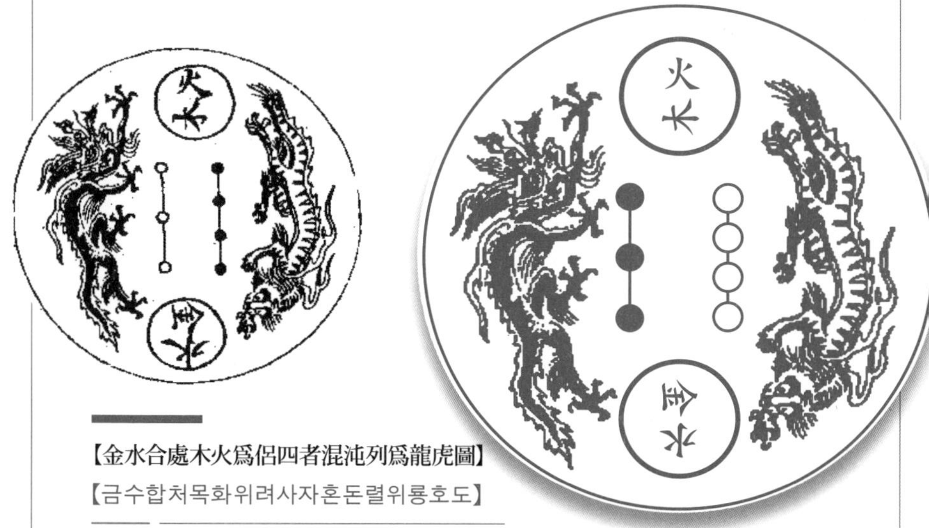

【金水合處木火爲侶四者混沌列爲龍虎圖】
【금수합처목화위려사자혼돈렬위룡호도】

『道藏』「周易參同契發揮 卷七中」(文物出版社)20冊 246쪽

각가주 **1** 金化爲水, 水性周章, 火化爲土, 水不得行 : [발휘]본에서는 "금이 감궁에서 생길 때에는 기일 뿐이다. 대개 아직 수로 화하지

못한 것이다. 태양의 참된 불로 아래를 찌면 녹아서 물이 되는데 물의 성질은 두루 성하니 세차게 쏟아질듯 한 것을 누가 막을 수 있겠는가. 그러나 화가 이미 극성하면 변화하여 토가 되니 토가 물을 극한다. 수가 토를 만나면 제지되니 돌아다닐 수 없다."[764]고 하였다.

[천유]본에서는 "우리 몸에는 戊가 흐르고, 己가 나아가 같은 부류끼리 벗을 얻는 공부가 된다. 리는 본래 태양인 건금의 중간에서 하나의 음이 되어 양금은 음수로 변화한다. 소위 태양 유주인 것이다. 그 성질이 흘러 달리고 얽매임을 받지 않으니 넘쳐흐르는 것을 피할 수 없다. … 리괘 가운데의 물이 이미 범람하면 감괘 가운데의 진화를 억제하는데 감괘속의 진화로부터 무토가 나와 수를 억제하는 것이 황아가 뿌리가 된다는 것과 같다. 감괘의 무토와 리괘의 기토는 아래에서 서로 합하여 중궁에 놓이게 되는데 두루 넘치는 물의 제방이 되어 감히 사방으로 망동하지 못하게 한다."[765]고 하였다.

[주해]본에서는 "오행의 덕은 한번 생하고, 한번 극하는 것이다. 중정하게 나오면 생해도 화동하고, 극하면 제복한다. 과도하게 나오면 생하여 음란하고, 극하면 몸을 해롭게 해치게 된다."[766]라고 하였다.

[참동고]본에서는 "금이 수를 생하니 수의 성질은 두루 흐른다. 정하지 못하면 화가 다시 토를 생하여 수가 다니지 못하게 한다."[767]라고 하였다.

2 魄以鈐魂, 不得淫奢 : [천유]본에서는 "리괘 가운데의 음은 백에 속하는데 태양의 몸체를 이루므로 陽神, 日魂이라 칭한다. 감괘 속의 양은 혼에 속하는데 태음의 정수가 되니 陰神, 月魄이라 칭한다. 소위 혼과 백이 더불어 집이 된다는 것은 현재 불이 변화하여 토가 되어 넘치는 수를

---

764 "金生於坎宮, 氣而已矣. 蓋未化爲水也. 因太陽眞火伏蒸於其下, 遂鎔化爲水, 水性周章, 沛然熟能禦之. 然火熱旣極, 則又化而爲土, 火化爲土, 則土克水, 水見土則止, 故不得行也."

765 "在吾身爲流戊就己. 同類得朋工夫. 離本太陽乾金中間, 轉出一陰.陽金便化爲陰水. 卽所謂太陽流珠也. 其性流走. 不受控制, 未免泛溢而周流. … 離中之水, 旣至泛溢, 便來克坎中眞火, 所賴坎中眞火化出戊土, 轉能制水, 卽所謂黃芽爲根也. 坎中戊土, 與離中己土, 兩下配合, 鎭在中宮周章之水, 纔得所隄防而不敢妄行四出."

766 "五行之德一生一克出於中正則生爲和同克爲制伏, 出於過溢則生爲淫奢克爲戕賊."

767 "金生水而水性周流, 不定則火復生土使水不得行也."

억제하는 것이다."[768]라고 하였다.

[주해]본에서는 "혼은 양적인 물건으로 가볍고 밝으며 흩어지려한다. 백은 음적인 물건으로 무겁고 어두우며 모이려고 한다. 무거운 것은 능히 가벼운 것을 누를 수 있고, 어두운 것은 능히 밝은 것을 도울 수 있다. 모이는 것은 능히 흩어진 것을 모으니 중정하면서 제복하는 뜻이다. … 지금 환자가 잘 놀라는 것은 백이 혼을 거두지 못해서이고, 건장한 사내가 두려움이 없는 것은 백이 혼을 잘 통섭하기 때문이다. 만약 혼이 약하고, 백이 건강하면 비록 장수하나 대부분 어리석고, 죽은 후에 귀신이나 도깨비가 된다."[769]라고 하였다.

[참동고]본에서는 "'鈐'은 비녀장이다. 백은 지키는 것을 주관하고, 혼은 운영하는 것을 주관하니 백은 능히 혼의 비녀장역할을 한다. 대개 혼은 수에 속하고, 백은 토에 속하니 토가 수를 억제하는 것이다. 오행의 변화기 이처럼 무궁하다."[770]라고 하였다.

3 不寒不暑, 進退合時, 各得其和, 俱吐證符 : [발휘]본에서는 "채약할 때에 화의 공을 조절하고, 빠르지도 느리지도 않게 하여 단지 화평하게 교류토록 해야 한다."[771]고 하였다.

[천유]본에서는 "해의 빛과 달의 정이 서로 고르게 교류하면 庚의 방위에서 金精이 빛을 내고, 하나의 양이 증험을 받아 금단의 대약이 생기는 것이다."[772]라고 하였다.

[주해]본에서는 "금단의 법은 처음에는 백을 단련하고, 혼을 수렴하지만 마지막에는 신을 단련하고, 혼을 소모하여 순양으로 변화한 후에 양이

---

768 "離中之陰屬魄, 以其爲太陽之體, 故反稱陽神, 日魂. 坎中之陽屬魂, 以其爲太陰之精, 故反稱陰神月魄. 所謂魂之與魄, 互爲室宅也. 今者火化爲土轉制周章之水."

769 "魂陽物也. 輕明而散, 魄陰物也. 重暗而聚, 重能鎭輕, 暗能資明, 聚能集散中正制伏之義也. … 今夫病人善驚魄不能攝魂也, 壯士無懼魄能攝魂也. 若夫魂弱魄壯者雖壽而多愚, 死後或作鬼妖也."

770 "鈐鈐轄也魄主持守魂主營爲魄能鈐轄於魂者. 蓋以魂屬水魄屬土, 土所以制水也. 五行嬗變其妙無窮如此."

771 "採藥時, 調和功, 不得疾, 不得緩, 但欲其和平而交媾爾."

772 "日光月精, 兩相交併. 至于庚方之上, 金精吐光一陽受符而金丹大藥産矣."

능히 음을 부려 다시는 음을 돕는 경우가 없다."[773]라고 하였다.

[참동고]본에서는 "춥지도 덥지도 않은 것은 묘유의 가운데이고, 나아가고 들어옴이 합하는 시간은 상현, 하현의 중간이며, 4가지 중간에서 각각 중토를 얻으니 충화의 기운이다. 그러므로 이때 증험하는 부절을 통하여 목욕沐浴의 화후가 된다."[774]라고 하였다.

고찰 [참동고]에서는 이 장까지를 5장 2절로 보고, 내단의 조화로움을 구함이라 하였다.

76. 丹沙木精章 … 第七十六

원문 丹沙木精(단사목정), 得金乃并(득금내병), 金水合處(금수합처), 木火爲侶(목화위려)。四者混沌(사자혼돈), 列爲龍虎(열위룡호), 龍陽數奇(용양수기), 虎陰數偶(호음수우)。肝青爲父(간청위부), 肺白爲母(폐백위모), 腎黑爲子(신흑위자), 心赤爲女(심적위녀), 脾黃爲祖(비황위조), 子五行始(자오행시)。三物一家(삼물일가), 都歸戊己(도귀무기)。

국역 단사의 목정이 금을 얻으면 이내 어우러지게 된다. 금과 수는 합쳐 자리하고, 목과 화는 짝을 이룬다. 이 4가지는 뒤섞여 있는데 늘어세우면 용과 호랑이가 된다. 용은 양으로 홀수이고, 호랑이는 음으로 짝수이다. 간은 푸른색이니 아비가 되고, 폐는 흰색이니 어미가 되며, 신은 검은색이니 아들이 되고, 심은 붉은색이니 딸이 되며, 비는 누런색으로 할아버지가 된다. 子(자)는 오행의 시작이고, 세 물건이 합쳐져 한 집안을 이루니 모두 戊己(무기)로 돌아간다.

교감 **1** 木火爲侶(목화위려) : [참동고]본에서는 "木火爲儷(목화위려)"라 하였다.

773 "金丹之法初則煉魄檢魂, 終則煉神消魂, 化爲純陽之後, 陽能使陰而無復借助於陰也."

774 "不寒不暑卯酉之中也. 進退合時二弦之中也. 四中各得中土沖和之氣故此時俱吐證符以爲沐浴之候也."

2 虎陰數偶 : [발휘]본과 [참동고]본에서는 “虎陰數耦”라 하였다.

3 心赤爲女 : [주해]본에서는 누락되었고, [참동고]본에서는 “離赤爲女”라 하였다.

4 子五行始 : [참동고]본에서는 “子午爲始”라 하였다.

5 肝靑爲父 … 子五行始 : [발휘]본에서는 “肝靑爲父, 肺白爲母, 心赤爲女, 脾黃爲祖, 腎黑爲子, 子五行始”라 하였고, [천유]본에서는 “肝靑爲父, 肺白爲母, 離赤爲女, 腎黑爲子, 子五行始, 脾黃爲祖”라 하였으며, [참동고]본에서는 “肝靑爲父, 肺白爲母, 腎黑爲子, 離赤爲女, 脾黃爲祖, 子午爲始”라고 하였다.

구문해설 1 丹沙木精, 得金乃幷 : 아래 그림과 같이 단사는 離火로 心을 가리킨다. 단사는 보통 황화수은의 형태를 띠는데 그 안에는 수은이 들어있어 이를 木精이라 이름한다. 木火의 기운을 띤 것이므로 쉽게 움직이고, 정체되지 않으려는 성질이 있다. 금은 坎水속의 금기로 보통 黑鉛속의 은으로도 표현된다. 수은과 납이 만나 어울리는 것을 납이 수은과 결합하여 억제하는 과정으로 이해할 수 있는데 이는 동하려고 하는 心性을 하단전으로 갈무리시켜야 수행이 시작되는 것과 상통한다.

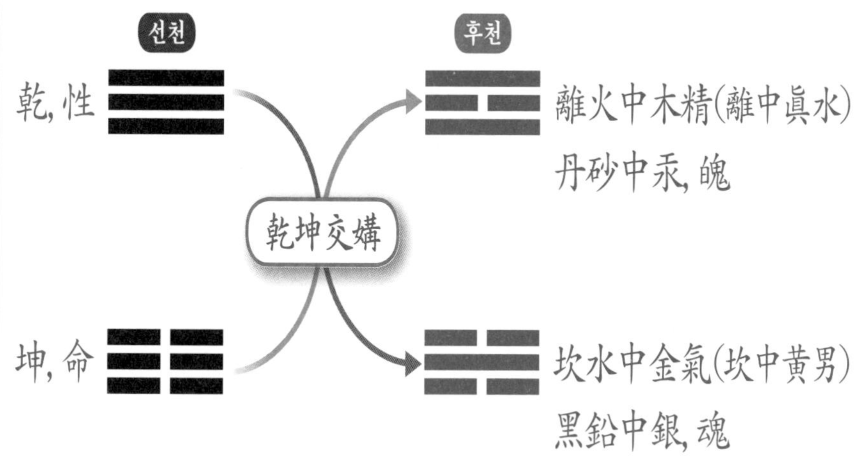

【그림 20】 건곤교구乾坤交媾의 선후천 변화

2 <ruby>金<rt>금</rt></ruby><ruby>水<rt>수</rt></ruby><ruby>合<rt>합</rt></ruby><ruby>處<rt>처</rt></ruby>, <ruby>木<rt>목</rt></ruby><ruby>火<rt>화</rt></ruby><ruby>爲<rt>위</rt></ruby><ruby>侶<rt>려</rt></ruby> : 앞서 말한 것처럼 <ruby>金<rt>금</rt></ruby><ruby>水<rt>수</rt></ruby>는 <ruby>坎<rt>감</rt></ruby><ruby>水<rt>수</rt></ruby>와 그 속의 <ruby>金<rt>금</rt></ruby><ruby>氣<rt>기</rt></ruby>를, <ruby>木<rt>목</rt></ruby><ruby>火<rt>화</rt></ruby>는 <ruby>離<rt>리</rt></ruby><ruby>火<rt>화</rt></ruby>와 그 속의 <ruby>木<rt>목</rt></ruby><ruby>精<rt>정</rt></ruby>을 말한다. 금목은 <ruby>坎<rt>감</rt></ruby><ruby>離<rt>리</rt></ruby>괘속의 <ruby>一<rt>일</rt></ruby><ruby>陰<rt>음</rt></ruby>과 <ruby>一<rt>일</rt></ruby><ruby>陽<rt>양</rt></ruby>에 해당하는데 혼백으로도 설명되어진다. 이들이 서로 합해져있음을 말하였다.

3 <ruby>四<rt>사</rt></ruby><ruby>者<rt>자</rt></ruby><ruby>混<rt>혼</rt></ruby><ruby>沌<rt>돈</rt></ruby>, <ruby>列<rt>열</rt></ruby><ruby>爲<rt>위</rt></ruby><ruby>龍<rt>룡</rt></ruby><ruby>虎<rt>호</rt></ruby>, <ruby>龍<rt>룡</rt></ruby><ruby>陽<rt>양</rt></ruby><ruby>數<rt>수</rt></ruby><ruby>奇<rt>기</rt></ruby>, <ruby>虎<rt>호</rt></ruby><ruby>陰<rt>음</rt></ruby><ruby>數<rt>수</rt></ruby><ruby>偶<rt>우</rt></ruby> : 여기에서 '<ruby>四<rt>사</rt></ruby><ruby>者<rt>자</rt></ruby>'는 <ruby>木<rt>목</rt></ruby><ruby>火<rt>화</rt></ruby><ruby>金<rt>금</rt></ruby><ruby>水<rt>수</rt></ruby>의 <ruby>四<rt>사</rt></ruby><ruby>象<rt>상</rt></ruby>으로 청룡, 주작, 백호, 현무의 <ruby>四<rt>사</rt></ruby><ruby>神<rt>신</rt></ruby>을 가리키기도 한다. 이들이 뒤섞여 있지만 대표적으로 <ruby>陽<rt>양</rt></ruby><ruby>木<rt>목</rt></ruby>의 청룡과 <ruby>陰<rt>음</rt></ruby><ruby>金<rt>금</rt></ruby>의 백호로 나타난다는 것이다.

4 <ruby>肝<rt>간</rt></ruby><ruby>靑<rt>청</rt></ruby><ruby>爲<rt>위</rt></ruby><ruby>父<rt>부</rt></ruby>, <ruby>肺<rt>폐</rt></ruby><ruby>白<rt>백</rt></ruby><ruby>爲<rt>위</rt></ruby><ruby>母<rt>모</rt></ruby>, <ruby>腎<rt>신</rt></ruby><ruby>黑<rt>흑</rt></ruby><ruby>爲<rt>위</rt></ruby><ruby>子<rt>자</rt></ruby>, <ruby>心<rt>심</rt></ruby><ruby>赤<rt>적</rt></ruby><ruby>爲<rt>위</rt></ruby><ruby>女<rt>녀</rt></ruby>, <ruby>脾<rt>비</rt></ruby><ruby>黃<rt>황</rt></ruby><ruby>爲<rt>위</rt></ruby><ruby>祖<rt>조</rt></ruby>, <ruby>子<rt>자</rt></ruby><ruby>五<rt>오</rt></ruby><ruby>行<rt>행</rt></ruby><ruby>始<rt>시</rt></ruby> : 《황제내경<ruby>黃帝內經<rt></rt></ruby> · 음양응상대론<ruby>陰陽應象大論<rt></rt></ruby>》에서 나오는 오행의 색깔배속과 같고, 금목을 부모에, 심신을 자녀에, 비장의 토를 근원인 할아버지로 설정하였다. 한의학의 인체발생론이 <ruby>水<rt>수</rt></ruby><ruby>一<rt>일</rt></ruby>에서 모든 것이 탄생했다는 이론과 같이 오행의 시작이 <ruby>子<rt>자</rt></ruby><ruby>水<rt>수</rt></ruby>에서 시작된다고 하는데 이는 시간적 선후를 뜻하고, 목화금수의 사상이 토에서 자라난다고 하는 것은 곤토가 만물을 기른다는 개념에서 나온 것이다. 오행배속의 대략을 아래 표에 열거하였다.

	목	화	토	금	수
오장	肝	心	脾	肺	腎
오색	靑	赤	黃	白	黑
오방	東	南	中	西	北
오체	目	舌	口	鼻	耳

【표 30】 오행배속표

5 <ruby>三<rt>삼</rt></ruby><ruby>物<rt>물</rt></ruby><ruby>一<rt>일</rt></ruby><ruby>家<rt>가</rt></ruby>, <ruby>都<rt>도</rt></ruby><ruby>歸<rt>귀</rt></ruby><ruby>戊<rt>무</rt></ruby><ruby>己<rt>기</rt></ruby> : '<ruby>三<rt>삼</rt></ruby><ruby>物<rt>물</rt></ruby>'은 목화, 금수, 토 의 3부류이다. 이들이 모두 하나로 합쳐지는데 무기라는 토로 돌아가게 된다. 토라는 것은 곤괘, 자궁, 어머니의 의미가 있고, 규<ruby>竅<rt></rt></ruby>, 황정<ruby>黃庭<rt></rt></ruby>, 하단전으로도 해석

되어 내단수련에 있어 중요한 목표이다. 서양연금술에서 중요시하는 용기, 플라스크 또한 이러한 의미를 띠고 있고, 외단의 솥도 그런 의미에서 戊己土와 연관된다.

각가주 **1** 丹沙木精, 得金乃幷 : [천유]본에서는 "대개 건은 선천에 으뜸되는 본성[性]으로서 깨뜨려지면 리괘를 이루어 후천의 마음이 된다. 곤은 선천에 으뜸되는 생명[命]으로서 속이 채워지면 감괘를 이루어 후천의 몸이 된다. 선천의 리도 또한 바뀌어 진을 이루는데 화속에 목이 있어 혼이 심에 깃든 형상이다. 선천의 감 또한 태가 되는데 수중에 금이 있어 백이 몸에 간직된 형상이다. 하나의 기로부터 나뉘어 2개의 몸체가 되고, 두 개의 몸체에서 나뉘어 사상이 된다. …남방의 리화는 적색으로 단사의 형상이다. 진홍을 간직하니 곧 목정이라 한다. 북방의 감수는 흑연가운데 금정을 간직한다."[775]고 하였다.

[참동고]본에서는 "단사의 심장과 목정의 간은 서로 연결되어 재료가 되니 첫번째 운전이다."[776]라고 하였다.

2 金水合處, 木火爲侶 : [참동고]본에서는 "재료가 비록 갖춰졌지만 반드시 폐금의 끓임이 있어야 바야흐로 병합되어 화해할 수 가 있는데 이는 두 번째 운전됨이다. 금수가 위아래에서 합한 곳에 목화가 사이에 있으니 짝이 된다. 이를 세 번째 운전이라 한다."[777]라고 하였다.

3 四者混沌, 列爲龍虎, 龍陽數奇, 虎陰數偶 : [천유]본에서는 "무릇 사람의 몸과 마음에서 마음은 마음대로, 몸은 몸대로 있게 되고, 수화가 서로 사귀지 않으며, 금목사이에 간격이 있어 도와 멀어진다. 도를 배우는 선비는 12시간에 능히 눈빛을 머금고, 귀의 울림을 모으며, 코의

---

775 "蓋乾爲先天祖性, 破而成離, 轉作後天之心. 坤爲先天元命, 實而成坎, 轉作後天之身. 至于先天之離, 又轉而成震, 火中有木, 魂寄于心之象. 先天之坎又轉而爲兌, 水中有金, 魄藏于身之象. … 南方離火赤色有丹砂之象, 中藏眞汞卽是木精猶之, 北方坎水黑鉛中藏金精也."

776 "丹砂之心, 木精之肝, 相連爲材一轉也."

777 "材料雖具必得肺金之熬樞然後方能竝合和諧二轉也. 金水上下合處則木火在中爲儷三轉也."

호흡을 고르고, 혀의 기운을 다물어 사대가 동하지 않게 하면 정신혼백이 모두 중궁에 모이게 된다. 수화목금이 아울러 황도에서 교류하니 이것이 4가지가 혼돈한 상이다. … 원래 목화는 짝이 되어 離中에서 木液이 생기니 용이라 하여 불로부터 나온다. 원래 금수가 자리를 합하여 坎中에서 金精이 나오고 호랑이가 되어 수를 향한 가운데 생한다."[778] 고 하였다.

[참동고]본에서는 "금수목화의 4가지가 통합되어 하나가 된 뒤에 고요함이 극하면 다시 움직이듯 용이 불을 따라 나오고, 호랑이가 물을 향해 생기니 이를 네 번째 운전이라 한다. 청룡의 3은 주작의 2를 품고 홀수로써 짝수를 얻으니 토의 5가 이뤄진다. 백호의 4가 현무의 1을 품으니 짝수가 홀수를 얻어 토의 5가 이뤄진다. 이를 다섯 번째 운전이라 한다."[779] 라고 하였다.

3 肝青爲父, 肺白爲母, 腎黑爲子, 心赤爲女, 脾黃爲祖, 子五行始: [천유]본에서는 "대개 천일에 수를 생하고, 이를 가장 먼저 얻어 자에서 하늘이 열리게 된다. 그러므로 북방에 자의 자리가 실제 오행의 근원이 되는 것이다. 그러한 연후에 목, 화, 토, 금이 차례로 생긴다. … 곤토는 가운데 으뜸된 기를 간직하고, 금목수화가 나오는 곳이 된다. … 수는 오행의 근원인 고로 시작하는 의미가 있는데 내 몸의 으뜸되는 구멍[祖竅]의 하나이다. 토는 오행의 어미가 되는 거로 으뜸되는 형상인데 내 몸의 으뜸되는 구멍[祖竅]의 중앙인 것이다. 만사가 하나로 돌아가고, 하나 또한 가운데로 돌아가니 귀근복명의 공을 깨닫는 것이 이것이다."[780]라고 하였다.

778 "凡人之身心, 心者爲心, 身者爲身, 水火不交, 金木間隔, 所以去道日遠. 學道之士, 若能于二六時中, 含眼光, 凝耳韻, 調鼻息, 緘舌氣, 四大不動, 使精神魂魄, 俱聚于中宮. 水火木金, 幷交於黃道. 此四者混沌之象也. … 原是木火爲侶, 離中生出木液, 是爲龍從火裏出. 原是金水合處, 坎中産出金精, 是爲虎向水中生."

779 "金水木火四者統合爲一之後靜極復動龍從火出虎向水生四轉也. 青龍三含朱雀二以奇得耦成土之五, 白虎四含玄武一以耦得奇成土之五五轉也."

780 "蓋天一生水, 得之最先天開于子所以居北方正子之位. 實爲五行之源, 然後木火土金, 次第而生… 坤土中藏祖炁爲金木水火之所自出 … 蓋水爲五行之源故取t始義, 卽吾身祖竅之一也. 土爲五行之母, 故取祖象卽吾身祖竅之中也. 萬化歸一, 一又歸之於中, 于此可悟歸根復命之功矣."

[주해]본에서는 "사람 몸의 다섯 기운은 각 부위에 따라 다섯 가지 질을 가지는 데 신은 심장에 거하고, 정은 신장에, 혼은 간에, 백은 폐에, 의는 비장에 처하며, 神火는 드날리기 좋아하고, 精水는 누설되기 좋아하며, 魂木은 뜨기 좋아하고, 魄金은 가라앉기 좋아하며, 意土는 흩어지기 좋아한다."[781]라고 하였다.

[참동고]본에서는 "수는 곧 색을 따라 부류를 정하고 형태를 이루니 여섯 번째 운전이다. 비의 누런색은 子午의 할어버지가 되고, 子午는 모든 행동의 시작으로 일곱 번째 운전이다."[782]라고 하였다.

4 三物一家, 都歸戊己 : [천유]본에서는 "감괘 속에 戊가 있고, 리괘 속에 己가 있는데 합하여 중앙의 토가 되고, 홀로 있으면서 짝이 없으니 곧 참된 뜻이다. 진의는 본래 건원의 으뜸된 기운이고, 또한 하나된 물건이다. … 심신의 양가는 본래 스스로 합하기 어려워 진의가 잡아 이끌어야 마침내 남북이 섞이고, 동서가 중앙의 황색 흙가마에서 만나 한 알의 금단을 맺으니 소위 삼가가 서로 만나 영아을 맺는다는 것이다."[783]라고 하였다.

[주해]본에서는 "단법은 선천의 일기를 채취하는 것으로 일기는 곧 본성의 묘용이다. 리와 기가 혼융하여 단을 이루는데 단은 몸속에 있어 하나로 돌아가려한다. 그러므로 신화, 정수, 혼목, 백금이 의토에서 합하여 하나가 된다. 하나라는 것은 바로 단이다. 무릇 사물의 이치가 있은 연후에 수가 생기니 … 본성이 육신중에 거하면서 하나의 이치가 다섯 개의 기운으로 나뉘고, 이 본성이 금단에 살 때에는 오행중 하나의 태극이 자리한다."[784]라고 하였다.

---

781 "人身中五氣各處於五質如神處於心, 精處於腎, 魂處於肝, 魄處於肺, 意處脾, 神火善揚, 精水善泄, 魂木善浮, 魄金善沈, 意土善散."

782 "數卽類從色以之形六轉也. 脾黃爲子午之祖子午爲諸行之始七轉也."

783 "坎中有戊, 離中有己. 合爲中土, 獨而無偶, 是爲眞意, 眞意爲本來乾元祖炁, 是又一物也. … 心身兩家本自難合. 幸得眞意勾引, 遂混南北併東西相會于中黃土釜. 結成一粒金丹所謂三家相見結嬰兒也."

784 "丹法則採取先天一氣, 一氣者卽性之妙用也. 理氣混融而成丹, 丹在身中攢促歸一故神火, 精水, 魂木,魄金, 合於意土而爲一. 一者卽丹也. 凡物理有然後數生 …性寓於肉身中一理分

[참동고]본에서는 "午의 토와 子의 토, 비장의 토가 합하여 한 집안을 이루니 여덟 번째 운전이다. 세 가지 물건이 한 집안이 되어 감리의 두 토의 공으로 돌아오니 아홉 번째 운전이다. 무릇 이것을 구전의 절도라고 한다."[785]라고 하였다.

77. 剛柔迭興章 … 第七十七

원문 剛柔迭興, 更歷分部。龍西虎東, 建緯卯酉, 刑德並會, 相見歡喜, 刑主伏殺, 德主生起。二月楡落, 魁臨於卯, 八月麥生, 天綱據酉。子南午北, 互爲綱紀。一九之數, 終而復始。含元虛危, 播精於子。

국역 강함과 부드러움이 번갈아 흥하고 각 부분을 돌아가며 거쳐 간다. 용은 서쪽으로 가고, 호랑이는 동쪽으로 가서 卯酉를 잇는 씨줄을 세우니 형벌과 덕이 아울러 모이고 서로 만나 기뻐한다. 형벌은 복종하고, 죽이는 것을 주관하고, 덕은 살리고, 일으키는 것을 주관한다. 2월에 느릅나무 열매가 떨어지는 시기에 '天魁星'이 卯方에 이르고, 8월 보리가 생기는 시기에 '天罡星'이 酉方에 자리한다. 子가 남쪽으로 가고, 午가 북쪽으로 가서 서로 기강을 세우고, 1과 9라는 수가 끝나면 다시 시작하는데 '虛星'과 '危星'간에 근원을 품고 子의 자리에서 精을 심는다.

교감 1 建緯卯酉 : [참동고]본에서는 "違緯卯酉"라 하였다.
2 天綱據酉 : [통진의 사고전서]본과 [발휘]본, [천유]본, [주해]본에서는 "天罡據酉"이라 하였다.

五氣也. 此性舍於金丹中五行一太極也."

785 "午之土, 子之土, 脾之土合爲一家八轉也. 三物一家歸功於坎離二土九轉也. 凡此九轉之節度也."

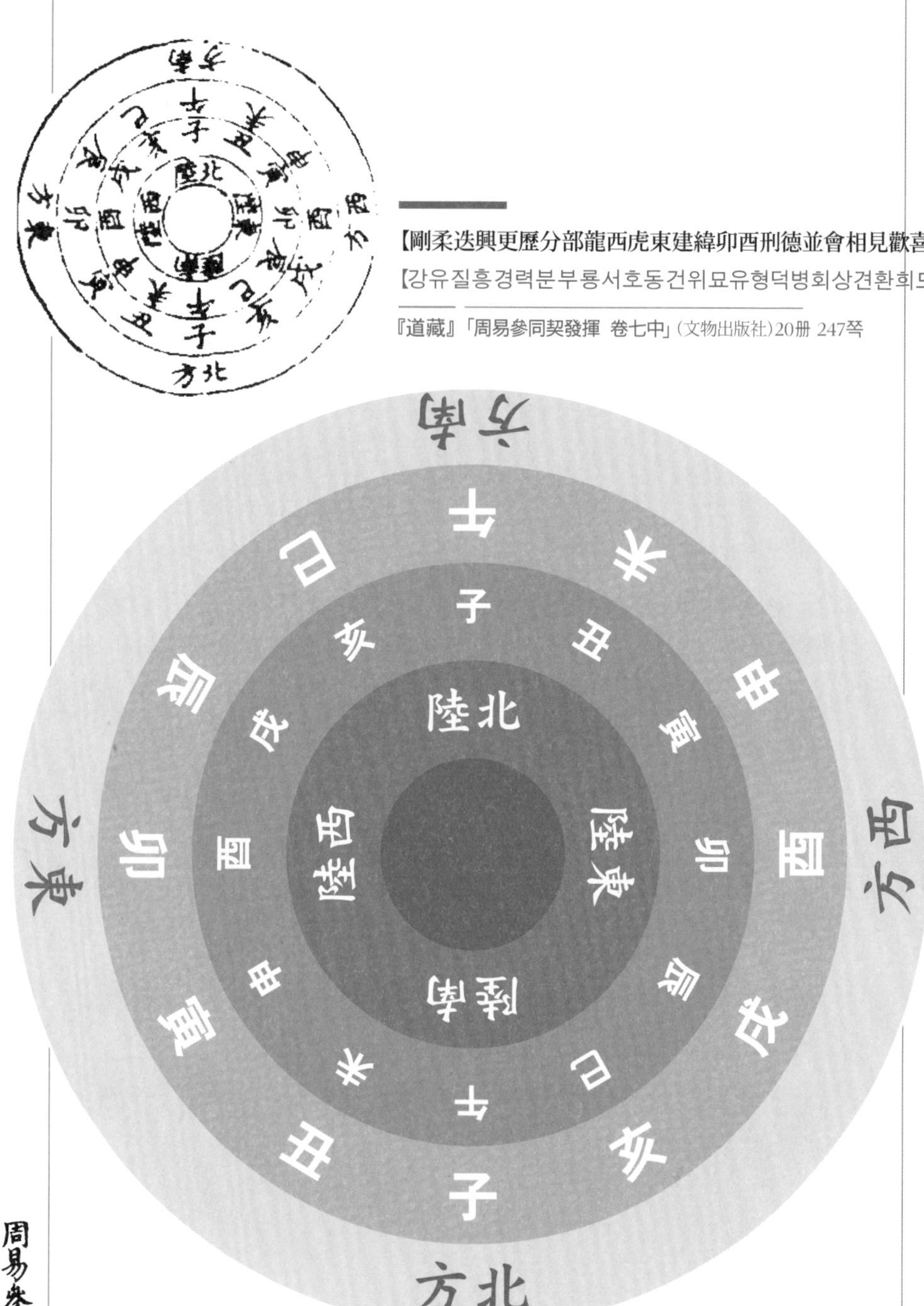

【剛柔迭興更歷分部龍西虎東建緯卯酉刑德並會相見歡喜

【강유질흥경력분부룡서호동건위묘유형덕병회상견환희도

『道藏』「周易參同契發揮 卷七中」(文物出版社)20冊 247쪽

【子南午北互爲綱紀一九之數終而復始含元虛危播精於子圖】

【자남오북호위강기일구지수종이부시함원허위파정어자도】

『道藏』「周易參同契解 卷下中」(文物出版社) 20冊 290쪽

구문해설 1 剛柔迭興, 更歷分部 : 자연계와 내단화후에 있어서 음양의 소장변화를 말하는데 이는 12시진의 시간변화와 28수의 공간변화에 대응된다. '剛柔'는 《주역周易》에서 자주 쓰인 음양의 대표적인 성질이다.

2 龍西虎東, 建緯卯酉 : 본래 청룡은 동쪽에, 백호는 서쪽에 위치하는데 음양의 소장변화를 거치면서 반대방향으로 이동하여 묘유간을 연결한다는 뜻이다.

3 刑德並會, 相見歡喜, 刑主伏殺, 德主生起 : 음양의 소장변화는 때로는 형벌의 의미로, 때로는 덕행의 의미로 드러난다. 형벌은 벌주고, 억제하는 것으로 음에 해당하고, 덕행은 살리고, 일으키는 작용이므로 양에 해당한다.

4 二月榆落, 魁臨於卯 : 52장에서 "漸歷大壯, 俠列卯門。 榆莢墮落, 還歸本根。 刑德相負, 晝夜始分"라고 하여 2월인 묘월에는 느릅나무 열매 깍지가 떨어지는 시기라 한 것과 같다. '魁'에 대한 자세한 내용은 17장 주석 4를 참고한다. 북두칠성의 국자모양에 해당하는 부분이 묘방에 위치한다는 뜻이다.

5 八月麥生, 天綱據酉 : 58장에서 "觀其權量, 察仲秋情。 任畜微稚, 老枯復榮。 薺麥芽蘖, 因冒以生"이라고 하여 8월인 유월에는 보리와 냉이가 싹튼다고 한 것과 같다. '天綱'은 '天罡星'이 맞는것 같고, 이는 북두칠성의 다른 이름이기도 하다. 보다 정확한 것은 《주역참동계발휘周易參同契發揮》나 《참동계천유參同契闡幽》에서 '將'이라 하여 그 달을 지휘하는 장군의 의미를 가지는 별자리를 정한 것이다. 자세한 내용은 아래 표에 정리하였다.

월	1	2	3	4	5	6	7	8	9	10	11	12
月建	인	묘	진	사	오	미	신	유	술	해	자	축
月將	登命	河魁	從魁	傳送	勝光	小吉	太乙	天罡	太沖	功曹	大吉	神后
六合	해	술	유	신	미	오	사	진	묘	인	축	자

【표 31】 월건月建과 월장月將[786]

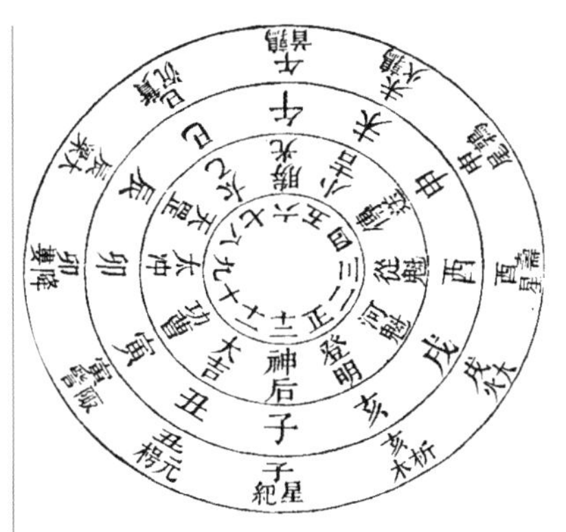

【斗建月將天罡圖】

【두건월장천강도】

仇滄柱『古本周易參同契集註』(中醫古籍出版社) 403쪽

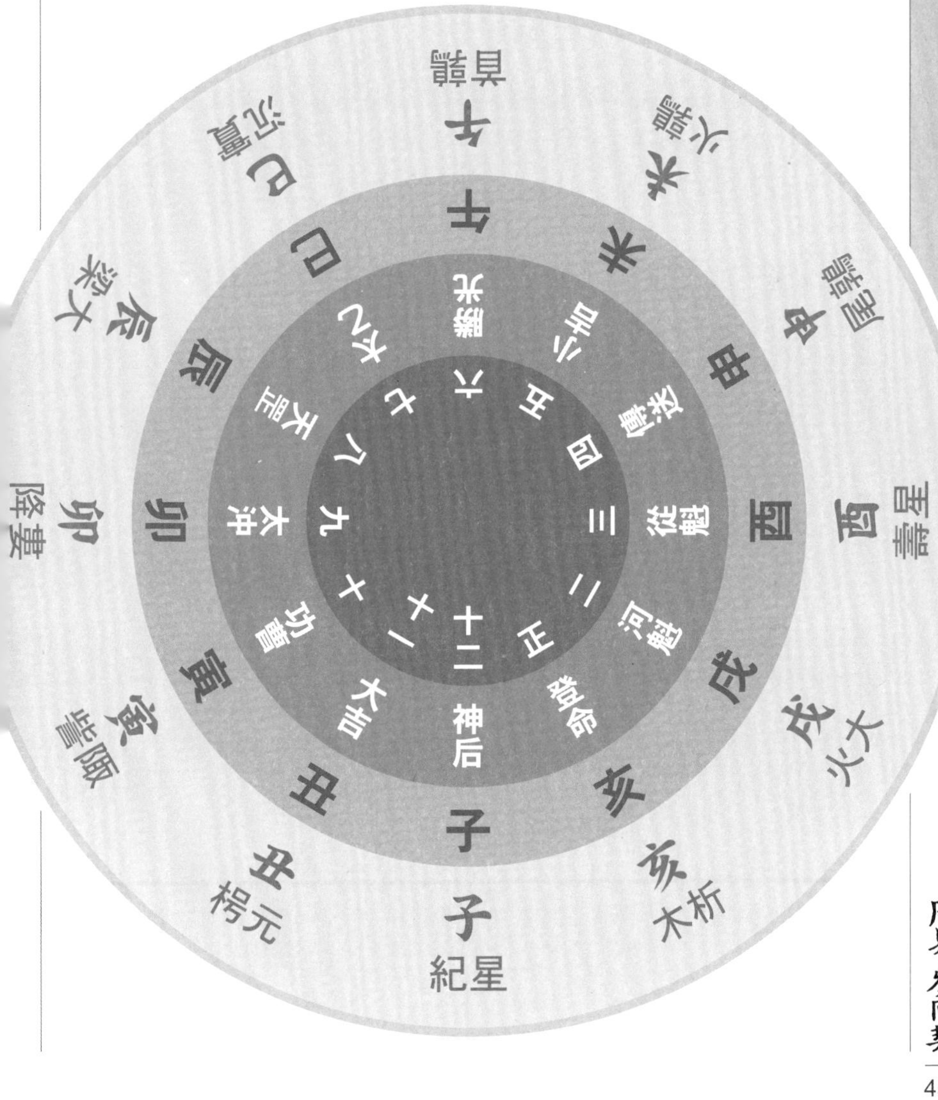

6 子南午北, 互爲綱紀 : 앞 구절에서 묘유가 '緯'를 형성한다면 자오는 '綱紀'인 '經'의 의미를 띤다. 자오와 묘유가 자리를 옮겨 자는 남쪽으로, 오는 북쪽으로, 동쪽의 용은 서쪽으로, 서쪽의 호랑이는 동쪽으로 가는 것이 모두 '剛柔迭興'하고, '刑德並會'하는 모습들이다.

7 一九之數, 終而復始 : 1은 坎水의 숫자이고, 9는 離火의 숫자이다.

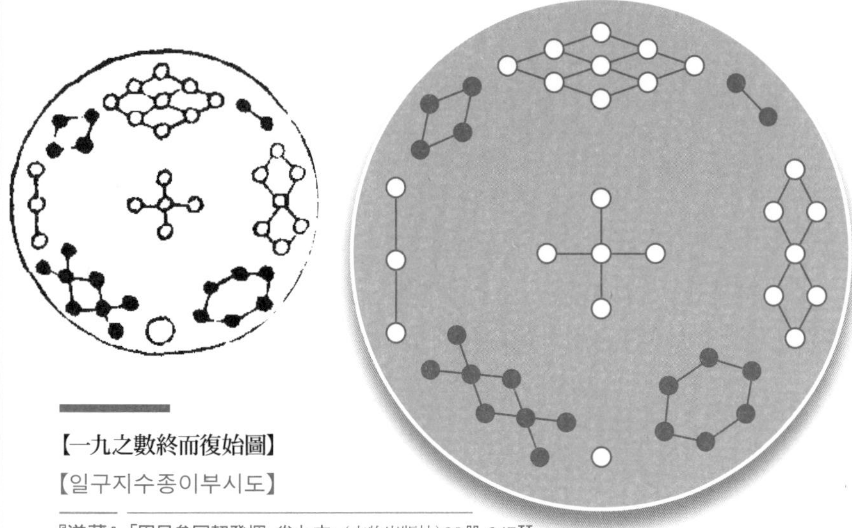

【一九之數終而復始圖】
【일구지수종이부시도】

『道藏』「周易參同契發揮 卷七中」(文物出版社)20冊 247쪽

8 含元虛危, 播精於子 : 허성虛星과 위성危星은 북방칠수에 속하는데 12지지로 따지면 해-자로 이어지는 곳이다. 일양이 비로소 생하는 자의 자리에서 그 씨앗을 심는다는 뜻으로 감궁에서 양기를 얻고, 하단전에서 양기를 일으켜, 약을 만드는 것을 의미한다.

각가주 **1** 剛柔迭興, 更歷分部 : [천유]본에서는 "단의 도에서는 수화가 체가 되고, 금목이 용이 된다. 자오는 남북에 씨줄로 정해지고, 묘유

786 《역해 참동계천유》, 이윤희역해, 여강출판사, 2000, p. 491. 주석 26).

는 동서로 날줄로써 운행된다. 서로 참여하고, 뒤섞이며 바야흐로 하늘에서 북두칠성이 돌아가는 법도에 응하게 된다."[787]고 하였다.

[주해]본에서는 "음양과 강유는 위치를 정한 가운데 또한 서로 이용함이 있다. 위치를 정하는 것은 한번 생하고, 한번 죽은 것이고, 서로 이용하는 것은 반대로 죽이면 생하고, 반대로 생하면 죽는 것이다."[788]라고 하였다.

2 龍西虎東 … 德主生起 : [천유]본에서는 "震木은 용이 되는데 본래 동방의 卯位에 거한다. 兌金은 호랑이가 되어 본래 서방 酉位에 거한다. … 용은 동방의 생하는 기운과 덕의 상을 가지고 있는데 용이 돌아 서방으로 가면 목기가 변화하여 금을 좇게 되고 덕은 반대로 형벌이 된다. 호랑이는 서방의 살기와 형벌의 상을 가지는데 호랑이가 돌아 동방으로 가면 금기가 변화하여 목을 쫓아 형벌이 반대로 덕이 된다."[789]고 하였다.

[참동고]본에서는 "하늘은 좌로 돌고, 해와 달은 우로 도니 강함이 유함에 섞이고, 유함이 강함에 섞인다. 그러므로 북두의 강기가 묘에 월건을 세우면 해의 궤도가 좌측 酉方으로 가고, 북두가 酉方에 월건을 세우면 해의 궤도는 卯方에 있게 된다. 묘는 양의 덕이 되고, 유는 음의 형벌이 되니 덕은 생을 일으키고, 형벌은 죽여 엎드리게 한다."[790]라고 하였다.

3 二月榆落, 魁臨於卯, 八月麥生, 天綱據酉 : [발휘]본에서는 "2월의 월건은 卯이고 월장은 河魁이다. 河魁는 戌에 속하고, 술중에는 辛이 있어 느릅나무가 이 달에 죽는 것이다. 辛金의 살기로 말미암아 卯月에 임한다. … 8월의 월건은 酉이고, 월장은 天罡이다. 天罡은 辰에 속하고 진속에는 乙이 있어 보리가 이달에 생한다. 乙木의 생기로 말미암아 酉

787 "丹道而水火爲體, 金木爲用, 子午定南北之經, 卯酉運東西之緯. 參伍錯綜, 方應周天璇璣之度."

788 "陰陽剛柔定位中又有互用定位者一生一殺也. 互用者反殺爲生反生爲殺也."

789 "震木爲龍本居東方卯位, 兌金爲虎本居西方酉位. … 龍秉東方生氣德之象也, 惟龍轉爲西則木氣化而從金, 德反爲刑矣. 虎秉西方殺氣刑之象也. 惟虎轉爲東則金氣化而從木刑反爲德矣."

790 "天行左旋日月右旋剛錯於柔柔錯於剛故斗綱建卯則日躔左酉, 斗綱建酉則日躔在卯, 卯爲陽德酉爲陰刑德爲生起刑爲伏殺."

에 거하는 것이다."[791]라고 하였다.

[천유]본에서는 "때가 마땅히 2월로 묘목이 바로 왕성하여 모든 풀들이 번성하는데 어찌 느릅나무 깍지가 갑자기 떨어지는가. 무릇 묘와 술이 합하는데 술의 월장이 서방의 하괴河魁가 되니 하괴河魁는 바로 묘의 자리에 와서 생하는 가운데 죽이는 기운을 가진다. 그러므로 느릅나무 깍지와 같은 반응이 생긴다. 이것이 바로 죽이는 기운에 속에 엎드려있고, 덕은 반대로 형벌이 되는 상인 것이다. 때가 마땅히 8월이면 유금이 바로 왕하여 모든 풀들이 말라 떨어지는데 어찌 냉이와 보리만이 홀로 생하는가. 대개 진과 유는 합하는데 진의 월장은 동방의 천강이 되니 천강은 유의 자리에 와서 죽이는 가운데 생하는 고로 보리가 생하는 반응이 있게 된다. 이것이 바로 생하는 기틀이 속에 감춰져있고, 형벌이 반대로 은덕이 되는 형상이다."[792]라고 하였다.

[주해]본에서는 "묘월은 청룡이 주관하고, 덕 속에 형벌이 있는 고로 느릅나무 깍지가 떨어진다. 유월은 백호가 임하는 때이므로 형벌중에 덕이 있어 보리가 생한다."[793]라고 하였다.

[참동고]본에서는 "이월에 괴魁가 묘에 임하는 것은 양덕이고, 생명을 일으키는 것이나 느릅나무 깍지가 떨어지는 것은 음의 형벌이고, 엎드려 죽이는 것이다. 팔월에 강기[綱]가 酉方에 처하면 이는 음의 형벌이고, 엎드려 죽이는 것이나 냉이와 보리가 발생하는 것은 양의 덕이고, 생명을 일으키는 것이다."[794]라고 하였다.

4 子南午北, 互爲綱紀 : [천유]본에서는 "수도하는 사람은 마땅히 상

---

791 "二月建卯而月將爲河魁, 河魁屬戌而戌中有辛, 楡死於此月, 由辛金之殺氣臨於卯也. … 八月建酉而月將爲天罡, 天罡屬辰而辰中有乙, 麥生於此月, 由乙木之生氣據於酉也."

792 "時當二月, 卯木正旺萬卉敷榮, 何以楡莢忽墮, 蓋卯與戌合, 戌將爲西方河魁, 河魁正臨卯位, 生中帶殺, 故有楡莢之應, 此正殺機潛伏, 德返爲刑之象也. 時當八月酉金正旺, 百草凋謝, 何以薺麥忽生, 蓋辰與酉合, 辰將爲東方天罡. 正據酉位, 殺中帶生故有麥生之應. 此正生機隱藏刑返爲德之象也."

793 "卯月靑龍主之而德中有刑故楡落, 酉月白虎臨之而刑中有德故麥生."

794 "二月魁臨於卯, 此陽德也生起也而楡莢至是墜落則陰刑也伏殺也. 八月綱據於酉此陰刑也伏殺也而薺麥至是發生則陽德也生起也."

하현달이 만나는 때를 당하면 반드시 천강을 돌려서 북두칠성을 거꾸로 돌리며 밖으로는 육문六門을 눌러놓고, 안으로는 단을 가두어 놓아 마음을 닦고 목욕을 해야 한다. … 묘는 동쪽, 유는 서쪽, 오는 남쪽, 자는 북쪽에 있어서 하늘을 한 바퀴 도는 강기가 된다. 단도에서는 북두칠성을 거꾸로 돌리는 방법을 사용하는데 동서를 잇는 씨줄이 평소와는 반대로 되고, 남북의 날줄도 역시 반드시 자리를 바꾸게 된다."[795]고 하였다.

[주해]본에서는 "오는 양이 왕성한 방위이니 살기가 시작하고, 자는 음이 왕성한 방위이니 생의 이치가 싹튼다."[796]라고 하였다.

[참동고]본에서는 "자는 북방의 위치이나 해는 반대로 남방에 이르고, 오는 남방의 위치이나 해는 반대로 북방에 이르니 역시 강유가 서로 강기가 되지 않는 것이 없다."[797]라고 하였다.

5 一九之數(일구지수), 終而復始(종이부시) : [천유]본에서는 "일이 이미 구가 되고, 구는 다시 일이 되니 순환함이 끝이 없다. 역에서는 건원이 용구하면 모든 용들에 우두머리가 없는 상이 되는 것이고, 단도에서는 아홉 번 돌리는 공이다."[798]라고 하였다.

[주해]본에서는 "구수는 극에 달한 것이고, 십수는 변화한다. 이는 위치를 계산하는 데에서 볼 수 있으며, 돌아와 변화하는 것을 말한 것이다."[799]라고 하였다.

[참동고]본에서는 "그러므로 자에서 유에 이르는 것 9진이고, 오에서 묘에 이르는 것이 9진이다. 유에서 오에 이르고, 묘에서 자에 이르는 순환이 모두 그러하니 9가 되는 것이 4개이다. 이는 소위 하늘에 사상의 한계가 있으나 하나의 상에 90도가 합하여 360도가 된다. 1-9가 장차 끝나면

795 "修道者當兩弦合體之時. 必須幹運天罡. 逆旋魁柄外鎭六門內閉丹扃洗心沐浴. … 卯東酉西午南子北周天之綱紀也. 丹道用斗柄逆旋. 東西之緯既已反常. 南北之經亦必易位."

796 "午陽旺方也. 而殺氣始, 子陰旺方也. 而生理萌."

797 "子北方之位而日反南至, 午南方之位而日反北至, 亦莫非剛柔之相爲綱紀."

798 "一既爲九, 九復爲一. 循環無端. 在易爲乾元用九, 羣龍無首之象. 在丹道爲九轉之功."

799 "九數之極也. 十則變矣. 此於算位可見此言極則還變也."

다시 1-9가 시작하니 그 사이에 중간이 있고, 토가 된다."[800]라고 하였다.

6 含元虛危(합원허위), 播精於子(파정어자) : [발휘]본에서는 "해가 허위에 이르러 야심하게 되면 원기가 여기에서 태를 맺게 된다. 자시에 기가 미려관에 이르면 진정이 여기에 이르러 생하게 된다. … 선천에는 오직 하나의 기뿐이지만 후천이 된 연후에는 진정이 된다."[801]고 하였다.

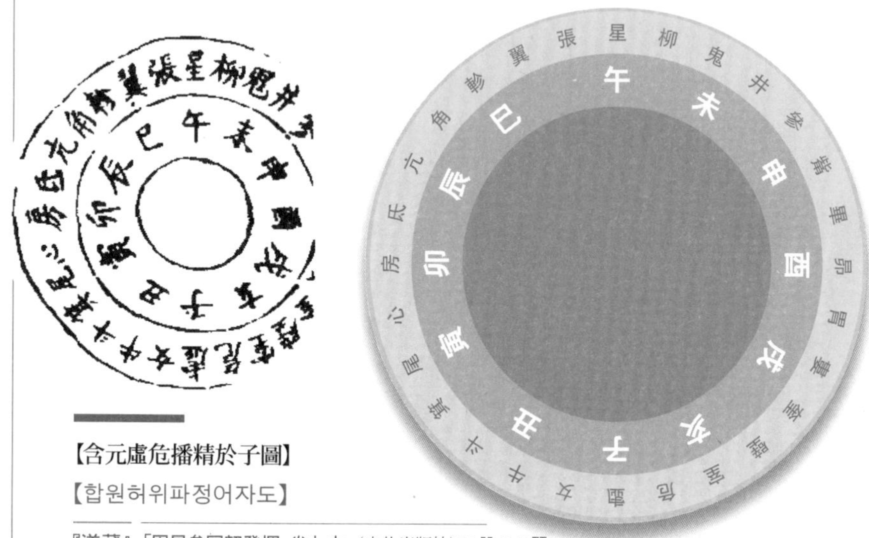

【含元虛危播精於子圖】
【합원허위파정어자도】

『道藏』「周易參同契發揮 卷七中」(文物出版社)20冊 247쪽

[천유]본에서는 "허와 위의 두 별자리는 하늘에서는 해자의 중간이 마땅하다. 해와 달이 합쳐지는 곳이란 사람에게 마땅히 임독맥이 교류하고, 수화가 합쳐져서 피어나는 곳이 된다."[802]라고 하였다.

[참동고]본에서는 "다시 근원을 품고, 정을 뿌리는 것은 하늘의 상에서

800 "自子至酉爲九辰, 自午至卯爲九辰, 其自酉至午自卯至子, 循環皆然而爲九者. 凡四, 此天之所以有四象限而一象限各九十度合爲三百六十度也, 一九將終一九復始則其間又中也土也."

801 "日到虛危夜夜同, 而元氣胚胎於此也. 子時氣到尾閭關, 而眞精至此而生也… 先天惟一氣爾, 後天然後化爲眞精也."

802 "虛危二宿, 在天當亥子中間, 日月合璧之地. 在人當任督之交, 水火合發之處."

는 허수와 위수의 사이이고, 역괘에서는 곤괘와 복괘의 사이이며, 하루에 있어서는 해와 자의 사이이고, 한 달에 있어서는 그믐과 초하루의 사이이다. 무릇 이러한 것이 구전의 시간 분류인 것이다."[803]라고 하였다.

고찰 [참동고]에서는 이상까지를 5장 3절로 보고, 내단이 돌아와 운전되는 것[還轉]이라 하였다.

78. 關關雎鳩章 … 第七十八

원문 關關雎鳩, 在河之洲, 窈窕淑女, 君子好逑。雄不獨處,
雌不孤居。玄武龜蛇, 蟠糾相扶, 以明牝牡, 竟當相須。
假使二女共室, 顔色甚姝, 令蘇秦通言, 張儀結媒,
發辯利舌, 奮舒美辭, 推心調諧, 合爲夫妻, 弊髮腐齒,
終不相知。若藥物非種, 名類不同, 分刻參差, 失其紀綱,
雖黃帝臨爐, 太一執火, 八公擣煉, 淮南調合, 立宇崇壇,
玉爲階陛, 麟脯鳳腊, 把籍長跪, 禱祝神祗, 請哀諸鬼,
沐浴齋戒, 冀有所望, 亦猶和膠補釜, 以磠塗瘡,
去冷加冰, 除熱用湯, 飛龜舞蛇, 愈見乖張。

국역 꽉꽉우는 물수리는 강가의 모래톱에 있고, 마음씨가 고요하고 맑은 여자는 군자의 좋은 짝이다. 숫컷은 홀로 있지 않고, 암컷도 외롭게 거하지 않는다. 현무는 거북같은 뱀인데 얽드려 뿔달린 용의 새끼와 서로 도와 암수를 밝히고, 결국에는 마땅히 서로 따른다. 가령 두 여자가 함께 방에 있는데 얼굴이 매우 아름답다 하여 소진으로 하여금 말을 통하게 하고, 장의로 하여금 중매를 서게 해서 좋은 말로 변별하고, 아름다운 말들을 애써 늘어놓아 마음이 어울려 살아보도록 움직이게 한다면

803 "復含元播精在天象則虛危之間也. 在易卦則坤復之間也. 在一日則亥子之間也. 在一月則晦朔之間也. 凡此九轉之時分也."

부부로 합쳐져서 머리털이 다 빠지고, 이빨이 썩을 때까지도 끝내 서로 알지 못할 것이다. 만약 약을 만들 물건의 종자가 다르고, 이름과 부류가 같지 않거나 약재의 분량이 일정하지 않으면 그 기강을 잃어 비록 황제가 화로를 보고 태일께서 불을 잡고 있든지, 여덟 명의 신선이 찧고 단련하여 회남왕이 조합하고 집을 지어 단을 숭배하면서 옥으로 계단을 짓고, 기린과 봉황의 고기로 포를 만들어 놓고 부적을 쥐고 무릎을 꿇어 신령에게 제사를 지내며, 여러 귀신에게 슬프게 청하면서 몸을 깨끗이 씻고 소망을 얻으려 구하더라도 역시 아교를 가마솥에 덧대거나, 소금을 부스럼에 바르거나, 추위를 없애려고 얼음을 대거나 열을 제거하려 끓는 물을 이용하는 것과 같이 된다. 하늘을 나는 거북이나 춤추는 뱀과 같아서 보면 볼수록 어그러짐이 커지는 것이다.

교감 **1** 蟠蚪相扶(반두상부) : [통진의 사고전서]본과 [발휘]본, [천유]본에서는 "蟠虯相扶(반규상부)"라 하였다.

2 竟當相須(경당상수) : [천유]본과 [주해]본에서는 "意當相須(의당상수)"라 하였다.

3 顏色甚姝(안색심주) : [참동고]본에서는 "顏色其姝(안색기주)"라 하였다.

4 令蘇秦通言(령소진통언) : [천유]본에서는 "蘇秦通言(소진통언)"이라 하였다.

5 名類不同(명류불동) : [주해]본에서는 "名利不同(명리불동)"이라 하였다.

6 分刻參差(분각참차) : [발휘]본과 [천유]본에서는 "分劑參差(분제참차)"라 하였다.

7 太一執火(태일집화) : [통진의 사고전서]본과 [발휘]본, [천유]본, [주해]본에서는 "太乙執火(태을집화)"라 하였고, [참동고]본에서는 "太乙降坐(태을강좌)"라 하였다.

8 淮南調合(회남조합) : [참동고]본에서는 "淮南執火(회남집화)"라 하였다.

9 禱祝神祇(도축신지) : [천유]본에서는 "禱祀神祇(도사신지)"라 하였고, [참동고]본에서는 "祝章神祇(축장신지)"라 하였다.

10 冀有所望(기유소망) : [발휘]본에서는 "妄有所翼(망유소익)", [천유]본과 [참동고]본에서는 "妄有所冀(망유소기)"라 하였다.

11 以磠塗瘡(이로도창) : [발휘]본에서는 "以硇塗瘡(이뇨도창)", [천유]본에서는 "以滷塗瘡(이로도창)",

[참동고]본에서는 "以芮塗瘡"이라 하였다.

구문해설 **1** 關關雎鳩, 在河之洲, 窈窕淑女, 君子好逑 : 이 구절은 《시경詩經》 〈국풍國風-주남周南〉의 〈관저편關雎篇〉의 구절로 〈관저편關雎篇〉은 《시경詩經》의 첫 부분에 나온다. '關關'은 물수리의 울음소리를 나타내는 의성어이고, '雎鳩'는 물수리이다. 물수리osprey는 매목, 수리과에 속하는 날짐승으로 호수나 해안, 저수지, 강가에 산다. '在河之洲'는 물수리의 거주지역이 습지이기 때문에 강가에 조성된 모래땅에 암수가 정답게 있는 모습을 묘사한 것이다. 물수리는 2마리, 혹은 4마리가 서로 짝이 되어 지내되 서로를 해하는 경우가 없다하여 숙녀와 군자의 사귐에 비유되었다. '窈'는 고요할 요, '窕'는 예쁠 조, '淑'은 맑을 숙자字로써 예쁘면서도 기품이 있는 여인의 모습이다. '逑'는 짝, 배우자를 뜻한다.

2 玄武龜蛇, 蟠糾相扶, 以明牝牡, 竟當相須 : '玄武'는 四神의 하나로 북방을 관할한다. 땅의 지면에 엎드려 생활하는 거북이의 습성이 지극히 대지의 기운을 가지고 있고, 오행상 북방 수의 기운을 상징한다. '龜蛇'는 거북뱀인데 이는 현무의 모양을 나타낸다. 뱀 또한 거북이와 마찬가지로 대지의 음적인 습성을 상징하는 동물이다. '蟠'은 '서리다', '두루 미치다'는 뜻이고, '糾'는 뿔이 달린 작은 새끼용을 뜻한다. 물수리가 양적인 동물임에 반하여 음적인 동물의 예를 들어 암수의 구별을 드러낸 것으로 보인다.

3 假使二女共室, 顔色甚姝 : '甚姝'는 매우 예쁘고 아름답다는 뜻이다.

4 令蘇秦通言, 張儀結媒 : '蘇秦'는 중국 전국시대 중엽의 유세가이다. 소진이 일개 서생 출신으로 BC 333년 진秦나라의 침략을 두려워했던 6개 나라의 합종合縱을 지모변설智謀辯舌로 성공시켜 크게 이름을 떨쳤다. '張儀'는 중국 전국시대 위나라의 모사謀士이다. 소진의 주선으로 진나라에서 벼슬살이를 하게 되어 혜문왕 때 재상이 되었다. 연횡책連衡策을

주창하면서, 위·조·한나라 등 동서로 잇닿은 6국을 설득, 진나라를 중심으로 하는 동맹관계를 맺게 하였다. 합종연횡合縱連衡이라는 말은 여기에서 나온 것이다. 이들의 언변이 뛰어나고, 협상에 능해도 여자 둘을 부부처럼 살게 할 수는 없다는 의미이다.

5 發辯利舌, 奮舒美辭 : '奮舒'는 떨치고, 펴낸다는 뜻으로 듣기 좋은 아름다운 말을 한다는 뜻이다.

6 推心調諧, 合爲夫妻, 弊髮腐齒, 終不相知 : '推心調諧'는 마음을 움직여 화해하여 서로 살도록 조정한다는 뜻이다. '弊髮腐齒'는 머리가 빠지고, 이빨이 다 썩는다는 것으로 '나이 들어 늙을 때까지'라는 시간적 의미이다.

7 若藥物非種, 名類不同 : 종자나 약물의 종류가 같아야하는데 그렇지 않았을 때의 문제를 지적하는 것이다. 약물의 종류를 강조하는 것은 33장의 '宜以同類者', '以類輔自然', '類同者相從', 34장의 '雜性不同類', 70장의 '以類相況'등이 그러하다. 이는 분석심리학에서 연금술의 물질과 무의식의 근원적 동질성이 연금술과정을 성립시키는 중요한 요건이라고 지적한 것과 유사하다.

8 分刻參差, 失其紀綱 : '分刻'은 '分劑'라고 많이 쓰는데 약물의 분량을 뜻하고, '參差'는 가지런하지 못한 모양을 의미한다.

9 雖黃帝臨爐, 太一執火 : 이 아래로 나오는 구절들은 부질없는 짓일 뿐이라는 의미가 있는데 황제는 《사기史記·본기本紀》〈오제본기五帝本紀 제일第一〉에서 '黃帝者, 少典之子, 姓公孫, 名曰軒轅. 生而神靈, 弱而能言, 幼而徇齊, 長而敦敏, 成而聰明.'라 하였다. 《사기서史記書》〈봉선서封禪書〉에는 '天神貴者太一'이라 하여 천신의 이름이라 소개하였다. 혹 북극신의 별명이라고 주석한 자도 있다.

10 八公擣煉, 淮南調合 : '八公'은 회남왕 유안을 따르던 8명의 방사들인데 소비蘇飛, 이상李尙, 좌오左吳, 전유田由, 뇌피雷被, 모피毛被, 왕피王被, 진창晉昌이 그들이다. '擣'는 절구에 찧는 것을, '煉'은 불로 달구는 연금

술의 과정을 말한다. '淮南'은 한나라때 회남왕 유안劉安으로 《회남자淮南子》 21권을 지은 것으로 유명하다.

11 立宇崇壇, 玉爲階陛 : '階陛'는 계단을 뜻한다.

12 麟脯鳳腊, 把籍長跪 : '麟'은 기린을, '鳳'은 봉황이다. '脯'와 '腊'은 말린고기이다. '把籍'은 부적, 주문을 적은 종이를 쥔다는 뜻이고, '長跪'는 공손하게 꿇어앉은 모습이다.

13 禱祝神祇, 請哀諸鬼 : '禱祝'은 빌고, 기도하는 것이고, '神祇'는 귀신, 신령이다.

14 沐浴齋戒, 冀有所望 : '沐'은 머리를 감는 것이고, '浴'은 몸을 닦는 것이다. 제사를 앞두고 몸과 마음을 경건하게 하는 행위이다. '冀'는 바란다는 뜻이다.

15 亦猶和膠補釜, 以磠塗瘡 : 아교阿膠는 동물의 가죽이나 어류로 만드는데 농을 붙일 때도 사용되었던 일종의 접착제로, 한의학에서는 補血, 止血의 목적으로 처방한다. 솥은 불에 계속 달궈지기 때문에 아교로 깨진 부분을 붙여봤자 쉽게 녹아버려 소용없는 짓이라는 뜻이다. '磠'는 돌소금인데 일종의 광물성약재이다. 이것을 부스럼에 바른다는 뜻이다.

16 飛龜舞蛇, 愈見乖張 : 거북이가 날고, 뱀이 춤추는 것은 불가능한 상황을 말하는 것으로 이러한 주장들은 보면 볼수록 그 잘못됨이 크다는 뜻이다.

각가주 **1 關關雎鳩 ⋯ 竟當相須** : [천유]본에서는 "주역의 앞에 건곤을 놓아 음양의 변하지 않는 몸체를 밝히고, 시경의 앞에는 관저편을 놓아 음양이 교역하는 쓰임을 드러냈다. 즉 세간의 법도로 논하자면 물수리가 짝을 찾고, 이루는 것을 표현한 글이다. ⋯ 거북뱀, 또아리를 튼 새끼 용이 현무의 상을 이루고 있는데 이는 암컷과 수컷이 서로 따르는 모습이다. 거북뱀은 북쪽의 현무와 짝이 되니 참으로 감괘에 속하고, 물수리는 남쪽의 주작과 짝이 되니 리괘의 모습이다."[804]라고 하였다.

[참동고]본에서는 "'關雎(관저)'의 시와 '玄武(현무)'의 상은 감리괘의 두 토가 서로 교류하는 것을 밝힌 것이다."[805]라고 하였다.

2 假使二女共室(가사이녀공실) … 終不相知(종불상지) : [발휘]본에서는 "태괘의 여자와 간괘의 남자는 상하로 감응하여 서로 주니 함괘이고, 리괘와 태괘의 두 여자가 동거하면 그 뜻이 함께 행하지 않아 규괘라 한다."[806]고 하였다.

[천유]본에서는 "역의 도에서는 곤과 건이 짝이 되고, 리와 감이 짝이 되며, 손과 진이 짝이 되고, 태와 간이 짝이 되어 하나의 음과 하나의 양이 각각 그 짝을 얻으니 바야흐로 교감의 공이 이뤄진다. 위에는 불이고, 아래에는 연못이 있으면 태괘가 리괘를 만나 두 개의 음이 서로 쫓아 규괘가 된다. 공자의 십익에 이르기를 '두 여자가 함께 거하니 그 뜻이 같이 가지 않는다.'라고 하였다."[807]고 하였다.

[참동고]본에서는 "만약 감리괘의 토가 모두 양이거나 모두 음이면 비토가 비록 더불어 같은 종류이더라도 결단코 두 토의 중매역할을 할 수 없으니 화합하게 하는 것이다."[808]라고 하였다.

3 若藥物非種(약약물비종) … 失其紀綱(실기기강) : [천유]본에서는 "같은 부류라는 것은 리괘 속에 생명의 꼭지가 있고, 감괘 속에 본성의 뿌리가 있다는 것으로, 하나는 음, 하나는 양으로 참된 납과 참된 수은이다. 세상 사람들이 참된 납과 참된 수은이 선천에서 나와 형태와 질도 없는 것임을 깨닫지 못하고, 후천의 찌꺼기 같은 물건인 삼황, 사신, 오금, 팔석을 찾아 이르지 않는 곳이 없다."[809]고 하였다.

---

804 "易首乾坤, 明陰陽不易之體. 詩首關雎, 喩陰陽交易之用. 卽世法而論, 關雎匹偶, 發好逑之章. … 龜蛇蟠虯, 成玄武之象. 一牝一牡之相須也. 龜蛇配北方玄武, 固屬坎象. 關雎配南方朱雀, 確有離象."

805 "以關雎之時明坎離二土之相交, 以玄武之象明坎離二土之相交."

806 "兌女艮男, 上下感應以相與, 則謂之咸. 離兌二女同居, 其志不同行, 則謂之睽."

807 "易道坤與乾匹, 離與坎匹, 巽與震匹, 兌與艮匹, 皆是一陰一陽, 各得其偶, 方成交感之功, 至於上火下澤以兌遇離兩陰相從, 便名睽卦. 夫子翼之曰二女同居其志不同行."

808 "言若坎離之土, 皆陽皆陰則脾土雖與同類決不能爲媒於二土, 使之和合也."

809 "何謂同類, 離中命蒂, 坎中性根, 一陰一陽, 方是眞鉛眞汞, 世人不悟眞鉛眞汞, 産在先天

[참동고]본에서는 "27장의 '陰道～'이하의 구절과 같은 뜻이다."[810]라고 하였다.

고찰 [참동고]에서는 "關關雎鳩, 在河之洲 … 弊髮腐齒, 終不相知"구절을 6장 1절로 보고 외단이 근거함이 없다는 것을 밝혔다. 또한 "若藥物非種, 名類不同 … 飛龜舞蛇, 愈見乖張"구절을 6장 2절로 보고 외단이 도에 맞지 않음을 밝혔다.

無有形質. 却去覓後天渣滓之物, 三黃四神五金八石, 無所不至."

810 "與中篇陰道以下之文同意."

券下

79. 維昔聖賢章 … 第七十九

원문 維昔聖賢, 懷玄抱眞。服鍊九鼎, 化跡隱淪, 含精養神,
通德三光。津液腠理, 筋骨緻堅。衆邪辟除, 正氣常存,
累積長久, 變形而仙。憂憫後生, 好道之倫。隨傍風采,
指畫古文。著爲圖籍, 開示後昆。露見枝條, 隱藏本根,
託號諸石, 覆謬衆文, 學者得之, 韞櫝終身。子繼父業,
孫踵祖先, 傳世迷惑, 竟無見聞。遂使宦者不仕,
農夫失耘, 商人棄貨, 志士家貧。吾甚傷之, 定錄此文。
字約易思, 事省不繁。披列其條, 核實可觀。分兩有數,
因而相循。故爲亂辭, 孔竅其門, 智者審思, 用意參焉。

국역 옛날의 성현들은 아득한 진리를 품은 채 아홉 번 솥을 달여 연단, 복식하고, 그 자취를 변화시켜 운둔한다. 정을 간직하고, 신을 길러 덕이 세 가지의 빛으로 통하니 진액이 살결에 차오르고, 뼈와 근육이 치밀하여 견고해진다. 모든 삿된 것들을 피하여 제거하고, 바른 기운이 항상 있으되 쌓이고 쌓여 오래되면 형태가 변하여 신선이 된다. 후대에 도를 좋아하는 무리가 있어 성인의 모습을 따라 의탁할까 걱정되고, 염려되어 옛글을 그려 가리키니 그림과 서적을 지어져서 후손들에게 열어 보이게 되었다. 가지는 드러내었으나 근본되는 뿌리는 숨겨놓았고, 여러 광석의 이름을 의탁해놓고, 여러 문장들을 덮어 가리고, 어긋나게 하였으니 배우는 사람이 이를 얻어도 죽을 때까지 궤짝에 넣어둔 꼴이 되고 만다. 아들이 아버지의 가업을 이어받고, 손자가 할아버지의 자취를 좇으나 대대로 길을 잃고 헤매듯 결국에는 아무것도 보거나 들은 것이 없게 된다. 마침내 벼슬아치들은 벼슬을 하지 않고, 농부는 밭을 갈지 않으며, 상인들은 재물을 버리게 되어 뜻을 가진 선비들의 집은 가난하게 되었다. 나는 이러한 것에 심히 마음이 상하여 이 글을 써놓기로 정하고, 글자는 간략하게 하여 생각하기 쉽도록 하고, 구체적인 사항은 생략하여 번잡스럽게 하지 않았다. 그 가지는 풀어 정리하여 그 씨앗과 과실을 볼 수 있게 하였으며, 분량은 수치로 나타내었는데 이는 이전의 것을 따른 것이다. 그러므로 어지럽게 지어진 글이 되었지만 그 문에 구멍을 통해 지혜로운 자가 살펴 생각하고 뜻을 가다듬어 헤아릴 수 있다.

교감 **1** 服鍊九鼎(복련구정) : [천유]본과 [통진의 사고전서]본에서는 "伏鍊九鼎(복련구정)"이라 하였다.
2 津液腠理(진액주리) : [천유]본에서는 "精溢腠理(정일주리)"라 하였다.
3 通德三光(통덕삼광) : [발휘]본과 [참동고]본에서는 "通德三元(통덕삼원)"이라 하였다.
4 津液腠理(진액주리) : [참동고]본에서는 "精液腠理(정액주리)"라 하였다.
5 變形而仙(변형이선) : [발휘]본에서는 "化形而仙(화형이선)"이라 하였다.
6 隨傍風采(수방풍채) : [천유]본에서는 "隨旁風采(수방풍채)"라 하였다.
7 託號諸石(탁호제석) : [천유]본에서는 "託號諸名(탁호제명)"이라 하였다.
8 覆謬衆文(복류중문) : [참동고]본에서는 "覆冒衆文(복모중문)"이라 하였다.
9 韞櫝終身(온독종신) : [천유]본에서는 "韞櫃終身(온궤종신)"이라 하였다.
10 傳世迷惑(전세미혹) : [주해]본에서는 "擧世迷惑(거세미혹)"이라 하였다.
11 遂使宦者不仕(수사환자불사) : [참동고]본에서는 "遂使宦者不遂(수사환자불수)"라 하였다.
12 商人棄貨(상인기화) : [천유]본에서는 "賣人棄貨(매인기화)"라 하였다.
13 事省不繁(사성불번) : [천유]본에서는 "事省不煩(사성불번)"이라 하였다.
14 分兩有數(분량유수) : [천유]본에서는 "分量有數(분량유수)"라 하였다.
15 智者審思(지자심사) : [주해]본에서는 "知者審思(지자심사)"라 하였다.

구문해설 **1** 維昔聖賢(유석성현), 懷玄抱眞(회현포진) : '維(유)'는 일종의 어조사로 뜻은 없다. '昔聖賢(석성현)'은 황제, 노자, 공자등을 가리킨다. '懷抱(회포)'는 품다, 안다는 뜻이고, '玄眞'은 현묘한 도, 眞一의 精, 선천의 元氣를 뜻한다.

2 服鍊九鼎, 化跡隱淪 : '服'은 '伏'으로도 쓰이는데 복식(服食, 伏食)의 의미를 갖는다. 먹거나 굴복시킨다는 것이 내단으로 형성된 약이나 외단으로 만든 약을 먹는 것을 의미한다. '鍊'는 화후를 통해 이러한 약을 만드는 것이다. '九鼎'은 32장의 '還丹'에서 설명하였듯이 외단적으로는 아홉 번 솥을 달이는 것이고, 내단적으로는 내단화후를 양적인 기운이 극에 다다름을 상징하는 아홉수 회전시키는 것을 뜻한다. 이러한 과정을 통해서 몸속의 음기가 소멸되고, 양적인 몸으로 변해가는 것이다. '隱淪'은 세상을 피하여 숨는 것을 말한다.

3 含精養神, 通德三光 : 인체의 세가지 보물은 정, 기, 신인데 이는 후천의 것이 아니라 선천의 원정과 원기, 원신을 가리킨다. 원정을 간직하고, 원신을 기르면 그 덕으로 인해 세 가지 빛이 통하게 된다는 것인데 이는 내단수련 과정중 연기화신煉氣化神의 단계에서 나타나는 양광삼현陽光三現의 현상으로 해석할 수 있다. '三光'을 '三元'으로 보는 경우도 있는데 이런 경우는 원정, 원기, 원신의 합으로 본다. 20장에서도 "三光陸沈, 溫養子珠"이라는 구절이 나오는데 정기신을 천문학적으로 비유한 해, 달, 북두칠성을 뜻하기도 하지만 입과 귀와 눈을 고요히 닫고 수련한다는 의미에 더 가깝다.

4 津液腠理, 筋骨緻堅 : 수행결과로 나타나는 효과들이다.

5 衆邪辟除, 正氣常存, 累積長久, 變形而仙 : 삿된 음사가 제거되고, 바른 기운인 양기로 몸이 채워져 오래토록 계속 되면 陽神이 자라나고, 出神하여 신선이 됨을 말하였다.

6 憂憫後生, 好道之倫 : '憂憫'은 근심하는 것이고, '後生'은 후손, 후학을 뜻하며, '倫'은 윤리 또는 무리, 또래를 뜻한다.

7 隨傍風采, 指畫古文。著爲圖籍, 開示後昆 : '隨傍'은 따르고, 의지하는 것이고, '風采'는 옛성현들의 모습을 말하며, '圖籍'은 그림과 문서를 가리킨다. '後昆'에서 '昆'은 자손, 후예라는 뜻을 갖는다.

8 露見枝條, 隱藏本根, 託號諸石, 覆謬衆文 : 가지를 드러내고, 뿌리를 숨겼다는 것은 연단서적에서 나타나는 수많은 은어와 별명들이 보여준다. '諸石'을 '諸名'으로도 많이 보는데 龍虎, 鉛汞, 坎離등의 이름들이 모두 본래의 이름을 피하고, 상징적인 어휘로 가탁했으며, 문장들도 왜곡시켜 이해하기 어렵도록 책들이 지어졌다는 것이다. 동양의 연단서적뿐만 아니라 서양의 연금술 서적도 마찬가지이다.

9 學者得之, 韞櫝終身 : '韞'은 감추다, '櫝'은 함, 궤짝의 뜻이 있다. 즉, 배우는 사람이 이러한 책을 얻어도 결국 얻는 게 없다는 뜻이다.

10 子繼父業, 孫踵祖先, 傳世迷惑, 竟無見聞 : 잘못된 지식이 대를 이어내려 가는데, 후대에 미혹된 것만 전해지니 아무 소용이 없다.

11 遂使宦者不仕, 農夫失耘, 商人棄貨, 志士家貧 : 사농공상의 생활이 모두 피폐해지고, 헛되이 공상만 하다 모든 것을 잃고 만다는 것을 경고한다.

12 吾甚傷之, 定錄此文 : 여기서 저자의 저작의도가 나오는데 앞서 말한 책들이 세상 사람들을 헤치는 바가 큰 것에 속상하여 이글을 지었다고 하였다.

13 字約易思, 事省不繁。披列其條, 核實可觀 : 단어를 최대한 간단하게 사용하여 쉽게 이해되도록 하였으며, 잡다한 과정을 생략하여 번잡스럽게 하지 않았다는 것이다. 과정이란 아마도 외단과정에서 언급되는 각종 광석물의 수치, 법제, 연단의 화학적 과정을 의미할 것이다. '條'와 '核實'은 앞에서 언급된 '露見枝條, 隱藏本根'와 유사하다.

14 分兩有數, 因而相循 : 약물의 수량과 화후의 수를 나타낸 것은 옛글들이 그러하였기 때문에 그에 따랐다는 뜻이다.

15 亂辭 : 한시漢詩의 끝에 적은 한 편의 대의大意를 통틀어 이르는 말이다. 《초사楚辭》에 '亂曰'이라고 하는 것과 같다. 여기에서도 《참동계》의 대의를 결론지어 설명하려는 것을 알 수 있다.

16 孔竅其門, 智者審思, 用意參焉 : 난사를 지음으로써 문에 구멍을

낸 듯이 실마리를 남겼다는 뜻이다. 이를 통해 지혜로운 자는 그 본뜻을 이해할 수 있다는 것이고, 참고할 여지가 있다는 의미이다.

각가주 **1 維昔聖賢(유석성현), 懷玄抱眞(회현포진)** : [발휘]본에서는 "보지도 듣지도 않고, 신을 감싸 안고 고요하게 있는 것이 광성자의 '懷玄抱眞(회현포진)'이다. 기를 온전하게 하여 부드럽게 하여 능히 어린아이와 같이 되는 것이 노자의 '懷玄抱眞(회현포진)'이다. … 대개 옛날에 단을 닦는 사람은 한 생각도 일어나지 않게 하고, 만 가지 법을 모두 잊으며 맑고, 담담하게 오로지 도만을 좇았다. 고요한 가운데 충화의 기운을 안고 호흡을 미미하게 이어가서 위로 니환에 이르고 아래로 명문에 이르러 두루 돌아 그치지 않으면 신과 기가 한시라도 모이지 않음이 없다. 급기야 내단이 장차 이루어져 원기가 완전히 단전에 자리하게 되면 천지와 더불어 하나의 기운을 나누어 다스리게 된다."[811]고 하였다.

[천유]본에서는 "오로지 옛 성현은 황제, 노자를 비롯한 고래의 수승했던 여러 진인들을 가리킨다. 아득한 진리를 품고 있다는 것은 중도를 지키고, 하나를 안고 있는 것이나 뿌리로 돌아가 천명을 회복하는 공부를 말하는데 대개 본성을 기르는 일인 것이다."[812]라고 하였다.

[주해]본에서는 "고래의 여러 성현들은 자신의 공을 완성한 후에 단서를 썼는데 뒷사람들이 이러한 은혜로 남겨 세상에 전한 것이 금벽경과 이 책이 유일하다. 금벽경은 어느 시대의 서적인지를 알지 못하고 문장도 매우 간략하나 이 책은 서술한 것을 연역하여 문장이 극히 상세하고, 실질을 갖춰 단가의 으뜸이라고 할 수있다."[813]라고 하였다.

---

811 "無視無聽, 抱神以靜, 廣成子之懷玄抱眞也. 專氣致柔, 能如嬰兒, 老子之懷玄抱眞也. … 蓋古之修丹者, 一念不生, 萬法俱忘, 澄澄湛湛, 惟道是從. 於靜定之中抱沖化之氣, 出息微微, 入息綿綿, 上至泥丸, 下至命門, 周流不已, 神氣無一刻之不相聚. 及其內丹將成, 則元氣兀然自住於丹田中, 與天地分一氣而治."

812 "維昔聖賢 , 蓋指黃帝老子, 及古來上升諸眞, 懷玄抱眞卽守中抱一, 歸根復命工夫. 蓋養性之事也."

813 "古來幾聖自己功成後製造丹書, 以惠後人然而傳留於世者, 唯金碧經與此篇也. 金碧經未知何代書而文太簡略. 此篇述而演之辭極詳備實爲丹家之宗祖也."

2 服鍊九鼎(복련구정), 化跡隱淪(화적은륜) : [발휘]본에서는 "아홉개의 솥은 구전의 화후이다. … 여순양의 《요두배가窑頭坯歌》에 이르기를 : 9년 동안 화후과정이 지나면 홀연히 천문이 정수리에서 깨지며, 진인이 출현하여 크게 신통을 이룬다. 이를 따라 하늘의 신선이 오니 서로 축하한다."[814]고 하였다.

[주해]본에서는 "구정은 구전이다."[815]라고 하였다.

[참동고]본에서는 "구정은 비로 황제가 아홉 솥을 주물하고, 연단의 일을 차용하였지만 실제로는 구전의 의미이다."[816]라고 하였다.

3 含精養神(함정양신), 通德三光(통덕삼광) : [발휘]본에서는 "삼원은 상중하 세 개의 밭인데 담아 기르기를 오래하면 힘이 이르러 공이 깊어진다. 정신이 안에 간직되고, 기가 몸에 충만하면 백가지 뼈와 만 가지 구멍에 통하지 않는 곳이 없어 자연히 천하에 흘러 돌아가게 된다. … 단을 수련하는 자는 마음을 비우고, 몸을 잊으며, 기를 보전하고, 정신을 온전하게 하면 세 개의 밭에 정이 충만해지고, 오장의 기운이 가득 차게 되는데 그러한 연후에 단이 이뤄진다고 말한다."[817]고 하였다.

[천유]본에서는 "사람의 원정, 원기, 원신은 위로 하늘의 해와 달, 북두칠성에 상응한다. 이 세 가지가 온전하게 되면 세 가지 빛과 더불어 그 덕이 합해진다."[818]고 하였다.

[참동고]본에서는 "삼원은 곧 중원의 자미원, 상원의 태미원, 하원의 천시원을 말하는데 하늘에 덕이 통하는 것이다."[819]라고 하였다.

4 津液腠理(진액주리), 筋骨緻堅(근골치견) : [발휘]본에서는 "주리는 피부사이를 말한다.

---

814 "九鼎, 火候之九轉也. … 呂純陽《窑頭坯歌》云: 九年火候都經過, 忽爾天門項中破. 眞人出現大神通, 從此天仙來相賀."

815 "九鼎九轉也."

816 "九鼎雖借用黃帝鑄九鼎, 煉丹之事而實寓以九轉之意也."

817 "三元, 上中下之三田也. 含養之久, 力到功深, 則精神內藏, 和氣充周於一身, 而百骸萬竅無不貫通, 自然如天河之流轉. … 修丹者虛其心, 忘其形, 守其一, 抱其靈, 故能固其精, 保其氣, 全其神, 三田精滿, 五臟氣盈, 然後謂之丹成."

818 "人之元精元炁元神, 相應天之日月斗極. 三者旣全, 便與三光, 合其德矣."

819 "三元卽中元紫微垣, 上元太微垣, 下元天市垣 言通德于天也."

수련을 통하여 정이 주리로 넘치는데 이르면 혈이 모두 '膏(고)'로 변화한 것이다. … 대개 수련의 공은 뇌를 채우는 것 만한 것이 없다. 뇌는 골수의 바다로, 뇌수가 충만하면 순수한 양기가 흘러넘치게 된다. 모든 골수가 모두 충만한 연후에 뼈가 실해지고, 근육이 견고해져 영원히 춥고, 더운 우환이 없게 된다."[820]고 하였다.

5 衆邪辟除(중사벽제), 正氣常存(정기상존) : [발휘]본에서는 "밤낮으로 화후를 돌려 단련하면 음기가 다 하여 순수한 양으로 변한다. 그러하면 정기가 항상 있게 되고, 능히 장생할 수 있다."[821]고 하였다.

6 累積長久(누적장구), 變形而仙(변형이선) : [발휘]본에서는 "크도다, 단도가 하늘을 본받음이여. 어렵도다, 단의 쉼없는 공효여. … 태를 맺은 후에 100일이면 공능이 신령스러워지고, 10개월이면 태가 둥글게 되며, 1년이면 작게 이루고, 3년이면 크게 이루며, 9년에 이르면 공이 가득 차게 된다. 사람의 일이 모두 다한 이후에 가히 세상에 홀로 서게 되니 날개를 달고 신선으로 오르게 된다."[822]고 하였다.

[천유]본에서는 "9년을 면벽하며 수행의 공이 원만해지니 홀연히 겉의 형체를 벗어나 이름하여 진인이 된다. … 이는 형과 신이 모두 묘하게 갖춰져 도와 진리가 함께 하는 것을 이른다."[823]고 하였다.

7 憂憫後生(우민후생), 好道之倫(호도지륜)。… 商人棄貨(상인기화), 志士家貧(지사가빈)。 : [발휘]본에서는 "단서에서 연홍이라고 말하는 것은 모두 비유이다. 배우는 자는 같은 부류들을 살펴 확장시켜야 하며, 문장과 형상에 집착하거나 내 몸을 버리고, 밖에서 찾으면 안된다."[824]고 하였다.

[천유]본에서는 "천기를 누설할까 두려워 가지를 드러내고, 근본을 감췄

---

820 "腠理, 皮膚之間也. 修鍊至於精溢腠理, 則血皆化爲膏矣. … 蓋修鍊之功, 莫大乎塡腦. 腦者, 髓之海. 腦髓滿, 則純陽流溢. 諸髓皆滿, 然後骨實筋堅, 永無寒暑之憂也."

821 "晝夜運火, 鍊盡陰氣, 變爲純陽, 而正氣常存, 乃能長生也."

822 "大矣哉, 丹道之法天也. 難矣哉, 丹功之不息也 … 結胎之後, 百日而功靈, 十月而胎圓, 一年而小成, 三年而大成, 以至九年功滿, 人事皆盡, 然後可以遺世獨立, 羽化而登仙."

823 "九年面壁, 行滿功圓, 忽然超出形氣之表, 號爲眞人 … 此之謂形神俱妙, 與道合眞也."

824 "蓋丹書所謂鉛汞, 皆比喩也. 在學者觸類而長之爾. 殆不可執文泥象, 舍吾身而求之外也."

는데 예를 들어 삼도三盜, 오적五賊, 원빈元牝, 탁약槖籥의 부류가 그것이고, 아울러 용호龍虎, 황아黃芽, 금화金華의 종류도 이명들인 것이다."[825]라고 하였다.

8 吾甚傷之(오심상지), 定錄此文(정록차문)。… 智者審思(지자심사), 用意參焉(용의참언)。: [발휘]본에서는 "혹자는 이 책의 3편이 많은 것을 두고 군더더기가 많은 것이 아니냐고 하지만 3편이 곧 1편이고, 1편이 곧 한 구절이라는 것을 모르는 것이다. 하나의 구결로써 3편에 퍼뜨려놓았으니 그 문장이 착란되어 있으나 그 문을 뚫어 감히 하나도 쉽게 누설되지 않도록 한 것이다."[826]라고 하였다.

[천유]본에서는 "크게 드러내면 천기가 누설될까 두려워 대부분 어지럽게 글을 썼고, 너무 감추면 천도가 없어질까 두려워 문을 조그맣게 내어놓으니 눈 밝은 선비는 능히 3편 가운데에서 반복하여 참고하고, 연구하면 그 구멍이 있는 곳을 알게 될 것이다."[827]라고 하였다.

[참동고]본에서는 "수치로 나눠보면 모든 장에 각각 3절이 있는데 도서로 상징하였다. 모두 시작, 중간, 마지막의 3절로 나뉜 것이 그것이다. 상편의 3장은 괘의 삼재를 상징하고, 중편의 8장은 괘의 여덟 자리를 상징하고, 하편의 6장은 건괘의 육효를 상징한다. 이로 인하여 서로 순환하니 상편은 근본 원리를, 중편은 공부에 대해서, 하편은 효험이 된다."[828]라고 하였다.

고찰 [참동고]에서는 이 장까지를 6장 3절로 보아 외단의 의혹을 변별하

---

825 "但恐泄露天機, 秘母言子, 露其枝條, 藏其本根, 若三盜, 五賊, 元牝, 槖籥之類, 併龍虎, 黃芽, 金華, 種種異名,"

826 "或者見其三篇之多, 疑其太贅, 殊不知三篇卽一篇也, 一篇卽一句也. 以一句口訣散布於三篇之內, 所以錯亂其辭, 孔竅其門者, 不敢成片漏泄也."

827 "太露則恐泄天機, 故必多爲亂辭. 太藏則恐閉天道, 又必孔竅其門, 世有明眼之士, 能於三篇中反復參究. 得其孔竅之所在."

828 "分之有數如諸章各三節象圖書皆有始中終三節是也. 兩之有數如上篇三章象卦之三才, 中篇八章象卦之八位, 下篇六章象乾之六爻是也. 因而相循如上篇爲本原, 中篇爲工夫, 下篇爲效驗是也."

였다고 하였다.

80. 法象天地章 … 第八十

원문 法象莫大乎天地兮, 玄溝數萬里。河鼓臨星紀兮,
人民皆驚駭。晷影妄前却兮, 九年被凶咎。皇上覽視之兮,
王者退自改。關楗有低昂兮, 害氣遂奔走。江淮之枯竭兮,
水流注于海。天地之雌雄兮, 徘徊子與午。寅申陰陽祖兮,
出入復終始。循斗而招搖兮, 執衡定元紀。

국역 형상을 본받음에는 하늘과 땅만큼 큰 것이 없으니 아득한 도랑같은 은하수가 수만리나 된다. 견우성이 성기星紀에 임하면 사람들이 모두 깜짝 놀라게 된다. 해의 그림자가 함부로 오르락 내리락 하면 9년 동안 흉함과 허물을 입게 된다. 옥황상제가 두루 살펴보니 왕은 물러나 스스로를 고치게 된다. 관건이 되는 음양의 승강이 있으면 해로운 기운은 마침내 달아나버리고 만다. 강물이 마르는 것은 물이 흘러 바다로 가기 때문이다. 천지의 암수는 자와 오에서 오고가고, 인신은 음양의 조상이니 출입이 끝나면 다시 시작한다. 북두를 따라 초요성이 되는 것이 형성衡星을 잡아 근본시기를 정한다.

교감 1 晷影妄前却兮 : [발휘]본에서는 "晷景妄前却兮"라 하였다.
2 王者退自改 : [발휘]본에서는 "王者退自後"라 하였다.
3 關楗有低昂兮 : [사고전서]본과 [주해]본, [참동고]본에서는 "關鍵有低昂兮"라 하였다.
4 害氣遂奔走 : [발휘]본, [주해]본에서는 "周天遂奔走"라 하였다.
5 江淮之枯竭兮 : [발휘]본에서는 "江河無枯竭兮"라 하였다.
6 寅申陰陽祖兮 : [참동고]본에서는 "庚申陰陽祖兮"라 하였다.
7 出入復終始 : [발휘]본에서는 "出入終復始"라 하였다.

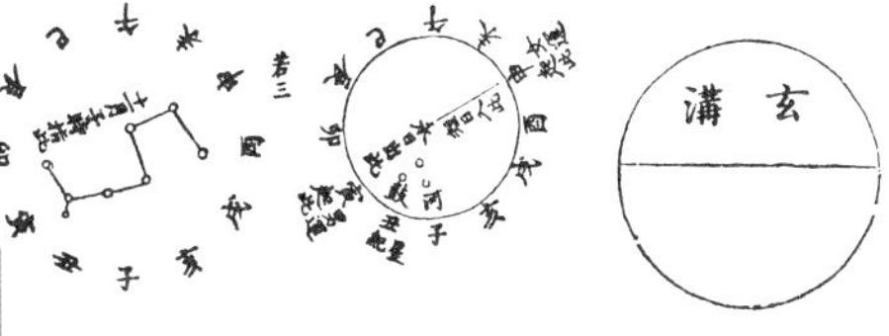

【法象圖/寅申陰陽出入圖/循斗圖】

【법상도/인신음양출입도/순두도】

『道藏』「周易參同契發揮 卷一中」(文物出版社)20冊 196쪽

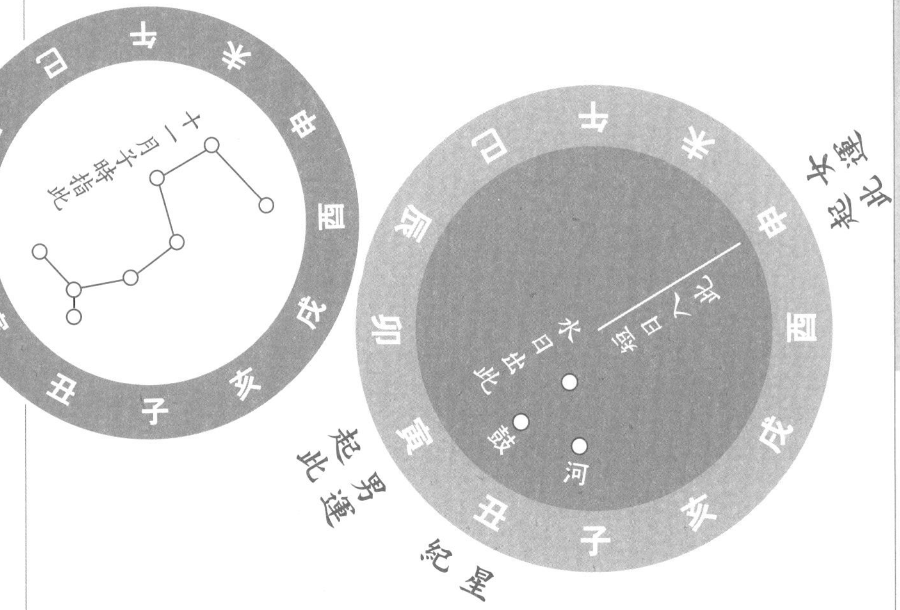

구문해설 **1 法象莫大乎天地兮, 玄溝數萬里** : 《주역周易·계사상전繫辭上傳》의 "是故法象莫大乎天地, 變通莫大乎四時, 縣象著明莫大乎日月"에 상통하는 구절이다. '兮'는 어조사로서 일종의 감탄사이다. '玄溝'는 우주의 도랑이라는 뜻으로 은하수銀河水, 천하天河를 가리킨다.

2 河鼓臨星紀兮, 人民皆驚駭 : '河鼓'는 아래의 그림에서 두수斗宿와 우수牛宿 사이에 있는 견우성을 가리킨다. 《사기史記·천관서天官書》에 "牽牛爲犧牲, 其北爲河鼓"라 하였고, 《이아爾雅》에 "河鼓謂牽牛星也"라

【二十八宿玄溝圖】

【28수현구(은하수)도】

仇滄柱『古本周易參同契集註』(中醫古籍出版社) 403쪽

고 하였다. '星紀'는 12진의 차례에서 丑方을 가리킨다. 견우성이 축방에 이르게 되면 국가에 병란이 일어날 징조로 보았다. 내단적으로는 무사를 가리키는 견우성이 축방에 임한 것을 화후 중에 무화武火가 발동된 것으로 보거나, 북방의 하거가 니환궁에 직상한 것을 의미하기도 한다. 축방은 28방위에서 축간인丑艮寅으로 오행상 수기를 지나 목의 기운이 시작하는 부위로 내외단적으로 精氣와 약물이 달여져 진동하기 시작하는 것을 사람들이 모두 놀란다고 표현한 것이다. '人民'은 곧 精氣와 약물에 대한 비유인 것이다.

3 晷影妄前却兮, 九年被凶咎 : '晷影'은 그림자이다. '妄'은 법도에 맞지 않게 함부로 움직인다는 뜻이고, '前却'은 오르락 내리락, 올라갔다 내려왔다하는 변화를 말한다. 그림자는 해의 움직임에 의해 생기므로 단법의 화후가 함부로 행해지면 '九年'동안의 구전화후九轉火候가 어그러져 흉한 결과를 얻게 된다는 것이다.

4 皇上覽視之兮, 王者退自改 : 여기서 '皇上'은 하늘의 옥황상제를 말하지만 내단적으로는 상단전의 元神을 가리키고, '王者'는 하단전 坎宮의 眞陽을 뜻한다. '覽視'는 하단전을 응신적조凝神寂照하는 것이고, '退自改'는 양기가 발생되는 과정을 가리킨다.

5 關楗有低昂兮, 害氣遂奔走 : '關楗'은 자물통을 말하는데 '關'은 가로로 끼우는 빗장이나 몸 밖의 자물쇠를 가리키고, '楗'은 세로로 끼우는 빗장이나 몸 안쪽의 나무 빗장을 말한다. 결국 관문의 역할을 하는 것으로 임독맥으로 설명되어지는 음양승강의 과정을 의미한다고 할 수 있다. '低昂'은 아래와 위를 뜻하는데 여기서 '昂'이 28수중 하나인 '昴'와 유사하여, 동방청룡의 저수氐宿와 서방백호의 묘수昴宿이라 볼 수도 있다.

6 江淮之枯竭兮, 水流注于海 : 해석이 다소 난해한 구절이다. '江淮'는 일반명사라기 보다는 양쯔강揚子江(長江)과 화이허강淮河(淮水)을 뜻하는 고유명사로 많이 쓰인다. 본래 두 하천은 모두 황해로 들어가는 강이

었는데 12~13세기 황허강黃河의 범람으로 화이허강은 양쯔강으로 들어가게 되었다. 1950년대에 수로 공사를 통해 다시 황해로 빠지도록 했는데 이러한 강물이 고갈되는 것이 물이 모두 바다로 흘러가는 탓이라 한 것이다. 내단적으로 '江淮'는 12경맥이 12경수經水에 비유되듯이 인체의 모든 경맥을 뜻하고, '海'는 기의 근원인 단전을 뜻한다.

7 天地之雌雄兮, 徘徊子與午 : '天地之雌雄'은 음양의 두 가지 기운인 수, 화를 뜻하고, 자와 오는 음과 양이 가장 성한 시간과 공간을 의미한다. 음양의 양 극단을 순환하듯이 움직여 다니는 것을 '徘徊'한다고 하였다.

8 寅申陰陽祖兮, 出入復終始 : 자오가 수화를 가리킨다면 인신은 금목을 가리킨다. 기운의 변화상을 보면 양기는 寅에서 생하여 午에서 번성하고, 戌에서 끝나며, 음기는 申에서 생하고, 子에서 번성하며, 辰에서 끝난다. 끊임없이 순환하는 모습을 묘사하였다.

9 循斗而招搖兮, 執衡定元紀 : '循斗'는 북두칠성의 자루가 돌아가면서 가리키는 방향이 12방위가운데 해당 월건임을 뜻한다. 이러한 북두칠성의 일곱번째 별을 요광搖光이라하는데 '招搖'가 곧 그것이다. '衡'은 다섯 번째 별을 가리키거나 북두의 자루부분을 뜻하기도 한다. 즉, 북두의 자루가 가리키는 방향으로 시간이 정해지는 것으로 이러한 기준시간을 '元紀'라 하였다. 천체는 북극성을 중심으로 회전을 하게 되는데 이러한 중심이 내단적으로도 중요하다. 모든 변화를 낳는 중심이 우리의 마음속에 있기 때문이고, 이를 규竅라고도 한다. 북두칠성에 대한 자세한 설명은 17장 주석 4)을 참고한다.

각가주 **1** 法象莫大乎天地兮, 玄溝數萬里 : [발휘]본에서는 "단을 수련하는 자는 정성스레 하늘과 땅의 본받으나 반대로 나의 몸에서 구하여 몸속에 또 하나의 별세계[壺天]가 있으니 바야흐로 위공이 현구라고 한 이유를 알 수 있다. 내 몸속에도 역시 있으니 하늘에서 구할 필요는 없다."[829]라고 하였다.

[천유]본에서는 "건의 솥은 하늘을 본받고, 곤의 화로는 땅을 본뜬 것이다. 사람의 몸에 천지가 모두 갖춰져 있으니 천지가 곧 나에게 하나의 큰 화로와 솥이 된다. … 하늘의 가장 높은 곳에서부터 땅의 가장 낮은 곳까지의 거리는 84000리이고, 하늘의 은하수는 가마득한 도랑이 되어 丑寅方, 尾箕宿의 사이에서 시작하고, 午未方, 星柳宿의 사이에 이른다. 둥그런 하늘을 양쪽으로 갈라 몇 만리가 되는지 알 수 없다. … 인체에서는 금목의 간격이 있는 상과 같다."[830]고 하였다.

[참동고]본에서는 "검다는 것은 子의 색이고, 북극은 子의 위치에 자리하는 고로 '玄'이라고 하였다. 도랑은 하늘을 보면 둥글게 휜 모양으로 그 깊이가 도랑같기에 이른 말이다. 장차 수련함에 있어서는 반드시 일진을 따르는데 일진은 반드시 북극에 근원한다. 이는 먼저 북극의 위치를 밝혀 그 상을 법하여 차례를 정하는 것이 아래의 문장에 늘어놓아져 있다. 대개 천체는 지극히 둥글어 동서로 12궁이 있고, 남북으로 12궁이 있다. 북극은 당연히 남북으로의 12궁중에 子의 위치에 있고, 남극은 당연히 남북으로의 12궁중에 午의 위치에 있으니 하늘의 두 축이 되고, 그 경로는 모두 6도가 된다. 6도로써 땅의 길로 측정하면 그 길이가 수만리에 해당한다. 한대 이후로 천문이 전해지지 못하여 북극을 간, 축방으로 나누고, 그 경로가 6도가 됨을 알지 못하였는데 북제北齊의 조충지祖沖之가 시작한 이후로 구고의 측량법으로 그 직경이 6도임을 알게 되었다. 지금 진인이 홀로 능히 그 단서를 내어 양한의 여러 유가들이 언급한 성현의 정미로운 논설이 크게 틀리지 않게 되었다. 방외로 흘러오는 것을 진인이 얻은 것이다."[831]라고 하였다.

829 "修丹者誠能法天象地, 反而求之吾身, 則身中自有一壺天, 方知魏公之所謂玄溝, 吾身亦自有之, 蓋不用求之於天也."

830 "乾鼎法天, 坤爐象地, 可見人身全具一天地. 天地卽我一大爐鼎也. … 天之極上處距地之極下處八萬四千里. 天中河漢爲玄溝, 起自丑寅尾箕之間, 直至午未星柳之分, 界斷天盤, 不知其幾萬里. … 以吾身擬之,….. 有金木間隔之象."

831 "玄者子之色, 北極居於子位, 故曰玄也. 溝謂穹崇圓窿其深如溝也. 將言修煉必順於日辰. 日辰必根於北極而此先明北極之位. 序法象以爲下文張本. 蓋天體至圓有東西之十二宮有南北

2 河鼓臨星紀兮，人民皆驚駭 : [천유]본에서는 "하고성은 모두 3개의 별로써 가운데는 대장군, 왼쪽은 좌장군, 오른쪽은 우장군이 되며 삼각형의 모양을 하고, 군대의 북소리를 주관한다. … 하고성은 본래 축방위의 별이 아닌데 지금 차례를 넘어 성기에 이르면 은하수속에 들어간 것이니 별자리들이 뒤섞이게 되고, 홍수가 장차 일어나 놀라움을 면치 못한다. 내 몸속의 자와 축이 사귀는 곳에서 마땅히 양화가 발생하니, 만약 때가 이르기 전에 망동하면 온 몸에 정기가 두루 날뛰며 백맥이 모두 혼란스럽게 된다."[832]고 하였다.

[주해]본에서는 "팽진인이 이르기를 하고성이 성기에 임하면 병혁을 주관하므로 솥 안에서 금과 수가 나쁜 기운을 일으키는 것이라고 하였다."[833]라고 하였다.

[참동고]본에서는 "하고성은 본래 축궁인 성기星紀에 속하는 별이다. 책력을 공부하는 관리가 그 도수를 오기하여 북극원내의 별로 삼았는데 성기에 임하면 편차가 1푼이 되고 바퀴가 9푼을 이동하면 봄과 여름이 바뀌고, 추위와 더위가 변하는 고로 그 가운데 사람들은 놀라지 않는 경우가 없게 된다. 이는 사람이 운기를 하는데 있어서 한번이나 혹 그 때를 놓치면 화후가 어그러져 몸속의 백가지 신이 놀라지 않음이 없는 것에 비유하였다."[834]라고 하였다.

3 晷影妄前却兮，九年被凶咎 : [발휘]본에서는 "'晷影'은 화후이고, '前却'은 나가고 물러나는 것이며, '九年'은 아홉 번 돌리는 것이다. …

之十二宮. 北極當南北十二宮之子位, 南極當南北十二宮之午位. 爲天之二軸而其徑皆爲六度, 六度以地之道里準之則其周爲數萬里也. 自漢以後天文失傳乃以北極爲艮丑分且不知其徑六度至北齊祖沖之始以句股測候知其徑爲六度. 今眞人獨能說出瑞的無差大非兩漢諸儒所能及無乃聖門精微之論, 流傳於方外家而眞人得之也歟."

832 "河鼓共三星, 中爲大將軍, 左爲左將軍, 右爲右將軍, 有芒角, 主軍鼓聲音 … 河鼓本非丑方之星今越次臨于星紀則是河漢之內, 星宿錯亂水害將興, 未免可驚可駭. 吾身子丑之交, 正當陽火發生之地. 若時未到而妄動, 則周身精氣奔馳, 百脈俱亂."

833 "彭眞人曰河鼓臨星紀主有兵革喻鼎內金水作沴也."

834 "河鼓本星紀丑宮之星, 修曆之官誤數其度以爲北極垣內之星而府臨星紀則輻差一分輪移九分, 春夏貿遷寒暑變易故在中之人民莫不驚駭也. 以喻人之運氣一或失其時分使火候乖當則身中之百神莫不驚駭也."

화후의 나가고 물러남은 터럭만큼도 차이가 있어서는 안되니 아홉 번 돌리는 사이에 평온하게 누런 암말을 타야 허물이 없이 보호된다."[835]고 하였다.

[천유]본에서는 "불이 나아가면 앞이 되고, 물러서면 돌이키는 것인데 마땅히 앞서지도, 물러서지도 말아야 한다. … 이는 곧 동지, 하지와 춘분, 추분에 시간적으로 맞지 않으면 홍수나 가뭄이 일어나는 것과 같다. 위 문장에서 견우성이 성기에 이르렀다는 것은 불이 나아가는데 절도를 잃어 홍수를 일으켰다는 것으로 요임금때 9년간 홍수가 났던 것을 이른다."[836]고 하였다.

[참동고]본에서는 "하늘의 법도를 측량하기 위해서는 먼저 북극을 정하고 땅의 법도로 나온 연후에 적도를 가히 정할 수 있다. 적도가 이미 정해지면 해와 달이 운행하는 황도가 적도를 따라, 저수氐宿, 묘수昴宿를 지나니 지금 하고성이 적도의 북쪽 별로 그 차이가 이와 같으면 해 그림자가 오락가락하여 맞지 절기에 맞지 않으면 측량한 표 역시 자연의 세에 맞지 않아 농사짓고, 수렵하는 데 모두 그 시기를 잃으니 백성이 흉함을 당하게 된다. 9년은 3000일의 기한이다."[837]라고 하였다.

4 皇上覽視之兮(황상람시지혜), 王者退自改(왕자퇴자개) : [발휘]본에서는 《태상소영경太上素靈經》을 인용하여 "사람의 몸에는 세 가지 일등이 있는데 상일은 몸의 천제이고, 중일은 강궁의 단황이며, 하일은 황정의 원왕元王이다. …. 지금 위공이 '皇上覽視(황상람시)'라고 한 것은 神火(신화)를 감궁에 비춰 들여 보고, 감궁의 참된 양을 나오게 하는 것을 말한다. '王者退自後(왕자퇴자후)'는 참된 양이 불의 압박으로 인하여 감궁에서 나오는 것을 말한다. 이와같이 하거를 추동하여 참된 양이 비등하여 일어나면 리궁의 참된 음이 변화하기 시작한

835 "晷景, 卽火候也. 前却, 卽進退也. 九年, 卽九轉也. … 火候之進退, 不可毫髮差殊, 然後九轉之間, 穩乘黃牝馬, 而可保無咎."

836 "進火爲前, 退火爲却. 不當前而妄前. … 卽如二至二分, 不應漏刻. 而召水旱之災矣. 據上文河鼓星星紀, 是進火失度以致水災. 堯有九年之水."

837 "測天之法先定北極, 出地之度然後赤道可以定矣. 赤道旣定則日月所行之黃道隨赤道低昴而. 今河鼓赤道北之星紀差如此則晷影前却不合於節氣所測之表亦自然之勢耕耘斂獲皆失其時, 民被凶咎必矣. 九年則三千之限也."

다."[838]고 하였다.

[천유]본에서는 "대개 '皇上(황상)'은 선천의 본성에 비유되고, '王者(왕자)'는 후천의 마음에 비유된다. 그 본체는 하나이지만 쓰임은 둘인 것이다. 대개 본성은 무위로써 하여 적연부동하며, 신실에 편안히 자리한다. 마음은 지어냄이 있고, 감응하여 통하여 하늘을 운행하니 이와 같으면 화후의 나아가고 물러남에 절도에 맞지 않음이 없게 된다."[839]고 하였다.

5 關楗有低昂兮(관건유저앙혜), 害氣遂奔走(해기수분주) : [발휘]본에서는 "하늘의 모양은 둥근 환과 같아서 밤낮으로 돌아 쉬지않는다. 그 남북의 양 끝단은 한쪽은 높고, 한쪽은 낮아서 이내 관건이라 한 것이다. 사람의 몸역시 그러하여 천관은 위에 있고, 지축은 아래에 있다. 만약 능히 천관을 돌아 지축으로 가면 상하가 서로 상응하여 한 번의 호흡으로 한 번의 주천이 된다."[840]고 하였다.

[참동고]본에서는 "관건이란 북극이 적도에서 관건이 되고, 적도는 황도에서 관건이 되는 것을 말한다."[841]라고 하였다.

6 江淮之枯竭兮(강회지고갈혜), 水流注于海(수류주우해) : [천유]본에서는 "오로지 남북극만 빗장이 굳게 잠겨있으면 백맥이 근원으로 돌아가는 것을 재촉하니 자연히 기가 근원의 바다로 돌아간다. 이것이 마치 강이 바다로 흘러가도 넘치지 않는 것과 같다."[842]고 하였다.

[참동고]본에서는 "강회가 옛날에 고갈되었던 것은 물이 동쪽 바다로 흘러갔기 때문이다. 해로운 기운이 지평선으로 사납게 달리는 것이 이를

---

838 "人身有三一, 上一爲身之天帝, 中一爲絳宮之丹皇, 下一爲黃庭之元王 … 今謂魏公皇上覽視之者, 運神火照入坎中, 以驅逐坎中之眞陽也. 王者退自後者, 眞陽因火逼而出位於坎也. 於此駕動河車, 則眞陽飛騰而起, 以點化離宮之眞陰矣.'

839 "蓋皇上喩先天之性, 王者喩後天之心. 其體則一, 其用則二. 蓋性主無爲, 寂然不動, 安處神室. 心君有作, 感而卽通, 幹運天經, 如此則火候之進退, 罔不中節矣."

840 "天形如彈丸, 晝夜運轉, 周匝無休. 其南北兩端, 一高一下, 乃關楗也. 人身亦然. 天關在上, 地軸在下, 若能回天關, 轉地軸, 上下相應, 則一息一周天也."

841 "關鍵謂北極關鍵於赤道, 赤道關鍵於黃道也."

842 "惟南北二極, 關鍵旣密, 促百脈以歸元. 自然炁歸元海. 若江淮之朝宗於海, 而不至泛濫矣."

말한 것이다."[843]라고 하였다.

7 天地之雌雄兮(천지지자웅혜), 徘徊子與午(배회자여오) : [발휘]본에서는 "단도로써 말하면 상승, 하강하고, 한번 일어났다가 한번 엎드리는 것이 역시 자오를 배회하는 것이다."[844]라고 하였다.

[천유]본에서는 "자는 여섯 양의 첫머리이고, 동지에 응한다. 오는 여섯 음의 첫머리로 하지에 응한다. … 단도에서 수화의 승강은 단지 자오의 두 절후에서만 있게 되는데 감중의 참된 불이 상승하여 하나의 양이 처음 되돌아오나[復(복)] 양기가 아직 미약하여 닫아 잠룡의 싹을 기른다. 리중의 참된 수는 하강하여 하나의 음이 돌아와 만나니[姤(구)] 음기가 처음 태동하여 마땅히 서리를 밟게 되는 것을 방비해야 한다."[845]고 하였다.

[주해]본에서는 "자오는 음양이 일어나는 곳이니 천지의 암수이다."[846]라고 하였다.

[참동고]본에서는 "자오는 적도 12궁의 자오로써 말하니 곧 동서의 12궁을 이르는 것이다. 대개 북극이 적도의 관건이라면, 적도는 황도의 관건이므로 해는 마땅히 하늘의 정오의 자리에 지상으로 출현하면 일중이 되고, 오시에 해가 하늘의 정자위에 땅으로 들어가면 야반자시가 되니 子(자)와 午(오)에서 배회한다고 한 것이 이것이다."[847]라고 하였다.

8 寅申陰陽祖兮(인신음양조혜), 出入復終始(출입부종시) : [주해]본에서는 "인신은 수화의 장생지이므로 음양의 으뜸이 된다. 혹 하지에 해가 인에서 나와 술로 들어가고, 동지에 해가 진에서 나와 신에서 들어가는 것이 이러한 것과 비슷하

---

843 "江淮之昔嘗枯渴者至是有水而東流注於海. 此言害氣奔走於地平也."

844 "以丹道言之, 上升下降, 一起一伏, 亦徘徊於子午."

845 "子爲六陽之首, 應乎冬至, 午爲六陰之首, 應乎夏至, … 丹道水火升降, 只在子午二候, 坎中眞火上升. 一陽初復, 陽炁尙微, 宜閉關以養潛龍之萌, 離中眞水下降. 一陰來姤, 陰炁初萌. 宜係梶以防履霜之漸."

846 "子午陰陽之所起, 故爲天地之雌雄."

847 "子午以赤道十二宮之子午言之卽向所謂東西之十二宮也. 蓋北極旣關鍵於赤道, 赤道又關鍵於黃道則日當天正午位之出地上者爲日中, 午時日當天正者爲之入地下者爲夜半子時所謂徘徊子與午者然也."

다."[848]라고 하였다.

[참동고]본에서는 "황도는 비스듬이 적도와 사귀니 묘유의 가운데에 그 한 줄기가 적도 북쪽의 寅의 자리에서 나온다. 한 줄기는 적도의 남쪽 申의 자리로 들어간다. 그러므로 하지에 해가 寅에서 떠서 申에서 지는 것이다. 寅에서 뜨는 것은 역의 그림에서 震에서 일어난다고 하는 것과 같다. 申에 들어간다는 것은 역의 그림에서 巽에서 소멸한다는 것과 같다. 하루의 시간, 한 달의 달이 차고 기움, 일 년의 절기가 寅에서 시작하고, 申에서 마치지 않는 것이 없다. 어찌 음양의 으뜸이 아니겠는가. 해로운 기운이 내달린다고 한 것이 황도에서 나타난다."[849]라고 하였다.

9 循斗而招搖兮, 執衡定元紀 : [발휘]본에서는 "내 몸의 천강성이 가리키는 것은 子에서 일어나고, 12시진을 돌아간다. 대저 북두는 하늘의 중심에 자리하는데 이는 마음이 사람의 가운데 있는 것과 같다. 그런 고로 하늘은 북두로서 기틀을 삼고, 사람은 마음으로 기틀을 삼는다. 단법에서 마음이 화후를 운전하며 이는 하늘의 북두가 12시진을 운행시키는 것과 같다."[850]고 하였다.

[참동고]본에서는 "북두의 36도 밖 거리에서 북두가 중궁의 경계에 늘어서 있으니 초요성 하나가 국자끝에서 섭제의 천정으로 드리워져 북두의 국자가 달을 따라 월건을 선도하니 마치 형석으로 혼원의 계통을 잡는 것과 같다. 이는 해로운 기운이 북두가 가리키는 곳에서 내달린다는 것을 말한 것이다."[851]라고 하였다.

고찰 [참동고]본에서는 이 장을 난사亂辭의 시작으로 보고 난사의 1절

848 "寅申水火之長生故爲陰陽之宗祖也. 或云夏至日出寅入戌, 冬至日出辰入申似指此也."

849 "黃道斜交赤道, 卯酉之中其一端出赤道, 北之寅位, 其一端入赤道南之申位故夏至之日出於寅而入於申, 出於寅者易圖所以起於震也. 入於申者易圖所以消於巽也. 一日之時分一月之弦望一年之節氣, 莫不以寅爲始, 以申爲終. 豈非陰陽之祖乎. 此言害氣奔走於黃道也."

850 "吾身之天罡所指起於子, 而周歷十二辰也. 夫斗, 居天之中, 猶心居人身之中. 是故天以斗爲機, 人以心爲機. 丹法以心運火候, 猶天以斗運十二辰也."

851 "去北斗三十六度之外, 北斗布列中宮之界而招搖一星在北斗杓端以下垂于攝提天庭爲斗杓. 先導隨月有建若執衡石以定渾元之統紀焉. 此言害氣奔走於斗建也."

로 삼았다. 추첨抽添하는 화후라고 보았다.

81. 升熬於甑山章 … 第八十一

원문
승오어증산혜 염화장설하 백호창도전혜 창액화어후
升熬於甑山兮, 炎火張設下。白虎唱導前兮, 蒼液和於後。
주작고상희혜 비양색오채 조우라망시혜 압지불득거
朱雀翺翔戲兮, 飛揚色五彩。遭遇羅網施兮, 壓之不得擧;
오오성심비혜 영아지모모 전도취탕확혜 최절상모우
嗷嗷聲甚悲兮, 嬰兒之慕母;顚倒就湯鑊兮, 摧折傷毛羽。
누각미과반혜 어린압렵기 오색상현요혜 변화무상주
漏刻未過半兮, 魚鱗狎鬣起。五色象炫燿兮, 變化無常主,
휼휼정비치혜 폭용불휴지 접련중첩루혜 견아상착거
潏潏鼎沸馳兮, 暴勇不休止。接連重疊累兮, 犬牙相錯距。
형사중동빙혜 난간토종유 최외이잡측혜 교적상지주
形似仲冬冰兮, 闌干吐鍾乳。崔嵬而雜廁兮, 交積相支拄。

국역 곤륜산으로 끓어오르는 것은 타오르는 불이 아래에 설치해서이다. 흰 호랑이가 포효하며 앞으로 이끌면 푸른 액체가 뒤에서 화답한다. 주작은 날아서 돌며 노는데 다섯 가지 색깔로 날아오른다. 넓게 펼쳐진 그물을 만나면 그에 눌려서 올라갈 수가 없게 된다. 시끄럽게 우는 소리가 매우 슬프니 어린아이가 어미를 그리는 것과 같다. 거꾸로 뒤집혀 가마솥에 삶아지니 날개와 터럭이 꺾이고, 상하게 된다. 시간이 반도 지나지 않아 용의 비늘과 말의 갈기가 일어나니 오색의 형상이 빛나고, 언제나 변화가 무상하다. 부글부글 솥이 끓어오르는 것이 사납게 용솟음쳐 그치지 않는데 붙어서 이어지며 거듭 쌓이는 것이 개의 이빨이 서로 섞여서 사이하는 것과 같다. 형상은 한겨울의 얼음과 같고, 옥돌이 종유석처럼 올라온 것 같기도 하다. 산위에 솟은 바위가 뒤섞인 듯 엇갈려 쌓인 것이 서로를 지탱한다.

교감 1 蒼液和於後(창액화어후) : [발휘]본에서는 "蒼龍和於後(창용화어후)"라 하였다.
2 朱雀翺翔戲兮(주작고상희혜) : [통진의 정통도장]본에서는 "朱雀翺翔戲兮(주작고상휴혜)"라 하였다.
3 壓之不得擧(압지불득거) : [발휘]본, [참동고]본에서는 "壓止不得擧(압지불득거)"라 하였다.

4 漏刻未過半兮 : [발휘]본에서는 "刻漏未過半兮"라 하였다.
5 魚鱗狎鬣起 : [발휘]본, [참동고]본에서는 "龍鱗甲鬣起", [천유]본에서는 "龍鱗狎鬣起"라 하였다.
6 暴勇不休止 : [사고전서]본, [발휘]본, [천유]본, [참동고]본에서는 "暴湧不休止"라 하였으며, [주해]본에서는 "暴湧不體止"라 하였다.
7 形似仲冬冰兮 : [발휘]본에서는 "形如仲冬冰兮"라 하였다.
8 闌干吐鍾乳 : [주해]본에서는 "瓓玕吐鍾乳"라 하였다.

구문해설 **1** 升熬於甑山兮, 炎火張設下 : '升熬'는 끓어오르는 것이고, '甑山'은 시루모양의 산을 말하는데 여기에서는 곤륜산을 뜻하며, 인체의 백회혈을 가리킨다. 시루는 다름 아닌 정기鼎器이기도 하다. '炎火'는 화루에 타오르는 불이며, 내단적으로는 화후의 문무화文武火를 뜻한다. 즉, 자시에 외약이 생성되어 발동하면 하거를 돌아 미려혈로부터 곤륜으로 비유되는 니환으로 상승하는 것을 말한다.

2 白虎唱導前兮, 蒼液和於後 : '白虎'와 '蒼液'은 각각 오행의 금과 목을 뜻하며, 坎中鉛과 離中汞을 가리키기도 한다. 그러한 대비관계에서 보아도 '蒼液'이 '蒼龍'으로 보는 것이 자연스럽긴 하지만 푸른 액체라는 것이 수은의 유동성을 내포하는 것으로 보면 '蒼液'으로 보아도 의미 해석이 무리가 없다. 80장의 "皇上覽視之兮, 王者退自改"구절에서 처럼 원신으로 하단전의 坎宮에 응신적조凝神寂照하게 되면 양기가 살아서 나오게 되고, 이것이 '蒼液'으로 표현되는 離宮과 화합하게 되는 것이다.

3 朱雀翱翔戲兮, 飛揚色五彩 : '朱雀'은 백호, 청룡, 현무와 함께 남방의 화기운을 주관하는 神物이다. '翱'는 날개를 상하로 움직이는 모습이고, '翔'은 매의 날개가 수평으로 움직이지 않으면서 비행하는 모습을 뜻한다. 즉, 불이 세차게 타올라 오색의 빛깔이 나듯이 보인다는 뜻이다. 화후과정을 묘사하고 있다.

4 遭遇羅網施兮, 壓之不得擧 : '遭遇'는 만나는 것이고, '羅網'은 그

물로 주작이라는 새로 상징되는 불이 그물에 걸리듯이 억제를 받아 함부러 거동하지 못한다는 뜻이다. 납으로 수은을 제지하고, 水氣로 火氣를 억제하는 것이다.

5 嗷嗷聲甚悲兮, 嬰兒之慕母 : '嗷嗷'는 시끄럽게 울부짖는 소리로 마치 어미를 찾는 젖먹이 아이의 울음소리에 비유된다.

6 顚倒就湯鑊兮, 摧折傷毛羽 : '鑊'은 다리가 없는 큰 솥을 말하는데 물을 끓이면 대류현상이 일어나 뒤섞이듯 마구 뒤섞이면서 삶아지는 과정을 묘사하였다. 이때 주작의 깃털과 날개가 꺾이고, 상하여 녹아들어가게 된다.

7 漏刻未過半兮, 魚鱗狎鬣起 : '漏刻'은 물시계의 시각을 뜻하고, '過半'은 12시진으로 따졌을때 1/2 시진을 뜻한다. 즉, 1시간가량이 지났음을 의미하며, 이때 물고기 비늘과 갈기와 같은 터럭이 눌려 일어난 듯 어지럽게 된다. 이는 白虎와 蒼液이 朱雀에 의해 삶아졌을 때 나타나는 형상인 것이다.

8 五色象炫燿兮, 變化無常主 : '炫耀'는 불이 밝게 빛나는 형상이다. 앞의 '五彩'와 더불어 '五色'이 나오는데 이는 오행의 색깔로서 솥 내부의 반응에 의해 다양한 변화가 있음을 의미한다.

9 潏潏鼎沸馳兮, 暴勇不休止 : '潏潏'은 물이 샘솟아 흐르는 모양으로 끓어오르는 모양의 의태어이다.

10 接連重疊累兮, 犬牙相錯距 : 납과 수은이 달여지면서 나타나는 과정으로 이들이 서로 붙기도 하고, 중첩되면서 마치 개의 이빨이 가지런하지 못하고, 겹쳐지듯 자리 잡는 것에 비유된 것이다.

11 形似仲冬冰兮, 闌干吐鍾乳 : '仲冬冰'은 위에서 늘어 붙으면서 약간 울퉁불퉁한 모습의 고드름이라 볼 수 있고, '闌干'은 일종의 옥돌인데 68장의 "金華先唱, 有傾之間, 解化爲水, 馬齒闌干"에서도 말의 이빨과 함께 설명되었다. '鍾乳'는 동굴속에서 지하수가 천장에서 떨어질 때 지하수의 석회 성분인 탄산수소칼슘이 수분증발과 함께 다시 결정화되

어 아래방향으로 성장하는 일종의 석회질 고드름이다.

12 崔嵬而雜廁兮, 交積相支拄 : '崔嵬'는 높고 큰 토산을 말한다. '雜'과 '廁'은 같은 뜻으로 뒤섞인다는 뜻이다. 내단 수련 과정에서도 이처럼 약물의 결합으로 고드름이나 종유석같은 형태의 변화가 실지로 어떻게 일어나는지 궁금하고, 외단 과정에서도 어떠한 화학변화가 이와 같은 형상의 변화를 일으키는지 구체적인 연구가 필요하다.

각가주 **1** 升熬於甑山兮, 炎火張設下 : [천유]본에서는 "감리가 교구하면 참된 씨앗이 이미 생성되고, 다시 한번 배합하는 공이 있으면 금단의 대약이 곤의 화로에서 자라게 된다. 그래서 타오른다고[熬] 한 것이다. … 화로속에서 온양하는 것이 충족되면 하나의 양이 처음 발동하는 정자시가 되어 급하게 불을 피워 대응하는데 반드시 맹렬하게 삶고 극도로 단련하면서 숨을 들이마시고, 항문을 막는 공을 더해야 한다. 그리하여 화로속의 금액이 상승케 하는데 이 화력이 하거를 채찍질하여 미려혈로부터 거꾸로 올라 곤륜의 정수리까지 보내는 것이 마치 떡시루같은 산을 타 오르는 형상과 같다."[852]고 하였다.

[주해]본에서는 "이 문단은 역시 오행의 제복을 통해 단을 이루는 상태를 말한 것이다. 시루모양의 산이란 단의 솥을 비유한 것이다."[853]라고 하였다.

[참동고]본에서는 "시루모양의 산은 비장이다. 비장의 형태가 시루모양의 산과 같기 때문이다. 위로 불이 타오르는 것은 신장이다. 신장에는 명문화가 있는 고로 역시 불이 타오른다고 한다. 사람이 능히 욕망을 절제하여 정을 모으면 정이 그 방을 차고 넘쳐 자연이 비토로 오르게 되는데 이것이 대단의 기틀이 되는 것이다."[854]라고 하였다.

---

852 "坎離交姤眞種已生. 再加配合之功, 金丹大藥養在坤爐中, 故謂之熬 … 爐中溫養已足. 一陽初動正子時到, 急發火以應之, 必須猛烹極煉, 加以吸舐撮閉之功. 逼出爐中金液, 令之上升趂, 此火力駕動河車, 自尾閭穴逆流上崑崙頂, 有升熬甑山之象."

853 "此段亦極言五行制伏成丹之狀, 甑山喩丹鼎也."

854 "甑山卽脾也. 脾之形體如甑山也. 炎上卽腎也. 腎有命門火故亦稱炎火也. 人能節慾儲精

2 白虎唱導前兮(백호창도전혜), 蒼液和於後(창액화어후) : [천유]본에서는 "서방의 금정은 백호가 되고, 동방의 목액은 창룡이 된다. 용은 양이어서 부르고, 호랑이는 음이어서 화답하는데 지금 호랑이가 반대로 앞에서 부르고, 용이 뒤에서 화답하는 것은 모두 오행이 거꾸로 돌아 음양이 전도된 상이다."[855]라고 하였다.

[주해]본에서는 "푸른 액체는 청룡의 진액이다."[856]라고 하였다.

[참동고]본에서는 "백호는 폐이다. 폐는 위에 있으므로 창액인 간의 앞에서 소리쳐 인도하는 것이다. 간은 측부에 있으므로 뒤에 응합이 있는 것이다."[857]라고 하였다.

3 朱雀翶翔戲兮(주작고상희혜), 飛揚色五彩(비양색오채), 遭遇羅網施兮(조우라망시혜), 壓之不得擧(압지불득거) : [천유]본에서는 "주작은 남방화의 정수이다. … 주작의 본성이 지극하여 한 번 날아오르면 이체 억제할 수가 없다. 오직 북방의 현무를 만나야 손이 묶이고, 억제를 받는다. 건곤이 교구할 때 불은 아래로부터 올라오고, 물은 위로부터 내려오니 현무가 주작을 잡아 안정시킨다. 서로 방울을 달아 묶어놓고, 죽어도 놓아주지 않으니 마치 그물을 덮어씌워서 눌러놓은 것과 같이 날개를 들 수가 없다."[858]고 하였다.

[주해]본에서는 "주작은 리괘의 정을 비유한 것으로 리괘의 정은 흔들리기 좋아하여 지금 납의 수의 억제를 받아 응결되어 안정되면 단이 이루어지게 된다."[859]라고 하였다.

[참동고]본에서는 "주작은 봉황이다. 봉황은 새 중에서 홀로 정수를 품부받아 그 성질이 날아다니고, 그 색은 五色(오색)이며, 그 덕은 五常(오상)이다. 심

精溢其室則自然升熬於脾土以爲大丹之基本也."

855 "西方金精爲白虎, 東方木液爲蒼龍, 龍陽主唱虎陰主和, 今者虎轉在前作倡, 龍轉在後作和, 此皆五行逆旋, 陰陽顚倒之象."

856 "蒼液青龍之液也."

857 "白虎肺也, 肺在上故唱導於前, 蒼液肝也. 肝在旁故和應於後."

858 "朱雀是南方火精. … 朱雀本性極其飛揚飄擧一切不能制之. 惟一見北方玄武, 方纔束手受制乾坤交姤之時, 火從下升, 水從上降, 玄武擒定朱雀, 互相鈐束, 抵死不放, 如遭羅網壓住, 不能擧翼矣."

859 "朱雀喩離精也. 離精善搖, 今被鉛水所扼凝定成丹."

의 사물됨은 몸속에서 홀로 정수를 품부 받았고, 그 기운이 날아다니며, 그 쓰임은 五志이고, 그 성질은 五品이니 봉황은 심장을 비유한 것이다."[860]라고 하였다.

4 嗷嗷聲甚悲兮, 嬰兒之慕母, 顚倒就湯鑊兮, 摧折傷毛羽 : [천유]본에서는 "불은 본래 타오르는 성질을 가지므로 한번 물의 압박을 받았더라도 그 성질상 급히 오르려고 하므로 마치 엄마를 잃은 젖먹이 아이가 슬피 울며 찾는 것과 같다. … 불이 오르고, 물이 내려 주객이 바뀐 뒤에 주작과 현무가 서로 어울려 물고서 한시에 솥 속에 갇히게 된다. 그러면 다시 나올 수 없으니 비유하면 날개가 부러져 다시 날 수 없는 것과 같다."[861]고 하였다.

[주해]본에서는 "'羅網', '嗷嗷', '摧折'등의 표현은 억제를 받는다는 뜻을 가진다."[862]라고 하였다.

[참동고]본에서는 "'羅網', '湯鑊'는 비토를 가리키는 것으로 단의 솥을 말하는 것이다. 제압하여 그치게 하면 시끄럽게 울부짖으며 뒤집어지는데 모두 그 억제하여 굴복시키는 융화의 현상을 표현한 것이다. 읽는 사람은 글로써 뜻을 해치는 것을 피해야한다. 무화는 이미 약재료에 모여 갖춰졌으니 아래문장은 연단의 절도를 말한 것이 된다."[863]라고 하였다.

5 漏刻未過半兮, 魚鱗狎鬣起, 五色象炫燿兮, 變化無常主 : [천유]본에서는 "솥 속에 오행의 기운이 갖춰지면 변화가 스스로 생겨 신령스런 용이 허공을 날면서 비늘이 움직이고, 갈기가 휘날리며 오색의 빛이 번쩍거리는 변화의 모습이 나타나 이름지을 수 없게 된다."[864]고

---

860 "朱雀鳳也. 鳳之爲物在鳥中獨稟精粹而其質飛揚, 其色五采, 其德五常, 心之爲物在身中獨稟精粹而其氣飛揚, 其用五志, 其性五品, 故以鳳喩心."

861 "火本炎上之物, 一時被水壓住, 其性情急欲升騰, 有如失母嬰兒, 悲鳴哀慕其聲嗷嗷. … 火騰水降, 主賓顚倒, 朱雀之與玄武相呑相啗, 一時閉在鼎中, 無由復出, 譬若毛羽摧折, 永不復飛揚矣."

862 "羅網嗷嗷摧折等喩被制之義也."

863 "網羅湯鑊指脾土丹鼎而言之, 壓止嗷嗷顚倒皆形容其制伏融化之象, 讀者不以辭害意可也. 武火既奏藥料亦備故下文言煉之之節度."

864 "鼎中既備五行之氣, 變化自生如神龍行空, 鱗動鬣揚五色炫燿變化之象, 不可名狀."

하였다.

[주해]본에서는 "'魚鱗(어린)'이하의 구절은 변화의 상을 말한 것이다."[865]라고 하였다.

[참동고]본에서는 "'漏刻未過半(누각미과반)'이라는 것은 해자시의 사이를 말한다. '龍鱗甲鬣(용린갑렵)'는 물이 출렁거려 문채를 이루는 것이 용의 비늘과 갈기와 같은 터럭과 같은 것이다. 의가에서 야반 자시에 홀로 기가 동하여 온양의 화후를 해야 한다고 하는 것이 바로 이것이다."[866]라고 하였다.

6 五色象炫燿兮(오색상현요혜), 變化無常主(변화무상주) : [참동고]본에서는 "文火(문화)이다."라고 하였다.

7 潏潏鼎沸馳兮(휼휼정비치혜), 暴勇不休止(폭용불휴지) : [발휘]본에서는 "단전에 불이 타오르고, 니환에 바람이 생기면 삼궁에 기운이 충만하여 마치 떡시루를 찔 때 솥 속의 뜨거운 물이 끓어오르는 것과 같다."[867]고 하였다.

[참동고]본에서는 "武火(무화)이다."라고 하였다.

8 接連重疊累兮(접련중첩루혜), 犬牙相錯距(견아상착거)。形似仲冬冰兮(형사중동빙혜), 闌干吐鍾乳(란간토종유) : [발휘]본에서는 "한번 뽑아내고, 한번 첨가해 점점 엉기고 모이면 황아가 흙에서 나오니 자연히 꽃술이 맺히고, 꽃부리가 생긴다."[868]고 하였다.

[천유]본에서는 "솥 속의 참된 기운이 자연이 서로 엉겨 충만해지면 마치 개의 이빨처럼 서로 섞이게 된다. … 서로 교구함이 끝나면 금 솥에 끓던 물이 따뜻해지고, 옥으로된 화로의 불은 흩어져 한 점으로 황정에 떨어진다. 처음에는 액체였다가 후에는 응결되어 점점 엉기고, 단단해져 마치 한겨울의 얼음처럼 되고, 돌속에 솟은 종유석처럼 된다."[869]고 하였다.

---

865 "魚鱗以下變化之狀也."

866 "漏刻未過半謂亥子之間也. 龍鱗甲鬣喩水漾成文如龍之鱗甲與鬣也. 醫家以夜半子時獨氣一動爲溫養之候者本乎此也."

867 "丹田火熾, 泥丸風生, 而三宮氣滿, 有如飯甑烝透之時, 熱湯沸湧於釜中也."

868 "一抽一添, 漸凝漸聚, 澆灌黃芽出土, 而自然結蘂復生英也."

869 "鼎中眞炁, 自然絪縕充滿. 若犬牙之相錯矣 … 交姤既畢, 金鼎湯溫, 玉爐火散, 一點落于黃庭, 先液而後凝, 漸凝漸結, 凝而至堅, 有如仲冬之氷, 又如欄干石中迸出鍾乳. … 以上俱一時得藥成丹法象. 蓋因乾坤大交之時, 眞陰眞陽匹配無差, 故有如上之證驗也."

[참동고]본에서는 "응결되어 기름이 된다. 종유석의 종유는 돌의 진액과 기운으로 종이 모여 유두모양을 이룬 것이다."[870]라고 하였다.

9 崔嵬而雜廁兮, 交積相支拄 : [천유]본에서는 "솥 속의 참된 액체 중에 하나의 기로써 순환하여 맑고 가벼운 것은 니환에 엉기고, 무겁고 탁한 것은 기혈로 돌아가 높고 험하며 뒤섞인 모습을 하게 된다. … 이상은 한때 약을 얻어 단을 이루는 법칙과 형상을 뜻한다. 대개 건곤이 크게 교류할 때 진음과 진양이 서로 짝을 이뤄 차이가 없어지는 고로 위와 같은 증험이 나타나게 된다."[871]고 하였다.

[참동고]본에서는 "기름이 쌓여 퇴적물을 이룬다."[872]라고 하였다.

고찰 [참동고]에서는 이상을 난사의 2절로 보고, 단의 몸체가 응결되는 것이라 하였다.

82. 陰陽得其配章 … 第八十二

원문 陰陽得其配兮, 淡泊而相守。青龍處房六兮, 春華震東卯。
白虎在昴七兮, 秋芒兌西酉。朱雀在張二兮, 正陽離南午。
三者俱來朝兮, 家屬爲親侶。本之但二物兮, 末而爲三五,
三五並與一兮。都集歸二所。治之如上科兮, 日數亦取甫。

국역 음양이 그 짝을 이뤄 담담하게 서로를 지킨다. 청룡은 방수房宿에 있고, 6이니, 봄꽃이 진괘의 동방, 묘에서 핀다. 백호는 묘수昴宿에 있고, 7이니, 가을 이삭이 태괘의 서방, 유에 있다. 주작은 장수張宿에 있고, 2이니 바른 양이 리괘의 남방, 오에 있다. 세 가지가 모두 와서 조아리니 가족으로 친한 짝이 된다. 본래는 다만 두 물건이었던 것이 끝에는 세 개

---

870 "凝而爲膏也. 鐘乳石鐘乳也. 石之津氣鍾聚成乳也."

871 "鼎中津液, 一炁循環輕淸者凝於泥丸, 重濁者歸於炁穴, 有崔巍雜厠之象."

872 "膏而成堆也."

의 5가 되니 세 개의 5가 하나로 합치면 모든 것이 두 곳으로 모이는 것이다. 그것을 다스리는데 있어 위의 조항처럼 하면 날수 역시 처음을 취한다.

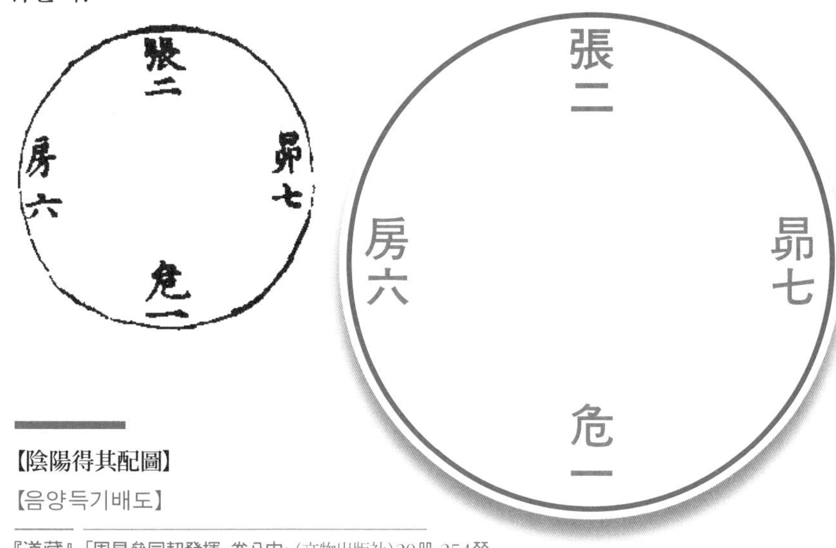

【陰陽得其配圖】
【음양득기배도】
『道藏』「周易參同契發揮 卷八中」(文物出版社) 20冊 254쪽

교감 **1** 淡泊而相守(담박이상수) : [발휘]본에서는 "淡泊自相守(담박자상수)"라 하였다.
2 家屬爲親侶(가속위친려) : [참동고]본에서는 "家屬爲親儷(가속위친려)"라 하였다.
3 末而爲三五(말이위삼오) : [발휘]본과 [천유]본, [참동고]본에서는 "末乃爲三五(말내위삼오)"라 하였다.
4 三五並與一兮(삼오병여일혜) : [통진의 사고전서]본과 [천유]본, [참동고]본에서는 "三五並爲一兮(삼오병위일혜)", [발휘]본에서는 "三五並危一兮(삼오병위일혜)", [주해]본에서는 "三五之與一兮(삼오지여일혜)"라 하였다.
5 都集歸二所(도집귀이소) : [발휘]본과 [천유]본에서는 "都集歸一所(도집귀일소)"라 하였다.

구문해설 **1** 陰陽得其配兮(음양득기배혜), 淡泊而相守(담박이상수) : 본장에서 담박하게 서로를 지킨다는 것은 무위로써 행한다고 볼 수 있다. 앞장에서 '升熬(승오)', '炎火(염화)', '朱雀翺翔戱(주작고상희)', '飛揚(비양)', '嗷嗷聲甚悲(오오성심비)', '滈滈鼎沸馳(흘흘정비치)', '暴湧不休止(폭용불휴지)'등 무화武火의 거친 화후과정과 그에 따른 격렬한 반응을 설명한데 비해 이후에 이어지는 문화文火의 과정을 암시하고 있다.

2 青龍處房六兮, 春華震東卯 : 28수의 별자리중에서 동방의 7개 별자리를 각수角宿·항수亢宿·저수氐宿·방수房宿·심수心宿·미수尾宿·기수箕宿라 하여 청룡으로 이름 한다. 이는 계절로는 봄, 사물로는 꽃, 괘상으로는 震卦, 방위로는 동방, 12지지로는 卯에 속한다. '六'에 대하여 여러 견해가 있는데 최형주[873]는 6, 7, 2등이 각각 방, 묘, 장수의 도수度數라 설명하였다. 하지만 《천상열차분야지도天象列次分野之圖》를 보면 각 별자리의 주천도수를 설명하는데 있어서 방수房宿 4성의 주천도수는 5度, 묘수昴宿 7성의 주천도수는 11度, 장수張宿 6성의 주천도수는 18度라 하였다. 이러한 숫자를 오행의 생수와 성수로 보는 관점이 보다 많은데 6은 오행상 水의 成數이고, 7은 火의 成數, 2는 火의 生數이다. 이랬을 때는 일반적으로 목정木精이 리괘속에 자리 잡은 음효로 보고, 금기金氣는 감괘속에 자리 잡은 양효로 보는 것과 상충하게 된다. 청룡의 방수에 수의 성수인 6이 배속되고, 백호의 묘수에 화의 성수인 7인 배속되었기 때문이다. 추가적인 연구가 필요하다.

3 白虎在昴七兮, 秋芒兌西酉 : 서방의 7개 별자리는 규수奎宿·누수婁宿·위수胃宿·묘수昴宿·필수畢宿·자수觜宿·삼수參宿라 하여 백호로 이름한다. 계절로는 가을, 사물로는 터럭, 가시이며, 괘상으로는 兌卦, 방위로는 서방, 12지지로는 酉에 속한다.

4 朱雀在張二兮, 正陽離南午 : 남방의 7개 별자리는 정수井宿·귀수鬼宿·유수柳宿·성수星宿·장수張宿·익수翼宿·진수軫宿라 하여 주작이라 이름한다. 계절로는 여름, 괘상으로는 離卦, 방위로는 남방, 12지지로는 午에 속한다.

5 三者俱來朝兮, 家屬爲親侶 : 여기에서 일단 구진句陳, 등사螣蛇, 현무玄武가 언급되지 않고, 금, 목, 화 3가지만 언급된 것에 주목해야 한다. 초

---

873 위백양 지음, 최형주 해역,《주역참동계》, 자유문고, 2001, p. 243 주석 17, 18, 19).

【陰陽得其配圖】
【음양득기배도】

『道藏』「周易參同契解 卷下中」(文物出版社)20冊 291쪽

張 星 柳 鬼 井 參 觜 畢 昴 胃 婁 奎 壁 室 危 虛 女 牛 斗 箕 尾 心 房 氐 亢 角 軫 翼

朱雀
青龍
白虎
冬至
水土
旺子

기 화후과정에서 금과 목의 교류, 여기에 화를 통한 조율이 무엇보다 핵심적인 과정임을 나타내기 때문이다. '來朝'함은 보통 천자가 있는 북쪽의 궁을 찾아 알현하는 것을 말하는데 단법에서는 정로鼎爐, 방위상으로는 북방의 현무玄武라 할 수 있다. 이 3가지 기운이 모두 한가족처럼 가까워진다는 것은 실제 근원이 같다는 점과 서로 교류하여 하나로 합쳐진다는 의미를 갖는다.

6 本之但二物兮, 末而爲三五 : 본래 두가지 물건이었다는 것은 水火를 가리킨다. 음양에서 만물이 분화되어 나왔듯이 본래는 두 가지 물건이었는데 이것이 분화되어 오행을 낳았지만 결국 목화, 금수, 토로 나뉘어 각각 '5'로 나타난다. 따라서, '三五'는 《참동계》에서 총 6번 사용되는데 여기에서는 목화의 3+2=5, 금수의 4+1=5, 토의 5로 볼 수 있고, 앞서 언급된 '房六', '昂七', '張二'로 보기도 한다.

7 三五並與一兮, 都集歸二所 : 이 문장을 단순히 세가지 '5'가 함께 어울려 하나가 된다고 볼 수 있는데 [발휘]에서는 '與'를 '危'로 보아 남방 7수 주작에 상대되는 북방 7수 현무의 위수危宿로 보았다. '二所' 또한 오류의 가능성이 많은 부위로 만약 두 곳으로 돌아온다고 본다면 현빈玄牝과 미려尾閭로 볼 수 있다. 대부분 '一所'로 해석한다.

8 治之如上科兮, 日數亦取甫 : '上科'는 위에서 언급된 각 조목을 뜻하며, '甫'는 많다, 크다, 시작을 뜻한다. 시작이라는 의미로 단이 처음 응결되는 때를 가리킨다.

각가주 **1 陰陽得其配兮, 淡泊而相守** : [발휘]본에서는 "마음을 비우고, 정신을 모아 순일하게 잡스럽지 않으면 음양이 자연히 서로 지키게 된다."[874]고 하였다.

[천유]본에서는 "전쟁을 끝내고 성을 지키며 오로지 문화를 이용한다. 잊지도 말고, 돕지도 말며, 고요히 중황을 지키니 소위 흙 가마솥으로 되

874 "虛心凝神, 純一不雜, 則陰陽自然相守也."

돌려 보내서 굳게 가두어둔다는 것이다."[875]라고 하였다.

[참동고]본에서는 "음양이 배합되는 것은 사람 몸의 음양과 천지의 음양이 서로 배합됨을 말한다. 담박한 것은 욕심이 없는 것이고, 스스로 서로 지키는 것은 도와 더불어 서로 지키는 것이다."[876]라고 하였다.

2 青龍處房六兮，春華震東卯。白虎在昴七兮，秋芒兌西酉。朱雀在張二兮，正陽離南午 : [발휘]본에서는 "주천 12차에서 동방의 3차 중간에 1차를 大火라고 한다. 서방 3차 가운데 1차를 大梁이라 한다. … 방수房宿 5도는 또한 대화의 가운데 거한다. … 묘수昴宿의 7도는 또한 대양의 가운데 거한다. … 장수張宿 18도이나 특별히 2개만 언급한 것은 대개 주천 360도가 북방의 허수虛宿, 위수危宿의 사이를 통해 하늘을 둘로 구분하기 때문에 위수의 처음 도수는 바로 남방의 장수張宿 2도와 상응한다."[877]고 하였다.

[천유]본에서는 "'房六'이라고 말하는 것은 대개 6이 수의 성수이고, 목은 해에서 생하며, 목액이 본래 감수의 가운데에서 흘러나오기 때문이다. … '昴七'이라고 말하는 것은 대개 7이 화의 성수이고, 금은 사에서 생하며, 금의 정은 본래 리화속에서 단련되어 나오기 때문이다. … 2는 화의 생수이다."[878]라고 하였다.

[주해]본에서는 "6, 7은 그 도수를 말한 것이다. 이 장에서는 용호가 솥과 화로가 되고, 주작은 진화의 화후가 된다."[879]라고 하였다.

3 三者俱來朝兮，家屬爲親侶 : [발휘]본에서는 "청룡, 백호, 주작의 3가지 방위의 정기는 모두 현무의 자리로 돌아간다. '房六', '昴七'은 수화의 成數이고, '張二', '危一'은 또한 수화의 生數이어서 집안끼리 서로 친

875 "罷戰守城, 全用文火, 勿忘勿助, 靜守中黃, 所謂送歸土釜牢封固是也."

876 "陰陽得配謂一身之陰陽與天地之陰陽相爲配合也. 淡泊無慾也. 自相守謂與道相守也."

877 "周天十二次, 東方三次, 中間一次曰大火; 西方三次, 中間一次曰大梁. …而房五度又居大火之中, … 而昴七度又居大梁之中, … 然張有十八度而特言其二者, 蓋以周天三百六十五度, 自北方虛, 危之間, 平分天盤爲兩段, 而危初度正與南方張二度相對也."

878 "云房六者, 蓋六爲水之成數, 木生在亥, 木液原從坎水中流出 … 云昴七者, 蓋七爲火之成數, 金生在巳, 金精原從離火中煅出. … 二卽火之生數也."

879 "六七言其度數也. 此章言龍虎爲鼎爐, 朱雀進火."

한 것과 같다."[880]고 하였다.

[참동고]본에서는 "3가지가 모두 돌아와 조회한다는 것은 진화의 화후가 인에서 시작한 고로 봄, 가을, 여름의 세 시기의 기운이 조회하러 온다는 것이다. 집안은 친척과 이웃에 속하니 색욕을 이미 끊는 것을 말한다. 대저 처는 단지 친한 이웃과 같을 뿐이다."[881]라고 하였다.

4 本之但二物兮, 末而爲三五, 三五並與一兮。都集歸二所 : [발휘]본에서는 "근원을 따져보면 수화의 두 가지 물건 뿐이다. 두 물건이 솥 안에서 운행되다가 모름지기 삼오로 배열되는데 삼오는 '房六', '昴七', '張二'이다. 세 집안이 서로 마주보고 아울러 '危一'로 돌아오니 이것이 영아를 맺어 이루는 것이다."[882]라고 하였다.

[참동고]본에서는 "기교를 쓰는 데에는 단지 심장과 신장에 있을 뿐이다. 그러므로 근본되는 것은 두 개의 물건 뿐이라고 한 것이다. 수1, 화2가 서로 섞여 토5가 되니 마지막에는 3개의 5가 있게 된다. 아울러 하나가 된다는 것은 비토에서 하나가 되는 것이다. 2가 정으로 돌아가면 능히 신을 생하니 위로 화2로 돌가가게 된다. 혹 이르기를 2는 심장과 비장의 2가지라고 하는데 神이 심으로 돌아가고, 精은 비장으로 돌아간다."[883]라고 하였다.

5 治之如上科兮, 日數亦取甫 : [발휘]본에서는 "대단을 수련함에 마땅히 법도를 이행해야 한다. 일양의 상황을 맞이하여 화를 키워나가는데 묘한 쓰임은 허와 위에서 시작한다."[884]고 하였다.

[참동고]본에서는 "여기까지 언급하는 것은 공부가 이미 그러한 때에 도

---

880 "靑龍, 白虎, 朱雀三方之正氣, 皆歸於玄武之位, 而房六, 昴七應水火之成數, 張二, 危一又應水, 火之生數, 猶家屬之相親也."

881 "三者俱來朝謂進火, 自寅始故春秋夏三時之氣來朝也. 家屬爲親儷謂色慾已斷. 夫妻但若親儷而已也."

882 "推原其本, 卽是水火二物而已. 二物運於鼎中, 遂列爲三五. 三五卽房六, 昴七, 張二也. 三家相見, 并而歸於危一, 則結成嬰兒也."

883 "用工只在心腎故本之者但爲二物也. 水一火二交錯土五故末又爲三五也. 並爲一並爲一於脾土也. 歸二所精能生神, 上歸火二之所也. 或曰二所心脾二所神歸於心精歸於脾也."

884 "修鍊大丹當依上法度而行, 迎一陽之候以進火, 而妙用始於虛, 危也."

달하여 감히 조금이라도 게으르지 않도록 하고, 스스로 다스려 항상 위의 과정처럼 한다. '甫'는 노자의 '以閱衆甫'와 같고, 역시 과목을 말한다. 일수는 역시 넓게 취하는데 구전의 공을 이르는 것이고 반드시 윗글처럼 9년 3000일의 한계에 이른 연후에 바야흐로 완성될 수 있다."[885]라고 하였다.

83. 先白而後黃章 … 第八十三

원문

선 백 이 후 황 혜, 적 흑 달 표 리. 명 왈 제 일 정 혜, 식 여 대 서 미.
先白而後黃兮, 赤黑達表裏。名曰第一鼎兮, 食如大黍米。
자 연 지 소 위 혜, 비 유 사 위 도. 약 산 택 기 상 증 혜, 흥 운 이 위 우,
自然之所爲兮, 非有邪僞道。若山澤氣相蒸兮, 興雲而爲雨,
니 갈 수 성 진 혜, 화 멸 화 위 토. 약 벽 염 위 황 혜, 사 람 성 록 조.
泥竭遂成塵兮, 火滅化爲土。若蘗染爲黃兮, 似藍成綠組。
피 혁 자 성 교 혜, 국 얼 화 위 주. 동 류 역 시 공 혜, 비 종 난 위 교.
皮革煮成膠兮, 麴蘗化爲酒。同類易施功兮, 非種難爲巧。
유 사 지 묘 술 혜, 심 체 불 광 어. 전 어 억 세 후 혜, 소 연 자 가 고.
惟斯之妙術兮, 審諦不誑語。傳於億世後兮, 昭然自可考。
환 약 성 경 한 혜, 병 여 수 종 해. 사 지 무 령 숙 혜, 반 복 시 상 하.
煥若星經漢兮, 昺如水宗海。思之務令熟兮, 反覆視上下。
천 주 찬 빈 빈 혜, 만 편 장 가 도. 신 명 혹 고 인 혜, 심 령 사 자 오.
千周燦彬彬兮, 萬遍將可睹。神明或告人兮, 心靈乍自悟。
탐 단 색 기 서 혜, 필 득 기 문 호, 천 도 무 적 막 혜, 상 전 여 현 자.
探端索其緒兮, 必得其門戶, 天道無適莫兮, 常傳與賢者。

국역 처음에는 희다가 나중에는 누렇게 되고, 붉은 색이 안팎으로 이르면 첫 번째 솥이라 이름 하여 음식으로는 큰 기장쌀 만하게 된다. 자연적으로 되는 것이니 삿되거나 거짓된 도가 아니다. 산과 연못의 기운이 서로 쪄서 구름이 일어나고 비가 된다. 진흙은 말라서 먼지가 되고 불이 꺼지면 흙이 된다. 마치 황백나무로 염색한 듯 누렇게 되고, 쪽으로 염색하면 녹색이 조성되는 것과 유사하다. 가죽을 삶으면 아교가 되고, 누룩은 술이 되듯이 같은 부류는 공을 펼치기 쉽지만 종류가 다르면 기교를 부리기 어렵다. 오직 이것이 신묘한 기술이니 깊이 살펴보면 헛된 말이 아님을 알게 된다. 억만 세대 뒤로 전해져도 밝아서 스스로 상고할 수 있으

885 "言至此則工夫已到然猶不敢少懈而自治常如上文所云之科也. 甫如老子以以閱衆甫之甫亦科也. 日數亦取甫謂九轉之功必至上文九年三千日之限然後方可成也."

니 마치 별들이 은하수를 건너도 밝고, 물이 바다로 모이는 것처럼 분명하다. 그것을 생각하여 익숙해지도록 힘쓰고, 반복하여 위아래로 살피면서 천 번을 훑으면 밝게 빛나고, 만 번을 두루 살피면 장차 볼 수 있게 된다. 신명이 문득 사람에게 알려주니 심령이 스스로 깨닫게 된다. 끝과 실마리를 찾아 반드시 그 문을 얻으면 하늘의 도는 좋고 싫음이 없으니 언제나 어진사람에게 전해지게 된다.

교감 **1** 赤黑達表裏(적흑달표리) : [통진의 정통도장]본에서는 "食黑達表裏(식흑달표리)", [발휘]본과 [참동고]본에서는 "赤色通表裏(적색통표리)", [천유]본에서는 "赤色達表裏(적색달표리)"라 하였다.

2 若山澤氣相蒸兮(약산택기상증혜) : [발휘]본에서는 "若山澤氣蒸兮(약산택기증혜)", [천유]본에서는 "山澤氣相蒸兮(산택기상증혜)"라 하였다.

3 興雲而爲雨(흥운이위우) : [주해]본에서는 "與雲而爲雨(여운이위우)"라 하였다.

4 火滅化爲土(화멸화위토) : [참동고]본에서는 "火滅自爲土(화멸자위토)"라 하였다.

5 皮革煮成膠兮(피혁자성교혜) : [참동고]본에서는 "皮革煮爲膠兮(피혁자위교혜)"라 하였다.

6 傳於億世後兮(전어억세후혜) : [참동고]본에서는 "傳於億後世兮(전어억후세혜)"라 하였다.

7 昭然自可考(소연자가고) : [발휘]본, [참동고]본에서는 "昭然而可考(소연이가고)"라 하였다.

8 反覆視上下(반복시상하) : [발휘]본에서는 "反覆親上下(반복친상하)", [주해]본과 [참동고]본에서는 "反復視上下(반복시상하)"라 하였다.

9 神明或告人兮(신명혹고인혜) : [천유]본에서는 "神明忽告人兮(신명홀고인혜)"라 하였다.

10 心靈乍自悟(심령사자오) : [발휘]본에서는 "心靈忽自悟(심령홀자오)", [참동고]본에서는 "魂靈忽自悟(혼령홀자오)"다.

구문해설 **1** 先白而後黃兮(선백이후황혜), 赤黑達表裏(적흑달표리) : 68장의 "卒得金華(졸득금화), 轉而相因(전이상인), 化爲白液(화위백액), 凝而至堅(응이지견)。金華先唱(금화선창), 有傾之間(유경지간), 解化爲水(해화위수), 馬齒闌干(마치란간)"을 보면 하단전의 양기에 해당하는 황금꽃을 갑작스럽게 얻고, 이어 하얀 액체로 변화되는 과정을 묘사하였다. 하지만 본 구절은 오히려 반대의 과정을 설명한 것으로 처음에는 희다가 후에 누렇게 변하는 것으로 크게 두 가지 해석방향이 있다. 첫째는 초기 연홍鉛汞의 색이 흰색이었다가 가열되면서 누렇게 되고, 가열이 심해지면 안팎으로 검붉어진다는 것이다. 둘째는 연기화신의 단계에서 나타나는 양광삼현이후에 금단이 충만해지는 것으로 《주역참동계발휘》의 관점이다.

2 名曰第一鼎兮, 食如大黍米 : 단이 맺힐 때의 모습을 묘사하였다. 구전의 공에서 첫 번째 단계를 '一鼎', '一轉'이라고 한다. 당연히 9번 돌리면 '九鼎'이 된다. 이렇게 첫 단계에서 맺어진 단의 크기가 큰 기장쌀 만하다는 뜻이다.

3 自然之所爲兮, 非有邪僞道 : 이러한 과정은 자연스럽게 이루어지는 것으로 억지로 짓거나 삿된 방법이 아니라는 뜻이다.

4 若山澤氣相蒸兮, 興雲而爲雨 : 연못의 수증기가 구름이 되어 비로 내리는 것이 내단 수행에서 음양이 교구하는 것과 같다는 비유이며, 앞 구절의 자연적인 현상이라는 것을 드러낸다.

5 泥竭遂成塵兮, 火滅化爲土 : 진흙이 말라서 먼지가 되고, 불이 소멸하여 흙이 된다는 것은 진양화가 끝나고, 퇴음부의 화후과정에서 坤土의 본체가 다시 살아남을 의미한다. 또한, 물기를 가진 진흙과 먼지, 불과 흙이 서로 다른 것 같지만 음양의 상호 순환되는 현상이 이처럼 나타난다는 것이다.

6 若蘗染爲黃兮, 似藍成綠組。皮革煮成膠兮, 麴蘗化爲酒。同類易施功兮, 非種難爲巧 : '蘗'은 운향과芸香科의 낙엽교목인 황벽나무를 말하는데 황벽나무의 겉껍질은 옅은 회색이나 갈회색이지만 속껍질은 노란데, 이것인 한약재로 쓰이는 황백黃柏이다. 비단을 노란색으로 염색하고자 할 때 사용했던 재료이다. '藍'은 마디풀과의 한해살이 풀인 쪽polygonum indigo으로 쪽잎에는 인디칸이라는 물질이 들어 있어, 이것이 발효되어 푸른색 색소인 인디고가 만들어진다. 따라서, 쪽색은 흔히 남색藍色 또는 감색紺色이라고 하며, 전통적인 쪽염에 의한 쪽빛은 하늘색

을 띤다. 그리고, '綠'이란 남색이나 푸른색을 말한다. '膠'는 아교로써 당나귀의 껍질이나 어류를 가지고 만든다. '麴'은 누룩을 말하고, '蘗'은 그루터기를 의미하므로 '麴蘗'은 합쳐서 술을 빚는 누룩균을 뜻한다. 이와같이 황벽나무로 노란색을 염색하고, 쪽으로 푸른색을 염색하며, 동물 껍질로 아교를 만들고, 누룩으로 술을 빚는 것이 모두 같은 종류의 물건으로 이뤄지는 과정이라는 뜻이다. 즉, 본래 인간은 순수한 건체에서 나왔기 때문에 양기를 다시 회복하여 선천의 건으로 돌아갈 수 있다는 점이 그것이다.

7 惟斯之妙術兮, 審諦不誑語 : '審諦'는 깊이 살피는 것이고, '不誑語'는 《참동계》가 여타 서적과 같이 거짓을 적은 삿된 책이 아님을 강조하였다.

8 傳於億世後兮, 昭然自可考 : 진리는 시대에 따라 달라지는 것이 아니기 때문에 후세에도 이를 통하여 고찰할 수 있다는 것으로 21세기에 줄기세포와 유전자연구가 발달하는 시기에 이 책과 같은 주제가 계속 연구되고 있는 이유이기도 하다.

9 煥若星經漢兮, 昺如水宗海 : '星經漢'은 뭇별들이 주천운동을 하면서 은하수를 건너는 것으로 비록 그렇게 흘러가지만 어느 하나도 은하수와 섞여버리는 것이 아니라 각자 자기의 길을 일정하게 돌아간다는 뜻이다. '水宗海'은 물이 바다를 근원으로 하므로 돌아가는 것으로, 냇물과 강물이 수많은 경로로 저마다 흐르지만 결국 바다로 모두 돌아온다는 것이다. 모두 진리의 확실함을 의미한다.

10 思之務令熟兮, 反覆視上下 : 생각을 거듭하고, 반복하여 위아래를 잘 살피라는 것이다.

11 千周燦彬彬兮, 萬遍將可睹 : '千周'는 책을 천번 완독하는 것을 말하고, '彬彬'은 번성하는 모양의 의태어이다. '萬遍'은 책을 만번 완독하는 것을 말하는데 대패질하듯 책을 반복해서 성심껏 보게 되면 그 전체적인 개요가 보이기 시작한다는 뜻이다.

12 神明或告人兮, 心靈乍自悟 : 《관자管子》 제49 〈내업편內業篇〉에 "思之思之, 又重思之。思之而不通, 鬼神將通之, 非鬼神之力也, 精氣之極也"라 하여 지극하게 공부하면 외부의 신명이 알려주거나, 스스로 깨닫는 경지가 있음을 말하였다.

13 探端索其緖兮, 必得其門戶 : 《참동계》를 통하여 실마리를 얻으면 진리의 문을 열고 들어갈 수 있음을 말하였다.

14 天道無適莫兮, 常傳與賢者 : 《노자·도덕경》 79장의 "天道無親常與善人"과 상통하는 구절이다. '適莫'에서 '適'은 마땅하다, 전일하다는 뜻이고, '莫'은 없다, 조용하다는 뜻이다. 따라서 호불호가 없다는 의미로 사사로움없이 어진 자에게만 전해진다는 의미이다.

각가주 **1** 先白而後黃兮, 赤黑達表裏 : [통진의]본에서는 "안으로 태를 품고, 금수가 변화하는 상이다. 먼저 흰 것은 금이 옥액을 토하는 것이고, 후에 누른 것은 액이 변하여 황아가 된 것이다. 검붉은 것이 안팎으로 통하는 것은 수화, 음양, 정기가 태기에 이른 것이며, 금액환단이 첫번째 솥이 되는 것은 금사황아金砂黃芽라 부른다."[886]고 하였다.

[발휘]본에서는 "처음에는 옥같은 액체가 허공에 눈처럼 날리다가 점점 흘러 황금이 옛집을 가득 채운다. … 신령스런 빛이 천지를 불사르고, 바람과 우레, 구름과 안개가 산천을 채운다."[887]고 하였다.

[천유]본에서는 "단이 처음 맺히는 것이 본래 건금이었기 때문에 다시 씨 뿌리는 것도 건궁에서 하므로 그 색이 흰색이다. 지극해져 떨어지면 황정에 이르고, 흙가마로 보내져 곤모의 기운으로 그것을 머금어 기른다. 점점 황색으로 변하고 처음부터 끝까지 남방의 리화로 단련하면 그 색이 붉어지니 이내 환단이라고 부른다."[888]고 하였다.

---

886 "內胎金水變化之狀, 先白者乃金吐玉液也. 後黃者乃液變黃芽也. 赤黑達表裏者, 水火陰陽精氣通達胎氣也. 金液還丹, 爲第一鼎者, 號曰金砂黃芽也."

887 "初如玉液飛空雪, 漸見流金滿故廬也 … 靈光神熖燒天地, 風雷雲霧盈山川也."

888 "丹之初結, 本是乾金. 更加種在乾宮, 其色純白. 及至落到黃庭, 送歸土釜, 以坤母之氣含育之. 漸漸變成黃色. 徹始徹終取南方離火煅煉而成其色赫然而赤. 乃稱還丹."

[주해]본에서는 "이 장은 한편의 마지막에 자리하면서 신단의 변화와 법상을 이루는 시작과 마침을 총론한 것이다. 취허편에 이르기를 수화가 서로 사귀고, 용호가 금공, 차녀와 서로 싸우니 웅청雄靑이 흰색이 제거된 후에 검은 색이 붉은 색으로 되고, 또한 황궁에 들어가니 이것이 처음에는 흰색이었다가 나중에는 누런색으로 된다는 뜻이다."[889]라고 하였다.

[참동고]본에서는 "신은 위로 화 2로 돌아가고, 단은 토 5에 응결된다. 먼저는 흰색의 폐금이었다가 후에는 황색의 비토가 된다. 적색에 이르면 안팎으로 통하는데 심이 주인이 되기 때문이다."[890]라고 하였다.

2 名曰第一鼎兮, 食如大黍米 : [천유]본에서는 "건곤이 서로 사귄 이후에 목욕하고 온양하는 과정이 더해지면 솥 속에는 기장쌀만한 구슬이 스스로 맺히게 된다."[891]고 하였다.

[주해]본에서는 "선양이 역시 이르기를 기가 한번 변하면 水가 되고, 두 번 변하면 砂가 되며, 세 번 변하면 汞이 되고, 네 번 변하면 金이 되며, 다섯 번 변하면 丹이 되는데 기장쌀같은 것은 단의 초기 상태이다. 첫 번째 솥은 바로 한번 운전된 것을 말한다. 처음에 단두가 오면 화후는 곤의 자리에서 피어나 거꾸로 건궁으로 교류하여 올라가는데 다시 곤의 자리로 돌아오면 한 알의 기장쌀같은 구슬이 이뤄진다. 이것이 곧 한번 운전됨이다. 이후에는 납의 화가 칠반하고, 수은의 금이 구전하여 바야흐로 금액대환단이 이뤄지게 된다. 7, 9는 화금의 성수이다. 납의 화가 수은의 금을 핍박하여 좇아 삼단전으로 돌아가게 하기를 7차례에 이르면 납은 다하고, 수은은 견고해진다. 이후에는 수은이 납을 기다리지 않고도 스스로 돌아 9차례가 되면 수은 역시 크게 이룬다. 이로부터 다시 돌아가는 것이 없어지고, 수은은 상단전에 머물며 때때로 상승하는 화후가 있

889 "此章居一篇之終, 揔論神丹變化成就終始法象, 翠虛篇云水火相交處虎龍金公姹女兩爭雄靑去白來然後黑到紅芳且入黃宮卽此先白後黃之義也."

890 "神則上歸於火二之所, 丹則凝結於土五之所, 先白肺金之色也. 後黃脾土之色也. 至於赤色通表裏卽心爲之主故也."

891 "乾坤交姤之後, 加以沐浴溫養鼎中黍珠自結矣."

게 된다."[892]라고 하였다.

[참동고]본에서는 "첫번째 솥은 기장쌀과 같다면 아홉 번째 솥은 마땅히 오리알과 같을 것이다. 단지 첫 번째 솥을 말한 것은 8개의 솥 공부가 모두 같다는 것을 하나를 들어 추정하게 하였다."[893]라고 하였다.

3 自然之所爲兮, 非有邪僞道 : [발휘]본에서는 "대단의 법은 지극히 간단하고, 지극히 쉽다. 그 신비로운 기틀과 묘용은 일부러 지어낼 수 없고, 생각으로 만들 수 없으므로 자연이라고 한다."[894]라고 하였다.

[참동고]본에서는 "모두 천도의 자연스러움을 따르는 것이다."[895]라고 하였다.

4 若山澤氣相蒸兮, 興雲而爲雨 : [주해]본에서는 "산과 연못이 서로 훈증하는 것은 솥과 화로에 기가 통하는 것을 비유한 것이다."[896]라고 하였다.

[참동고]본에서는 "단의 기운이다."[897]라고 하였다.

5 泥竭遂成塵兮, 火滅化爲土 : [주해]본에서는 "단이 이루어지는 것이다."[898]라고 하였다.

[참동고]본에서는 "단의 질이다."[899]라고 하였다.

6 若蘗染爲黃兮, … 非種難爲巧 : [발휘]본에서는 "대개 참된 수은과 참된 납이 만나면 기운의 종류가 서로 감응하여 묘하게 합하여 엉기게 된다. 마치 부부가 짝을 만나는 것과 같다."[900]고 하였다.

---

892 "旋陽亦云氣一變爲水, 二變爲砂, 三變爲汞, 四變爲金, 五變爲丹, 黍米者丹之初狀也. 第一鼎, 第一轉也. 初來丹頭火候發自坤位逆上乾宮交姤復還坤位成一粒黍珠. 此乃第一轉也. 此後鉛火七返汞金九轉方成. 金液大還丹也. 七九火金之成數也. 鉛火逼逐汞金還返三田至于七次鉛盡汞堅. 此後汞不待鉛而自轉至九, 汞亦大成. 自此無復返還汞住上田候時上升也."

893 "第一鼎如黍米則第九鼎當如鴨卵, 但言第一鼎者八鼎工夫皆同擧一鼎則餘可類推也."

894 "大丹之法, 至簡至易, 其神機妙用, 不假作爲, 不因思想, 是故謂之自然."

895 "皆順天道之自然也."

896 "山澤相蒸喩鼎爐通氣也."

897 "丹之氣也."

898 "丹之化成也."

899 "丹之質也."

900 "蓋眞汞得眞鉛, 則氣類相感, 妙合而凝, 猶夫婦之得耦."

[천유]본에서는 "감중의 참된 화는 본래 건에서 나온 것이어서 그 본성이 항상 위로 올라가 건으로 돌아가려 하고, 리중의 참된 수는 본래 곤에서 나와 그 본성이 항상 아래로 내려가 곤으로 돌아가려 한다."[901]고 하였다.

[참동고]본에서는 "단의 색이다."[902]라고 하였다.

7 煥若星經漢兮(환약성경한혜), 昺如水宗海(병여수종해) : [천유]본에서는 "화후의 비밀이 이 글에 갖추어져 있다. 하늘에 있어서는 별에 대응하고, … 땅에 있어서는 밀물과 썰물에 대응한다."[903]고 하였다.

[주해]본에서는 "'煥昺(환병)'등의 구절은 단서가 비록 비밀스러우나 그 요지를 얻으면 심히 밝아지고, 쉽게 나타난다는 것을 뜻한다."[904]라고 하였다.

8 思之務令熟兮(사지무령숙혜), 反覆視上下(반복시상하) : [천유]본에서는 "화후를 배우는 사람은 단지 입으로만 외울것이 아니라 모름지기 마음으로 생각해야 하며, 단지 마음으로만 생각할 것이 아니라 몸으로 체득해야 한다. 몸속의 양화와 음부가 시시각각 흘러 반복하여 오르고 내리는 것을 눈으로가 아닌 신으로써 보아야 얻을 수 있다."[905]고 하였다.

9 神明或告人兮(신명혹고인혜), 心靈乍自悟(심령사자오) : [발휘]본에서는 "스승으로부터 구결을 얻지 못하였어도 오래토록 공부하면 마땅히 스스로 깨닫게 된다. 대부분 야심한 밤에 깨닫는데 혹은 정좌한 상태에서 얻는다. 대개는 정미롭게 생각하여 음미하면서 반복하여 암송하면 축적된 것이 많아지면서 홀연히 폭발하듯 열리는데 곧 자연히 통하게 된다."[906]고 하였다.

[주해]본에서는 "마지막에 또한 지성이면 신이 감응하는 도리를 말하였

---

901 "坎中眞火本出於乾, 其性恒欲上歸于乾. 離中眞水本出于坤, 其性恒欲下歸于坤."

902 "丹之色也."

903 "火候之秘, 備在此書, 在天應星. … 在地應潮."

904 "煥昺等句言丹書雖秘若得其旨要則亦甚彰灼易見也."

905 "火候學者不但口誦. 須要心惟. 不但心惟. 須要身體. 身中陽火陰符, 時時周流反覆刻刻升降上下. 惟不視以目, 而視以神, 斯得之矣."

906 "縱未得師授口訣, 久之亦當自悟. 其悟多在夜深, 或靜坐得之. 蓋精思熟味, 反覆玩誦, 蓄積者多, 忽然爆開, 便自然通."

다."[907]라고 하였다.

[참동고]본에서는 "동우[908]가 이르기를 '생각하고, 생각하며, 또 깊이 생각하라. 생각하여 통하지 않으면 귀신이 장차 가르쳐줄 것이다. 이는 귀신의 힘이 아니라 정신의 지극함이다.'라고 한 것 그것이다."[909]라고 하였다.

고찰 – [참동고]에서는 "先白而後黃兮, 赤黑達表裏。名曰第一鼎兮, 食如大黍米"의 구절을 난사의 3절로 보고, 단을 이루는 효험이라 하였다.

– 또한 "自然之所爲兮, 非有邪僞道 … 同類易施功兮, 非種難爲巧"의 구절을 난사의 4절로 보아 탈태脫胎하는 효과라 하였다.

– "惟斯之妙術兮, 審諦不誑語 … 天道無適莫兮, 常傳與賢者"의 구절은 난사의 5절로 보고 전수하는 비결이라 하였다.

84. 補塞遺脫章 … 第八十四

원문 參同契者, 敷陳梗概, 不能純一, 泛濫而說, 纖微未備, 闊略髣髴。今更撰錄, 補塞遺脫, 潤色幽深, 鉤援相逮, 旨意等齊, 所趣不悖, 故復作此, 命五相類, 則大易之情性盡矣。

국역 참동계는 대략적인 내용을 전체적으로 펼쳐보였지만 순전히 일관되게 지어지지 못해 넘치게 말하였거나 조금이라도 미비한 부분이 있고, 생략되거나 비슷하여 구별되지 않는 곳도 있다. 이에 다시금 지어서 빠진 부분을 보충하니, 깊고, 그윽한 부분까지 아름다워지고, 사다리로 이

---

907 "末又言至誠感神之道也."

908 동우董遇(190~250)는 자가 계직季直이다. 위나라 홍농인弘農人으로, 건안建安때 효겸孝廉으로 등용되었으며 위나라 명제때 대사농大司農을 지냈다. 《노자》에 밝아 주석을 지었다. –《참동고》, 이봉호 역주, 예문서원, 2009 참조.

909 "董遇所謂思之思之又重思之, 思之不通, 鬼神將敎之, 非鬼神之力也. 精神之極也是也."

어 놓은 듯하다. 나타내고자 하는 뜻이 가지런해지고, 추구하는 바가 어긋나지 않는다. 그래서 이것을 다시 짓고, 오상류라 이름하니 곧 대역의 정과 성을 다한 것이다.

교감 1 闊略髣髴 : [통진의 사고전서]본에서는 "闕略髣髴"이라 하였다.
2 鉤援相逮 : [통진의 사고전서]본에서는 "鉤連相逮"라 하였다.
3 所趣不悖 : [통진의 사고전서]본에서는 "所趨不悖"라 하였고, [주해]본에서는 "所趍不背"라 하였다.
4 命五相類 : [발휘]본, [천유]본에서는 "命三相類"라 하였다.
5 則大易之情性盡矣 : [주해]본에서는 "則大易之情性明之盡矣"라고 하였다.

구문해설 1 敷陳梗概 : '敷陳'은 펼쳐 늘어놓는다는 뜻이고, '梗概'는 대강의 줄거리라는 뜻이다.
2 泛濫而說, 纖微未備, 闊略髣髴 : 지나치게 과장하여 넘치게 말하였거나, 부족하여 조금이라도 미치지 못하는 부분이 있거나, 빠뜨리고, 비슷하여 구별이 잘 안 되는 부분이 있다는 뜻이다. '纖微'는 아주 작고, 사소하다는 뜻이고, '闊略'은 성글고, 간략하다는 뜻이며, '髣髴'은 비슷하다는 뜻이다.
3 補塞遺脫 : 여타 다른 장들은 앞 구절을 장의 제목으로 삼았는데 84장만은 '補塞遺脫章'이라 이름하였다. '補塞'은 보태고, 채운다는 뜻이고, '遺脫'은 글자가 책이나 활판에서 빠진 것을 이른다.
4 潤色幽深 : '潤色'은 글을 더 지어 꾸미고, 윤이 나도록 매만져 곱게한다는 뜻이다.
5 鉤援相逮 : '鉤援'은 갈고리를 걸어 끌어오는 것으로 성벽을 타고 오르는데 이용하는 사다리이고, '相逮'는 서로 잡는 것을 뜻한다.
6 旨意等齊, 所趣不悖 : '等齊'는 고르고, 가지런하다는 뜻이고, '所

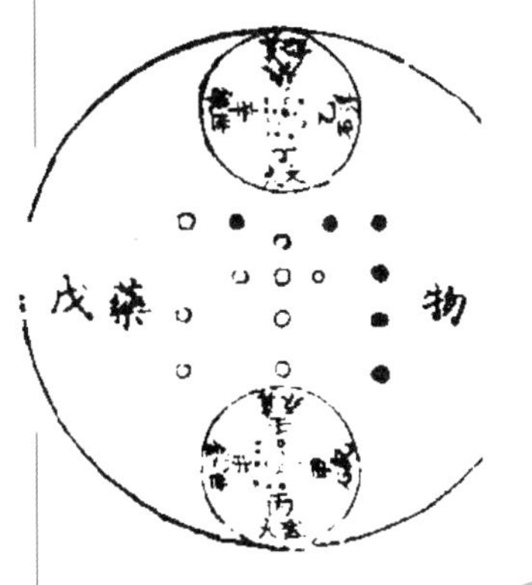

【五位相得而各有合圖】

【오위상득이객유합도】

『道藏』「周易參同契解 卷下中」(文物出版社) 20冊 292쪽

癸 鉛眞
辛 銀世
乙 石浮
丁 火文
戊藥
物己
壬 汞眞
庚 金世
甲 石沈
丙 火武

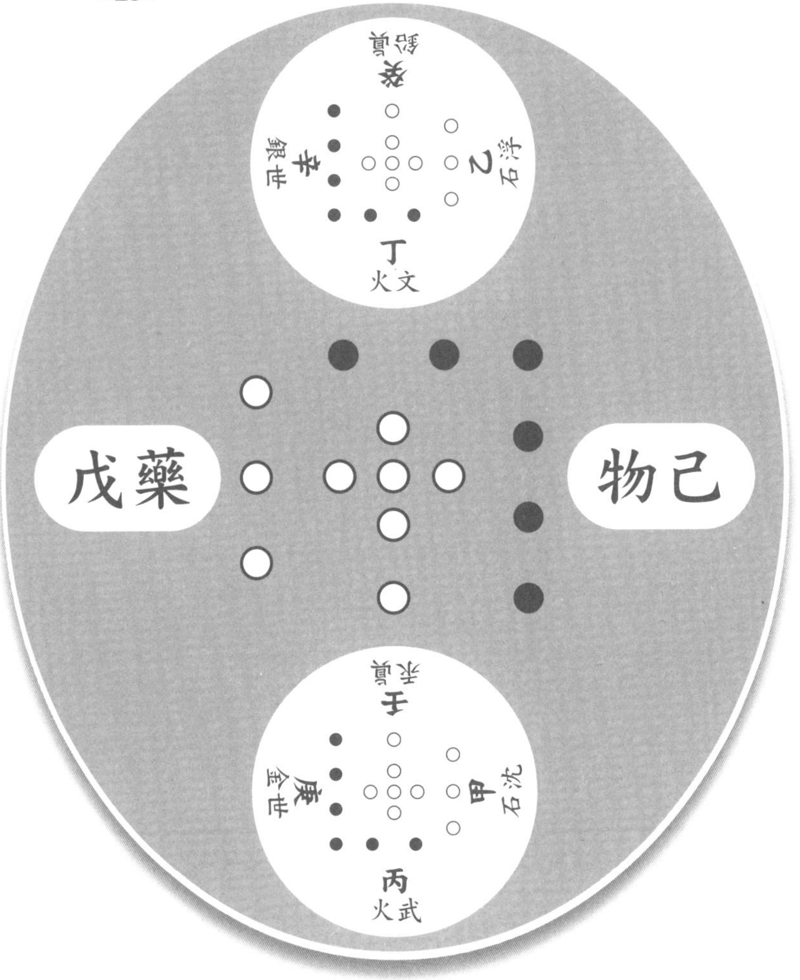

趣不悖'는 뜻하는 바가 어긋나지 않게 된다는 뜻이다.

7 命五相類 : '命'은 '名'의 뜻으로 이름 짓는다는 의미이다. '五相類'는 다른 주석서에서 '三相類'로 보는등 의견이 분분한 구절이다. '三相類'라면 대역, 노화, 황노의 3가지 내용을 의미하겠지만 '五相類'로 본다면 오행의 의미가 크다고 볼 수 있다. 실제 [통진의]본에는 十干을 이용한 표가 아래와 같이 있다. 이는 《주역·계사상전》 제9장에 나오는 "五位相得而各有合"과 함께 소개된 것이다.

甲 沈石	三 木	乙 浮石
丙 武火	二 火	丁 文火
戊 藥物	五 土	己 藥物
庚 世金	四 金	辛 世銀
壬 眞汞	一 水	癸 眞鉛

【표 32】 五位相得而各有合

각가주 1 參同契者 : [발휘]본에서는 "參은 3이고, 同은 '서로'라는 뜻이며, 契는 부류를 말한다. 이 책은 大易을 빌려 黃老의 학문과, 더불어 爐火의 일을 서로 비교하며 나타내었다. 3가지는 음양의 조화에 조금도 다름이 없다."[910]고 하였다. 즉, 참동계가 곧 삼상류라는 뜻이다.

[천유]본에서는 "세 가지 도가 하나에서 근원함을 말하였다. 참동계라는 책은 원래 하도, 낙서에 근원하고, 복희의 역상을 부연하여 사람들에게 선천의 심역을 보이려한 것이다. 그러자면 반드시 황제와 노자의 종요로운 뜻을 근본으로 삼고, 노화의 방법과 모습을 빌려 세 가지 집안이 서로 참여하여[參] 하나로 함께[同] 돌아가도록 하였는데 바야흐로 본성을 다하고, 천명에 다하는 큰 도에 부합되는[契] 것이다."[911]라고 하였다.

---

910 "參, 三也. 同, 相也. 契, 類也. 謂此書借大易以言黃老之學, 而又與爐火之事相類. 三者之陰陽造化, 殆無異也."

911 "此言三道由一之原委也. 參同契一書, 原本河洛敷陳羲象, 蓋示人以先天心易也. 然必本

2 敷陳梗概(부진경개), … 所趣不悖(소취불패) : [발휘]본에서는 "위공은 후학이 깨닫지 못할까 염려하여 이 책을 지었는데 … 다만 현묘한 기틀이 누설될까 두려워 모두 드러내지 못하고, 비유한 것이 왜곡됨을 면하지 못하여 넘치듯이 말한 것이 되었다. 또한 성글게 간략하고, 비슷비슷해 보일까 작은 것까지 다 말할 수 없어 뒤에 정기가를 지었다. 무릇 편의 글 중에 빠진 것은 모두 이 노래를 지어 보충하였고, 의리해석의 깊고 그윽한 부분은 모두 노래로써 꾸몄다"[912]고 하였다.

[참동고]본에서는 "모두 겸손의 표현이다. 난사에서 일찍이 서술된 것들이다."[913]라고 하였다.

3 命五相類(명오상류), 則大易之情性盡矣(즉대역지정성진의) : [천유]본에서는 "어정, 양성, 복식은 총괄하여 삼상류라고 할 수 있고, 한마디로 줄이자면 대역의 본성과 감정일 뿐이다. 대개 해와 달이 역이되고, 감과 리의 두 가지 물건이 하나의 음과 하나의 양이, 하나의 본성과, 하나의 감정이 되나 궁구해보면 몸과 마음인 것이다. 더 나아가서 중황의 참된 뜻과 심신이 잘 화합하여 중앙으로 돌아가면 천하의 도를 족히 덮을 수 있다. … 이장에 있는 오상류의 그림은 하도의 다섯 자리를 끌어다가 각각이 부합되는 것으로 했는데 팽효에서 기원한다. 제가들이 이를 굳게 인용하여 깨뜨릴 수 없게 되었다. 하지만 위공이 이장을 쓰신 본지를 보면 어정, 양성, 복식의 세 가지 도가 하나에서 유래함을 설명한 것이고, 이는 삼상류를 말하는 것이지 오상류는 아니다."[914]고 하였다.

[주해]본에서는 "한 편의 으뜸가는 것이 이 장의 아래 특별한 결어로 펼

黃老宗旨, 假爐火法象, 三家相參, 同歸於一, 方契盡性至命之大道."

912 "魏公憫後學之不悟, 於是作此一書, … 然恐漏泄玄機, 遂不敢成片敷露, 未免傍引曲喩, 泛濫而說. 又恐闊略髣髴, 不能備悉纖微, 復述鼎器歌於後. 凡篇中文辭之遺脫者, 皆於此歌補塞之, 義理之幽深者, 皆於此歌潤色之."

913 "皆自謙之辭也. 敍其嘗爲亂辭也."

914 "御政也. 養性也. 伏食也. 總括之則曰三相類, 一言以蔽之則曰大易性情而已. 蓋日月爲易, 只是坎離二物. 一陰一陽, 一性一情, 究不過身心兩字. 更能以 中黃眞意和合身心兩者歸中便足冒天下之道 … 此章有五相類圖, 牽合河圖五位相得而各有合, 起於彭曉, 諸家因之牢不可破, 細推魏公此章本旨, 明明說御政養性伏食, 三道由一, 乃三相類, 非五相類也."

쳐졌다. 불교서적의 유통분과 같다. 오상류는 오행이 서로 부류를 이뤄 그 합하는 것을 얻는 것으로 갑을이 목에, 병정이 화에, 경신이 금에, 무기가 토에, 임계가 수에 속하는 것이 그렇고, 甲己合, 乙庚合, 丙辛合, 丁壬合, 戊癸合의 종류가 그것이다. 역도는 음양오행에서 나오지 않은 것이 없고, 단도와 역은 사로 동참하니 오행의 서로 부류가 아님이 없다."[915]라고 하였다.

[참동고]본에서는 "오상류는 복희, 문왕, 공자의 3가지 역이고, 황노의 학문이 하나, 노화의 일이 또 하나이다. 이 다섯 가지가 서로 같은 부류가 되는데 옛 주석에 보면 오행으로써 다섯 자리를 서로 얻어 각각 합하는 바가 있다고 하였는데 오상류는 아래문장을 보아도 그런 뜻이 아니다."[916]라고 하였다.

고찰 [참동고]에서는 본장부터 오상류라 별칭하였다.

85. 大易情性章 … 第八十五

원문 大易情性, 各如其度。黃老用究, 較而可御。爐火之事, 眞有所據。三道由一, 俱出徑路。

국역 대역의 정과 성은 각각 그 절도에 맞으니, 황노의 학을 연구하면 비교하여 거느릴 수 있게 된다. 노화의 일은 진실로 근거할 바가 있는 것이므로 세 가지 도가 하나에서 유래하여 모두 같은 경로를 따라 나왔다.

구문해설 1 大易情性, 各如其度 : 여기서는 주역의 역을 대역이라 부

915 "一篇正宗旣周此章以下特結語耳. 猶佛典之流通分也. 五相類者五行以相類得而各有合也. 如甲乙屬木, 丙丁屬火, 庚辛屬金, 戊己屬土, 壬癸屬水, 而己如甲合, 乙如庚合, 丙與辛合, 丁與壬合, 戊與癸合之類是也. 易道無出陰陽五行而丹道與易相參則無非五行相類也."

916 "五相類者伏犧文王孔子之易三也. 黃老之學一也, 爐火之事一也, 以五者皆相類也. 舊註以五行之五位相得而各有合爲五相類然以下文者之不然."

른다. '度'는 절도, 법도를 이른다.

2 黃老用究, 較而可御 : '用究'는 연구하여 이용한다는 뜻이고, '御'는 일명 어정御政으로 표현된다. 어정은 다스려서 질서를 잡는다는 뜻으로 《참동계》에서는 상수역학의 입장에서 해와 달의 변화, 계절의 변화, 북두칠성과 28수의 변화등이 사람의 성정과 그 질서면에서 같다는 논지를 세운다. 즉, 본 구절에서도 황제와 노자의 뜻을 통해 인간과 우주의 질서를 파악할 수 있다고 말한 것이다.

3 爐火之事, 眞有所據 : '爐火之事'라는 것은 연금술로도 불리우는데 외단황백술外丹黃白術을 가리킨다. 동서양을 막론하고 연금술의 전통은 상당히 고대로 올라가는데 동서양의 각 문명에 분명한 공통점을 나타낸다는 측면에서도 그렇고, 의학과 심리학, 화학, 신비주의에 이르기까지 방대한 영감을 여전히 제공하고 있다는 측면에서 그 생명력이 대단한 분야라 할 수 있다. 《참동계》에서는 이러한 연금술이야 말로 진정 근거할 만한 가치가 있는 것이라 말하고 있다는 점에서 우리가 미처 파악하지 못한 진리가 연금술에 숨어있을 가능성 또한 짐작할 수 있다. 연금술과 외단학설에 관한 보다 구체적인 내용은 따로 설명하기로 한다.

4 三道由一, 俱出徑路 : 여기서 '三道'는 앞서 언급한 '大易', '黃老', '爐火'를 가리킨다. 《참동계천유》에서는 '藥物', '鼎爐', '火候'로 보기도 한다. 후대에 많이 주장되는 유불선 회통의 사상과는 다소 다르지만 선도의 역사를 보면 삼도회통三道會通의 전통에 여러 형태로 이어져 내려옴을 알 수 있다.

각가주 **1** 大易情性, 各如其度 : [천유]본에서는 "소위 대역의 성정이라는 것은 바로 감리의 두 물건을 가리킨다. 해와 달은 역이 되고, 참된 정을 서로 간직하고 있다. '情性'의 두글자는 곧 하나의 금과 하나의 목이고, 하나의 수, 하나의 화이며, 하나의 혼, 하나의 백, 하나의 용, 하나의 호랑이, 하나의 남자, 하나의 여자이나 기실은 하나의 몸과 하나의 마음이다. 몸과 마음의 두 가지는 선천적으로 짝이 되니 합쳐져 하나의 조각이 되었다. 어찌 금단의 약물이 아니 되겠는가."[917]라고 하였다.

2 黃老用究, 較而可御 : [천유]본에서는 "소위 황노양성이라고 하면 황제와 노자의 정청무위를 가리키는 것으로 알지만 머릿속에 구궁이 있음을 알지 못해서 그러는 것이다. 황정이 가운데 있고, 중앙에 황노의 군왕이 자리하는 것이 된다. 《황정경》에 이르기를 '가운데의 늙은 임금이 명당을 다스린다'고 한 것이 이것이다. 황정은 곧 가운데의 누렇고 바른 자리이다. 혹 신덕거神德居라 하고, 혹 도사노道舍爐라 하며, 혹은 大淵, 혹은 규중이라 한다. 대략 선천의 조규이니 조규를 인식하고 나면 원신이 바야흐로 돌아올 곳이 되니 성을 기르는데 사용할 수 있다. 사용하는데 있어서는 참된 뜻을 얻는 것이 필요하다. 참된 뜻이 몸과 마음에 화합하면 칼자루를 손에 쥐는 격이니 어찌 금단의 화로와 솥이 아니겠는가"[918]라고 하였다.

3 爐火之事, 眞有所據 : [천유]본에서는 "노화의 일은 외부의 형상을 빌려 내부의 공능을 비유한 것이다. 약물이 화로속에 들어가면 마땅히 불을 이용하여 단련해야하는데 용호에 배속하고, 연홍에 배속하거나, 혹 유주, 금화, 황아, 차녀등의 이명으로 부르지만 모두 몸과 마음일 뿐이다. 두 가지 물건으로써 서로 억제하니 '伏'이라하고, 두 물건으로 교류하여 합해지니 '食'이라 한다. 결국은 참된 뜻과 심신이 합하는 것이다. … 어지 금단의 화후가 아니겠는가"[919]라고 하였다.

4 三道由一, 俱出徑路 : [발휘]본에서는 "세 가지 도가 다른 길에 있으

---

917 "所謂大易情性, 正指坎離二物也. 日月爲易, 眞精互藏, 情性二字, 卽一金一木也, 一水一火也, 一魂一魄也, 一龍一虎也, 一男一女也, 其實卽一身一心也. 身心兩者, 天然配合, 打成一片, 豈非金丹之藥物乎."

918 "所云黃老養性, 似言黃帝老子淸淨無爲之旨, 不知頭有九宮, 黃庭在中, 爲中央黃老君之所居. 黃庭經云, 中部老君治明堂是也. 黃庭卽係中黃正位, 或名神德居, 或名道舍爐, 或名大淵, 或名規中, 大約是先天祖竅, 識得祖竅, 元神方有所歸, 便知養性之用, 其用全賴眞意. 得此眞意. 和合身心, 把柄在手. 豈非金丹之爐鼎乎."

919 "至於爐火之事, 假外象以喩內功也. 藥物旣入爐中, 卽當用火煅煉, 或配之爲龍虎, 或配之爲汞鉛, 或配之爲流珠金華黃芽姹女, 種種異名, 仍是身心兩物. 以兩物相制而言, 謂之伏, 以兩物交倂而言, 謂之食, 仍是以眞意和合身心耳. … 豈非金丹之火候乎."

나 같이 돌아오게 된다. 이것이 삼상류라 하는 까닭이다."[920]라고 하였다.
[주해]본에서는 "세 가지 도는 유도, 불도, 선도의 세 가지 가르침이다. 세 가지 도는 모두 대역과 노화의 일에서 나왔으니 근거할 만하다."[921]라고 하였다.
[참동고]본에서는 "세 가지 도는 또한 대역, 황노, 노화의 세 가지를 간단하게 말한 것이다. 대개 세 성인의 역이 하나의 도에서 근본하였다."[922]라고 하였다.

86. 枝莖花葉章 … 第八十六

원문 枝莖華葉, 果實垂布, 正在根株, 不失其素。誠心所言, 審而不誤。

국역 가지가 나고, 꽃이 피며, 잎이 달리고, 열매가 열리는 것은 바로 뿌리가 있어 그 근본을 잃지 않음이다. 정성스런 마음으로 하는 말이니 잘 살펴서 어긋나지 않도록 하라.

구문해설 **1** 枝莖華葉, 果實垂布 : 여기에서 '枝莖'은 '大易'을, '華葉'은 '黃老'를, '果實'은 '爐火'를 가리킨다.
2 正在根株, 不失其素 : '根株'는 가지와 잎과 꽃의 뿌리가 되는데 이것이 곧 '三道由一'의 '一'이다. '素'는 본질, 바탕, 근원을 뜻한다. 뿌리의 비유는 《도덕경》 16장의 "夫物芸芸 各復歸其根, 歸根曰靜, 是謂復命. 復命曰常, 知常曰明"과 상통한다.

각가주 **1** 枝莖華葉, … 審而不誤 : [발휘]본에서는 "도라는 것은 만

920 "三道殊塗而同歸, 此其所以爲三相類."
921 "三道儒釋仙三教也. 三道皆出大易而爐火之事, 尤有所據也."
922 "三道又約言大易黃老爐火三道. 蓋三聖之易本一道也."

물의 근본이고, 나무에서 말하자면 뿌리이다. 펴서 가지가 되니 세 명의 성인이 지으신 역이고, 발산하여 꽃과 잎이 되니 노화의 술수이다. 결실을 맺어 열매가 되면 반본환원하는 것이니 이것이 황노의 그 근본을 잃지 않는 것이고, 금액내단을 수련하는 것이며, 성태를 기르는 것이다."[923] 라고 하였다.

[주해]본에서는 "'枝莖華葉'은 문자를 비유한 것이고, '果實根株'는 의리를 비유한 것이다."[924]라고 하였다.

[참동고]본에서는 "'枝華'는 황노이고, '果實'은 노화이며, '根株'는 세 성인이 지은 대역의 情과 性이다."[925]라고 하였다.

87. 象彼仲冬節章 … 第八十七

원문 象彼仲冬節, 竹木皆摧傷。佐陽詰賈旅, 人君深自藏。
象時順節令, 閉口不用談。天道甚浩廣, 太玄無形容,
虛寂不可睹, 匡廓以消亡。謬誤失事緒, 言還自敗傷。
別序斯四象, 以曉後生盲。

국역 저 한겨울의 모습을 보면 대나무가 모두 꺾이고 상한다. 양을 도와 상인과 나그네가 여행하는 것을 금지하고, 임금은 깊게 스스로를 감춘다. 형상과 시간이 절기의 규칙에 따르니 입을 막고 말하지 않는다. 하늘의 도는 너무나 넓어서, 크고 아득함을 형용할 수 없고, 텅 비고, 고요해서 눈으로 볼 수 없으며, 윤곽이 사라져 버린다. 그르치고 잘못하면 일을 실마리를 잃고, 말을 하면 도리어 스스로 다치게 되니 이 네 가지 형상을 차례대로 순서를 지어 후대에 눈이 어두운 사람들을 깨우치게 하리라.

---

923 "道者, 萬物之本, 猶木之根株也. 發而爲枝莖, 於是有三聖之易. 散而爲華葉, 於是有爐火之術. 至於結爲果實, 而反本還源, 此黃老之所以不失其素, 而修鍊金液內丹, 養成聖胎也."

924 "枝莖華葉喩文字, 果實根株喩義理."

925 "枝華黃老也. 果實爐火也. 根株三聖人大易之情性也."

교감 **1** 竹木皆摧傷 : [발휘]본, [천유]본, [주해]본, [참동고]본에서는 "草木皆摧傷"이라 하였다.

2 佐陽詰買旅 : [발휘]본, [천유]본에서는 "佐陽詰商旅"라 하였다.

3 天道甚浩廣 : [천유]본에서는 "天道甚浩蕩"이라 하였다.

4 別序斯四象 : [사고전서]본에서는 "別敍斯四象"이라 하였다.

5 以曉後生盲 : [참동고]본에서는 "以曉後來盲"이라 하였다.

6 象彼仲冬節, … 以曉後生盲 : [발휘]본에서는 본구절이 [통진의]본의 15장 "陽氣索滅藏"의 뒤에 이어지고, [주해]본에서는 [통진의]본 68장 "難以書傳"의 뒤에 이어진다.

구문해설 **1** 象彼仲冬節, 竹木皆摧傷 : 겨울을 맹동孟冬(초겨울), 중동仲冬(한겨울), 계동季冬(늦겨울)으로 나누는데 중동은 음력 11월, 동짓달을 말한다.

2 佐陽詰買旅, 人君深自藏 : 《주역周易 · 복괘復卦 · 상전象傳》에 "先王以至日閉關, 商旅不行, 后不省方."이라 한 것과 상통한다. 양기가 시작하려는 단계이므로 미약한 양기를 도와야 하며[佐陽], 임금도 문을 닫고 나가지 않고 양기를 간직해야 한다는 것이다.

3 象時順節令, 閉口不用談 : 이러한 때는 동지에 해당하고, 계절의 절령에 맞게 행동하는 것이 중요하다. 미약한 양기를 보호하기 위해서는 입을 다물고 말을 줄인다.

4 天道甚浩廣, 太玄無形容, 虛寂不可睹, 匡廓以消亡 : 진리란 넓고, 깊으며, 그 끝을 헤아릴 수 없다는 뜻이다. '匡廓以消亡'은 달의 윤곽이 사라진다는 것으로 이는 그믐달이후에 합삭의 현상이다. 즉, 24절기로는 동지의 시간이 음이 극해서 양이 시작하는 시기이기도 하고, 달이 모습을 감추는 시기이기도 한 것이다. [발휘]본의 편차에 따르면 본 장의 앞에 "易象索滅藏"이라는 구절이 오게 되는데 이는 30일이 되면 합삭이 일어나 달의 형상이 사라진다는 뜻이기도 하다.

5 謬誤失事緒, 言還自敗傷 : 복괘의 괘사처럼 입을 다물고 잡다한 설명대신 상징적인 표현으로 그 실마리를 알려주겠다는 뜻이다.

6 別序斯四象, 以曉後生盲 : 본래 四象은 금, 목, 수, 화이고, 태음, 소음, 태양, 소양으로 불리울 수도 있다. 하지만 전후 문맥상 사상을 언급한 곳은 없으며, [발휘]본의 편제로 보자면 본장이 월체납갑설을 설명하던 차례였으며, 7과 8의 합과 9와 6의 합이 같음을 언급하면서 이들 사상이 합해지면서 역의 형상이 소멸한다고 하였다. 그렇게 본다면 6, 7, 8, 9의 사상이 타당하다.

각가주 1 象彼仲冬節, 竹木皆摧傷 : [발휘]본에서는 "단법에서 소위 동지라는 것과 회삭의 사이라는 것은 모두 음이 극해서 양이 생기는 시기를 비유한 것이다. 한 달로 말하면 그믐의 밤이니, 달빛이 소멸되어 가는 때이고, 일 년으로 말하면 한겨울로 초목이 꺽이고 상하는 때이다."[926]라고 하였다.

[참동고]본에서는 "이는 주역중에 '至日閉關, 商旅不行, 后不省方'이라는 구절로써 노화의 일이 근거있음을 밝히려하였다. 옛 성왕들은 때를 따르려는 의미를 역도로 더욱 친절히 밝힌 것으로 황노의 학문과 비교할 바가 아니다."[927]라고 하였다.

2 佐陽詰賈旅, … 匡廓以消亡 : [발휘]본에서는 "동지의 시기가 되면 반드시 먼저 입을 닫고 마음을 고요히 맑게 가지면서 금과 수은이 화로에 같이 돌아가도록 하여 마치 해와 달이 합쳐지는 시기에 그 테두리를 숨기고, 텅 빈 곳으로 잠겨 들어가듯 하면 신이 엉기고, 기가 모여, 금액이 이내 맺히게 된다."[928]고 하였다.

---

926 "丹法所謂冬至, 所謂晦朔之間, 皆比喩陰極陽生之時也. 以一月言之, 則如月晦之夜, 月光索然而滅藏, 以一年言之, 則如仲冬之節, 草木索然而摧折."

927 "此引易中至日閉關, 商旅不行, 后不省方之語以明爐火之事根據古聖王順時行令之意而其於易道尤爲親切著實則又非黃老之學所可比也."

928 "冬至之時, 必先閉塞其兌, 澄心守默, 使金汞同歸於爐中, 如日月合璧之時, 隱藏其匡郭, 沈淪於洞虛, 則神凝氣聚, 金液乃結."

[주해]본에서는 "동지날이 되면 임금은 신중히 움직이지 않고, 양이 생기기를 기다린다. 몸속의 동지가 되면 집에서부터 천군이 역시 묵묵히 마음을 비워 기운이 응하게 하여야 한다. 또한 천도는 넓고, 약물은 형상이 없는 고로 같은 부류로써 그 정상을 가지니 화로와 솥으로 반달의 기운을 채취한다."[929]라고 하였다.

[참동고]본에서는 "건곤의 크고, 검으며, 허허로이 적막한 것은 눈으로 볼 수 없고, 감리의 둘레가 사라지는 것은 손으로 만질 수 없는 고로 사람은 모두 혼란스레 그 단서를 알지 못하니 이는 별도로 아래에 사상으로 구별하였다."[930]라고 하였다.

3 別序斯四象, 以曉後生盲(별서사사상, 이효후생맹) : [발휘]본에서는 "사상은 곧 7, 8, 9, 6이다. 위 문장에서 말한 7+8=15, 9+6=15가 그것이다. 7, 8, 9, 6을 더하면 30이 되고, 한 달 30일의 수에 응하니 모두 상을 위한 비유이다."[931]라고 하였다.

[주해]본에서는 "사상은 용, 호, 연, 홍이다."[932]라고 하였다.

고찰 [참동고]에서는 이 장을 오상류의 1절로 보고, 오상류의 본원이라 하였다.

929 "仲冬至日人君愼靜以待陽生, 身中冬至日自家天君亦宜虛黙以候氣應也. 又天道浩遠藥物無象故須以同類有情者立爲爐鼎以採弦氣也."

930 "乾坤之太玄虛寂非可目覩, 坎離之匡郭消亡非可手按故人皆錯知失其端緖, 此所以別敍下文之四象也."

931 "四象, 卽七, 八, 九, 六也, 則上文所謂七八數十五, 九六亦相當是也. 以七, 八, 九, 六合之, 則爲三十, 應一月三十日之數, 皆設象比喩也."

932 "四象卽龍虎鉛汞也."

88. 鄶稽鄙夫章 … 第八十八

원문 會稽鄙夫(회계비부), 幽谷朽生(유곡후생), 挾懷朴素(협회박소), 不樂歡榮(불락환영), 棲遲僻陋(서지벽루), 忽略利名(홀략리명), 執守恬淡(집수염담), 希時安平(희시안평), 晏然閑居(안연한거), 乃撰斯文(내찬사문)。歌敘大易(가서대역), 三聖遺言(삼성유언), 察其旨趣(찰기지취), 一統共倫(일통공륜)。

국역 회계의 비천한 남자로, 깊은 산골짜기의 이름없는 서생이 소박한 꿈을 품고, 즐거움과 영화로움을 즐기지 않았다. 외딴 시골에 천천히 기거하면서 이익과 명예를 버리고, 욕심없이 담백한 마음을 지켜 그때그때 평안하기를 바란다. 편안하게 한가로이 지내면서 이글을 짓는다. 대역에 대해 차례대로 노래하였는데 세분의 성인이 남기신 말에서 그 취지를 잘 살펴서 하나의 공통된 도리로 통일하였다.

교감 **1** 會稽鄙夫(회계비부) : [발휘]본과 [천유]본, [참동고]본에서는 "鄶國鄙夫(증국비부)"라 하였다.

2 不樂歡榮(불락환영) : [통진의 사고전서본]에서는 "不染權榮(불염권영)"이라 하였고, [발휘]본과 [천유]본, [주해]본, [참동고]본에서는 "不樂權榮(불악권영)"이라 하였다.

3 栖遲僻陋(서지벽루) : [천유]본, [주해]본, [참동고]본에서는 "棲遲僻陋(서지벽루)"라 하였다.

4 忽略利名(홀략리명) : [참동고]본에서는 "忽略令名(홀략령명)"이라 하였다.

5 希時安平(희시안평) : [통진의 사고전서본]과 [천유]본에서는 "希時安寧(희시안녕)"이라 하였다.

6 晏然閑居(안연한거) : [통진의 사고전서본]에서는 "晏樂閑居(안락한거)"라 하였고, [발휘]본에서는 "晏然間居(안연간거)", [천유]본에서는 "晏然閒居(안연한거)", [참동고]본에서는 "遠客晏閑(원객안한)"이라 하였다.

7 一統共倫(일통공륜) : [통진의 사고전서본]과 [천유]본에서는 "一統共論(일통공론)"이라 하였다.

구문해설 **1** 會稽鄙夫(회계비부), 幽谷朽生(유곡후생) : '會稽(회계)'는 지금의 중국 저장성浙江省이나 강소성江蘇省으로 추측되는 곳인데 위백양의 고향으로 기록된 회계상우會稽上虞를 가리킨다. 혹, 여타 주석서에는 '鄶國(증국)'이라고 되어있는데 증국은 하, 은, 주에 걸쳐 약 1천여년간 지금의 하남성河南省 방성현方城縣의 북쪽에 위치한 나라라고 한다.[933] [발휘]본에서는 '鄶國(증국)'이 일종의 은어로 쓰였다고 보았다. '鄙夫(비부)', '朽生(후생)'은 모두 겸손의 표현으로 자신을 낮추려고 쓰인 표현이다.

2 挾懷朴素(협회박소), 不樂歡榮(불락환영) : '挾懷(협회)'는 몸에 지니고, 품다는 뜻이고, '朴素(박소)'는 수수하고, 검소하다는 뜻이다.

3 栖遲僻陋(서지벽루), 忽略利名(홀략리명) : '栖(서)'는 깃들다, 거주하다는 뜻이고, '栖遲(서지)'는 천천히 기거한다는 뜻이다. '僻陋(벽루)'는 누추하고, 궁벽한 두메산골을 말한다. '忽略(홀략)'은 마음에 두지 않고, 간략히 한다는 것이다.

4 執守恬淡(집수염담), 希時安平(희시안평) : '恬淡(염담)'은 《황제내경》에서 강조된 "염담허무恬淡虛無"와 같은 뜻으로 욕심이 없고, 마음이 담백한 것을 말한다. '希(희)'는 바란다는 뜻이다.

5 晏然閑居(안연한거), 乃撰斯文(내찬사문) : '晏然(안연)'은 편안하고, 침착한 모습이고, '閑居(한거)'는 한가로이 기거하는 것이다.

6 歌敘大易(가서대역), 三聖遺言(삼성유언) : 주역의 이치대로 글을 지었는데 이에는 복희, 문왕, 공자의 세 성인의 말씀이 녹아있다는 뜻이다.

7 察其旨趣(찰기지취), 一統共倫(일통공륜) : 85장의 "三道由一(삼도유일), 俱出徑路(구출경로)"를 연상케하는 구절이다. 하나의 도리, 하나의 논리로 통일된다는 뜻이다.

각가주 **1** 會稽鄙夫(회계비부), … 乃撰斯文(내찬사문) : [발휘]본에서는 위백양은 어떤 사람인지에 대하여 다음과 같이 이야기하였다. "위공은 동한시기에 태어나 이름은 백양이고, 호는 운아자雲牙子였으며, 회계상우 사람이다. 지금 말하는 증국은 그 문장을 숨긴 것이다. 본래 고고한 가문의 자손으로 세

933 http://zh.wikipedia.org/wiki/%E9%84%AB%E5%9B%BD.

상을 피해 은거하였다. 벼슬을 마다하고, 수련하며 묵묵히 닦았으며, 뜻을 허무하게 기르고, 넓고 넉넉하게 글을 읽었다. 별자리에 통하였으며, 깨끗한 마음으로 소박함을 지켜, 오직 도만을 좇고 큰 집과 화려한 옷은 그저 쭉정이처럼 생각하였다."[934]라고 하였다. 《열선전》의 내용이다.

[참동고]본에서는 "'鄫國(증국)'은 주자가 이르기를 마땅히 회계라고 해야 하는데 혹 위백양이 은어로써 '鄫(증)'이라 하였다. 먼 손님은 국경멀리서온 외부 손님이라는 뜻이다."[935]라고 하였다.

2 歌敘大易(가서대역), 三聖遺言(삼성유언), 察其旨趣(찰기지취), 一統共倫(일통공륜) : [발휘]본에서는 "복희가 팔괘를 긋고, 그걸로 두 번 겹쳐 만들었고, 문왕은 괘를 풀어 상을 관찰하고는 계사로 길흉을 밝혔다. 공자는 또한 십익을 지어 장차 성명의 이치에 순응할 수 있도록 하고, 천지의 도를 널리 엮었다."[936]

[천유]본에서는 "이 구절은 참동계가 대역에 근본하여 지어졌으며, 어정의 뜻을 말한 것이다."[937]라고 하였다.

[참동고]본에서는 "이 책의 본원은 세 성인의 역에 있음을 말하였다."[938]라고 하였다.

---

934 "魏公生於東漢, 名伯陽, 號雲牙子, 會稽上虞人也. 今言鄫國者, 隱其辭也. 本高門之子, 世襲簪裾. 惟公不仕, 修眞潛默, 養志虛無, 博贍文詞, 通諸緯候, 恬然守素, 惟道是從, 每視軒裳爲糠粃焉."

935 "鄫國朱子曰當作會稽或是魏隱語作鄫也. 遠客謂屛遠外客也."

936 "伏羲畫八卦, 因而重之. 文王設卦觀象, 繫辭焉以明吉凶. 孔子又贊文以十翼, 蓋將順性命之理, 而彌綸天地之道也."

937 "此節言參同契一書, 原本大易卽御政之旨也."

938 "言此書本源三聖之易也."

89. 務在順理章 … 第八十九

원문 務在順理(무재순리), 宣耀精神(선요정신)。 神化流通(신화유통), 四海和平(사해화평)。 表以爲歷(표이위력), 萬世可循(만세가순)。 序以御政(서이어정), 行之不繁(행지불번)。 引內養性(인내양성), 黃老自然(황노자연), 含德之厚(함덕지후), 歸根返元(귀근반원)。 近在我心(근재아심), 不離己身(불리기신), 抱一毋舍(포일무사), 可以長存(가이장존)。 配以服食(배이복식), 雄雌設陳(웅자설진)。 挺除武都(정제무도), 八石棄捐(팔석기연)。

국역 힘써서 이치에 따르도록 하고, 정신을 펼쳐서 빛나게 하였다. 신령함이 변화하여 유통하니 온 세상이 화평해진다. 겉으로는 역사가 되니 만세대가 따를 수 있다. 그 질서로써 어정이 되니 행하는데 있어 번잡함이 없다. 안으로 당겨 본성을 기르고, 황노의 자연원리로 덕을 두텁게 품으니 근본의 으뜸된 곳으로 돌아간다. 가까운 곳에 내 마음에 있고, 내 몸을 떠나지 않는다. 한 가지를 품어서 버리지 않으면 가히 오래 살 수 있게 된다. 복식으로써 암수 모두 늘어놓아 짝지어도, 무도산을 뽑아버리고, 여덟 광석을 버린다.

교감 1 引內養性(인내양성) : [참동고]본에서는 "引乃養性(인내양성)"이라 하였다.
2 黃老自然(황노자연) : [발휘]본에서는 "黃光自然(황광자연)"이라 하였다.
3 近在我心(근재아심) : [발휘]본에서는 "返在我心(반재아심)"이라 하였다.
4 抱一毋舍(포일무사) : [천유]본에서는 "抱一勿舍(포일물사)"라 하였고, [참동고]본에서는 "抱一無舍(포일무사)"라 하여다.
5 配以服食(배이복식) : [천유]본에서는 "配以伏食(배이복식)"이라 하였다.

구문해설 1 務在順理(무재순리), 宣耀精神(선요정신) : '順理(순리)'라는 것은 大易(대역)을 통하여 세 분의 성인이 드러냈던 이치를 말하며, 이는 자연의 이치, 음양의 이치, 화후의 이치로써 뒤에 언급되는 '御政(어정)'과 상통한다. '宣耀(선요)'는 펼치다, 빛나게 하다는 뜻이 결합된 단어이다.
2 神化流通(신화유통), 四海和平(사해화평) : '四海(사해)'는 본래 수미산須彌山을 둘러싼 사방의

바다를 말하며, 온 세상을 가리킨다.

3 表以爲歷, 萬世可循 : '表'는 겉으로의 모습이기도 하지만 표본, 모범, 시계를 의미하기도 한다. '歷'은 역사로 볼 수도 있고, 날짜를 나타내는 역법을 의미하기도 한다. 즉, 역법으로써 법칙을 세웠다는 의미이기도 하다. 이는 월체납갑과 역상易象을 날짜와 시간의 배열에 사용하여 화후를 설명한 방식에서도 의미를 찾을 수 있다.

4 序以御政, 行之不繁 : '御政'은 17장에서 북두칠성과 28수의 변화를 가지고 설명하였다. 즉, 천문의 이치를 통하여 사회학적, 생물학적 이론이 모두 같음을 드러냄과 동시에 화후의 이치 또한 '御政'이라는 말로 정리가 된다. 이러한 이치는 행하는데 번잡함이 없이 간단하고, 쉽다는 설명이다.[行之不繁]

5 引內養性, 黃老自然 : 이는 도가적 수행관으로 인위적인 노력이 아니라 황제와 노자의 가르침인 무위자연의 방법으로 내부의 본성을 기르는 것[養性]이다.

6 含德之厚, 歸根返元 : 이는 《노자·도덕경》 55장의 "含德之厚 比於赤子"과 16장의 "夫物芸芸 各復歸其根, 歸根曰靜, 是謂復命. 復命曰常, 知常曰明"에서 나온 구절이다. 덕이 두터운 사람은 갓난아이[赤子]처럼 보살펴진다는 것과 사물이 무성하게 자라면[芸芸] 각자 뿌리로 돌아가서 이내 고요해져 천명을 회복한다는 내용이다. 연단술의 근본원리가 선천의 순수한 양을 회복하여 태어나기 이전의 상태를 회복하는 것이라 보았을 때 근본으로 돌아가고, 근원으로 되돌리는 것이 지극한 덕의 결과인 것이다.

7 近在我心, 不離己身 : 앞구절에서 말한 본성을 기르고, 근본으로 돌아가는 것은 내 마음, 내 몸에서 찾아야지 그 밖에서 구하는 것은 잘못된 것이라 가르친다. '我心'과 '己身'을 통해서 성명쌍수性命雙修의 의미를 찾을 수 있다.

8 抱一毋舍, 可以長存 : '抱一'은 《노자·도덕경》 10장의 "載營魄抱一

能無離乎"라는 구절에서 나온 것으로 몸과 마음의 대립상을 없애고 하나로 합일되면 연단술의 목표인 '長生'이 가능하다는 내용이다.

9 配以服食, 雄雌設陳 : 짝을 지음으로써 '服食'이라는 것을 하게 되는데 '雄雌', 즉, 암수를 늘어놓는 것은 이러한 짝짓기를 위한 것이다. 암수는 다름 아니라 鉛汞, 魂魄, 龍虎로 표현되는 음양의 대립상이 그것이다. 그렇다면 복식이란 무엇인가. 보통 '服食'은 '伏食'이라고도 하는데 말 그대로는 무언가를 먹는 것이다. 이는 즉, 암수로 나뉘어진 것들이 합일되는 과정을 먹는 것으로 표현한 것이며, 내단적으로는 망상번뇌의 씨앗인 식識을 제어하고, 그 본래의 청정한 모습을 드러내어 합쳐지게 해야 하므로 제어한다는 의미에서 '伏', 합쳐지게 한다는 의미에서 '食'이라고 하는 것이다.[939]

10 挺除武都, 八石棄捐 : '挺除'는 배제시킨다는 의미이고, '武都'는 마을 이름으로 지금의 감숙성甘肅省에 위치한다. 소금, 수은, 약재의 집산지로 당시에는 雌黃, 雄黃의 생산지였다. '八石'은 외단에 쓰이는 8가지 광석으로 여러 가지 설이 있다. 대략 단사丹砂, 자황雌黃, 웅황雄黃, 공청空靑, 유황硫黃, 운모雲母, 융염戎鹽, 초석硝石등을 가리킨다. '棄捐'은 버린다는 뜻이다. 이 구절은 앞서 언급한대로 나의 마음과 몸속에서 찾는 내단이 바른 것이고, 몸 밖에서 광석물질을 이용한 외단은 버려야 한다고 주장하였다. 외단의 학설은 원리를 찾는 방편이라는 뜻이다.

각가주 **1** 務在順理, 宣耀精神 : [발휘]본에서는 "공자가 또한 십익을 지으시니 장차 성명의 이치에 따르고, 천지의 도를 두루 다스린다고 하였다."[940]고 하였다.

[천유]본에서는 "위공은 그 취지를 살펴 밖으로는 우주의 조화를 참고하고, 안으로는 몸과 마음을 확인하여 통합적으로 연구하였다. 감리의 두 작용을 벗어나지 않았는데 그 본체는 성명이었고, 작용은 정신이었

939《역해 참동계천유》, 이윤희역해, 여강출판사, 2000, p. 47.

940 "孔子又贊之以十翼, 蓋將順性命之理, 而彌綸天地之道也."

다. 성명의 이치가 이미 순조로워지면 정신의 작용도 바야흐로 완전해진다."[941]고 하였다.

2 神化流通, 四海和平 : [천유]본에서는 "신령함을 궁구하면 변화를 아는 것이 역의 오묘함이다. 오직 하나일 경우 신이고, 오직 둘일 경우 변화이니 이로써 마음을 다스리면 신령함과 변화가 중황에 간직되어 이치에 통하는 경험을 하게 된다. 이로써 세상을 다스리면 신령함과 변화가 온 세상에 퍼져 화평해지는 공이 나타난다."[942]고 하였다.

[참동고]본에서는 "이 책은 神化를 통함으로서 四象의 太陽이라 하였다."[943]라고 하였다.

3 表以爲歷, 萬世可循 : [천유]본에서는 "자는 남, 오는 북으로 서로 기강이 되고, 묘와 유를 씨줄로 세워 선기라는 별이 따라 도니 역법의 으뜸이다."[944]라고 하였다.

[참동고]본에서는 "이책은 역법을 밝힘으로써 四象의 少陽으로 삼았다."[945]라고 하였다.

4 序以御政, 行之不繁 : [천유]본에서는 "대개 역의 도리가 정치의 도리이고, 정치의 도리가 단의 도리이다. 내면의 성인이나 밖의 임금이나 하나로 통하는 것이다. 이 문단은 오로지 어정의 으뜸된 뜻을 맺고 있다."[946]고 하였다.

[참동고]본에서는 "이 책은 어정을 가르침으로써 四象의 太陰으로 삼았다."[947]라고 하였다.

5 引內養性, 黃老自然 : [발휘]본에서는 "황제는 하늘의 도와 하늘의

---

941 "魏公察其旨趣之所在, 外參造化, 內印身心, 統括而究論之. 不出坎離二用, 其體爲性命, 其用則爲精神, 性命之理旣順精神之用方全."

942 "窮神知化, 易之妙也. 惟一故神, 惟兩故化, 以此治心則神化藏於中黃, 而有通理之驗. 以此治世, 則神化布於四海, 而著和平之功."

943 "以其書之可以通神化則四象之太陽也."

944 "子南午北, 互爲綱紀, 建緯卯酉, 璇璣循環, 卽歷法之祖也."

945 "以其書之可以明曆法則四象之少陽也."

946 "蓋易道便是治道. 治道便是丹道. 內聖外王. 一以貫之. 此段專結御政宗旨."

947 "以其書之可以御政敎則四象之太陰也."

운행을 파악했으며, 노자는 두터운 덕을 품으면, 어린아이와 같이 보살펴진다고 하였다. 음부경의 300여 글자와 도덕경의 5000여 글자는 반복하여 뜻을 말했으니 자연의 오묘한 조화를 드러내지 않은 것이 없다. 그러므로 단을 수련하는 사람은 반드시 황노를 종지로 삼아야 한다."[948]고 하였다.

[천유]본에서는 "바깥의 형상으로 말하자면 청정무위의 도이므로 본래 황제와 노자에 근본을 두는데 안의 형상으로 말하자면 사람 몸의 구궁 가운데에 단의 빗장이 있는 황정에 있고, 중앙에 황노라는 임금이 다스린다. 안에는 으뜸되는 본성과 천진하고, 자연스러운데 소위 본성을 기른다는 것은 이것을 기르는 것이다."[949]라고 하였다.

[참동고]본에서는 "이 책은 성명을 기름으로써 四象(사상)의 少陰(소음)으로 삼았다."[950]라고 하였다.

6 含德之厚(함덕지후), 歸根返元(귀근반원)。近在我心(근재아심), 不離己身(불리기신), 抱一毋舍(포일무사), 可以長存(가이장존) :
[천유]본에서는 "조규는 참된 중심이니 몸과 마음이 조규에서 모여야 비로소 진인이라 할 수 있다. 사람이 능히 하나를 지키면서 잠깐도 떨어지지 않으면 오래살고 영원히 볼 수 있는 길이 얻어진다."[951]고 하였다.

[주해]본에서는 "덕을 품고, 하나를 감싸며, 황노, 본성을 기르고, 자웅이 벌려놓은 것은 금단, 복식의 방법이다. 그 단서는 화후를 밝히는 것은 역법을 다스림으로써 단서를 알 수 있다."[952]라고 하였다.

[참동고]본에서는 "존심存心, 포일抱一, 장존長存, 복식服食은 자신이 홀로 지키는 것으로 태극의 참됨에 배속할 수 있다."[953]라고 하였다.

7 配以服食(배이복식), 雄雌設陳(웅자설진), 挺除武都(정제무도), 八石棄捐(팔석기연) : [발휘]본에서는 "복

---

948 "黃帝觀天之道, 而執天之行. 老子含德之厚, 而比於赤子. 陰符三百餘字, 道德五千餘言, 反覆議論, 無非發明造化自然之妙. 是故世之修丹者, 必以黃老爲宗."

949 "外象言之, 淸淨無爲之道, 本諸黃帝老子. 以內象言之, 人身九宮之中有丹扃黃庭, 爲中央黃老君之所治, 內藏祖性天眞自然所謂養性者養此而已."

950 "以其書之可以養性命則四象之少陰也."

951 "祖竅是眞中. 身心兩家會歸祖竅, 便是眞人. 能守中抱一, 須臾弗離則長生久視之道得矣."

952 "是旨正宗含德抱一黃老養性之方, 雌雄設陣金丹服食之法也. 其緖餘如明符候可以治曆."

953 "極言存心抱一長存服食又己之所獨得而可以配太極之眞也."

식의 방법은 음양이 배합하는 오묘함에서 얻어진다. 이로써 연홍을 억제하여 굴복시키니 자황, 웅황의 종류는 먼저 배제시키고, 여타 나머지 광석들도 모두 버릴 수 있다."[954]고 하였다.

[천유]본에서는 "내부의 형상으로 말하자면 참된 성명이요, 한 번씩 음되고, 양이 되는 대도이다. 외부의 형상으로 말하자면 참된 수은과 참된 납, 하나의 암컷과 하나의 숫컷에 비유된다. 이로써 혼백이 서로 제어되니 이름하여 '伏'이고, 용호가 서로 삼켜지니 이름하여 '食'이라고 한다. … 세상 사람들이 노화라는 말을 들으면 五金, 八石을 생각하고, 암수를 말하면 자황, 웅황으로 오인한다. 이러한 것들은 모두 형질이 있는 후천의 찌꺼기와 같은 물질로 진인은 이를 버리고, 사용하지 않는다."[955]라고 하였다.

[주해]본에서는 "몸을 닦는 것에서 나아가 정사를 베풀면 또한 단 한 알, 한 점이 성립되는데 철이 금을 이루면 가난을 건널 수 있으니 이내 세상의 보배가 된다."[956]라고 하였다.

고찰 [참동고]에서는 "～配以服食, 雄雌設陳"까지를 오상류 2절로 보고, 오상류의 四象이라 하였다.

954 "服食之法, 得其陰陽配合之妙, 以制伏鉛汞, 則二黃之類先可掃除, 其餘衆石亦皆可棄."

955 "內象言之, 本是眞性眞命, 一陰一陽之大道. 以外象配之, 喩爲眞鉛眞汞, 一雌一雄之兩物. 以魂魄相制而言則謂之伏. 以龍虎相呑而言則謂之食 … 世人聞說爐火定猜作五金八石, 聞說雌雄定認作雌黃雄黃, 不知此皆有形有質, 後天渣滓之物, 眞人所除棄而不用者也."

956 "推修身可以施政又成丹一粒一點鐵成金可濟貧乏則乃審用成物世俗所珍者也."

90. 審用成物章 … 第九十

원문 審用成物, 世俗所珍。羅列三條, 枝莖相連。同出異名, 皆由一門。非徒累句, 諧偶斯文, 殆有其眞, 礫硌可觀。使予敷僞, 却被贅愆。命參同契, 微覽其端, 辭寡意大, 後嗣宜遵。委時去害, 依托丘山。循遊寥廓, 與鬼爲鄰。化形而仙, 淪寂無聲。百世一下, 遨遊人間。敷陳羽翮, 東西南傾。湯遭厄際, 水旱隔竝。柯葉萎黃, 失其華榮。吉人相乘負, 安穩可長生。

국역 작용을 잘 살펴서 사물을 이루게 하니 세상 사람들은 진기하다고 한다. 세 개의 가지로 나누어 배열되지만 가지는 줄기와 서로 연결되어 있다. 같은 데에서 나왔지만 이름이 다른 것이니 모두 하나의 문에서 말미암은 것이다. 단지 구절만 늘어놓은 것이 아니니 이 글과 짝이 되는 구절을 조합하면 거의 그 참된 것을 얻게 되고, 자갈과 바위를 볼 수 있게 된다. 내가 거짓된 것을 늘어놓는다면 쓸모없는 허물이 될 것이다. 참동계라 이름하고, 일단을 살짝 보이니 말은 적지만 도는 크다. 뒤에 오는 사람들은 마땅히 좇아야 할 것이다. 때에 맡겨 해로움을 버리고, 산에 의지하여 적막한 곳을 돌아다니다가 귀신과 더불어 이웃하고, 형태를 변화시켜 신선이 되었다. 고요함에 잠겨 소리 없이 백 세대를 내려오다가 사람들 사이에서 즐겁게 돌아다니며 놀았다. 날개와 깃털을 넓게 펼치고, 동으로 서로, 남으로 기울다가 탕왕이 재앙을 만난 때처럼 홍수와 가뭄이 번갈아 들고, 나뭇잎이 누렇게 말라서, 그 영화로움을 잃었다. 좋은 사람들은 서로 도와가며, 편안하고, 온건하게 오래 살 것이다.

교감 1 却被贅愆 : [참동고]본에서는 "却被贅衍"이라 하였다.
2 百世一下 : [통진의 사고전서본]에서는 "百世而下"라 하였고, [천유]본에서는 "百世以下"라 하였다.

3 吉人相乘負, 安穩可長生 : [발휘]본에서는 "各相乘負, 安穩長生"이라 하였고, [천유]본에서는 "吉人乘負, 安穩長生"이라 하였다.

4 湯遭厄際 : [발휘]본에서는 "湯遭阨際"라 하였고, [주해]본에서는 "幸湯厄際"라 하였다.

구문해설 **1** 審用成物, 世俗所珍 : '審用'은 물질의 성질과 작용을 잘 이해하는 것이고, '成物'은 金丹이나 藥金, 藥銀을 만드는 것을 말한다. 이러한 물질은 세상 사람들이 진귀하다고 여기는 것들이다.

2 羅列三條, 枝莖相連 : 여기에서 '三條'라는 세 가지 가닥은 여러 해석을 낳을 수 있다. 鼎器－藥物－火候, 青龍－白虎－朱雀, 金－水－火, 精－氣－神, 心－身－意, 養性－伏食－御政등이 그것이다.

3 非徒累句, 諧偶斯文 : '徒'는 '다만', '헛되이'라는 뜻이고, '累句'는 구절만 늘어놓는다는 뜻이다. '諧偶'는 짝이 되는 것과 조합한다는 뜻이다.

4 殆有其真, 礫硌可觀 : '殆'는 '거의'라는 뜻이고, '礫硌'은 조약돌과 바위를 뜻하는데 단순히 의미없는 돌이라는 뜻이 아니라 玉石을 의미한다.

5 使予敷僞, 却被贅愆 : '予'는 '나'라는 뜻이고, '却'은 '도리어', '贅'는 '혹', '군더더기'를 의미하며, '愆'은 허물이라는 뜻이다.

6 命參同契, 微覽其端 : '命'은 명명命名한다는 의미이다.

7 辭寡意大, 後嗣宜遵 : '後嗣'는 뒤를 잇는 후임자를 뜻한다. '遵'은 좇다는 뜻이다.

8 委時去害, 依托丘山, 循遊寥廓, 與鬼爲鄰 : '委'는 맡긴다는 뜻이고, '循遊'는 놀며 돌아다닌다는 뜻이며, '寥廓'은 고요하고, 적막한 곳을 가리킨다. 이 구절에서는 '委'와 '鬼'가 합해져 '魏'라는 성姓이 된다. 이하의 구절은 위백양이라는 이름을 은밀하게 풀어놓았다는 것이 일반적인 견해이다.

9 化形而仙, 淪寂無聲, 百世一下, 遨遊人間 : '淪寂'은 고요한 곳에 빠지다, 고요함이 스며든다는 뜻이고, '遨遊'는 재미있고, 즐겁게 노는 것이다. 이 구절에서는 '百世一下'라 하여 '百'자에서 '一'자를 내려놓으면 '白'이 되고, 사람사이에서 논다는 '遨遊人間'의 '人'이 결합하면 '伯'이 된다.

10 敷陳羽翮, 東西南傾, 湯遭厄際, 水旱隔並 : '羽翮'은 깃털, 날개죽지를 말하며, '湯'은 걸왕을 물리치고 상나라를 세운 탕왕을 가리키는데 탕왕이 만났던 고난을 '湯遭厄際'라 하였다. '水旱'은 홍수와 가뭄을 말하며, 이들이 번갈아 일어났다는 것이다. 이 구절에서는 '湯'이 '旱'을 만나 '水'가 마르니 '昜'이 된다. 여기에 '際'가 '厄'을 만나니 '阝'가 남는데 이 둘이 만나 '陽'이 된다. 이상의 구절을 종합해보면 '魏伯陽'이라는 《참동계》저자의 이름이 나오게 된다.

11 柯葉萎黃, 失其華榮。吉人相乘負, 安穩可長生 : 《참동계천유》에서는 이 구절을 통해 '造'자를 얻을 수 있다고 하였지만 정확한 이유는 알 수 없으나, '吉人'은 좋은 사람이라는 뜻이고, '乘負'는 타고, 업는 것이라 했을 때 '吉'과 타고 업는다는 의미에서 '辶'이 더해지면 '造'라고 볼 수 도 있다.

각가주 1 審用成物, 世俗所珍 : [발휘]본에서는 "그 용도를 살펴서 단련하면 혹 황색으로, 혹 백색으로 되니 천지간에 물건을 이루는 것이 어찌 세간에서 진귀하다고 생각지 않겠는가. 노화는 가히 기이하다고 할 수 있다."[957]라고 하였다.

[천유]본에서는 "조사께서는 이를 재삼 살펴서 세상에서 가장 귀중하다고 생각하는 것이 황백의 물건임을 아시고는 거짓된 것을 빌려서 참된 것을 설명하였다. 금단을 복식하는 묘한 쓰임을 말하였더니 믿고, 따르는 자들이 많아졌다."[958]고 하였다.

---

957 "審其用而煅鍊之, 或爲黃, 或爲白, 則成物於天地間, 豈不爲世俗所珍. 爐火可謂奇異矣."

958 "祖師再三審度知世俗所最珍重者黃白之物故假借說眞, 寓言金丹伏食之妙用, 則信從者

2 羅列三條, 枝莖相連, 同出異名, 皆由一門 : [통진의]본에서는 "환단은 이 세가지 물건을 떠나서 이뤄지지 않는데 세 가지 물건은 본래 금화의 두 가지인데 아직 목, 금, 화의 세 가지 물건으로 화하지 않은 것이다."[959]라고 하였다.

[발휘]본에서는 "대역, 황노, 노화이다 … 이름하여 삼상류이다."[960]라고 하였다.

[천유]본에서는 "이 장은 세 가지 도가 하나에서 유래되었다는 것을 총괄하며, 이내 참동계라 이름 지은 이유가 된다. 대개 대역의 성정은 감리의 약물에 숨겨져 있고, 황노의 양성은 중황의 정로에 숨겨져 있으며, 노화, 복식은 화후를 단련하는데 숨겨져 있다. 그 가지는 드러나지만 근본은 도리어 감춰져있으니 연구하여 말하면 신심의 세 집안이고, 역시 정기신의 삼원이기도 하다. 가지는 비록 세 가지로 나눠졌지만 뿌리는 하나이니 세 집안이 서로 만나면 성태를 맺고, 삼원이 합일되면 태극으로 돌아간다."[961]고 하였다.

[주해]본에서는 "세 가지 가닥이라는 것은 상중하 삼편을 말한다."[962]라고 하였다.

[참동고]본에서는 "세 가닥은 금, 화, 토이다. 가지와 줄기가 서로 연결되어 있다는 것은 목이 화와 연결되고, 수가 금과 연결되었다는 뜻이다."[963]라고 하였다.

3 非徒累句, 諧偶斯文, … 辭寡意大, 後嗣宜遵 : [발휘]본에서는 "위공이 지은 정기가는 3편의 뒤를 잇는 것으로 문자는 옥석 같고, 찬연하게 볼 수 있으니 어찌 헛되이 황색과 백색을 대구로 뽑을 수 있겠는가.

衆矣."

959 "還丹不出此三物而成, 此三物本只金火二味, 未成木, 金, 火三物也."

960 "大易也, 黃老也, 爐火也, … 此之謂三相類."

961 "此章總結三道由一, 乃參同契之所以得名也. 蓋大易性情, 隱藏坎離藥物, 黃老養性隱藏中黃爐鼎, 爐火伏食, 隱藏煅煉火候. 露其枝條, 藏卻根本. 究而言之, 卽身心意之三家也. 亦卽精氣神之三元也. 枝莖雖列三條, 根本實爲一致, 三家相見, 便結聖胎, 三元合一, 便歸太極."

962 "三條上中下三篇也."

963 "三條金火土也. 枝莖相連爲木連於火, 水連於金也."

… 대개 정기가를 지은 것은 3편의 빠진 부분을 보충하거나, 3편의 깊은 뜻을 윤색하기 위한 것이다. 그 글은 비록 3자의 구이지만 간단하고, 그 뜻은 크고 넓으니 갖춰지지 않은 것이 없다."[964]라고 하였다.

[주해]본에서는 "조약돌과 자갈은 밝게 빛나는 의의가 있다."[965]라고 하였다.

[참동고]본에서는 "'礫(력)'은 진귀한 돌이다. 곽박이 이른 금사, 단역이 그것이다. '硌(락)'은 돌이 견고하여 돌무더기가 떨어지는 모양을 말한다. 자신의 말이 밝고 환해서 확실히 볼 수 있다는 뜻이다. … 참동계라 이름한 것은 가히 그 단서를 약간 보인 것이다."[966]라고 하였다.

4 委時去害(위시거해), 依托丘山(의탁구산), 循遊寥廓(순유요곽), 與鬼爲鄰(여귀위린) : [주해]본에서는 "'委時(위시)'이하는 도를 스스로 진귀하다 포괄한 것이다."[967]라고 하였다.

[참동고]본에서는 "또한 스스로 도를 얻는 것을 서술하였다."[968]라고 하였다.

5 化形而仙(화형이선), 淪寂無聲(륜적무성), 百世一下(백세일하), 遨遊人間(오유인간) : [주해]본에서는 "'化形(화형)'이하는 빈곳에 올라 스스로 존재하는 것이다."[969]라고 하였다.

[참동고]본에서는 "'百世一下(백세일하)'는 대개 후한에 한번 나타나고, 당대 중엽에 한번 나타난 것을 말한다."[970]라고 하였다.

6 湯遭厄際(탕조액제), 水旱隔並(수한격병) … 吉人相乘負(길인상승부), 安穩可長生(안온가장생) : [주해]본에서는 "세계가 종말이 되면 마땅히 수화풍의 삼재, 우환이 있으나 오직 선도로써 초연해야 홀로 면할 수 있게 된다."[971]라고 하였다.

---

964 "魏公作鼎器歌, 以繼於三篇之後, 其文字礫礫硌硌, 粲然可觀, 豈徒抽黃對白, … 蓋鼎器歌之作, 所以補塞三篇之遺脫, 潤色三篇之幽深也. 其辭雖三字爲句, 似乎簡短, 其意則廣大兼該, 靡所不備."

965 "礫硌明燦之義也."

966 "礫珍石也. 郭璞所謂金砂丹礫是也. 硌石堅磊硌之貌言, 己之所言燦煥的確可以觀也 … 命名參同可以微見其端緒也."

967 "委時以下抱道自珍也."

968 "又自敍其得道也."

969 "化形以下沖擧自在也."

970 "百世一下蓋一見于後漢, 一見于唐之中葉."

971 "喩世界之末當有水火風三災之患而惟仙道超然獨免耳."

[참동고]본에서는 "비록 성왕과 탕왕이 성군이나 숭고한 자리에 처해서 세상일을 맞아 대하게 되는 고로 액운을 만나고, 수해와 가뭄에 이르니 스스로는 세상일을 버리고, 어지러운 세상을 멀리 피해 액운을 만나지 않으려 한 것이다. 위의 '委時去害(위시거해)'문장의 뜻을 이은 것이다."[972]라고 하였다.

고찰 [참동고]에서는 이장을 오상류 3절로 보고, 오상류의 공효라 하였다.

周易參同契鼎器歌明鏡圖 … 鼎器歌

원문 圓三五, 寸一分, 口四八, 兩寸脣, 長尺二, 厚薄均。
腹齊三, 坐垂溫。陰在上, 陽下奔。首尾武, 中間文。
始七十, 終三旬, 二百六, 善調勻。陰火白, 黃芽鉛。
兩七聚, 輔翼人。贍理腦, 定升玄。子處中, 得安存。
來去遊, 不出門。漸成大, 情性純。却歸一, 還本原。
善愛敬, 如君臣。至一周, 甚辛勤。密防護, 莫迷昏。
途路遠, 復幽玄。若達此, 會乾坤。刀圭沾, 靜魄魂。
得長生, 居仙村。樂道者, 尋其根。審五行, 定銖分。
諦思之, 不須論。深藏守, 莫傳文。御白鶴兮, 駕龍鱗,
遊太虛兮, 謁仙君, 錄天圖兮, 號真人。

국역 둘레 길이는 15촌이고, 두께는 1.1촌이며, 입구가 32촌이고, 입술두께는 2촌이다. 길이는 12촌이고, 두께는 균등하다. 솥의 몸통과 바닥은 직선으로 뚫려서 3개로 나눠지며, 늘어뜨려져서 데워진다. 음이 위에 있고, 양이 아래에서 달리니 시작과 끝은 무화로 하고, 중간에 문화로써 한

972 "言雖成湯之聖, 處崇高之位, 酬接世事故亦遭厄運致水旱而自己則委棄世事避遠塵坌終不遭厄運, 申上文委時去害之意也."

다. 처음의 70일과 마지막 30일이며, 중간의 260일은 잘 골라 균등하게 한다. 음화는 희고, 황아는 납이니 2, 7 화가 모여 사람을 돕는다. 뇌를 넉넉하게 다스리고, 안정하여 현관玄關에 오른다. 씨앗이 자리한 가운데 안전하게 있을 수 있고, 오고 가며 노닐더라도 문을 나서지 않게 된다. 점점 크게 이루어져 성정이 순수해지면, 도리어 하나로 돌아가 본래의 근원으로 되돌린다. 사랑하고, 공경하기를 잘하는 것이 마치 임금과 신하같다. 한번 순환하는데 이르면 굉장히 부지런하고, 굳게 잘 지켜서 어지러이 혼란스럽지 않게 한다. 길이 멀어 다시 깊고, 가물거리게 되지만 만약 여기에 이르게 되면 건과 곤이 모이고, 약숟가락이 적셔져 혼백이 고요하게 된다. 오래 살 수 있게 되고, 신선의 마을에 살게 된다. 도를 즐기는 자는 그 근원을 찾고, 오행을 살펴, 무게수량을 정하기를 자세히 살펴 생각하고, 왈가왈부하지 않으며, 깊이 간직하여 지키되 글로 전하지는 않는다. 흰 학을 부리고, 용의 비늘을 타며, 큰 허공을 노닐고, 신선의 왕을 뵈며, 하늘의 책에 기록되니 진인이라 부른다.

교감 **1** 寸一分(촌일분) : [발휘]본에서는 "徑一分(경일분)"이라 하였다.
2 腹齊三(복제삼) : [발휘]본과 [참동고]본에서는 "腹齊正(복제정)"이라 하였다.
3 二百六(이백륙) : [천유]본에서는 "三百六(삼백육)"이라 하였다.
4 兩七聚(양칠취) : [참동고]본에서 이르기를 타본에서는 "兩七竅(양칠규)"인 경우가 있다고 하였다.
5 還本原(환본원) : [발휘]본에서는 "還本元(환본원)"이라 하였다.
6 善愛敬(선애경), 如君臣(여군신) : [주해]본에서는 생략되었다.
7 途路遠(도로원) : [주해]본에서는 "道路遠(도로원)"이라 하였다.
8 復幽玄(부유현) : [발휘]본에서는 "極幽玄(극유현)"이라 하였다.
9 靜魄魂(정백혼) : [천유]본에서는 "淨魄魂(정백혼)"이라 하였다.
10 居仙村 : [참동고]본에서는 "居仙邨(거선촌)"이라 하였다.
11 御白鶴兮(어백학혜) ⋯ 遊太虛兮(유태허혜) ⋯ 錄天圖兮 : [천유]본에서는 말미의 어

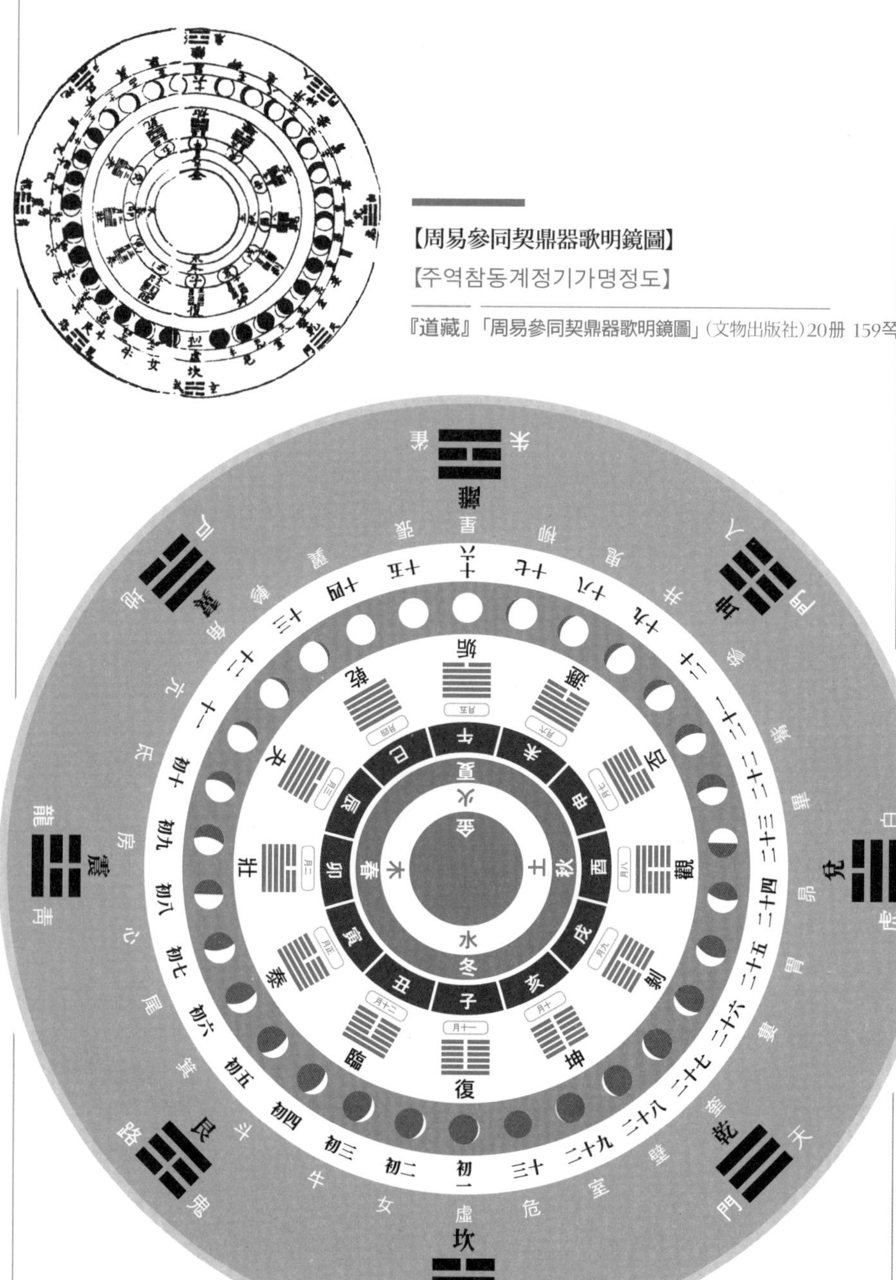

【周易參同契鼎器歌明鏡圖】

【주역참동계정기가명정도】

『道藏』「周易参同契鼎器歌明鏡圖」(文物出版社)20册 159쪽

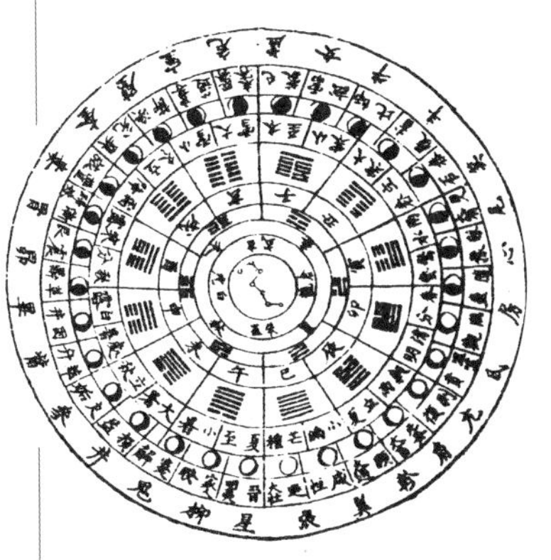

【周易參同契金丹鼎器藥物火候萬殊一本之圖】

【주역참동계금단정기약물화후만수일본지도】

『道藏』「易外別傳」(文物出版社) 20冊 317쪽

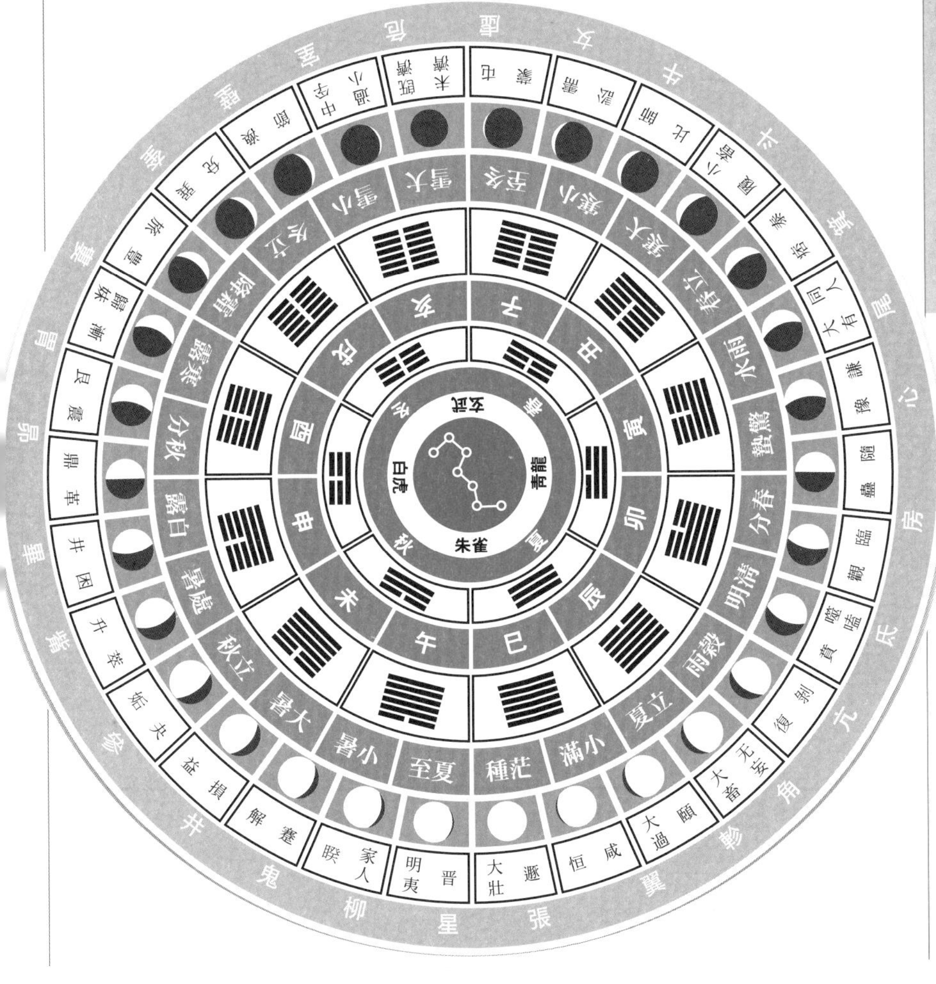

조사인 '兮'가 빠져있다.

12 謁仙君 : [주해]본에서는 "謁元君"이라 하였다.

13 錄天圖兮 : [발휘]본, [주해]본에서는 "受圖籙兮"라 하였다.

구문해설 1 圓三五 : '圓'은 둥근 솥의 둘레길이를 의미한다. 이하의 수치들은 '鼎器'의 크기와 모양을 설명하는 것으로 내단적 의미와 철학적 상징을 모두 포함한다. '圓'은 '天圓地方'에서처럼 하늘을 상징한다. '三五'는 다양하게 해석된다. 우선 3×5=15이므로 1尺5寸의 길이라 볼 수 있는데, 《하도河圖》의 논리에 따르면 동3, 남2를 합하여 하나의 '5'가 되고, 북1, 서4를 합하여 두 번째 '5'가 되며, 중앙의 '5'가 더해져 '三五'가 된다. 다른 한편으로 수1, 화2가 더해져 '3'이 되고, '5'는 토가 되어 수화토를 상징하기도 한다.

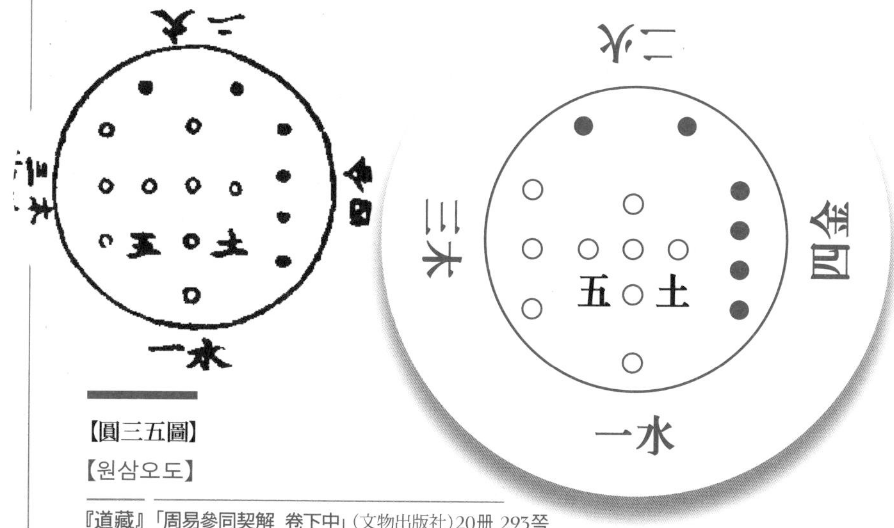

【圓三五圖】
【원삼오도】

『道藏』「周易參同契解 卷下中」(文物出版社) 20冊 293쪽

2 寸一分 : 솥의 두께가 1.1촌이라는 뜻이다. 약물의 상징으로 보자면 '寸'은 약물이 1촌의 자리에 있다는 뜻이기도 하고, 중앙의 신실이 1촌의 크기를 넘지 않는다는 의미이기도 하며, '一'은 우주의 본체, 太極, 無를,

'分'은 음과 양으로의 분화를 상징한다.

3 口四八 : 확실한 해석이 어려우나 원통형의 솥이 아니라 입구쪽이 넓은 솥의 빗면의 길이를 뜻하는 것으로 보인다. 이러한 정황을 [통진의]본에서는 "口偃開如金之鍋釜, 臥脣仰折"이라 하였다. 현빈玄牝의 문이나 중궁의 신실神室로 보는 경우도 있다. 역학적인 의미로 '四'는 四象을, '八'은 四正, 四隅가 더해진 팔괘를 가리킨다.

4 兩寸脣 : '脣'은 솥의 두께를 가리키는 것으로 보인다. '兩'은 양의兩儀를 상징한다.

5 長尺二 : '長'은 높이를 말하는데 수직의 높이로 해석된다. 1尺2寸은 곧 12촌으로 12時辰을 상징한다.

6 厚薄均 : 우선 鼎器의 두께가 일정하다는 의미로 해석된다. '厚薄'은 두께를 나타내는 옛 표현인 것이다. '厚'를 기운이 중탁하여 음적인 것으로 보거나, 퇴음부의 화후로 보고, '薄'을 기운이 가벼워 양적인 것으로 보거나, 진양화의 화후로 보는 견해도 있다. '均'은 이러한 음양의 대립적 기운이 균등하게 조화를 이루는 것을 상징한다.

7 腹齊三 : 여기서 '腹'은 솥의 배부분을 말하는 것으로 이것이 가지런히 3개로 존재한다는 것은 입구에서부터 중심에 이르기까지 수직으로 가지런이 내려온다는 것이고, 이것이 상중하로 나눠진다는 뜻이다. 다른 의미로 '腹'은 중궁의 황정을, '三'은 정, 기, 신이 모이는 것으로 해석되기도 한다.

8 坐垂溫 : '坐'는 앉는다는 뜻이지만 여기에서는 솥을 걸어놓아 늘어뜨리는 것[垂]을 의미하고, '溫'은 밑에서 화로로 달구는 것을 말한다. 하지만 내단적으로는 고요하게 보지도, 듣지도 않으며 자리한 후 양기가 발동하는 것을 기다리는 것을 의미한다. 이때는 무화를 사용하는 것이 아니라 그저 응신적조凝神寂照하는 것이므로 '溫'으로 표현된다. 양기의 발동은 지뢰복괘의 一陽이 始生하는 것과 같다.

9 陰在上, 陽下奔 : 물이 위에 있고, 불이 아래에 있어 수화기제의 상태

이다. 구체적으로 '陰'은 리괘중의 진수로 솥 속의 물이 흘러내리는 것을 상징하고, '陽'은 감괘중의 진화로 솥 속의 불이 타오르는 것을 상징한다.

10 首尾武, 中間文, 始七十, 終三旬, 二百六, 善調勻 : 처음과 마지막은 무화로 하고, 중간은 문화로 한다는 것인데 이러한 시기선정에 여러 가지 의견이 있다. 아래에 표로 정리하였다.

		首	尾
1	子, 午	子時는 양의 首이자 음의 尾, 午時는 음의 首이자 양의 尾	
2	巳午	巳午는 음양의 경계로 巳는 양의 尾, 午는 음의 首	
3	晦朔	晦朔은 陰極陽生의 시기로 武火를 사용한다.	
4	進火, 陰符	進陽火의 시기에는 子丑寅이 首, 辰巳가 尾, 退陰符의 시기에는 午未申이 首, 戌亥가 尾	
5	절후	동지후 70일	하지전 30일

【표 33】 화후의 머리과 꼬리

위에 표 5번의 내용처럼 '始七十, 終三旬'은 동지후 70일은 무화로 연기煉己하고, 하지전 30일에는 무화로 온양溫養하며, 그 중간의 260일은 沐浴하며, 文火를 사용하는데 이를 '善調勻'이라 표현하였다.

11 陰火白, 黃芽鉛 : '陰火'는 9에서 설명한 것처럼 離中 眞汞이 화기를 가진 것을 말한다. 색깔이 '白色'인 것은 음화의 특징이고, 金火를 뜻한다. '黃芽'는 坎中 眞鉛을 뜻한다.

12 兩七聚, 輔翼人 : '兩七'은 결론적으로는 용호교구龍虎交媾를 뜻하지만, 여러 가지 해석이 가능하다. 우선 火의 생수 2와 성수 7로 볼 수 있는데 이때는 화후를 의미한다. 한편, 동방창룡칠수東方蒼龍七宿와 서방백호칠수西方白虎七宿를 뜻하기도 하며, 고상 칠추尻上七椎의 신장과 항하 칠추項下七椎의 심장을 뜻해 심신의 교합을 의미하기도 한다. '聚'는 이러한 교합된 기운이 쌓인다는 뜻이고, '輔翼'은 돕는다. 보좌한다는 뜻이다. '人'은 천인지에서 중앙의 사람의 자리인데 중궁의 단태丹胎, 성태聖胎의

진인眞人을 뜻한다.

13 贍理腦(섬리뇌), 定升玄(정승현) : 여기서 '贍(섬)'은 넉넉하다는 뜻이다. '腦(뇌)'는 실제 Brain을 뜻하는데 내단적으로는 상단전, 니환궁을 뜻한다. '玄(현)'을 현관玄關으로 보았을 때 같은 의미이고, 환정보뇌還精補腦와 상통한다. '定(정)'은 진식眞息이 스스로 안정되는 것이고, '升(승)'은 진기眞氣가 스스로 상승하는 것이다.

14 子處中(자처중), 得安存(득안존) : '子(자)'는 씨앗의 의미, 子水(자수)의 의미, 진종眞種, 성태聖胎의 의미를 갖는다. '中(중)'은 황정黃庭을 가리키는데 뇌로 올라갔던 진기가 성태를 맺어 황정으로 돌아와 자리잡는 것을 뜻한다.

15 來去遊(래거유), 不出門(불출문) : '來去遊(래거유)'는 이러한 진기의 순환을 뜻하거나, 호흡의 흐름을 의미한다. '不出門(불출문)'은 생성된 참된 씨앗을 누출시키지 않고 보존한다는 뜻이다.

16 漸成大(점성대), 情性純(정성순) : 성태가 맺혀 점점 커지는데 그 순도 또한 높아진다는 뜻이다.

17 却歸一(각귀일), 還本原(환본원) : '歸一(귀일)'은 용호, 감리의 형태로 나뉘어진 음양의 분화상태가 사실은 순수한 건체에서 유래되었기 때문에 다시 본래의 하나로 돌아간다는 뜻이다. '還本原(환본원)'도 같은 의미이다.

18 善愛敬(선애경), 如君臣(여군신) : '愛敬(애경)'은 현빈의 문으로 돌아간 이후에 이루어지는 연양煉養의 방법을 말한다. '愛(애)'는 양적으로 펼치는 것이고, '敬(경)'은 음적으로 수렴시키는 것이다. '君(군)'은 선천의 조기祖炁를, '臣(신)'은 후천의 정기精氣를 말한다.

19 至一周(지일주), 甚辛勤(심신근) : '一周(일주)'라는 것은 구전화후九轉火候를 마치는 것을 말한다. 이후에는 10월 양태養胎과정과 3년 포유哺乳의 과정이 있다.

20 密防護(밀방호), 莫迷昏(막미혼) : 굳게 닫아 지켜야 정신이 혼미하거나 길을 잃지 않는다는 것으로 앞의 '來去遊(래거유), 不出門(불출문)'구절과 유사하나, 오고가는 순환의 상태는 연정화기煉精化氣의 단계로 보는 것이 맞고, 굳게 지켜 정신의 혼미를 막는 것은 연기화신煉氣化神의 단계로 보는 것이 맞다고 본다.

이미 성태가 이뤄졌기 때문이다.

21 途路遠, 復幽玄 : 길이 멀고, 성태가 이뤄졌음에도 아득하면서 잘 보이지 않는다는 것은 연기화신의 과정이 유위로 하는 공부가 아니라 무위로 하는 과정이기 때문이다.

22 若達此, 會乾坤 : 감리교구坎離交媾를 통하여 참된 씨앗[眞種, 聖胎]를 얻는 것에 이어 건곤교구乾坤交媾를 통한 본체의 통합을 뜻한다.

23 刀圭沾, 靜魄魂 : 38장의 "粉提以一丸, 刀圭最爲神"에서도 '刀圭'가 나오는데 이는 보통 약숟가락을 의미한다. 이는 외단의 상징으로 수련과정에서 입속에 고이는 침을 말한다. 일명 장생로長生露이다.

24 樂道者, 尋其根 : 뿌리를 찾는다는 것은 '一', '無', '太極', '先天元炁'등을 말한다.

25 審五行, 定銖分 : 오행을 살핀다는 것은 역행하는 내단의 원리에 따라야 한다는 뜻이고, '銖'는 1/384 斤을 말한다. 수량을 정한다는 것은 외단적인 용어인데 내단적으로는 화후의 도수를 정하는 것을 뜻한다.

26 諦思之, 不須論。深藏守, 莫傳文 : '諦'는 살피다, 명료하게 한다는 뜻이다. 구구절절히 이론화하지 말고, 책으로 지어서 전하지도 말라는 뜻이다.

27 御白鶴兮, 駕龍鱗 : '御'와 '駕'는 다스리고, 부린다는 의미에서 같다. '白鶴', '龍鱗'은 자신의 원기를 의미하는 것으로 성태가 원만하게 이루어지고, 출신하는 것을 상징한다.

28 遊太虛兮, 謁仙君 : '太虛'를 노닌다는 것은 선천의 조규祖竅에 들어간 것을 말하며, '仙君'은 眞人이자, 자신의 元神을 뜻한다.

29 錄天圖兮, 號真人 : 이는 도교적인 개념으로 하늘에 일종의 도록이 있어 신선의 명부가 적혀진다는데에서 유래한 것이다.

각가주 **1** 圓三五, 寸一分 : [발휘]본에서는 "둘레가 3이고, 직경이 1인 것은 내 몸의 보물같은 솥이다. 삼재가 그 안에 있고, 오행이 그 속에서 운행한다. 납, 수은, 흙이 그 가운데 자리하는 것이다."[973]라고 하였다.

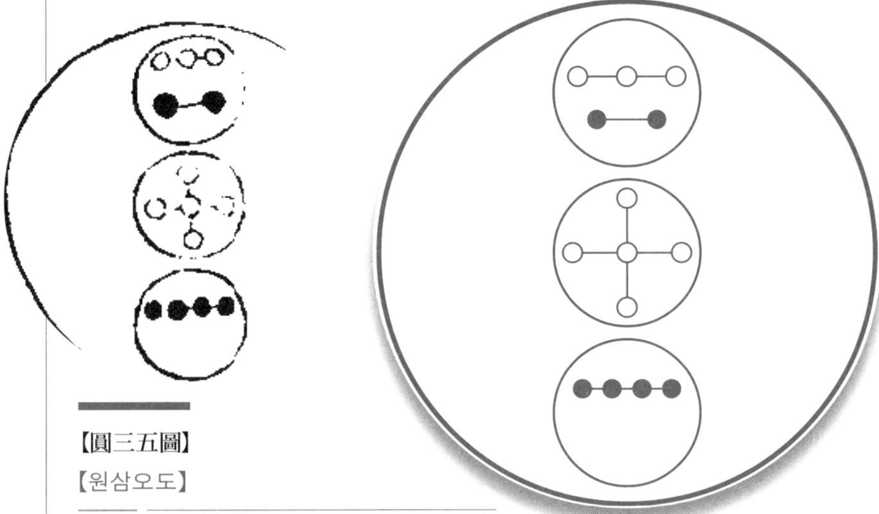

【圓三五圖】
【원삼오도】

『道藏』「周易參同契解 卷下中」(文物出版社) 20冊 293쪽

[천유]본에서는 "화로와 솥은 건과 곤을 본받는데 원으로써 하늘을 상징하고, 각이 지는 것으로 땅을 상징한다. … 원은 직경이 1이면, 둘레는 3으로 본래 하도에서 유래한다. 하도에는 네 귀퉁이가 없고, 동쪽의 3, 남쪽의 2가 하나의 5를 만들고, 북쪽의 1과 서쪽의 4가 하나의 5를 만들며, 중앙의 무기가 스스로 5를 만들어 3×5가 된다. 시작은 원의 3×5가 둘러지지만 함께 중앙으로 돌아오는데 중앙의 빈곳은 불과 직경이 1촌이 되지 않고, 하늘의 마음이 자리한 방이다."[974]라고 하였다.

[주해]본에서는 "원은 둘레이다. 솥은 사람 몸의 반에 걸쳐있는데 오장 가운데 그사이의 허하고, 넓은 곳에 수용된다. 3, 5, 1의 수는 1척5촌1분이다. 3, 5, 1의 뜻은 다양한데 오행의 생수를 합한 것이 5가 되는 것은 3

973 "圓三徑一, 此吾身中之寶鼎也. 三才位其中, 五行運其中, 鉛, 汞, 土居其中."

974 "爐鼎既取法乾坤. 圓以象天, 方以象地. … 圓者徑一而圍三, 本之河圖, 河圖周圍無四隅, 東三南二合成一五, 北一西四合成一五, 中央戊己自成一五, 合之而三五始圓三五環繞同歸中央, 中央虛位不過徑寸是天心所居之室."

가지이다. 목의 3과 화의 2가 하나의 5이고, 수의 1과 금의 4를 더한 것이 두 번째 5이며, 중앙의 토가 5인 것이 세 번째 5이다. 오행이 하나에서 합하여 단을 이루니 1은 단이다. 또한 3을 법받은 것이 신, 심, 의인 삼요이다. 5는 정신혼백의의 오기이며, 1은 금단이다."[975]라고 하였다.

[참동고]본에서는 "원은 그 둘레이고, 삼은 그 넓이이며, 오는 그 길이이다. 비장은 가로 넓이가 3촌이고, 길이가 5촌인 것이다. 일은 마땅히 2라고 해야 한다. 비장은 중완의 1촌2푼에 거한다."[976]라고 하였다.

2 口四八(구사팔), 兩寸脣(양촌순) : [발휘]본에서는 "입이 4, 8이라는 것은 사상과 팔괘가 모두 그 가운데 있다는 것이요, 두 촌의 입술이라는 것은 兩儀(양의)를 갖추고 상하의 경계를 이루는 것이다."[977]라고 하였다.

[주해]본에서는 "입은 언월로偃月爐의 입이다. 4, 8은 입의 위아래 입술이 각각 8자의 모양이기 때문이다. 두 화로가 서로 접하여 4, 8이 된다. 4, 8과 양촌은 사상, 팔괘, 양의의 수이다."[978]라고 하였다.

[참동고]본에서는 "4, 8은 32이다. 비장의 위쪽 입구는 심장에서 거리가 3촌2푼이고, 아래쪽 입구는 신장과의 거리가 3촌2푼이다. 의학입문에 이르기를 심신의 상하거리가 각 3촌6푼이고, 더불어 같지 않으니 혹 6을 마땅히 2로 해야 하지 않나 한다. 혹 참동이 4, 9에서 각각 1을 제하는 태극의 의미로 설시의 법이지 않나한다. … 위아래의 입구의 솟아 나오는 부위가 입술로 그 입술이 각각 2촌이다."[979]라고 하였다.

3 長尺二(장척이), 厚薄均(후박균) : [천유]본에서는 "강함과 부드러움이 치우치지 않고, 추위와 더위가 시절에 부합하니 상편에 있는 '12마디를 돌아, 마디가

---

975 "圓周圍也. 鼎居一身停半, 五臟中其間虛曠可容. 三五一之數, 乃一尺五寸一分也. 三五一者取義多端以五行生數合之則爲五者三如木三火二爲一五也. 水一金四二五也. 中土之五三五也. 五行合於一則成丹一者丹也. 又法三者身心意三要也. 五者精神魂魄意五氣也. 一者金丹也."

976 "圓言其圍, 三言其廣, 五言其長, 脾扁廣三寸, 長五寸也. 一當作二脾居中脘一寸二分."

977 "口四八者, 四象八卦皆在其中也. 兩寸脣者, 具兩儀上下之界分也."

978 "口偃月爐口也. 四八者口之上下脣各有八字之形, 兩爐相接則爲四八也. 四八兩寸取四象八卦兩儀之數也."

979 "四八三十二也. 脾上口去心三寸二分, 下口去腎三寸二分也. 入門謂上下去心腎各三寸六分與此不同, 或云六當ㅅ作二, 或云參同去一於四九以爲太極, 如揲蓍之法 … 上下口聳出者爲脣而其脣各二寸也."

다하면 다시 가까워진다.'는 경우이다."[980]라고 하였다.

[주해]본에서는 "솥의 높이는 1척2촌인데 1년 12개월을 상징한 것이다. 상하의 굵고, 얇은 정도는 균등하여 바르게 안치하고, 첩지를 채취하면 기울어짐이 없게 된다."[981]라고 하였다.

[참동고]본에서는 "동원선생이 이르기를 비장의 길이가 1척이라 하였는데 여기서 척이라고 하는 것은 입술의 양촌을 더불어서 말한 것이다. 척이는 팽효본에서는 2척이라 하였으니 대개 전해지면서 잘못 옮겨진 것이다. 위아래의 후박은 균등히 하나로 가지런히 정리되어 있다."[982]라고 하였다.

4 腹齊三(복제삼), 坐垂溫(좌수온) : [발휘]본에서는 "앉았을 때에는 눈을 코에 대응시키고, 코를 배꼽에 대응시킨다. 몸은 반드시 바르게 하고, 기울어지지 않도록 한다. 눈을 뜨되 반쯤 감기듯 하고, 완전히 감지 않는다. 완전히 감으면 어두운 산과 귀신의 굴이 되어버린다. 기가 코 속으로부터 관규를 통하니 호흡이 거칠 수 없다. 호흡이 거칠면 불이 타오르게 되니, 불이 타오르면 약이 날아간다."[983]고 하였다.

[천유]본에서는 "물과 불의 두 기운이 하나로 가지런히 중궁에 모이니 세 집안이 서로 보게 된다. 그 교회하는 때에 단지 앉아서 중황을 지키되, 돕지도, 잊지도 않은 채 신명이 스스로 오기를 기다린다. 물과 불의 두 기운이 조화되어 중을 얻으면 비로소 따뜻함을 느끼고 참된 씨앗이 스스로 자란다."[984]고 하였다.

[주해]본에서는 "'齊三(제삼)'은 솥의 입구, 솥의 배, 솥의 중심으로 '齊正(제정)'과

980 "剛柔不偏, 寒暑合節, 卽上篇所云周旋十二節, 節盡更須親也.", 이 책의 저ㅎ본인 [통진의]본에서는 38장의 구절이다.

981 "鼎高一尺二寸, 象一年十二月也. 上下厚薄匀各方正安置, 采帖使無偏頗."

982 "東垣云脾長一尺而此云尺二者并脣兩寸也. 尺二彭本作二尺, 蓋傳寫之誤也. 上下厚薄均一齊整也."

983 "坐之時, 以眼對鼻, 以鼻對臍, 身要平正, 不可欹側, 開眼須要半垂簾, 不可全閉, 全閉則黑山鬼窟也. 氣從鼻裏通關竅, 不可息麤, 息麤則火熾, 火熾則藥飛矣."

984 "水火二炁, 一齊會到中宮, 便是三家相見. 當其交會之時, 但坐守中黃, 勿忘勿助, 俟神明之自來. 直待水火二炁, 調變得中, 方覺溫然, 眞種自然生育矣."

상대가 된다. 앉아서 늘어뜨려 데우는 것은 솥 속에 항상 이용하는 불을 면면히 이어 끊어지지 않게 하고, 쓰는데 근심이 없게 하는 것이다. 대저 내단수련의 법은 가부좌로 정좌하고, 눈의 시선을 코끝에 두며, 코는 배꼽과 상대되게 하며, 적연히 움직임이 없이 조금 기울이면 심화가 기해로 내려와 따뜻해지는 것을 느끼게 된다."[985]라고 하였다.

[참동고]본에서는 "비장은 위완을 포함하여 3개의 층의 호리병모양으로써 상중하 3개의 배가 서로 가지런하다. 오장의 가운데 앉아 신경의 위로 혈이 싸고 있음으로써 따뜻해진다고 하였다. 난경에 이르기를 비장은 리부의 혈을 주관하고, 오장을 따뜻하게 한다고 하였다."[986]라고 하였다.

5 陰在上(음재상), 陽下奔(양하분) : [발휘]본에서는 "음이 위에 있고, 양이 아래에 있으니 수화기제이다."[987]라고 하였다.

[천유]본에서는 "리화는 본래 위에 있으나 리중의 참된 물은 항상 아래로 흘러내려 무로 돌아가려 한다. 감수는 본래 아래에 있는데 감속의 참된 불은 위로 달아나려 하니 스스로 중간의 참된 흙에 의지하여 조화된다."[988]고 하였다.

[주해]본에서는 "수화기제괘이고, 지천태괘이다."[989]라고 하였다.

[참동고]본에서는 "감괘 신장의 정을 이끌어 위로 올라가고, 리괘 심장의 기를 이끌어 아래로 내려온다."[990]라고 하였다.

6 首尾武(수미무), 中間文(중간문) : [발휘]본에서는 "머리와 꼬리는 그믐과 초하루이며, 중간은 보름달이다. 그믐과 초하루는 음이 극하고, 양이 생기는 시기이므로, 무화를 사용한다. 보름달의 시기는 양이 극하고, 음이 생하는 시

---

985 "齊三者鼎口, 鼎腹, 鼎心, 齊正相對也. 坐垂溫者鼎中常用之火綿綿不絶用之不動也. 夫內煉之法跏趺, 正坐, 目視, 鼻端, 鼻對臍腹, 寂然不動, 少頃心火降於氣海, 覺有溫溫然也."

986 "脾包胃脘如三層葫蘆而上中下三腹相齊也. 言坐五臟之中垂腎經之上以血裹而溫之也. 難經云脾主裹血溫五臟."

987 "陰上陽下, 水火旣濟也."

988 "離火本在上, 然離中眞水, 恒欲流下而歸戊. 坎水本在下, 然坎中眞火恆欲奔上而就己. 全賴中間眞土爲之調停."

989 "水火旣濟, 地天爲泰也."

990 "導坎腎之精而升之于上也, 導離心之氣而降之于下也."

기이므로 문화를 사용한다. 그러나 그믐과 초하루, 보름을 말하는 것은 비유일 뿐이다."[991]라고 하였다.

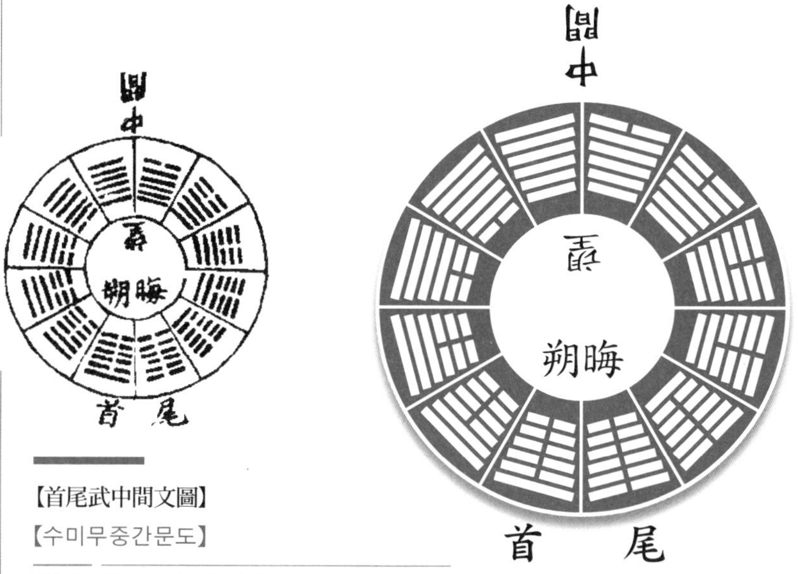

【首尾武中間文圖】
【수미무중간문도】

『道藏』「周易參同契發揮 卷一中」(文物出版社)20冊 257쪽

[천유]본에서는 "오직 중간의 묘와 유의 두 시기에는 마땅히 목욕을 해야하는 때로 오로지 문화를 사용하게 된다."[992]고 하였다.

[주해]본에서는 "양화는 자시가 머리가 되고, 사시는 꼬리가 되며, 음부는 오시가 머리가 되고, 해시는 꼬리가 된다. 머리와 꼬리는 모두 무화로 행하고, 중궁에 이르면 목욕하니 문화를 이용한다."[993]라고 하였다.

[참동고]본에서는 "진화할 때는 인에서 시작하고, 퇴화할 때는 술에서 마친다. 인과 술은 모두 무화를 쓰는 고로 머리와 꼬리는 무화라고 하였다. 인에서 술에 이르는 사이에는 문화, 무화로 2개인데 혹 뽑거나, 혹 더

991 "首尾, 晦朔也. 中間, 月望也. 晦朔乃陰極陽生之時, 故用武火. 月望乃陽極陰生之時, 故用文火. 然所謂晦朔月望, 亦譬喩耳."

992 "惟中間卯酉二時, 當沐浴之會, 獨用文火."

993 "陽火則子時爲首而巳爲尾, 陰符則午時爲首而亥爲尾. 首尾俱行武火至中宮沐浴則用文火也."

할 때 문화를 위주로 한다."[994]라고 하였다.

7 始七十(시칠십), 終三旬(종삼순), 二百六(이백육), 善調勻(선조균) : [발휘]본에서는 "삼순은 30일이고, 70, 30, 260을 더하면 360이 되어 1년의 주천수에 응한다. 수련이 100일간 충족되면 성태가 바야흐로 신령해진다. 성태가 신령해지고, 이후 260일 동안 잘 기운이 조절되면 따뜻한 기운이 끊어지지 않아 단의 공이 스스로 완성된다."[995]고 하였다.

[주해]본에서는 "시작과 끝까지 100일의 공이 있으면 성태가 이미 완성된다. 100을 제하면 남은 260일이고, 73순과 260일은 합하면 360일이 되어 1년에 응하는 수가 된다. 잘 골라 균등하게 하는 것은 화후의 문화와 무화이다. 금단의 고론을 보면 단을 수련하는 사람은 고요히 약실을 지키고, 오로지 용과 호랑이의 울음소리를 듣는데 마치 방아소리가 조금 굳세다가 오후가 되어 남쪽 문이 약간 통하면 화기가 갑자기 빠르게 닫혀버리니 또한 기가 많을 때 쉴까 두려운 것이다. 신단의 변화가 이와 같으니 절도가 잘 골라져 균등하다고 얘기된다."[996]고 하였다.

[참동고]본에서는 "동지로부터 일양이 처음 생긴 후에 경칩에 이르면 삼양이 열리고, 태괘의 전에 무릇 70일은 진화하지 않는다. 10월 30일에 태를 벗는 시기이니 역시 진화하지 않는다. 처음의 70일과 마지막의 3순을 합하면 100일이니 나머지는 260일이다. 혹 문화에 뽑고, 무화에 더하거나, 무화에 뽑고, 문화에 더하는 것은 반드시 잘 조절하여 화후에 균등하게 해야 한다."[997]라고 하였다.

8 陰火白(음화백), 黃芽鉛(황아연) : [발휘]본에서는 "유는 서방에 자리하고, 서방은 금

---

994 "進火自寅始, 退火至戌終, 而寅戌皆武火故曰首尾武也. 自寅至戌之間文武二火或抽或添而大抵文火爲主也."

995 "三旬, 卽三十也. 七十, 三十與二百六十合之則三百六十, 應一年周天數也. 修鍊而至於百日數足, 則聖胎方靈. 聖胎旣靈, 此後二百六十日善能調勻氣候, 常使暖氣不絶, 則丹功自成."

996 "始終百日之功, 聖胎已就也. 除百則日餘二百六十日, 七十三旬合二百六十日則爲三百六十日應一年之數也. 善調勻者謂火候文武也. 接金丹古論曰修丹者靜守藥室專聽龍虎吟嘯之聲. 若碓聲稍武午開午門微通, 火氣俄而速掩. 又恐歇氣多時, 神丹變化如是節度所謂善調勻也."

997 "自冬至一陽初生之後至驚蟄三陽開泰之前, 凡七十日不進火也. 十月三十日脫胎之時亦不進火也. 除始七十終三旬合百日則所與者二百六十日或文抽武添或武抽文添必善調勻於火候也."

에 속하는 고로 음화가 희다고 한 것이다. … 토 가운데 납이 나오고, 납 가운데 은이 나오는데 은은 저절로 납속에서 단련되어 나와, 황아를 맺는데 이름하여 참된 납이다."[998]라고 하였다.

[천유]본에서는 "리괘중의 참된 수은은 음화인데 건금의 외곽을 따라 변화되어 나오니 흰 속에 검은 색이 있는 상이다. … 감괘 속의 참된 납은 황아인데 곤토로부터 자궁을 따라 나오니 납속에서 금을 낳는 상이다."[999]라고 하였다.

[주해]본에서는 "옛 구결에 이르기를 약물은 양속에 음이 있고, 화후는 음속에 양이 있다고 하였다. 모여 음양을 얻으니 화와 약은 한곳에 있고, 화와 약은 하나이다. 채취하면 약이고, 단련하면 화이며, 이루면 단이 되니 기실 하나이다. 음화가 희다는 것은 수은의 화이고, 황아납이라는 것은 납의 화이다. 수은의 화가 납의 화를 만나면 황아의 약이 그중에서 생기는 것이다."[1000]라고 하였다.

[참동고]본에서는 "폐금과 비토이다. 혹 이르기를 납은 수에 속한다하는데 대개 감괘는 戊土이다."[1001]라고 하였다.

9 兩七聚(양칠취), 輔翼人(보익인) : [천유]본에서는 "리괘속의 흐르는 구슬은 음화라 부르고, 감괘속의 누런 싹은 양화라 부른다. 두 개의 불이 모여 신실에서 진인을 키우면 마치 날개들이 보필하는 것과 같게 된다."[1002]고 하였다.

[주해]본에서는 "7은 화의 성수이고, 두 개의 7은 납과 수은의 두 화이다. 대개 화라는 것은 음속에 양기를 가지니 사람 몸이 음기라면 오직 이 화기만이 양이 된다. 이로써 단련하여 이미 약을 얻으면 단을 이루게 되고, 약을 얻지 못하면 건강하게 된다. 하원을 따뜻하게 하여 형체를 굳건

---

998 "西居西方, 西方屬金, 故曰陰火白. … 土中産鉛, 鉛中産銀, 銀自鉛中鍊出, 結成黃芽, 名爲眞鉛."

999 "離中眞汞, 是爲陰火, 卻從乾金匡廓中化出, 白中有黑之象也. … 坎中眞鉛, 是爲黃芽卻從坤土胞胎中迸出, 鉛中産金之象也."

1000 "古訣云藥物陽內陰火候陰內陽會得陰陽旨火藥一處, 詳火藥一也. 采則爲藥, 煉則爲火, 成則爲丹, 其實一也. 陰火白汞火也. 黃芽鉛鉛火也. 汞火遇鉛火則黃芽之藥生於其中."

1001 "肺金, 脾土也. 或曰鉛屬水蓋坎戊之土也."

1002 "離中流珠, 旣稱陰火, 坎中黃芽, 便稱陽火, 兩火會聚, 含育神室中眞人, 若輔弼羽翼."

하게 하는 도이니 수많은 의료 처방이 이것만 같지 못하다."[1003]라고 하였다.

[참동고]본에서는 "금의 9와 토의 5가 합하면 2×7이 되어 14가 된다. 사람은 중단전의 진인이니 금과 토 두 기운이 심장을 보필하는데 위아래로 지켜 화개가 되고, 솥이 된다."[1004]라고 하였다.

10 贍理腦(섬리뇌), 定升玄(정승현) : [발휘]본에서는 "뇌는 상단전으로 원신이 사는 곳이다. 사람이 능히 원신을 장악하여, 본궁을 지키면 진기가 스스로 오르고, 참된 호흡이 스스로 안정되어 한 개의 구멍이 열리면 백 개의 구멍이 일제히 열리고, 큰 관문을 통하면 백 개의 관문 모두를 통하는 것과 같다."[1005]고 하였다.

[천유]본에서는 "대약이 처음 생기면 곤의 화로에서 나타난다. 시간이 이르러 기틀이 움직이면 모름지기 건의 솥으로 상승하는데 건의 솥은 하늘 골짜기의 뇌라는 집에 있고, 백맥이 모두 모이는 구멍이다. 단경에 소위 말하는 늙지 않으려면 정을 돌려 뇌를 보해야 한다는 말이 그것이다. 약이 생기는 시기에는 모름지기 참된 뜻을 이용하여 채취해야 한다. 왔다갔다하는 것을 위로 보아 보내면 신이 그것을 곧바로 하늘의 골짜기로 보낸다."[1006]고 하였다.

[주해]본에서는 "뇌는 두뇌이니 니환궁을 가리킨다. 하거는 기액을 아래의 미려로부터 위로 니환에 운반하니 도는 것이 끝이 없다."[1007]라고 하였다.

[참동고]본에서는 "'贍(섬)'은 충족된다는 뜻이고, '理(리)'는 닦아 다스리는 것

1003 "七火之成數, 陽七鉛汞二火也. 夫火者陰中陽氣也. 一身都是陰氣而唯此火氣爲陽也. 以此煉之則已得藥者成丹, 未得藥者壯, 暖下元爲固形之道. 千萬醫方莫能尙此."

1004 "金九土五合二七爲十四也. 人者中丹田之眞人也. 言金土二氣轉翼于心而上下挾持爲蓋爲鼎也."

1005 "腦爲上田, 乃元神所居之宮. 人能握元神, 栖于本宮, 則眞氣自昇, 眞息自定, 所謂一竅開而百竅齊開, 大關通而百關盡通也."

1006 "大藥初生, 産在坤爐, 及其時至機動. 卻須上升乾鼎, 乾鼎在天谷腦戶中. 爲百脈總會之竅. 丹經所謂, 若要不老還精補腦是也. 藥生之時, 須用眞意以採之. 徘徊上視送之以神令其直升天谷."

1007 "腦頭腦也. 至泥丸宮也. 下車搬運氣液下自尾閭上至泥丸周匝無窮."

이며, '腦(뇌)'는 니환궁이다. 중단전을 보필하여, 충족되고 여유가 생기면 위로 밀어 니환궁에 올리니 소위 기액을 아래의 미려에서부터 위로 니환까지 운반하여 도는 것이 끝이 없다. '玄(현)'은 물의 색이고, 니환을 돌아 고정하는 것은 물의 검은 것이 올라간다는 것이다."[1008]라고 하였다.

11 子處中(자처중), 得安存(득안존) : [발휘]본에서는 "영아가 태중에 자리하니 곤모의 양육을 받아 편안히 있다"[1009]고 하였다.

[천유]본에서는 "참된 씨앗이 하늘의 골짜기에 올라 돌아서 황정으로 내려오면 몸은 갖췄으나 미약한 상태라 갓난아기와 같다. 황정의 가운데에 편안히 자리하면 스스로 유유히 존재하니 한번 얻으면 영원히 얻게 된다."[1010]고 하였다.

[주해]본에서는 "영아가 이미 그 속에서 출현하게 된다."[1011]라고 하였다.

[참동고]본에서는 "물이 비록 위로 상승하나 그 본체는 정실의 속에 거하니 스스로 안전을 공고히 하여 존재하는 것이다."[1012]라고 하였다.

12 來去遊(래거유), 不出門(불출문) : [발휘]본에서는 "문은 현빈의 문이고, 오고 가며 노니는 것은 호흡이 왕래하는 것이다."[1013]라고 하였다.

[주해]본에서는 "탈태하기 전에 떠다니며 색신을 나오지 못한 것은 몸의 껍데기 속에 이른바 진인이 있다."[1014]라고 하였다.

[참동고]본에서는 "심장은 본래 날아다니니 비록 부득불 오고 가더라도 적색의 문을 나오지는 않는다."[1015]라고 하였다.

13 漸成大(점성대), 情性純(정성순) : [참동고]본에서는 "기장쌀만한 것이 점점 커져서

1008 "贍足也. 理修治也. 腦泥丸宮也. 輔翼中丹田而贍足有餘又推而上之以及泥丸所謂搬運氣液下自尾閭上至泥丸周匝無窮是也. 玄水色也. 言周泥丸者定是水玄之昇也."

1009 "嬰兒處於胎中, 得坤母慇懃育養, 則得以安存矣."

1010 "眞種既升天谷, 旋降黃庭. 具體而微狀若赤子, 安處黃庭之中, 優游自在一得永得."

1011 "嬰兒已現相於其中."

1012 "水雖昇上其本體則處精室之中固自安存也."

1013 "門者, 玄牝之門也. 來去遊者, 呼吸之往來也."

1014 "未脫胎前游處不出色身軀殼內所謂眞人."

1015 "心本飛揚雖不得不去來而亦不出赤色之門也."

진인의 정성 그대로 순수해진다."[1016]라고 하였다.

14 却歸一(각귀일), 還本原(환본원) : [발휘]본에서는 "대단의 도는 원기를 품고, 하나를 지키는 것뿐이다. 시작할 때에는 음양오행에 있지만 마칠 때에는 혼돈의 무극에 있다."[1017]고 하였다.

[천유]본에서는 "이 '一'이라는 것은 가히 삼교를 관통한다. 태상노군은 그 하나를 얻으면 만사를 다한다고 하였고, 황정경에서는 오행이 서로 밀어 하나로 돌아간다고 하였으며, 공자에 이르러서는 하나로써 꿴다고 하였고, 석가모니 부처님은 만 가지 법이 하나로 돌아간다고 하였다."[1018]고 하였다.

[주해]본에서는 "근원인 하나로 돌아간다는 것은 화후가 한번 순환한 후를 말한다."[1019]라고 하였다.

[참동고]본에서는 "하나는 '眞一(진일)'이다."[1020]라고 하였다.

15 善愛敬(선애경), 如君臣(여군신) : [천유]본에서는 "선천의 조기는 임금이 되고, 후천의 정기는 신하가 된다. 솥 안에서 선천의 일기를 얻으면 후천의 정기에 힘입어서 젖 먹여 키우고, 감싸 보호하게 된다."[1021]고 하였다.

[참동고]본에서는 "허노제가 이르기를 나에게 소학이라는 책은 믿기로는 신명과 같고, 사랑하기로는 부모와 같다 하였으니 역시 이러한 뜻이다."[1022]라고 하였다.

16 密防護(밀방호), 莫迷昏(막미혼) : [발휘]본에서는 "대개 도가 1촌 높아지면 마귀는 1척 높아진다. 백 시간 동안이라도 혼미해지면 안 되니 수련하는 선비는 항상 깨어있어야 한다."[1023]고 하였다.

1016 "黍米漸大則眞人之情性自純也."

1017 "大丹之道, 抱元守一而已. 其始入也, 在乎陰陽五行. 其終到也, 在乎混沌無極."

1018 "此一字可以貫通三教. 太上云得其一, 萬事畢. 黃庭經云五行相推返歸一. 以至孔子所謂一以貫之. 釋迦所謂萬法歸一."

1019 "歸一還原在火候一周後也."

1020 "一眞一也."

1021 "先天祖炁爲君. 後天精炁爲臣. 鼎中旣得先天一炁, 卻藉後天精炁, 乳哺而環衛之."

1022 "許魯齊謂吾於小學書, 信之如神明, 愛之如父母, 亦此意也."

1023 "蓋道高一寸, 魔高一尺, 百刻之中, 切忌昏迷, 在修鍊之士常惺惺耳."

[주해]본에서는 "이는 단이 이뤄진 후에 하나를 품고, 그믐에도 길러 가볍게 출신하지 않는다."[1024]라고 하였다.

17 若達此(약달차), 會乾坤(회건곤), 刀圭沾(도규첨), 靜魄魂(정백혼) : [발휘]본에서는 "도규는 단두이고, 혼백은 용호이다. 운행하여 곤륜의 봉우리에 들어가면 변화하여 옥같은 이슬이 입속으로 들어온다. 바람이 고요해지고, 호랑이와 용이 조복된다."[1025]고 하였다.

[주해]본에서는 "세상 사람들이 만약 이 이치를 통달하면 이는 곤의 화로를 안정시키고, 건의 솥을 세우며, 화후를 행하고, 도규를 이루면서, 혼령과 백성을 단련하여 질이 변화하여 신이 된다."[1026]라고 하였다.

[참동고]본에서는 "하늘과 사람의 이치가 하나이다."[1027]라고 하였다.

18 樂道者(락도자), 尋其根(심기근), 審五行(심오행), 定銖分(정수분) : [발휘]본에서는 "오행이 순행하면 사람이 태어나고, 역행하면 단으로 쓰인다. 법도를 살피지 않을 수 없다. 화의 수가 성하면 마르고, 수의 수량이 많으면 넘친다. 무게를 정하지 않을 수 없다."[1028]고 하였다.

[주해]본에서는 "근원은 멀리서 시작한 바가 없다. 으뜸가는 기운은 법상이 도리어 후천의 오행속에 있다."[1029]라고 하였다.

19 御白鶴兮(어백학혜), 駕龍鱗(가룡린), 遊太虛兮(유태허혜), 謁仙君(알선군), 錄天圖兮(녹천도혜), 號真人(호진인) : [발휘]본에서는 "성태가 이뤄진 후에 모름지기 신이 껍질을 벗고 나가게 된다. 혹 흰 학을 타고, 혹 화룡을 탄다고 하는데 삼계의 어려움을 벗어나 상원을 거쳐 하늘에서 시작하게 된다. … 그러나 무릇 형상이 있는 것은 모두 허망하니 어디에 흰 학이 있고, 용의 비늘이 있겠는가."[1030]라고 하

1024 "此言丹成後抱一晦養勿輕出神."

1025 "刀圭, 丹頭也. 魂魄, 龍虎也. 運入崑崙峰頂, 而化爲玉漿流入口, 則風恬浪靜, 虎伏龍降也."

1026 "世人若達理, 此者安坤爐, 立乾鼎, 行火候, 成刀圭, 魂靈魄聖, 煉質化神."

1027 "天地人身其理一也."

1028 "五行順則生人, 逆爲丹用, 法度不可不審也. 火數盛則燥, 水銖多則濫, 斤兩不可不定也."

1029 "根源遠自無始祖氣來法象還在后天五行中."

1030 "胎圓功成之後, 須當調神出殼. 或跨白鶴, 或乘火龍. 超度三界難, 徑上元始天. … 雖然, 凡所有相皆是虛妄, 何白鶴, 龍鱗之有哉."

였다.

[천유]본에서는 "금강경에 이르기를 무릇 모든 형상있는 것은 허망하니 만약 이러한 상이 상이 아님을 본다면 곧 여래를 보는 것이라 하였다. 불교에서 말하는 여래는 곧 도교의 진인이다."[1031]라고 하였다.

[주해]본에서는 "만물이 모두 나에게 갖춰져 있으니 도가 이뤄지면 모름지기 뜻이 행위로 받아들여지니 … 밝은 낮에 구름을 날고, 수레를 그니 대장부라면 능히 마칠 일이다."[1032]라고 하였다.

[참동고]본에서는 "대단이 이미 이뤄지면 자연히 몸이 가벼워져 학을 이끌고, 용을 타는 것과 같다. 혹 이르기를 흰 학은 폐이고, 용의 비늘은 간이라 한다. 마치 백일승천의 비유이니 역시 통한다. 태허는 도가 있는 곳이고, 선군은 도의 주인이다."[1033]라고 하였다.

고찰 - 《주역참동계고이》에서는 뒤에 이어지는 찬서讚序부분이 본문과는 많이 달라 다른 사람이 썼을 가능성을 제기하면서 정기가鼎器歌부분이 팽효가 말한 서종사의 전주箋註일지 모른다고 하였다.

- [참동고]에서는 "腹齊三(복제삼), 坐垂溫(좌수온)"까지를 정기가의 1절로 보아 정기의 형상이라 하였다.
- "子處中(자처중), 得安存(득안존)"까지를 정기가의 2절로 보아 화후의 모음이라 하였다.
- "錄天圖兮(녹천도혜), 號真人(호진인)"까지를 정기가의 3절로 보아 공효의 지극함이라 하였다.

1031 "金剛經云凡所有相皆是虛妄, 若見諸相非相卽見如來, 釋敎所謂如來, 卽吾道所謂眞人也."

1032 "萬物皆備於我, 道成者須意受用行. … 白日飛雲軿大丈夫能事畢矣."

1033 "大丹旣成自然輕擧有御鶴駕龍之事也. 或曰白鶴肺也龍鱗肝也. 猶白日昇天之託喩也. 亦通. 太虛道之所也. 仙君道之主也."

讚序

원문 參同契者, 辭隱而道大, 言微而旨深。
列五帝以建業, 配三皇而立政。若君臣差殊, 上下無準,
序以爲政, 不至太平。服食奇法, 未能長生。學以養性,
又不延年。至於剖析陰陽, 合其銖兩, 日月弦望,
八卦成象, 男女施化, 剛柔動靜, 米鹽分判, 以經爲證,
用意健矣。故爲立法以傳後賢. 推曉大象必得長生.
爲吾道者重加意焉。

국역 참동계는 글이 은밀하나 큰 도리가 있고, 말은 미미하지만 뜻은 깊다. 다섯 제왕이 쌓은 업을 늘어뜨리고, 세 황제가 세운 정사를 짝하였다. 만약 임금과 신하가 잘못하여 상하에 규율이 없다면 질서에 따른 정사가 태평에 이르지 못하게 된다. 복식하는 기이한 법으로는 장생에 이를 수 없다. 배움으로써 본성을 기르는 것 또한 수명을 연장시킬 수 없는 것이다. 음양을 분석하고, 그 수량을 잘 부합시키며, 일월과 보름, 반달, 팔괘의 형상, 남녀의 베품과 강하고 부드러움, 움직임과 멈춤등이 쌀과 소금을 나누듯이 분명해야 한다. 이는 경전으로써 증거를 삼을 수 있는데 뜻을 이용함에 튼튼하다. 그러므로 법을 세우고, 후대의 어진사람에게 전한다. 그 대강의 상을 파악한다면 반드시 장생을 얻을 수 있을 것이다. 나의 도를 행함에 다시한번 뜻을 새긴다.

교감 1 辭隱而道大 : [발휘]본에서는 "辭陋而道大", [참동고]본에서는 "辭寡而道大"라 하였다.

2 服食奇法 : [발휘]본과 [참동고]본에서는 "服食其法"이라 하였다.

3 以經爲證 : [발휘]본에서는 "以易爲證", [참동고]본에서는 "以經爲澄"이라 하였다.

4 故爲立法以傳後賢 : [발휘]본에서는 "故爲立注, 以傳後賢"이라 하

였다.

5 [발휘]본에서는 '<ruby>必得長生<rt>필 득 장 생</rt></ruby>'뒤에 '<ruby>强己益身<rt>강 기 익 신</rt></ruby>'이라는 문구가 있는데 [참동고]본에서는 '<ruby>强已益身<rt>강 이 익 신</rt></ruby>'이라 하였다.

6 <ruby>爲吾道者重加意焉<rt>위 오 도 자 중 가 의 언</rt></ruby> : [발휘]본, [참동고]본에서는 "<ruby>爲此道者, 重加意焉<rt>위 차 도 자 중 가 의 언</rt></ruby>"라 하였다.

[구문해설] **1** <ruby>參同契者, 辭隱而道大, 言微而旨深<rt>참 동 계 자 사 은 이 도 대 언 미 이 지 심</rt></ruby> : 표현은 은밀하고, 미미하지만 도리와 가르침은 크고, 깊다는 것이다.

2 <ruby>列五帝以建業, 配三皇而立政<rt>열 오 제 이 건 업 배 삼 황 이 립 정</rt></ruby> : 삼황은 복희씨伏羲氏·신농씨神農氏·여와씨女媧氏를 말하며, 오제는 황제헌원黃帝軒轅·전욱고양顓頊高陽·제곡고신帝嚳高辛·제요방훈帝堯放勳:陶唐氏·제순중화帝舜重華:有虞氏이다.

3 <ruby>若君臣差殊, 上下無準, 序以爲政, 不至太平<rt>약 군 신 차 수 상 하 무 준 서 이 위 정 부 지 태 평</rt></ruby> : '<ruby>差殊<rt>차 수</rt></ruby>'는 다르다, 잘못되었다는 뜻이다.

4 <ruby>服食奇法, 未能長生。學以養性, 又不延年<rt>복 식 기 법 미 능 장 생 학 이 양 성 우 불 연 년</rt></ruby> : 여기서는 기이한 방법인 '<ruby>服食<rt>복 식</rt></ruby>'과 배움으로써 행하는 '<ruby>養性<rt>양 성</rt></ruby>'으로는 수명연장을 이룰 수 없다고 하였다. 복식은 외단복식을 뜻하는 것으로 보인다.

5 <ruby>至於剖析陰陽, 合其銖兩, 日月弦望, 八卦成象, 男女施化,<rt>지 어 부 석 음 양 합 기 수 양 일 월 현 망 팔 괘 성 상 남 녀 시 화</rt></ruby> <ruby>剛柔動靜, 米鹽分判, 以經爲證, 用意健矣<rt>강 유 동 정 미 염 분 판 이 경 위 증 용 의 건 의</rt></ruby> : 음양을 분석하고, 수량을 부합시키는 것이 중요하다고 하였다. 음양에는 해와 달, 반달과 보름달, 팔괘, 남녀, 강유, 동정등이 속하며, '<ruby>米鹽<rt>미 염</rt></ruby>'은 쌀과 소금을 명확히 구분할 정도로 분명히 해야함을 의미한다.

[각가주] **1** [발휘]본에서는 "위백양이 지은 참동계는 서종사의 전주가 있고, 간략화하거나 착간되어 사언, 오언, 산문이 같지 않다. 깨달은 바와 그 설들을 종합해본 결과 상편에 건, 곤, 감, 리, 둔, 몽이 나오고, 중편에 다시 건, 곤, 감, 리, 둔, 몽이 나오는 것과 상편에 7, 8, 9, 6이 나오고, 중편에 다시 7, 8, 9, 6이 나오는 것, 상편에서는 일진이 기일과 도수가 된다고

하고, 중편에서 삼가 일진을 살핀다고 한 것, 상편에서는 진괘가 경의 서방을 이어받는다고 한 것과 중편에서 묘필의 위에 진괘가 나타나 징조가 된다고 한 것, 그 사이에서 무기와 혼돈을 더불어 3이라고 한 것과 3, 5와 회삭을 더불어 4라고 한 것등이 문장의 뜻이 중복된 것들이다. 3명이 각각의 편을 저술하니 그러지 않을 수 없었을 것이다."[1034]라고 하여 공저설에 입각한 의문을 제기하고 있다.

[참동고]본에서는 "오른쪽의 찬서 125자를 정본과 고찰해보면 주서와 비슷하다. 뒷사람이 지은 금주는 없어지고, 서문만 남은 것이다. 석함본에 또다시 서경휴 진인의 전주서가 있는데 편의 머리에 매어 지금 여기에 붙여 두니, 훗날의 군자가 가리기를 기다린다."[1035]라고 하였다.

고찰 이 讚序(찬서)는 팽효의 《주역참동계분장통진의》, 주희의 《주역참동계고이》, 유염의 《주역참동계발휘》, 동덕녕董德寧의 《주역참동계정의》에 보인다.

1034 "魏伯陽作參同契, 徐從事箋注, 簡篇錯亂, 故有四言, 五言, 散文之不同. 旣而驚悟, 尋省其說, 蓋上篇有乾, 坤, 坎, 離, 屯, 蒙, 中篇復有 乾, 坤, 坎, 離, 屯, 蒙. 上篇有七, 八, 九, 六, 中篇復有七, 八, 九, 六. 上篇曰日辰爲期度, 中篇則曰謹候日辰. 上篇曰震受庚西方, 中篇則曰昴畢之上, 震出爲徵. 其間言戊己與混沌者三, 言三五與晦朔者四, 文義重復如此. 竊意三人各述一篇之說, 未必不然."

1035 "右讚序一百二十五字, 考亭本以爲此, 似註序後人所作今註亡而序存耳. 石函本又以爲徐景休眞人箋註序而系之於篇首, 今姑附此以竢後之君子擇焉."

○● 맺음말

이 책에서는 한의학을 이루는 주요 분야중 하나인 도가사상과 연관하여 《주역참동계》의 본문을 분석하고, 바탕이 되는 여러 주제를 전반적으로 살펴보았으며, 더 나아가 내외단학설의 동서양적 비교를 해보았다.

《주역참동계》는 주역과 황노사상, 노화爐火사상이 결합된 서적으로 저자에 관해서는 다소 논란이 있지만 동한 환제 때의 위백양魏伯陽이 지었거나, 서종사徐從事나 순우숙통淳于叔通의 글에 더해져 이뤄진 책이라는 것이 일반적인 견해이다. 괘기설과 건곤감리의 4괘를 정로鼎爐와 약물로 보는 관점, 달의 모양변화에 경방의 납갑설을 더해 화후를 설명하는 월체납갑설, 12소식괘로 진양화進陽火와 퇴음부退陰符의 화후를 설명하고, 건곤감리를 뺀 60괘로 1달 30일의 화후를 설명하는 방식들이 주역을 이용한 내용들이다. 주역은 유가儒家의 경전이고, 《주역참동계》에서 사상적 연원으로 밝힌 성인들 또한 복희, 문왕, 공자인 만큼 유가 사상이 중요한 축이 됨을 알 수 있다.

《황제내경》의 양생법 중에 중요한 원칙이 염담허무恬憺虛無인 점을 보면 한의학의 근본에 자리한 도가적인 관점이 《주역참동계》에도 마찬가지로 흐르고 있다. '安靜虛無(안정허무)', '抱一(포일)', '長存(장존)'등이 그러한 것이며, 《노자도덕경》에서 직접적으로 인용되는 다수의 구절들이 이를 반증한다. 《주역참동계》가 가지는 의학적 가치는 《동의보감》이라는 걸출한 의서의 도가적 바탕에서 우선 드러나며, 내단수련의 인체생리이론과 외단의 의약학적인 면에서 더욱 확연해진다. 특히 '丹'이라는 말이 나온 이유가 황화수은인 단사丹砂에서 유래되었다는 점, 《신농본초경》등에 등재된 광물성 약재들이 질병의 예방과 치료에 다수 이용되었다는 점등이 《주역참동계》의 의학적 가치를 말해준다. 주역의 괘상과 더불어 사용된 상징체계에는 오행이 있는데 水기원설, 상생상극설, 토가 만물을 키운다는 설, 水 이전에 金이라는 순수한 양체가 있어서 이를 회복하는 것이 내단수련의 핵심이라는 설등이 바로 오행학설로 설명된 부분이다. 여기에 해와 달, 용과 호랑이, 북극성과 28수등은 천지인 삼재三才의 원래에 입각하여 하늘과 땅이 공통적으로 같은 원리로 운행된다는 것을 말해준다.

한국의 참동계학에 있어서 그동안 가장 주목받았던 인물은 《참동계주해》의 권극중이었지만 최근 서명응의 《참동고》가 발견되면서 본격적으로 연구되고 있다. 실제 서명응은 선천학, 역학, 내단학을 집중탐구하고, 이를 의학적 관점에서 장부학적으로 분석한 부분이 있어 한의학계에도 시사하는 바가 크다고 할 수 있다. 원문의 정확도와 주석의 세밀함, 고증의 정확함등에 있어 권극중의 《참동계주해》보다 앞서 있다는게 필자의 생각이다. 하지만 권극중의 《참동계주해》는 오히려 수련의 큰 그림과 실질적 화후과정을 보여주는데 높은 가치가 있다고 본다. 중요한 것은 두 주석서가 한국의 참동계학을 대표하는 저작이라는 점이다. 이외에도 김시습과 정렴의 저작과 선도수련체계를 살펴 보았을때 《주역참동계》로부터 받은 영향이 어느 정도 있었음을 확인하였다.

필자가 이 책에서 강조하려했던 부분은 연금술로 이해되는 노화爐火학설이다. 동서양 문화를 발전적으로 융합하는 것이 현 세기의 주요한 사명이라고 했을 때 연금술이 동서양문화의 교집합으로서 가지는 의미는 적지 않다고 본다. 한의학의 근원적 주제가 음양의 대립과 분화, 음양의 합일을 통한 건강의 회복이라면 서양 연금술의 수많은 상징들 또한 이러한 음양의 합일을 추구하고 있다는 점은 놀라울 따름이다. 근세기로 접어들면서 전개되는 양상 또한 유사한데 동양의 연금술이 외단에서 내단으로 흘러가듯이 서양의 연금술도 분석심리학이나 종교학적으로 연구되고 있는 점이 그렇다. 《주역참동계》가 외단서이냐 내단서이냐는 논쟁을 감안해 보았을 때 외단을 차용한 내단서적이라는 주장이 가장 설득력있다. 27. 〈是非歷臟法章(시비력장법장)〉에서 각종 삿된 도를 언급한 것이나 89. 〈務在順理章(무재순리장)〉에서 황노사상의 무위자연을 강조한 부분들이 그러한 주장에 근거가 될 수 있다. 하지만, 단순히 내단수련의 원리를 설명하기 위하여 외단의 개념을 빌려왔다는 것은 내용자체가 왜곡될 수 있는 문제가 다분하여 과연 그 많은 연단서적과 연금서적들이 그런 무모한 선택을 반복할 수 있을까 하는 의문이 생긴다. 《주역참동계》의 본문상에도 연금술은 근거할 만한 가치가 있는 것이라고 언급하였고, 서양 연금술측면에서 연금술의 진정한 목적이 물질의 변용을 관찰하면서 정신의 변용을 동시에 추구하는 것이라는 점을 보면 외단과 내단이 상호보완적인 관계를 가진다고도 볼 수 있다. 진정한 체험을 위해서는 물질의 변화를 함께 추구했어야한다는 것이다. 이러한 논란들을 뒤로 하더라도 단사와 수은의 화학적 변화, 납의 화학적 변화는 물질의 환원성과 영원성을 부각시켜 사람들로 하여금 물질을 통한 불로장생을 추구하기 만들기에 충분했다. 당대 이후 외단의 부작용으로 많은 인명피해를 낸 이후에는 점점 내단의 관점이 주된 흐름이 되게 된다.

내단학설은 한의학의 생리학을 이해하고, 발전시키는데 중요한 동기를 제공한다. 이미 경락학설과 단전이론등이 내단학설과 떼어놓고 생각할 수 없는 분야이며, 내단수련을 통해 얻어지는 여러 가지 생리적, 심리적 변화 또한 한의학내에서 고민해야할 영역이다. 내단수련의 과정은 보통 연정화기, 연기화신, 연신환허, 허공합도로 나뉘며, 크게 보면 후천의 몸을 되돌려 선천의 순수한 양체로 돌아가는 것이다. 여기에는 호흡과 의념이 더해지는 주천화후가 각 단계에 맞게 적용되어야 한다. 이러한 내단수련의 과정은 서양연금술의 과정과 유비시켜 이해할 수 있다. 우리 몸의 음사陰邪를 응신적조하여 태워나가는 과정이 외부로 투사되는 자신의 그림자를 되돌려 받아들이는 과정과 같다는 점, 무의식을 의식화하여 전인격적인 자기를 실현하는 것이 후천의 몸을 선천의 건체乾體로 회복시켜 진인眞人으로 거듭나는 것이 서로 유사하다.

《주역참동계》에는 다양한 주석서가 등장하였는데 전통적으로 많이 인용된 것은 후촉 팽효의 《주역참동계분장통진의》본이다. 이 책에서도 《중화도장》에 실려 있는 팽효본을 저본으로 하여 주석과 내용풀이를 하였다. 주로 참고한 주석서는 《주역참동계통진의》, 《주역참동계발휘》, 《참동계천유》, 《참동계주해》, 《참동고》로 세밀한 분석은 [발휘]본과 [참동고]본이 뛰어났으며, 수련의 대의를 드러내는데 있어서는 [천유]본과 [주해]본이 탁월하였다. 《주역참동계》에 인용된 내용들을 살펴보면 《주역》과 《도덕경》이 주를 이루는데 이는 《주역참동계》가 주역과 황노사상을 배경으로 한다는 것을 증명한다. 황노사상에서는 인간완성의 경지를 진인眞人이라 한다. 진인은 성명쌍수性命雙修를 통해 육체와 정신의 완성을 이룬 자로 《황제내경》 〈상고천진론편上古天眞論篇〉에서는 진인眞人, 지인至人, 성인聖人, 현인賢人중에 가장 오래살고 생명력이 강한 것이 진인이며, 천지와 더불어 하나가 된 사람이라 하였다. 따라서, 내단수련과 외단의약학, 연금술의 정신적 변용, 무위자연無爲自然과 염담허무恬憺虛無의 실천이 진정한 양생의 길이라 할 수 있다.

○ 참고문헌 ●

1. 최형주해역, 《주역참동계(周易參同契)』, 자유문고, 2001.

2. 박지현, 「《周易參同契考異》소고」, 장서각 제6집.

3. 김윤수, 「서명응의 《參同攷》와 《易參同契詳釋》」, 『한국도교와 도교사상』.

4. 이윤희역해, 『역해 참동계천유』, 여강출판사, 2000.

5. 서명응 지음, 이봉호 역주, 『참동고』, 예문서원, 2009.

6. 유국량주석, 『신역(新譯)주역참동계』, 삼민서국, 대만, 2001.

7. 위백양저, 주운양진인주석, 『참동계천유』, 자유출판사인행.

8. 《周易參同契分章通眞義》, 《周易參同契發揮》, 《周易參同契考異》/ 張繼禹(장계우)편저, 《中華道藏》, 華夏(화하)출판사, 2004.

9. 반계명, 『주역참동계해독』, 광명일보출판사, 중국, 2004.

10. 허준지음, 동의문헌연구실 옮김, 진주표주석, 『신대역동의보감』, 법인문화사, 2007.

11. 송점식찬, 『의학집요』, 대경출판사, 1992.

12. 주일모저, 김남일, 인창식 공역, 『고대중국의학의 재발견』, 법인문화사, 2000.

13. 유일명 지음, 임채우 옮김, 《주역천진(周易闡眞)》, 청계, 2006.

14. 정재서, 『한국 도교의 기원과 역사』, 이화여자대학교 출판부, 2006.

15. 이석명옮김, 『노자도덕경 하상공장구』, 소명출판, 2005.

16. 김성환, 「黃老道 연구: 사상의 기원과 사조의 계보」, 『도교문화연구』 27집, 2007.

17. 김낙필, 「권극중의 내단사상」, 서울대학교 박사학위 논문, 1990.

18. 성호준, 「《동의보감. 내경편》의 도교사상 고찰」, 2000.

19. 미르치아 엘리아데, 이은봉옮김, 『종교형태론』, 한길사, 2007.

20. 김남국, 「조선조 내단수련사상의 전개양상에 대한 연구」, 서울대학교 석사논문, 1995.

21. 양은용, 「신출《단학지남》과 북창정렴의 양생사상」, 《도교의 한국적 수용과 전이》, 아세아문화사, 1994.

22. 김낙필, 「북창 정렴의 내단사상」, 『도교문화연구』 제19집, 2003.

23. 이진수, 《한국양생사상연구》, 한양대학교 출판부, 1999.

24. 김윤수, 「청한자 김시습의 龍虎或問의 分章校勘」, 이종은선생고희기념, 《한국도교문화연구론총》, 아세아문화사, 2000.

25. 성호준, 「《동의보감. 내경편》의 도교사상 고찰」, 『대전한의학원전학회지』, 제13권

제1호, 2000.

26. 촌상가실(村上嘉實), 『도교와 과학, 1. 단학과 연금술』, 비봉출판사, 1990.

27. 《호부침(胡孚琛), 여석침(呂錫琛), 道學通論》, 북경, 사회과학문헌출판사, 2004.

28. 안드레아 아로마티코, 『연금술 현자의 돌』, 시공사, 2004.

29. 왕명 찬, 《포박자내편교석》, 중화서국, 2002.

30. 근중진징(近重眞澄), 《동양연금술》, 內田老鶴圃刊行, 1929.

31. 이원국 지음, 김낙필, 이석명, 김용수, 나우권 옮김, 『내단 심신수련의 역사 1』, 성균관대학교 출판부, 2006.

32. 허천우, 『금단의길』, 여강출판사, 2004.

33. 남회근 선생지음, 신원봉 번역, 『정좌수도강의』, 씨앗을 뿌리는 사람, 2003.

34. 자허, 『숨 명상 깨달음』, 하늘못, 2005.

35. 장지상편저, 박태충, 채주일 번역, 『중국원극공법』, 과학출판사, 1994.

36. 왕리핑지음, 『영보필법』, 금선학회편역, 여강, 2005.

37. 김형철, 『양생의 길 의생의 꿈』, 하남출판사, 2008.

38. 조피진(趙避塵), 《성명법결명지(性命法訣明指)》, 瑞成書局, 2006.

39. 이유경, 『서양 연금술의 심리학적 이해』, 심성연구(1966), 제11권.

40. 이유경, 「서양 중세 연금술에서의 안트로포스Anthrophos」, 『심성연구』(1998) 제13권.

41. 이재실, 「연금술의 nigredo단계에 대한 소고」, 『문화연구』 제7집, 1995.

42. 이용주, 「죽음과 재생-연금술에서의 죽음에 관한 심층심리학적 이해-」『종교학연구』 제17집, 1998.

43. 이유경, 「중국연금술의 분석심리학적 이해」, 『심성연구』(2000), 제15권.

44. 김호연, 「뉴턴과 연금술」, 『강원사학』 제19, 20합집, 2004.

45. 여동빈저, 이윤희, 고성훈역, 《태을금화종지》, 여강출판사, 2002.

46. 임명진, 「다산역학의 의학적응용에 대한 연구」, 대전대 한의학석사논문, 2005.

47. 조선 이순지, 김수길, 윤상철 공역, 《천문류초》, 대유학당, 1999.

48. 안상현지음, 《우리별자리》, 현암사, 2000.

49. 왕필지음, 임채우 옮김, 《개정판 주역왕필주》, 도서출판 길, 2000.

50. 진국부저, 《중국외단황백법고(中國外丹黃白法考)》, 상해고적출판사, 1997.

51. 요명춘(廖名春), 강학위(康學偉), 양위현(梁韋弦)지음, 심경호 옮김, 『주역철학사』, 도서출판 예문서원, 1998.

52. 윤태현저, 『주역과 오행연구』, 식물추장, 2002.

53. 서대원, 「참동계와 태극도」, 『동양철학연구』 제47집, 2006.

54. 김윤수, 「주역참동계연설(동단보감)과 농려 강헌규」, 『한국도교사상의 이해』, 한국도교사상연구회, 1990.

55. 양은용, 「주역참동계연설과 조선도교」, 『도교사상의 한국적 전개』, 아세아문화사, 1989.

56. 박병수, 「주역참동계 연구-건곤감리 4괘를 중심으로-」, 『한국종교』 제20집, 1995.

57. 허일웅, 임채우, 「참동계의 기공철학 연구」, 『명지대학교 예체능논집』, 제9집, 1998.

58. 이봉호, 「서명응의 참동고에 나타난 선천역을 중심으로 한 단역참동론」, 『도교문화연구』 제20집, 2004.

59. 이봉호, 「서명응의 선천역과 도교사상」, 『도교문화연구』 제24집, 2006.

60. 서대원, 「외단으로 본 참동계」, 『동양철학연구』 제46집, 2006.

61. 이윤희, 「참동계와 중국도교의 연관과정 소고」, 『노장사상과 동양문화』, 한국도교문화학회, 1995.

62. 김윤수, 「한국 참동계학의 연원과 계보」, 『한국학논집』 제26집, 1995.

63. 박병수, 「주역참동계의 성립과 그 성격」, 『정신개벽』 15집, 1996.

64. 박연주, 「주역참동계에 나타난 기공수련에 관한 고찰」, 『대한의료기공학회지』, 1999.

65. 최귀묵, 「김시습, 권극중의 본체론과 참동계」, 『한국국어교육연구회 논문집』 55, 1995.

66. 추주(鄒澍)지음, 임진석 옮김, 《본경소증〈(本經疏證)》, 대성의학사, 2001.

67. 신민교, 《원색임상본초학》, 영지사, 1992.

68. 최창록, 《황정경연구》, 태학사, 2002.

69. 이병서, 「황정내경경에 관한 연구」, 대전대학교대학원 박사학위논문, 1998.

70. Yong Wook Kim 외, Comparison of As_2O_3 and As_4O_6 in the Detection of SiHa Cervical Cancer Cell Growth Inhibition Pathway Cancer Research and Treatment 2004 Aug; 036 (04): p. 255-262.

71. Myung Jin Park 외, Tetraarsenic oxide, a novel orally administrable angiogenesis inhibitor, 『한국원자력연구소 연구논문집』. 2003 (2004. 8), p.610-615.

72. In-chul Park 외, Tetraarsenic oxide induces apoptosis in U937 leukemic cells through a reactive oxygen species-dependent pathway, 『한국원자력연구소 연구논문집』. 2003 (2004. 8), p. 604-609.

찾아보기

번호

ㄱ

ㄴ

ㅂ

ㅅ

증산도상생문화연구총서

격동의 시대
19세기 조선의 생활모습

수부 首婦 고판례

당태종唐太宗과 이십사장

上帝·侍天主·東學
잃어버린 상제문화 찾아서
동학

팔장

근본으로 돌아가라

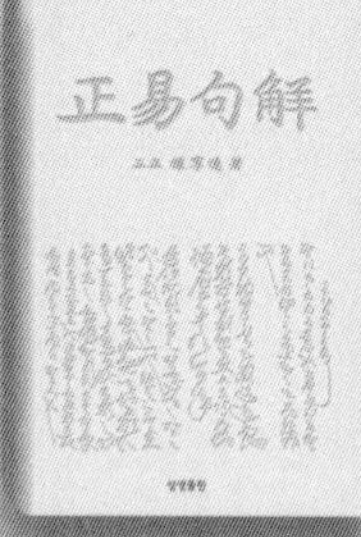

正易句解

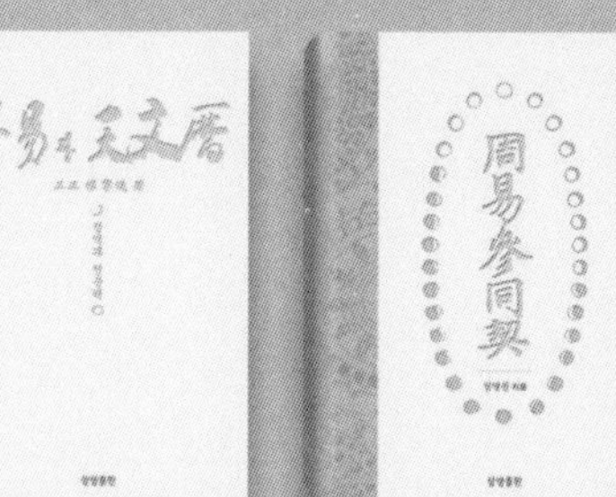

正易과 天文曆
周易參同契

易
正易과 周易

당태종唐太宗**과이십사장**二十四將

이십사장은 이연李淵을 도와 당 왕조를 건립하고, 또 현무문玄武門의 정변에서 진왕秦王 이세민李世民을 도와 그가 황제로 등극하는데 결정적인 공을 세운 24명의 공신을 말한다.

이재석 저 | 512쪽 | 값 20,000원

광무제光武帝**와 이십팔장**二十八將

이십팔장은 후한 광무제 유수劉秀가 정권을 수립하는데 큰 공을 세운 스물여덟 명의 무장을 말한다.

이재석 저 | 478쪽 | 값 20,000원

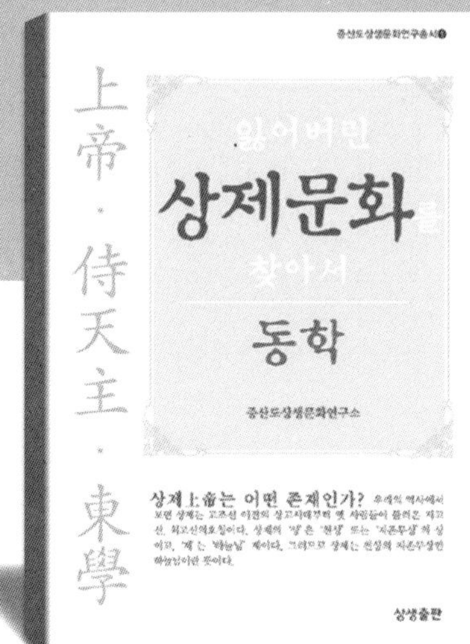

잃어버린 상제문화를 찾아서 동학

상제관이 바로 서지 않으면 우주만물의 원 주인도 제자리를 잡지 못한다. 그래서 이 책은 최수운이 창도한 동학에서 상제관 바로 세우기의 일환으로 집필되었다.

증산도상생문화연구소 | 255쪽 | 값 15,000원

격동의 시대 19세기 조선의 생활모습

이 책은 19세기의 사회상을 리얼하게 보여주려는 자료집이다. '증산상제의 강세를 전후한 모습, 곧 선후천의 갈림길에 선 19세기 조선의 모습'이다.

김철수 저 | 311쪽 | 값 20,000원

근본으로 돌아가라 【원시반본, 보은, 해원, 상생】

개벽를 극복하고 후천선경을 건설하기 위해 인간은 어떠한 삶을 살아야 하는가를 증산 상제님의 행적과 가르침이 담긴 『증산도 도전』을 중심으로 설명

유 철 저 | 301쪽 | 20,000원

인류의 어머니 수부首婦 고판례

강증산 상제님의 종통을 계승한 고판례 수부님의 숭고한 사랑과 은혜의 발자취.

노종상 저 | 454쪽 | 값 20,000원

정역과 주역

김일부선생의 생애와 학문적 연원에 대해 쉽게 설명을 하고있으며, 정역을 공부할 수 있게 대역서의 구성원리와 서괘원리, 중천건괘와 중지곤괘에 대한 해석을 하고있다.

윤종빈 저 | 500쪽 | 값 20,000원

정역구해

김일부의『正易』을 한 구절씩 낱낱이 풀이한 입문서에 해당한다. 정역을 전문으로 연구하는 사람들은 물론, 처음 배우는 사람들을 대상으로 삼고 있다.

권영원 저 | 500쪽 | 값 25,000원

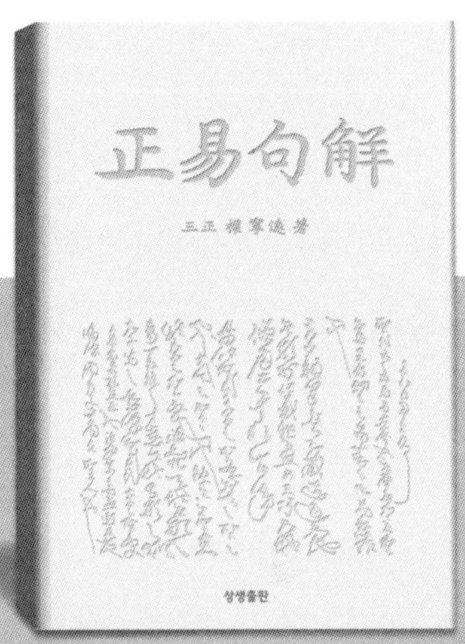

정역과 천문력

한평생 정역을 공부한 저자가 강의록을 책으로 출간하였다. 이 책을 통해 저자는 세상에 처음으로 수지도수手指度數의 실체를 드러내었다. 정역의 핵심인 수지도수의 이론과 동양천문에 대해서 쉽게 도해로 설명하고 있다.

권영원 저 | 656쪽 | 값 29,000원

주역참동계

만고 단경왕丹經王인 주역참동계를 통해서 저자는 동양의 내외단과 서양의 연금술의 전통이 일치함을 주장한다. 지금까지의 참동계 관련 문헌을 총정리하였으며, 도장경에 나오는 참동계관련 도해를 처음으로 소개하여 독자들의 이해를 높였다.

임명진 저 | 600쪽 | 값 29,000원

인류원한의 뿌리 단주

강증산 상제에 의해 밝혀진 반만 년 전 요임금의 아들 단주의 원한, 단주의 해원 공사를 바탕으로 전개되고 있는 상생문명건설의 실상을 보여준다.

이재석 저 | 112쪽 | 값 6,500원

인류문명의 뿌리, 東夷

인류문명의 시원을 연 동방 한민족의 뿌리, 동이東夷의 문명 개척사와 잃어버린 인류 뿌리역사의 실상을 밝혔다.

김선주 저 | 112쪽 | 6,500원

일본고대사와 한민족

수많은 백제인의 이주와 문화전파에 따른 문화혁명, 그리고 문화 선생국 백제의 멸망. 그 때마다 일본이 보여준 태도는 모두 한가지 사실로 모아진다. 곧'일본 고대사 는 한민족의 이주사'라는 사실이다.

김철수 저 | 168쪽 | 값 6,500원

천국문명을 건설하는 마테오리치

살아서 뿐만 아니라 죽어서도 새 시대 새 문명을 여는데 역사하고 있는 마테오리치의 생애를 집중조명한다.

양우석 저 | 140쪽 | 값 6,500원

생명과 문화의 뿌리 삼신三神

삼신은 만유생명의 창조와 문화의 뿌리이며 한민족의 정서에는 유구한 정신문화로 자리매김 되어 있음을 보게 된다.

문계석 저 | 196쪽 | 값 6,500원

일본의 고古신도와 한민족

우리가 왜 일본의 고대사에 주목하는가? 그것은 일본 고대사의 뿌리가 한민족에 있기 때문이다.

김철수 저 | 239쪽 | 6,500원

천지공사와 조화선경

증산상제가 제시한 우주문명의 새로운 틀짜기와 판짜기의 프로그램이 바로 '천지공사天地公事'이다.

원정근 저 | 136쪽 | 값 6,500원

서양의 제왕문화

역사를 돌이켜보면 역사시대의 태반은 왕정시대였다. 이 책은 고대로부터 현대에 이르기까지 이러한 서양 왕정의 역사를 간략히 조망한 책이다.

김현일 저 | 215쪽 | 값 6,500원

홍산문화

【한민족의 뿌리와 상제문화】

홍산문화의 주인공은 동이족의 주체세력이며, 적석총·제단·여신묘의 제사유적군은 상제문화를 대표로 하는 한민족의 뿌리문화를 보여주는 것이다.

김선주 저 | 144쪽 | 값 6,500원

만고萬古의 명장名將, 전봉준 장군과 동학혁명

전봉준의 혁명은 동학의 창도자 최수운이 노래한 세상, 곧 후천 오만년 운수의 새 세상을 노래한 것이었다.

김철수 저 | 192쪽 | 6,500원

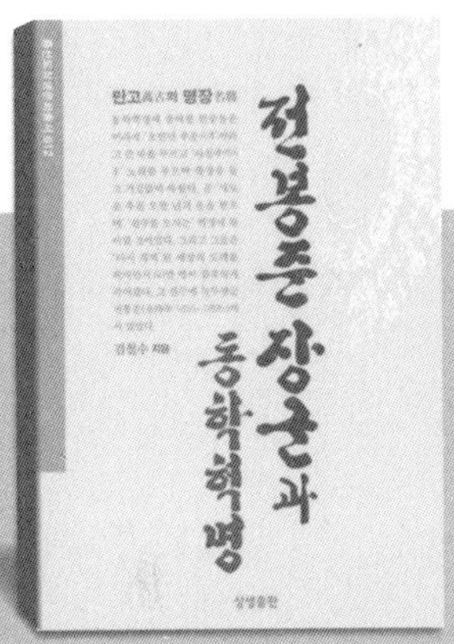

천주는 상제다

『천국문명을 건설하는 마테오 리치』의 자매편으로 동서양의 종교를 대표하는 기독교와 신교의 신인 천주와 상제가 결국은 동일하다는 사상을 주제로 삼는다.

양우석 저 | 151쪽 | 값 6,500원

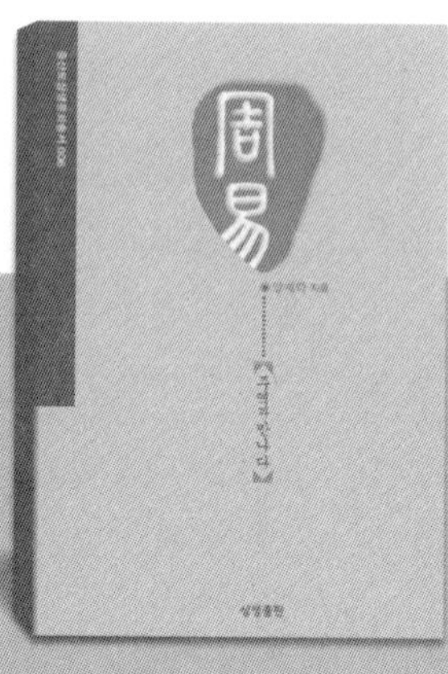

주역周易과 만나다

주역 64괘중 기본괘인 건괘, 곤괘, 감괘, 리괘와 겸괘, 사괘, 대유괘, 혁괘를 정리한 주역입문서.

양재학 저 | 285쪽 | 값 6,500원

도道와 제帝

개벽사상에 대한 새 담론은 도道와 제帝의 관계에서 출발하며, 인류문명의 패러다임의 전환이 어떻게 가능한가 하는 물음이 담겨 있다.

원정근 저 | 188쪽 | 값 6,500원

하도낙서와 삼역괘도

인류문명의 뿌리인 하도와 낙서의 세계와 복희팔괘, 문왕팔괘, 정역팔괘를 쉽게 정리한 입문서.

윤창열 저 | 197쪽 | 값 6,500원

원한을 넘어 해원으로

140여 년 전 증산상제가 밝혀 준 해원 문제의 '코드'를 현대인들이 보다 쉽게 이해할 수 있도록 재조명 하였다. 원리적 접근과 역사적 경험적 접근으로 다가간다.

이윤재 저 | 186쪽 | 값 6,500원

한민족 문화의 원형, 신교

신교는 상고 이래 우리 겨레의 삶을 이끌어 온 고유한 도로써 정치, 종교, 예술 등이 길어져 나온 뿌리가 되는 원형문화다.

황경선 저 | 191쪽 | 값 6,500원

어머니 하느님

【정음정양과 수부사상】

상제의 수부이자 만 생명의 어머니인 태모사상을 통해서 어머니 하느님 신앙의 새로운 의미를 되살펴보고, 진정한 여성해방의 길이 무엇인지를 모색하고 있다.

유 철 저 | 189쪽 | 값 6,500원

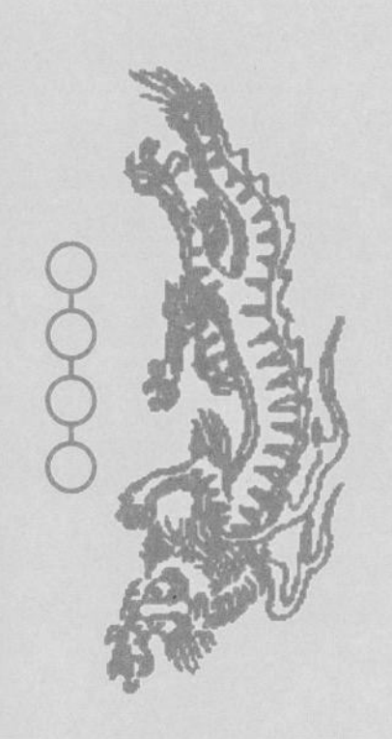